문학으로 여는 세계사

세계사의 얼굴들
문학으로 여는 세계사

진형준

살림

서문

 2년 전 나는 『진형준 교수의 세계 문학 컬렉션』이라는 이름으로 100권의 세계 고전 문학 번역을 마무리했다. 십여 년에 걸친 긴 작업이었다.
 번역을 끝내자마자, 나는 곧바로 시선을 세계사로 돌렸다. 고대 그리스 호메로스의 『일리아스』, 『오디세이아』에서 시작해 시대적 맥락을 따라 작품을 옮기다 보니, 자연스레 인류의 역사를 하나의 거대한 텍스트로 읽어보고 싶은 욕망이 생긴 것이다.
 세계사 책들을 읽으면서, 나는 내가 받아들인 세계사를 내 방식으로 다시 연주하고 싶어졌다. 십여 년 동안 문학 텍스트를 해석하고 번역하는 데 몰두해 온 관성 때문인지, 세계사 역시 하나의 텍스트처럼 다가왔다. 나는 문학 작품을 해석하고 번역하듯 세계 역사를 읽으면서 이 책을 썼다.
 문학과 역사. 멀리 떨어져 보이지만, 사실은 일란성 쌍둥이에 가깝다. 역사를 뜻하는 영어 history는 그리스어 '히스토리아^{ιστορία}'에서 비롯되었다. 본래 의미는 "알다, 보다"였으니, 과거를 탐구해 얻은 지식을 가리켰다.

그러나 곧 그것은 과거 사건들에 대한 "이야기"의 의미로 확장되었고, 역사는 기본적으로 '스토리'를 담지한 기록이 되었다. 따라서 역사 기술은 언제나 기술자의 시선과 선택에 따라 재해석되고 재구성된다. 역사는 이야기이고, 그 점에서 문학과 결을 같이 한다.

100권의 고전을 번역할 때도 마찬가지였지만 '세계사'라는 텍스트를 읽으면서 내가 가장 중시한 것은 유기적 맥락이다. 호모 사피엔스가 지구상에 출현해 거대 문명을 일으키고 오늘날에 이르기까지, 인류는 유기적으로 맺어져 있었다. 따라서 나는 세계사를 기계적인 연대기로 쓰고 싶지 않았다. 단순히 연대와 사건을 나열하는 방식으로는 인류의 삶과 문명이 유기적 생명체로 살아날 수 없기 때문이다.

세계의 역사는 톱니바퀴처럼 맞물린 인과의 고리 체계가 아니다. 수많은 우연과 불합리, 예기치 못한 만남과 충돌로 이루어진 하나의 생명체이다. 한 개인의 삶이 그러하듯 인류의 역사도 직선적으로 진보의 길을 걸어온 것이 아니라, 발전과 쇠락, 절정과 침체가 교차해 왔다.

고대 그리스의 도시국가들은 자율적으로 발생하여 철학과 예술, 민주 정치의 제도를 꽃피웠고 오리엔트로 진출, 헬레니즘 문명을 이루면서 정점에 이르렀다. 로마 제국은 웅대한 군사력과 법질서를 바탕으로 지중해 세계를 통합했고 오리엔트까지 진출했으며, 그 생명의 리듬 속에서 결국 쇠퇴의 길을 걸었다. 오리엔트의 문명들은 수메르에서 바빌로니아, 페르시아에 이르기까지 각기 한 시대의 중심이 되었으며, 신화와 종교, 문자와 법이라는 기틀을 인류사에 새겨 넣었다.

중국의 제국은 황허에서 장강에 이르기까지 천혜의 자연을 토대로 완결된 세계를 세웠고, 그 안에서 중국만의 사상과 제도를 가다듬었다. 이슬람 문명은 종교와 학문, 상업을 결합하여 사막과 해안을 넘어 대륙을 관통하는 교류망을 열었고, 바그다드와 코르도바 같은 도시는 그 자체로 세계 문명의 정점이었다.

스텝 지대의 유목 제국들은 이동과 정복 속에서 기존의 질서를 흔들고, 때로는 새로운 질서를 만들어 냈다. 흉노에서 돌궐, 몽골에 이르기까지, 유목 제국들은 한 시대를 흔드는 파괴자이자 동시에 세계를 잇는 매개자였으며, 새로운 세계 질서를 세웠다.

중세 유럽의 봉건 사회는 신앙과 계약의 질서를 중심으로 자신만의 체계를 세웠고, 그때 세워진 체계가 근대 유럽 문명의 토대가 되었다.

지구상에 존재한 그 모든 문명은 그 어느 것도 다른 문명의 단순한 예비 단계가 아니었다. 각각의 문명은 생명체의 법칙에 따라 탄생, 성장, 탈바꿈, 쇠락의 길을 걸어온 자율적인 세계였고 서로 영향을 주고받으며 유기적으로 얽혀 있었다.

내게는 인류 역사가 끊임없이 회전하는 큐빅처럼 보인다. 각 문명이 자기 나름의 빛을 발하고 사라지지만, 그 문명은 또 다른 문명의 토양이 된다. 각 문명은 모두 호모 사피엔스라는 한 종(種)의 다채로운 발현이며, 따라서 근원적으로는 결코 사라지지 않는다. 그리스의 신화가 오늘의 예술과 철학 속에서 여전히 호흡하고, 로마의 법과 제도가 우리의 제도적 감각을 규정하며, 유목 제국들의 흔적이 세계의 교역로에 살아 있듯, 모든 문명은 흔적으로만 남아 있는 것이 아니라 지금도 우리 안에서 다른 모습으로 살아 있다.

이 책은 흔히 기대하는 실증적인 역사책이 아니다. 그렇다고 내가 상상력으로 꾸며낸 세계사도 아니다. 오히려 상상력으로 비추어 본 역사라고 보는 것이 정확할지도 모른다. 상상력이란 그 무엇보다 대상을 유기적 생명체로 볼 수 있는 힘을 주기 때문이다.

　이 책을 쓰면서 나는 혹시 내가 '지구촌의 가족화'를 꿈꾸고 있는 것은 아닌가 하는 생각을 했다. 그 무슨 비현실적인 생각이냐고 반박을 받을지도 모를 그런 꿈…… 그러나 반박이 거셀수록 그 꿈은 더 절실할지도 모른다. 반박이 거셀수록, 우리가 그 꿈이 사라진 세상에 살고 있음을 증명해 주기 때문이다. 절망하지 않기 위하여, 허무로 무너지지 않기 위하여 그 꿈이 더 절실할지도 모르는 그런 세상……

　그렇다면 내가 이 책을 쓴 이유는 더 간단한지도 모른다. 내가 내 삶을 사랑하기 때문이고, 인간을 사랑하기 때문이고, 이 덧없는 인간의 삶에 의미를 주기 위해서인지도 모른다. 나는 역사적 사실을 정확히 밝히기 위해서 이 책을 쓰는 것이 아니라 나의 삶을 사랑하기 위해서 이 책을 쓴다.

　그렇기에 이 책은 내 꿈의 기록이기도 하다. 동시에 그것은 질문의 기록이며, 독자와 나누고 싶은 희망의 기록이다. 나는 문학으로 세계사를 열었지만, 끝내 확인하고 싶은 것은 단 한 가지다. 우리가 여전히 서로를 사랑할 수 있다는 사실이다.

　이 책을 내면서 감사 이상의 말을 전할 사람이 있다. 광주 문성 중·고등학교 이기행 이사장이다. 역사 전반에 걸쳐 더없이 해박한 그는 집필 초기부터 원고를 꼼꼼하게 검토하고 격려와 조언을 아끼지 않았으며, 거의 쉴 새 없이 참고해야만 할 서적을 직접 구입, 내게 보내주었다.

그의 격려와 도움이 이 책의 절반 이상을 차지하고 있다고 해도 과언이 아니다. 어떤 식으로 감사의 말을 전해야 할지 모르겠다.

아울러 지난 2년 넘게 '세계 문학 독서 토론' 프로그램을 함께 해온 멤버들, 특히 그 프로그램을 이끌어 온 '미래 인재 아카데미' 윤경로 원장에게도 고마움을 전하고 싶다. 고전을 함께 읽으면서 끊임없이 역사적 맥락에 대한 호기심을 보여주고 질문을 던진 그들의 열정이 이 책 곳곳에 스며 있다.

이 책을 지난 6월에 유명을 달리하신 유평근 선생님 영전에 바친다. 선생님께 꼭 보여드리고 싶다는 마음이 글을 이끌어간 큰 동력이었다. 전에 『공자님의 상상력』을 읽으신 후 "요즘 심란했는데, 진 선생 책을 읽고 마음이 많이 편해졌어."라고 말씀하신 선생님께서 이번에는 뭐라고 하실까, 더없이 궁금했건만…… 선생님의 제자로서 부끄럽지 않은 책이기를 바라는 마음만이 간절할 뿐이다.

진형준

차례

서문 ··· 5

제1장 호메로스와 그리스

01 호메로스는 영원하다 ··· 14
02 트로이는 실제로 존재했다 ··· 29
03 인류의 요람, 레반트 지역 ··· 41
04 꿈의 전쟁, 트로이 전쟁 ··· 61
05 호메로스의 꿈, 혹은 그리스인들의 꿈 ··· 70
06 호메로스 이후의 그리스 ··· 84
07 호메로스 서사시의 시대, 중국에서는? ··· 119

제2장 『아이네이스』와 로마―유럽의 탄생

01 『아이네이스』와 호메로스의 서사시 ··· 140
02 아우구스투스 황제와 『아이네이스』 ··· 146
03 로마제국 성립과 변신―아우구스투스 이후의 로마 ··· 166
04 로마와 기독교 ··· 177
05 로마의 분열과 서로마제국의 멸망 ··· 205
06 유럽 문명의 탄생 ··· 219

제3장 중국과 유목 민족, 실크로드와 불교

01 진시황秦始皇의 중국 통일과 만리장성 … 277
02 역사에 등장한 유목 민족—유목제국과 실크로드 … 283
03 선비鮮卑족의 등장과 위진 남북조 시대魏晉 南北朝 時代 … 302
04 불교의 전파와 중국의 불교 수용 … 327

제4장 단테의 『신곡』과 중세—이슬람의 탄생

01 단테의 신곡 … 352
02 7세기의 오리엔트—이슬람 제국의 등장 … 364
03 이슬람교와 기독교 … 388
04 이슬람 제국의 확장—우마이야 왕조로부터 아바스 왕조까지 … 395
05 유럽 가톨릭 세계와 이슬람의 만남
　—투르 푸아티에 전투로부터 이베리아반도에서의 격돌까지 … 411
06 십자군 전쟁 … 442

제5장 이슬람 제국 탄생시의 중국

01 당나라(618-907)—안정과 번영의 길 … 485
02 송나라—지구촌 최고 부자 나라 … 498

제6장 세계 역사를 바꾼 몽골제국

01 몽골제국의 등장 … 514
02 주치 울루스(킵차크 칸국)의 정복 사업—팍스 몽골리카의 완성 … 534
03 킵차크 칸국의 러시아 지배 … 554
04 팍스 몽골리카 붕괴 이후의 유럽—대변혁과 도약의 시작 … 571

제1장

호메로스와
그리스

01

호메로스는 영원하다

"모든 위대한 문학 작품은 『일리아스』이거나 『오디세이아』이다."라고 20세기 초 프랑스의 작가 레몽 크노$^{Raymont\ Queneau}$가 썼다. 위대한 문학 작품 중 몇몇이 아니라 '모든'이라는 수식어를 붙인 것이 놀랍다. 게다가 레몽 크노는 위대한 문학 작품이 『일리아스』나 『오디세이아』의 '영향을 받았다.'라고 말하지 않고 아예 "『일리아스』이거나 『오디세이아』이다"라고 단정적으로 말했다. 말하자면 BC 8세기 인물인 호메로스의 작품 『일리아스』와 『오디세이아』 안에 이후의 위대한 문학 작품이 모두 품어져 있다는 뜻이다. 아무리 보아도 과장 같다. 그런데 과장이 아니다. 실은 그 이상이다.

레몽 크노는 『일리아스』와 『오디세이아』의 영향력을 문학에 한정해서 말했다. 하지만 그 영향력은 단순히 문학에 국한되지 않는다. 16세기 프랑스의 중요한 사상가인 몽테뉴는 모든 시대를 통틀어 가장 위대한 세 사람 중 한 명으로 『일리아스』와 『오디세이아』의 저자인 호메로스를 꼽았다. 나머지 두 명은 그리스의 알렉산드로스 대왕(BC 356~BC

323)과 테베의 장군이자 정치가인 에파미논다스(BC 410?~BC 362)이다. 그리스·페르시아·인도에 이르는 대제국을 건설한 알렉산드로스 대왕은 누구나 잘 아는 위대한 인물이며 그보다 약간 앞선 인물이었던 에파미논다스는 당시 그리스의 패권국이었던 스파르타와의 전쟁에서 최초로 사선 대형을 구사해 스파르타에 패전을 안겼던 테베의 영웅이다. 그는 알렉산드로스 대왕만큼 유명하지는 않으나 로마의 웅변가 키케로가 '그리스 제1의 명장'으로 꼽은 사람이다. 몽테뉴가 호메로스라는 시인을 역사상 가장 위대한 인물들과 나란히 놓았다는 것은 그의 작품이 지닌 영향력이 단순히 문학 차원에 그치지 않는다는 것을 의미하며 실제로도 그러했다.

BC 3세기경 로마에서는 라틴어로 번역된 『오디세이아』가 널리 읽히고 이후 3세기 동안 학교에서 교과서로 사용된다. 호메로스의 작품이 나온 지 5세기가 지난 뒤에, 그것도 그리스가 아닌 로마에서 교과서로 읽힌 것이다. BC 3세기는 작은 도시국가로 출발한 로마가 이탈리아 반도를 통일하고 점차 지중해의 패권을 넘보던 시기이며, 동방으로 진출해서 대제국을 건설한 마케도니아의 알렉산드로스 대왕이 사망한 후 그리스제국이 분열되던 시기이다. 즉 지중해의 패권이 로마의 수중으로 넘어가기 시작하고 그리스가 동방으로 진출해 헬레니즘 시대를 연 시기이다. 그런데 그 시기에 로마에서 고대 그리스의 시가(詩歌)가 교과서로 사용된다. 그것은 로마가 그리스 문화를 받아들여, 둘이 섞인 것을 의미한다. 로마와 그리스는 분명히 다른 나라이지만, 문화적으로는 '그리스·로마 문화' 식으로 둘을 같이 묶어서 지칭하는 경우가 많다. 특히 신화의 경우 그리스 신화와 로마 신화는 등장하는 신들의 호칭만 다를 뿐 내용은 같다. 그리스 문화와 로마 문화, 더 나아가 그리스 역사와 로마 역사에 공통분모가 많음을 의미하며 그 중심에 바로 호메로스의 시가가 있다.

　BC 1세기에 로마의 시인 베르길리우스(BC 70년~BC 19년)는 로마 건국 이야기를 담은 『아이네이스』를 쓴다. 『아이네이스』는 로마 초대 황제 아우구스투스(옥타비아누스, 재위 BC 27년~AD 14년)가 로마제국의 정통성을 세우기 위해 베르길리우스에게 직접 권고해서 쓰게 한 작품으로 알려져 있다. 베르길리우스가 그 작품을 쓰면서 본으로 삼은 것은 호메로스의 시가들이다. 『아이네이스』의 전반부가 『오디세이아』를, 후반부가 『일리아스』를 본으로 삼았다는 것은 누구나 인정하는 사실이다. 베르길리우스는 호메로스에게 큰 빚을 진 셈이다. 그런데 묘한 일이 벌어진다. 베르길리우스를 통해 그리스 작가인 호메로스가 아예 라틴 문학 안으로 입양된 것과 같이 되어버린 것이다. 베르길리우스의 『아이네이스』 덕분에 호메로스는 '로마 최초의 신화 창조자'라는 새로운 지위를 얻는다. 이전까지는 단순한 전투와 여행 이야기로만 보았던 호메로스의 작품이 로마의 미래와 로마제국의 힘을 예언하는, 더 나가 기독교의 출현과 그 이후 세계를 예언하는, 영감이 깃든 서사시로 읽히게 된 것이다. 이번에는 호메로스가 베르길리우스의 덕을 톡톡히 본 셈이다. BC 8세기의 작품이 700년 뒤에, 그것도 작품의 고향 그리스가 아닌 로마에서 새로운 의미를 부여받게 된 것이니, 그 생명력이 대단하다고 말할 수밖에 없다. 하지만 호메로스 시가들의 생명력은 거기에서 그치지 않는다.

4세기 말 로마가 동로마제국과 서로마제국으로 분열된다. 당시 동로마제국이건 서로마제국이건 기독교 국가인 것은 마찬가지였지만, 그리스 문화를 대하는 태도가 완전히 달라진다. 서로마제국의 기독교도들에게 독자적인 고전 문학은 오로지 성서뿐이었다. 그들에게 그리스 신화나 문학은 이교도적이었다. 5세기 초, 그러한 성격의 서방 기독교 신학을 마무리 한 사람이 성 아우구스티누스(354~430)이다. 이후 천 년이 넘도록 서방 기독교 세계에서 중심 역할을 하게 될 사상 체계를 교회에 제공한 사람이 바로 아우구스티누스이다. 그의 사상 체계를 단순화해서 말하는 것은 무리이지만, 가장 중요한 단어를 하나만 꼽는다면 바로 '은총'이다. 인간의 능력이나 공적보다 신의 은총을 강조한 것이다.

신의 은총을 강조하는 아우구스티누스의 신학은 5~6세기에 서방 기독교 세계 전역에 영향을 미치고 그의 뒤를 이은 신학자, 교황, 주교들이 모두 그의 신봉자가 된다. 세월이 흐르면서 아우구스티누스 신학은 서방에서 일종의 종교적 절대론으로 굳어지며, 그 결과 인간의 지적 활동은 경시되는 경향을 보이게 된다. 즉, 인간의 지적 활동의 결과물이라고 할 수 있는 문학이나 과학이 경시되는 것이다. 그 결과 호메로스의 시가들을 비롯한 그리스 고전 문학은 이교도적인 것으로 배척을 받으며 과학마저도 해롭기만 한 호기심의 결과물로서, 신앙심을 흐리게 만든다고 간주된다. 실제로 성 아우구스티누스의 철학에서 '지식 자체를 위한 지식'은 경계 대상이 된다. 그는 다음과 같이 썼다.

이 모든 것을 다 알면서도 하느님을 모르는 사람은 확실히 불행하다. 하지만 이 모든 것을 몰라도 하느님을 아는 사람은 행복하다. 하느님을 알고 이 모든 것도 아는 사람은 그 지식 덕분에 행복한 것이 아니라 오로지 하느님을 알기 때문에 행복하다.

_ 아우구스티누스 「설교」 제141편

　다시 말하지만, 아우구스티누스 철학의 우산 아래서, 서로마제국은 물론이고 서로마제국 멸망 후의 중세 서유럽에서 고대 그리스 고전에 대한 학문적 탐구는 이교도 신앙에 심취하는 짓, 혹은 그 비슷한 짓으로 취급되었다. '아는 것이 힘'이 아니라 '아는 것이 죄'가 되는 풍토가 지배하게 된 것이며 그것이 서유럽 중세의 중요한 특징 중의 하나가 된다. 서유럽 중세를 '암흑기'라고 부르는 중요한 이유 중의 하나가 바로 그것이다. 따라서 호메로스는 독자들의 기억에서 흐려지면서 거의 잊혀졌다. 서로마의 기독교인들과 그 뒤를 잇는 서유럽의 기독교인들은 기독교 성인들을 찬미하는 아우구스티누스의 글을 배우고 인용하는 것으로 충분했다. 아우구스티누스가 찬미한 성인들은 '책 없이도 믿음과 소망과 사랑에 따라' 살았던 사람들이었다.

　반면에 동로마제국의 수도 콘스탄티노폴리스에서는 호메로스가 계속 편집되고 읽혔다. 서기 476년 서로마제국이 멸망한 후 서유럽은 우여곡절 끝에 라틴어를 중심으로 한 기독교 통합체를 이루며 위에서 이야기한 종교적 전통을 이어나간다. 반면 콘스탄티노폴리스를 수도로 한 동로마제국, 일명 비잔틴 제국(AD 4세기~15세기)은 분명히 로마제국의 정통성을 이어받았음에도 불구하고 그곳에서는 라틴어가 아니라 그리스어를 문학과 철학의 자연스러운 언어로 여겼다. 아이들은 여덟 살 때부터 경건한 종교적 작품들뿐만 아니라 호메로스 작품의 발췌본을 비롯한 고전 선집들을 교재로 삼아 그리스어 문법의 기초를 배웠다. 학생들은 몇 년간의 학교생활을 마치면 『일리아스』를 모두 암기했다. 호메로스의 시가를 비롯한 그리스 문화와 철학이 동로마제국(비잔틴 제국)에 수용되어 맥을 이어가게 된 것이다. 그뿐이 아니다. 동방에서 그리스 문화와 철학은 기독교 문화권 밖으로까지 확장되었을 뿐 아니라 오히려 그곳에서 더 활발했다고 볼 수도 있다. 7세기부터 동로마제국과 공존했던 이슬람 제국 전성기에 그리스 문화와 철학에 대한 연구가 활발하게 진행되었으며 호메로스의 시가들도 번역되어 널리 읽혔다.

공히 기독교를 국교로 삼고 있으면서도 서로마·서유럽과 동로마제국에서 그리스 문화에 대한 인식이 그렇게 확연히 달라진 것은 무엇 때문인가?

주지하다시피 초기 기독교도들은 로마에서 가혹한 탄압을 받았다. 그들에게 진정한 시민권은 세속적인 로마제국을 통치하는 로마 황제가 교부하는 시민권이 아니었다. 그들에게 진정한 시민권은 신의 왕국에 있었다. 그러니 그들이 박해받는 것은 당연했다. 그런데 로마제국의 수도를 비잔티움으로 옮긴 콘스탄티누스 대제(재위 306~337)가 313년에 밀라노 칙령을 공포하고 기독교를 공인한다. 이어서 380년에는 테오도시우스 황제가 칙령을 반포하여 사실상 기독교를 제국의 국교로 선포한다. 역사적 사실에 비춰보면 기독교의 정통성이 동로마제국으로 이어졌다고 볼 수도 있는 것이다. 이후 기독교는 로마 중심의 로만 가톨릭과 콘스탄티노폴리스의 기독교로 분열되어 서로 정통성을 주장한다.

로마제국에서 기독교가 공인되기 전이건 후이건 로마제국의 기독교도들에게 교회는 국가와는 별도의 독자적인 통합 원칙을 지니고 있었다. 교회는 독자적 기관들로 이루어진 자율적 조직이면서 점차 사회적 권위까지 지니게 된다. 그 자율적 조직은 로마제국의 사회 풍조 전반에 대한 강한 반항 의식과 비판의식을 지니고 있었으며 그런 정신은 기독교가 공인된 이후에도 마찬가지였다. 어떤 면에서 서방의 기독교도들은 서로마제국의 쇠퇴를 촉진했다고 볼 수도 있다. 그런 가운데 476년 서로마제국이 멸망한다. 그러자 바로 그 기독교, 이제 갓 태어난 기독교가 서유럽의 미래를 짊어지는 주체가 된다. 새로운 시대의 새로운 열망을 기독교가 짊어진 것이다. 그리고 시대가 흐를수록 사회를 지배하던 관료의 지위는 추락할 대로 추락한 반면 성직자의 권위는 높아진다. 나중에는 주교가 도시 생활에서 가장 중요한 인물이자 대표가 될 정도였다. 서유럽에서 기독교는 하나의 종교로서 기능했다기보다는 새로운 사회체제의 실질적이고 현실적인 중추가 된 것이다.

그러나 동방의 교회들은 달랐다. 동방의 교회들은 기독교의 중심인 로마 교황청이 아니라 콘스탄티노폴리스의 지휘하에 있었다. 교회 통합의 중심이 교황청이 아니라 황제의 궁정이었던 것이다. 동로마제국은 기독교에 바탕을 둔 신성 군주제 제국이었다. 그곳은 황제교황주의에 입각한 제국이었다. 그런 교회 국가에서 황제는 지상에서 신의 통치권을 대리 행사하는 일종의 사제-왕이었다. 동로마제국 황제는 표면상으로는 로마제국의 황제였지만, 실제로는 전통적인 종교적 위신과 웅장하고 화려한 의식으로 둘러싸인 동방의 전통적 전제군주와 비슷했다. 황제의 궁정은 신의 궁정, 황제의 재산은 신의 재산, 황제의 칙령은 신의 명령이었으며 심지어 세금 부과도 신의 권리를 대행하는 행위였다. 기독교가 그리스 문화와 결합하고 그것이 다시 오리엔트의 전통적인 문화 풍토와 결합해서 탄생한 것이 동로마제국이었으며, 그곳에서 기독교 교리는 순수 신앙적인 면모에서 벗어나 신학 체계로 구체화한다.

천년 왕국의 도래를 믿는 전통주의가 우세한 서방에서는 그리스 문화를 이단시한 데 반해 동방에서는 그리스 문화를 받아들이고 문학과 철학의 전통을 발전시킨다. 앞에서 말한 대로 서방 기독교도들의 독자적인 고전 문학은 성서였고, 성서에 입각한 신앙은 그 형식이나 정신에 있어서 그리스 정신과는 근본적으로 달랐다. 그들에게, 신들이 인간 사회를 넘나드는 그리스 신화와 그리스 문학은 이교도적이었다. 아마 그들은 동방의 기독교도들을 향하여 '저런, 이교도들! 기독교 탈을 쓴 이단자들!'이라고 비난했을 것이다. 그러나 그리스 고전 문화를 연구하고 고전 문학과 철학을 받아들인 동방의 기독교 학자들은 서방의 기독교도들을 향하여 '에잇, 무식한 자들! 에잇 편협한 자들!'이라며 비웃었을 것이다. 이러한 시대적 상황과 맥락에서 호메로스의 시가들은 중세 내내 오직 동방에서만 받아들여지고 연구되었다.

14세기 초, 이탈리아반도의 피렌체 공화국에 살고 있던 단테 알리기에리(1265~1321)가 『신곡, La Divina Commedia』이라는 불후의 명작을 발표한다. 서로마제국 멸망 후 이탈리아반도는 게르만족의 침입으로 유린당했고 단테가 살았던 시기에는 도시 중심의 수많은 왕국王國, 공국公國, 공화국들로 분열되어 있었다. 13세기 말과 14세기 초는 서유럽 '중세'의 끝 무렵이면서 막 '르네상스'가 태동하던 시기이다. 그 과도기에서 주목할 사실 중의 하나는, 서유럽의 학자들과 시인들이 다시 그리스 고전에 관심을 보이기 시작하고 그 영향을 받는다는 사실이다. 달리 말한다면 아우구스티누스 신학의 절대적 영향 아래서 금기시되었던 '지식을 향한 욕망', '알고자 하는 욕망'이 고개를 들기 시작했고 그 결과 그리스 고전 문학과 철학에 대한 관심이 일기 시작한 것이다. 단테의 『신곡』은 그런 분위기에서 태어난 작품이다. 나중에 자세한 언급이 있겠지만 이탈리아에서 그리스 고전에 대한 열풍이 일어난 것은 이슬람학자들에 의해 번역되고 심화 연구된 그리스 철학과 고전 문학을 수용해 왔던 동로마 지식인들이, 정치적, 사회적 위기가 고조되자 대거 피렌체를 비롯한 이탈리아 도시로 옮겨 왔기 때문이다. 그리고 그것을 계기로 르네상스 운동이 일어난다. 즉, 서유럽의 르네상스는 순수하게 자생적으로 발생한 운동이 아니라 이슬람 문명 등 외부 세계의 영향이 중요 요인이 되어 일어난 운동이다.

『신곡』은 사후세계를 지옥, 연옥, 천국의 셋으로 구분해서 그린 작품으로서 명백히 기독교적인 작품이다. 그러나『신곡』의 기독교는 중세의 기독교와는 이미 다른 모습을 띠기 시작한다. 중세의 기독교에서 신은 절대적 존재로서 속세과 분리되어 있다. 또한, 죽음 이후의 세계는 영혼의 세계로서 육신이 영위하는 속세의 삶과는 단절되어 있었다. 살아 있는 자는 결코 경험할 수 없는 세계가 죽음 이후의 세계이다. 그런데『신곡』에서 주인공은 베르길리우스의 인도를 받아 저승 세계를 여행한다. 이승과 저승을 넘나든다는 주제 자체가 이미 그리스적이다. 호메로스의 작품들은 신들이 인간 사회에 마구 개입하는 이야기로 되어있지 않은가? 그런 의미에서『신곡』은 중세 서유럽의 기독교 풍토에서 태어난 작품이면서 동시에 서유럽 기독교 사회의 중대한 변화를 보여주는 작품이다.

그런 내용은 젖혀 놓더라도『신곡』작품의 설정 자체가 이미 그리스적이다. 작품에서 화자는 저승 인도자인 베르길리우스를 아예 '스승'이라 일컫는다. 단테가 베르길리우스를 저승 인도자이자 스승으로 삼은 것은 베르길리우스의 작품『아이네이스』에서 주인공 아이네이아스가 세상을 떠난 아버지 안키세스를 만나기 위해 저승을 방문하는 장면이 나오기 때문이다. 그런데 베르길리우스는 호메로스의『오디세이아』에서 영감을 받아 아이네이아스의 저승 방문 장면을 그렸다. 단테『신곡』에서의 저승 방문의 원조는 호메로스의『오디세이아』였으니 단테에게 호메로스는 단순한 참조 대상이 아니라 아예 작품의 주춧돌이었던 셈이다. 따라서 단테는 그리스 문화에 심취한 기독교인의 전형으로 볼 수도 있다.『신곡』의「지옥편」제1 지옥 림보에서 작품의 주인공이 고대의 위대한 작가들, 철학가들의 무리를 만날 때, 호메로스가 맨 앞에 등장하는 것은 그 때문이다. 철학자 플라톤과 아리스토텔레스보다 호메로스를 훨씬 먼저 등장시킨 것을 보면 단테가 호메로스를 얼마나 높이 평가했는지 알 수 있다. 호메로스를 비롯한 고결한 인물들이 지옥에 등장한다고 해서 놀랄 필요는 없다. 그들이 가장 가벼운 지옥인 림보에 -어쨌든 지옥은 지옥이다.- 머물게 된 것은 순전히 불운 때문이다. 그들은 예수 이전에 세상에 태어났기에 세례를 받지 못했고 그 때문에 지옥에 머물게 된 것이지 -세례를 받지 못했으니 구원받을 수 없다!- 세상을 살아가면서 악행을 저질렀기 때문에 지옥에 떨어지는 벌을 받은 것이 아니다.

잘 알다시피 서유럽의 르네상스 운동은 고대 그리스 철학과 문학에 대한 관심과 열광으로부터 출발했다. 호메로스를 주춧돌로 삼은 단테의『신곡』은 정확히 그 흐름과 함께 한다. 그리고 르네상스 운동과 동시에 종교개혁 운동이 일어났다. 전자는 문화를 중심으로 후자는 종교를 중심으로 일어난 운동이지만 둘 다 중세의 가톨릭 문화 및 교회에 대한 반발로 일어난 운동이라는 점에서는 같은 흐름에 속한다. 종교개혁 이후에 라틴어가 가톨릭교회의 언어로, 그리스어가 개신교 문화의 언어로 굳어진 현실은 그 사실을 정확히 반영한다.

1545년부터 1563년까지 열렸던 트리엔트 공의회에서, 특별히 허가를 받은 일부 학자들을 제외한 모든 가톨릭교도가 그리스어나 히브리어 성서를 읽는 것을 금지한다고 결정했다. 정통 가톨릭의 입장에서 그리스 문화는 이교도 문화이기 때문이었다. 1546년 프랑스에서는 가톨릭 왕 프랑수아 1세에 의해 많은 그리스어와 그리스 문화 연구 학자들이 '신성을 모독한 자'로 몰려 화형에 처해진 사건도 이러한 배경에서 일어났다.

반면에 개신교 국가에서는 그리스어 연구가 장려되었다. 개신교 국가들에서 그리스어를 모른다는 것은 무식의 표지였다. 종교개혁 이후에 프랑스를 중심으로 일어난 종교전쟁은 신앙과 연관된 싸움이기도 했지만 다른 한 편으로는 가톨릭을 중심으로 한 중세 문화와 그리스를 중심으로 한 고대 문화, 혹은 이교 문화 간의 다툼인 셈이었다. 호메로스의 작품들이 그런 시대 흐름의 영향을 받는 것은 당연했다. 17세기부터 호메로스는 영국, 독일, 스칸디나비아 대학교들에서는 진지하게 연구의 대상이 된 반면에 이탈리아와 에스파냐, 프랑스, 포르투갈에서는 철저히 무시되었다. 물론 앞의 국가들은 개신교 국가들이었고 뒤의 국가들은 가톨릭 국가들이었다.

17세기 중후반부터 18세기 초반까지 프랑스에서는 신구 논쟁이라는 꽤 중요한 사건이 벌어진다. 페로라는 시인이자 동화작가가 고대 그리스·로마 시인보다 당대의 시인들이 뛰어나다고 주장하면서 촉발된 그 논쟁에 당시 저명한 학자, 문필가들이 모두 뛰어들었고, 그들은 고대파와 당대當代파로 갈려 거의 거국적인 치열한 논쟁을 벌인다. 그런데 이번 싸움은 르네상스 운동이 벌어질 때의 싸움과는 그 양상이 달랐다. 르네상스 시대에는 그리스 고전 옹호론자가 개혁파였는데 이번에는 당대

옹호론자가 개혁파였다. 이 논쟁에서 페로의 편에 섰던 당대파, 혹은 현대파들은 르네상스 이래 당연시되었던 고대 문화 숭배에 대해 반기를 들었다. 인류의 정신이 계속 발전하는 만큼, 현대의 시인들이 고대의 시인들보다 낫다고 그들은 주장했다. 인간의 정신과 문화는 끊임없이 진보한다는 '진보의 신화'가 태동하면서 발생한 논쟁이라고 볼 수 있다. 그 논쟁에서 고대파들은 호메로스의 시들을 옹호하고 그에 감탄하는 반면 현대파들은 호메로스가 중요한 시인이긴 하지만 통속적이고 케케묵었다고 비웃었다. 고대파들에게 고전이란 계속 모방하고 이어져야 할 모델 같은 것이었다. 반면에 현대파들은 진정한 작가, 혹은 예술가는 새로운 그 무언가를 창조해야 한다고 주장했다. 역사 기록에 남은 모든 신구 논쟁이 그러하듯 신파가 승리하며, 그것은 지극히 당연한 일이다. 다툼이 있으면 언제나 새로운 것이 승리하기 마련이라는 뜻이 아니다. 역사적으로 그런 싸움에서 구파가 승리한 적도 많았다. 그러나 구파가 승리한 싸움은 중요한 역사적 사건이나 전환점으로 남지 못한 채 일종의 스캔들 정도의 대접을 받고 희미해진다. 신구 논쟁에서 신파가 승리했을 때만 그 논쟁 자체가 중요한 역사적 사건으로 기록되고 그 시기가 획기적인 시기 대접을 받는 법이다. 어쨌든 신구 논쟁의 결과 프랑스에서 호메로스의 영향력은 퇴색된다.

하지만 시야를 서유럽 전역으로 확대하면 호메로스의 명성은 여전히 빛을 발한다. 키츠와 채프먼, 바이런 같은 영국 시인은 호메로스를 여전히 예찬했으며, 특히 독일 지식인들은 호메로스에게서 이상적인 독일 정신의 모델을 발견했으니 독일의 대문호 괴테가 대표적이다. 괴테의 대표작 『파우스트』를 한번 상기해 보자. 작품의 「서곡」은 하느님과 악마 메피스토펠레스 사이의 내기로 이루어져 있다. 메피스토펠레스가 하느님에게 "주님, 우리 내기할까요? 제가 그자를 슬며시 제 길로 끌어들여도 될까요? 제가 그놈을 주님에게서 빼앗아 올 자신이 있습니다."라고 하느님에게 내기를 제안하자 하느님이 기꺼이 그 내기를 받아들이는 것으로 작품이 시작한다. 내기의 대상인 '그자'는 물론 파우스트 박사이다. 하느님과 악마가 내기를 하다니! 독실한 기독교 신자라면 펄쩍 뛸 일이다. 게다가 서곡의 끝부분에서 메피스토펠레스는 이렇게 중얼거린다.

"이따금 저 노인네 보는 것도 기분 좋은 일이야. 그래서 나도 사이가 틀어지지 않도록 조심하고 있지. 위대한 주님이 사탄하고 이렇게 인간적으로 대화를 나누시다니, 친절도 하시지."

어떤가? 이교도 냄새가 물씬 풍기지 않는가? 절대 선善인 하느님이 절대 악惡인 악마와 계약을 맺다니! 손을 잡다니! 그러나 엄밀히 말한다면 괴테는 이교도가 아니었다. 그는 단지 호메로스를, 이교도적인 그리스를 받아들인 기독교도였을 뿐이었다.

괴테에게 호메로스는 '변화하며 움직이는 거울'처럼 일종의 원초적인 모델이었다. 호메로스를 원초적인 모델로 생각했다는 것은 그를 시간 밖의 존재로 여겼다는 뜻이다. 시간 밖의 존재라는 것이 무슨 뜻인가? 시간을 초월한 존재라는 뜻 아닌가? 시간을 초월한 존재라는 것은 신성神性한 존재라는 뜻이 아닌가? 실제로 괴테는 호메로스를 신과 인간의 중재자로 생각했다. 말하자면 호메로스를 원초적이고 영원한 존재이면서, 동시에 실질적인 존재로 간주한 것이다. 이 자리에서 함께 거론해야 할 인물이 또 있다. 독일의 19세기 철학자 니체이다. 니체도 열렬한 호메로스 애독자였는데, 그는 호메로스라는 이름은 '추상적인 이름'이며 그가 '역사적인 인물'이라기보다는 하나의 '고전적인 개념'이라고 믿었다.

레몽 크노가 "모든 위대한 문학 작품은 『일리아스』이거나 『오디세이아』이다."라고 말한 것은 괴테나 니체처럼 호메로스를 역사 속에 존재하는 하나의 인격체로 보지 않는다는 것과도 일맥상통한다. 호메로스는 독립된 한 인격체라기보다는 그 무언가를 대표하는 상징이 된다. 마치 신화에 등장하는 신들이 역사 속에 존재했던 특정 개인이 아닌 것과 같다. 신화의 신들은 바로 그 탈역사성, 혹은 초월성 때문에 영원한 생명력을 갖는다. 호메로스의 작품도 한 개인의 작품이라기보다는 '고대 그리스 문화'라는 광범위한 낱말이 의미하는 것 전체를 상징할 수도 있으며 '문학'이라는 이름으로 대표할 수 있는 것 전체를 상징할 수도 있다. 한 걸음 더 나간다면 인류 역사의 어슴푸레한 초기를 대표하는 그 무엇 전체를 상징한다고 볼 수도 있다. 그런 의미에서 레몽 크노의 말은 호메로스와 그의 시가들이 유럽인들의 모든 이야기가 시작되는 원초적 공간이라는 뜻으로 해석해도 된다.

실제로 호메로스는 수수께끼 같은 인물이다. 그가 실제로 존재했던 인물인가 아닌가를 두고 수많은 논쟁을 낳기도 했고, 수없이 많은 전기가 쓰이기도 했으며 그의 출생지가 어디인가를 놓고 그리스의 일곱 도시가 서로 자신들이 맞는다며 티격태격하기도 했다. 그런가 하면 '호메로스라는 사람은 결코 존재한 적이 없다.'라고 말하는 사람도 있었으며 '아니, 그 반대야! 호메로스라고 하는 사람은 수십 명이나 있었어!'라고 주장하는 사람까지 있었다. 역사적으로 그런 논란이 계속 이어졌다는 것은 호메로스의 작품들이 마치 신화처럼, 절대로 사라지지 않을 영원한 고전으로 계속 빛을 발하고 있었다는 것을 의미한다. 그리고 그런 논쟁이 이어질수록 호메로스는 점차 함부로 범접할 수 없는 신화적 인물이 되어 갔으며 그의 작품은 후대에 나온 작품들의 원형 같은 것이 되어갔다. '『일리아스』와 『오디세이아』가 모든 위대한 작품의 원형이 되어간다.'라는 말은 호메로스 이후의 모든 위대한 작품은 호메로스의 변형이라는 뜻도 되고, 호메로스의 작품 안에 이후의 모든 작품의 소재가 다 들어있다는 뜻도 된다.

하지만 호메로스가 그런 식으로 거의 신화화되고 그의 작품이 일종의 원형이 되어간 것이 사실이라 할지라도 그는 결코 신이 아니며 그의 작품은 신화가 아니다. 그의 작품은 신화와 역사의 경계선에 있다. 그는 고대 그리스에 생존했던 구체적인 인물들을 대표하며 그의 작품은 신과 인간에 대해 고대 그리스인들이 지녔던 개념을 구체적으로 보여준다. 그렇다면 호메로스가 살았던 구체적이고 역사적인 공간이란 어떠한 곳이며, 그 공간에 살았던 사람들은 어떤 사람들이었을까? 이제 우리의 관심을 그 구체적 공간으로 옮겨 보자.

02

트로이는 실제로 존재했다

　호메로스의 『일리아스』와 『오디세이아』는 그리스 연합군과 트로이 간의 전쟁을 그린 총 여덟 편의 서사시 중 온전히 전해진 두 편의 서사시이다. 『일리아스』는 그중 두 번째 이야기로서 트로이 전쟁이 일어난 지 아홉 해째 될 때의 이야기이다. 이야기는 그리스 연합군 총사령관인 아가멤논과 연합군 장수 중 가장 뛰어난 장수인 아킬레우스 간에 불화가 일어나는 것으로부터 시작한다. 우여곡절 끝에 둘 간에 타협이 이루어지면서 아킬레우스가 다시 전장으로 나서서 전투에 앞장설 때까지 50일간의 이야기가 『일리아스』의 내용이다. 일곱 번째 이야기인 『오디세이아』는 트로이 전쟁이 끝난 후 10년간의 방황 끝에 고향 이타카로 돌아가는 오디세우스의 파란만장한 모험을 그리고 있다. 트로이 목마에 의해 트로이가 함락되는 유명한 이야기는 지금은 전해지지 않는 다섯 번째 서사시에 나오는 것으로 알려져 있으며 그 장면은 베르길리우스의 『아이네이스』에 자세하게 묘사되어 있다. 『아이네이스』의 주인공 아이네이아스는 전쟁에서 패배한 트로이의 장수이다. 그는 트로이가 멸망하자 그를 따르는 병사와 백성을 데리고 그곳을 탈출해서 신천지를 찾아 항해에 나선다. 『아이네이스』에 트로이 멸망의 이야기가 자세히 나오는 것은 그 때문이다. 그는 오디세우스가 항해하면서 겪는 것과 비슷한 모험과 고난을 겪은 끝에 이탈리아반도 중서부 라비니움에 도착하여 로마의 전신 격인 알바롱가를 건설한다.

호메로스의 서사시를 통해 그리스와 트로이 간의 10년 전쟁 이야기는 전해졌지만, 트로이는 오로지 서사시 속에서만 존재하는, 사라진 전설 속의 도시로 남아있었고 전쟁이 실제로 벌어졌었는지도 의문이었다. 그런데 19세기 독일의 실업가인 하인리히 슐리만의 끈질긴 집념에 의해 트로이의 유적이 발굴되었다. 발굴 현장에서 그가 트로이 유적이라고 특정한 곳이 『일리아스』시대(BC 12세기경, 후기 청동기 시대)의 유적이 아니라 그 이전 시대(BC 2500년경, 전기 청동기 시대)의 유적이며, 트로이 유적을 발굴한다면서 정작 트로이 유적은 훼손하는 잘못을 범했음이 훗날 밝혀졌지만, 트로이가 지금 튀르키예의 영토인 아나톨리아 반도 서쪽 끝, 에게해 인접한 곳에 실제로 존재했다는 사실은 분명해졌다. 참고로 그곳이 지금의 튀르키예 영토라고 해서 트로이 전쟁을 그리스와 튀르크족 사이의 전쟁으로 오해하면 안 된다. 유라시아 유목민족의 일파인 튀르크족은 당시 그곳에 살고 있지 않았다. 유라시아 대륙 초원지대가 주 활동무대였던 튀르크 유목민족이 그 근처로 오게 된 때는 고대 그리스 시대로부터 2,000년 정도가 흐른 먼 뒷날이며 튀르크인들이 지금의 튀르키예 땅을 완전히 차지하게 된 것은 오스만제국에 의해 동로마제국이 멸망한 뒤였다(AD 1453년). 그렇다면 당시 트로이에는 어떤 사람들이 살고 있었고, 어떤 문명이 존재하고 있었을까? 트로이는 그리스 문명의 원조 격인 에게문명에 속할까, 아니면 에게문명과는 다른 문명권에 속할까? 트로이 전쟁의 성격은 무엇일까?

『일리아스』와 『오디세이아』의 시대적 배경은 BC 12세기이다. 그리스 전체 역사에서 '에게문명' 말기에 해당한다. 에게해는 발칸반도와 소아시아(현재 튀르키예의 영토인 아나톨리아반도) 사이에 있는 바다로서 넓게 보면 지중해의 동쪽 부분에 속한다. 그곳에서 BC 3000년경부터 BC 1100년경까지 지속한 문명을 우리는 '에게문명'이라고 부른다. 에게문명은 에게해 남쪽의 크레타섬을 중심으로 발생한 미노스 문명(BC 3560년경~BC 1170년경)과 나중에 북쪽 발칸반도에 살던 아카이아 족이 남하해 세운 미케네 문명(BC 1600년경~BC 1100년경)으로 구분된다. '고대 그리스 문명'에 에게문명을 포함하는 학자도 있고, 청동기 시대의 에게문명이 멸망하고 철기 시대가 시작된 BC 1100년 이후로 고대 그리스 문명을 한정하는 학자도 있다.

『일리아스』와 『오디세이아』의 시대적 배경은 바로 미케네 문명 말기이다. 번영하던 미케네 문명이 기원전 12세기에 갑자기 멸망한다. 시기적으로 볼 때 미케네 문명은 트로이 전쟁 직후에 멸망한 셈이다. 호메로스의 서사시는 미케네가 트로이 전쟁에서 승리하는 내용인데, 역사적으로는 전쟁 승리 직후 미케네가 멸망했으니 묘한 역설이다. 하지만 우리가 인류 역사 속에서 자주 확인할 수 있듯이 멸망은 문자 그대로 멸망이 아닌 경우가 많다. 멸망이 끝이 아니라 새로운 시작임을 보여주는 경우는 너무나 많으며 미케네 문명도 그중 하나라고 보아도 된다.

『일리아스』와 『오디세이아』의 시대적 배경은 미케네 문명 말기이지만, 그 시대를 노래한 호메로스는 미케네 문명 시대의 인물이 아니다. 호메로스, 혹은 호메로스라는 이름으로 대표되는 음유 시인들이 살았던 시기는 BC 8세기이다. 즉 미케네 문명이 멸망한 지 약 400년 후에 호메로스, 혹은 호메로스라 불리는 일군의 시인들이 400년 전의 시대를 노래한 것이다. 그 사이 400년간을 역사학자들은 '그리스 암흑시대'라고 부른다. 문명이 파괴된 어두운 시대였기에 암흑시대라고 부른다기보다는 그 시대에 대해 알려진 것이 거의 없기에 그렇게 부른다. 그리고 그 암흑시대 말기에 서사시가 쓰였고 우리가 익히 알고 있는 그리스의 도시국가인 폴리스가 성립되었다. 암흑기 말기는 끝이면서 시작인 셈이다. 뭉뚱그려서 말한다면 전설이나 신화가 지배하던 시대가 끝나고 서사시라는 글쓰기가 시작된 시대인 셈이다. 호메로스는 바로 그 시대의 인물이다. 호메로스라는 인물에 대해 신화적인 아우라와 역사적 실체성이 공존하는 것은 그 때문이다.

사실상 지금까지 인류에게 영향을 남긴 그리스 고전 문명은 호메로스 이후의 그리스 문명을 말한다. 유럽인들이 자신들의 정신과 문화의 뿌리라고 말하는, 철학, 문학, 과학 등의 그리스 고전 문명은 BC 8세기 이후, 더 정확히 말한다면 BC 6세기 이후 확립되었다. 엄밀히 말하면 에게문명은 후대에 깊은 영향을 남긴, 우리가 흔히 말하는 '그리스 문명'에는 포함되지 않는다고 볼 수도 있다.

어쨌든 '그리스 문명'은 향후 세계사에 지대한 영향을 미친 아주 중요한 문명이다. 크리스토퍼 도슨이라는 영국의 역사학자는 1932년에 발간된 『유럽의 형성』이라는 책에서 BC 3000년대에 발생한 에게문명을 고대 그리스 문명의 원천이자 출발점으로 간주하면서 동양 문화에 필적할 또 다른 문화 중심지가 생겨난 사건이라고 말한다. 그는 다음과 같이 쓴다.

오늘날 우리가 누리고 있는 과학과 철학, 문학과 예술과 정치사상, 자유를 기본으로 하는 정치제도와 법의 개념 등등, 유럽 문화에서 동양 문화와 대조되는 가장 현저한 특징들은 모두 그리스인에게서 유래했다. 유럽과 아시아의 이념적 차이와 서양 문명의 자주성을 처음으로 명확히 인식한 것도 그리스인이었다.[1]

도슨은 그리스인에 대해 언급하면서 시야를 유럽 문화와 동양 문화의 대조라는 큰 틀로 넓힌다. 그런데, 도슨의 위의 발언에서 우리의 눈길을 끄는 것은 '유럽 문화에서 동양 문화와 대조되는 현저한 특징들'이라는 표현과 '서양 문명의 자주성'이라는 표현이다. 게다가 도슨은 위 인용문 몇 줄 앞에서 동방의 '고등 문명'이라는 표현까지 사용한다. 그리스 문명이 유럽 문명의 뿌리임이 분명하지만, 그 문명이 탄생할 무렵 동양에는 이미 우월한 문명이 자리 잡고 있었음을 인정하고 있는 셈이다. 그리스인이 '처음으로' 서양 문명의 자주성을 명확히 인식했다는 말은, 그리스 문명 설립 이전에는 서양 전체가 자주성을 인식하지 못하는 후진성, 혹은 야만성에서 벗어나지 못하고 있었다는 말과 같다.

사실 도슨은 유럽이 온통 갈등과 전란에 휩싸여 있던 20세기 초엽에 정신적인 유럽 통합체가 이룩되기를 꿈꾸며 그 책을 썼다. 그는 유럽의 정신적인 통합을 가능하게 해줄 뿌리로서 '에게문명'을 지목한 다음, 그 에게문명을 출발점으로 삼아 오늘날의 유럽이 형성된 과정을 깊이 있게 천착한다. 그리고 종교와 정신적인 측면에 주목해서 중세 역사를 연구한 후 유럽적인 특징이 바로 그 시기에 형성되었다고 말한다. 암흑시

---

[1] 크리스토퍼 도슨, 김석희 역, 『유럽의 형성』, 78쪽, 한길사, 2011.

대로 알려진 유럽의 중세가 그의 저술 덕분에 그 어둠에서 벗어날 수 있었다고 평하는 사람도 있을 정도이다. 그의 책은 상당히 객관적이고 깊이가 있으며 설득력도 있다. 그러나 『유럽의 형성』이라는 그 책의 제목이 보여주듯이 그의 시선은 유럽 내부를 향해 있으며 당연히 유럽 중심으로 세상을 볼 수밖에 없다. 사실 유럽인이 아닌 우리도 은연중 그의 시선을 그대로 따르기 쉽다. 도슨이 유럽 문화의 현저한 특징이라고 말하고 있는 '과학과 철학, 문학과 예술과 정치사상, 자유를 기본으로 하는 정치제도와 법의 개념' 등등이 유럽 문화만의 특징에서 그치는 것이 아니라 지구촌 전체를 주도하고 있는 세상에 지금 우리가 살고 있기 때문이다.

그러나 우리는 그런 시선에서 한 발자국 벗어날 작정이다. 구체적으로 말하자면 도슨이 말한 '동방의 고등 문명'을 좀 더 객관적으로 바라보려는 것이다. 도슨의 입장을 부정하거나 전복하기 위해서가 아니다. 인류 문화 전체를 더 큰 틀에서 바라보기 위해서이며 현재 지구촌 전체를 주도하고 있는 유럽 문화와 정신을 좀 더 깊이 있게 이해하기 위해서이다.

실은 그보다 더 중요한 이유가 있다. 엄밀히 말해 도슨이 말하는 '유럽의 정체성'이라는 것은 하나의 실체로서 존재하지 않는다. 유럽적인 특질이 존재하지 않는다는 뜻이 아니다. 문자 그대로 '순수한' 유럽의 정체성이란 것이 별도로 존재하지 않는다는 뜻이다. 백번 양보해서 유럽의 정체성, 혹은 유럽적인 특질이 존재하더라도 그것은 유럽인이 자신의 고유한 특성만을 고이 간직한 채 열심히 키워온 결과가 아니다. 만일 그랬다면 유럽은 정체되었을 것이고 오늘날의 유럽 문명은 존재하지 않았을 것이다.

우리가 유럽적인 특질, 혹은 기질이라고 부르는 것은 유럽인이 처했던 자연적 환경과의 만남에 의해 형성된 것인 동시에 유럽인들이 다른 문화들과 부단히 충돌하고 교류하면서 형성된 것이다. 유럽인만 그러한 것이 아니라 호모사피엔스가 이룩한 두드러진 문명, 혹은 문화가 거의 다 그러하다. 그렇게 충돌과 교류가 왕성했던 곳에서 인류의 문명이 발생했으며 그렇지 않은 곳은 정체했다. 달리 말해 유럽적인 특성이 있다면 유전자에 있는 것이 아니라, 환경에 대처하는 그 기질에 있다고 볼 수 있다. 좀 더 엄격히 말한다면 그 기질 자체도 환경과의 만남에 의해 형성된 것이다.

사실 문화만 그런 것이 아니라 개인도 마찬가지이다. 인간이라는 존재는 유전자로 물려받은 정보량보다 뇌에 저장되는 정보량이 엄청나게 많은 동물이다. 물려받은 유전자에 의해 어느 정도 정해진 삶을 사는 것이 아니라, 엄청난 변화의 가능성을 지닌 존재로 살아가게 된다는 뜻이다. 인간의 뇌 자체가 끊임없이 역동적인 변화의 도정에 놓여 있기 때문이다. 여기서 잠깐 샛길로 빠져보자.

인간의 뇌는 끊임없는 변화를 통해서 건강성과 안정성을 보장받는 신기한 기관이다. 컴퓨터와 뇌의 결정적인 차이는 바로 거기에 있다. 컴퓨터는 부품이 견고한 상태로 유지되어야 전체의 안정이 보장된다. 그러나 인간의 뇌세포는 신체를 구성하고 있는 다른 세포와 마찬가지로 끊임없이 소멸하고 생성하는 과정에 놓여 있다. 말하자면 '끊임없는 변화'라는 불안정한 상태에 놓여 있는 것이 인간의 뇌이고 인간이라는 존재 자체이다. 그런데 그 소멸·생성 활동이 왕성하면 왕성할수록 뇌의 건강이 유지되고 뇌 기능이 활성화된다. 부품이 견고해야 전체가 안정되는 컴퓨터와 달리 부품이 불안정해야 역으로 전체의 안정과 건강과 활성화가 보장되고 촉진되는 기관이 바로 인간의 뇌이다. 사실 인간의 뇌만 그런 것이 아니다. 뇌과학자들이 쥐를 대상으로 실험한 결과 단조롭고 반복적인 환경의 쥐들은 대뇌피질에 변화가 거의 없었다. 그러나 변화무쌍하고 생기 넘치는, 풍요로운 환경의 쥐들은 대뇌피질이 증가했다. 어린 쥐뿐 아니라 이미 성장한 쥐도 마찬가지였다.

쥐의 뇌가 그러할진대 그보다 훨씬 정교하고 복잡한 인간의 뇌가 환경에 따라 그 얼마나 변화무쌍할 것인지는 전문가가 아니라도 능히 짐작할 수 있다. 게다가 그 변화는 뇌가 완전히 성장한 이후에도 계속된다. 인간은 평생 변화해야만 건강과 안정성이 보장되는 이상한 존재이다. 뇌를 가진 동물 중에서 그 변화의 진폭이 가장 큰 것이 바로 인간이며, 그것이 바로 인간 조건이다. 그 변화의 폭을 중심으로 우리는 야만과 문명을 확연하게 구분하기도 하고 변화가 큰 양상에 '발전'이나 '진보'라는 이름을 붙이거나 '성장'이나 '성숙'이라는 이름을 붙이기도 한다.

다시 말하자면, 인간은 어떤 환경에서 어떻게 성장하느냐에 따라 그 변화의 폭이 아주 큰 존재이다. 그 변화의 폭이 얼마나 크냐 하면, 저 석기시대의 삶을 지금까지 그대로 유지하는 부족이 정보화 시대를 맞이한 사람들과 함께 지구상 여러 곳에 공존하고 있을 정도이다. 그 차이가 하도 심해서 각기 서로 다른 환경에서 성장한 인간들은 애당초 유전자가 다른 종족인 것 같다는 착각을 불러일으키기도 한다. 그러나 겉으로는 생활 환경이나 사고방식에서 극명한 차이를 보이는 인간 사이의 유전자 차이는 0.1%에 불과하다.

물론 그 작은 차이는 숫자만큼 작은 차이가 아니다. 호모사피엔스와 침팬지의 유전자 차이가 불과 5%에 불과하니 0.1%의 차이도 결코 무시할 수 없다고 할 수 있다. 그러나 0.1%가 결코 무시할 수 없는 차이라는 사실 때문에 마치 호모사피엔스들 사이에 종의 분화라도 일어난 듯 착각하는 것은 잘못이다. 호모사피엔스는 99.99%의 유전자를 공유하고 있는 존재이며 게다가 다양한 변화의 가능성도 공유하는 존재이기 때문이다.

얼마 전에 텔레비전의 한 탐사 프로그램에서 인도네시아 뉴기니섬 파푸아주 정글 속에서 선사시대의 삶을 온전히 영위하고 있는 부족의 삶을 볼 기회가 있었다. 그 프로그램을 보면서 나는 사람들이 쉽게 인종주의자가 될 수도 있으리라는 생각을 했다. 그들이 우리와 달라도 너무 달랐기 때문이었다. 인도와 미얀마 사이에 있는 센티넬섬에 사는 불과 몇백 명에 불과한 사람들도 마찬가지이다. 그들은 수만 년 동안 고립된 채, 수만 년 전의 기술 및 생활양식을 그대로 유지하며 살아가고 있다. 그들도 호모사피엔스임이 분명하지만, 지구촌의 대다수 호모사피엔스와는 너무나 다른 삶을 살고 있다. 그들이 우리와 너무 다른 삶을 살고 있기에 그들이 사는 모습을 보면서 우리는 그들이 애당초 다른 종족인 것 같다는 생각을 떨치기 어렵다. 바로 그 순간 우리는 인종주의의 유혹을 받는 셈이다. 그들의 삶을 향해 안타까움을 느끼건, 동정심을 품건, 경멸감을 느끼건, 애정을 느끼건, 아련한 동경을 느끼건 -드물긴 하겠지만- 다 마찬가지이다. 그들을 경멸하면 인종주의자가 되고 그들을 동정하면 인종주의자로부터 멀어지는 것이 아니다. 내가 쓰는 인종주의자라는 표현은 그런 감정적인 대응을 뜻하지 않는다. 그들에게서 너무나 큰 거리감과 이질감을 느낀다는 뜻에서 사용한 용어이다.

그 인종주의가 가장 부정적인 모습으로 나타나면 인류의 삶 자체를 문명/야만으로 구분하고 그 경계를 도저히 넘나들 수 없는 절대적 장

벽으로 삼게 되며 18·19세기 유럽인들이 바로 그런 생각에 대체로 물들어 있었다. 그렇게 되면 문명인만 인간이 되고 야만인은 동물에 가까운 존재가 된다. 얼마 전까지 야만적인 노예 제도가 거리낌 없이 자행될 수 있었던 것은 바로 그런 완고한 이분법 때문이다. 그들은 인간을 노예로 삼은 것이 아니라, 동물과 가까운 다른 종족을 노예로 삼는다며 내심 자신을 합리화했을 것이다. 그러나 그런 장벽은 허구에 불과하다. 이른바 '원시 부족'도 우리와 다를 바 없는 호모사피엔스이다. 차이가 있다면 환경의 영향에 따른 변화를 어느 정도 겪었느냐에 있을 뿐이다. 그들이 그런 삶을 살게 된 것은 애당초 인종 자체가 다르기 때문이 아니라 수만 년 동안 이질적이고 다양한 문화와의 교류 없이 고립된 채 지내왔기 때문이며, 그로 인해 변화를 겪지 않았기 때문이다. 달리 표현하면 그들은 현대인들보다 훨씬 안정된 삶을 수만 년 동안 누려왔다고 볼 수도 있다.

  분명히 그들은 지금으로부터 수만 년 전의 기술과 생활양식을 변함없이 유지하고 있다. 그렇다면 그들과 현대를 살아가고 있는 우리 사이에는 수만 년의 세월이 장벽처럼 놓여 있을까? 그들이 현대인과 비슷해지기 위해서는 수만 년의 세월과 경험의 축적이 필요할까? 역으로, 이른바 '문명인'이 그들과 같은 사람이 되기 위해서는 수만 년 전으로 되돌아가야만 할까? 그들과 우리는 그만큼 완전히 동떨어진 존재인가? 실은 전혀 그렇지 않다.

  원시 부족의 아이를 아주 어릴 때 문명사회의 한 가정에 입양해서 키운다고 가정해 보자. 그 아이는 생김새만 빼놓는다면 이웃집 아이와 별로 구별이 되지 않는 문명인으로 성장할 것이다. 원시 부족 태생의 아이가 문명인이 되기 위해서 수만 년의 세월이 필요하지 않다는 뜻이다.

그리고 그 역도 마찬가지이다. 문명사회에서 태어난 어린아이가 원시부족들 틈에서 자란다면 자연스럽게 그 부족 사회의 일원이 될 것이다. 그러니 그들과 현대인을 가르고 있는 수만 년의 세월은 엄연히 존재하면서 동시에 존재하지 않는다고 말할 수 있다. 그것은 무엇을 뜻하는가? 호모사피엔스 자체가 어떤 환경과 마주하느냐에 따라 무한히 변화할 수 있는 잠재적 가능성을 지닌 존재라는 것을 뜻한다. 또한, 그 잠재적 가능성의 폭이 호모사피엔스가 지상에 출현한 이래 누려왔던 모든 삶의 가능성을 포함할 정도로 크다는 뜻이다. 그리고 그 무한한 가능성을 호모사피엔스 개개인이 모두 품고 있다는 뜻이다. 달리 말하자면 '나'라는 한 개인 안에 수만 년에 걸친 선조들의 삶이 켜켜이 접혀 있다는 뜻도 된다. 그 켜켜이 접혀 있던 것이 특정한 환경에서 특정한 모습으로 펼쳐진 것이 바로 지금의 '나'라는 존재이다. 그러니 인간이라는 존재 자체가 무한한 가능성이라고 말할 수밖에 없다. 늑대 품에서 자라면 늑대처럼 될 수도 있고, 성인 품에서 자라면 성인처럼 될 수도 있는 것이 인간이다. 그리고 그 차이를 낳는 지배적 요인은 물려받은 유전자보다는 환경이다. 그러니 좋은 머리를 유전적으로 물려받았다고 마구 자랑하는 것처럼 어리석은 짓은 없다.

앞에서 나는 '문화만 그런 것이 아니라 개인도 마찬가지이다.'라고 썼다. 이번에는 그 말을 뒤집어야겠다. 개인만 그런 것이 아니라 문화도 마찬가지이다. 인간이 생명체이듯 인간이 모여 사는 사회나 인간이 이룩한 문화도 그 자체 하나의 생명체이기 때문이다. 따라서 오늘날의 유럽 문화를 낳은 기질은 유럽인의 유전자 속에 존재하는 것이 아니다. 그 기질은 유럽 땅에 살게 된 호모사피엔스 일파가 유럽이라는 환경 속에서 지내면서 형성된 것이다. 도슨이 '유럽은 오스트레일리아나 아프리카처럼 자연적인 통합체가 아니라 오랜 세월에 걸쳐 진행된 역사적 진보와 정신적 발전 과정의 결과물이다.(……) 인류학적으로는 잡다한 인종이 뒤섞여 있고 유럽형 인간이라는 말은 민족적 통합체라기보다는 사회적 통합체를 의미한다.'[2]라고 말한 것은 어떤 의미에서는 오늘날의 유럽 문화를 낳은 기본 조건에 대한 정확한 지적이라고 할 수 있다.

다시 말하자. 유럽이라는 기질을 형성한 가장 중요한 요인은 다른 문화들과의 부단한 충돌과 교류이다. 그리고 그 교류를 통한 급격한 변화 자체가 유럽의 특징이다. 따라서 유럽의 기질을 정확히 이해하기 위해서라도 유럽과 충돌·교류한 '다른 문화'에 대한 이해는 필수적이다. 당연한 일이지만 그 다른 문화 중 가장 중요한 문화가 바로 도슨이 말한 '동양 문화'이며 '동방의 고등 문명'이다. 그렇다면 우리가 앞에서 제기한 '트로이는 그리스 문명의 원조격인 에게문명에 속하는가, 아닌가?'라는 질문은 '트로이는 에게 문명권에 속하는가, 아니면 오리엔트 문명권에 속하는가?'라는 좀 더 분명한 질문으로 바꿀 수 있다. 그리고 그 질문에 앞서 '트로이 전쟁 당시의 오리엔트 문명권이란 어떤 모습이었는가?'라는 의문이 저절로 먼저 떠오른다.

---

[2] 같은 책, 77쪽.

03

인류의 요람, 레반트 지역

　도슨이 사용하는 동방이라는 표현은 물론 오늘날 우리가 사용하는 동양이라는 단어와는 그 의미가 완전히 다르다. 그 표현에는 한국·중국·일본 등의 동아시아는 물론이고 인도와 동남아시아 지역은 포함되지 않는다. 그 표현은 유럽을 중심으로 해가 뜨는 동쪽을 막연히 가리키는 용어이며 좀 더 구체적으로는 지금 우리가 중동이라고 부르는 지역을 지칭한다.

　사실 트로이가 존재하고 있던 '아나톨리아 반도'의 '아나톨리아'라는 명칭도 지극히 유럽 중심적인 명칭이다. 아나톨리아라는 명칭은 그리스어로 '떠오르다'라는 뜻의 '아나텔로'에서 유래했으며, 해가 떠오르는 방향, 즉 '동쪽'을 가리킨다. 그리스 사람들 입장에서 볼 때 그곳이 동쪽에 있었기에 그런 명칭이 붙은 것이다. 지금의 팔레스타인과 시리아, 요르단, 레바논, 남부 튀르키예 등이 있는 지역이 '레반트' 지역이라고 불리는 것과 마찬가지이다. 레반트라는 명칭은 라틴어로 '떠오르다'를 뜻하는 'levare'에서 유래한 것으로 '해가 떠오르는 곳', 즉 동쪽에 있는 지역이라는 뜻이다. 고대 지중해 중심의 세계관에서 해당 지역들이 동쪽으로 치우쳐 보였기에 붙여진 명칭들이다.

　유럽 중심의 눈길에서 벗어나 우리의 시야를 넓혀서 보면 유럽인이 '동방'이라 부른 곳은 실은 동방이 아니라 유라시아 대륙의 '중심'이며 동시에 현생 인류인 호모사피엔스의 제2의 요람이기도 하다. 지금부터 우리의 시야를 한껏 넓혀 그곳을 좀 더 객관적으로 살펴보자. 그렇게 시야를 넓혀서 총체적으로 세상을 볼 수 있을 만큼 우리가 활용할 수 있는 지식과 정보가 풍부해진 덕분이기도 하지만 실은 세상을 그렇게 총체적으로 바라보는 것이 시대적 요구이기 때문이다. 세상은 점점 더 복잡해지고 다차원적이 되었으며 국제화되어 가고 있다. 그런데 그에 비해 우리의 지식과 안목은 점점 더 파편화되고 단순해지는 경향이 있다. 그래서야 근본이 흐려질 뿐 아니라 숲 전체를 보는 안목은 점점 더 사라질 우려가 있다.

　지구 위에 여러 인종이 존재한다고 믿는 사람이 - 비록 점점 줄어드는 추세이기는 해도- 아직도 많다. 그것은 커다란 착각이다. 실제로는 '호모사피엔스'라는 단 하나의 인종만이 존재할 뿐이다. 백인종이니 황인종이니 흑인종이니 하는 표현은 모두 틀린 표현일 뿐 아니라 위험하기까지 하다. 지구상에 각기 다른 인종이 각기 다른 유전자를 지닌 채 존재하는 것처럼 착각하게 만들기 때문이다. 피부색이 하얗건 까맣건, 머리칼과 눈알의 색깔이 어떻건, 호모사피엔스는 모두 같은 유전자를 가지고 있다. 호모사피엔스에게 수없이 많이 존재하는 유전자들 중 극히 일부의 차이나 조합에 의해 우리가 눈으로 확인할 수 있는 인종적, 민족적 특성이 나타날 뿐이다. 그러니 순수 배달민족이니, 게르만족의 우수성이니 하면서 인종적 순수성이나 우월성을 주장하는 것처럼 어리석은 짓이 없다. 이제는 그런 환상에서 벗어나 "나는 흑인종이니 백인종이니 황인종이니 하는 건 몰라요. 나는 인류라고 불리는 종족밖에는 몰라요."라고 누구나 당연하게 생각하고 말하는 세상이 올 때가 되었다. 그래야 오랫동안 인류를 병들게 했던 인종적 차별이 사라지고, 차별이 사라진 자리에서 서로 간의 차이를 존중하는 세상이 될 수 있다. 그 인류라고 불리는 단 하나의 종족이 바로 호모사피엔스이다. 지구상에 수많은 인종(호모 종)이 존재했었지만 모두 사라지고 호모사피엔스만이 살아남은 것이다.

호모사피엔스는 약 20만 년 전~15만 년 전 사이에 지구상에 출현했다. 더 정확히는 아프리카 북동부에 출현했다. 참고로 호모라고 부를 수 있는 종種이 지구상에 출현한 것은 280만 년 전이고 우리가 잘 아는 호모 에렉투스가 등장한 것은 190만 년 전이다. 중국 등 동아시아에서 주로 그 유골이 발견되는 호모 에렉투스는 180만 년 남짓 살아남았다가 약 10만~20만 년 전에 사라졌다. 지금 지구촌에서 가장 번성하고 있는 동물 중의 하나인 호모사피엔스가 길게 잡아야 20만 년 정도 살아남아 있는 데 비하면 엄청나게 오래 생존한 셈이다. 그러니 백년, 혹은 천년 단위로 인류 멸망 운운하며 떠드는 소리는 약간 호들갑스럽게 들릴 수도 있다. 호모 에렉투스에 이어 약 70만 년 전에 호모사피엔스와 네안데르탈인의 공동 조상이 출현했고, 약 50만 년 전에 네안데르탈인이 주로 유라시아에 둥지를 틀고 살았다. 이어서 약 20만 년 전에 호모사피엔스가 출현해서 주로 아프리카에 둥지를 틀었다. 유럽인의 조상이 호모사피엔스와 네안데르탈인의 혼합이고 중국인과 한국인의 조상은 호모사피엔스와 호모 에렉투스의 혼혈이라는 주장이 한동안 통용되었던 것은 네안데르탈인이 주로 유라시아 대륙에 살고 있었고 호모 에렉투스의 유골이 주로 중국 지역에서 발견되었기 때문이다. 하지만 그것은 틀린 생각이다. 호모사피엔스에게서 호모 에렉투스의 유전자가 발견된 적은 없다. 또한, 네안데르탈인이 아주 미세한 양의 유전자를 중동과 유럽에 거주하는 사람들에게 남긴 것은 사실이지만(약 1~4%), 호모사피엔스와 그들과의 관계를 동등한 접합 관계로 볼 수는 없다. 그보다는 네안데르탈인이 호모사피엔스에게 아주 미세한 흔적만을 남기고 지금으로부터 약 2만 5천~2만 년 전에 사라졌다고 보는 것이 옳다. 왜 호모사피엔스만 살아남고 다른 종족은 멸종했는지, 호모사피엔스와 네안데르탈인의 차이에 주목하면서 그 사정을 조금 자세히 살펴보자.

아프리카에 둥지를 틀고 있던 호모사피엔스의 일부가 약 10만 년 전에 네안데르탈인의 영토인 북부 레반트로 건너갔다. 하지만 이미 그곳에 터를 잡고 있던 네안데르탈인에게 밀려 뿌리를 내리는 데 실패하고 물러났으며, 네안데르탈인이 여전히 지중해의 주인으로 남았다. 그로부터 3만 년 정도 지났을 무렵인 약 6만 5천~7만 년 전, 호모사피엔스는 다시 한번 아프리카 탈출을 시도한다. 물론 호모사피엔스 전체가 마치 출정이라도 하듯 대오를 정비하고 일시에 떠난 것은 아니다. 학자들 추정으로는 한 무리가 대략 30명~50명 정도로 이루어져 앞서거니 뒤서거니 하며 나일강을 따라 레반트 지역으로 갔다. 전체 인원은 대략 1,000명에서 2,500명 정도로 추정된다. 지금 인구에 비하면 미미한 숫자 같지만 실은 당시 인구의 10~15% 정도가 이동한 것이니 엄청난 사건이요, 인류 대이동이라고 할 만하다(당시 호모사피엔스 인구는 대략 1만 2,800~1만 4,400 정도로 학계에서는 추정하고 있다). 나머지 대다수는 여전히 아프리카에 남아있었다. 아프리카 보금자리를 떠난 일부 호모사피엔스는 역마살을 지닌 일종의 돌연변이인지도 모른다. 그런데 훗날 지구촌 전체를 지배하게 된 것은 아프리카에 남아있던 90%의 호모사피엔스 주 세력이 아니라 요란하게 방랑길에 오른 용감무쌍한 이들 10%의 호모사피엔스라는 사실은 주목할 만하다. 어쩌면 그 요란한 호모사피엔스의 후손인 지구촌 대부분 지역의 인류는 역마살을 유전적으로 물려받은 존재, 혹은 돌연변이의 후손들인지도 모른다.

그 역마살을 물려받은 호모사피엔스의 후손들이 지구 전역으로 퍼져 지구촌에서 가장 번성하는 동물이 되었다. 호모사피엔스는 마치 철새처럼 어디론가 떠나고 싶다는 충동에 시달리는 이상한 동물이다. 다른 동물이나 포유류에게는 거의 없는 충동이다. 호모사피엔스와 유전자가 비슷한 침팬지는 영역 이동을 하지 않으며 네안데르탈인도 호모사피엔스보다 더 오래 지구상에 존재했지만 그다지 멀리 이동하지 않았다. 그런데 호모사피엔스는 다르다. 좀 긴 안목으로 보면 호모사피엔스의 역사, 즉 인류의 역사는 요란한 이주의 역사라고 볼 수도 있다. 호모사피엔스가 아프리카를 떠난 것은 6만 5,000~7만 년 전이지만 어딘가 정착하여 지금과 비슷한 사회를 이루며 살게 된 것은 불과 1만 년 남짓 되었을 뿐이다. 그것도 호모사피엔스가 거쳐 간 모든 지역에서 일어난 일이 아니라 극히 일부 지역에서 정착이 일어났다. 게다가 그렇게 정착했더라도 인류는 가만히 있지 않았다. 상대적으로 최근의 일이지만 눈을 들어 하늘을 바라보더니 하늘을 날았고 달까지 갔으며 이제는 더 먼 우주로 가겠다는 꿈까지 꾼다. 그렇다면 호모사피엔스가 정착할 곳을 찾기 위해 계속 이주했다고 보기는 좀 어렵다. 이주가 정착지를 찾기 위한 과정이라고 보기 어렵다. 어쩌면 정착 본능보다 이주 본능이 더 원초적이라고 보는 것이 옳을지도 모른다. 혹시 인류가 정착하게 된 것은 더 이상 갈 곳이 마땅치 않아서 그대로 주저앉은 결과가 아닐까? 혹은 이렇게 말하는 것이 더 정확할지도 모른다. 호모사피엔스에게는 정착 본능과 이주 본능이 공존하고 있지만, 그중에 이주 본능이 강한 무리가 지구 전역으로 퍼져서 지구촌을 지배하게 되었다고…… 인류가 왜 그렇게 이주 본능의 지배를 받는지 그 원인을 정확히 알 수는 없지만, 정착한 삶을 영위하고 있는 우리 현대인들도 가끔은 어디론가 무작정 떠나고 싶다는 충동에 시달리는 것을 보면 그 본능이 인간의 내부에서 꿈틀거리고 있다는 것만은 부정할 수 없는 사실이다.

지금으로부터 약 6만 5,000~7만 년 전, 그런 역마살 때문에 호모사피엔스 인구의 10%가 아프리카를 떠나 레반트 지역으로 진출했다. 그런데 이번에는 3만 년 전과는 달리 네안데르탈인에게 밀려 후퇴하지 않는다. 이후 네안데르탈인과 호모사피엔스는 약 4만 년간 공존하다가 결국 호모사피엔스만 살아남는다. 물론 두 종족이 4만 년 동안 줄곧 접촉했던 것은 아니다. 두 종족이 공존한 기간은 약 4만 년이지만 직접 접촉한 기간은 약 5천 년~1만 년 정도일 것으로 학자들은 추정한다. 어쨌든 네안데르탈인은 지금으로부터 약 2만 5천 년~2만 년 전에 지구촌에서 사라진다. 개별 생명체의 능력은 결코 호모사피엔스에게 뒤질 것이 없었고, 어느 면에서는 앞서기도 했던 네안데르탈인이 왜 사라지게 된 것일까? 3만 년 전과는 달리 호모사피엔스는 네안데르탈인에게 없는 어떤 무기를, 새롭게 장착하고 나타난 것일까?

잠깐 주의할 점이 있다. 후퇴니 무기니 하는 단어 때문에 마치 네안데르탈인들과 호모사피엔스가 줄곧 맞서서 싸움을 벌인 것처럼 오해하면 안 된다. 둘이 경쟁했더라도 그것은 자연 앞에서의 생존경쟁 같은 것이지 무기를 들고 전쟁했다는 뜻이 아니다. 그냥 단순하게 자연의 법칙에 따라 네안데르탈인은 멸종하고 호모사피엔스는 살아남았다고 말하는 것이 옳을지도 모른다. 네안데르탈인의 멸종에 호모사피엔스가 어느 정도 기여한(?) 점이 있을지 몰라도 네안데르탈인이 오로지 호모사피엔스와의 싸움에서 졌기에 멸종했다고 말하는 것은 좁은 소견이다.

호모사피엔스가 네안데르탈인과의 생존경쟁에서 이기고 살아남은 원인에 대해 유발 하라리 같은 사람은 약 7만 년 전부터 3만 년 전까지 사피엔스의 인지 능력에 혁명이 일어난 결과라고 말한다.[3] 그가 말하는 인지 혁명이란 한 마디로 새로운 사고방식과 의사소통 방식을 말한다. 일종의 유전자 돌연변이에 의해 우연히 그 혁명이 호모사피엔스의 뇌 구조에 일어났으며 그 결과 전설, 신화, 신, 종교가 등장하게 되었다는 것이 그의 견해이다. 전설, 신화, 신, 종교의 특징은 그것이 '허구'라는 데 있다. 호모사피엔스는 '신화'라는 허구를 만들어 낼 수 있었기에 더 크고 안정된 무리를 이룰 수 있었으며 더 나가 이후의 인간 사회는 온통 가상의 실재들(신, 국가, 법인 등)로 이루어지게 되었다는 것이다. 우리가 문화라고 부르는 것의 주된 요소를 이루는 것은 대부분 가상의 실재라고 그는 말한다. 그리고 그 가상의 실재가 수많은 개인과 가족과 집단을 연결하는 가공의 접착제가 되었다고 말한다. 그러한 인지 혁명 덕분에 호모사피엔스는 생물학의 영역에서 벗어나 역사적 존재가 된다. 호모사피엔스가 수십만 명이 거주하는 도시, 수억 명을 지배하는 제국을 건설할 수 있었던 것은 바로 인지 혁명에 의해 허구를 만들어 내고

---

[3] 유발 하라리, 『사피엔스』 42~69쪽 참고, 김영사, 2015.

사용할 수 있었기 때문이라는 것이 그의 견해이다. 개인적으로 나는 유발 하라리의 견해에 대해 약간 부정적인 시각을 갖고 있다. 그는 '신화들 덕분에 사피엔스는 많은 숫자가 모여 유연하게 협력하는 유례없는 능력을 갖게 되었다.'[4]라고 말한다. 하지만 인간이 '신화'를 만들어낼 수 있게 된 것과 '인간의 사회'를 만들어 낼 수 있게 된 것은 모두 인간 조건의 결과들이지, 그중 하나가 원인이 되어 다른 결과가 나온 것이 아니다. 신화도 인간의 사회도 모두 인간 조건의 결과물이지 신화 덕분에 인간의 사회, 국가가 가능해진 것이 아니다. 인간은 종교적 동물인 동시에 사회적 동물이지, 종교적 동물이었기에 사회를 이룰 수 있었던 것이 아니다. 내가 보기에 유발 하라리는 인간 조건의 결과로서 나타난 현상들에서 인과관계를 찾는 우를 범하고 있다.

호모사피엔스가 약 7만 년 전에 겪은 혁명적 탈바꿈에 대해 유발 하라리와 기본 논조는 비슷하지만 약간은 다른 방향에서 접근하는 사람도 있다. 박성현 같은 사람은 그 시대 일어난 혁명을 '시냅스 빅뱅'이라고 부르고 그에 따라 호모사피엔스의 상징능력이 점차 꽃을 피우게 되었다고 말한다.[5] 시냅스 빅뱅 이후 호모사피엔스는 생물학적 몸의 진화를 멈추고 오직 행태만 급속하게 변했으며, 엄청난 혁신 능력을 지닌 존재로 탈바꿈했다는 것이다. 내가 보기에 그의 견해는 유발 하라리가 범한 인과의 오류에서 벗어난 것처럼 보인다.

그는 시냅스 빅뱅 이후 호모사피엔스의 초사회성超社會性이 결정적인 비약과 진화를 이루게 되었다고 말하는데, 상당히 경청할 만하다. 그가

---

4   위의 책 49쪽.
5   박성현 『상징의 탄생』, 240쪽부터, 심볼리쿠스, 2017.

말하는 초사회성이란 개별 생명체의 지능과 이니셔티브가 높아지는 동시에 사회의 소통·유대·결속이 강화되는 현상을 말한다.[6] 쉽게 말한다면 각 개인의 개성·주체성이 사회성과 대립하지 않고 함께 강화되는 현상이다.

우리는 각 개인을 주관적인 존재로, 사회를 객관적인 대상으로 인식하는 데 익숙해 있다. 달리 표현하면 개인은 주체로, 사회는 객체로 인식하는 것이다. 너무 간단하고 안일한 도식이다. 그런데 박성현의 '초사회성'이라는 개념은 호모사피엔스에게서의 개인과 집단의 관계를 그런 단순한 도식에서 벗어날 수 있게 해준다. 간략히 말한다면, 호모사피엔스 각 개인이 이미 초사회성을 지닌 존재, 혹은 상징적 존재이며 인간의 사회는 그 초사회성의 당연한 결과물이다. 초사회성이란 개념은, 인간 사회에서 개인의 자유와 개성과 자율성을 존중하면 사회성이 약화되는 것이 아니라, 그러면 그럴수록 오히려 더 결속력이 강한 건강한 사회가 될 수 있다는 가설을 가능하게 해줄 수 있는 좋은 개념이다. 인간 사회 자체가 개인이 지닌 초사회성의 발현체라는 점에서 개인과 사회는 떼려야 뗄 수 없는 유기적인 관계를 맺고 있기 때문이다. 그 유기적 관계 속에서 개인은 그가 속한 사회의 문화·규범의 영향을 받는 존재이면서 동시에 그 사회를 만들어 나가는 존재가 된다. 개인과 마찬가지로 그가 속한 사회도 유기적인 생명체가 되는 것이다.

개인과 사회의 관계에 대한 그 질문은 '인간이란 무엇인가? 자율성을 지닌 개체인가, 아니면 역사적 흐름 속에 속한 존재인가?'로 바꿀 수도 있고 조금 더 확대하면 '인간이란 무엇인가? 개성을 지닌 개체인가, 아

---

6   같은 책, 359쪽.

니면 호모사피엔스라는 종(種)의 한 부속물인가?'라는 근본적인 질문으로 바꿀 수도 있다. 그 질문에서 개인만 중시하면 종으로서의 호모사피엔스 전체의 모습은 흐려진다. 반대로 종만 중시해서 개체를 그 종의 덧없는 하나의 표본 정도로 취급하면 각 개인의 자율성은 사라진다. 그러나 대립하는 듯이 보이는 그 두 극단은 사실 상보적이다. 생물학적으로 개인은 종 전체 생식 사이클의 산물인 동시에 그 사이클의 생산자이다. 달리 말해, 한 개인은 종 전체의 한 부분이면서 그 부분 속에 종 전체의 특질이 품어져 있다는 뜻이다. 사실 유기적 관계의 본래 뜻은 바로 거기에 있다. 지나는 길에 참고로 한 마디 더 덧붙이자. 개인과 사회의 관계를 단순한 대립 관계로 보고 개인의 자유만 강조하면 무정부주의에 가까워지고 사회라는 집단의 효율성만 강조하면 전체주의에 가까워진다. 하지만 둘 다 '인간'이라는 존재의 기본 속성을 무시한 횡포에 불과하다. 그런 의미에서, 인간이 상징적 동물이라는 박성현의 의견에-'상징'이라는 개념에 대해 내가 약간 다른 견해를 갖고 있으면서도- 나는 동의한다. 인간이 상징적 동물이라는 선언 속에는 이미 부분과 전체, 개인과 사회, 개인과 역사, 주체와 환경에 대한 유기적 사유가 기본적으로 들어있기 때문이다.

하지만 한 가지 유보가 있다. 박성현은 인간의 역사가 그 초사회성이 강화되어 간 역사로 본다. 혹은 그 초사회성이 강화되는 길이 진화, 혹은 진보로 가는 길이라고 본다. 목표도 뚜렷하고 상당히 긍정적이다. 하지만 나는 그렇게 낙관적이지 않다. 초사회성은 목표도 아니고 그 자체가 진화하는 성격의 것도 아니다. 그것은 인간이 지닌 운명적 조건일 뿐이다. 그런 운명적 조건 아래서 인간은 개인이 사라지는 완벽한 사회성을 꿈꾸기도 하고, 집단을 악으로 상정하며 개인의 한 없는 자유를 꿈꾸기도 한다. 그러나 그 둘 다 완벽한 실현은 불가능하다는 것이 바로 인간 조건이며 그것을 불가능하게 만든다는 것, 거기에 바로 초사회성의 의미가 있다. 인간은 그런 불가능한 꿈들 사이를 왔다 갔다 하는 존재이다.

논의를 되돌려 박성현이 말하는 시냅스 빅뱅이 무엇을 의미하는지 좀 더 살펴보기로 하자. 시냅스는 신경세포(뉴런)와 신경세포 간의 접합부, 즉 신경세포를 연결하는 부위를 뜻한다. 이유는 알 수 없지만 약 7만 년 전에 호모사피엔스에게서 뉴런과 시냅스가 폭발적으로 증가했다. 신경과학자들의 연구에 의하면 인간의 각각의 뇌세포는 다른 동물에 비해 특이하지도 않고 뇌의 구조도 다른 동물과 확연한 차이를 보이는 것도 아니다. 다만 신경세포(뉴런)와 그 연결부(시냅스)의 숫자가 엄청나게 크다는 것이 가장 큰 차이이다. 인간은 1,000억 개의 뉴런을 갖추고 있으며 그중 30%인 300억 개의 뉴런이 뇌에 존재한다. 각각의 뉴런이 평균 1천~1만 개의 시냅스를 가지고 있으니 인간 뇌의 시냅스의 숫자는 10의 13승에 이른다.

그 어마어마한 수의 시냅스는 무슨 기능을 갖는가? 뇌가 받아들인 각각의 정보를 연결해서 재구성하는 기능, 바로 그것이 시냅스가 갖는 기능이다. 주어진 정보를 연결해서 '맥락'의 관점에서 이해하는 능력, 보이지 않는 맥락을 만들어 내는 능력, 보다 큰 맥락을 상상하는 능력은 모두 시냅스가 기능을 발휘한 결과이다. 네안데르탈인과 호모사피엔스의 가장 큰 차이는 바로 그 시냅스 기능의 차이에 있다는 것이 독일 막스 플랑크 연구소의 스반테 파보 Svante Pääbo 같은 진화인류학자들이 근래의 연구를 통해 밝혀낸 사실이다. 네안데르탈인의 뇌는 호모사피엔스의 뇌만큼 크지만, 시냅스의 성능이 매우 낮다. 따라서 주어진 정보를 기억하거나 단편적으로 이해하는 능력은 뛰어날지 몰라도 그 정보를 다른 정보와 연결해서 통합적으로 이해하지는 못한다. 스반테 파보가 주도한 연구팀은 네안데르탈인의 유전자 지도를 밝혀낸 후, 그들은 마치 자폐증 비슷한 정신적 결함을 지닌 것으로 보인다고 말했다. 자폐증이란 외향적이지 못한 사람, 즉 내성적인 사람이 보이는 증상이 아니다. 자폐증이란 하나의 정보를 그 정보 자체에 가두어 버리는 증상을 말한다. 즉, 사물을 연관 지어 맥락 속에서 파악하고 새로운 개념을 만들어 내지 못하는 증상인 것이다. 네안데르탈인은 개별적인 기술은 상당히 발전시켰는지 몰라도 하나의 기술을 다른 기술과 연결해서 새로운 기술을 만들어 내지는 못했다. 또한, 하나의 기술을 다른 분야에 적용하지도 못했으며 여러 기술을 한데 묶어 일반화하지도 못했다. 그뿐이 아니다. 가장 결정적인 것은 네안데르탈인이 5~10명의 작은 무리만 지으며 생활했고 무리와 무리 사이의 교류는 하지 못했다는 사실이다. 이 또한 시냅스 기능 결여 때문에 벌어진 현상이다. 자폐증에 걸린 사람이 정상적인 사회생활을 할 수 없듯이 그와 비슷한 정신적 결함을 가진 네안데르탈인이 호모사피엔스의 '사회성'을 지닐 수 없었다는 것은 자명한 일이다.

    네안데르탈인들은 그런 한계 때문에 최근 빙하기(10만~1만 1,700년 전)의 마지막 고비를 넘기지 못하고 멸종했다. 다시 말하지만, 네안데르탈인은 호모사피엔스와의 싸움에서 지고 멸종한 것이 아니다. 그들이 지닌 결함 때문에 환경적 고비를 넘기지 못하고 멸종한 것이다. 반면에 호모사피엔스는 그 고비를 넘기고 살아남았다. 시냅스 빅뱅, 혹은 인지 혁명 덕분이다. 하지만 그런 혁명적 변화가 왜, 어떻게, 인간의 뇌에 갑자기 일어난 것인지 아직 아무도 모른다. 지금까지의 과학으로는 아직 밝혀내지 못하고 있다는 뜻이다. 제아무리 과학이 발전하더라도 밝혀낼 수 없는 미지의 영역은 언제나 존재한다. 하지만 바로 그 한계 덕분에 과학의 발전은 끝이 없다. 어쩌면, 과학이 어디까지 발전할지 과학 자체도 알 수 없다는 것, 바로 그것이 과학이 품고 있는 영원한 미스터리인지도 모른다.

그렇게 시냅스를 장착한, 혹은 인지 혁명을 겪은 호모사피엔스의 일부 요란한 무리들이 약 6만 5천 년 전에 레반트 지역으로 나아갔다. 그들이 어떤 경로를 통해 레반트로 이동했는지 여러 학설이 있지만, 이집트의 나일강을 올라가다가 시나이반도를 가로질러 이동했으리라는 학설이 지금까지는 가장 힘을 얻고 있다.

그런 식으로 레반트 지역에 도착한 호모사피엔스들은 모두 그곳에 정착했을까? 아니다. 그곳에 도착한 호모사피엔스들은 시차를 두고 지구촌 곳곳으로 퍼져 나갔으며 결과적으로 일부만 그 지역에 남았다. 성질이 급한 무리들은 레반트에 도착하자마자 곧바로 동쪽으로 출발해 오스트레일리아까지 내달렸다. 레반트에 도착한 호모사피엔스 중에 성질이 가장 급한 일부 모험가, 혹은 선발대로 보면 된다.

그들과 달리 레반트 및 중근동 지역에 여전히 남아 있던 주력 집단은 약 2만 년 동안 그곳에 머물다가 서서히 움직이기 시작했다. 약 4만 5,000년 전부터 이들은 동쪽 서쪽 북쪽으로 진출해 유라시아 대륙의 온대, 한대 지역을 점령했다. 참고로 동쪽을 출발한 무리 중 일부가 약 2만 년 전에 한반도에 터를 잡고 정착했다.

호모사피엔스는 지금으로부터 6만 5,000년 전에 레반트 지역에 진출한 이래 이합집산離合集散과 교류를 계속해 왔으며, 일부는 계속 새로운 곳을 찾아 이동하기도 했고 일부는 일정 지역에 정착해서 나름대로 독특한 삶의 꼴을 갖추기도 했다. 호모사피엔스의 그렇게 다양한 삶의 꼴들 중 우뚝 두드러져 보이는 것들에 우리는 인류 4대 문명 발상지라든지 인류 문명의 5대 요람 등의 호칭을 붙이기도 한다.

지나는 길에 한 가지만 지적하자. 메소포타미아 문명, 이집트 문명, 인도 문명, 황하 문명 등을 세계 4대 문명 발상지로 간주한다는 생각은 청나라 말기 중국인 량치차오梁啓超가 1900년에 펴낸 자신의 저서『20세기 태평양가二十世紀太平洋歌』에서 처음으로 선을 보인 것이다. 이후 일본 고고학자들이 량치차오의 이 개념을 두루 사용함으로써 4대 문명 발상지설은 동양권을 중심으로 널리 퍼졌다. 나도 초등학교 시절 그렇게 배웠으며 그 개념이 아직도 머릿속에 각인되어 있다. 하지만 그 개념에는 아메리카 대륙의 두 문명권이 제외되어 있다. 게다가 서로 인접해 있으면서 긴밀히 연관성이 있는 메소포타미아 문명과 이집트 문명을 별도로 구분하는 등 상당히 임의적이라고 볼 수밖에 없다. 그런데 1916년 미국의 고고학자 제임스 헨리 브레스테드James Henry Breasted가 메소포타미아와 이집트 문명을 비롯해 레반트 지역을 한데 묶어 '비옥한 초승달 지대'라고 처음으로 명명했으며 그 명칭이 지금까지 통용되고 있다. 이후, '비옥한 초승달 지대 문명'을 필두로 '인더스 문명', '중국 문명', '잉카 문명', '아즈텍 문명과 마야 문명'을 대표적인 다섯 요람으로 분류하는 것이 일반화되었다. 그러나 보다 정확을 기한다면 비옥한 초승달 지역에 페르시아(이란) 문명을 포함하거나, 다섯 요람 외에 에게문명, 그리고 유라시아 대륙 유목민족들의 삶도 포함해야 한다는 것이 나의 개인적인 생각이다.

거기에 하나 더 덧붙일 것이 있다. 최근 고기후학의 연구 성과에 의해 중국 동부 해안선은 거의 극적이라고 할 만큼 수시로 변해왔음이 밝혀졌다. 거대한 퇴적물을 실어 나를 황하의 물줄기가 수시로 변했기 때문이다. 그리고 홍산, 요하 문명이 황하 문명에 뒤늦지 않게 성립했음이 밝혀졌으니, 인류 고대 문명에 홍산, 요하 문명도 포함하는 것이 옳다고 본다.

지금까지의 고고학적인 발굴과 연구에 의하면 '비옥한 초승달 지대의 문명'과 자그로스산맥 너머 북쪽 고원지대에서 발흥한 '페르시아 문명'은 기원전 약 3,500년~4,500년경(지금으로부터 5,500년~6,500년 전), 인더스강 문명은 기원전 2,500년경, 남아메리카의 문명들은 기원전 2,000년경, 중국 문명은 기원전 1,500년경에 시작되었다는 것이 정설이다. 한편 우리가 지금 눈길을 주고 있는 에게문명은 인더스강 문명과 비슷한 시기인 기원전 2,500년경부터 시작되었다. 즉 비옥한 초승달 지대에 머물러 있던 호모사피엔스가 이룩한 문명보다는 약 1,000년~2,000년 정도 후에 발생한 것이다. 에게문명 중 앞선 문명인 미노스 문명은 짐작하건대 레반트 근거지에 남아있던 호모사피엔스가 아나톨리아 반도를 거쳐 지중해로 진출하면서 크레타섬을 중심으로 일궈낸 문명이었을 것이며, 미케네 문명은 발칸반도 쪽으로 진입한 메인스트림 그룹 중 일부가 남하하면서 나중에 새롭게 일궈낸 문명이었을 가능성이 크다. 그렇다면, 호메로스 작품의 무대인 트로이는 과연 어느 문명권에 속할까? 그리스 문명권에 속한다고 보아야 할까, 아니면 비옥한 초승달 지대의 연장선에 속한다고 보아야 할까?

지리적으로 트로이는 아나톨리아 반도 서쪽 끝에 위치한다. 하지만 동시에 에게해와 면해 있는 도시국가이기도 하다. 아나톨리아 반도에 속해 있었다는 의미에서 트로이는 분명히 비옥한 초승달 지대 문명의 연장선에 속한다. 트로이에서 발굴된 유적들도 트로이가 아나톨리아 문명권에 속한다는 것을 증명해주고 있다. 그러나 동시에 그곳은 에게해와 면해 있는 곳이다. 즉 그리스 문명과 활발한 교류를 했을 것이며 그리스 문명의 영향을 크게 받았을 것이다. 그 영향력을 크게 평가하는 사람들은, 당시 고대 그리스 도시국가들이 에게해 연안에 숱한 식민 도시들을 건설했다는 역사적 사실에 비추어 트로이도 그중 하나였으리라고 주장하기도 한다. 우리로서는 트로이를 그리스 문화와 아나톨리아 문화가 공존하는 곳, 혹은 두 문화가 활발히 교류한 곳이라고 간단하게 정의하고 싶다. 그런 뜻에서 '트로이 전쟁'이 전쟁이기는 하지만 '전쟁'이라는 단어가 의미하는 살벌한 의미뿐만 아니라 두 문명 간의 만남과 교류의 의미도 띤다고 해석할 수 있다. 뒤에 살펴보겠지만 후대에 영향을 미친 그리스 문명 자체가 그리스 고유의 문명이라기보다는 다른 문화, 혹은 문명과의 교류와 융합을 통해 새롭게 태어난 문화이기 때문이다.

비옥한 초승달 지대를 기점으로 대략 1,000년~2,000년 정도의 시차를 두고 지구촌 곳곳에서 거대 문명들이 탄생했다. 우리가 알고 있는 그러한 거대 문명들은 규모도 크고 세계사에 미친 영향력도 지대하다. 그러나 지구상에 그런 거대 문명들만 존재했다고 보는 것은 착각이다. 즉 호모사피엔스가 모두 그 5대 문명의 요람을 중심으로 집결한 것으로 오해하면 곤란하다는 말이다. 그런 식으로 어딘가 정착해서 우뚝 솟은 거대 문명을 이룩한 족속들이 있었는가 하면 여전히 역마살의 지배를 강하게 받았던지, 아니면 환경 탓인지 한곳에 정착하지 못하고 이리저리 계속 떠도는 종족들이 있었으며(유라시아 유목민족), 아예 다른 족속들과의 왕래가 어려운 곳에 터를 잡고 자기들끼리 오순도순 조촐한 삶을 계속 꾸려나간 족속(태평양, 인도양 지역 섬들의 원주민)들도 있었다. 삶의 모습은 그렇게 달라졌어도 그들은 모두 애당초 한배에서 나온 갈래라는 점에서, 인류학적으로는 전혀 낯설 것이 없는 사람들이다. 그들은 모두 호모사피엔스의 후손들인 것이다.

지나는 길에 한 가지만 더 지적하기로 하자. '문명 발상지'라는 표현은 가능한 한 자제하는 것이 좋다는 것이 내 생각이다. 그 표현을 쓰면 그 문명을 이룩한 종족이 애당초 그곳에 뿌리를 둔 고유 종족이라는 오해를 불러일으킬 수 있기 때문이다. 마찬가지로 원주민autochthon, 혹은 토착민indigene이라는 개념도 그런 오해를 불러일으킬 수 있다. 주로 문명인이라는 개념과 대립적인 의미로 사용되는 원주민이나 토착민이라는 개념은 그런 원시적 삶을 영위하는 사람들을 아예 유별난 인종으로 취급하게 만들 위험이 있다. 사실 엄밀하게 말한다면 거대 문명을 이룩한 종족이건 원시적인 삶을 그대로 유지하고 있는 종족이건 넓은 의미에서는 모두 토착민이라고 볼 수 있다. 지구촌 곳곳을 옮겨 다니던 호모사피엔스가 어딘가 터를 잡고 그곳에서 오랫동안 살면서 나름대로 삶의 꼴을 갖추었다는 의미에서는 모두 '토착민'이다. 이른바 문명사회와 원시사회의 차이가 있다면, 그렇게 터를 잡고 이룩한 삶이 개방된 채 변화를 겪었는가, 아니면 폐쇄적인 공간 속에서 변화를 겪지 않았는가에 있다.

다시 말하자. 우리가 원주민, 혹은 토착민이라고 부르는 사람들도 모두 호모사피엔스이다. 그들은 생물학적으로나 인류학적으로 호모사피엔스의 특질을 모두 지니고 있다. 비록 삶의 꼴은 몇만 년, 혹은 몇천 년 전의 모습 그대로이긴 하지만 생물학적으로는 이른바 문명인과 조금도 다를 바가 없다. 게다가 그들에게도 신화가 있고 상징이 있으며 상상력이 있다. 다만 그들은 유발 하라리가 '농업혁명'이라 일컬은 변화를 겪지 않은 삶, 말하자면 수렵 채취 사회의 삶을 그대로 영위하고 있을 뿐이다.

심지어 유발 하라리는 수렵채취인들이 주변 환경에 대해 현대인들보다 좀 더 깊고 넓고 다양한 지식을 지니고 있었다고 말하기도 한다. 물론 개인 수준에서 하는 말이다. 유발 하라리의 말에 의하면, 개개인의 능력으로 볼 때 고대 수렵채취인은 역사상 가장 아는 것이 많고 기술이 뛰어난 사람들이었다. 수렵채취인들은 주변의 동물, 식물, 물건뿐 아니라 자기 신체와 감각이라는 내부 세계에 대해서도 통달했으며, 최소한의 노력으로 소리를 내지 않고 이동할 수 있었고 가장 기민한 방식으로 앉고, 걷고, 달릴 수 있었으며 현대인보다 훨씬 건강한 삶을 영위하고 있었다는 것이다.[7] 개인적으로 볼 때 그들은 어찌 보면 현대인이 그리는 이상적인 인간상인지도 모르며, 현대인이 잃어버렸을지 모를 호모사피엔스 본연의 장점을 더 많이 지녔을지도 모른다. 지금까지도 수렵 채취 생활을 영위하고 있는 사람들을 바로 그런 인간상에 가까운 사람들이라고 볼 수 있을지도 모른다.

하지만 인류학적으로는 보편적이라고 할 수도 있을, 전혀 낯설 것이 없는 그들의 삶 혹은 문화는, 역사적인 관점에서 보면 보편적이 아니다. 그들은 호모사피엔스 대다수가 걸어온 길을 걷지 않았기 때문이다. 지구상에 존재했던 호모사피엔스가 대부분 겪은 일을 겪지 않았기 때문이다. 무엇을 겪지 않았단 말인가? 바로 변화이다. 오늘날 우리가 인류

---

[7] 이상, 유발 하라리 위의 책 123~125쪽 참조.

문명의 요람으로 간주하는 지역은 한마디로 시끌벅적한 곳이다. 시끌벅적 다른 종족, 문화와 교류, 충돌하면서 변화를 겪은 곳이다. 물론 그 변화에 발전이나 진화라는 명칭만을 붙일 수 있는가에 대해서는 이론의 여지가 있다. 생물학적인 관점에서뿐 아니라 개인의 인지 능력 면에서도 호모사피엔스는 지구상에 출현한 이래 조금도 진화하지 않았다는 사실을 최첨단 과학자들이 증명하고 있기 때문이다. 오히려 그 변화를 겪는 동안 호모사피엔스가 지닌 본연의 능력을 상실하고 인식의 폭이 더 좁아졌는지도 모른다. 자연을 읽는 능력, 하늘을 보고 자연의 섭리를 이해하는 능력, 사람과 사람 사이의 이해와 소통 능력, 서로를 배려하는 능력은 훨씬 퇴보했는지도 모른다. 그러니 변화의 길을 걷지 않은 삶을 영위하고 있는 사람들은 대다수 호모사피엔스보다 훨씬 지혜로울지도 모르고, 평화로운 삶을 영위하고 있는지도 모르며, 현대인의 이른바 '인간적인 고뇌'에 덜 시달리며 행복하게 지내고 있는지도 모른다.

그러나 한 가지 분명한 사실이 있다. 그들은 결코 호모사피엔스의 주류가 아니다. 그들은 다른 호모사피엔스들과는 달리 대개 고립된 삶을 영위해 왔다. 고립된 삶은 안정적일지는 몰라도 변화가 없다. 그들의 삶을 통해 우리 호모사피엔스가 너무 잊고 있던 것, 우리가 지향할 가치들을 상기할 수 있는지는 몰라도 우리의 삶 자체를 그 방향으로 되돌릴 수는 없다.

인류 문명이 발생한 곳은 어디나 이합집산과 교류가 왕성했던 시끌벅적한 곳, 각 개인이 조용히 지내기 어려울 만큼 언제나 북적이던 곳이다. 그런 시끌벅적한 길을 걸어온 것이 호모사피엔스의 운명이고, 그 길을 통해 끊임없이 무언가 도모하면서 변화해 온 것이 인류의 역사이다. 인류학적 관점이 아니라 역사의 관점에서 호모사피엔스를 살펴본다는 것은 바로 그 변화의 길에 초점을 맞춘다는 것을 의미한다. 내가 이 책에 『문학으로 여는 세계사』라는 제목을 붙인 것은, 인류학적인 의미에서의 호모사피엔스의 동질성을 시야에서 놓치지 않은 채, 그런 변화의 모습에 주안점을 두기 위해서이다.

04

꿈의 전쟁, 트로이 전쟁

　호메로스 시대의 레반트 지역이 실제로 어떠한 공간인가 알아보기 위해 우리는 시간적으로나 공간적으로나 아주 멀리 여행한 셈이다. 그 여행을 통해 우리가 얻은 소득은 어찌 보면 간단하다. 그 지역을 유럽 중심적 시각으로 단순히 동양, 동방이라고 부르면서 낯선 지역으로 간주한다면 사정을 아는 사람은 심기가 많이 불편해질 수도 있다는 사실이다. 그 여행을 통해 확인했듯이 레반트 지역은 호모사피엔스 일부가 아프리카 요람을 떠난 뒤 처음으로 터전을 마련한 곳일 뿐만 아니라 그중 일부가 지구촌 전역으로 진출한 기점이기도 하다. 그곳에 남아있거나 가까운 곳으로 이동했던 호모사피엔스들은 서로 충돌하면서 인류 최초의 문명을 이룩하기도 했고, 일부는 지구 전역으로 퍼져 나가 지구촌 곳곳에서 다양한 문명을 이룩하기도 했으니 그곳은 인류 전체의 제2의 요람이며 젖줄과도 같은 곳이다.
　그곳을 떠나 지구촌 멀리까지 갔던 사람들은 곳곳에서 나름대로 독자적인 문명을 이룩했다. 그러나 레반트 지역 및 그 인근에 머물

던 사람들도 그곳에서 독특한 문명을, 그것도 다른 지역보다 1,000년
~2,000년 정도 앞서서 이룩했다. 앞서 우리가 비옥한 초승달 지대의 문
명이라고 부른 문명이 바로 그것이며 통칭해서 오리엔트 문명이라고
부르기도 한다.

그중 가장 오랜 문명은 수메르인들이 기원전 약 3,500년 경(지금으로
부터 5,500년 전. 그 발생 시기를 기원전 4,500년경으로 보는 전문가들도 있다. 약
2,000년~3,000년 간 지속)에 세운 문명으로서 통칭 메소포타미아 문명이
라 일컫는 문명이다. 수메르인들은 티그리스강과 유프라테스강을 중심
으로 화려한 문명을 꽃피웠으며 강력한 국가를 인류 최초로 형성했다.
그들은 쐐기문자를 사용했고 창조 신화를 만들었으며 호메로스의 서사
시가 쓰였을 때보다 약 1000년 정도 앞선 기원전 2000년 경에 『길가메
시 서사시』를 지었다.

수메르인들이 최초로 문명국가를 건립한 이래, 아나톨리아 반도를
포함한 비옥한 초승달 지역은 그야말로 수많은 국가가 난립하면서 주
도권을 다투는 각축장이 되었다. 아카드인은 역사상 처음으로 다민족
중앙집권제국을 형성하여 수메르인을 복속시켰고 그들의 문명을 직접
이어받았으며(BC 2334~BC 2154), 북쪽 고원지대에서는 페르시아(혹은
이란)의 원조 격인 엘람 문명이 일어나 (BC 2700~BC 509) 수메르 문명을
멸망시킨다. 이어서 강력한 아시리아(BC 2500~BC 609)가 북쪽에, 함무
라비 법전으로 유명한 바빌로니아(BC 1894~BC 1530)가 남쪽에 자리 잡
고 각축전을 벌이다가 아시리아가 패권을 잡고 그 지역 거의 전체를 지
배했으며 대량으로 철기를 사용한 히타이트 왕조(BC 1600~BC 1178)가
몇백 년간 아나톨리아 반도를 지배하기도 했다. 또한, 고대 레바논, 시
리아, 팔레스타인 북부에서 발흥한 페니키아(BC 1200년 이전~BC 539년)

가 왕성한 해양 활동을 벌이며 북아프리카의 카르타고까지 그 영역을 넓히기도 했다. 우리가 눈길을 주고 있는 트로이는 아나톨리아 반도에 자리 잡고 있었으므로 트로이 전쟁의 시대적 배경인 기원전 12세기에는 히타이트 왕국의 영향권에 있거나 그 지배를 받고 있었다고 보는 것이 자연스럽다.

그런데 아나톨리아 반도 동남쪽에서 기원전 9,700년 경, 그러니까 지금으로부터 1만 1,700년 전에 세워진 것으로 보이는 괴베클리 테페 유적이 20세기 후반부에 발견되어 고고학자들을 깜짝 놀라게 했다. 지금도 여전히 발굴이 진행 중인 그 유적(발굴에는 앞으로도 약 60~70년 정도 더 걸릴 것으로 전문가들은 보고 있다)은 이집트 피라미드보다 까마득히 먼저 세워진 것일 뿐 아니라(피라미드는 BC 2700~2000년 정도에 세워진 것으로 보고 있다) 수메르 문명보다도 훨씬 전에 세워진 것이다. 메소포타미아 지역에 사람이 살면서 문명을 이룩한 연대를 약 1만 2,000년 전으로 거슬러 올라갈 수 있게 된 것이며 인류 최고最古의 문명으로 알려진 수메르 문명보다 훨씬 앞선 문명이 메소포타미아 위쪽 아나톨리아반도 고원 지역에 존재했음을 알게 된 것이다. 거대한 석조 구조물로 이루어진 그 유적이 어느 정도 오랜 유적인가 실감하려면 잠깐 계산을 해보는 것으로 족하다. 그 유적으로부터 수메르 문명까지의 시간적 거리가 수메르 문명으로부터 현재까지의 시간적 거리보다 훨씬 길다는 사실을 금세 확인할 수 있다. 그 유적의 발굴이 완전히 끝나고 많은 연구가 행해진다면 인류 문명사를 새로 써야 할지도 모른다. 괴베클리 테페 유적(혹은 문명?)과 수메르 문명 사이의 수천 년의 인류 역사에 대해 우리는 아직 아는 것이 거의 없으니⋯⋯우리가 아직 모르고 있는 인류의 수천 년의 역사가 더욱 다채로운 모습을 띠며 우리에게 다가올 수도 있지 않겠는가? 호모사피엔스의 일부 무리들이 지구촌 전역으로 퍼져 나가 열심히 지구정복 사업에 열중하고 있는 동안 레반트 지역과 인근을 삶의 터전으로 삼은 호모사피엔스들이 수천 년 동안 손을 놓고 있지는 않았을 것 아닌가?

어쨌든 메소포타미아를 포함한 비옥한 초승달 지대와 인근에서 그런 문명 발생이 가능했던 것은 아프리카를 탈출한 호모사피엔스가 처음으로 그곳에서 터전을 마련했기 때문이며, 인근에 흩어져 살던 호모사피엔스들이 그곳에서 끊임없이 교류하고 충돌한 덕분이었다. 그러니 그리스인들이 막연히 '동방'이라고 부른 그곳은 미지의 신비한 지역이기는커녕 일찌감치 그곳에 터를 잡고 있던 호모사피엔스들이 서로 교류하고 충돌하고 경쟁하면서 번성했고, 인류 최초의 문명을 이룩한 곳이다.

이제 긴 여행을 마치고 다시 호메로스의 서사시 시대로 돌아가기로 하자. 과연 호메로스의 『일리아스』와 『오디세이아』 시대에 트로이에는 어떤 사람들이 살고 있었고, 어떤 문명이 존재하고 있었을까? 트로이 전쟁의 성격과 의미는 과연 무엇일까?

앞서 말했듯이 트로이 전쟁의 시대적 배경은 기원전 12세기이며 호메로스가 살았던 시대는 기원전 8세기이다. 즉 트로이 전쟁은 미케네 문명이 멸망하고 그리스가 암흑기에 접어들기 시작할 무렵의 전쟁이고 호메로스가 그 전쟁을 소재로 서사시를 쓴 때는 그로부터 400년 정도 후인 기원전 8세기이다. 기원전 8세기는 그리스 암흑기가 끝나고 우리가 지금까지 익히 알고 있는 그리스 문명의 특성들이 막 꽃 피어나기 시작하던 때이다. 그때부터 그리스의 상징이라고 할 수 있는 시민 공동체 폴리스가 형성되고, 민주주의가 발달하기 시작했으며, 무엇보다 활발하게 해외 진출과 식민 활동이 전개되었다.

따라서 호메로스의 작품에 묘사되고 있는 트로이 전쟁은 기원전 12세기에 그리스와 아나톨리아 반도의 한 도시국가 사이에 벌어진 전쟁으로 보기가 어렵다. 무엇보다 작품에서 트로이가 거의 완벽하게 그리스화 되어있다는 사실이 작품을 역사적 사실과 멀어지게 한다. 작품의 내용만으로 볼 때, 그리스와 트로이는 비록 전쟁을 벌이고는 있지만, 둘은 같은 문명권에 속한다. 그리고 그 둘을 같은 문명권으로 묶어주는 것이 바로 그리스 신화이다. 그런데 미케네가 멸망한 기원전 12세기에 아나톨리아 반도의 한 도시가 그리스 신화를 공유하면서 완벽하게 그리스화 되었다고 보는 것은 무리이다. 기원전 12세기의 트로이는 히타이트 왕국이 지배하고 있는 아나톨리아 문화권에 속해 있었기 때문이다.

그리스인들이 아나톨리아 반도의 에게해 인근 지역에 본격적으로 식민 도시를 건설하기 시작한 것은 기원전 8세기에 이르러서이다. 한 가지, 명확히 할 점이 있다. 식민 도시라는 말을 무력으로 점령한 지역으로 오해하면 안 된다. 식민 도시는 말 그대로 그리스인을 심은 도시일 뿐이다. 달리 말하면 그리스인들이 이주해서 정착한 도시라는 뜻이다.

그렇다면 트로이 전쟁은 시대적 배경만 기원전 12세기일 뿐 실제로는 호메로스 생존 시, 즉 기원전 8세기의 현실을 노래하고 있는 것인가? 맞기도 하고 아니기도 하다. 호메로스의 작품이 기원전 12세기의 그리스를 소재로 빌려왔을 뿐 실제로는 기원전 8세기의 상황이 배경일 수 있다는 의미에서는 맞다. 트로이가 당시 이미 그리스화가 상당히 진행된 그리스의 식민 도시 중 하나로 볼 수도 있다는 말이다.

하지만 그런 관점에는 문제가 있다. 그리스와 그리스의 식민 도시인 트로이가 전쟁을 벌이고, 그 결과 트로이가 멸망한다? 물론 트로이를 그리스 식민 도시 중의 하나로 볼 수 있기는 하다. 당시 그리스가 통합된 국가 형태를 지니고 있었던 것이 아니라 많은 도시국가들 간의 세력 다툼의 장소였고 도시국가들끼리의 갈등은 다반사였기 때문이다. 그러나 그리스 도시국가들이 연합해서 이제 막 자신들이 건설한 식민 도시와 전쟁을 벌이고 그 도시국가를 멸망시킨다? 도무지 현실감이 떨어진다. 그리스 연합군이 힘을 모아 대적할 정도로 트로이가 막강한 신흥 도시국가였다면 트로이는 그리스 역사 속에서 아주 중요한 도시국가로 등장하는 것이 마땅하다. 그러나 트로이 전쟁은 오로지 호메로스의 서사시에만 등장할 뿐이다. 말하자면 호메로스의 작품 내용에 상응하는 트로이의 존재나 트로이 전쟁의 의미를 역사적 사실 속에서만 찾는 것은 무리라는 말이다. 그러다 보면 너무 큰 모순에 부딪히게 되기 때문이다.

  우리가 호메로스의 서사시를 읽고 주목해야 하는 것, 찾아야 하는 것은 역사적 사실이 아니다. 우리가 주목해야 하는 것은 호메로스가 트로이를 거의 완벽하게 그리스화했으며 그 중심에 바로 그리스 신화가 존재한다는 사실이다. 말하자면 우리의 눈앞에 놓인 것은 기원전 12세기 미케네 문명 시대에 대한 역사소설이 아니라, 이런 용어가 가능하다면 일종의 신화소설이며, 그것도 기원전 12세기의 신화소설이 아니라 기원전 8세기의 신화소설이다. 그 신화소설 속에서 호메로스는 당대의 그리스인의 꿈을 투영한다. 그 꿈속에서 트로이는 비록 현실적으로는 그리스와 전쟁을 벌이고 있으나 그리스와 신화를 공유하고 있는 나라가 된다. 두 나라가 어느 정도로 신화를 공유하고 있는지는 트로이 전쟁이 일어난 원인에서부터 잘 드러나 있다. 너무 널리 알려진 이야기이지만 잠깐 머리를 식히기 위해 그 전말을 살펴보자.

트로이 전쟁이 벌어지게 만든 장본인은 트로이의 왕자인 파리스와 그리스의 도시국가 스파르타의 미녀 헬레네이다. 이야기는 좀 거슬러 올라간다.

파리스는 대단한 미남이다. 그런데 어느 날 그에게 제우스의 부인인 헤라, 전쟁의 여신 아테네, 사랑의 여신 아프로디테가 사과를 한 개 들고 찾아온다. 여신들은 파리스에게 가장 아름다운 이를 선택해서 그 여신에게 사과를 주라는 무리한 요구를 한다. 그러면서 여신들은 그 사과를 자신에게 주면 멋진 선물을 주겠다고 각자 약속한다. 헤라는 부귀영화와 권력을, 아테네는 승리와 명예를, 아프로디테는 절세의 미인을 주겠다고 약속하는 것이다. 파리스는 졸지에 누가 이 세상에서 가장 아름다운 여인인가를 판정하는 심판관 역할을 맡게 된 셈이다. 파리스는 절세미인을 아내로 맞게 해주겠다고 약속한 아프로디테의 말에 솔깃해서 그녀에게 사과를 준다. 그 결과 그는 아프로디테가 약속한 대로 절세의 미인 헬레네를 아내로 맞게 된다. 헬레네의 미모에 대한 소식을 듣고 그리스로 건너간 파리스가 그녀를 유혹하는 데 성공해서 그녀와 함께 트로이로 돌아온 것이다. 아프로디테가 그에게 모든 여자를 사로잡을 수 있는 매력을 준 덕분이다. 하지만 뒤끝이 개운치 못하다. 파리스는 아프로디테가 약속을 지켜준 덕에 절세의 미인을 아내로 얻었으나 헤라와 아테네에게 미움을 받는 처지에 놓이게 된 것이다.

게다가 파리스가 절세의 미인 헬레네를 아내로 삼는 것으로 일이 마무리되지 않는다. 헬레네가 이미 결혼한 유부녀였으니 여신 아프로디테의 일 처리가 영 깔끔하지 않았던 셈이다. 헬레네가 스파르타의 왕자이자 아가멤논의 아우인 메넬라오스와 결혼한 몸이었으며, 이것이 바로 트로이 전쟁의 불씨가 된다. 트로이 전쟁은 빼앗긴 아내를 되찾아오겠다는 메넬라오스의 복수심에서 일어난 전쟁이다.

그런데 한 가지 의문이 남는다. 아내를 되찾아오겠다는 메넬라오스의 개인적 이유에서 벌어진 전쟁에 왜 거의 모든 그리스 영웅들이 동참한 것일까? 그는 여러 도시국가 중 한 곳의 영웅일 뿐이지 않은가? 이유가 있다. 헬레네가 너무 아름다워서 거의 모든 그리스 영웅들이 그녀에게 청혼했다. 그러자 헬레네의 아버지가 구혼자들에게 묘한 요구를 한다. 누가 헬레네의 남편이 되건 나머지 사람들은 그 행운아의 '남편으로서의 권리'를 지켜주겠다고 맹세하도록 강요하면서 구혼자 모두에게 그 서약을 받아낸 것이다. 정작 남편은 메넬라오스 한 명이었지만 나머지 영웅들도 덩달아 남편으로서의 의무를 지게 된 셈이다. 파리스가 헬레네를 유혹해서 데려가자 그들도 모두 전쟁에 함께 나설 수밖에 없는 사정이 거기 있었다. 그리하여 그리스 연합군 전체가 트로이를 공격하게 된 것이다.

전쟁이 발발하자 신들도 두 패로 나뉘어 일부는 그리스 편을 들고 일부는 트로이 편을 든다. 파리스에게 앙심을 품은 헤라와 아테네가 그리스 편을 들고, 아프로디테가 트로이 편을 들었음은 물론이다. 말하자면 그리스와 트로이는 겉으로는 적으로서 전쟁을 벌이지만 사실은 같은 신화를 공유하고 있는 동질 문화권인 셈이다. 게다가 그 전쟁도 뚜렷한 현실적 이유 없이 그저 '신들의 장난'으로 벌어진 전쟁일 뿐이다. 당연한 일이지만 아가멤논, 아킬레우스, 오디세우스, 메넬라오스 등 그리스 연합군의 영웅들뿐 아니라 프리아모스 왕, 헥토르, 아이네이스 등 트로이의 영웅들도 그리스 신화 속 신들과 혈연관계로 맺어져 있다.

다시 말하지만, 호메로스 서사시의 내용을 역사적 현실과 조응하려는 시도는 무리일 뿐이다. 무엇보다 신들이 마음껏 등장해서 활동하는 신화적 성격을 띠고 있는 것이 그의 서사시이기 때문이다. 그 어느 신화건 신화 속의 신들은 현실적 존재의 반영이 아니라 꿈과 상상력의 소산이다. 호메로스의 작품이 신화적 성격을 띠고 있다는 것은 그 작품의 내용이 역사적 사실의 반영이 아니라 당대의 꿈과 상상력을 보여준다는 것을 뜻한다. 호메로스의 작품을 통해 우리는 당대의 역사적 사실이 아니라 당대 그리스인들의 꿈과 상상력에 더 가까이 접근할 수 있는 것이다. 따라서 호메로스의 서사시는 배경만 기원전 12세기 그리스일 뿐 실제로는 호메로스가 살았던 기원전 8세기의 그리스인의 모습을 보여준다고, 그것도 당시의 역사적 현실이 아니라 그들의 꿈과 세계관을 보여준다고 말하는 것이 더 정확하다. 트로이라는 도시가 실재했고, 트로이 전쟁 같은 것이 실제로 있었다고 하더라도 트로이 전쟁의 의미는 역사 속에서 실제로 벌어졌던 사실의 차원에서 찾을 것이 아니라 기원전 8세기의 그리스인들의 꿈이 온전히 담겨 있는 작품의 내용과 의미 속에서 찾아야 한다.

05

호메로스의 꿈, 혹은 그리스인들의 꿈

　다시 말하지만, 호메로스의 서사시는 기원전 8세기 그리스인의 작품이다. 그러나 그 작품은 기원전 8세기의 현실을 노래했다기보다는 기원전 8세기에 살았던 그리스인의 꿈을 노래했다. 그 작품의 내용과 인물들을 역사적인 입장에서 어떻게 이해하고 해석할 것인지 그 시대에 관한 정확한 정보와 지식을 우리는 갖고 있지 않다. 더 나가 작품의 주인공들은 이른바 실증적이고 역사적인 어느 특정인을 지칭하지 않는다. 그런 의미에서 그 작품의 내용은 어느 정도 역사성에서 벗어나 있다. 호메로스 작품의 생명력이 영원하다고 할 정도로 긴 것은 바로 작품의 그 탈역사적 성격 덕분이기도 하다.
　하지만 그런 탈역사적 서사시를 지은 호메로스는 분명히 역사적 인물이다. 그는 기원전 8세기 그리스의 서사시인이며 음유 시인이다. 호메로스가 실제로 존재한 적이 없다고 말하는 사람이 있을 정도로 그는 수수께끼 같은 인물이지만 『일리아스』와 『오디세이아』가 기원전 8세기의 그리스인, 혹은 그리스인들의 작품이라는 것은 명백한 사실이다. 그렇다면 호메로스의 작품들이 후대에도 강한 생명력을 가지고 살아남았다는 것은 기원전 8세기의 그리스인들이 꿈꾸었던 것, 그들이 열광했던 것이 거의 3,000년 가까이 지난 오늘날까지도 강한 호소력과 생명력을 지니고 있다는 뜻이 된다. 청동기 시대 사람들의 꿈이 AI 시대를 맞고 있는 21세기에도 여전히 호소력과 생명력을 지닌다니 놀랍지 않은가?

우리가 지금도 호메로스의 작품들을 읽는 것은, 저 청동기 시대 사람들의 삶과 행동과 생각에 대한 객관적인 지식을 얻기 위해서가 아니다. 작품의 내용에 기대어 역사적 사실을 확인하기 위해서가 아니다. 저 청동기 시대 사람들의 꿈이 담긴 작품이 지금의 우리에게도 울림을 주고 감동을 주기 때문이다. 저 청동기 시대 주인공들의 생각과 감정과 행동이 지금 우리의 생각과 감정과 행동처럼 느껴지기 때문이다. 그 시대 사람들의 꿈이 우리 곁에서 함께 호흡하기 때문이다. 위대한 문학 작품은 그렇게 지금의 우리의 삶과 꿈을 저 까마득한 선조들의 삶과 꿈과 가까워지게 해주고, 그들을 우리 곁에 생생하게 살아 있게 해주는 법이다.

호메로스는 청동기 시대의 인물이다. 청동기 시대의 인물? 어떤 모습이 구체적으로 그려지는가? 원시인의 모습까지는 아니더라도 상당히 미개한 모습이 어렴풋이 떠오르지 않는가? 어쨌든 21세기를 살아가고 있는 우리가 청동기 시대 인물의 모습을 구체적으로 떠올리기는 어렵다. 그저 막연하고 추상적인 모습만 떠오를 뿐이다. 우리는 그 시대 인물이 구체적으로 어떤 관습과 믿음을 지니고 살았는지 알 수 없다. 그만큼 까마득한 옛날 사람이며 낯선 사람이다. 그러나 호메로스의 서사시를 읽어보라. 호메로스의 호흡, 등장인물들의 호흡이 아주 가까이에서 느껴지지 않는가? 작품 속 인물들의 욕망과 꿈, 그들이 소중하게 여기던 것, 그들이 추구하던 것이 바로 지금 우리의 것처럼 느껴지지 않는가?

얼핏 보면 그의 작품들은 황당해 보인다. 신들이 인간 사회 어디에나 등장하기 때문이다. 신들은 인간 사회에 등장해서 온갖 인간사에 참견한다. 그뿐이 아니다. 신들은 아예 인간과 핏줄로 맺어져 있다. 그런데 그 황당함이 작품에 영원한 생명력을 준다. 작품에 신들이 등장하기 때문에, 게다가 그들이 인간의 탈을 쓰고 있기에, 저 까마득한 옛날 작품이 지금 우리에게도 호소력을 갖는 것이고 생생한 현실감을 줄 수 있다는 것, 바로 거기에 중대한 역설이 존재한다. 호메로스의 서사시가 신화적이라는 사실, 바로 그 때문에 그의 작품은 다른 작품들보다 생명이 길고 영원하다고까지 말할 수 있는 것이다.

신화란 무엇인가? 역사적 실증주의자들은 신화를 현실의 반영이자 변용이라고 주장하며, 그와 비슷한 생각을 하는 사람이 아주 많다. '신화 실재설évéhmérisme'이 대표적이다. 신화 실재설을 내세우는 사람들은 신화 속 인물이 실존 인물들이며 신화 속 사건들은 현실에서 실제로 벌어진 사건들이라고 믿는다. 그들은 호메로스의 서사시에 등장하는 신들과 인물들은 고대의 인물과 역사적 사건들을 우화적으로 옮긴 것이라고 주장할 것이다. 그들의 의견대로라면 작품의 내용을 정확히 파악하기 위해서는 작품의 내용과 등장인물에 부합하는 사건과 인물을 역사적 사실 속에서 찾아야 한다. 그들의 주장에 따르면 현실에서 벌어진 일을 합리적으로 이해하고 설명할 능력이 고대인들에게 없었기에 엉뚱하게 상상력을 발휘해서 신화라는 형식으로 유치하게 왜곡 표현한 것이다. 그러니 신화를 제대로 이해하려면 그 상상력을 걷어내고 실상을 제대로 파악해야 한다.

  그러나 신화에 관한 연구와 논의가 활발해짐에 따라 신화 자체에 대한 이해가 상당히 -완전히는 아니더라도- 바뀌었다. 신화는 유치한 이야기가 아니라 인류 전체의 꿈과 갈망을 표현한 것이라는 주장이 더 힘을 얻게 되었다. 그런 주장을 하는 사람들은 인간의 상상력을 높이 평가하면서 신화가 바로 그 상상력이 최고도로 발휘된 담론이라고 말한다. 신화에 대한 재평가는 인간의 상상력에 대한 재평가와 긴밀한 연관이 있다. 그렇게 상상력과 신화를 높이 평가한 사람 중의 한 명인 스위스의 심층 심리학자 칼 구스타프 융은 신화 속의 신들을 인간의 '이상형ideal type'이라고 말했다. 인간이 꿈꿀 수 있는 궁극적 이상이 신의 모습으로 형상화되었다는 것이다.

  그런데 신이 인간의 '이상형'이라는 융의 생각을 염두에 두고 호메로스의 작품을 읽다 보면 약간 고개가 갸우뚱해진다. 호메로스의 작품에 등장하는 신들이 아무래도 이상형과는 거리가 먼 캐릭터들인 것 같다. 이상형이기는커녕 오히려 수상하기 짝이 없는 존재들이다.

  우선 『일리아스』 자체가 전쟁 이야기이다. 전쟁이란 무엇인가? 인간이 인간 사회에서 벌이는 가장 처참한 행태임이 분명하다. 전쟁이 벌어진 원인이야 어떻든, 또한 인류 역사에서 전쟁이 차지하는 의미에 대한 해석이 어떻든, 전쟁은 그 자체 대량 동족 살해 범죄이다. 그런데 작품에서 그런 전쟁의 발단이 된 것은 여신들의 미모 자랑과 경쟁심, 질투심이다. 어디 그뿐인가. 오로시 인간이 맺고 있는 신과의 혈통에 의해, 혹은 신 자신의 개인적인 이해관계에 의해 그리스를 도와주는 신과 트로이를 도와주는 신이 갈라진다. 인간들이 전쟁을 벌이면서 흔히 전면에 내세우는 그럴듯한 명분도, 윤리적인 기준도 이 신들에게는 없다.

물론 작품에서 직접 전쟁을 일으킨 것은 인간들이다. 자기 아내 헬레네를 유혹해서 데려간 파리스를 향한 메넬라오스의 분노와 복수심이 전쟁의 원인이다. 게다가 전쟁에 참여한 인물들은 온갖 무모한 행동을 일삼을 뿐 아니라, 잔인하게 적을 많이 살해하면 할수록 영웅이 된다. 배려도 없고 절제도 없다. 『일리아스』의 영웅들은 여인을 전리품으로 획득하는 것을 당연시하고, 작품의 주인공 격인 아킬레우스는 전리품을 빼앗겼다는 사실에 분노해서 동맹으로서의 약속을 깨고 자신의 군막에 칩거한 채 아예 전장에 나서지 않는다. 아니, 칩거하는 정도가 아니라 아군인 그리스군의 패배를 기원할 정도이다.

　그러나 인간의 그런 무모한 행동을 좌지우지하는 것은 신들이다. 인간 사회에서 벌어지는 온갖 수치스럽고 불명예스러운 짓들의 궁극적인 원인은 신들이다. 신들은 인간의 바람직한 이상향이기는커녕 마치 인간적인 온갖 욕망의 화신 그 자체처럼 보인다. 그렇게 신들에 의해 휘둘리는 인간은 가련한 존재일 수밖에 없다.

　영웅 중의 영웅이라 할 수 있는 아킬레우스의 행동을 보라. 그는 자신의 전리품인 브리세우스를 총사령관 아가멤논이 아폴론 신전에 돌려주겠다며 빼앗아가자 눈물을 흘리며 그의 어머니인 바다의 여신 테티스에게 호소한다.

"어머니, 어머니가 저를 인간으로 낳아주셔서 저는 죽을 수밖에 없는 운명을 타고났지요. 그렇다면 올림포스의 천둥의 신 제우스께서 제가 명예만은 지킬 수 있게 해주셨어야지요.

　(……)

　어머니, 제발 제우스께 간청해 주십시오. 트로이인들을 도와서 그리

스인들을 바다 한가운데 내치도록!"⁸

　그리스인들을 바다 한가운데 내치도록 제우스께 간청해 달라고 어머니에게 호소하는 아킬레우스는 우리가 일반적으로 생각하는 영웅과는 거리가 멀어 보인다. 개인적인 원한 때문에 아군의 패망을 호소하는 아킬레우스는 영락없는 배신자요, 이기심에 갇혀 있는 인물 모습이다. 어찌 보면 가련해 보이기도 한다. 하지만 자세히 보면 꼭 그렇지만은 않다.
　아킬레우스는 왜 아군인 그리스군의 패배를 그토록 간절히 원하는가? 순전히 이기심과 복수심 때문인가? 아니다, 더 큰 이유가 있다. 그리스군 총사령관 아가멤논이 자신의 명예를 더럽혔기 때문이다. 자신의 전리품인 브리세우스를 아가멤논의 전리품인 크리세이스와 함께 아폴론 신전에 돌려주라고 요구했기 때문이다. 브리세우스가 누구인가? 그녀는 그가 전쟁에서 세운 공으로 획득한 전리품이요, 사랑하는 여인임이 분명하다. 그러나 그가 어머니에게 눈물로 호소하는 것은 소중한 전리품을 빼앗기는 게 원통해서가 아니다. 브리세우스를 애지중지하기 때문만도 아니다. 브리세우스는 그리스인이 그에게 준 명예의 선물이기 때문이다. 브리세우스를 빼앗기는 것은 바로 그 명예를 빼앗기는 일이기 때문이다. 그리고 그에게는 그 무엇보다 명예가 소중하기 때문이다.
　어차피 죽을 운명을 타고난 몸, 내가 지켜야 할 것은 명예밖에 없다! 이런 단호함이 그 호소 속에 숨어 있다. 명예가 그 무엇보다, 심지어 내 목숨보나 소중하다! 라는 비장함이 그 호소 속에 숨어 있다. 그 모습은 명예에 맹목적으로 집착하는 모습이 아니다. 죽을 수밖에 없는 운명을

8　『일리아스』, 진형준 역, 살림, 2017, 23~24쪽.

타고난 존재가, 그런 운명을 자각한 채 가장 드높이 자신만의 인간적 가치를 내세우는 모습이다. 아킬레우스는 죽을 수밖에 없는 운명을 타고났으니 명예만은 지킬 수 있게 해주어야 하지 않겠느냐고 신에게 항변한다. 필멸의 존재인 인간으로서 죽을 수밖에 없는 운명임을 자각하되 그에 좌절하거나 순응하지 않은 채, 가장 고결하게 살아갈 수 있는 최대의 가치로 삼은 것, 죽음 앞에서도 절대로 훼손될 수 없는 개인적 가치로 삼은 것, 그것이 바로 아킬레우스의 명예이다. 그 명예에 의해 필멸의 존재인 인간이 불멸의 존재로 승화할 수 있는 길이 열린다.

　인간에게 생명처럼 소중한 것은 없다. 그러나 그 소중한 생명은 어차피 스러질 운명에 놓여 있다. 어차피 스러질 생명, 그 한계 내에서 어떻게 하면 가장 고결하고 숭고하게 살 수 있을 것인가! 그 어떤 고귀한 가치를 그 운명 앞에 내세울 것인가! 물론 개개인이 내세우는 지고의 가치는 사람에 따라 다르다. 예컨대 『일리아스』에서 아킬레우스와 같은 영웅은 명예를 목숨보다 소중히 여기는 개인적 영웅주의를 보여주고, 헥토르 같은 영웅은 공동체를 위한 희생의 모습을 보여준다. 그 어떤 모습이건, 그 영웅은 자신의 가치를 무엇보다 소중히 여기기에 그 가치를 지키기 위해 삶마저 버릴 수 있다. 죽을 수밖에 없는 운명에 처한 인간이 내세운 가치가, 죽을 수밖에 없는 운명 자체보다 숭고해지는 순간이다. 그런 영웅의 최후는 죽음이라는 운명에 순응하고 굴복하는 모습을 보여주는 것이 아니라 죽음에 저항하고 마침내 죽음을 넘어서는 숭고한 모습을 보여준다. 죽음을 넘어서는 존재가 된다는 것, 그것은 바로 필멸의 존재에서 불멸의 존재로 승화하는 것을 의미하지 않는가! 그러니 어머니에게 눈물로 호소하는 아킬레우스는 초라하고 가련한 존재가 아니라 비극적 영웅이라고 보아야 한다. 명예를 손상당한 것을 그 무엇보다 견디기 어려워하는 영웅! 죽음이라는 운명에 패배할 줄 알면서도, 그 운명을 넘어설 수 없다는 것을 뻔히 알면서도 자신만의 가치를 소중히 지키면서 패배하는 모습, 그 모습이 가련한 모습일 수 없다. 그 모습은 숭고하며 장엄하다. 그런 영웅을 우리는 비극적 영웅이라고 부른다.

다시 묻자. 호메로스의 서사시에서 신들은 과연 어떤 존재들일까?
앞에서 보았듯, 작품에서 트로이 전쟁을 일으킨 장본인은 신이다. 더 정확히 말한다면 전쟁을 일으키도록 인간을 부추긴 것은 신이다. 아무리 보아도 신들은 이기적이고 변덕이 심하다. 심지어 사악하기도 하다. 그렇다면 그런 신들을 과연 인간의 이상형이라고 볼 수 있을까? '이상형'이라는 단어를 '바람직한 모습'이라고 해석한다면 도저히 그렇게 볼 수 없다. 그러나 '이상형'을 인간이 꿈꿀 수 있는 '궁극적 한계'라고 해석한다면 신들은 이상형이다. 신의 불멸성이란 바로 그 꿈의 불멸성이요, 영속성이면서 동시에 그 꿈의 궁극적 한계의 영속성이라고 해석해도 된다. 꿈이라는 단어가 너무 막연하다면 상상력이라는 단어로 바꾸어도 된다. 혹은 더 쉽게 욕망이라는 단어로 바꾸어도 된다. 신이 영속한다는 것의 의미를 세상이 아무리 바뀌어도 인간의 상상력, 혹은 욕망은 변함없이 영속한다는 것을 뜻한다고 해석해도 상관이 없다.

그렇다. 신은 인간이 꿈꿀 수 있는 이상형이면서 동시에 한계이기도 하다. 그 너머로는 도저히 갈 수 없는 그런 궁극적 한계 말이다. 손오공이 제아무리 힘껏 재주를 부리더라도 부처님 손바닥에서 벗어날 수 없다는 의미에서의 한계이다. 인간 사회가 제아무리 변하더라도 벗어날 수 없는 궁극적인 모습! 인간이 그 한계, 그 운명에서 벗어나는 것은 불가능하다.

호메로스의 서사시에 나오는 신들의 모습은 바람직한 모습으로서의 '이상형'이라기보다는, 인간성의 궁극적 한계로서의 '이상형'에 가깝다. 말하자면 인간이 꿈꿀 수 있는 이상적인 모습에 가깝다기보다는 제아무리 벗어나려 해도 벗어날 수 없는 한계, 그 너머로는 갈 수 없는 한계에 가깝다는 뜻이다. 그런데 호메로스의 서사시에 등장하는 궁극적 한계로서의 신들의 모습이 꽤 부정적이다. 신들은 인간을 부추겨 전쟁을 일으키며, 자신들의 이기심에 의해 전쟁의 승패를 좌지우지하고, 개인적인 이유로 인간의 목숨을 들었다 놓았다 한다. 신들은 고매한 신격神格의 소유자이기는커녕 시기하고 질투하며, 서로 이간질하며 싸운다. 신들은 타고난 성격 그대로 행동할 뿐 후회도, 개심도 하지 않는다.

어찌 보면 호메로스의 서사시에서 볼 수 있는 신들의 모습과 행동은 지극히 인간적이다. 지금 우리 사회에서도 얼마든지 볼 수 있는 보편적 인간의 모습이며 호모사피엔스가 지구상에 출현해서 '인간 사회'를 이룩하고 살아간 이래 단 한 번도 사라진 적이 없는 모습이다. 인간 사회에서 시기, 질투, 이기심, 폭력이 사라진 적이 어디 한시라도 있었던가?

호메로스는 그렇게 가장 인간적인 모습, 그중에서도 아주 저열한 모습에 신성神性을 부여했다. 그 모습에 신성을 부여했다는 것은 그 모습에 불멸성을 부여했다는 것을 뜻한다. 호모사피엔스가 지구상에 출현한 이래 그 속성은 늘 존재했으며 호모사피엔스가 존재하는 한 그 속성은 영속하리라는 것을 그것은 뜻한다. 그뿐이 아니다. 그 모습에 신성을 부여함으로써 그 신들 자체가 인간의 운명이 된다. 인간은 그런 저열한 속성의 지배를 받을 수밖에 없는 존재가 되는 것이다. 그러고 보면 호메로스 서사시의 무대가 전쟁터인 것도 우연이 아니다. 다시 말하지만, 전쟁은 호모사피엔스가 호모사피엔스를 향하여 벌이는 동족 살해 범죄이다. 전쟁터는 한 마디로 지옥이다. 호메로스는 전쟁터를 무대로 만듦으로써, 신들이 인간의 운명이듯 전쟁도 호모사피엔스의 운명으로 만든다. 인간의 온갖 이기심, 질투, 폭력이 사라지지 않듯 호모사피엔스가 존재하는 한 전쟁은 사라지지 않는다.

어찌 보면 지극히 비관적이다. 인간은 그런 운명을 안고, 그런 운명의 한도 내에서, 자신이 지닌 알량한 재주와 기지를 발휘하며 살아가야만 하는 가련한 존재임이 분명하다. 그러나 그 알량한 재주와 기지로 운명과 맞서는 무모한 짓을 벌이는 것이 또한 인간이다. 우리는 그런 무모한 짓을 과감히 벌이는 인간을 방금 비극적 영웅이라고 불렀다. 바로 그런 비극적 영웅들의 행동이 우리에게 감동을 준다. 우리가 감동하는 온갖 위대한 가치와 덕목은 신들이 지니고 있거나 발휘하는 게 아니라 그들의 장난에 좌지우지 당하는 인간들이 지니고 있다. 적어도 호메로스의 서사시에서는 그렇다.

우리가 감동할 수밖에 없는 그런 모습들은 『일리아스』를 비롯한 호메로스의 작품에 무수히 나온다. 그리고 그중 압권 중의 하나는 아들 헥토르의 시신을 찾기 위해 적군의 심장부로 찾아가는 트로이의 왕 프리아모스 일화이다. 프리아모스와 아킬레우스는 아킬레우스의 군막에서 이야기를 나누면서 서로 감탄하며 경애를 표한다. 그들은 시기하고 질투하는 신들에게서는 찾아보기 어려운 훌륭한 인격을 보여준다. 훌륭한 존재들은 신이 아니라 인간들이다.

호메로스의 서사시에 등장하는 영웅들은 지극히 예외적인 인물들이다. 신들이 지극히 보편적이라는 것, 인간에 속하는 영웅들이 지극히 예외적이고 귀한 존재라는 것, 바로 거기에 호메로스 서사시의 가장 큰 특징이 있다. 운명이 인간에 속한 게 아니라 신에게 속하고 영웅은 그 운명에 저항하고 넘어선다는 것, 이것이 호메로스의 서사시가 주는 감동이다. 그 영웅은 무엇보다 인간적 한계를 뚜렷이 자각하는 존재이다. 아킬레우스가 '저를 인간으로 낳아주셔서 저는 죽을 수밖에 없는 운명을 타고났지요.'라고 말하는 것은 그런 인간적 한계의 자각이다. 호메로스의 작품이 우리에게 감동을 주는 것은 그런 궁극적 한계를 자각한 인간들이 그 한계를 극복하는 모습을 보여주기 때문이다. 그리고 그런 영웅들은 호메로스의 시대에만 존재한 것이 아니라 인간 사회에는 언제나 존재해 왔고 지금도 존재하며 앞으로도 영원히 존재할 것이다.

그리스 신화가 그런 궁극적 꿈들(신들)의 이야기라면 호메로스의 서사시는 그런 꿈들, 신들과 함께 사는 인간의 드라마이다. 신들의 이야기인 신화에서는 인간의 온갖 궁극적 꿈들, 혹은 욕망끼리 갈등을 일으킨다. 그렇기에 신화를 '신들의 전쟁'이라고 말한 사람도 있다. 인간의 궁극적 꿈과 욕망의 형상화인 신들이 서로 경쟁하고 싸움을 벌이는 것은 인간의 욕망과 꿈 자체가 여럿이기 때문이며, 그 욕망들끼리 서로 충돌하기 때문이다.

그러나 호메로스의 서사시는 인간의 드라마이다. 그 드라마에서 인간은 자신을 가두고 있는 운명에 좌지우지되면서도 그 운명을 수락하지 않는다. 그 인간은 그 운명에 저항하면서 자신의 가치를 지키기 위해 최선을 다한다. 그래서 호메로스의 서사시는 장엄하고 우리는 그 서사시의 영웅들에게 감동한다. 신이 불멸이라는 것은 인간의 욕망은 영원하다는 것, 아울러, 인간이 지닌 추함도 영원하다는 것을 뜻한다. 반대로 그 운명을 안고 살아가는 인간은 필멸이다. 호메로스의 영웅들은 필멸이라는 운명을 타고났음을 뻔히 알면서도 그 운명과 싸운다. 패배할 운명인 것을 뻔히 알고도 그 운명과 싸우는 인간은 위대하고 장엄하다. 패배할 운명인 줄 모르는 채 싸우는 자는 무모하다. 패배할 운명을 의식하지 않은 채 눈앞의 승리에 연연하는 자는 가련하다. 호메로스의 서사시의 영웅들이 신과 함께 지낸다는 것은, 그들이 인간의 그 궁극적 한계와 언제나 함께하고 있었음을 뜻하며, 그렇기에 그들은 인간이 인간에게 줄 수 있는 감동의 최대치를 우리에게 준다.

나는 그렇게 신화와 함께, 신과 함께 사는 인간들의 삶이 더 윤리적이고 더 행복하며 더 의미가 있으리라는 생각을 지울 수 없다. 호메로스 서사시의 인간들은 신과 함께 지낸다. 아니, 함께 지내는 정도가 아니라 아예 피를 나눈 사이가 된다. 그렇게 신들이 인간과 함께한다는 것은 달리 말하면 인간 사회에 신성이 부여되었다는 것을 뜻한다. 신들 때문에 인간이 왜소해지는 것이 아니라, 신들 덕분에 인간의 삶에 궁극적 의미가 부여되고 영원성이 주어진다. 신이 사라진 사회라는 것은 그런 궁극성이 사라진 사회임을 뜻한다. 필멸의 존재인 인간에게서 불멸의 꿈이 사라졌음을 뜻한다. 인간의 모든 행동과 사유의 궁극적 잣대, 혹은 비빌 언덕이 사라진 것을 뜻한다. 필멸의 존재인 한 개인의 꿈이 인류의 궁극적 꿈에 닿을 길이 사라지는 것이다.

호메로스의 서사시에서 '트로이 전쟁'은 에게 문명권의 그리스와 아니톨리아반도에 속해 있는 트로이와의 전쟁이다. 역사적으로는 트로이가 그리스 식민 도시로서 에게 문명권에 속하는지 아니면 아나톨리아반도 문명권에 속하는지 확연히 구분하기 어렵다. 그러나 호메로스의 서사시, 그 꿈의 서사시에서 그리스와 트로이는 그리스 신화를 완벽하게 공유하고 있다. 둘은 비록 전쟁을 벌이고 있지만 같은 신화를 공유하고 있다는 의미에서 같은 문화권에 속한다. 역사적 현실이야 어떻든 호메로스가 활동했던 시대의 그리스인들의 꿈속에서 아나톨리아반도의 한 부분은 이미 그리스에 속해 있다. 그들의 시선은 그렇게 동쪽을 향해 있다.

앞서 인용한 대로, 그런 꿈을 간직한 그리스인에 대해 도슨은 "서양 문명의 자주성을 처음으로 명확히 인식한 것도 그리스인이었다."라고 말했다. 서양 문명의 뿌리를 그리스 문명에 두면서 그리스 문명을 동방의 문명과 명백하게 대립하는 문명으로 본다는 뜻이다. 그의 발언은 은연중에 서양 문명과 그리스 문명을 동일시한다. 뒤에 살펴보겠지만 15~16세기 유럽에서 르네상스 운동이 일어나면서 유럽인들은 '우리에게도 저 빛나는 고대 그리스 문명이 있었다.'라고 당당하게 말했다. 하지만 그런 도식적인 접근에 대해 우리는 의문 부호를 달 수밖에 없다. 두 가지 점에서이다.

첫째, 그리스 문명의 전개와 전파 과정에 대한 의문이다. 그리스 문명의 발상지는 분명 유럽에 속한 지중해이다. 하지만 호메로스 이후 그리스가 눈길을 돌린 곳은 아직 야만적인 상태에 머물러 있던 유럽 대륙이 아니라 일찌감치 찬란한 문명을 꽃피우고 있던 동방이었다. 유럽으로 눈길을 돌린 것은 그리스의 뒤를 이은 로마였다. 그리스가 지중해 서쪽에 수많은 도시국가를 건설한 것은 사실이지만 그리스는 기본적으로 동진東進적인 문화였고 동진과 서진西進을 동시에 꿈꾸며 유럽 대륙으로 본격적으로 진출한 것은 로마였다. 그렇게 동진적인 그리스 문명과 동방의 문명이 만나 활짝 꽃을 피운 것이 바로 헬레니즘이다. 도슨은 같은 책에서 "헬레니즘을 도외시하면 유럽 문명만이 아니라 유럽이라는 개념조차 존재할 수 없었을 것이다."[9]라고 쓴다. 헬레니즘을 그리스 문명의 연장선상에서 유럽 문명의 뿌리로 본 것이다. 하지만 헬레니즘이 유럽 문명에 지대한 영향을 미친 것이 사실이라 할지라도 헬레니즘 문명 자체는 이미 고유의 그리스 문명으로 볼 수 없다. 헬레니즘이란 알렉산드로스의 동방 원정 결과 그리스 문명과 동방 문명이 만나면서 형성된 일종의 융합 문명인 것이다. 그렇다면 과연 유럽 문명을 고유의 그리스 문명으로 치환해도 되는가? 라는 의문이 들 수밖에 없다.

다음으로, 종교적 차원에서의 의문이다. 역사적으로 볼 때 유럽은 '기독교 문명권'에 속한다. 기독교가 유럽의 정체성을 형성하는 데 중요한 요소 중의 하나임에는 의심의 여지가 없다. 그런데 기독교는 분명 유일신 신앙이다. 반면에 호메로스의 서사시에서 볼 수 있듯이 그리스 문명은 분명히 다신교적 전통을 지니고 있다. 그렇다면 유일신 신앙에 입각한 기독교 문명권에서 어떻게 다신교적인 그리스 문명을 자신들의 뿌리로 간주하게 된 것일까?

그 두 가지 의문은 고대 그리스 문명을 유럽 문명의 뿌리라고 간단하게 단정하기를 주저하게 만든다. 유럽인들이 그리스 문명을 자신들의 뿌리로 인식하기까지는 복잡한 우여곡절이 있었다. 하지만 그 의문은 의문인 채로 접어두고 지금은 호메로스 시대 이후의 그리스 역사로 눈길을 돌려 보기로 하자.

---

9 도슨, 앞의 책 78쪽.

06

호메로스 이후의 그리스

페르시아 전쟁 이전의 오리엔트

우리가 일반적으로 말하는 그리스는 미케네 문명 멸망 이후의 그리스이다. 본격적인 그리스의 역사는 '트로이 전쟁' 이후의 역사이며, 후대에 영향을 미친 그리스 문명도 그 이후의 문명이다. 우리에게 친숙한 그리스의 뛰어난 문인, 철학자, 정치가들은 모두 그 이후의 인물들이다. 사실상 '트로이 전쟁'을 시발점으로 그리스의 역사가 본격적으로 시작된다고 볼 수 있는 것이다.

호메로스 이후의 그리스 역사는 우리가 앞에서 지적한 대로 동방을 향한 그리스인의 꿈이 실현된 역사이기도 하다. 호메로스의 서사시는 바로 그 꿈에 시동을 건 셈이다. 그리스 문명은 분명히 지중해 한 지역에서 발흥해서 지중해 서쪽까지 그 세력을 넓혔지만, 그리스 문명의 정체성은 지중해에 국한되지 않는다. 유럽에, 더 나가 세계 전체에 영향을 미친 그리스 문명은 지중해 도시국가 고유의 문명이 아니라 그리스가 동방으로 진출하면서 다른 문명과의 접촉과 융합에 의해 탄생한 문명이다. 그리스가 동방으로 진출한 과정은 일방적인 그리스 문명의 전파 과정이 아니라 그리스 문명이 이질적인 문명과 만나 융합을 이룩한 과정이며, 바로 그런 융합 문명, 혹은 문화를 후대에 선물했다는 것이 그리스인들이 인류에게 남긴 크나큰 공적이다.

기원전 8세기 이후의 그리스 역사에서 가장 주목할 점은 그리스가 농업 국가에서 활발한 해상활동을 하는 상공업 국가로 변신했다는 사실이다. 그리고 그 변신과 함께 우리가 익히 알고 있는 그리스적인 특징들이 형성되니 그중 대표적인 것이 기원전 8세기부터 성립한 폴리스이다. 초기에 그리스 본토에만 200개가 넘는 폴리스가 존재했으며 그리스인이 여러 곳에 건설한 식민 도시까지 합하면 1,000개가 넘었다. 요즘으로 치자면 일종의 자치시市라고 할 수 있는 폴리스들은 각기 독립적인 지위를 누리고 있었다. 호메로스의 『일리아스』에 나오는 그리스군은 바로 이런 폴리스 연합군의 성격이 강하다.

각 폴리스 간에 세력 다툼이 끊이지 않았으며 해상활동의 주도권 다툼도 빈번했지만, 그리스의 폴리스들은 비교적 평화롭게 지냈다고 볼 수 있다. 그런데 예기치 않던 사건, 아니 어찌 보면 필연적이라고 할 수 있는 사건이 발생한다. 바로 페르시아와의 전쟁이다. 페르시아 전쟁과 함께 그리스 폴리스들 관계가 크게 요동치면서 급변동한다. 페르시아와의 전쟁에서 승리함으로써 아테네가 급성장을 이룰 수 있었고, 헬레니즘 이전 고대 그리스의 황금시대가 열린다. 페르시아 전쟁은 그리스인들에게 중요한 전환점이요, 축복이 된 셈이다. 심지어 도슨은 "자유'라는 이념은 그리스 해군이 아시아 해군을 살라미스 해협에서 격파하고 플라타이아 전투에서 승리한(……) 그 운명적인 페르시아 전쟁 시기

제1장 호메로스와 그리스 **85**

에 생겨났다."¹⁰라고 말했을 정도이다. 그렇다면 그리스와 페르시아 간의 전쟁은 왜 벌어지게 된 것일까? 그 전쟁이 왜 그리스에게 축복이 되었을까?

페르시아 전쟁이 왜 일어났는지, 그 전쟁의 성격이 어떤 것인지 제대로 이해하려면 먼저 당시 오리엔트의 정세에 대해 간략히 알아볼 필요가 있다.

앞서 말했듯이, 인류 최초의 문명으로 알려진 수메르 문명이 기원전 3,000년대에 메소포타미아 지역에서 발흥했다. 이어서 여러 민족이 그 지역에서 발흥해 세력 다툼을 벌이며 흥망성쇠를 거듭했으니, 그중 가장 큰 세력을 떨쳤던 나라가 북쪽에 자리 잡은 아시리아(BC 2500~BC 609)와 남쪽에 자리 잡은 바빌로니아(BC 1894~BC 539)였다. 바빌론(현재 이라크의 수도인 바그다드 남쪽의 엘힐라 부근)을 근거지로 했던 바빌로니아는 함무라비 왕(BC 1810(?)~BC 1750) 재위 시절 아시리아를 정복하는 등 세력을 크게 떨쳤다. 『함무라비 법전』으로 유명한 바로 그 왕이다. 여기서 인류사의 법의 역사에서 중요한 의미를 지닌 함무라비 법전에 잠깐 눈길을 주기로 하자.

'눈에는 눈, 이에는 이'라는 '동해보복형同害報復刑'으로 유명한 『함무라비 법전』은 함무라비 왕 말년인 기원전 1750년경에 제정된 성문법이다. 흔히 인류 최초의 성문법으로 알려졌지만, 실은 수메르의 우르 제3왕조 창설자인 우르남무(재위 BC 2124~2107) 시대의 『우르남무 법전』이 현존하는 최고最古의 성문 법전이다. 첫 항이 "살인을 한 자는 그를 죽

---

10 도슨, 위의 책, 78쪽.

인다."라고 되어있는 『우르남무 법전』은 어찌 보면 『함무라비 법전』과 비슷해 보인다. 하지만 『우르남무 법전』은 강력한 구속력을 가진 법이라기보다는 죄에 따른 배상 지급 및 처벌에 관한 실용적인 지침에 가까웠다. 즉 살인죄를 제외하고는 가급적 금전적으로 배상하도록 규정한 것이 그 특징이었다.

『우르남무 법전』보다 약 300여 년 뒤에 제정된 『함무라비 법전』은 그때까지 전해져 오던 수메르 법보다 훨씬 구체적인 규범을 정해놓은 법전이다. 수메르 법이 관습법에 가깝다면 『함무라비 법전』은 오늘날 우리가 알고 있는 실정법에 가깝다. 『함무라비 법전』에는 오늘날의 민법과 상법에 해당하는 사법 규정도 상당 부분 포함되어 있지만 역시 우리의 눈길을 끄는 것은 동해보복형 형법 규정이다.

'눈에는 눈, 이에는 이'라는 표현을 우리는 받은 만큼 돌려준다는 일종의 복수, 혹은 앙갚음의 의미로 이해한다. 그리고 그 표현 반대편에서 아마도 '오른뺨을 맞으면 왼뺨을 내밀어라'라는 예수 말씀을 떠올릴 수도 있을 것이다. 하지만 『함무라비』 법전의 동해보복형에는 죄를 지으면 반드시 그에 상응하는 벌로 응징한다는 '엄벌주의' 이상의 의미가 들어있다.

'동해보복형'은 사실, 인간 사회에서 다반사로 벌어지고 있는 일을 법제화한 것이다. '동해보복형'은 '죄형법정주의'의 탄생을 의미하면서 동시에 한 개인이 누군가에게 가한 위해에 대한 '사적 보복 금지'의 의미를 띤다. 인간 사회에는 언제나 갈등이 있고 언제나 폭력이 발생하기 마련이다. 그리고 한 개인이 한 개인에게 가한 위해에 대해 개인적 복수가 행해지기 마련이다. 『함무라비 법전』의 '동해보복형'은 그런 '사적인 복수'를 '공적인 처벌'로 바꾸어 버린 것이다.

한 개인이 입은 위해에 대한 복수가 사적인 차원에서 아무런 제한 없이 마구 벌어지면 어떻게 되겠는가? 아마 아주 사소한 다툼만으로도 상대방의 목숨을 빼앗는 일이 벌어질 것이다. 상대방이 내 팔을 부러뜨렸다고 똑같이 팔을 부러뜨리는 일은 개인과 개인 사이에서는 결코 벌어지지 않는다. 십중팔구 상대방이 가한 위해를 넘어서는 과도한 복수가 행해질 것이다. 사적인 복수를 공적인 징벌로 바꿈으로써, 복수, 혹은 징벌이 죄의 범주를 넘어서는 과도한 것이 되지 않도록 제한한다는 것, 그것이 바로 '동해보복형'의 의미이다. 동해보복형은 죄에 대한 필벌의 의미만 지닌 것이 아니라, 화를 입은 것 이상의 과도한 복수를 하지 말라는 형벌 제한의 의미를 띠고 있다. 한없이 커질 수 있는 사적인 복수심을 공적으로 제한하는 것, 그것이 동해보복형의 의미이다.

거시적으로 본다면 수메르 문명으로부터 출발한 고대 메소포타미아 문명은 동해보복형을 필두로 하는 『함무라비 법전』을 통해 완성된 것으로 보아도 무리가 아니다. 호모사피엔스가 본격적으로 정착 생활을 시작하기 전, 달리 말해 고대 문명을 이룩하기 이전에도 인간 사회를 무한 폭력과 무한 보복의 악순환에 빠지지 않게 만들어 준 장치는 존재했다. 다만 그 장치는 법이 아니라 관습, 금기 같은 것이었다. 수메르의 『우르남무 법전』은 부족마다 상이했던 그러한 관습, 금기들을 통합한 것으로 보아도 된다. 이전에는 관습과 금기만으로도 충분했던 인간 사회가 이제 더 이상 그런 관습, 금기들만으로는 무한 폭력과 무한 보복의 악순환을 막을 수 없는 사회가 되어 갔다. 『우르남무 법전』보다 약 300여 년 지난 뒤에 제정된 『함무라비 법전』은 그러한 관습, 금기들을 '법'으로 바꿈으로써 그 사회가 관습, 금기에 토대를 둔 부족 사회로부터, 법을 토대로 한 국가 중심 사회로 탈바꿈했음을 상징한다. 말하자면 그 법을 토대로 호모사피엔스가 제대로 된 '문명사회'로 접어든 것이다.

기원전 18세기에 이르러 바빌로니아는 여러 민족을 통합한 거대한 제국이 된다. 당연히 각 민족마다 상이한 형태로 존재하던 관습이나 형벌을 통합해서 조정하고 강력하게 규제할 필요성이 생겼다. 『함무라비 법전』은 강력한 법을 통해, 여러 민족을 통합·지배할 필요성에서 제정된 것이다. 다양한 민족의 관습과 법을 하나로 묶어서 통일된 제국을 이끌어갈 시대적 요구에 부응하는 것, 그것이 『함무라비 법전』이 등장하게 된 배경이다. 기원전 18세기에 바빌로니아 제국이 법체제 정비가 필요한 강력한 제국이 되었다는 것, 그만큼 함무라비 왕이 강력한 전제 군주로 군림했다는 것, 그것이 바로 『함무라비 법전』에서 우리가 읽어낼 수 있는 함의이다. 기원전 18세기에 이미 오리엔트는 『함무라비 법전』의 제정이 필요한 거대 문명을 이룩한 지역이었다는 사실을 우리는 『함무라비 법전』을 통해 확인할 수 있는 것이다.

참고로 함무라비 법전은 1901년 말 프랑스 탐험대가 페르시아의 고도古都 수사에서 발견했으며 원본은 프랑스 루브르 박물관에 전시되어 있다.

함무라비 왕을 정점으로 바빌로니아는 기원전 16세기 무렵 히타이트인에게 정복당한 뒤 세력이 급속히 약해진다. 바빌로니아는 이후 약 400년간 여전히 존속하면서 아시리아와 간간이 자웅을 겨루었지만 비교적 약세를 면하지 못한 미미한 나라가 되었고, 기원전 12세기 이후로는 겨우 명맥만 유지하는 정도가 된다. 이어서 기원전 10세기에 아시리아가 오리엔트 전 지역을 평정하고 이후 약 300년 동안 그곳을 지배한다. 역사상 최초로 메소포타미아, 레반트, 이집트를 전부 통일한 대제국이 탄생한 것이다. 그러니까 호메로스의 서사시가 낭송되고 쓰였던 기원전 8세기경, 동방의 패자는 아시리아였다. 당시 아시리아의 지배를 받던 바빌로니아는 이름만 존재할 뿐 사실상 멸망한 셈이었다.

그렇게 동방의 패자로 군림하던 아시리아가 멸망하고 페르시아 제국이 패자로 등장할 시기까지의 오리엔트의 정세를 잠깐 살펴볼 필요가 있다. 오늘날까지도 꽤 중요하게 여겨지는 사건이 그 시기에 벌어지기 때문이다.

아시리아 제국은 기원전 7세기 아슈르바니팔 통치 시 최전성기를 구가한다. 그러나 최전성기는 쇠락의 시작을 의미하는 법, 아슈르바니팔이 사망하자 아시리아는 내전에 휩싸인다. 아시리아의 지배를 받던 바빌로니아 지역도 혼란에 빠지고 이 틈을 타 나보폴리사르를 우두머리로 한 칼데아인들이 바빌론으로 진격해 아시리아인들을 몰아낸다. 그들은 바빌론을 수도로 새로운 제국을 건설하고 다시 바빌로니아라고 명명한다. 역사학자들은 칼데아인이 세운 바빌로니아를 아모리인들이 주축이 된 이전 바빌로니아 제국과 구별하기 위해 신바빌로니아 제국, 혹은 칼데아 제국(BC 626~BC 539)이라고 부른다. 이어서 그들은 이란 중부에 자리 잡고 있던 메디아 왕국(자그로스산맥 너머 이란 고원에 살던 종족이 세운 왕국. 페르시아(이란) 역사의 기초를 다진 국가)과 손을 잡고 기원전 612년 아시리아 제국을 멸망시킨다.

그런데 그 와중에 아주 중요한 역사적 사건이 벌어진다. 아시리아의 지배에서 막 벗어난 이집트는 바빌론에서 아시리아를 몰아낸 칼데아인들이 새로운 대제국을 세우는 것이 무엇보다 두려웠다. 이집트는 이미 멸망한 아시리아를 돕겠다는 명분으로 기원전 609년 신바빌로니아를 향해 군대를 파견한다. 명목상 원군일 뿐 실은 신바빌로니아와 전쟁을 벌여 신바빌로니아가 대제국이 될 싹을 미리 자르는 것이 목표였다. 이집트 군대는 유대 지역을 통과해야만 했다. 당시 유대왕국은 요시야 왕이 통치하고 있었다. 요시야 왕은 이스라엘과 유대의(이스라엘과 유대는 이스라엘이 분열되면서 생긴 유대민족의 두 나라. 당시 북쪽의 이스라엘은 멸망한 상태였다) 역대 왕 중 가장 훌륭한 왕 중의 한 명으로 간주되고 있는 인물이다. 그는 대대적인 종교개혁을 단행한 인물로서 히브리 성서 「열왕기」에서 타민족의 제의와 관습, 우상을 타파하고 유대 신앙의 기초를 세운 왕으로 극찬받고 있다. 그는 기원전 622년에 이미 아시리아와의 정치적, 종교적 관계를 단절한 상황이었기에 아시리아를 돕는다는 명목으로 원정길에 나선 이집트 군대의 진격을 저지한다. 전투 결과 요시야는 중상을 입어 사망하고 유대왕국은 이집트에 항복한다. 이후 유대왕국은 강자들 틈에 끼어 있는 약소국가가 겪게 되는 가엾은 운명의 길을 걷게 된다. 형편에 따라 때로는 이집트에, 때로는 바빌로니아에 조공을 바치며 흔들흔들하는 신세가 된 것이다.

  이집트와 바빌로니아라는 강자 틈에 낀 약소국 유대는 생존을 위해 이리저리 흔들릴 수밖에 없는 신세였지만, 강대국 바빌로니아의 입장에서 보면 충성과 반란을 반복하는 괘씸한 나라가 아닐 수 없었다. 바빌로니아는 유대를 완전히 멸망시키기로 작정하고 기원전 587년 예루살렘을 함락한다. 예루살렘을 함락한 바빌로니아의 왕 네부카드네자르 2세는 치드키야 왕을 비롯해 수많은 유대인을 바빌론에 포로로 잡아간다. 당시 인구의 20% 정도가 끌려간 것으로 추정하고 있으니 유대왕국의 주요 인물들은 거의 다 그 수난을 겪은 것으로 보아도 된다. 이 사건이 바로 유명한 바빌론 유수이다. 바빌론에 억류되어 있던 유대인은 기원전 538년, 페르시아 왕(황제) 키루스 2세의 포고에 의해 풀려날 때까

제1장 호메로스와 그리스 **91**

지 약 50년 동안 유배 생활을 한다. 바빌론 유수기는 유대인이 크나큰 고난과 고통을 겪은 시기이지만 동시에 민족적 일치감이 강화된 시기이고 유일신 종교인 유대교가 정립된 시기이며 구약성서의 기초가 만들어진 시기이기도 하다. 또한, 바빌로니아의 선진 문화를 접하면서 의식의 선진화가 이루어진 시기이기도 하다.

우리가 유대인의 바빌론 유수를 오늘날까지도 중요하게 여기는 사건으로 꼽는 데는 그 이유가 있다. 그 무엇보다 그 기간에 유대인의 유일신 종교, 즉 유대교가 확고하게 정립되었기 때문이다. 유대인은 지금까지도 지구상에서 가장 민족의식이 강한 민족으로 알려져 있다. 역사의 부침 속에서 수많은 시련을 겪었고 나라는 멸망했으며 유대인들은 세계 각지로 흩어질 수밖에 없었지만, 그런 운명 속에서도 그들은 '유대인'이라는 정체성을 잃지 않았다. 그들을 그렇게 하나의 민족으로서의 정체성을 유지하게 해준 것이 바로 유대교이며 그 유대교가 바로 바빌론 유수 기간에 정립된 것이다.

역사적으로 본다면 우리가 지금 눈길을 주고 있는 기원전 8세기~6세기 당시 유대왕국에 지금 우리가 알고 있는 유일신 신앙이 확립되어 있었다고 보기는 어렵다. 물론 기원전 10세기부터 이스라엘 왕국에는 야훼 신앙이 존재했다. 그러나 초기의 야훼 신앙은 지금의 유일신 사상과는 거리가 멀다. 그들에게 유일신 사상이 있었다 할지라도 신이 하나뿐이라는 의미의 유일신 사상이라기보다는 여러 신중에 진정으로 경배할 만한 신은 하나뿐이라는 의미에서의 유일신 사상이었다. 야훼는 단 하나뿐인 신이라기보다는 여러 신 중의 하나였을 뿐이며, 그 여러 신 중 유대 민족이 섬기는 신이라는 성격이 강했다. 게다가 일반 백성이 일치단결해서 야훼 신앙만을 굳건히 지니고 있던 것도 아니었다.

유대민족에게는 야훼 신앙이라는 다른 민족과 구별되는 신앙이 있었지만, 당시 그 지역 다른 민족들과 마찬가지로 다신교 신앙이 주류를 이루었던 것이 사실이다. 우상을 섬기지 말라는 금기가 우선적으로 주어진 것은 역으로 우상 숭배가 성행했음을 보여준다. 그런데 나라가 망하자 유대인들은 유일신 종교를 공들여 정립하기 시작한다.

유대 민족이 그렇게 공들여 유일신 종교를 정립한 것은 두 가지 이유에서였을 것이다.

그중 하나는 반성의 차원에서이다. '우리에게는 남들과 달리 유일신 종교가 있었다. 우리가 멸망한 것은 우리의 유일신을 홀대했기 때문이다. 이제라도 우리만의 유일신 종교를 중심으로 뭉쳐야 한다.'라는 반성이 유대 민족의 공동 정서가 되었거나 최소한 민족 전체에 호소력을 발휘할 수 있었을 것이다. 이러한 반성의 과정에서 유일신의 의미가 달라진다. 그들이 섬기는 야훼가 여러 신 중 하나의 신이 아니라 단 하나뿐인 절대 신으로 승격한 것이다. 그 결과 유일한 절대 신인 야훼를 섬기는 유대인은 당연히 야훼의 선택을 받은 선민選民이 된다. 나라가 멸망하면서 역으로 유일신의 선택을 받은 민족이 된다는 역설! 그 역설이 유대인이 온갖 고난을 겪으면서도 신앙과 민족적 정체성을 잃지 않는 동력이 된다. 그러나 동시에 유대인들은 '주여, 어디로 가시나이까?(쿼바디스 도미네 Quo Vadis Domine) 라는 질문을 늘 던질 수밖에 없었다. 선민으로서의 자부심을 지니고 있으면서 현실적으로 고통과 고난이 끊임없이 이어질 때 나올 수밖에 없는 탄식이다. 아우슈비츠 수용소의 유대인들도 '쿼바디스 도미네'라고 수없이 탄식했을 것이다. 그러나 그 탄식은 원망의 탄식도 아니고 배교背教의 탄식도 아니다. 그 탄식은 그들이 강력한 유일신 신앙을 지니고 있음을 증명해 주는 탄식이다.

제1장 호메로스와 그리스

이어서 그런 반성 차원에서의 이유와 더불어 더 절박한 현실적 이유가 유대인들에게 유일신 신앙을 공들여 가다듬게 이끌었다. 나라가 멸망하고 민족이 흩어질 운명에 처한 현실에서 그들에게는 민족을 정신적으로 규합해 줄 지주가 필요했다. 그 역할을 할 수 있는 것은 야훼 신앙밖에 없었다. 나라가 멸망하자 유대인은 절망에만 빠져 있지 않고, 나라의 멸망으로 흩어진 민족을 하나로 묶어줄 구심점을 만들기 위해 필사의 노력을 했다. 그들은 그 절망의 시기에 모세 시대로부터 그들의 시대까지의 역사를 「신명기申命記」와 「열왕기列王記」에 담았고 구약성서의 근간이 된 헤브라이 문서들을 작성하면서 유일신 사상을 공고히 확립했다. 유대인들이 이미 공고한 유일신 사상을 지니고 있었기에 나라가 망한 후에도 민족이 결속할 수 있었던 것이 아니라, 어떻게든 민족의 결속을 유지하고자 하는 열망이 그들만의 유일신 사상을 공들여 만들게 했다. 그리고 그들의 열망이 탄생시킨 유일신 신앙이 그들을 다시 하나로 묶어주어 유대 민족이 오늘날까지 존속할 수 있게 해주었고 긍정적이건 부정적이건 인류사에 큰 영향을 끼치게 했다. 구약은 바로 그 열망이 만들어 낸 인류 최고의 스토리 중의 하나이다. 구약이라는 스토리는 현실을 반영한 스토리가 아니다. 스토리에 새로운 현실을 창조할 힘이 있음을 보여주는 훌륭한 본보기가 바로 구약이다. 구약이라는 스토리가 유대 민족을 정신적으로 묶고 이끌며 그들의 미래를 만들 수 있게 해준 것이다.

유대인의 민족주의에 토대를 둔 유일신 신앙이 훗날 기독교와 이슬람교의 탄생으로 이어졌으니, 바빌론 유수는 기원전 6세기에 유대 민족이 겪었던 수난에 그치는 것이 아니라 인류 역사에 매우 중요한 역사적 사건의 하나로 볼 수밖에 없다. 지나는 길에 덧붙이자. 누구나 알다시피 유대교와 기독교는 뿌리가 같다. 그러나 유대교가 유대인의 민족 종교적 성격을 여전히 지니고 있었다면 기독교는 특정 민족을 넘어서는 보편적인 종교가 되었다는 사실이 둘 사이의 결정적인 차이이다. 디아스포라의 삶을 살고 있던 유대인들로서는 자신들의 정체성을 지키기 위해 유대교를 민족 종교로서 품고 있어야만 했을 것이고, 기독교의 보편성은 광활한 지역과 다양한 민족들을 대상으로 한 지난한 포교 과정과 복음 전파 과정을 통해 도달한 길일 것이다.

잠시 반짝하던 신바빌로니아는 기원전 539년 멸망한다. 페르시아 아케메네스 왕조의 걸출한 인물 키루스 2세에 의해서이다. 페르시아는 '비옥한 초승달 지역' 위쪽의 자그로스산맥 일대 고원지대에 거주하던 민족이 세운 나라이다. 페르시아 문명을 '비옥한 초승달 지역'의 문명과는 별도의 외래 문명으로 간주한다면 신바빌로니아의 멸망을 이집트 문명과 메소포타미아 문명 전체가 몰락한 것으로 볼 수도 있을 것이다(당시 이집트는 사실상 메소포타미아 문명에 속해 있었다). 하지만 페르시아 문명은 넓은 의미에서의 오리엔트 문명에 포함된다. 페르시아 문명의 원조 격인 엘람 문명이 이란 고원지대에서 발흥한 이래 페르시아는 고립된 상태에서 지낸 것이 아니라 메소포타미아 문명과 끊임없는 교류 충돌을 거듭해 왔기 때문이다. 페르시아에 의한 신바빌로니아의 멸망은 메소포타미아 문명의 멸망을 의미하는 것이 아니라 오리엔트의 패자가 바뀌었음을 의미한다.

페르시아 이전에도 아시리아가 메소포타미아, 레반트, 이집트를 모두 통일한 적이 있었다. 하지만 '동서양 문명을 포괄하는 인류 최초의 대제국을 이룩한 나라'의 타이틀은 페르시아 제국으로 돌아가야 마땅하다. 페르시아 제국은 동쪽으로는 인도와 간다라, 북쪽으로 스키타이, 서쪽으로 아나톨리아반도를 비롯해 이오니아·마케도니아, 남쪽으로 이집트와 누비아(지금의 수단 북동부)에 이르는 역사상 최초의 대제국을 이룩한 것이다. 그 위업을 이룩한 인물이 바로 키루스 2세(BC 585?~BC 529, 재위 BC 559~BC 529)이다. 그는 민족, 종교, 이념, 역사가 다른 23개 나라를 정복하여 하나로 통합한 인물이었다. 역사에 가정은 필요 없다지만 만일 훗날 벌어진 그리스와 페르시아의 전쟁에서 페르시아가 승리하고 그리스가 페르시아의 지배에 들어갔다면 세계사에서 알렉산드로스의 이름 대신 키루스의 이름이 지금까지 크게 빛을 발하고 있었을 것이다.

키루스는 분명 정복자이다. 그는 메디아 왕국을 통일한 후, 아나톨리아 반도 서쪽의 리디아를 정복하고 이어서 바빌로니아 제국의 수도인 바빌론에 무혈 입성한다. 바빌론 시민이 자발적으로 항복한 덕분이었다. 그런데 그의 이름은 '위대한 정복자'로서가 아니라 '위대한 통치자'로서 더 크게 빛을 발한다. 그가 대왕의 칭호를 얻은 것은 대제국을 건설했기 때문만이 아니라 대제국을 건설한 후 그가 펼친 정책 때문이다. 한 마디로 그는 피지배 민족에게 관대한 통치를 펼친 것으로 유명하다.

대영 박물관에는 '키루스 원통'이라는 유물이 보관되어 있으며 뉴욕 UN 본부 청사에 복사본으로 전시되어 있다. 키루스의 통치 이념과 업적을 기록한 원통으로서 기원전 539년 신바빌로니아 제국이 키루스에 의해 접수되었을 때, 키루스왕의 명령에 의해 제작, 공표된 것이다.

그 내용을 바탕으로 '키루스 원통'이 세계 최초의 인권 선언문이자 법조문이라고 말하는 연구자들이 많다. 그리고 실제 내용을 살펴보면 과장도 아니다. 원통의 전반부는 키루스왕의 칭호와 계보에 대한 일종의「용비어천가」비슷한 내용으로 되어있다. 그런데 이어지는 구체적 통치 이념은 매우 놀랄 만하다. 모든 종교를 인정하고 존중한다, 노예제를 폐지한다, 노동에 대해서는 적절한 급여를 지불해야 한다, 군인은 점령지 백성을 약탈하지 말라, 인간이 인간을 억압하는 건 죄악이다, 정복자와 피정복자는 동등하다, 등등이 그 내용을 이루고 있기 때문이다.

물론 원통의 내용을 곧이곧대로 사실로 받아들일 수는 없다. 전반부는 정권의 정통성 확립을 위한 신화적 각색의 성격이 강하다. 게다가 원통의 내용이 키루스 재위 시절에 키루스의 업적을 기리기 위해 작성된 것이니, 그 내용을 있는 그대로 믿는 것은 순진한 일일 것이다. 하지만 원통의 내용이 키루스 사후에 그를 기리기 위해 작성한 것이 아니라, 키루스 재임 중에 발표한 것이라는 바로 그 사실, 키루스가 그 내용에 권위를 부여했다는 그 사실이 오히려 그 내용에 무게감을 준다. 요즘 식으로 한다면 헌법 정신 같은 것이 기록, 공표된 셈이다. 정확한 실천 여부는 차치하더라도 최소한 그 내용이 당시에 개념화되어 공표되었다는 것은 부인할 수 없는 사실이다. 기원전 6세기에 종교의 자유, 인권 존중 등을 포함한 일종의 사해 동포주의를 표방한 셈이니 대단하다고 할 수밖에 없다.

키루스가 뛰어난 인물임은 사후에도 그의 일대기가 전설이 되어 그리스인과 로마인 지배 계층의 모범이 되었다는 사실이 증명해준다. 헤로노보스나 크세노폰 등 당대 페르시아와 적대적이던 그리스 역사가들도 키루스를 강력하고 모범적인 영웅으로 묘사했으며 그를 인류 역사상 가장 위대한 리더로 주저 없이 꼽는 사람도 많았다. 정복자가 피정복자, 혹은 적대자들에게 이토록 칭송을 들은 적은 역사적으로 매우 드문 사례이다. 게다가 그가 유대인을 향해 보인 관용은 그가 피정복자에 대해 얼마나 관대하고 유연한 정책을 펼쳤는지 잘 보여준다.

그는 유대인을 바빌론 유수로부터 해방해 주었을 뿐 아니라, 유대인들의 예루살렘 성전 재건을 돕기까지 한다. 그 덕분에 키루스는 구약「에스라서」에 예루살렘 성전 재건과 관련하여 '고레스'라는 이름으로 등장하며 「이사야서」에서도 '기름 부음을 받은 자'로 등장한다. '기름 부음을 받은 자'란 메시아를 의미한다. 지금도 일부 유대인들은 키루스를 메시아 중 하나로 추앙한다. 유대계가 아니면서 구약에서 메시아로 추앙받는 인물은 키루스가 유일하다. 유대인들의 민족 종교인 유대교에서 유대계가 아닌 인물이 이 정도로 추앙받는다는 것은 파격을 넘어서 충격적이다. 전혀 기대할 수 없었던 이민족 인물이 그들을 구원해 주고 예루살렘 성전 재건을 도와주었다는 사실 때문에 키루스의 메시아적 성격이 더 강해졌을지도 모른다. 키루스의 유대인 정책은 키루스가 피지배 민족에 대해, 또한 종교에 대해 그 얼마나 관용적인 정책을 펼쳤는지를 잘 보여준다. 키루스의 관용 정책이 없었다면 유대교가 지금의 모습으로 존재할 수 없었을지도 모른다. 유대인의 역사가 지금처럼 이어질 수 없었을지도 모른다. 역사에서 위대한 한 인물의 업적이 인류 전체의 미래를 결정할 수도 있다는 좋은 예이다.

페르시아 전쟁

키루스 2세가 사망하자 캄비세스 2세가 그의 뒤를 잇는다. 페르시아 전쟁(BC 492~BC 479, 혹은 BC 492~BC 449)은 캄비세스 2세에 이어 즉위한 다리우스 1세(BC 550~BC 486, 즉위 BC 522~BC 486) 통치 시 발발한다. 다리우스 1세는 키루스 2세의 뒤를 이어 대 페르시아 제국의 기틀을 완성한 왕이다. 다리우스 1세 시대의 페르시아는 거의 오리엔트 전역을 호령하는 패자로 군림한다.

페르시아 전쟁은 기원전 491년 다리우스 1세가 그리스를 침공하면서 시작된다. 오리엔트를 평정한 다리우스 1세의 정복욕이 빚은 전쟁이라고 말하는 것이 상식이겠지만 사정이 그렇게 단순하지만은 않다.

키루스 대왕이 대제국을 건설하기 이전부터 아나톨리아 반도의 에게해 주변에는 다수의 그리스 식민 도시들이 존재했다. 미케네 문명 말기인 기원전 12세기 이후 그리스인들이 그 지역으로 이주해서 살기 시작한 것이다. 그 도시들은 그리스 본토와 마찬가지로 각기 자치 도시의 성격을 띠고 있었을 뿐 통일 국가를 이루고 있지는 않았다. 따라서 그곳은 일찌감치 그곳으로 이주해서 살기 시작한 이오니아 부족의 이름을 따서 그냥 이오니아 지역이라 불렸다. 이오니아 지역에는 아나톨리아반도 서쪽 해안지대뿐 아니라 인근의 키오스섬과 사모스섬도 포함된다. 이오니아 지역 도시국가들은 통합된 정치 형태를 이루고 있지는 않았으나 문화와 종교는 공유하는 문화 공동체였다고 볼 수 있다. 역사적으로 본다면 트로이도 이오니아 지역 도시 중의 하나라고 볼 수 있을 것이다.

이오니아 지역은 아나톨리아 반도를 지배하고 있는 오리엔트 제국의 일부라고 보기도 어려우며, 그렇다고 전적으로 그리스에 속한다고 말하기도 어렵다. '아나톨리아반도 내에 존재한 그리스 도시국가들'이라고 정의할 수 있는 이오니아 지역은 한 마디로 두 문명권의 경계 지역이었다. 달리 말하면 두 문명이 삼투하면서 융합을 이룬 지역이었다. 경계라는 것은 언제나 다른 두 지역을 구획해 주는 경계선이면서 동시에 둘이 서로 넘나드는 접합점이기 마련이다. 그러니 이오니아 지역은 오리엔트 문명과 그리스 문명의 경계 지역이면서 동시에 두 문명이 서로 삼투하여 융합을 이룬 지역이다. 그리스에서 이주해 온 이오니아인들은 그곳에서 히타이트, 아시리아, 페니키아, 이집트 문명과 접촉하면서 오리엔트 정신과 그리스 정신이 융합된 독특한 예술과 철학을 탄생시킨다. 수천 년에 걸친 아주 오랜 기간, 각자 제 길을 걸어온 오리엔트의 제국 문명과 그리스의 도시국가 문명이 융합해서 새로운 문명이 탄생한 곳, 그곳이 바로 이오니아 지역이다.

이오니아 지역에서는 이오니아 양식이라고 불리는 예술, 건축 양식이 꽃 피어났을 뿐 아니라 탈레스(BC 624년~BC 545년), 아낙시만드로스(BC 610~BC 546), 아낙시메네스(BC 585?~BC 525) 등의 저명한 철학자들이 그곳에서 태어나 활동했다. 또, 우리 모두 잘 알고 있는 피타고라스(BC 580~BC 500?) 역시 이오니아 지역에 속하는 사모스섬 출신이다. 대표적인 그리스 철학자인 소크라테스(BC 469~BC 399), 플라톤(BC 427~BC 347?), 아리스토텔레스(BC 384~BC 322) 등의 철학자들이 등장하기 이전에 그들의 원조 격인 인물들이 이미 이오니아에서 활동한 셈이다. 특히 오리엔트 지역을 두루 여행한 피타고라스의 철학은 이집트와 바빌로니아의 영향을 크게 받은 것으로 알려져 있다. 그러니 우리가 흔히 그리스 철학으로 알고 있는 것들은 실은 그리스 고유의 철학이라기보다는 그리스 문명과 오리엔트 문명, 혹은 그리스 정신과 오리엔트 정신이 만나서 형성된 철학이라고 보는 것이 옳다. 잠시 후 살펴보게 될 헬레니즘 문명은 정확히 이오니아 문명의 연장선 위에 존재한다고 보아야 한다. 즉 헬레니즘 문명은 전형적인 융합 문명의 성격을 띠고 있는 것이다.

이전에 리디아의 통치를 받고 있던 이오니아 지역은 키루스왕 재위 시 페르시아에 점령된다. 다리우스 1세 통치기인 기원전 498년, 이오니아 도시국가들 중 철학자 탈레스의 고향인 밀레투스가 중심이 되어 페르시아에 반란을 일으킨다. 그리고 그리스의 아테네가 소규모나마 이 반란을 지원한다. 물론 반란은 곧 진압되고 이오니아는 다시 페르시아에 복속된다. 역사학자들은 이오니아의 반란을 그리스-페르시아 전쟁의 원인으로 보기도 하고 전쟁의 첫 단계로 간주하기도 한다.

이오니아 지역을 평정한 다리우스 1세는 반란을 도운 아테네와 에레트리아를 징벌하기로 결심하고 기원전 492년 대군을 그리스를 향해 출범시킨다. 밀레투스의 반란은 그리스 정벌의 명분을 제공한 셈이다. 그러나 다리우스의 1차 시도는 폭풍우와 지휘관의 부상으로 실패로 돌아간다.

이듬해인 기원전 491년, 페르시아는 그리스 본토 도시국가들에 사절단을 보내 복종의 표시로 그리스의 흙과 물을 보내도록 요구한다. 하지만 아테네와 스파르타는 사신들을 처형해 버리는 강경책으로 대응한다. 이에 다리우스 1세는 그리스 공격을 결정하고 대규모 원정군을 파견한다. 이 1차 원정에서 유명한 마라톤 전투가 벌어지며, 아테네와 스파르타는 중장보병 9천명으로 구성된 팔랑크스 방진으로 지상군 2만 5천명과 600여척의 함대로 구성된 페르시아 원정군을 격퇴한다.

제국의 자존심에 상처를 입은 다리우스 대왕은 곧 2차 그리스 원정을 결심한다. 그러나 원정 준비 도중 이집트에서 반란이 일어나, 반란을 진압하던 다리우스 1세는 기원전 486년 병사하고, 크세르크세스 1세가 그 뒤를 잇는다. 그는 이집트와 바빌로니아에서 일어난 반란을 진압한 다음 기원전 481년 원정군을 직접 이끌고 그리스로 향한다. 로마의 역사가 헤로도토스는 페르시아 원정군의 규모가 500만 명에 달한다고 썼지만, 현대 연구자들은 실제로는 25만에서 50만 사이일 것으로 추정한다.

군주가 직접 대군을 이끌고 그리스를 침공하자 그리스 전역은 비상에 걸린다. 몇몇 도시를 제외한 대부분 그리스 도시국가들이 아테네와 스파르타를 중심으로 동맹을 결성해 페르시아에 맞선다. 하지만 그리스군은 1~2만 명 정도의 미미한 규모였다. 페르시아군은 쉽게 아테네를 점령한다. 이어서 페르시아군은 펠로폰네소스반도까지 진격했지만, 살라미스 해협에서 그리스군에 대패한다. 좁은 해협에 너무 대규모의 함대가 진입한 때문이었다. 그 유명한 살라미스 해전이다. 크세르크세스는 일부 병력만 남겨 놓은 채 자신은 철수한다. 이후 페르시아군의 3차 원정(기원전 479년)에 이은 크고 작은 충돌이 이어지고 기원전 449년 킬리아스 화약和約에 의해 전쟁이 종식되지만 바로 이 살라미스 해전이 페르시아 전쟁에서의 그리스의 승리를 상징한다고 보아도 무리가 없다. 살라미스 해전에서 그리스군이 패배했다면 지구촌 역사가 달라졌을 만큼 중요한 전쟁이었다.

다윗과 골리앗 간의 싸움 같은 그리스-페르시아 전쟁에서 다윗인 그리스가 승리한 셈이다. 그러나 그리스-페르시아 전쟁은 승자가 패자를 접수·점령하고 패자는 멸망하는 식의 통상적인 전쟁과는 달랐다. 엄밀히 말하면 그리스의 승리는 그리스 본토를 지켜냈다는 의미에서의 승리였고 페르시아의 패배는 그리스 점령에 실패했다는 의미에서의 패배였다. 무엇보다 공격에 나섰던 페르시아는 제국 내부의 반란과 왕위 다툼 등 내부 사정으로 시간이 흐름에 따라 점차 방어적이고 소극적인 자세로 전쟁에 임했다. 사실 이 전쟁의 의미는 전쟁의 승패에 의해 양국이 승자와 패자로서의 운명에 처했다기보다는, 양자 모두 이 전쟁 후에 변화를 겪게 되었다는 데 있다. 그리고 패자인 페르시아가 아니라 승자인 그리스가 더욱 급격한 변화를 겪게 된다는 것이 묘한 역설이다. 그리스-페르시아 전쟁은 패자인 페르시아보다는 승자인 그리스에게 큰 변화를 가져온 아주 중요한 전환점이 된 것이다.

물론 전쟁 후 페르시아도 패배의 후유증을 심하게 겪었다. 무엇보다 에게해에 면한 이오니아 지방에 대한 지배권이 상당히 약해졌다. 말하자면 지중해 진출로가 원천 봉쇄된 셈이다. 그리고 중요한 속주라고 할 수 있는 이집트에서 자주 반란이 일어나 계속 골칫거리를 만들었다. 하지만 페르시아는 이 전쟁의 패배로 그리스인들이 바라는 정도의 타격을 입지는 않았다. 키루스 2세가 터를 잡고 다리우스 1세가 기틀을 완성한 대제국에 약간의 균열이 갔을 뿐 제국이 사분오열되지는 않은 것이다.

전쟁에 패배한 페르시아와 달리 승리한 그리스는 오히려 전쟁 후 엄청난 격변기를 맞이한다. 얼마나 큰 변화를 겪었는가 하면 그리스의 상징이라고 할 수 있는 폴리스들이 몰락할 지경에 이른 것이다. 폴리스들이 몰락한다는 것은 그리스가 이른바 순수 그리스적인 것을 잃고 탈바꿈했다는 것을 뜻한다. 민주주의의 상징으로 간주되는 그리스가 제국주의의 실을 걷게 되는 것이다.

그리스-페르시아 전쟁이 완전히 끝나자 그리스는 내분에 휩싸인다. 전쟁을 승리로 이끈 주역인 아테네는 전쟁 이후 델로스 동맹을 결성한다. 페르시아의 재침에 대비한다는 명분에서였다. 그러나 아테네는 델로스 동맹을 이용해 점차 에게해 일대를 자신의 제국으로 만들겠다는 야심을 노골적으로 드러낸다. 따라서 그리스-페르시아 전쟁에서 그리스가 승리한 덕분에 민주주의가 지켜질 수 있었고, 그에 바탕을 둔 서유럽 문명의 탄생이 가능했다는 논리는 너무 단순한 논리이다. 전쟁에서 승리한 것은 그리스이지만 오히려 패배한 페르시아가 그리스에 큰 영향을 미쳐 제국주의의 길을 열어준 것처럼 보이기 때문이다. 그런데 그 제국의 꿈을 실현한 것은 아테네도, 스파르타도 아닌, 변방의 마케도니아였다.

아테네가 제국의 꿈을 드러내자 이를 못마땅하게 여기던 스파르타는 아테네에 적대적이던 그리스 남부의 도시국가들을 규합해서 펠로폰네소스 동맹을 결성한다. 이어서 아테네를 주축으로 한 델로스 동맹과 스파르타를 주축으로 한 펠로폰네소스 동맹 간의 펠로폰네소스 전쟁(BC 431~BC 402)이 벌어지고 우여곡절 끝에 스파르타의 승리로 마무리된다. 하지만 전쟁이 끝났을 때 스파르타는 국력이 바닥나 있었고 이 틈을 타 코린토스와 테베가 스파르타에 반기를 든다. 그리고 테베가 최후의 승리를 거둔다. 하지만 테베의 패권 기간은 겨우 3년뿐이었다. 이번에는 오랜 세월 앙숙이었던 아테네와 스파르타가 손을 잡고 테베를 무찌른다.

이처럼 그리스가 패권 다툼으로 혼란에 휩싸여 있을 때 이전까지 미미한 존재였던 북방의 마케도니아가 국력을 키웠다. 마케도니아도 넓게 보면 그리스계 도시국가의 하나로 볼 수 있지만, 아테네와 스파르타는 마케도니아를 변방의 이민족 취급했으며 실제로 다른 말을 쓰는 족속(이어족異語族)이라는 뜻에서 '바르바로이Barbaroi'라고 불렀다. 바르바로이는 오늘날 야만족을 뜻하는 '바바리안'의 어원이기도 하다. 처음에는 우열 평가를 전제로 하지 않는 표현이었으나 나중에는 노예의 의미를 갖게 되었고 거칠고 야만적이라는 뜻으로 그 의미가 변했다. 재미있는 것은 그리스인이 오랫동안 로마인을 '바르바로이'로 불렀다는 사실이며 로마 시대에는 게르만족을 가리키는 용어로 쓰였다는 사실이다. 당시 오리엔트 전역을 호령하던 페르시아의 입장에서 보자면 그리스가 변방의 '바르바로이'였는지도 모른다. 그렇다면 인류의 역사는 세련된 문명에서 또 다른 세련된 문명으로 이어져 왔다기보다는 세련된 문명에 역동적인 야만성이 가하는 충격으로 변화를 겪으면서 이어져 왔는지도 모르겠다.

장창병과 기병으로 무장한 마케도니아 병사들이 북쪽으로부터 밀려 내려오면서 그리스 도시국가들을 하나씩 접수하자 원수지간이던 아테네와 테베가 손을 잡고 마케도니아에 저항한다. 하지만 그리스 연합군은 마케도니아의 왕이었던 필리포스와 그의 아들 알렉산드로스(훗날의 알렉산드로스 대왕)가 이끄는 군대에 대패하고 그리스 전역은 마케도니아의 손아귀에 들어간다. 그리스 도시국가들이 결정적으로 몰락한 것이다. 이어서 필리포스가 급사하자 아들 알렉산드로스가 왕위에 올라 대제국을 건설하고 헬레니즘 문명의 터를 닦는다. 오늘날 그리스 문명의 대명사로 알려진 헬레니즘 문명이 그리스의 상징이라 할 수 있는 도시국가의 몰락과 함께 탄생했다는 것은 대단한 역설이다.

알렉산드로스 대왕의 오리엔트 제패

그리스 전역을 평정하고 정복한 알렉산드로스는 기원전 334년 마케도니아와 그리스 군대를 이끌고 동방 원정길에 오른다. 약 100여 년 전,

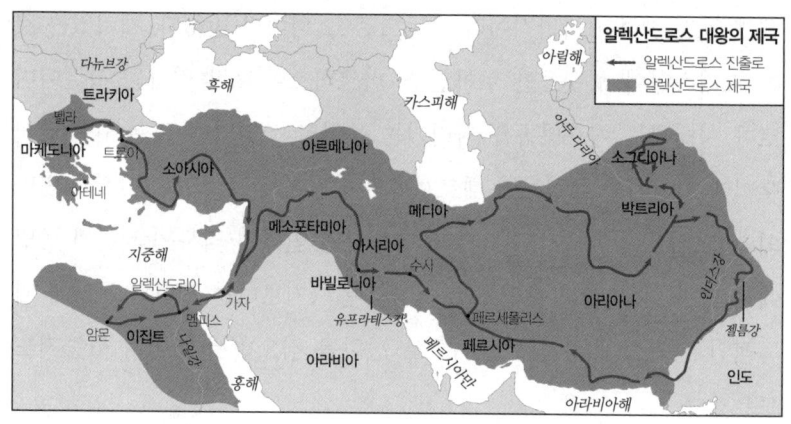

페르시아의 그리스 침공에 대한 보복이 명분이었다. 동방 원정길에서 그의 발길이 제일 먼저 향한 곳은 트로이 유적지였다. 그가 가장 좋아하는 책이 바로 호메로스의 『일리아스』와 『오디세이아』였으며 그는 그 책들을 늘 지니고 다녔다고 한다. 아마 작품 속, 트로이에 대한 그리스 연합군의 승리를 재현한다는 심정이었을 것이다. 트로이 정복으로 시작된 알렉산드로스의 동방 원정은 그 의미에 따라 세 단계로 나누어 살펴볼 수 있다.

첫 번째가 이집트 정복이다. 알렉산드로스는 어렵사리 소아시아 지역들을 평정한 후에 직접 페르시아의 심장부로 향하지 않고 이집트로 발길을 돌린다. 그는 동지중해 연안을 따라 남하해서 기원전 332년 페니키아, 팔레스타인을 손에 넣고 이듬해인 기원전 331년 이집트에 입성, 파라오의 칭호를 얻는다. 그가 이집트에 입성해서 '파라오'의 칭호를 얻었다는 사실은 꽤 중요한 의미를 지닌다. 알렉산드로스의 동방 정복이 그리스 제도와 문화 전파의 의미뿐 아니라 현지 제도 및 문화 수용의 의미를 띠고 있음을 상징적으로 보여주기 때문이다. 말하자면 그는 '파라오'를 격퇴한 것이 아니라 파라오를 쟁취한 것이다.

이집트를 정복한 알렉산드로스는 나일 삼각주에 신도시를 건설하고 알렉산드리아라고 명명한다. 알렉산드리아는 분명 그리스 도시국가를 모델로 삼은 신도시이지만 그 신도시는 온전히 그리스적인 것을 옮겨 놓은 도시라기보다는 현지화한 그리스 도시라고 보는 것이 옳다. 더 정확히 말한다면 이집트 문명에 그리스 문명이 접합된 것이라고 볼 수 있다. 그리스인 알렉산드로스가 파라오라는 칭호를 받아들인 것과 비슷하다고 보면 된다. 알렉산드리아는 오리엔트에 건설된 그리스 도시라기보다는 그리스 문명의 영향으로 새롭게 변한 오리엔트 문명의 상징이다. 그 새롭게 탄생한 문명이 19세기 중반에 이르러 헬레니즘 문명이라는 호칭을 얻는다. 헬레니즘은 그리스화라는 뜻이니 헬레니즘 문명은 그리스화된 문명이라는 뜻이다. 알렉산드로스는 후에 새로운 곳을 정복할 때마다 알렉산드리아를 건설하는데 그 숫자가 70곳에 이르지만, 그중에서 알렉산드리아라는 이름으로 지금까지 온전히 남아있는 곳은 이집트의 알렉산드리아뿐이다.

알렉산드로스의 두 번째 중요한 행보는 바로 바빌론 입성이다.
이집트 정복으로 소아시아의 남서부를 평정한 알렉산드로스는 드디어 페르시아와 일선을 겨루기 위해 북상, 바빌론으로 향한다. 당시 페르시아는 다리우스 3세가 통치하고 있었다. 기원전 331년 10월 초, 양군은 지금의 이라크 북부 가우가멜라 전투에서 격돌, 알렉산드로스가 승리를 거두고 다리우스 3세는 멀리 동쪽 박트리아로 피신한다. 그는 훗날 그곳의 총독 베수스에게 살해되고 아케메네스왕조^{王朝} 페르시아 제국은 멸망한다. 그 전투의 결과 메소포타미아 전체가 알렉산드로스에게 무릎을 꿇은 셈이 되었고, 알렉산드로스는 오리엔트의 패자로 군림하게 된다. 승자 알렉산드로스는 당당히 바빌론에 입성한다. 바빌론 입성으로 인해 알렉산드로스의 오리엔트 정복의 꿈은 거의 완성된 셈이다.

바빌론은 기원전 18세기 이래 메소포타미아 최대의 도시였다. 바빌론이 메소포타미아 최대 도시였다는 것은 곧 그곳이 세계 최대 도시였음을 뜻한다. 당시 메소포타미아가 인류 문명의 중심지였기 때문이다. 수메르인이 기원전 3,000년경에 최초로 메소포타미아문명을 이룩한 이래, 바빌론 점령은 곧 메소포타미아문명의 패자가 되는 것을 의미했다. 기원전 18세기경 바빌론을 수도로 한 바빌로니아 제국이 건립되면서 바빌로니아 제국은 메소포타미아 전역을 석권하는 대국이 되었다(고바빌로니아). 이후 기원전 16세기경 히타이트에 의해 고바빌로니아는 멸망하고 메소포타미아의 주역이 아시리아로 바뀌지만, 바빌론은 여전히 주요 대도시로서 번성했다. 기원전 7세기에 칼데아인들이 신바빌로니아를 건설하면서 바빌론은 다시 '세계의 수도'로 재등장했으며 페르시아의 키루스 2세에 의해 신바빌로니아가 멸망한 이후에도 바빌론은 페르시아 제국의 수사, 페르세폴리스, 엑타바나와 함께 4대 대도시 중 하나로 번영을 구가했다. 그러므로 전통적으로 바빌론 입성은 메소포타미아문명의 패자로 등극했음을 뜻한다.

바빌론의 주인은 바빌로니아, 히타이트, 아시리아, 페르시아 순서로 바뀌어왔다. 그러나 마케도니아의 바빌론 입성은 이 지역의 패자가 처음으로 이방인에 의해 그것도 당대의 가장 변방의 이방인으로 바뀌었음을 의미한다. 이 같은 사실은 인류 역사 혹은 페르시아 문명사에서 아주 중요한 의미를 지닌다. 알렉산드로스의 바빌론 입성은 문명의 중심권이었던 오리엔트 문명에 그리스, 그중에서도 마케도니아 변방 문화가 가한 최대의 충격이다. 그 충격으로 오리엔트 문명권은 급격한 변화를 겪는다. 하지만 문명사적으로 볼 때 그 변화는 일종의 축복이기도 하다. 후대까지 이어지면서 인류에게 큰 영향을 미치게 될 새로운 문명이 그 변화로 인해 탄생하는 것이며 그 덕분에 이후 10세기 이상 오리엔트 지역은 여전히 문명의 중심권으로 군림하게 되는 것이다(동로마제국 문명과 아랍 문명). 문학적으로 표현하자면 알렉산드로스의 바빌론 입성은 수메르 문명의 상징인 '길가메시 서사시의 꿈'과 에게문명의 상징인 '호메로스 서사시의 꿈'의 만남이다. 역사적으로는 그리스인의 오리엔트 정복으로 기록될 그 사건은, 사실은 오랫동안 서로 떨어져 있던 지중해 문명과 초승달 지역의 문명이 만나서 융합의 길을 열었음을 뜻한다.

알렉산드로스의 세 번째 단계는 인도까지 이르는 동방 원정이다.
알렉산드로스는 페르시아의 양대 수도인 수사와 페르세폴리스를 차례대로 점령하면서 페르시아 정복을 마무리한다. 소아시아, 이집트, 메소포타미아에 이르는 오리엔트 전 지역을 완전 정복함으로써 그는 명실상부 오리엔트 문명 전체의 패자가 된 것이다. 그러나 그는 발길을 거기서 멈추지 않는다. 그는 계속 동방 원정길에 올라 오늘날의 아프가니스탄과 파키스탄 일부 지역과 중앙아시아 초원 지대(소그디아나, 박트리아 등)를 정복한 뒤 기원전 327년 인도 원정길에 나선다. 근현대사에 비추어 본다면 나폴레옹과 히틀러의 러시아 원정보다 힘겨운 고난의 행군이었다. 알렉산드로스와 병사들은 기원전 326년 봄, 인더스강에 이른다. 이어서 기후와 지형 때문에 온갖 어려움을 겪으며 갠지스강에 이르렀으나 그곳에서 더 이상 앞으로 나아가지 못하고 발길을 돌린다. 기원전 326년 9월이었다. 바빌론으로 돌아온 알렉산드로스는 기원전 323년 5월, 33세의 나이로 눈을 감는다. 알렉산드로스 대왕 사망 이후 그가 건설한 그리스 제국은 마케도니아와 그리스 중심의 안티고노스 왕조, 알렉산드리아 중심의 이집트 프톨레마이오스 왕조, 안티오키아 중심의 시리아 셀레우코스 왕조, 페르가몬 중심의 아나톨리아 아탈로스 왕조의 넷으로 분열된다. 그가 죽으면서 후계자를 정확히 지정하지 않은 채 '가장 강한 자'를 후계자로 지목하는 바람에 마케도니아 제국은 내전 상태에 빠졌고 결국 네 왕조로 분리되는 결과를 낳았다.

그의 인도 정복이 결국 실패로 끝났다 하더라도 그의 원정이 남긴 의미는 결코 작다고 할 수 없다. 중앙아시아 초원지대에 헬레니즘의 씨앗을 뿌린 것은 물론, 훗날 그 씨앗이 새로운 열매를 맺는 결과를 낳은 것이다. 그중 우리의 눈길을 끄는 것이 그리스인들이 세운 박트리아 왕국에서 꽃핀 간다라 예술이다.

박트리아 왕국은 힌두쿠시산맥과 아무다리야강 사이(지금의 아프가니스탄 북부 일대)에 존재했던 왕국으로 알렌산드로스 사망 이후에 탄생한 헬레니즘 왕국의 하나로 간주할 수 있다. 페르시아 아케메네스 왕조 때는 제국의 속주였고 알렉산드로스 대왕의 제국이 붕괴된 뒤에는 그 유장遺將인 셀레우코스 1세가 안티오크를 수도로 삼은 시리아 왕국의 한 주州였다. 알렉산드로스가 정복한 다른 지역과 마찬가지로 그곳에는 많은 그리스인들이 터를 잡고 살고 있었다. 시리아 왕국의 힘이 약해지자 그들이 시리아 왕국에 반기를 들고 박트리아 왕국(BC 246~BC 138)이라는 독립 왕국을 세운다. 박트리아는 지배 계급 모두가 그리스계 출신이고, 그리스어가 공용어였으며, 그리스 화폐가 통용되는 등 전형적인 헬레니즘 국가였다. 말하자면 박트리아 왕국은 가장 동쪽의, 그리고 가장 최후의 헬레니즘 왕국이었던 셈이다. 지금의 아프가니스탄 북부에 그리스인이 세운 왕국이 존재했다는 사실만으로도 박트리아는 우리의 눈길을 끌기에 충분하다. 박트리아 왕국은 한때 힌두쿠시산맥을 넘어 인도 일부를 점령하고 대제국으로서 세력을 떨치기도 했다. 전성기에 동쪽으로는 타림 분지, 서쪽으로는 페르시아, 북쪽으로는 소그디아나, 남쪽으로는 인도와 접경을 이룰 정도로 대제국을 이루기도 했다. 잠시 전성기를 구가하던 그리스-박트리아 왕국은 곧 내란에 휩싸이고 그중 일부가 힌두쿠시산맥을 넘어 인도 서북부 펀자브 지역으로 피신한다. 그들은 인도의 마우리아 왕조를 몰아내고 인도-그리스 왕국을 세운다. 하지만 넓은 의미에서 보자면 이들도 박트리아-그리스 왕국의 일파이다.

알렉산드로스가 동방을 정벌하면서 늘 그랬듯이 이들은 현지인들의 풍습과 신앙을 받아들인다. 이집트에서 파라오의 칭호를 받아들였던 알렉산드로스는 페르시아 정벌 후에는 페르시아식 옷을 입고 페르시아 여자와 결혼했으며 중앙아시아의 여자와도 결혼했다. 알렉산드로스는 한결같이 현지 적응 정신을 보인 것이며 바로 그 정신이 헬레니즘 문화를 낳은 것이다. 마찬가지로 박트리아 왕국의 그리스인들도 박트리아 현지인들의 조로아스터교 풍습과 신앙을 받아들였다. 그리고 내란 후 인도로 들어간 그리스인들은 대개 불교로 개종했다. 그러나 이들은 불교 신앙을 수동적으로 받아늘이는 데 그치지 않았다. 그들은 자신이 받아들인 불교를 그리스 문명과 융합해서 새로운 헬레니즘 예술을 탄생시킨다. 바로 간다라 예술, 혹은 간다라 미술이다.

간다라 미술은 그리스 문화와 불교문화가 결합하여 탄생한 새로운 미술이다. 간다라 미술이 불교에 끼친 가장 큰 영향은 무엇보다 최초로 불상^{佛像}을 제작했다는 데 있다. 초기의 불교도들은 불상을 만들지 않고 탑을 지어 불심을 표현했다. 그런데 그리스인의 영향으로 불상 조각을 제작하기 시작한 것이며 그 새로운 흐름이 아시아 각국으로 전파된 것이다. 먼 훗날(AD 8세기), 신라에서 제작한 석굴암의 불상이 간다라 양식의 영향을 받았다고 하니, 그리스 문명의 영향력이 얼마나 널리 퍼졌는지 능히 짐작할 수 있을 것이다. 부처상 앞에서 절을 하는 불교도들은 어떤 의미로는 자신도 모르는 채, 헬레니즘 문화의 일부와 만나고 있는 셈이다. 신라 석굴암에 그리스 헬레니즘의 영향력이 미치고 있다는 사실은 단순히 헬레니즘의 크나큰 영향력을 실감하게 만드는 데 그치지 않는다. 그 사실 하나만으로도 우리는 시간적으로나 공간적으로나 멀리 떨어진 두 문명, 즉 그리스와 신라 문명이 완전히 이질적이고 고립된 문명이리라는 예단에서 벗어나 그 두 문명에 공통 분모가 존재한다는 상상력으로 전환할 수 있다. 그것만으로도 세상은 얼마든지 다르게 보일 수 있다.

참고로 중국에게 박트리아는 서역의 한 국가였다. 중국은 박트리아를 대하^{大夏}라고 불렀다. 박트리아에 대한 중국식 명칭이 존재한다는 것은 지구상에 가장 멀리 떨어진 두 문명, 즉 그리스 문명과 중국 문명이 어떤 식으로건 안면을 트기 시작했음을 의미한다. 박트리아가 왕국을 세웠을 때 중국은 전국시대 말기로서 진^秦나라가 천하를 통일하기 직전이었다. 박트리아는 흉노에 쫓긴 대월지^{大月氏}에 정복되면서 기원전 2세기 말에 멸망한다. 그에 대해서는 나중에 중국의 역사를 살펴보면서 조금 자세히 살펴볼 기회가 있을 것이다.

헬레니즘

 헬레니즘을 간단히 정의하자면 알렉산드로스 대왕이 동방을 정벌한 후 그리스 문화와 현지 문화가 결합하여 형성된 문화를 말한다. 헬레니즘이라는 용어는 그리스인이 자신을 지칭하던 헬렌Héllēn에서 나온 말이다. 당연한 이야기지만 헬레니즘이라는 용어를 고안한 것은 알렉산드로스 대왕도 아니었고, 당대 그리스인도 아니었으며 후대의 그리스인도 아니었다. 그 용어는 19세기 독일의 역사학자인 요한 구스타프 드로이젠(1808~1884)이 그의 저서인 『알렉산드로스 대왕의 역사』에서 고안해 낸 말이다. 구스타프 드로이젠에 의해 '헬레니즘'은 알렉산드로스와 이집트의 클레오파트라 사이의 시기를 가리키는 시대 명칭이 된다. 좀 더 풀어서 말한다면 알렉산드로스 대왕이 집권했을 때(BC 336년)부터, 혹은 오리엔트 원정을 시작했을 때(BC 334년)부터 로마 초대 황제 아우구스투스(옥타비아누스)가 악티움 해전에서 안토니우스와 클레오파트라의 연합군을 격파하고 이집트가 로마제국의 영토에 편입된 때(BC 30년)까지의 시기를 가리킨다. 로마의 이집트 정벌은 로마의 헬레니즘 세계 정벌이면서 동시에 그리스 제국의 멸망을 의미한다.

 그러나 '헬레니즘'을 시기적으로 그렇게 한정된 문화, 역사적으로 한 때 짧게 융성했다가 사라진 문화로 간주하는 사람은 거의 없다. 그리스 제국 멸망 후에도 헬레니즘의 영향력은 광범위하게, 그리고 길게 이어졌기 때문이다. 게다가, 앞에서 보았듯 도슨 같은 사람은 '헬레니즘을 도외시하면 유럽 문명만이 아니라 유럽이라는 개념조차 존재할 수 없을 것이다.'라고 쓴다. 도슨은 아예 헬레니즘에서 유럽의 정체성을 찾은 것이다. 19세기 유럽인인 드로이젠이 헬레니즘이라는 용어를 만들

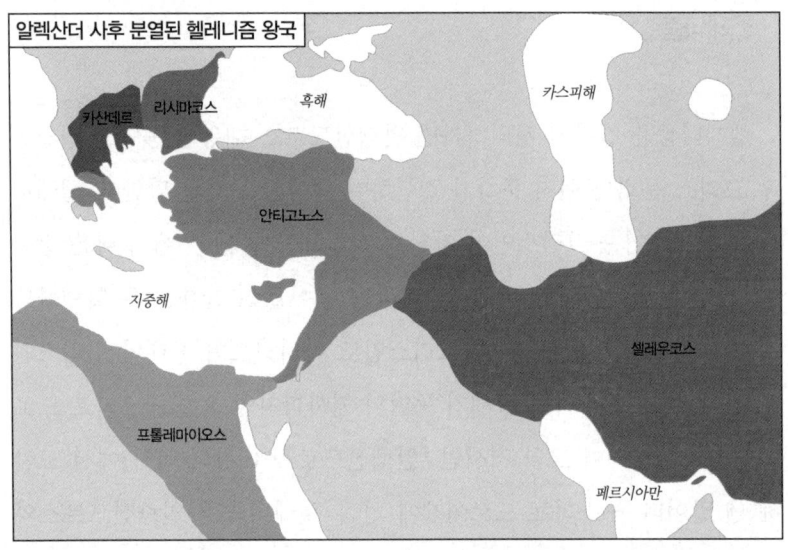

어 낸 것 역시 마찬가지이다. 그도 헬레니즘 문명은 지역적, 시기적으로 국한된 문명이 아니라 그가 생존해 있던 당시까지 그 영향력이 이어져 오고 있음을 강조하기 위해서 그 용어를 만들었다. 유럽 중심 민족주의적 발상이 짙게 배어 있기는 하지만, 그 저의가 어떠하든 간에 그는 헬레니즘의 중요성을 정확하게 꿰뚫고 있었으며 그가 헬레니즘에 부여한 의미가 지금도 통용되고 있다.

  드로이젠은 헬레니즘이라는 용어를 사용하면서 그 시기의 헬레니즘 문화가 그리스 문명과 오리엔트 문명이 융합하여 만들어진 문화라는 점을 강조한다. 왜 그가 당시의 문화가 융합 문화임을 강조했을까? 그리스 문명이 오리엔트 문명에 가한 영향력을 강조하기 위해서였을 것이다. 알렉산드로스 이후, 동방의 문명에 끼친 그리스 문명의 영향력에 대한 평가와 인식이 그의 기대치에 미치지 못해서였을 것이다. 실제로 그는 알렉산드로스가 정복 사업만 벌인 것이 아니라 광범위한 지역에 그리스 문명을 전파한 덕분에 범세계적 문화가 탄생했다는 점을 강조한다.

비슷한 맥락에서 유럽인들은 르네상스 운동을 전개할 때 고대 그리스·로마 문명에서 유럽 문명의 뿌리를 발견했다. 그리스 문명을 유럽 문명의 뿌리로 간주한 이상, 드로이젠은 유럽 문명이 범세계적 문명임을 강조하기 위하여 그리스 문명의 범세계성을 강조하고 싶었을 것이다. 드로이젠은 헬레니즘이라는 용어를 만들면서 '그리스 문화의 전파'와 '범세계적 문화'의 탄생에 방점을 찍었을 것이다. 오리엔트 문화에 대한 그리스 문화의 영향력을 강조하고 싶었을 것이며 그리스 문화의 영향으로 태어난 문화가 범세계적인 문화라는 점을 강조하고 싶었을 것이다.

실제로 드로이젠의 의도는 성공했다고 보아야 한다. 그가 헬레니즘이라는 용어를 사용한 이래 헬레니즘=그리스 문명이라는 등식이 알게 모르게 성립된 것이다. 하나만 예를 들어보겠다.

우리가 한 번쯤은 들어본 철학자들의 이름을 나열해 보자. 탈레스, 헤라클레이토스(BC 540~480), 피타고라스, 아낙시만드로스, 아낙시메네스, 소크라테스(BC 469~399), 플라톤(BC 427~347), 아리스토텔레스(BC 384~322), 유클리드(BC 300?~?), 에피쿠로스(BC 342?~BC 271) 등등.

위에 나열한 이름들의 공통점이 무엇이냐고 물으면 대부분 그리스 철학자들이라고 대답할 것이다. 그러나 엄밀한 의미에서 순수 그리스 철학자라고 부를 수 있는 사람은 소크라테스, 플라톤, 아리스토텔레스밖에 없다. 그중 아리스토텔레스는 마케도니아 출신으로서 알렉산드로스 대왕의 스승이었으니, 어찌 보면 헬레니즘기의 철학과 겹친다고 볼 수도 있다. 그 외의 많은 철학자들, 그러니까 탈레스, 헤라클레이토스, 피타고라스, 아낙시만드로스, 아낙시메네스는 순수 고대 그리스 철학자가 아니라 이오니아 지방 출신 철학자들이다. 앞에서 살펴보았듯이 이오니아 문명은 그리스 문명과 소아시아 문명의 융합에 의해 탄생한 문명이며, 훗날의 헬레니즘 문명을 예비한다고 볼 수 있다. 기하학으로 유명한 유클리드는 헬레니즘 철학자이자 수학자이며 에피쿠로스 철학과 스토아 철학은 헬레니즘을 대표하는 철학의 두 경향이다. 하나만 더 덧붙이자면, 서구 철학의 뿌리로 간주되고 있는 아리스토텔레스 철학을 유럽인들이 직접 접한 것도 아니다. 중세 때 아리스토텔레스의 책이 유럽에 라틴어로 번역·소개되었지만 번역 대본은 아랍어 번역본이었다. 중세 유럽은 그리스 철학을 그리스로부터 직접 받아들인 것이 아니라, 아랍권 학자들의 번역·주석본을 통해 간접적으로 받아들인 것이다. 13세기에 아리스토텔레스의 가장 권위 있는 해석자로 간주하고 있는 이븐 루시드(Ibn Rucid, 라틴명 아베로에스 Averroes, 1126~1198)는 당시 이슬람의 지배를 받고 있던 이베리아반도 코르도바 출신의 아랍 철학자였다.

이런 속사정에도 불구하고 많은 사람이 위에 언급한 철학자들을 별로 망설이지 않고 그리스 철학자로 인식한다는 것은 드로이젠의 의도가 성공했다는 것을 의미한다. 그리스 문명=헬레니즘 문화=서구 문명의 뿌리라는 인식이 사람들의 뇌리에 박히게 되었으니 말이다.

그러나 드로이젠이 헬레니즘이라고 칭한 문명은 오리엔트 지역에 꽃핀 그리스 문명이라기보다는 그리스 문명의 충격으로 오리엔트 문명이 대변화를 이루면서 탄생한 문명이다. 알렉산드로스의 동방 원정 이후에도 문명의 중심은 여전히 오리엔트였고 그 문명은 비잔티움 문화로, 이슬람 문화로 이어진다. 헬레니즘 문화와 종교는 비잔티움(동로마제국)

에서 부활했고 헬레니즘의 철학과 과학은 이슬람 문화권에서 꽃을 피웠다.

오리엔트는 그리스의 영향으로 새로운 문명이 탄생한 지역이 아니다. 그리스 문명에 비해 상대적으로 낙후되어 있던 곳이 아니다. 그곳은 오히려 문명의 중심이었다. 그 중심 문화가 이질적인 문화인 그리스 문명의 충격으로 결정적 변화를 이룩한 곳이다. 그 변화는 긍정적인 변화였고 그 변화 덕분에 오리엔트는 여전히 중심일 수 있었다. 그것이 역사적 사실이다. 알렉산드로스의 원정을 오리엔트의 그리스화로 규정한 것은 19세기 유럽 중심주의, 혹은 유럽 중심 민족주의가 확립되면서부터이다.

15~16세기 유럽에서 르네상스 운동이 일어나면서 유럽인들은 중세를 암흑기로 규정했다. 그러면서 고대 그리스·로마 문명에 열광했다. 르네상스 운동은 고대 그리스·로마의 찬란한 문명을 이어받고 되살리자는 운동이다. 그리고 그들은 고대 그리스·로마 문명을 유럽 문명의 뿌리로 받아들였다. 유럽인들은 통시적通時的인 관점에서 그리스·로마 문명과 르네상스 사이에 끼어 있는 중세를 암흑기로 규정했다. 하지만 르네상스기 유럽인들이 중세를 암흑기로 규정한 것은 공시적共時的 관점에서 중세 유럽의 상대적 낙후성을 인정했기 때문이 아니었을까? 중세의 유럽이 오리엔트의 비잔티움 문명, 이슬람 문명에 비해 어두운 그늘에 있었음을 인정했기 때문이 아니었을까?

반복하지만 알렉산드로스의 동방 원정 이후에도 오리엔트 분닝은 비잔티움 문명, 이슬람 문명으로 이어지면서 여전히 문명의 중심지 역할을 했다. 알렉산드리아를 중심으로 학문이 꽃을 피웠고 과학이 발전했으며 새로운 예술이 탄생했다. 유럽인들이 사용한 용어를 그대로 사용한다면 오리엔트가 르네상스를 이룩했다고 볼 수도 있다. 그리스 문명이 오리엔트 문명을 받아들여 르네상스를 이룩한 것이 아니라 오리엔트 문명이 그리스 문명의 영향으로 르네상스를 이룩한 것이다.

  그런데 도슨은 왜 '헬레니즘을 도외시하면 유럽 문명만이 아니라 유럽이라는 개념조차 존재할 수 없을 것이다.'라고 쓴 것일까? 더 나가 오리엔트에서 발생한 기독교가 어떻게 유럽의 정체성을 규정하는 중요한 종교가 된 것일까? 어떤 과정을 거쳐 유럽이 헬레니즘 문명을 이어받게 된 것일까? 어떻게 하여 문화적으로 가장 낙후되어 있던 유럽이 헬레니즘을 계승해서 비약적 발전을 이루게 된 것일까? 하지만 아직 그 질문은 질문으로 남겨 두기로 하자.

07

호메로스 서사시의 시대, 중국에서는?

호메로스의 『일리아스』와 『오디세이아』를 살펴보면서 호모사피엔스가 아프리카를 탈출한 후 지구촌 전역으로 퍼져나간 사정도 알아보았다. 기왕에 시야를 그렇게 넓힌 김에 같은 시기, 지구촌 다른 지역에서는 어떤 일이 벌어지고 있었는지 눈길을 돌리는 것도 흥미로운 일이다. 지구촌 호모사피엔스의 삶을 가능한 한 총체적으로, 즉 인류학적 관점에서 살펴보려면 아메리카 대륙과 아프리카 대륙, 인도양·태평양의 섬들 등, 호모사피엔스가 오랫동안 고립된 삶을 살았던 곳도 염두에 두어야 마땅할 것이다. 그러나 그런 곳을 향한 눈길은 거둔다. 앞에서 말했듯, 그곳의 호모사피엔스들은 다른 문명과 교류하면서 변화를 꾀한 호모사피엔스의 보편적 길을 걷지 않았기에 눈길을 거둘 수밖에 없다. 또한, 지구촌 중요한 문명 발상지의 하나인 인도에 대한 고찰도 아쉽게 생략할 수밖에 없다. 나의 인도 공부가 모자라기 때문이다. 결국 우리가 염두에 두어야 하는 지구촌 다른 지역이란 사실은 중국을 말한다.

뒤늦은 출발, 그러나 조숙한 문명을 이룬 중국의 역설

중국 문명은 지구촌의 다른 문명들, 예컨대 메소포타미아 문명이나 이집트 문명에 비해 출발이 늦었다. 그러나 출발은 늦었어도, 중국 문명의 발전 속도는 지구촌 여타 문명보다 훨씬 빨라서 조숙早熟했다는 표현을 붙여야 할 정도이다. 뒤늦은 중국 문명이 어떻게 빨리 성숙할 수 있었는지 그 사정을 간략히 살펴보자.

호메로스 서사시의 시대적 배경인 기원전 12세기에 중국은 상商 나라(혹은 은殷 나라) 시대였다. 기원전 221년 진秦나라가 대륙을 통일하기 이전 시기를 학자들은 선진시대先秦時代라고 부르며 선진시대는 하夏나라, 상나라, 주周나라, 춘추春秋시대, 전국戰國시대로 이어진다.

하夏나라는 실재實在 여부에 대한 논란이 끊이지 않는 나라이다. 하남성 낙양 근처의 얼리터우二里頭 지역에서 도기와 청동기·목기와 같은 많은 고고학적 유물이 발견되었지만, 문명 성립의 중요한 기준으로 삼을 수 있는 문자의 사용과 기록이 없기 때문이다. 다만, 사마천의 사기史記에 의하면 13년 동안 황하의 물길을 잘 다스린 우禹가, 그의 공을 높이 산 마지막 오제五帝인 순舜의 선양禪讓에 의해 하夏나라의 시조로 즉위하였고, 하나라는 마지막 왕인 폭군 걸桀이 상나라(은殷나라) 탕왕湯王에게 패망할 때까지 총 14대 약 470여년 동안 존속했다고 기록되어 있다.

참고로 하夏나라 이전은 삼황오제三皇五帝 시대로서, 역사적 실체라기보다는 신화와 전설 속의 시대로 보는 것이 옳다. 우리가 흔히 태평성대라 일컫는 요순堯舜시대의 요와 순은 각각 삼황오제의 마지막 두 제帝이다. 일반적으로 도시의 형성, 문자의 사용, 중앙집권적 정치 조직, 체계화된 종교의식과 문화의 발달 여부를 문명 기준의 주요 요소로 삼고 있으니 중국 문명의 기원은 하(夏)나라와 상나라가 겹치는 시기로 상정하는 것이 타당할 것이다.

다시 말하지만, 중국 문명은 메소포타미아, 이집트, 인더스 문명보다 늦게 시작된 문명이다. 그러나 역사의 전개 과정에서 보여준 제도의 선진성과 사상적 특징은 다른 문명권을 훨씬 앞선다. 그리고 중국 문명이 그런 조숙성을 드러낼 수 있었던 데는 무엇보다 지리적 환경의 영향이 크다.

중국 문명권의 첫 번째 가장 중요한 특징은 지리적 폐쇄성이다. 중국 문명권은 타 문명권에 비해 상대적으로 폐쇄성을 지닐 수밖에 없었던 것이다. 동쪽은 바다로 막혀 있고, 서쪽과 북쪽에는 높은 티베트 고원이 자리 잡고 있으며, 한번 들어가면 살아서 나오지 못한다는 무시무시한 뜻을 지닌 타클라마칸사막, 그리고 강수량이 미미하고 기온이 낮아 농경 정착 생활이 불가능한 북쪽의 초원과 산지, 남쪽의 밀림과 산악 지대로 둘러싸여 있었기 때문이다.

그러나 중국 문명권은 그러한 폐쇄성과 동시에, 크나큰 특혜를 지니고 있었다. 그 폐쇄된 내부에는 넓게 펼쳐진 평야가 있었고 풍부한 수량을 자랑하는 황하와 장강이라는 큰 강이 흐르고 있었기에 아주 빠르게 농경 정착 생활을 이룰 수 있었다. 그 결과 풍부한 잉여 생산물을 산출할 수 있었고 빠르게 도시가 형성되었으며, 사회 계층분화가 신속하게 이루어졌고 안정된 정치 체계를 확립할 수 있었다

바로 그 점에서 중국 문명권의 지리적 폐쇄성은 천형이 아니라 축복이었다. 중국 문명은 지리적으로 폐쇄된 채 고립의 길을 걸은 것이 아니라, 지리적인 보호막 안에서 번영의 길을 걸을 수 있었다. 지리적 폐쇄성은 중국 문명의 외부 진출을 막는 장애물이 아니라 내부의 안정과

번영을 가능하게 해준 천연 보호막이었다.

중국 문명이 지닌 그러한 특성은 고대 주요 문명들의 지리적 특성과 문명 전개 양상과 비교하면 그 차이가 확연하게 드러난다. 티그리스·유프라테스강 사이의 비옥한 초승달 지대에서 성립된 반건조 기후의 메소포타미아 문명은 개방된 지형에 위치하여 외세 침략에 취약하고 방어가 어려웠다. 따라서 여러 민족이 이른 시기에 다수의 도시국가를 건설했지만, 잦은 전쟁과 갈등이 일어날 수밖에 없었고, 주역이 자주 교체될 수밖에 없는 불안정한 문명이었다.

지구촌 문명 중에서 중국과 지리적으로 유사한 모습을 보이는 문명이 이집트 문명이다. 사막과 바다로 둘러싸인 폐쇄 공간을 나일강이 관통하면서 비옥한 충적평야를 지니고 있기 때문이다. 메소포타미아 문명이 상업과 회계에 효율적인 쐐기문자를 사용한 것과 달리 이집트에서는 중국의 한자와 마찬가지로 종교적 신성성을 보여주기에 적합한 상형문자hieroglyphs를 사용했다는 것은 중국 문명과 이집트 문명의 그러한 유사성을 보여준다.

그러나 중국 문명과 이집트 문명 사이에는 결정적 차이가 존재한다. 이집트 문명은 중국 문명에 비해 농경이 가능한 내부 공간이 상대적으로 협소하다는 점이다. 따라서 농업 생산력에 한계가 있었고 이집트 문명 자체가 문명의 중심이 되어 외부로 그 힘을 투사하기에는 한계가 있었다. 이집트 문명이 오리엔트 지역의 문명 중심지로 기능하지 못하고 역사가 진행될수록 고립화·내면화 되면서 외부의 식량기지로 전락한 것은 그 때문이다.

중국 문명의 지리적 환경 중 황하 유역은 고대 중국 문명 발생의 핵심 무대였다. 황토로 이루어진 오르도스 고원지대의 비옥한 토양이 황하의 물줄기를 타고 주기적으로 범람하여 하류 지역에 비옥한 충적평야를 형성하였고, 그 덕분에 일찍부터 농업을 중심으로 한 정착 생활이 가능해졌다. 황하 유역에는 일찍이 농업을 기반으로 하는 촌락 단위의 공동체가 형성되었고, 그 농민들이 황하 유역을 중심으로 기존의 요람 지역에서 남쪽으로, 서쪽으로, 북쪽으로 뻗어나가며 중국 땅을 조금씩 점유해 나갔다. 따라서 중국의 역사 자체를 위대한 왕조들의 흥망성쇠의 관점이 아니라 농민들의 중국 땅 점유 역사로 보는 학자가 있을 정도이다.

하지만 황하 유역은 농민들에게 풍요로움만 제공한 것이 아니었다. 그곳은 지구촌 다른 문명권에 비해 가장 도전적인 농경지 중의 하나였다. 토질은 비옥했지만 강은 자주 범람했고 물길은 크게 바뀌었다. 그 때문에 정착 농민들은 개인 단위로는 대응할 수 없는 집단적 재난에 자주 직면할 수밖에 없었다. 그들에게 수로 관리, 제방 축조, 홍수 대비는 생존의 문제였고 이런 공공사업에는 반드시 집단 조직이 필요했으니 그런 집단 조직의 필요성, 바로 이것이 최초 권력 탄생의 요인이었다. 그리고 그 권력은 자연과 인간 사이를 중재하는 샤먼(제사장)과 연결되었다. 황하의 불규칙한 범람은 자연의 분노, 혹은 신의 뜻으로 해석되었고, 풍년과 흉년, 홍수와 가뭄을 예측하고 조절하는 자는 단순한 지도자가 아니라 신과 교류하는 인물이어야 했다. 따라서 자연을 다스리는 행위는 곧 사람을 다스리는 행위가 되었고, 종교적 능력이 정치적 권위의 근거가 된다. 중국 문명에서의 권력자는 자연을 정복하는 자가 아니라, 자연과 소통하고 교류하는 자였다는 사실이 중국 문명의 주요 특징이다. 중국 문명에서 자연은 인간의 손길을 기다리고 있는 수동적인 대상이 아니었다. 자연은 인간에게 혜택과 재앙을 동시에 가져다주는 존재였으며 소통하며 순응하고 화합해야 하는 존재였다. 따라서 농민들을 통한 경작지 확산의 역사는 단순한 지리적 확장이 아니라 제사장 체계의 확산을 의미했다.

황하 유역에서 최초의 국가로 특정할 수 있는 나라는 상나라이다. 상나라는 하남성 상구商丘부터 시작하여 현재의 하남성 안양시安陽 일대에서 기원전 17세기부터 기원전 11세기까지 존속했던 국가로서 은허殷墟라는 최후 수도의 유적지가 발굴되면서 실체가 분명해졌다. 상나라는 수도를 6번 정도 옮겼는데 모두 황하의 범람과 관련 있는 것처럼 보인다. 참고로 황하의 크고 작은 범람은 '중국의 슬픔'이라고 불릴 만큼 잦았으며(역사적으로 현재까지 1,600회 정도), 하북 평원과 천진·산동반도·양쯔강 삼각주의 동부 해안선을 심하게 변화시킬 정도로 거대한 범람도 10회 가까이 발생했다.

황하 중류 북쪽 곡류 구간 안양시에 위치한 상나라 마지막 수도 은殷은 해발 100~150m 정도에 자리 잡고 있어 황하 범람에 대해 이전 수도들보다 상대적으로 안전한 지역이어서 270 여년 동안 유지될 수 있었다. 황하의 범람은 인간의 노동력과 물리적인 한계를 훨씬 뛰어넘는 규모로서 당연히 당대를 살았던 사람들의 정신적 구조와 관념에 영향을 미쳤다. 물리적 대응의 한계치를 넘는 가혹한 자연재해는 초월적 신의 힘을 소환하지 않을 수 없었고 인간의 정치에 영향을 끼치며 후대까지 종교적 질서와 정치적 정당성을 추구하는 데 깊게 관여되었다.

상나라는 이 세계관을 기반으로 인간과 특정 조상신, 자연신 사이의 끊임없는 소통을 추구한 사회였다. 이러한 종교적 세계관이 반영된 가시적 표현물이 한자의 원형이 되는 갑골문甲骨文이다. 갑골문은 거북의 배딱지나 소의 견갑골을 불에 구워 나타난 금을 해석하여 신의 의중을 파악하는 데 활용되었다. 즉, 갑골문은 단지 문자 체계의 출발점일 뿐만 아니라 점을 치는 행위였으며 갑골문의 해석이 정치와 종교가 결합한 형태였고 권력의 매개 수단이었다. 예를 들어 "내일 비가 올 것인가?", "이 비는 강에 영향을 끼칠 것인가?" "전쟁을 시작해도 좋은가?" 등 신에게 질문을 던지고 답을 해석하는 행위를 통해 상나라 왕은 신과 소통할 수 있는 존재로 간주되었으며 정치권력은 사실상 신권과 동일시되었다.

신정정치가 행해진 상나라의 또 하나의 큰 특징은 바로 특정 조상에 대한 숭배祖上崇拜가 이루어졌다는 사실이다. 갑골문의 점복 행위에서도 알 수 있듯이 상나라는 수많은 자연신을 숭배했다. 특히, 날씨와 추수, 운에 대한 대부분의 일을 주관하는 제帝를 주신主神으로 삼았다. 그런데 제帝는 평범한 인간들의 기도와 제물을 받지 않는 신이다. 오로지 상 왕조 조상의 강력한 영혼만이 제帝에 영향을 미칠 수 있다. 그러므로 신성한 조상에게 제사를 올릴 수 있는 유일한 인물인 상나라 왕만이 신에게 가까이 갈 수 있는 존재이다.

조상은 제帝에게 닿기 위한 연줄일 뿐만 아니라 그 자체로도 강력한 신성神性을 지니고 있었다. 따라서 일상에서도 축복을 내려줄 수 있는 존재였으며, 제사를 소홀히 하는 후손이나 종족에게 저주를 내릴 수 있는 존재였다. 이러한 조상의 영혼을 기쁘게 하고 섬기기 위해서는 적절한 희생 제물이 필요했다. 이때 바쳐진 희생은 단순한 동물뿐만 아니라 인간까지도 바친 인신공양人身供養과 순장의 형태로 드러난다.

희생에 바쳐진 자들은 종종 정복당한 이민족, 특히 관중 지역 너머 서쪽 변경 지대에서 주로 양을 기르며 반목반농 생활을 하던 강족羌族이었다. 서쪽 관중 지역의 상商 제후국이었던 주周나라는 자신들과 혈통적으로 가까운 강족들을 사냥하여 희생 제물을 바치는 역할을 수행했다. 상은 인신 공양을 통해 자신들의 문명 우위를 과시하고 질서를 재확인하면서 외부 민족을 상징적으로 소비함으로써 권력의 경계를 명확히 하는 의례를 상시적으로 집행했다. 은허의 매장지에서 출토된 유적 중 목과 팔다리가 잘린 참혹한 시신들이 다수 발견되는데 이는 희생 제물이 고통스럽게 죽어갈수록 신에 대한 경배가 드높아지는 것으로 여긴 것처럼 보인다. 심지어 공자孔子가 성인에 가까운 이상적인 군자로 평가한 주공周公조차도 한때 강족을 사냥한 인간 사냥꾼 일원이었으니, 신정 정치는 잔혹하고 폭력적인 양상을 띠고 있었던 것이다. 바로 이런 맥락에서 강태공 일화가 등장한다. 강태공은 서부 작은 강족 부락의 수령이었다. 그는 은허에서 백정으로 미천하게 살면서 세상을 등진다. 그런 그가 자기 부족을 사냥한 원수였을 수도 있는 주문왕周文王과 손을 잡고 상나라를 멸망키로 작정하니, 주문왕은 주나라의 기틀을 닦고 주역周易을 체계화한 인물이다.

정치와 종교가 결합한 상나라의 질서는 가족 구조와도 긴밀히 연동되어 있었다. 초기에는 형제 상속제가 중심이었으나 상에서 주周로 넘어가는 과정에서 점차 부자 상속 체제로 전환되며 모계 중심 사회의 흔적은 점차 약화 되었다. 이는 조상 숭배가 개인적 혈연에서 국가적인 이념 체계로 확장되면서 생긴 변화이기도 하다. 다시 말해, 통치 권위는 더 이상 혈연에 기반을 둔 '형제집단'의 합의가 아닌 특정 혈통의 '부계 계승권'을 통해 정당화되었고 이는 후대 주周나라의 종법 제도의 이행을 준비하는 사상적 기초가 되었다. 또, 모계 사회 전통이 약화 되며 여성들의 정치 관여에 대한 불신이 뿌리를 내리기 시작하는데, 그러한 양상은 궁중 송가에서도 찾아볼 수 있다.

> 똑똑한 남자는 나라를 이루고
> 똑똑한 여자는 나라를 망친다네.
> 여자들은 아름다울지 모르나
> 올빼미 부엉이 짓을 하네.
> 여자의 긴 혀는 나라를 파멸시키는 근원이라네.
> 환란은 하늘이 내린 것이 아니라
> 여자로부터 생긴다네.

이처럼 상나라를 위시한 초창기 황하 문명의 특징은 단순한 농경사회의 틀을 넘어서 지리적 환경-농업 중심-조상 숭배-문자-권력구조가 유기적으로 연결되어 있다. 이는 중국 고대 국가의 형성과 발전을 이해하는 데 핵심적 요인이며 이 구조가 '천명天命'이라는 사상으로 전환되면서 주나라의 봉건제 질서와 종법제로 확장된다.

상과 주:
신권에서 천명으로, 조상 숭배에서 종법 제도로 권력구조의 전환

상나라의 정치·종교 구조는 조상 숭배와 점복, 인신 공양 등 초월적 질서와 긴밀히 연결되어 있었다. 그러나 이를 계승하면서도 극복한 세력이 주周였다. 주나라는 기원전 11세기부터 기원전 256년까지 존속한

나라로서 서안^{西安}, (혹은 호경^{鎬京})이 수도였던 서주^{西周} 시대(기원전 11세기~기원전 771년)와 낙양으로 천도한 이후의 동주^{東周}시대(기원전 771년~기원전 256)로 나뉜다.

주나라를 서주 시대와 동주 시대로 구분하지만, 실질적인 주나라는 서주에 국한된다고 볼 수 있다. 서주의 12대 유왕이 자신의 후궁인 절세 미녀 포사에 빠져 이민족인 서융^{西戎}의 침공에 교살당하면서 사실상 중앙집권 국가로서의 주나라는 사라졌고 이때부터 춘추전국시대가 시작되었기 때문이다. 춘추전국시대는 동주가 지속한 시기와 정확히 겹치니, 동주는 명목상으로만 황실일 뿐, 실질적으로는 여러 제후국 중의 하나 정도에 불과했으며 그중에서도 힘이 가장 미약했다.

주나라는 상의 종교적 전통과 문화의 핵심 요소는 이어받되, 그 핵심 요소를 바탕으로 합리화된 정치 이념과 제도를 시행하며 새로운 문명 국가의 모델을 제시했다. 이 전환의 핵심에 바로 '천명^{天命}'과 '인치^{人治}'라는 개념이 있었다.

상나라의 왕권은 조상신과의 소통 능력에 의해 정당화되었으며, 이를 점복과 희생제의 의식으로 확인했다. 그러나 이러한 체계에서 권위의 중심은 인간이 아닌 신령의 세계였으며 그로 인해 왕의 권위에는 불안정한 측면이 있었다. 왕이 신의 의지를 잘못 해석하거나, 재난이 발생하게 되면 그 권위는 급격히 약화 되었다. 주나라는 이러한 점을 보완하기 위해, 천^{天}은 도덕을 갖춘 자에게만 명을 내린다는 '덕치^{德治}'의 논리를 내세웠다. 즉, 천명은 혈통이나 신탁에 의해 자동으로 주어지는 것이 아니라, 통치자의 도덕성과 능력에 따라 변화할 수 있는 것이 된 것이다.

이는 정치권력의 초월적 근거를 유지하면서도, 현실적인 정당성과 평가 기준을 도입한 혁신적인 정치 이념이었다. 《서경書經》에 전해지는 "하늘의 명은 일정하지 않다天命靡常"라는 문구는 주 왕조가 자신의 정권 교체를 합리화하며 상나라의 몰락을 설명한 상징적 표현이다. 주 무왕이 은殷을 멸하고 새로운 천명을 계승했다는 주장은, 단순한 정복이 아닌 새로운 이념의 구현과 윤리적 정당성을 강조한 사건이었다. 즉 중국 문명은 세계사적으로 본다면 아주 이른 시기에 두렵고 가혹한 신의 존재를 약화시키고, 그 자리에 천명사상天命思想을 채워 넣었다. 즉 덕과 도덕성을 갖춘 존재가 민심을 살필 때 왕권의 정당한 통치 행위가 유지될 수 있다는 사상이었다. 단순 비교는 어렵겠지만, 서구에서 인본주의 사상이 근대에 이르러서야 등장한 것에 비하면 상당히 이르게 인본人本의 관념이 출현한 것이라고 볼 수도 있을 것이다.

이러한 인식은 곧 제도적 장치로 구체화된다. 주나라는 복잡한 부족 연맹적 구조 속에서 권위를 안정시키기 위해 봉건제封建制와 종법제宗法制를 도입했다. 봉건제는 왕이 친족이나 공신에게 토지를 하사하고, 그에게 일정 지역을 다스리게 하는 제도였다. 그러나 단순한 토지 분배가 아닌, 혈연과 정치적 충성 관계를 함께 유지하는 체계였다는 점에서 주나라 특유의 정치질서라 할 수 있다. 왕을 중심으로 한 피라미드형 구조는 곧 가문 중심의 질서와 국가 조직이 결합된 것이었으니, 초기에는 그 체계가 비교적 이상적으로 작동할 수 있었을지 몰라도 장기적으로 중앙의 통제력이 약화될 수밖에 없는 구조적 한계를 내포하고 있었다.

지나는 길에 한 가지 지적하기로 하자. 기원전 11세기에 중국 문명에 등장한 봉건제는 중세 유럽의 봉건제와 겉모습과 용어상으로는 상당히 유사하다. 그러나 주나라의 봉건제는 기본적으로 혈연 중심으로 이루어진 제도이고 유럽의 봉건제는 계약에 의해 이루어진 제도라는 점에서 기본적으로 차이가 있다. 그리고 그 차이가 유럽과 중국 문명의 근본적 차이를 보여주는 중요한 일면이다. 하지만 주나라의 봉건제와 유럽 봉건제의 차이에 대해서는 나중에 다시 상술할 기회가 있을 것이다.

한편 주나라의 종법제는 봉건제와 더불어 권력의 분할과 세습 방식을 규정한 제도였다. 왕실과 제후, 대부 등의 지배층은 모두 본가(대종)와 분가(소종)의 관계로 연결되었으며, 부계 중심의 가계 질서가 정치적 위계를 결정하는 기준으로 작용했다. 앞서 상나라에서 보이던 형제 상속의 유산은 점차 퇴조하고, 부자 상속 중심의 권력 세습 질서가 제도화된 것이다. 이 역시 조상 숭배 전통의 연장선상이지만, 가문의 중심이 되는 종묘 제사 체계를 통해 왕실 권위와 정당성을 강화하려는 의도에서 비롯된 것이었다.

그러나 이처럼 안정된 체계에도 균열은 존재했다. 봉건제는 초기에는 중앙집권적 효과가 나타났지만, 시간이 지날수록 제후들의 독립성이 강화되며 중앙의 통제력이 약화되었다. 이것은 결국 춘추전국 시기의 분열로 이어지며, 주나라 질서의 근간이 붕괴되는 과정으로 발전하게 된다. 사실상 주나라의 제도는 단지 '고대'의 제도가 아니다. 주나라의 제도는 후대 중국 정치질서의 특징과 한계를 동시에 보여주는 하나의 모델이다. 중앙집권적인 체제를 근간으로 하면서 그 질서가 언제고 붕괴될 위험에 있다는 것, 그것은 이후 중국 역사가 반복해서 보여주는 모습이기도 하다.

상商에서 주周로의 이행은 곧 신권 중심 체계에서 도덕적 정치 이념으로의 전환을 의미했으며 혈연-제사-권력구조가 결합한 복합적인 질서의 창조를 의미했다. 이는 종교와 정치, 사상과 제도가 유기적으로 결합된 중국 고대사의 한 분기점이었으며, 후대 모든 제국 질서의 기초가 되는 '문명적 혁신'이었다고 할 수 있다.

분열과 철학: 춘추전국시대의 사상적 혁명과 제국의 가능성

주나라의 봉건 질서가 시간이 흐르며 약화되고, 제후국의 독립성과 군사력이 강화되면서 중국은 장기적인 정치적 분열의 시기, 즉, 춘추전국시대春秋戰國時代로 접어들게 된다. 춘추시대라는 명칭은 공자(기원전 551-479)가 저술한 〈춘추〉에서 연유했다. 표면적으로는 혼란과 무력 충돌의 시기였지만, 이 시기는 오히려 사상·정치·제도의 창조적 실험이 활발히 전개된 시기로도 평가할 수 있다. 무력에 의한 질서가 아닌, 사유에 의한 질서, 즉 철학적 통치모델이 모색된 점에서 이 시기는 단지 전란의 시기였을 뿐만 아니라 정신적 혁명기였다.

분열된 정치 지형 속에서 각 제후국들은 자국의 안정적 통치와 국력 강화 방안을 모색해야 했다. 이에 따라 다양한 사상가들이 등장해 정치, 인간, 사회 질서에 대한 새로운 해답을 제시했다. 이들이 바로 '제자백가諸子百家'이다.

유가儒家, 도가道家, 법가法家, 묵가墨家, 병가兵家, 농가農家 등 다양한 학파가 생겨났으며, 그들은 인간과 사회에 내한 근본적인 질문을 던졌다. 특히 유가와 법가의 대립은 이후 중국 정치사에서 지속적으로 반복되는 권위와 자유, 도덕과 법률, 덕치와 법치 간의 긴장 관계를 형성하게 된다.

맹자와 순자는 이러한 대립의 중심에 서 있었다. 맹자는 인간의 본성을 성선설性善說에 기초하여 규정하며, 도덕적 자각과 교화를 통해 사회

제1장 호메로스와 그리스 **131**

가 유지될 수 있다고 보았다. 이 관점은 초월적 신의 개입 없이도 질서를 유지할 수 있다는 '인간 중심적 질서'를 전제한다. 이러한 관점은 종교의 필요성을 상대적으로 낮추고, 정치적·윤리적 책임을 인간에게 귀속시킨다는 점에서 매우 급진적인 사상 변화였다.

이에 반해 순자는 인간의 본성을 성악설性惡說로 집약했다. 그는 인간은 본능적으로 이기적이며, 올바른 교육과 외부의 제도적 통제, 즉 법과 질서 없이는 사회적 혼란을 피할 수 없다고 보았다. 이러한 관점은 후에 법가法家의 형성과 직접적인 연관을 갖는다.

법가는 순자의 사상을 이어받아, 강력한 법과 행정 체계를 통해 국가를 통치하고 안정시키는 길을 모색했다. 순자의 제자이며 대표적 법가 사상가인 한비자韓非子는 군주의 절대 권위, 법의 일관된 적용, 상벌의 엄격함을 강조했다. 그는 "법은 백성을 두렵게 해야 하며, 군주는 법 뒤에 숨어 있어야 한다"고 말했다. 이는 군주의 카리스마나 도덕성에 의존하지 않는 시스템 중심의 통치모델을 뜻하며, 후대 관료제의 원형이 된다.

이처럼 법가의 통치 철학과 국가관은 실현 가능성이 높고 즉각적인 효과가 컸기 때문에 전국 시대 후반기 제후국들 사이에서 주목받았다. 특히 진秦이 법가 사상을 국정 이념으로 채택하면서 중국 최초의 통일제국이 탄생하게 된 것이다.

춘추전국시대는 결과적으로 제국이라는 새로운 정치형태의 가능성을 모색하고 실험한 시기였다. 여러 제후국은 각기 다른 사상과 정책을 통해 군사력, 경제력, 행정력, 외교 전략을 강화했고, 이러한 경쟁은 자연스레 통일을 위한 제도적 기반을 다지는 결과를 낳았다. 그러므로 혹자는 이 시기를 '제국 이전의 다중 국가 실험장'이라고 평가하며, 각국의 모색이 단일한 제국을 준비하는 유기적 구조였다고 분석한다.

또한, 이 시기의 사상들은 단지 철학이나 도덕론에 머물지 않았다. 유가의 '덕치', 도가의 '무위', 법가의 '법치', 묵가의 '겸애' 등은 정치 이념이자 실천 방안으로 채택되었으며, 제후들은 이 사상가들을 등용하여 각기 다른 사회 실험을 벌였다. 철학이 정치에 영향을 미치는 현상, 오늘날에도 반복되는 그러한 현상의 기원은 이 시기에서 찾을 수도 있을 것이다.

특히 유가는 한대 이후 국가 이데올로기로 정착하지만, 그 자체로도 신권을 대신할 수 있는 윤리 체계를 제공했다는 점에서 매우 특이한 사례다. 맹자의 주장처럼, 하늘은 반드시 덕 있는 자에게 천명을 내리며, 백성은 폭군을 폐할 수 있다는 사상은 이후 민본주의의 이념적 기초가 되는 혁명적 발상이었다.

춘추전국시대는 흔히 '혼란'과 '전쟁'의 시기로 기억되지만, 실상은 철학이 정치에 도전한 시대, 그리고 사상이 제국을 예비한 시대였다. 다양한 정치 실험과 사유의 폭발은 천하를 통일한 진秦이 제국으로 나아가는 토대를 제공하였고, 후속 왕조들은 이 시기의 사상과 제도를 반복적으로 계승하고 변형하였다. 이 시기의 '정신적 에너지' 없이는 이후의 중국 제국사는 설명될 수 없다.

또한, 춘추전국시대는 무엇보다 이선까지 오랑캐 취급을 받던 변방의 나라들이 중국 무대에 본격적으로 등장하는 시대였다는 사실도 주목을 요한다. 중원 남부의 나라로서 오랑캐 취급을 받던 초楚나라, 오吳나라, 월越나라 등이 중원의 패권 다툼에 합류함으로써, 역설적이게도 중국의 범위가 확장되는 결과를 낳는다. 특히 초장왕楚莊王과 오나라의

제1장 호메로스와 그리스 **133**

합려閨閭 혹은 부차夫差, 월나라의 구천勾踐은 제환공齊桓公, 진문공晋文公, 진목공秦穆公 등과 함께 '춘추 5패' 중의 한 명으로 꼽히기도 한다. 그러나 더욱 중요한 사실은 중국인들에게 역시 오랑캐로 간주되었던 서쪽 지역의 나라들과 북쪽의 몽골·튀르크 계 유목민족들(흉노, 돌궐 등)이 중국과 접촉하기 시작했다는 사실이다. 즉 중국이 지금의 인도·파키스탄·아프가니스탄 등의 서방 지역(유럽 입장으로 보면 동방)과 서로 영향을 주고받기 시작했다는 뜻이며, 유라시아 대륙의 유목민족들이 중국 역사에 등장하기 시작했다는 뜻이다.

사실 유라시아 대륙의 유목민족이 처음으로 역사에 등장하는 곳은 중국이 아니다. 현재까지 역사적 기록으로 남아있는 가장 오래된 유목민족은 킴메르족으로서 그들은 기원전 1,200년부터 지금의 우크라이나 일대에 살고 있었다. 그들은 스키타이 이전에 북부 유럽을 지배했던 기마 민족으로서 기원전 750년과 700년 사이에 스키타이에 쫓겨 아나톨리아 반도까지 진출했다. 이들은 스키타이와 연합한 아시리아에 의해 격파되면서 역사에서 사라진다. 하지만 이들이 유럽 대륙의 주요 민족의 하나인 켈트족의 기원이라는 설도 존재할 정도이니 비록 역사에서 사라졌다고 해도 그 흔적이 완전히 사라진 것은 아니다.

킴메르족을 초원에서 쫓아낸 스키타이는 메소포타미아의 아시리아와 바빌론 문명과는 멀리 떨어진 곳에서 살았던 북방의 페르시아인 계열이었다. 그들의 핏줄은 메디아인·페르시아인들과 사촌 간이라고 할 수 있지만, 생활 방식은 이란고원 지역으로 진출한 페르시아 본류와는 달랐다. 그들의 생활 방식은 중국 변경에서 활동하던 흉노와 비슷했다. 초원에서 유목민의 생존조건은 흑해·카스피해의 북부건 몽골리아 지역이건 서로 비슷했기 때문이었다. 스키타이족은 기원전 628년 메디아를 정복하고 페르시아와 맞선다. 역사적으로 보면 북방 초원 유목민들이 문명 세계에 최초로 난입한 사건이라고 할 만하다. 이후 스키타이족들은 오늘날 우크라이나, 러시아의 동유럽 남부 영토, 크림반도 등을 지배하면서 독특한 문명을 이루었고, 그리스·페르시아·인도·중국을 연결하는 무역로인 비단길을 통제했으며 세력이 커졌을 때는 아시리아 제국의 멸망에 주도적 역할을 하기도 했다. 이들은 기원전 4세기 알렉산드로스 대왕의 동방 정벌 시 큰 패배를 겪었으며 기원전 3세기, 역시 이란계 유목민족인 사르마트족에게 흡수되면서 자취를 감춘다.

스키타이인들은 유럽지역에만 거주한 것이 아니라 아시아 초원지대에도 거주했으며 이들은 별도로 사카족이라고 불렸다. 참고로 사카족은 중국에서는 색塞족이라고 불렸으며 고타마 싯다르타, 즉 석가모니가 태어난 곳이기도 하다. 앞에서 살펴본 가장 동방의 헬레니즘 국가인 박트리아를 멸망시킨 것이 바로 이 사카족이다. 사카족은 중국의 주나라에도 침입했던 것으로 알려져 있다.

유목민족은 대개 기존 정주定住 문명권에 큰 영향력을 발휘했을 때만 역사에 등장한다. 그렇다면 그렇게 역사에 등장하기 이전에는 존재하지 않았는가? 아니다. 분명히 존재했다. 다만 그들은 역사에 남을 만한 거대 문명을 이룩하지 않은 것처럼 보일 뿐이다. 그들의 삶은 아메리카 내륙이나 아프리카 대륙, 혹은 인도양·대서양 섬들의 고립된 삶과는 정확히 대척점에 있다. 고립된 호모사피엔스들이 붙박이의 삶을 살면서 닫혀 있었다면 이들은 떠도는 삶을 살면서 어디에도 뿌리를 내리지 않았다. 고립된 삶이 변화를 겪지 않고 정체停滯되어 있었다면 이들에게는 정체正體성을 확립해 줄 뿌리가 없었다. 한쪽은 정체성이 너무 강했고 다른 쪽은 정체성이 너무 약했다.

사실, 기원전 7만~6만 5,000년 전에 아프리카를 떠난 호모사피엔스들은 세 가지 삶의 양상을 따랐다고 보면 된다. 그중 하나는 완벽히 고립된 삶이고, 다른 하나는 어딘가 터를 잡은 채 이웃과 서로 충돌하고 교류하고 경쟁하는 삶이며, 또 다른 하나는 소수끼리 뭉쳐서 여기저기 떠도는 삶이다. 유목민족이 기존 문명권에 영향력을 발휘할 때만 역사에 등장했다가 다시 역사의 무대에서 사라지곤 하는 것은 그들에게 정주 문명이 이룩한 정체성이 존재하지 않았기 때문이다.(우리는 그 정체성을 좁은 의미의 문명이라고 부르기도 한다) 그러나, 엄밀히 말한다면 그들에게 정체성이 존재하지 않았다는 말은 수정해야 한다. 그들에게는 정체성이 없는 것이 아니다. 고정된 문명의 틀에 얽매이지 않는 유연성, 그것이 바로 그들의 정체성이었다. 그리고 그 유연성은 역사 무대에 잠시 등장했다가 사라질 성질의 것이 아니다. 그 유연성은 호모사피엔스의 본원적 특성 중의 하나로서 여전히 존재한다.

바로 그 유연성으로 인해 유목민은 인류 문명사에서 아주 중요한 역할을 했다. 그들은 떠돌이 삶을 살면서 이질적인 문명들을 연결해 주는 통로 역할을 했으며 이질적인 문명들을 융합해 주는 촉매 역할을 했다. 지금 우리가 언급한 스키타이인들만 해도 메소포타미아 문명뿐 아니라 중국 문명에도 영향을 미쳤으며 동서 교역로인 비단길을 통제함으로써 문명의 교류가 가능하게 했다. 침탈에 의해서건 교역에 의해서건 그들의 떠돌이 삶은 정확히 촉매 역할을 한 것이다.

그러나 유목민족은 단순한 촉매 역할만 한 것이 아니다. 그들은 스스로 제국을 건설하기도 했다. 앞서 살펴본 킴메르족, 스키타이족 이외에도 흉노족(훈), 돌궐족(튀르크)은 초원지대에 제국을 건설했고, 이후 유연柔然, 위구르 제국 등이 등장했으며, 마침내 칭기즈칸의 몽골족이 거대한 대제국을 건설한다.

정주 문명 중심의 역사관, 특히 유럽 중심의 역사관에서 몽골제국을 비롯한 유목제국은 잠시 득세했다가 사라진 '일과적인 현상'으로 보는 것이 일반적이다. 그러나 그렇지 않다. 유목민족, 특히 훗날 몽골제국이 특유의 유연성을 바탕으로 만들어 낸 정치적 관습과 개념은 러시아, 근대 이란, 중국, 중앙아시아 국가들의 제도적 틀이 되었다. 그뿐이 아니다. 명나라, 오스만제국 같은 팽창주의적 정권은 몽골을 제국의 원형으로 간주했으며 특히 러시아의 초기 군주는 킵차크 칸국의 정통성을 이어받았다고 선언함으로써 지도자의 권위를 공고히 했다. 게다가 몽골제국은 전근대 세계사에서 광범위한 인적, 물적, 사상적 교류를 가능하게 했다. 그러나 유목민족의 삶에 대한 언급은 이 정도로 그치기로 하자. 다음에 자세히 다룰 기회가 있을 것이다.

500여 년간 지속되었던 춘추전국시대는 봉건적 질서가 약화되며 해체되기 시작한 과도기로, 특히 전국 시대의 강력한 제후국은 왕을 자처하며 중앙집권적 군현제 국가로 전환하기 시작한다.

또한, 이 시기에 철기가 도입되어 농업 생산력이 급격히 증가했을 뿐만 아니라 무기 체제도 상당한 발전을 이루어 주나라 시기 전차 중심의 진두에서 농민 보병군대에 대한 의존이 높아져 그 필요에 따라 호적제, 병농일치제 등 행정제도도 발전하였다. 이러한 부국강병 정책은 법가를 적극적으로 수용, 채택한 진秦의 국가 시책이 되어 전국시대를 종식시킬 수 있었고 강력한 중앙집권적 제국할 수 있었으니 그 주역이 바로 진시황秦始皇(BC 259~210)이다. 그는 기원전 221년 중국을 통일한다.

그 500여 년은 우리가 지금까지 살펴본 서방에서도 격변기였다. 그 기간에 오리엔트에서 신바빌로니아가 새롭게 건국되고 오랫동안 오리엔트의 패자로 군림했던 아시리아가 멸망했다. 이어서 페르시아가 패권을 잡았고 페르시아 전쟁이 벌어졌으며 알렉산드로스의 동방 정벌이 감행된다. 참고로 작은 도시국가로 출발한 로마가 이탈리아반도를 통일한 것이 기원전 272년이니 진시황제가 중국을 통일한 시기와 비슷하다. 지구촌 멀리 떨어진 곳에서 비슷한 시기에 비슷한 사건이 벌어졌다는 것이 어찌 보면 신기하다.

한편 제자백가諸子百家가 출현했던 춘추전국시대는 그리스와 헬레니즘에서 서구 철학의 뿌리가 되는 온갖 철학이 발전한 시기와 정확히 보조를 맞추고 있다는 사실을 지나는 길에 지적하자.

제2장

『아이네이스』와 로마
―유럽의 탄생

01

『아이네이스』와 호메로스의 서사시

베르길리우스(BC 70~BC 19)의 『아이네이스』와 호메로스의 『일리아스』, 『오디세이아』 사이에는 약 700년의 간격이 있다. 게다가 호메로스는 그리스 시인이고 베르길리우스는 로마의 시인이다. 그 작품들은 시대적으로 멀리 떨어져 있으며 작품이 탄생한 국가도 다르다. 그럼에도 불구하고 베르길리우스의 서사시는 완벽하게 호메로스 서사시의 뒤를 잇고 있다.

『아이네이스』의 주인공 아이네이아스는 멸망한 트로이의 왕 프리아모스의 사위이자 트로이 최고의 명장 헥토르에 버금가는 명문가 출신이고 명장이다. 트로이 왕족 안키세스가 그의 아버지이고 미의 여신 아프로디테가 그의 어머니이니 그 역시 아킬레우스를 비롯한 그리스 영웅들과 마찬가지로 신의 핏줄을 이어받은 인간이다.

트로이가 그리스 연합군에 패하여 멸망의 위기에 처하자, 아이네이아스는 아버지 안키세스와 함께 자신을 따르는 백성을 이끌고 트로이를 탈출, 신천지를 찾아 떠난다. 그가 결사 항전에 나서지 않고 피신하게 된 것은 자신 앞에 위대한 운명이 놓여 있다는 신탁을 들었기 때문이다. 트로이 종족의 미래가 그의 손에 달려있다는 것, 그것이 바로 그가 마주하고 있는 위대한 운명이었다. 바다의 신 포세이돈은 그가 트로이를 재건할 운명을 타고났으며 언젠가는 트로이를 다스리게 될 것이라고 예언했고 태양신 아폴론은 아이네이아스의 자손이 트로이의 왕위를 이어가게 될 것이라고 예언했다.

『아이네이스』는 아이네이아스가 무리를 이끌고 트라키아(발칸반도 동부 지방)와 마케도니아, 카르타고와 시칠리아 등을 거치면서 온갖 모험을 겪은 끝에 이탈리아반도 중부 서안 지역 라티움에 도착해서 알바롱가라는 나라를 세울 때까지의 이야기이다. 그가 세운 나라 알바롱가는 로마의 전신前身으로, 아이네이아스가 알바롱가를 세운 지 몇백 년 정도 시간이 흐른 뒤, 알바롱가 왕가의 왕녀 레아 실비아(일리아)와 마르스 신 사이에서 '로물루스'와 '레무스' 형제가 태어나며 늑대 젖을 먹고 자란 형제가 훗날 로마를 건국하게 된다. 물론 로마 건국의 전설이지 실제 역사는 아니다. 역사적으로 로마 건국 시기를 기원전 753년으로 잡고 있으니, 『아이네이스』의 시대적 배경은 그보다 약 4세기 전인 셈이다. 그 400년간은 그리스에서 미케네 문명이 멸망하고 암흑기에 접어들었던 시기이다. 그 암흑기는 역사적 기록이 없었기에 그렇게 불릴 뿐 실제로는 그리스 에게문명이 새롭게 변신해서 절정을 향해 치닫던 때이다. 기원전 8세기 그리스가 본격적인 에게문명을 이룩하기 시작한 시기에 로마는 기지개를 켜고 있던 셈이나.

신천지를 찾아 항해하는 이야기로 구성된 1부에서 아이네이아스는 『오디세이아』의 주인공 오디세우스가 귀향 항해 도중 겪는 시련들을 일부 똑같이 겪는다. 이어서 그가 이탈리아반도 라티움에 도착한 후 토착민이었던 루툴리족의 왕 투르누스와 벌이는 2부의 전투 장면들은 『일리아스』를 다시 읽는다는 착각에 빠지게 만들 정도이다. 형식적인 차원에서 『아이네이스』의 전반부는 『오디세이아』를, 후반부는 『일리아스』를 그대로 빌려온 것이다.

그런데 베르길리우스의 『아이네이스』는 이야기 형식의 측면에서만 호메로스의 뒤를 잇는 것이 아니다. 『아이네이스』의 내용 자체가 트로이 멸망 후의 이야기로 곧바로 이어진다. 형식에서만이 아니라 내용 면에서도 『아이네이스』는 정확하게 호메로스의 트로이 전쟁 이야기의 뒤를 잇고 있는 것이다. 즉 『아이네이스』는 기원전 1세기 로마인의 작품이지만 그 내용은 트로이 전쟁 시기인 기원전 12세기 그리스인 이야기의 연장선상에 놓여 있다. 그리고 '트로이 목마'에 의해 트로이가 멸망하는 이야기는 호메로스의 『일리아스』나 『오디세이아』에 나오는 것이 아니라 『아이네이스』에 나온다. 즉, '트로이 목마' 이야기는 호메로스의 서사시를 통해 우리에게 전해진 것이 아니라 베르길리우스의 서사시를 통해 전해진 것이다.

그렇게 『아이네이스』는 정확히 호메로스 서사시의 연장선상에 존재하는 작품이지만, 내용을 자세히 살펴보면 둘 사이에는 엄연한 차이가 존재한다.

우선 『아이네이스』의 주인공 아이네이아스는 호메로스의 서사시에 등장하는 영웅들과는 캐릭터가 상당히 다르다. 『일리아스』의 대표적인 영웅 아킬레우스는 그 무엇보다 개인의 명예를 중시하는 인물이다. 그는 개인의 명예를 지키기 위해 죽음도 불사하며, 그 덕분에 오히려 죽을 수밖에 없는 인간의 운명을 넘어서는 비극적 영웅이 된다. 전형적인 그리스의 비극적 영웅이다. 그러나 아이네이아스는 다르다. 그는 개인의 명예보다는 가족과 공동체를 위해 헌신하는 인물이며 바로 그 점에 그리스 영웅과 로마 영웅의 차이가 존재한다. 아이네이아스는 늙은 아버지를 등에 업고 어린 아들을 데리고 트로이에서 탈출한다. 아킬레우스와 같은 영웅에게서는 보기 힘든 가족애와 인간미를 그는 지니고 있다. 또한, 아이네이아스를 향한 사랑에 불타오른 카르타고의 여왕 디도가 그곳에 머물며 함께 왕국을 다스리자고 그를 유혹하지만, 그는 그 유혹을 뿌리치고 그곳을 떠난다. 조국 재건이라는 무거운 짐을 한시도 내려놓지 않았기 때문이다.

그가 항해 도중 겪는 시련과 모험은 『오디세이아』의 오디세우스가 겪는 시련 및 모험과 비슷하다. 그러나 항해의 목적은 그 둘이 완전히 다르다. 오디세우스의 항해는 고향으로 돌아가는 항해이지만 아이네이아스의 항해는 미지의 신천지를 찾아가는 항해이다. 오디세우스의 항해가 과거를 향해 있다면 그의 항해는 미래를 향해 있다. 그의 항해가 미래를 향해 열려 있음을 보여주는 대표적인 예가, 항해 도중 세상을 떠난 아버지 안키세스를 만나기 위해 저승을 방문하는 장면이다.

『오디세이아』에도 오디세우스가 항해 도중 잠시 저승을 방문하는 장면이 나온다. 그는 저승에서 예언자 테이레시아스를 만나 항해 중에 겪게 될 일에 대처할 방법을 미리 알게 된다. 그는 저승 방문을 통해 미래를 엿보고 그 덕분에 자신이 처하게 될 위험을 극복하는 방법을 미리 알게 되는 것이다. 아이네이아스도 저승을 방문해 미래의 모습을 본다. 그러나 그가 보게 되는 미래는 아이네이아스 개인의 미래가 아니다. 아버지 안키세스의 인도로 그가 보게 되는 것은 찬란한 로마의 미래이다.

무녀巫女 시빌라의 안내로 아이네이아스는 스틱스강을 건너 저승을 방문한다. 이윽고 그는 지옥인 타르타로스와 낙원인 엘리시움의 갈림

길에 이르고 시빌라의 권고대로 엘리시움으로 들어선다. 그곳에서 그는 아버지 안키세스의 영혼을 만난다.

아이네이아스는 망각의 강 레테 강 주위에 수많은 영혼이 날아다니는 모습을 보고 왜 저 강가에 저렇게 많은 영혼이 모여 있느냐고 아버지의 영혼에게 묻는다. 그러자 안키세스는 그들은 신이 정한 운명에 따라 두 번째로 육신을 부여받게 될 영혼들이며 그 영혼들은 레테 강물을 마시고 다시 세상에 태어날 것이라고 말해준다. 그 영혼들은 지상의 삶을 마감하고 엘리시움에 들어서기 전 레테 강물을 마심으로써 지상의 삶을 잊고 지낸다. 마찬가지로 그 영혼들은 재탄생 시 그 망각의 강물을 마심으로써 영혼의 삶을 잊는다. 아버지는 그 영혼들을 일일이 손으로 가리키며 아이네이아스에게 트로이 자손들의 미래를 보여준다.

"자, 이제 내가 너에게 우리 트로이의 자손들이 어떤 영광을 누리게 될 것인지 일러주도록 하마. 저기 저 젊은이가 보이지? 그가 저들 가운데 맨 먼저 지상으로 오를 것이다. 그는 너의 막내아들로 태어나 실비우스라는 이름을 가질 것이다. 나중에(…) 그가 알바롱가를 다스리게 될 것이다. 그리고 저 옆의 젊은이들을 보려무나. 그들이 알바롱가를 물려받아 다스리면서 너의 가문을 빛내줄 것이다. 그리고 저기 저 젊은이가 바로 전쟁의 신 아레스의 피를 이어받을 로물루스다. 그는 어머니 일리아의 품에서 자라나 로마를 물려받을 것이고 그가 이어받은 로마는 온 천하를 지배하면서 그 굳센 기상과 진취적인 정신이 하늘을 찌를 것이다.

자, 이제 고개를 이쪽으로 돌려 네 로마 민족을 보려무나. 네 모든 자손들이 여기 함께 있다. 그 가운데 저 젊은이가 바로 신의 아들 아우구스투스 카이사르이다. 그가 라티움의 들판에 황금시대를 열 것이며 로마제국을 아프리카와 인도까지 확장할 것이다."
이어서 안키세스는 앞으로 세상에 태어날 아이네이아스의 후손들을 일일이 가리키며 카이사르 이후 로마 역사의 미래에 대해 길게 설명했다.

_『아이네이스』, 진형준 역, 살림, 97~98쪽

아이네이아스는 저승을 방문해 아버지의 영혼을 만남으로써 신탁을 재확인한 셈이다. 그 신탁을 통해 트로이인 아이네이아스는 로마의 시조가 된다. 즉 아이네이아스는 위대한 조국의 미래 운명을 짊어진 영웅이 되는 것이며 그의 후손들은 로마의 이름으로 세계를 지배하게 될 운명을 타고나게 될 것이다. 따라서 아이네이아스의 항해 목적은 오로지 아직 정해지지 않은 불확실한 미래를 향해 있다. 그에게는 오디세우스처럼 돌아갈 곳이 없다. 오직 불확실한 미래만 있을 뿐이다. 그 미래를 향하여 때로는 흔들리면서, 때로는 의심하면서, 때로는 좌절감을 느끼면서 앞으로 나아가는 것, 그것이 바로 아이네이아스의 운명이다. 그는 그리스의 영웅들과는 달리, 개인의 행복이나 명예보다는 조국 재건의 과업을 더 중히 여기는 영웅이다.

베르길리우스는 왜 그런 영웅을 로마의 시조로 그려낸 것일까? 왜 멸망한 트로이의 장수이자 왕족 아이네이아스를 로마의 시조로 삼은 것일까? 그는 왜 로마의 뿌리를 트로이에서 찾은 것일까?

02

아우구스투스 황제와 『아이네이스』

『아이네이스』의 시대적 배경은 호메로스의 서사시처럼 기원전 12세기이지만 호메로스가 기원전 8세기 인물인 것과는 달리 베르길리우스는 기원전 1세기 인물이다. 그는 호메로스처럼 수수께끼 같은 인물이 아니라 분명히 실존했던 개인이다. 따라서 호메로스의 서사시들과는 달리 그의 작품과 연관된 실제 사실들이 분명하게 밝혀져 있다.

베르길리우스는 로마의 역사를 다루는 장대한 서사시를 써보라는 아우구스투스 황제(BC 63~AD 14, 아우구스투스라는 칭호를 받기 전의 이름은 옥타비아누스)의 격려와 권유로 『아이네이스』를 집필하기 시작했다. 그는 초기작 『전원시』로 이미 로마 전역에 이름이 알려진 시인이었으며 『농경시』를 완성할 시기에는 아우구스투스와도 가까운 사이였다. 아우구스투스의 권유를 받은 그는 11년간 『아이네이스』 창작에 몰두했으나 완성하지 못한 채 세상을 떠난다. 베르길리우스는 죽기 전에 미완성 작품을 불태워달라는 유언을 남겼으나 아우구스투스는 비록 미완성이지만 『아이네이스』가 그 상태로도 훌륭한 작품이라며 작품 보존을 명령했다. 아우구스투스는 베르길리우스 생존 시 이미 작품 주요 부분의 낭송을 들은 터였다. 『아이네이스』는 베르길리우스가 죽은 지 얼마 되지 않아 로마 각지의 학교에서 교과서로 채택되어 널리 학습되었으며 최고의 경지에 오른 라틴어 작품으로 평가받았다.

본명이 옥타비아누스인 아우구스투스는 로마의 초대 황제로 간주되고 있다. 원로원은 BC 27년 옥타비아누스에게 '존엄한 자'의 뜻인 '아우구스투스'라는 칭호를 올렸다. 이전까지 공화정 체제를 유지하고 있던 로마는 아우구스투스의 실질적인 황제 즉위와 함께 제정으로 거듭난다. 아우구스투스의 황제 즉위 이후 로마는 200년간 발전을 거듭했고 로마제국 내의 각 지역이 대체로 평화롭게 번영한 '팍스 로마나' 시대가 열렸다.

여기서 바로 앞에서 던졌던 질문을 약간 바꾸어 다시 묻자. 아우구스투스는 왜 베르길리우스에게 『아이네이스』의 집필을 권유한 것일까? 왜 그는 실질적으로 로마 초대 황제로 즉위하면서 조상의 뿌리를 트로이에서 찾은 것일까?

로마 건국으로부터 로마제국 성립까지

로물루스와 레무스 전설에 의하면 로마는 BC 735년에 그 두 명의 쌍둥이 형제가 세운 도시국가이다. 곧이어 레무스는 로물루스에 의해 살해당하고 로물루스가 로마의 시조가 된다. 『아이네이스』의 아이네이아스가 이탈리아반도에 정착한 지 400년 정도 지난 때였다. 로물루스는 비록 전설, 혹은 건국 신화에 의해서이긴 해도 거의 공식적으로 로마의 시조로 인정받고 있다. 단군이 우리의 시조인 것과 마찬가지이다. 그런데 베르길리우스의 『아이네이스』에 의해 로물루스와 레무스 형제는 아이네이아스의 후손이 된다. 그 사정을 천천히 살펴보자.

로마는 교통의 요지인 테베레강을 중심으로 세워진 나라이다. 군사적인 농업 국가로 출발한 로마는 이 지역의 원주민인 라틴인, 움브리아 지역에 거주했던 에트루리아인, 동쪽에 거주했던 사비니인 등 간의 교역중심지 역할을 하는 시장 도시로 성장했다. 그렇게 200년 이상 왕정을 유지하며 성장한 로마는 기원전 509년부터 공화정 체제로 접어든다.

공화정 시기에 로마는 이탈리아반도를 통일한 뒤(BC 3세기) 서지중해의 패자로 군림하게 되며, 알렉산드로스 대왕 사망 후 분열되었던 헬레니즘 왕국들과의 전쟁에서 승리를 거두면서 영토를 확장한다. 한마디로 로마의 공화정 시기는 끊임없는 전쟁을 통한 영토 확장의 시기였다고 해도 과언이 아니다. 로마가 이탈리아반도를 통일한 후 서지중해 패권을 두고 카르타고와 포에니 전쟁을 벌이기 시작한 기원전 3세기 중엽부터 기원전 31년 악티움 해전으로 마지막 헬레니즘 국가인 이집트의 프톨레마이오스 왕조를 무너뜨릴 때까지 약 200여 년 동안 굵직굵직한 전쟁만 해도 30여 차례를 치렀으니 두 세기에 걸쳐 나라 전체가 온통 전쟁에 몰입해 있었다고 해도 과언이 아니다.

로마가 공화정 시기에 치른 30여 차례의 전쟁은 그 방향에 따라 크게 두 갈래로 나눌 수 있다. 그중 한쪽은 서쪽을 향한 것으로서 서지중해를 장악한 후 유럽 대륙으로 진출하면서 벌인 전쟁이며, 다른 한쪽은 알렉산드로스 대왕과 마찬가지로 동쪽의 오리엔트로 진출하면서 벌인 전쟁이다. 편의상 두 갈래로 나누었지만, 그 두 갈래의 정복 전쟁은 거의 동시다발적으로 진행된다. 둘 다 로마제국 확장 전쟁인 것은 맞지만 방향에 따라 그 성격이 확연히 다르며, 바로 그 차이가 훗날 로마를 서로마제국과 동로마제국(비잔티움제국)으로 분열하게 만든 요인이다.

로마는 BC 3세기 중엽부터 BC 2세기 중엽까지 카르타고와 벌인 세 차례의 '포에니 전쟁'을 통해 서지중해를 석권했다. 포에니는 라틴어로 '페니키아인'을 뜻한다. 포에니 전쟁은 로마가 서지중해 패권을 놓고 페니키아인의 카르타고와 벌인 전쟁을 말한다. 마치 그리스와 페르시아 간의 전쟁을 '페르시아 전쟁'이라고 부르는 것과 같다.

페니키아는 지금의 시리아와 레바논 해안지대, 즉 지중해 동안을 일컫는 고대 명칭이다. 페니키아인은 기원전 1,200년 경부터 그곳을 근거지로 활동한 해양 민족으로서 최초로 갤리선을 사용했으며 해상 무역을 통해 부를 축적하고 지중해 일대와 아프리카에 수많은 식민지를 건설했다. 심지어 페니키아인들은 고대 이집트 파라오의 명령으로 최초로 아프리카 해안을 일주했고 희망봉을 항해한 민족으로도 알려져 있다.

페니키아인들이 해상 무역에 집중했던 이유는 육상으로 진출할 길이 막혀 있었기 때문이다. 배후에 레바논 산맥이 가로막고 있었으며 게다가 오리엔트 강국들이 군림하고 있었으니 그들은 해상 무역으로 먹고 살 수밖에 없었다. 다행히 페니키아 지역에는 바다 고둥이 많이 나왔다. 그들은 바다 고둥에서 자줏빛 염료를 추출해서 주요 무역 물산으로 삼고 부를 축적했다. 자줏빛은 로마의 귀족을 상징하는 색으로서 아주 비싼 값에 로마에 그 염료를 수출할 수 있었기 때문이었다.

카르타고는 페니키아인들이 현재 튀니지 인근에 세운 식민 도시로서 역시 페니키아인의 식민지인 시칠리아와 함께 당시 지중해 교역의 요충지였다. 그러니 『아이네이스』에서 아이네이아스의 담험 항로에 디도 여왕이 다스리는 카르타고가 등장하는 것은 우연이 아니다. 참고로 2차 포에니 전쟁에 저 유명한 카르타고의 명장 한니발이 등장하며 그 때문에 2차 포에니 전쟁을 '한니발 전쟁'이라고 부르기도 한다. 한니발은 아버지가 카르타고의 해외 식민지인 지금의 스페인 지역 총독으로 재임 시 그곳에서 출정, 남부 프랑스를 정복한 후 알프스를 넘어 이탈리아반도로 진입, 한때 로마를 거의 정복하기 직전까지 승승장구했다. 하지만 결국 전열을 정비한 로마가 2차 포에니 전쟁에서 승리했으며, 그 결과 제1차 포에니 전쟁 때 카르타고로부터 빼앗아서 최초로 로마의 속주로 삼았던 시칠리아를 계속 지배할 수 있었다. 이어서 3차 포에니 전쟁에서도 승리한 로마는 카르타고마저 로마의 속주屬州로 삼고, 무역을 통해 부를 축적하는데 천부적 재능을 가진 카르타고의 잠재력이 두려워 땅에 소금을 뿌리고 우물을 폐쇄하는 등, 철저하게 폐허로 만들어 버린다. 포에니 전쟁의 승리로 로마는 일개 도시국가의 모습을 벗고 서지중해의 패자로 군림하게 되며 세계 제국으로 도약하는 발판을 마련하게 된 것이다. 기원전 149년의 일이었다.

로마가 카르타고를 격파하고 시칠리아와 카르타고를 속주로 삼게 되었다는 것은 역사적으로 중요한 사건이다. 시칠리아와 이탈리아반도 대척점에 위치한 카르타고의 정복 자체가 지중해 패권 국가로 나아가게 되었다는 의미를 지니기 때문이다. 지중해 최대의 섬인 시칠리아는 이탈리아반도와 북아프리카 사이의 지중해 중앙에 자리 잡은 전략적 요충지로서 역사적으로 지배 세력이 숱하게 바뀌어 온 지역이다. BC 8세기에는 그리스인들이 그곳에 식민 도시를 건설했으며, 이후에는 해상 무역 강국으로 등장한 카르타고의 지배를 받았다. 포에니 전쟁 이후 로마 세력권에 들어왔으며 이후 서로마제국이 멸망한 후에는 동고트 왕국의 지배를 받는다. 이후 시칠리아는 잠시 동로마제국의 지배를 받고 뒤이어 이슬람 세력, 기독교 세력 사이에서 수시로 주인이 바뀌는 혼란을 겪게 되며, 11세기에는 노르만계 왕조인 시칠리아 왕국이 그곳에 세워지게 된다. 시칠리아의 역사는 지중해 패권의 역사 바로 그것이니, 시칠리아가 그만큼 중요한 전략적 요충지였기 때문이었다.

포에니 전쟁 승리 후 로마는 스페인 정복 활동을 이어 나가는 한편, 알렉산드로스 사망 이후 분열되어 있던 헬레니즘 왕조들과도 전쟁을 통해 그들을 정복한다. 즉, 오리엔트와 유럽, 동서 두 방향으로 정복 사업을 이어 나가는 것이다. 로마의 정복 사업에 의해 하나씩 멸망해 가는 오리엔트의 헬레니즘 국가들의 양상은 잠시 후에 살펴보기로 하고, 우선은 로마의 유럽 대륙 진출 쪽에 눈길을 두기로 하자.

우리가 편의상 '로마의 유럽 대륙 진출'이라고 말했지만 사실 엄밀히 말한다면 기원전 1세기까지 아직 유럽은 존재하지 않았다. 더 정확히 말한다면 유럽이라는 지역은 존재했되 오늘날 우리가 말하는 유럽 문명은 존재하지 않았다. 우리가 지금까지 살펴본 에게문명, 오리엔트 문명, 헬레니즘 문명, 로마 문명에 비춰 볼 때 유럽은 부족 집단들끼리 어울려 사는 변방 지역, 혹은 미개 지역이었을 뿐이다. 그리고 그 시기까지 로마는 여전히 '지중해 연안'의 강국이었으며 로마의 팽창은 지중해 연안에 한정되어 있었다. 물론 이전에도 유럽 대륙의 갈리아족, 게르만족 인과가 로마의 영토에 침범해서 여러 차례 충돌한 적이 있었다. 하지만 그들은 영토 확장을 위해 로마에 침공한 것이 아니었다. 그들은 일회적 약탈을 위해, 혹은 자신들이 거주하던 지역에 기근이 닥치자 살 만한 곳을 찾아 로마 영토로 침범한 것이며, 그런 식의 충돌은 간헐적인 사건 정도로 마무리되었다.

　로마가 본격적으로 유럽 대륙으로 진출하게 된 것은 기원전 58년부터 51년까지 이어진 '갈리아 전쟁'에서 승리를 거두면서이다. 기원전 58년 로마의 집정관이었던 가이우스 율리우스 카이사르(Gaius Julius Caesar, BC 100.7.12~BC 44.3.15)는 로마 원정군을 이끌고 갈리아 지역으로 진격한다. 물론 명분이 있었다. 부족 간의 내분에 휩싸인 갈리아인들이 카이사르에게 개입을 요청한 것이다. 갈리아 지역은 지금의 프랑스, 벨기에, 룩셈부르크와 스위스, 라인강 서쪽, 네덜란드 남부지역에 해당된다.

　1차 전쟁에서 승리한 카이사르는 갈리아 북동부 지역을 평정한 다음, 기원전 56년까지 북프랑스와 벨기에 지방을 점령하고 곧이어 대서양 연안 지역까지 손에 넣는다. 갈리아 전 지역을 정복한 카이사르는 라인강을 건너 게르마니아 지역도 정복한 후 곧바로 두 차례에 걸쳐 브리타니아 원정에 나선다. 카이사르가 군이 브리타니아까지 어려운 원정을 감행한 것은 그곳에 청동제 무기를 제작하는데 꼭 필요했던 주석 광산이 있었기 때문이다. 기원전 52년 갈리아 군의 대규모 반격으로 카이사르가 위기에 빠지기도 하지만 '알레시아 전투'에서 결정적 승리를 거둠으로써 카이사르의 갈리아 정복 사업은 마무리된다. 알레시아 전투로 갈리아 전쟁은 사실상 끝난 셈이었으나 이후에도 한두 차례 갈리아인들의 반격이 있었으며, 그러한 반격을 완전히 진압·평정한 것이 기원전 51년이었기에 갈리아 전쟁은 기원전 58년부터 51년까지 8년간 벌어졌다고 볼 수 있다.

　로마의 갈리아 정복은 우리가 앞 장에서 살펴본 알렉산드로스의 동방 원정과는 그 성격이 완전히 다르다. 알렉산드로스의 동방 원정은 그리스 문명과 선진 오리엔트 문명의 충돌과 융합의 성격을 띤 반면, 카이사르의 갈리아 진출은 두 문명의 만남이 아니라 로마 문명, 더 나가 지중해 문명의 유럽 대륙 유입이라는 성격을 띤다. 그렇기에 카이사르의 유럽 정복이 없었다면 지금의 유럽은 없었다고 할 수 있다. 카이사르의 정복 사업 덕분에 유럽 대륙이 지중해 세계라는 문화적 통합체에 편입된 것이며, 바로 그 점에서 카이사르의 유럽 대륙 정복 사업은 단순히 로마의 영토 확장의 의미를 넘어서 오늘날의 유럽을 가능하게 한 초석이라는 의미를 지닌다.

물론 카이사르의 유럽 원정 이후에도 역사적으로 유럽 대륙에 영향을 미친 문명은 많다. 페르시아 문명, 아랍 문명, 심지어 유라시아 대륙의 유목민족도 유럽에 일정한 영향력을 발휘했다. 하지만 영향력의 크기와 상관없이 그 영향력들은 로마의 영향력에 비해 결정적인 것이 아니었다. 로마는 유럽을 미개한 고립 상태에서 끌어내어 지중해 문명사회와 통합했으며, 더 나가 유럽 대륙에 유럽 문명이라는 새로운 건조물이 세워질 수 있는 기틀을 제공한 것이다. 476년 서로마제국이 멸망한 뒤에도 중세 유럽의 군주들이 저마다 로마제국의 계승자임을 공공연히 전면에 내세운 것은 유럽 문명 탄생이 로마로부터 비롯되었다는 것을 알고 있었기 때문이며, 자신의 정통성을 로마에서 찾기 위해서였다.

로마는 갈리아 전쟁을 통해 유럽 대륙을 정복하고 그곳에 새로운 문명의 씨앗을 뿌리는 한편 오리엔드 정복 사업을 동시에 수행한다. 로마가 지중해의 새로운 패자로 군림했지만, 문명의 중심지는 여전히 오리엔트였기 때문이다. 로마의 유럽 대륙 진출이 신천지 개척이었다면 오리엔트 정벌은 세계의 패권을 차지하기 위한 중심^{中心} 진출의 성격을 띤다. 즉 로마의 오리엔트 정벌의 의미는 알렉산드로스의 동방 원정과 그 의미가 거의 같다.

앞 장에서 살펴본 대로 알렉산드로스 대왕이 사망한 후 알렉산드로스가 구축한 그리스 대제국은 크게 넷으로 분열된다. 발칸반도를 차지한 마케도니아 중심의 안티고노스 왕조, 아나톨리아 반도 페르가몬 왕국의 아탈로스 왕조, 페르시아와 메소포타미아를 장악한 안티오키아(현재 튀르키예와 시리아 접경 지역) 중심의 셀레우코스 왕조, 이집트를 차지한 알렉산드리아 중심의 프톨레마이오스 왕조가 그것이다.

그중 로마에 의해 제일 먼저 마케도니아의 안티고노스 왕조가 멸망한다. 안티고노스 왕조와 네 차례에 걸쳐 '마케도니아 전쟁'을 벌인 로마는 기원전 168년 '피드나 전투'에서 결정적인 승리를 거두며 안티고노스 왕조를 해체시킨다. '마케도니아 전쟁'의 승리로 로마는 발칸반도를 정복했으니 말하자면 헬레니즘 문명의 본가[※]를 정복한 셈이다.

안티고노스 왕조 몰락에 이어서 아나톨리아 반도의 페르가몬 왕국(아탈로스 왕조)은 기원전 133년 로마 공화국에 손쉽게 귀속된다. 당시 왕이었던 아탈로스 3세가 아들이 없이 죽으면서 자신의 왕국을 로마에 넘긴다는 유언을 남긴 덕분이었다. 참고로 페르가몬 왕국의 왕 아탈로스 3세는 약학·식물학·원예에 통달한 대학자로도 유명했다. 아마 그는 왕권보다는 학문에 더 뜻이 있었던 모양이다.

비교적 약체였던 안티고노스 왕조와 아탈로스 왕조가 쉽게 로마에 정복·접수됐던 것과는 달리, 셀레우코스 제국은 쉽게 로마에 정복되지 않았다. 프톨레마이오스 왕조와 함께 헬레니즘 왕국 양강으로 군림하던 셀레우코스 제국, 일명 시리아 제국은 전성기에 중부 아나톨리아반도, 메소포타미아, 페르시아를 비롯해 파미르고원 너머 오늘날의 파키스탄과 인더스강 지역까지 광활한 영토를 자랑하던 대제국이었다. 시리아 제국이 그토록 강성할 수 있었던 것은 그 수도인 다마스쿠스가 전통적인 교역 도시였고 페르시아 너머까지의 교역을 지중해와 결속시킨 덕분이다. 다마스쿠스는 오래전부터 바빌로니아와 더불어 메소포타미아 문명의 대표적인 도시로서 수메르, 바빌론 등과 페니키아의 해안 도시를 잇는 교역로의 중간에 위치해 막대한 이익을 얻으며 번성했다.

안티고노스 왕조와 아탈로스 왕조가 멸망하기 전인 기원전 190년, 스키피오 아시아티쿠스가 이끄는 로마 군대는 리디아 평원에서 안티오코스 3세가 지휘하는 셀레우코스 제국 군대와 결전을 벌인다. 스키피오 아시아티쿠스는 제2차 포에니 전쟁에서 한니발을 상대로 활약한 로마의 명장이다. '마그네시아 전투'라 불리는 그 전투에서 로마군은 병력의 열세를 딛고 압승을 거두며 그 결과 셀레우코스 제국은 기나긴 쇠락의 길을 걷게 된다.

마그네시아 전투는 그리스의 알렉산드로스 대왕이 페르시아의 다리우스 3세와 벌인 가우가멜라 전투에 비길만한 중요한 전투이다. 만일 그 전투에서 로마가 패배했다면 로마의 오리엔트 진출은 저지되었을 것이다. 그리고 오리엔트는 셀레우코스 제국과 프톨레마이오스 제국이 강국으로 군림하는 가운데 헬레니즘 왕조들과 페르시아 계열 왕조들의 패권 다툼 각축장이 되었을 것이다. 그러나 그 전투의 승리로 로마는 명실상부 지중해 최강자로 떠오르게 되며 오리엔트 진출의 교두보를 마련하게 된다. 연대기 상으로 본다면 마그네시아 전투에서 셀레우코스 군대에 승리를 거둔 덕분에 로마는 안티고노스 왕조와 아탈로스 왕조를 쉽게 점령할 수 있었다.

마그네시아 전투에서 패배한 뒤 셀레우코스 제국 내에서는 잇따리 반란이 일어나고 제국은 분열된다. 앞 장에서 살펴본 박트리아 왕국도 그 분열의 결과 세워진 나라이다. 마침내 기원전 2세기 말에 이르자 셀레우코스 제국은 서쪽은 로마, 동쪽은 페르시아계의 파르티아에 대부분 영토를 빼앗기고 시리아만 덜렁 남은 소국으로 전락한다. 그리고 기원전 63년 카이사르, 크라수스와 함께 1차 삼두정치를 이끌던 폼페이우스에 의해 멸망하고 로마제국의 속주로 편입된다.

헬레니즘 왕국 중 가장 오래 존속한 곳이 이집트의 프톨레마이오스 왕조이다. 셀레우코스 제국이 교역으로 번성한 나라라면 이집트는 '로마의 젖소'라고 불릴 만큼 농업 생산성이 높은 지역이었다. 말하자면 로마의 이집트 정복은 지중해 지역 상업 문명에 이어 농업 문명까지 장악했음을 뜻한다.

이집트의 프톨레마이오스 왕조는 숙적 셀레우코스 제국과 맞서기 위해 일찌감치 로마와 손을 잡는 바람에 서서히 로마에 종속되어 가고 있었다. 그리고 기원전 31년 '악티움 해전'에서 로마의 옥타비아누스가 클레오파트라와 안토니우스의 연합군을 물리치고 그리스 헬레니즘의 마지막 대도시인 알렉산드리아에 입성함으로써 프톨레마이오스 왕조는 멸망한다. 마지막으로 남아 있던 그리스-헬레니즘계 왕조가 멸망함으로써 알렉산드로스의 오리엔트 정벌로 시작된 헬레니즘 시대가 종말을 고한 셈이다. 즉, 오리엔트까지 진출했던 그리스-마케도니아계 국가들이 모두 사라지고 그리스인들은 로마제국과 페르시아계 파르티아의 지배 아래 들어가게 된 것이다.

참고로, 저 유명한 검투사 반란인 스파르타쿠스의 난은 로마 공화정 말기에 해당하는 기원전 73년에 일어났다. 변환기에는 언제나 혼란이 있기 마련인 모양이다. 그 스파르타쿠스의 난을 진압한 사람이 크라수스이다. 그는 당시 로마최고의 부자로 알려졌으며 자신의 정치적 입지를 더욱 공고히 하기 위해 무리하게 파르티아의 원정길에 올랐다가 기원전53년 기마궁수 위주로 편성된 파르티아 기병부대에게 철저히 패배한 후 전쟁터에서 사망한다. 이로써 카이사르가 갈리아 원정에 나서기 전인 BC 60년에 폼페이우스, 크라우스와 함께 원로원에 대항해 힘을 합하기로 밀약한 제1차 삼두정치가 크라수스의 전사로 와해되었다.

로마제국의 시작 - 아우구스투스

갈리아를 정복한 카이사르는 기원전 49년 1월 자신의 군단을 이끌고 로마로 돌아온다. 갈리아 정복 기간 중 경쟁자들을 모두 물리친 그는 실질적으로 황제와 같은 권력으로 4년간 로마를 통치한다. 말하자면 일종의 군사독재 체제를 유지했다고 볼 수 있다. 그가 유럽 대륙을 정복하고 돌아와 로마의 권력자로 군림하던 시기는 이집트의 프톨레마이오스 왕조만 제외하고 모든 헬레니즘 국가를 로마가 점령한 시기였다(이집트도 실질적으로는 독립 왕조라기보다는 이미 로마의 보호국 처지로 전락해 있었다). 말하자면 로마가 당대 세계 패자로서의 모습을 드러내기 시작한 시기였으니 그 시기에 무엇보다 큰 힘을 발휘한 것은 강력한 군사력이었다. 따라서 기존의 공화정 체제가 약해지고 군부가 힘을 갖는 것이 당연했다. 카이사르가 황제와 같은 힘을 발휘할 수 있었던 것은 그의 개인적 능력 못지않게 대변화기의 시대적 요청 덕분이라고 볼 수도 있다.

변화에는 언제나 저항이 따르는 법, 원로원을 중심으로 옛 공화정을 다시 세우려는 움직임이 일어나며, 카이사르의 암살은 그 저항의 상징이었다. 그러나 역사의 흐름을 되돌릴 수는 없는 법, 공화정을 주장하던 세력들은 결국 카이사르의 부관이었던 마르쿠스 안토니우스, 카이사르의 조카이자 양자였던 옥타비아누스, 또 한 명의 강력 군벌인 레피두스 연합 세력과의 싸움에서 패배한다.

공화파들을 모두 제거한 후 옥타비아누스와 안토니우스, 레피두스는 제2차 삼두정치를 시행한다. 19세로 가장 나이도 어렸고 세력도 약했던 옥타비아누스가 2차 삼두정치에 참여할 수 있었던 것은 카이사르 암살 후 뜯어본 유언장에서 그가 후계자로 지목된 덕분이었다. 당시 가장 세력이 강했던 안토니우스는 그 유언장에도 불구하고 옥타비아누스를 별로 경계하지 않았다. 나이도 어리고 세력도 약한 옥타비아누스를 얕잡아 본 때문이었다. 레피두스를 포함한 세 명은 힘을 합쳐 공화파를 물리친 후 옥타비아누스가 로마제국 서방(로마, 갈리아, 에스파냐)을, 레피두스가 아프리카 누미디아를, 안토니우스가 오리엔트를 지배하기로 합의를 본다.

세 명 중에서 레피두스는 일찌감치 세력다툼에서 밀려나며 이후 로마는 옥타비아누스와 안토니우스의 양강 대립 구도에 접어든다. 그 양강 구도에서 등장하는 유명한 인물이 바로 프톨레마이오스 왕조의 마지막 여왕 클레오파트라이다. 셰익스피어가 '안토니우스와 클레오파트라'라는 작품에서 묘사한 것처럼 두 사람이 사랑에 빠지는 바람에 안토니우스가 이집트와 연합해서 옥타비아누스에 맞선 것이라는 주장도 어느 정도 신빙성이 있지만, 냉정하게 본다면 양자 간의 이해관계가 맞아떨어진 측면이 더 컸을 것이다. 안토니우스는 클레오파트라와 동맹을 맺음으로써 막대한 재정 지원을 받을 수 있었으며 클레오파트라는 안토니우스의 강력한 군사력을 얻어 동지중해의 맹주가 된다는 꿈을 꿀 수 있었다.

기원전 31년 9월, 안토니우스는 이탈리아 진출을 시도한다. 옥타비아누스가 그리스 악티움에서 이들을 저지하면서 옥타비아누스와 안토니우스·클레오파트라 연합군 간에 대결전이 벌어지고 옥타비아누스가 승리한다. 유명한 악티움 해전이다. 세력이 막강했던 안토니우스가 패배한 것은 안토니우스에 대한 로마 시민의 적대감과 안토니우스 휘하 장병들의 이탈이 주요 원인이었다. 안토니우스가 직접 이끄는 군대는 바로 로마 군대였으며 이집트군은 로마의 지배권에 종속해 있었다. 따라서 안토니우스가 로마·이집트 연합군을 이끌고 로마의 옥타비아누스와 맞서 싸우는 것은 로마에 대한 반역이나 마찬가지였다. 로마의 원로원은 이미 안토니우스를 국가의 적으로 선포한 터였으며 전쟁 중 안토니우스의 심복들이 잇따라 배신함으로써 안토니우스의 패배는 이미 예견된 것이었다.

악티움 해전에서 승리함으로써 옥타비아누스는 로마의 유일한 지배자가 된다. 원로원은 전권을 장악한 그에게 '아우구스투스'라는 칭호를 부여했으니 이는 약 5세기 가량 이어져 온 로마 공화정이 종말을 고했음을 뜻한다. 그러나 늘 그렇듯이 종말은 새로운 시작을 의미하는 법, 옥타비아누스가 아우구스투스라는 칭호를 받아들이면서 로마는 새로운 시대를 맞이하고 로마의 지배하에 세상이 평정된 '팍스 로마나' 시대로 접어든다. '로마'라는 단어에 항상 붙어 다니는 '제국'의 첫걸음이 아우구스투스로부터 시작되는 것이다. 앞서 우리는 '저 젊은이가 바로 신의 아들 아우구스투스 카이사르이다. 그가 라티움의 들판에 황금시대를 열 것이며 로마제국을 아프리카와 인도까지 확장할 것이다.'라는 『아이네이스』의 한 대목을 인용한 바 있다. 그 인용문에서 '신의 아들 아우구스투스 카이사르'가 바로 지금 우리가 언급하는 아우구스투스이다.

옥타비아누스가 아우구스투스의 칭호를 원로원으로부터 부여받았을 때, 즉 그가 실질적으로 로마의 황제로 등극했을 때는 로마가 명실공히 지중해와 오리엔트의 패자로 군림하기 시작하고 신천지라 할 수 있는 유럽 대륙도 정복했을 때이다. 그리고 그 시점은 바로 베르길리우스가 아우구스투스의 권유로 『아이네이스』를 집필하기 시작한 때이기도 하다. 여기서 우리가 앞서 던졌던 질문을 다시 던지기로 하자.
'아우구스투스는 왜 베르길리우스에게 『아이네이스』의 집필을 권유한 것일까? 왜 그는 실질적인 로마 초대 황제로 즉위하면서 조상의 뿌리를 트로이에서 찾은 것일까?' 사실 그 질문에 대한 답을 우리는 이미 얻은 셈이다.

알렉산드로스 대왕과 그의 장군들이 오리엔트를 정복하고 나일강에서 옥수스강(파미르고원에서 발원하여 우즈베키스탄과 투르크메니스탄 및 아프가니스탄의 경계를 이루는 강)까지 헬레니즘 문화의 씨를 흩뿌리고 있을 때, 로마는 중부 이탈리아반도에서 자그마한 군사적 농업 국가를 천천히 힘겹게 만들어 가고 있었다. 이어서 교역중심지 역할을 하는 시장도시로 성장한 로마는 이탈리아반도를 통일한 후 포에니 전쟁의 승리로 서부 지중해를 장악한다. 서부 지중해를 장악한 로마는 곧이어 거의 동시에 두 방향으로 정복 사업을 수행한다. 그중 하나는 신대륙이라고 할 수 있는 유럽 대륙 진출이며 다른 하나는 오리엔트 정복 사업이다. 로마는 갈리아 전쟁으로 유럽을 평정하며 악티움 해전의 승리로 알렉산드로스의 헬레니즘 문명 지대를 거의 다 접수한다. 그렇다면 로마는 유럽 대륙 진출과 오리엔트 정복 사업 중 어디에 더 역점을 두었을까?

로마의 주력 사업은 둘 중 어느 것이었을까?

카이사르의 유럽 정복 덕분에 유럽 대륙은 미개한 고립 상태에서 벗어나 지중해 문명사회와 통합될 수 있었다. 그 덕분에 유럽 대륙에 유럽 문명이라는 새로운 건조물이 세워질 수 있는 기틀이 마련되었으며 오늘날의 유럽 문명이 가능했다. 유럽 중심주의 시각으로 본다면 카이사르의 업적이 후자의 업적에 비해 훨씬 더 중요하다고 볼 수 있다. 심지어 도슨 같은 사람은 다음과 같이 단언한다.

> 아우구스투스는 안토니우스와 클레오파트라가 지배하는 알렉산드리아 군주국과 맞서 싸울 때, 로마의 애국심만이 아니라 특히 서양의 이상을 옹호하는 전사로서 전면에 나섰다. (…) 악티움 해전은 마라톤 전투나 살라미스 해전과 마찬가지로 동양과 서양의 전투였고, 질서와 자유라는 유럽의 이상이 오리엔트의 전제정치에 거둔 결정적 승리였다. (…) 아우구스투스의 승리는 유럽 문명이 고대 오리엔트에 흡수되거나 서유럽의 야만족에게 정복당하는 것을 구해주었고, 고전 문화의 새로운 팽창 시대를 열어주었다.[11]

하지만 도슨의 견해는 완전히 현재의 입장에서, 그것도 유럽인의 입장에서 과거를 해석했다는 혐의에서 벗어나기 힘들다. 현재의 입장에서 과거를 해석할 수밖에 없는 것이 역사라지만, 사실에 입각한 객관성이 필요한 것 역시 역사이다. 자유로운 해석이라고 해서 객관적인 사실을 왜곡할 정도로 자유로울 수는 없다. 그 객관성을 확보하는 방법의

---

11 도슨, 앞의 책 83쪽.

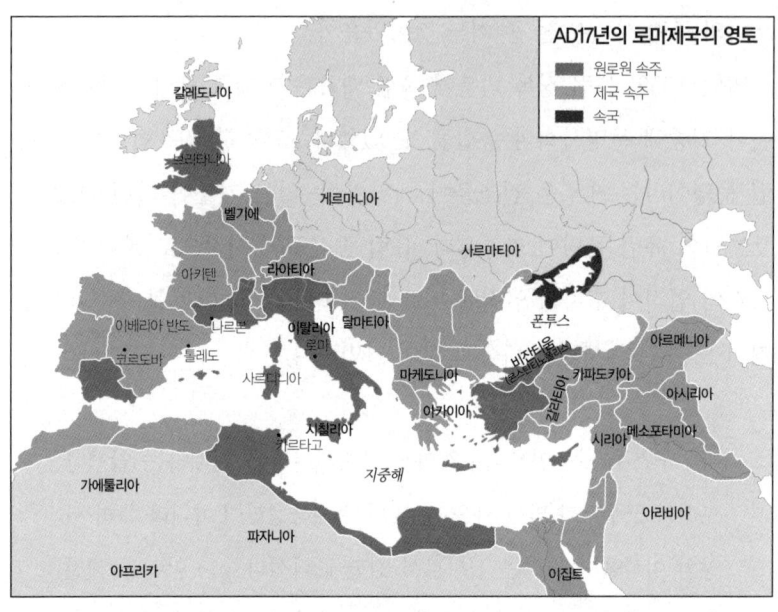

하나가 가능한 한 당대의 상황과 당대를 살았던 사람들의 사유와 심리에 가까이 가는 것이다.

간단하게 묻자. 옥타비아누스, 즉 아우구스투스가 안토니우스와 맞섰을 때 그는 과연 '질서와 자유라는 유럽의 이상' 같은 것을 마음에 품고 있었을까? 도대체 당시에 그런 것이 존재하기나 했을까? '질서와 자유라는 유럽의 이상'은 훨씬 뒤에 우여곡절 끝에 형성된 것이 아닌가? 옥타비아누스는 알렉산드로스와 마찬가지로 문명의 중심지를 정복하겠다는 포부로 악티움 해전에 나선 것이 아닌가? 게다가 악티움 해전 승리와 함께 로마는 공화국에서 제국으로 탈바꿈하지 않는가? 아우구스투스는 로마 최초의 황제가 되지 않았는가? '질서와 자유'라는 이상을 품은 나라가 어떻게 공화정에서 제정으로 탈바꿈할 수 있었단 말인가?

단언하건대 동방 정벌에 나선 로마의 꿈은 알렉산드로스의 꿈과 일치한다. 로마는 그리스의 꿈을 이어받아 오리엔트의 패자가 되는 길에 나선 것이다. 로마의 주력 사업은 유럽 진출이 아니라 동방 진출이었으며 당시의 상황으로 보면 지극히 당연한 일이다. 당시 동방이 선진 문명 세계였고 세계의 중심이었으니 말이다.

그런데 아우구스투스는 알렉산드로스의 꿈에서 한 걸음 더 나아간다. 그는 로마의 동방 정벌이 침략이 아니라 재건, 혹은 부활이라는 명분을 얻고 싶어 했다. 그가 베르길리우스에게 『아이네이스』 집필을 권유하고 그 작품을 널리 읽힌 이유는 바로 그 때문이다. 그는 자신의 뿌리를 트로이에서 찾음으로써 그 명분을 얻는다. 그는 그 명분을 얻기 위해 기꺼이 트로이의 후예가 된다. 『아이네이스』에 의해 그는 그리스에 의해 멸망한 트로이의 맥을 잇는 정통성을 부여받는다. 그와 함께 트로이는 '문명의 뿌리이자 요람'이라는 상징적 의미를 갖게 된다.

『아이네이스』에 의해 '문명의 뿌리이자 요람'이라는 상징적 의미를 지니게 된 트로이는 훗날 서로마제국이 멸망한 뒤 중세 유럽 여러 나라에서도 여전히 그 의미를 잃지 않는다. 유럽 여러 나라의 건국 신화와 전설에서 트로이가 자기 나라의 뿌리로 등장하는 것이다.

웨일스의 문헌 『브리튼인의 역사』에는 영국을 가리키는 지리적·역사적 명칭인 브리튼Britain이 아이네이아스의 후손 브루투스라는 이름에서 따온 것이라는 내용이 나온다. 로마와 마찬가지로 트로이 난민이 영국 땅에 정착해서 영국인의 조상이 되었다는 것이다. 또한, 『사랑에 빠진 오를란도』와 『광란의 오를란도』라는 이야기에서는 트로이 전쟁에서 아킬레우스에 의해 죽음을 맞이한 헥토르의 자손들이 프랑크 왕국의 첫 왕조인 메로빙거 왕조와 프랑스 카롤루스(샤를마뉴) 왕조를 열었다는 내용도 나온다.

그뿐이 아니다. 북유럽 신화 자료 중의 하나인 『신新 에다』에서는 북유럽 신화 최고의 신 오딘을 트로이 출신 인간 왕으로 소개하고 있다. 그리고 오딘을 비롯한 '아사 신족'이 사는 곳인 '아스가르드 12 왕국' 중 한 곳의 왕이 트로이 프리아모스왕의 딸과 결혼해서 아들을 낳았으며 그 아들이 바로 천둥의 신 토르라는 이야기도 나온다. 북유럽 신화에서는 트로이 후손들이 아예 신격화되어 있는 것이다. 더 재미있는 것은 훗날 오스만 제국이 트로이의 후예를 자칭한 로마를 멸망시키면서 자신들이 트로이의 복수를 했다고 선언했다는 사실이다. 로마가 트로이의 후예라고 자칭한 사실 자체를 비웃듯 부정하면서 정통성 싸움에 뛰어든 것이다.

중세 유럽 국가들이 너도나도 트로이의 후손들임을 천명한 것은 자신들이 로마의 정통 후예임을 내세우기 위함이 분명하다. 로마제국이 『아이네이스』를 통해 트로이의 후손임을 천명했으니 로마의 후예가 되기 위해서는 자신들의 뿌리를 트로이에서 찾아야 했을 것이다.

제국으로 탈바꿈할 때의 로마가, 또한, 로마의 영향으로 새로운 문명이 탄생하기 시작한 중세 유럽의 여러 나라가 공히 트로이를 자신들의 뿌리로 삼은 이유는 명백하다. 인간사에 비유한다면 크게 출세한 사람이 '개천에서 용 난 존재'가 아니라 '명문의 후예'임을 내세우는 행태와 비슷하다고 보면 된다. 말하자면 족보 만들기 작업 같은 것이다. 아나톨리아 반도의 한 도시국가였던 트로이는 '선진 문명'의 상징이 되었으며, 로마도, 유럽도 자신들이 그 '선진 문명'을 이어받았음을 주장하기 위해 트로이의 후예임을 내세운 것이다. 다시 말하지만, 아우구스투스가 베르길리우스에게 『아이네이스』를 쓰라고 권유한 것, 자신의 뿌리를 트로이에서 찾은 것은 문명의 중심으로 진출하기 위한 명분을 쌓기 위해서이다. 로마의 동방 정복이 알렉산드로스처럼 침략이나 정벌이 아니라 부흥이자 복권임을 내세우기 위해서이다.

03

로마제국 성립과 변신—아우구스투스 이후의 로마

　아우구스투스가 실질적인 제정을 시작한 이래 로마제국은 1세기 말부터 시작된 이른바 5현제[※12] 기간 혹은 팍스 로마나 기간에 전성기를 구가한다. 사실 이 기간의 로마제국은 황제가 전권을 갖는 엄밀한 의미에서의 제국이라기보다는 원로원과 황제라는 이중 권위가 작동하는 도시국가 공동체였다고 보는 것이 옳다. 황제라는 직위도 흔히 생각하듯 그 칭호에 걸맞은 절대 권력자를 의미한다기보다는 시민의 제1인자라는 의미가 강했다. 아우구스투스로부터 비롯된 로마 황제의 직위는 세습권 등이 법적으로 확실히 보장된 직위가 아니었다. 황제 계승 방법이 명확하지 않았으니 때로는 혈통에 의해 후계자가 정해지기도 했고, 혈통이 단절되면 원로원이 지명하기도 했다. 참고로 폭군으로

12　네르바(Marcus Cocceius Nerva, AD 30~98), 트라야누스(Marcus Ulpius Traianus, 53~117), 하드리아누스(Publius Aelius Hadrianus, 76.~138) 안토니누스 피우스(Antoninus Pius, 86~161), 마르쿠스 아우렐리우스(Marcus Aurelius Antoninus, 121~180)의 다섯 황제를 말한다.

유명한 제5대 네로 황제(Nero Claudius Caesar, 37~68)는 5현제 이전의 황제로서 그는 혈통에 의해 황제로 등극했다. 5현제의 마지막 황제 마르쿠스 아우렐리우스의 아들인 코모두스 황제도 네로와 마찬가지로 기행을 일삼은 황제로서 로마제국을 혼란에 빠뜨린 장본인이었으니, 당시의 로마와 같은 국가 체제에서 혈통에 의해 후계자가 정해지는 것은 위험한 일이었는지도 모르겠다.

아우구스투스 시대의 황제가 '시민 중의 제1인자'라는 성격이 강했듯이, 로마 군대도 일종의 시민군이었다. 로마 시민이 장교였으며, 이탈리아 본토 출신을 비롯해 로마제국 내 도시 출신이 사병으로 복무했다. 사병들은 군 복무가 끝나면 토지를 할당받고 토지 소유 평민으로 돌아갔다. 로마 군단의 병사가 된다는 것은 사회적으로나 경제적으로나 입신출세할 수 있는 확실한 길로서 가장 우수한 젊은이들이 자진해서 입대하는 것이 당연했다. 군대는 별도의 조직이라기보다는 시민으로 구성된 시민-군대였다.

하지만 로마제국의 영토가 확장됨에 따라 제국 내 속주屬州의 군단 병사는 점차 속주 출신으로 채워졌으며 하드리아누스 황제 시대인 2세기부터는 현지에서 신병을 모집하는 일이 일반화되었다. 따라서 로마 군단은 차츰 이탈리아 본토와의 연관이 약해지고 주둔지인 변경의 속주와 밀착되었으며, 병사들도 속주의 시민이 아니라 농민 출신으로 채워지는 일이 빈번해졌다. 5현제 시대가 끝나고 2세기 말에 이르러 군단 병사의 대부분이 도시와는 거의 연관이 없는 속지 농민 출신으로 채워지게 되자 이전까지의 시민-군대라는 성격은 현저히 약해졌다. 군단과 도시의 시민들 사이에 거리가 생겼으며, 군단 자체가 내부적으로 강한 유대감을 지닌 별도의 조직이자 계급이 되었다. 부유하고 교양 있는 노시 부르주아에 대한 일종의 복수심이 그들의 결속력 강화에 일조했음은 물론이다. 그러한 유대감으로 맺어진 병사들은 로마가 아니라 소속 부대 지휘관과 직속 사령관에게 충성했다.

시민군으로서의 로마 군단의 성격이 거의 사라지게 된 가운데 로마 군단의 힘이 점차 막강해지면서 로마제국 내에 아주 중대한 변화가 일어난다. 힘이 막강해진 로마 군단의 지지를 받는 군단장이 원로원의 승인을 받아 로마 황제가 되는 일이 발생한 것이다.

좀 전에 언급한, 마르쿠스 아우렐리우스 황제의 아들 코모두스 황제가 죽은 후(193년) 로마는 내전에 휩싸인다. 팍스 로마나를 구가하던 로마가 혼란에 빠진 원인을 코모두스 황제의 실정으로 돌리는 사람들도 많지만, 냉정하게 보자면 역사적 변환기에 처한 로마가 맞이할 수밖에 없었던 필연적인 결과라고 볼 수도 있다. 로마제국 영토가 확장되면서 각지의 로마 군단들이 강력한 힘을 지니게 되었을 뿐만 아니라 자체 내부 결속력까지 지니게 되었으니 로마 군단들 사이에 세력다툼이 벌어지는 것은 당연한 일이었다. 그러나 언제나 그렇듯, 그 위기의 순간은 동시에 변환기이기도 했다.

어쨌든, 아우구스투스가 새로운 제국의 길을 연 이래 번영을 이룩하며 팍스 로마나를 구가하던 로마가 내전에 가까운 소용돌이에 빠져들었으니, 로마제국이 위기에 처한 것은 사실이다. 그 내전에서 승리한 군단장이 새로운 왕조를 창건하고 원로원의 승인을 받아 황제로 등극하는가 하면(세베루스 알렉산드르), 군단장은커녕 일개 대대장에 불과한 인물을 군단병들이 황제로 추대하고, 형식적 의결 기구에 불과할 뿐 아무런 힘이 없던 원로원은 맥없이 이를 승인하기도 한다(막시미누스). 로마 황제를 지목하는 실질적 권한이 로마 원로원으로부터 로마 군단으로 완전히 넘어가게 된 것이다. 그리고 전투에서 웬만한 전공만 세우면 곧바로 황제 지위 찬탈을 노리고 로마 황제를 참칭(僭稱)하는 자들이 여기저기 나타난다. 군인-황제 시대의 대혼란이 시작된 것이다.

이러한 무정부 상태를 수습하고 로마제국의 통치 체제를 회복한 인물이 디오클레티아누스(Gaius Aurelius Valerius Diocletianus, 245~316, 재위 284~305) 황제이다. 로마제국 속주인 달마티아(크로아티아 남서부) 출신의 그 역시 군인이었다. 그는 분명히 로마제국의 무정부적 혼란 상태를 수습한 인물이다. 하지만 그가 로마제국의 무정부적 혼란 상태를 수습했다고 해서 이전의 5현제 시대의 질서를 회복한 것으로 오해하면 안 된다. 오히려 그는 그 수습을 통해 로마제국을 이전과는 완전히 다른 모습으로 바꾸어 버린다. 그는 내전에 가까운 혼란을 수습하면서, 여전히 공화정의 영향력이 남아 있던 과거의 로마와 완벽히 단절하고 문자 그대로의 '로마제국'을 건립한다.

강력한 힘을 바탕으로 로마제국의 유일한 황제의 지위를 차지한 디오클레티아누스는 거의 1세기 동안 지속한 로마제국의 위기를 극복하기 위한 대대적 개혁에 착수했다. 그의 개혁의 목표는 그 무엇보다 강력한 중앙집권화를 이룩하는 것이었다. 그는 우선 황제의 명칭부터 '도미누스(Dominus; 지배자)'로 바꾸었다. 아우구스투스 이래로 '시민 중의 제1인자(프린켑스, Princeps)'라는 애매한 위치에 있던 황제의 지위를 '전제군주'로 높인 것이다.

이어서 그는 그때까지 남아 있던 공화정의 산재들을 일소했다. 그는 형식적으로나마 남아 있던 로마 원로원의 입법 기능마저 박탈했다. 황제의 칙령이 곧바로 법률적인 효력을 갖게 된 것이며 집정관을 비롯한 모든 관료를 황제가 직접 임명할 수 있게 만든 것이다. 이어서 그는 모든 속주의 총독을 자신이 직접 임명하고 그들의 권한을 대폭 축소했다. 아우구스투스가 세운 로마제국의 세 토대, 즉 로마 원로원, 이탈리아 시민 계급, 속주의 자치 도시들이 모두 힘을 잃고 이제 제국 정부와 제국 군대만이 남은 셈이었다. 그의 개혁을 통해 이제까지 로마 공화국의 '최고 행정관'이자 '로마군 사령관'이라는 제한적 지위를 누리던 로마 황제가 절대적인 '전제군주'가 되었다.

디오클레티아누스의 개혁은 로마제국의 입장으로는 개혁이었지만 더 큰 차원에서 보면 사실상 개혁이 아닐 수도 있다. 그의 개혁은 오리엔트 군주국의 전통을 이어받은 것으로 볼 수 있기 때문이다. 오리엔트의 군주국은 모든 국가 생산물의 국유화, 권력의 중앙 집중을 그 특징으로 한다. 모든 것이 국가를 위해, 국가를 통해 이루어졌고 개인은 국가를 위해 봉사하는 존재의 의미를 지니고 있었다. 말하자면 고대 사회에 구현된 가장 완전한 국가사회주의 체제라고 볼 수 있다. 그리스의 영향으로 태어난 헬레니즘 국가도 그리스적인 도시국가가 아니라 오리엔트 전통에 입각한 국가사회주의 국가였던 것은 마찬가지였다. 그런 의미에서 디오클레티아누스 이후 로마제국의 사회사와 경제사는 이집트의 알렉산드리아로 대표되는 헬레니즘 체제의 주요 원칙이 나머지 속주로 확대된 역사라고 볼 수도 있다. 달리 표현한다면 로마는 오리엔트를 정복하면서 오리엔트를 로마화한 것이 아니라 로마가 오리엔트화, 혹은 헬레니즘화 되었다고 볼 수 있으며, 로마제국의 정복 사업은 오리엔트 문화, 혹은 헬레니즘 문화가 널리 퍼져나가도록 한 추진기라고 보는 것이 옳을 것이다.

디오클레티아누스 황제의 개혁 이후 사유재산제와 특권적 시민 계급에 바탕을 둔 도시국가의 제도는 시대착오적인 것이 되었다. 디오클레티아누스 황제의 개혁은 정복 사업을 통해 영토를 확장해 나간 로마가 필연적으로 맞이할 수밖에 없는 과업이었다. 도시국가의 특권적 시민 계급에 바탕을 둔 제도는 거대한 제국을 통치하기에는 부적절할 수밖에 없었다. 거대한 제국을 통치하기 위해서는 시민의 개인적 자유와 권리보다는 국가를 위한 봉사의 원칙이 중시되는 관료주의적 중앙집권 국가로의 탈바꿈이 필연적이었다.

디오클레티아누스가 그러한 필연적인 대대적 개혁의 문을 연 인물이었다면 그 개혁을 완성한 인물은 콘스탄티누스 대제(Gaius Flavius Valerius Constantinus, 274~337)이다. 그 사정을 간단히 알아보자.

디오클레티아누스는 집권 20년이 되던 AD 305년, 돌연 자발적으로 황제직에서 물러난다. 그가 갑자기 자발적으로 군주의 자리에서 물러나자, 로마제국은 다시 분열의 위기에 처하게 된다. 실은 그의 개혁 내부에 이미 분열의 씨앗이 심겨 있었기 때문이다.

디오클레티아누스는 전제군주 제도를 확립하면서 또 다른 혁신적인 제도를 도입한다. 이른바 사두정치四頭政治(Tetrarchia)가 바로 그것이다. 그는 전제군주 제도를 도입했지만, 방대해진 로마 영토 전체를 황제 혼자의 힘으로 지키는 것은 불가능하다는 사실을 알고 있었다. 그는 효율적으로 영토를 방위하기 위하여 부제副帝(Caesar) 제도를 도입했다. 자신은 정제正帝(Augustus)로서 로마제국 동방을 관할하고 막시미아누스(Marcus Aurelius Valerius Maximianus, 250~310)를 부제로 임명하여 서방 통치를 일임한 것이다. 이러한 분할통치의 효율성이 어느 정도 드러나자, 디오클레티아누스는 286년 막시미아누스를 아예 정제로 승격시킨 후 부제 두 명을 더 임명해서 제국을 넷으로 분할 통치하게 했다. 자신을 포함해 정제가 두 명이 되었고 부제들도 어느 정도 자율적으로 담당 지역을 통치했지만, 어디까지나 효율적인 방위를 위한 수단이었을 뿐 로마제국 자체가 분할된 것은 아니었다. 제국의 중요 결정권은 여전히 디오클레티아누스 자신이 장악하고 있었던 것이다.

참고로 그가 분할통치하게 한 네 지역은 다음과 같다.

가. 디오클레티아누스 자신이 동방 정제로서 아나톨리아 반도의 니코메디아(지금의 튀르키예 북서부 코자엘리주의 주도. 콘스탄티노폴리스 근처)에 주둔하면서 다스리는 지역. 오리엔트 지역과 이집트.
나. 동방의 부제가 도나우강의 시르미움(현재 세르비아 공화국 서부)에 주둔하면서 다스리는 지역.
다. 막시미아누스가 서방 정제로서 이탈리아의 밀라노에 주둔하면서 다스리는 지역
라. 서방 부제가 갈리아의 트리어(현재 독일 모젤강 유역 라인란트팔츠주)에 주둔하면서 다스리는 지역.

위에서 보듯 전제군주인 디오클레티아누스는 아나톨리아 반도에 주둔하고 있었다. 로마제국의 중심이 이탈리아반도에서 동방으로, 더 정확히 말하면 트로이 왕국이 존재하던 지역으로 옮겨간 셈이다. 로마제국의 본거지인 이탈리아의 로마는 제2인자의 통치하에 놓임으로써 더 이상 로마제국의 중심지 역할을 하지 못하게 되었다. 로마제국의 정제인 디오클레티아누스가 아나톨리아 반도에 주둔하게 된 것은 일종의 중심 이동처럼 보인다. 하지만 엄밀히 말하면 그것은 중심 이동이 아니다. 그 표현은 로마를 기준으로 보았을 때만 가능한 표현이다. 로마의

꿈, 혹은 아우구스투스의 꿈, 더 정확히 말해『아이네이스』의 꿈에 비추어 본다면 사실은 실지^{失地} 회복이며 트로이의 재건이고 부활이다. 아우구스투스가 『아이네이스』 집필을 권하면서 내세운 명분을 실천한 것이다. 디오클레티아누스가 주둔했던 니코메디아가 트로이와 가까운 곳이라는 사실을 굳이 지적할 필요가 있을까?

그런데 그런 꿈의 완수를 거의 눈앞에 둔 디오클레티아누스가 돌연 황제 자리에서 물러난다. 막강한 권력을 지니고 있던 그가 갑자기 은퇴하자 위계질서가 분명하던 각 지역 황제들 간에 세력다툼이 벌어지는 것은 당연한 수순이었다.

지나는 길에 여담처럼 묻자. 디오클레티아누스는 왜 갑자기 최고의 권력 자리에서 스스로 내려온 것일까? 공식적인 은퇴의 변은 존재하지 않지만, '문학적 향기'를 느끼게 해주는 일화는 전해진다. 그는 은퇴하면서 서방의 정제였던 막시미아누스에게도 은퇴를 권해서 둘은 동시에 황제 자리에서 내려온다. 그런데 이듬해인 306년, 막시미아누스는 다시 정계 복귀를 꿈꾼다. 막시미아누스는 스팔라툼(현재 크로아티아의 스플리트)에 개인 궁전을 짓고 농사를 짓고 있던 디오클레티아누스에게 복귀해 달라는 전갈을 보냈다. 그러자 디오클레티아누스는 이렇게 말한다.

"내 손으로 직접 심은 양배추를 그에게 보여줄 수만 있다면, 그도 권력 추구에서 행복을 찾는 짓은 단념할 텐데……"(『비잔티움 연대기』에서)

그의 그 말은 문학적 향기, 인간적 향기를 짙게 느끼게 해주고 우리에게 감동을 준다. 하지만 그 말은 동시에 그가 야심 차게 시작한 과업, 새로운 로마를 건설해서 오리엔트의 진정한 패자로 군림하겠다는 과업 자체에 무상함을 느끼고 도중에 포기했음을 의미한다. 그는 과업을 수행할 힘이나 능력이 부족해서 과업을 포기한 것이 아니다. 개인적 행복을 위해 역사적 과업을 도중에 그만둔 셈이다. 개인적 행복에 비해 권력의 무상함을 느낀 것이라고나 할까? 그 결과 그는 그 과업의 완성이라는 업적을 콘스탄티누스에게 넘겨주게 된다. 역사에 빛나는 이름으로 남을 기회를 콘스탄티누스에게 넘겨주게 된 셈이니, 그런 디오클레티아누스에서 아쉬움을 느껴야 할까, 아니면 삶의 지혜를 느껴야 할까?

앞에서 말했듯 디오클레티아누스가 황제직에서 스스로 물러나자 로마제국은 다시 혼란에 빠진다. 이어서 20년 가까이 내전 상태가 이어졌으며 서방 부제 출신인 콘스탄티누스가 최후의 승자가 된다. 서방을 평정하고 로마제국 서방 정제 지위에 오른 그는 동방 정제인 리키니우스(Gaius Valerius Licinianus Licinius, 265~325)와의 최후 결전에서 승리하고 324년 로마제국의 유일한 황제로 군림하게 된다. 디오클레티아누스처럼 다시 로마제국을 하나로 통합한 것이다. 이후 콘스탄티누스는 13년간 로마제국 전역의 유일무이한 황제로 군림하면서 디오클레티아누스가 착수한 로마제국 개혁을 완성한다.

'콘스탄티누스 1세'로서 로마제국의 황제로 군림하게 된 그는 발칸반도와 아나톨리아 반도의 접점이라고 할 수 있는 비잔티움(현재 튀르키예의 이스탄불)을 '새로운 로마 Nova Roma'라고 명명하고 대대적인 신도시 건설에 들어간다. 이어서 그는 330년, 로마제국의 수도를 비잔티움으로 옮긴다. 역사적 배경에 대한 이해가 부족하면 그가 왜 로마제국의 수도를 갑자기 비잔티움으로 옮겼는지 의아하게 생각할 수도 있다. 하지만 로마제국의 수도 이전은 너무 자연스러운 일이었다. 그곳이 세계의 중심이었으며, 트로이가 존재하던 곳이었기 때문이다. 물론 그때의 트로이는 일종의 상징적 의미이다. 『아이네이스』에 의해 로마 시조 아이네이아스의 고향이 된 트로이는 문명의 요람이며 중심의 상징이 된 것이다. 따라서 로마의 수도 이전은 콘스탄티누스 1세라는 한 개인의 돌발적인 행동이 아니었다. 그는 '아우구스투스의 꿈'이자 '로마의 오랜 꿈'을 실현한 것이며 문명의 중심으로 진출한 것이었고 로마가 세계의 패권을 잡았음을 선언한 것이었다.

수도를 비잔티움으로 옮김으로써 그는 '로마제국'을 명실공히 위대한 통일제국으로 세우는 과업을 완성한 셈이 되었으니 이로써 로마가 진정한 세계의 패자로서 군림하게 된 것이다. 알렉산드로스의 바빌론 입성이 세계 수도로의 입성이었다면 콘스탄티누스의 비잔티움 건설은 세계 중심의 재건이다. 그의 수도 이전은 사실상 그리스·로마로 대표되는 고전 세계 문명과의 결별을 뜻하며 새로운 문명의 탄생을 의미한다. 콘스탄티누스 1세 사후 콘스탄티노폴리스라는 새로운 이름을 얻게 된 비잔티움은 이후 동로마제국(비잔티움 제국)의 수도로서 오리엔트 문명의 새로운 중심이 된다.

콘스탄티누스 1세는 '새로운 로마'를 건설함으로써 새로운 세상을 연 사람이다. 그는 동방 원정을 통해 헬레니즘 문명을 탄생시킨 알렉산드로스의 업적에 비견할 만한 업적을 이룩한 사람이다. 그런데 콘스탄티누스 1세는 그에 못지않게 역사적으로 중요한 또 다른 업적을 남긴다. 313년 밀라노 칙령을 통해 기독교를 공인한 것, 그것이 바로 그의 또 다른 중요한 업적이다. 또한, 그는 죽기 직전인 337년에 세례를 받으면서 최초의 그리스도교인 로마 황제가 된다. 그가 그리스도교인들로부터 '대제'의 칭호를 받은 것은 그 때문이다. 콘스탄티누스 1세가 기독교를 공인했고 스스로 기독교 신자가 된 덕분에 훗날 기독교는 로마의 국교가 될 수 있었으며(380년), 더 나가 유럽 대륙의 새로운 문명이 기독교 공동체라는 정체성을 지닐 수 있게 되었다.

콘스탄티누스 대제는 새로운 제국에 새로운 수도와 새로운 종교를 주었고, 새로운 문명이 발생할 수 있는 기틀을 마련했다. 그러나 역설적이게도 그가 새로운 제국, 새로운 종교, 새로운 문명을 세우자마자 그 새로운 제국은 얼마 되지 않아 동방과 서방으로 분리된 채 완전히 다른 길을 걷게 된다. 로마제국이 동로마와 서로마로 분열된 채, 완전히 다른 모습을 띠고 대립하게 되는 것이다. 그리고 그 다른 얼굴 모습을 가장 확연하게 드러내 보여주는 것이 바로 둘로 분리된 로마제국이 각기 기독교와 맺은 관계이다. 더 정확히 말한다면 동서 교회의 충돌과 완벽한 분리가 바로 로마제국 분열과 일치한다. 콘스탄티누스 대제 이후의 로마 역사, 더 나가 유럽과 오리엔트의 역사는 기독교와 분리해서 살펴볼 수 없다.

04

로마와 기독교

기독교 탄압과 기독교 공인

 기독교가 베드로와 사도 바울의 선교 활동을 통해 소아시아와 지중해 연안을 비롯해 그리스와 로마로 전파·확산한 때는 로마가 공화정에서 제정으로 탈바꿈하던 시기이다. 그 시기는 아직 로마 황제가 전제군주로서의 절대적 권위를 지니고 있지는 못했다 할지라도 로마가 황제를 중심으로 '지상의 패권' 장악에 나선 시기였다. 따라서 기독교가 초기부터 로마제국의 박해를 받는 것은 당연한 일이었다. '신의 왕국'을 믿고 섬기는 기독교인들은 로마제국에 위험한 존재들이었으며, 그 세력이 확장되어 간다는 것은 제국에 위협이 될 수밖에 없었기 때문이다.
 기독교가 로마의 탄압을 받은 것은 기독교 신앙 체계가 로마제국의 신앙 체계와 어긋나기 때문이 아니었다. 기독교의 존재 자체가 로마제국 체제에 위협이 되었기 때문이다. 기독교인들이 위험한 존재였던 것은 그들이 직접 로마제국 체제에 저항하고 그 체제를 바꾸려 했기 때문이 아니다. '신의 왕국'을 우선시하고 섬기면서 '황제의 제국'을 가볍게 여겼기 때문이다. 체제에 직접 저항하는 것보다 체제 자체를 비웃는 것이 가장 심각한 반체제일 수 있으니, 그 비웃음은 체제 전체에 대한 근본적 비판의 눈길과 같은 성격의 것이기 때문이다.

네로 황제(재위 54~68)는 로마에 대화재가 발생하자 기독교도들에게 방화범의 혐의를 씌워 대학살을 자행한다. 로마에서 마지막 선교 활동을 하던 사도 바울과 베드로도 그때 처형된 것으로 전해진다. 이후 5현제 시대를 지나는 동안에도 기독교도들에 대한 박해는 여전했으며 군인-황제 시대에 이르러서도 사정은 마찬가지였다.

대대적인 개혁을 통해 실질적으로 절대 군주의 지위에 오른 디오클레티아누스(재위 284~305) 재위 시절 기독교에 대한 박해는 절정에 달한다. 앞에서 말했듯, 그는 전제 군주정을 도입하면서 오리엔트 군주의 전통을 이어받았다. 그는 페르시아식 궁정 예법을 도입했으며 자신을 신격화했다. 그러나 기독교도들에게 황제를 신격화해서 숭배하는 것은 우상 숭배를 금하고 있는 십계명에 어긋나는 일이었다. 그들이 황제 숭배를 거부하는 것은 당연했다. 이에 분노한 디오클레티아누스는 303년 그리스도 포교와 모임을 금지하는 칙령을 공표하고, 교회와 성전, 성물을 파괴했다. 그는 고발 없이도 그리스도교인을 체포하고 고문할 수 있도록 하는 등 철저히 기독교를 탄압했다. 그는 모든 사람에게 전통적인 로마의 신에 대해 제례를 행할 것을 명하고 이를 어기면 사형이나 강제 노역에 처하겠다고 위협했다. 기독교도들에게 배교背敎냐, 순교殉敎냐, 양자택일을 강요한 것이다. 수많은 기독교도가 기꺼이 순교의 길을 택했음은 물론이다.

디오클레티아누스 사후 콘스탄티누스가 로마의 내분을 수습하고 제국 서방의 정제正帝로 군림하게 되었을 때 그는 동방의 정제 리키니우스와 협의하여 313년 밀라노 칙령을 공포하고 기독교를 공인한다. 디오클레티아누스의 업적을 이어받아 완수한 콘스탄티누스는 디오클레티아누스와는 달리 기독교를 공인하고 신앙의 자유를 인정하는 쪽으로 방향을 선회했다. 이미 로마제국 전역에 널리 확산하여 세력을 떨치고 있는 기독교를 힘으로 제압한다는 것은 무리라고 판단한 것이다. 상황이 그러했더라도 그런 결단은 아무나 내릴 수 있는 것이 아니다. 시대의 흐름을 읽고 그에 대처할 수 있는 안목을 지닌 사람만이 그런 결단을 내릴 수 있다. 콘스탄티누스가 대제의 칭호를 받을 수 있는 것은 그 안목과 결단 덕분이다.

콘스탄티누스는 323년 9월에 벌어진 크리소폴리스 전투에서 동방의 정제인 리키니우스의 군대를 격파하고 로마제국 유일무이한 황제가 된다. 로마제국을 재통일한 그는 325년 니케아(현재 튀르키예의 이즈니크)에 있는 자신의 별궁으로 로마제국 내 기독교 주교들을 불러들여 공의회를 개최한다. 바로 제1차 니케아 공의회이다. 기독교 교리를 공식적으로 정리하여 분열의 조짐을 보이던 기독교 교회들의 통합을 꾀한다는 것이 공식적 명분이었다. 하지만 교회들의 통합은 표면적인 명분이었을 가능성이 크다. 디오클레티아누스가 권좌에서 물러난 후 로마가 분열되는 현실을 경험했던 콘스탄티누스는 기독교 교리를 정리하고 공식화함으로써 기독교라는 종교의 이름으로 로마를 통합하고 분열을 예방하고자 했을 것이나. 또한, 기독교 교회 주교들이 모인 공의회를 황제가 주재함으로써, 황제의 권위를 한껏 드높이고자 하는 의도도 있었을 것이다.

게다가 더 큰 뜻도 있었다. 당시 오리엔트에서 강자로 군림하고 있던 조로아스터교의 사산조 페르시아(226-551)에 맞서, 로마제국이 오리엔트의 기독교 제국임을 선포한 것이다. 니케아 공의회가 열렸을 때는 아직 로마의 수도를 콘스탄티노폴리스로 옮기기 전이었으나 실질적인 제국의 중심은 이미 동방으로 옮겨간 때였으니, 콘스탄티누스는 서방 로마의 황제라기보다는 오리엔트의 군주에 가까웠다.

기독교 내 교리 논쟁과 삼위일체설의 정립

당시 기독교 교회 조직은 제국의 조직을 그대로 본뜨고 있었다. 도시마다 주교가 있었으며 주교 관구의 범위는 도시의 영역과 일치했고 로마제국 수도가 교회의 중심이 되었다. 콘스탄티누스 황제가 313년 기독교를 공인했을 때 기독교를 이끌어 가는 주요 3대 총대주교는 로마, 알렉산드리아, 안티오키아의 주교좌였지만 콘스탄티누스의 별궁이 있던 아나톨리아 반도의 주교가 이미 중심 역할을 하고 있었으며 예수가 탄생한 예루살렘의 주교도 중요한 위치에 있었다.

4세기에 이미 기독교는 로마제국 내 전 영토, 즉 유럽 대륙과 지중해, 오리엔트 전역에 걸쳐 널리 세력이 퍼져있었다. 그러나 갓 공인된 기독교 내부에는 교리 대립이 존재했으며, 콘스탄티누스 황제가 니케아 공의회를 소집할 당시에는 교리 논쟁이 매우 치열했다.

당시 로마를 제외한 제국 내 주요 교구들은 시리아, 아나톨리아 반도의 기독교 교회를 중심으로 열띤 신학적 논쟁에 휩싸여 있었다. 성부^{聖父}와 성자^{聖子}의 관계에 관한 논쟁으로서 예수를 신성한 존재로 볼 것인가, 아니면 예수에 인성을 부여할 것인가 하는 것이 논쟁의 핵심 쟁점이었다. 카렌 암스트롱이 쓴 『신의 역사』에 의하면 '오늘날 미국인들이 미식축구를 화제 삼아 이야기하는 것 못지않게'[13] 많은 사람이 그 신학적 주제에 대해 즐겨 논했다고 하니, 당시 종교적 논의는 기독교 교부들 사이에서만 벌어진 게 아니라 일반 신도들에게도 일상적인 주요 관심사였다. 그중에서 일반 신도들 사이에서 우위를 점하고 있던 논리는 성부만이 유일무이한 신이며 성자는 성부에 의해 생명체로 태어난 피조물이기 때문에 성부와 동격일 수 없다는 논리였다. 바로 이집트 알렉산드리아의 교회 지도자 중 한 명이었던 아리우스(Arius, 250(?)~336(?))가 주장한 논리로서, 그는 그 논리로 당시의 신학적 논쟁에 불을 붙인 것이었다.

아리우스는 무엇보다 성부와 성자의 질적인 차이를 강조했다. 그는 성부만이 유일한 신이며 예수 그리스도를 본질상 신이라고 믿는 것은 신성모독의 죄를 범하는 것이라 주장했다. 예수 그리스도 역시 인간과 마찬가지로 피조물일 수밖에 없다는 것이었다. 그의 주장은 성부와 예수가 동일본체同一本體라는, 기독교 사도들에게 이어져 오던 전통적 가르침에 정면으로 배치되는 것이었다.

그러나 그가 예수 그리스도의 신성 자체를 완전히 부정한 것은 아니었다. 예수 그리스도는 분명히 신성한 존재이다. 그러나 예수의 신성은 본원적인 것이 아니라 신이 내려 준 보상이요, 은총이었다. 그는 인류 구원을 위해 죽음에 이르기까지 신에게 복종한 예수 그리스도의 사랑과 희생이 그 얼마니 고매한 깃인지 인정했나. 아니, 그 고매함을 오히려 크게 강조했다. 사실상 아리우스의 신학적 논쟁은 바로 예수의 사랑

---

13 가랜 암스트롱 『신의 역사 I』, 194쪽, 1999, 동연.

과 희생을 강조하기 위한 것이기도 했다. 그는 예수에 인성을 부여함으로써, 인간이 고매한 덕을 갖추고 행하면 신적인 존재가 될 수도 있음을 보여주고자 했다. 예수 그리스도가 흠 없는 삶을 살았으며, 십자가에 못 박혀 죽게 될 때까지도 신에게 복종했기에 신이 예수를 부활케 해서 주Lord라는 신적 지위를 부여했다는 것이었다.

　기독교 정통 사도의 가르침을 내세우며 아리우스의 논리에 정면으로 맞선 사람이 알렉산드리아의 부제副祭였던 아타나시우스였다. 아리우스가 그리스도에 인성을 부여한 것은 역설적으로 인간에게 신성에 이를 가능성이 있음을 - 비록 성부가 부여해준 것이긴 해도 - 믿기 때문이었다. 그러나 아타나시우스는 달랐다. 그는 인간의 가능성을 믿지 않았다. 인간은 무無로부터 나왔으며 죄악을 저지름으로써 결국 파멸에 이른다는 것이 그의 생각이었다. 신은 인간이 파멸에 이를 존재임을 알고 있고 그것을 방지하기 위해 당신의 영원한 말씀(로고스)을 통해 만물을 만들었으며 존재를 부여했다는 것이 그의 논리였다. 따라서 인간은 스스로의 힘으로 파멸의 운명에서 벗어날 수 없다. 오로지 신의 말씀(로고스)을 통해 완전한 존재인 신의 세계에 참여함으로써만 파멸에서 벗어날 수 있을 뿐이다. 예수 그리스도는 말씀(로고스)이 육체의 모습으로 나타난 성육신成肉身(incarnation)이다. 만일 예수 그리스도가 완전한 존재가 아니라 피조물에 속한다면 그 역시 파멸에 이를 수밖에 없었고 예수가 인류를 구원하는 것은 불가능했을 것이다. 세계를 창조한 분만이 세계를 구원할 수 있다, 따라서 로고스의 성육신인 그리스도는 성부인 신과 본질적으로 차이가 있을 수 없다는 것, 그것이 아타나시우스가 내세운 주장의 내용이었다.

　사실 콘스탄티누스 황제는 교리 자체에는 무지했고 관심도 없었다.

앞서 말했듯 그는 기독교를 통해 로마의 분열을 예방하고 로마 황제의 권위를 공고히 하기 위해 공의회를 연 것이었다. 그는 공의회를 열기 전부터, 교회에서 서열이 아리우스보다 높았으며 전통적인 기독교 사도의 가르침에 충실한 아타나시우스를 지지하기로 이미 마음먹고 있었다. 교회 통합을 도모한 콘스탄티누스 황제의 입장에서 전통적인 기독교 사도의 가르침을 지지하는 것은 당연한 일이었다.

그러나 공의회에서 처음부터 아타나시우스의 견해를 전적으로 지지하는 주교들은 거의 없었고 대부분은 중도파였다. 그러나 그들은 아리우스로 인해 촉발된 교리 논쟁이 끝나기를 원하고 있었다. 게다가 콘스탄티누스 황제의 압력도 작용했다. 그 결과 아리우스파 주교 5명을 제외한 300여 명의 주교가 아타나시우스의 주장에 찬성했고 아리우스파는 이단 선고를 받고 파문당한다. 이어서 공의회는 예수와 성부가 동일 본체라는 정통적 가르침을 발전시켜 예수가 성부, 성령과 똑같은 신적 본질을 지녔다는 삼위일체론을 정통교리로 선포했다.

니케아 공의회에서 공표된 교리는 예수 그리스도가 피조물도 아니고 영적 중재자도 아니며 세계는 무로부터 창조되었음을 기독교 교리로 공식화한 최초의 문서가 되었다. 성자는 신과는 근본적으로 다르다는 아리우스의 주장을 물리친 것이다. 물론 공의회에서 이단으로 파문을 당했다고 해서 아리우스파가 단번에 세력을 잃은 것은 아니었다. 공의회에서 이단으로 파문을 당했으나 아리우스파 주교들은 회의가 끝나고 교구로 돌아가자 다시 아리우스의 가르침을 전파했고 그 가르침은 로마제국 특히 유럽의 제국 속주 전역에 널리 퍼졌다. 아리우스파는 테오도시우스 황제(346~395, 재위 379~395)가 380년 기독교를 국교로 선포하고 아리우스파를 강력히 탄압하게 되면서 로마제국 교회 내에서 세력이 꺾였지만 이미 기독교 아리우스 교리의 세례를 받은 제국 속주의 야만인들, 특히 게르만계 고트족 내에서 강력한 힘을 발휘하고 있었다.

니케아 공의회에서 삼위일체설을 기독교 정통교리로 선포한 이후에도 기독교 교리 논쟁은 그치지 않았다. 예수의 신성과 인성에 관한 논쟁은 계속되었으니, 그중 대표적인 인물이 네스토리우스이다. 그는 마치 하느님께서 성전 안에 거처하듯 예수 안에 거하신다고 말하면서, 그리스도 안에서 신성과 인성은 엄격하게 구분된다고 주장했다. 말하자면 예수는 하느님이 거하시는 성전과 같다는 주장이었다. 테오도시우스 2세는 431년 에페소 공의회를 열어 네스토리우스를 이단으로 규정했다. 또한, 451년 개최된 칼케돈 공의회에서는 콘스탄티노폴리스 근처 수도원의 원장이었던 에우티케스Eutyches가 제기한 단성론單性論, 즉 그리스도라는 존재 안에서 신성과 인성 두 본성이 융합되었지만, 인성이 신성에 흡수되어 신성만이 남는다는 주장을 이단으로 규정했다. 단성론 자체가 삼위일체설에 반하는 교리였기 때문이다. 참고로 네스토리우스를 따르던 교도 일파들은 5세기 말 페르시아로 옮아가 교회를 일으킨 후 박트리아와 인도까지 교리를 전파했으며, 중국 당나라 때는 경교景敎라는 이름으로 꽤 세력을 떨쳤다.

동방 교회에서는 그렇게 삼위일체설을 둘러싼 논쟁이 계속되었지만, 서방의 라틴 교회에서는 성 아우구스티누스(354~430)라는 걸출한 인물이 나타나 삼위일체설을 정교하게 체계화해서 서방 기독교의 중심으로 자리 잡게 만든다. 아우구스티누스는 삼위일체설을 재차 공식 교리로 삼은 에페소 공의회와 칼케돈 공의회가 열리기 전에 활동했던 인물로서 그의 업적 덕분에 서로마제국 멸망 후 기독교가 유럽 문명이라는 새로운 문명 탄생의 주춧돌이자 주역이 될 수 있었다. 아우구스티누스는 서로마제국 멸망 이후 천 년이 넘도록 서방 기독교 중심 사상 체계를 교회에 제공한 인물이었으며, 그가 제공한 기독교 사상은 중세 유럽 건설의 주춧돌 역할을 했다. 그가 기독교의 범주를 넘어서서, 서구 정신 전체의 기초를 닦았으며 서구 문화에 가장 큰 영향력을 발휘한 인물로 간주되는 것은 그 때문이다.

아우구스티누스는 북아프리카 누미디아의 타가스테(지금의 알제리 수카라) 출생으로서 카르타고에서 수사학을 가르치던 중 이란 계통의 영지주의靈知主義 마니교로 개종한 적도 있었고, 기독교의 성육신 교리를 신성모독으로 보기도 했다. 하지만 그는 결정적인 몇 차례의 회심을 통해 기독교로 개종한다. 그리고 그는 다른 기독교 교부들과는 달리 회심의 순간에 자신이 경험한 고통과 희열을 중심으로 신학 체계를 전개한다. 그의 신학은 오로지 개인적인 종교 체험에 근거한 것이었다.

그는 인간에게도 세 가지 속성이 존재하며, 인간의 그 세 가지 속성은, 삼위일체를 이루고 있는 신의 세 가지 모습처럼 서로 분리되지 않고 본질적 통일성을 갖는다고 생각했다. 인간에게 몸과 마음과 영혼의 세 속성이 있음을 인정하면 쉽게 납득할 수 있다. 아우구스티누스는 인간의 삼위일체가 바로 신의 현존을 포함하고 있다고, 즉 인간의 삼위일체는 신의 삼위일체의 반사 형태라고 생각했다. 피조물인 인간은 인간 자체의 삼위일체 속성을 통해 신을 지향하게 된다는 것이다.

그러나 인간의 삼위일체와 신의 삼위일체 사이에는 헤아릴 수 없는 거리가 있다. 인간의 삼위일체는 마치 거울에 반사된 표상 같은 것일 뿐이기 때문이다. 아우구스티누스는 그 헤아릴 수 없는 거리를 인간의 노력만으로는 건널 수 없다고 보았다. 인간이 거울에 반사된 표상의 한계를 넘어서 어떻게 신에게 직접 도달할 수 있는가? 아우구스티누스는 성육신한 말씀(로고스)이 인간에게 다가오는 은총으로서만 가능하다고 생각했다. 인간이 회심을 통해 근본적인 변화를 겪으려면 그 은총을 향해 영혼의 문을 열어놓아야만 한다. 그렇게 영혼의 문을 열어놓아야 자아의 심연 속에 존재하는 신적 차원이 드러나 삼위일체 신앙의 원리가 활성화할 수 있으며, 그 과정을 통해 인간이 근본적으로 변화해서 신의 삼위일체에 가까이 갈 수 있다는 것이다. 그가 정립한 은총 중심의 삼위일체 기독교 신앙 체계는 이후 서구 기독교 신앙의 중심 사상이 된다.

로마 교회의 분열

오늘날 가톨릭의 중심은 로마 교황청이며 정통교리는 삼위일체설이다. 그리고 기독교 탄생 후 사도 바울과 베드로가 로마에서 순교한 이래 로마, 혹은 로마 교황청이 줄곧 가톨릭의 중심 역할을 해 왔다. 그리고 16세기 유럽에서 종교 혁명이 일어나기 전까지 기독교의 정통성은 로만가톨릭이 유지해 온 것으로 알고 있다. 오늘날의 관점으로 본다면 맞다. 유럽 대륙에 새로운 유럽 문명 탄생을 가능하게 한 초석이 바로 가톨릭이며, 바로 그 가톨릭을 중심으로 탄생한 유럽 문명이 지구촌을 주도하고 있기 때문이다. 게다가 기독교가 탄생한 오리엔트 지역이 지금은 이스라엘을 비롯해 몇몇 작은 국가들을 제외하면 거의 모두 이슬람화되었기 때문이다. 현재 관점에서 본다면 기독교의 본산을 오로지 유럽으로 간주하는 것이 당연해 보인다.

그러나 동방과 서방의 기독교가 분열되던 당시 상황, 이어서 로마제국이 동서로 분열되고 얼마 후 서로마제국이 멸망하던 상황, 그 결과 새로운 기독교 유럽 문명이 탄생하던 당시 상황으로 돌아가 살펴본다면 사정이 그렇게 간단하지 않다. 기독교, 정확히 말해 로만가톨릭이 새로운 유럽 문명 탄생의 초석이 된 것은 분명하다. 하지만 그렇다고 콘스탄티노폴리스를 중심으로 한 동방에서 기독교가 사라진 것은 아니다. 동로마제국, 일명 비잔티움 제국은 서로마제국 멸망 이후에도 천년 가까운 세월을 엄연히 기독교 국가로서 존속했다. 다만 동로마제국 내 기독교의 전개 방향이 서방 기독교와 달랐을 뿐이다. 그 전개 양상의 차이를 제대로 살펴보지 않으면 동서 로마 교회 분열의 의미를 제대로 이해할 수 없으며 더 나가 동·서 로마제국 분열의 기본적 의미를 이해할 수 없다.

4세기에 이르러 동·서 로마 교회가 본격적으로 분열을 시작하기 전에도 이미 동방과 서방의 교회는 점차 멀어지고 있었다. 아우구스투스 황제가 활짝 문을 연 로마제국 초기, 로마는 국제도시였으며 로마 교회의 공용어는 그리스어였다. 로마는 물론이고 로마 교회도 동방 헬레니즘 문명의 영향권에 속해있었음을 보여주는 확실한 증거이다. 그런데 로마 교회는 3세기부터 차츰 라틴어를 사용하게 된다. 로마 교회가 그리스어를 멀리하고 차츰 라틴어를 사용하게 되었다는 것은 로마 교회가 동방의 교회들과는 구별되는 독자적인 길을 걷기 시작했음을 의미한다.

3세기만 해도 로마는 명목상으로는 아직 제국의 중심이었다. 하지만 제국의 중심은 차츰차츰 동방으로 옮아가고 있었다. 앞에서 살펴보았듯 로마제국 확장의 주 방향은 동방이었고, 그 바탕에는 문명 중심지로 진출해 패권을 잡겠다는 야망이 작동하고 있었다. 로마제국의 꿈속에서 중심은 오리엔트였다.

그러나 로마 교회는 로마제국의 그 야망에 동참할 수 없었다. 로마 교회의 눈으로는 여전히 로마가 중심이었다. 로마가 본래 제국의 수도였기 때문만이 아니었다. 로마가 사도 바울과 베드로가 순교한 도시였기 때문이다. 말하자면 로마는 두 사도가 최초로 교회를 건립한 도시였다. 로물루스 형제가 로마라는 국가를 건립했다면, 바울과 베드로는 로마 교회를 건립한 것이며 로마는 바울과 베드로로부터 이어지는 사도 전승의 원리를 지키고 있는 곳이었다. 즉 로마는 새로운 신의 왕국이 탄생한 곳이었다. 기독교 전통에서 베드로를 최초의 교황으로 간주하고 있는 것은 그 때문이다. 로마의 주교들은 베드로를 이어받고 있다는 자부심이 강했고, 다른 지역의 주교들과 동등한 주교로 인정받기를 거부했다. 로마제국의 중심이 차츰 동방을 향하고 있던 상황에서 로마 교회는 그리스어를 버리고 라틴어를 공용어로 사용함으로써 일종의 독립을 선언한 셈이며, 사도 전승의 원칙을 충실히 지키겠다고 선언한 셈이다.

4세기 초가 되어 콘스탄티누스 대제가 수도를 콘스탄티노폴리스로 옮겼을 때 로마라는 도시의 지위는 이미 추락할 대로 추락한 상태였다. 제국의 수도가 동방으로 옮겨 갔을 뿐 아니라, 서방 로마제국의 부제副帝 혹은 정제正帝들은 로마가 아닌 북부의 밀라노나 라벤나를 본거지로 삼을 정도였다. 게다가 이집트의 알렉산드리아, 시리아의 안티오키아는 로마보다 훨씬 부유한 도시로 번성했다. 당시 로마, 콘스탄티노폴리스, 알렉산드리아, 안티오키아, 예루살렘에 5대 총대주교 좌座가 있었으나 정치·경제적으로 로마는 다른 도시들에 비해 그 영향력이 현저히 약해져 있었다. 하지만 그런 상황에서도 로마의 대주교는 여전히 다른 도시의 대주교들에 비해 상징적인 우위를 점하고 있었다. 앞에서 말했듯 로마가 사도 전승의 원리를 이어오고 있는 곳이었기 때문이다.

콘스탄티누스 황제가 니케아 공의회를 소집하면서 참석을 요청한 주교의 수는 1천 명 정도였다. 그러나 실제로 참석한 주교는 300여 명 남짓이었으며 특히 로마를 중심으로 한 서방교회에서는 세 명밖에 오지 않았다. 황제가 소집한 회의에 참석하는 것은 황제의 권위에 교회가 굴복하는 것이라고 여긴 때문이었다. 그것은 기독교의 저항 정신과 로마를 중심으로 이어져 내려오고 있는 사도 전승 원리에 어긋나는 일이었다. 그것은 무엇보다 하느님 나라의 백성이 지상의 왕국의 백성으로 전락하는 일이었다.

하지만 동방 교회들은 그런 원칙을 고수하지 않았다. 말하자면 동방 교회들은 로마와 함께 차츰 오리엔트화 되어갔다. 마침내 콘스탄티누스 대제가 로마제국의 수도를 콘스탄티노폴리스로 옮기자 이제까지 로마의 총대주교를 교황으로 간주하고 로마의 지도를 받던 동방의 교회들이 황제의 궁정이 있는 콘스탄티노폴리스의 지도하에 놓이게 되었다. 황제교황주의가 출현하면서 교회의 중심이 로마 교황청이 아니라 황제의 궁정으로 옮아간 것이다. 교회의 독립을 근간으로 하는 서방의 교회들은 동방의 교회들이 점차 오리엔트화 되어간다는 사실에서 교리상의 괴리를 느끼기도 했지만, 사실은 그 무엇보다 황제교황주의에 저항했다.

황제교황주의에 저항해서 기독교의 권위를 내세운 전례를 남긴 대표적인 인물이 지금의 독일 트리어에서 출생한 암브로시우스(Ambrosius, 340~397)이다. 성 아우구스티누스가 그의 설교를 듣고 기독교로 개종했다고 알려져 있을 정도로, 그는 아우구스티누스에게 큰 영향을 준 인물이다.

젊은 나이에 밀라노의 주교가 된 암브로시우스는 한때 아리우스파에 솔깃하기도 했으나 곧 니케아 공의회에서 공인된 정통파의 입장으로 전환한다. 그렇지만 그가 받아들인 것은 니케아 공의회에서 공인된 삼위일체설 교리였을 뿐이다. 그는 니케아 공의회가 상징하는 또 하나의 의미, 즉 황제의 교권 장악에는 동조하지 않았다. 그는 교회의 권위와 자유를 수호하는 데 앞장섰으며 바로 그 때문에 서방에서 기독교 국가의 이상을 최초로 제창한 인물로 간주된다.

암브로시우스는 로마 황제를 전적으로 부정하지 않았다. 그는 황제들의 충실한 친구였고 로마제국에 대한 충성심도 지니고 있었다. 그러나 그는 황제를 신성한 존재로 생각하지 않았다. 그에게 황제는 인간이었다. 따라서 신성한 교회법은 교회의 집정관인 주교만이 집행할 수 있으며 황제조차도 주교의 권위에 복종해야 한다고 주장했다.

암브로시우스가 제국에 대한 교회의 우위를 일방적으로 주장한 것은 아니었다. 그는 제국을 다스리는 황제와 교회법을 집행할 권리를 지닌 교회가 동맹 관계를 유지해야 한다고 주장했다. 암브로시우스의 주장은 교회와 제국의 동맹을 강화하는 데 이바지했고 동시에 사도 전승 원리에 입각한 교회의 권위를 지킬 수 있게 해주었다. 암브로시우스 덕분에 로마 총대주교좌, 즉 교황청은 기독교 교단의 중심 자리를 유지하게 되었다고 해도 과언이 아니며 그의 주장에 의해 중세 유럽이 기독교 통합체가 될 수 있는 기틀이 마련된 것이라고 해도 과장이 아니다. 덧붙이자면, 그의 뒤를 이어 서방의 신학 체계를 마무리한 사람이 앞서 살펴본 성 아우구스티누스이다.

요약하자면, 로마 황제가 신정 군주국의 황제-교황처럼 군림하는 동방의 기독교와 교회의 권위를 내세우는 서방의 기독교는 분열의 길에 접어들 수밖에 없었다. 동방의 교회를 대표하는 콘스탄티노폴리스의 총대주교는 제국 국교의 중심이면서 동시에 제국의 종교 정책을 집행하는 기관 역할을 했다. 반면에 로마의 주교좌는 끝까지 사도 전승의 원리에 충실하면서 교회의 권위를 앞세웠다. 로마 교회의 조직은 로마 제국의 제도를 그대로 이어받았지만, 그 내용은 반체제적이고, 반제국적이며, 반황제적이었다.

　동·서 기독교의 분열은 신정 군주국 내에서 황제의 휘하에 놓이게 된 동방 교회에 대해 로마를 중심으로 한 서방교회가 반발하면서 벌어진 일이다. 혹은 서방교회가 사도 전승 원칙에 입각한 기독교 전통을 지켜내려 애쓰면서 벌어진 일이다. 제국의 궁정에 속하게 된 기독교 주교의 자리를 수락하지 않겠다고 저항하면서 벌어진 일이다. 그것은 로마를 중심으로 한 서방 기독교의 탈脫 오리엔트를 의미하며, 로마를 중심으로 한 기독교가 로마제국과는 다른 길을 걷게 되었음을 의미한다. 그 길은 자발적으로 중심으로부터 일탈한 길이다. 로마제국의 중심, 더 나아가 문명의 중심은 오리엔트였기 때문이다. 하느님의 백성임을 내세우며 로마제국에 저항했던 초기 기독교 정신이 그 행위의 바탕이 되었음은 물론이다. 로마를 중심으로 한 서방의 기독교는 그렇게 동방의 기독교와 결별하면서 스스로 변방이 되었다. 그러나 그 변방에는 확실한 무게중심이 있었다. 사도 전승의 원칙, 그것이 바로 그 무게중심이었고 그 원칙의 대리자가 바로 로마 총대주교, 즉 교황이었다.

　동·서 기독교가 분리된 후 곧이어 로마제국 자체가 동·서로 분열된다. 그리고 5세기 말(476년)에 서로마제국은 멸망한다. 서로마제국의 멸망은 사실상 유럽 대륙의 새로운 문명 탄생을 알리는 서곡이다. 역사적으로 한 국가, 혹은 한 문명의 멸망은 새로운 국가 혹은 문명의 탄생으로 이어지는 경우가 많다. 좀 가혹하게 말한다면, 망할 때가 되면 망해야 변신이 이루어지고 새로운 탄생이 가능해지는 법이다. 기독교식으로 말한다면 '한 알의 밀알이 죽어서 썩어야 많은 열매를 맺게 되는 법'이다(요한복음 12장 20~26절).

5세기 말 서로마제국이 멸망한 후 기독교는 유럽 대륙의 새로운 문명 탄생의 주역이 된다. 바로 중세 유럽의 탄생이다. 다시 말하거니와 그 문명은 탈 오리엔트 문명이다. 오랜 세월 오리엔트 문명을 중심으로 움직였던 지역에 오리엔트 문명과는 다른 새로운 문명이 탄생한 것이다. 그리고 그 중심에 서구화된 기독교가 있었다. 유럽 문명은 기독교 통합체로서 탄생한 것이다. 르네상스를 운동을 통해 서구인 스스로 '암흑기'라고 부정적인 평가를 했던 중세 유럽은 사실은 유럽 문명의 바탕이며 정체성identity을 이룬다.

로마 교회를 중심으로 한 서방의 기독교가 그렇게 새로운 유럽 탄생의 주역이 되었다면 동방의 기독교는 동방의 풍토와 만나 오리엔트화되어간다. 그리스 문명이 오리엔트 문명과 만나 헬레니즘 문명이 탄생한 것과 같다. 그리고 그렇게 오리엔트화 된 기독교는 천년 가까이 동로마제국의 국교로 존속한다. 좀 더 정확히 말한다면 동로마제국의 국교 명칭은 '칼케돈 파 기독교 정교회正教會'이다. 교리상으로는 칼케돈 공의회에서 확립된 삼위일체설을 축으로 삼았으니 서방 기독교와 크게 다를 바가 없다. 그러나 그보다 우선 우리의 흥미를 끄는 것은 동로마제국이 그들의 기독교에 '정교회'라는 명칭을 붙였다는 사실이다. 서방의 가톨릭교회보다 정통파orthodox 교회임을 천명한 것이다. 그리스 정교회, 러시아 정교회도 같은 발상에서 정교회라는 명칭을 붙였다.

그렇다면 과연 기독교의 정통성은 어디에 있는 것일까? 유럽 문명 탄생의 주축이 된 가톨릭인가, 아니면 스스로 정통파임을 주장한 동방의 정교회인가?

사실 정통성 논의는 별로 의미가 없다. 기독교 발생지로 보면 동방이 정통이다. 그러나 사도 전승의 원칙으로 보면 로마가 정통이다. 문명사적으로 보거나 정치적으로 보면 동방이 정통이다. 그러나 기독교 교회의 독자성을 중심으로 보면 로마가 정통이다. 정통성은 관점에 따라 달라질 뿐이다. 게다가 그 어떤 종교도 정통적 교리 그대로 존속하는 경우는 없다. 교리는 교리일 뿐 모든 종교는 문화와 마찬가지로 각 지역 풍토와 만나 변형을 겪는다. 기독교가 유럽 문명 탄생의 주역이 된 것은 사실이지만, 그 기독교도 사실은 유럽의 기질, 풍토 등과 만나 변형을 겪은 기독교이다. 게다가 기독교 통합체인 유럽 내부에서도 기독교는 유럽 내 각 지역의 풍토와 만나면서 지역마다 그 모습을 달리한다.

한 마디로 서방의 가톨릭은 유럽화된 기독교이고, 동방의 정교는 오리엔트화 된 기독교이다. 군주의 영향력 아래 놓인 동방의 기독교가 서방 기독교도들의 눈에는 교회의 독자성을 상실하고 이단화된 것으로 보일지 모른다. 하지만 어떤 의미에서는 모든 기독교는 다 이단이다. 원래의 교리대로 존속하는 종교는 존재하지 않기 때문이다. 동방의 기독교는 오리엔트의 전통적 종교관과 융합하면서 서방과는 다른 모습을 띠게 되었을 뿐이다.

여기서 한 가지 지적할 점이 있다. 우리는 동방의 교회가 신성 군주국 내에서 황제의 휘하에 놓이게 되었다고 말했다. 하지만 동방의 교회에서 교회의 독자성이 완전히 사라진 것은 아니다. 사실 동로마제국은 느슨한 정교일치 체제였다. 황제라도 교회법을 어기면 처벌받을 수 있었으며 교회의 성소는 아무리 절대 군주라 해도 함부로 들어갈 수 없었다. 동방의 교회는 신정 군주국 내 종교의 모습을 하고 있었지만, 종교로서의 정체성을 지닌 채 서방과는 다른 변모의 길을 걷는다.

동방 기독교의 흐름

로마제국이 수도를 콘스탄티노폴리스로 옮긴 것은 로마제국 자체가 오리엔트화되었음을 의미한다. 그리고 그와 함께 동방의 기독교도 오리엔트화된다. 정치적으로는 신정神政정치의 길을, 종교적으로는 전통적인 오리엔트의 종교 풍토와 결합하는 길을 걸은 것이다. 서구의 사도 전승의 원리에 비추어 본다면 기독교가 이단화의 길을 걸은 것처럼 보이지만 동방의 전통적 종교관에 의하면 기독교가 제 길로 돌아온 것으로 볼 수도 있다. 애당초 기독교가 탄생한 곳이 바로 동방이기 때문이다.

니케아 공의회를 통해 기독교는 아타나시우스파와 아리우스파의 대립에서 아타나시우스파를 정통교리로 삼았다. 삼위일체설과 성육신成肉身 교리가 기독교의 정통교리가 된 것이다. 서방의 기독교는 그 교리를 받아들이고 거기에 사도 전승의 원칙을 결합한 것이며 이후 유럽 대륙의 기독교는 그 정신을 바탕으로 전개되었다.

하지만 아타나시우스의 교리에 대해 의문점을 품은 기독교 신학자들도 있었다. 아타나시우스의 교리는 말씀(로고스)이 육신이 되어 내려온 예수 그리스도를 따르는 것만이 죄악으로 가득 찬 이 세상에서 기독교도가 추구해야 할 길이라고 생각했다. 그런 아타나시우스의 주장에 대해 그들이 품은 의문은 간단했다. 그런 교회의 가르침을 수동적으로 따르기만 하면 종교적 신비체험을 할 수 있단 말인가? 교회의 가르침을 열심히 따르기만 하면 하느님의 나라에 갈 수 있단 말인가? 종교적 신비체험은 그런 가르침과 교리 너머에 있지 않은가? 기독교의 진리가 교회의 구체적 가르침을 따르는 것만으로 분명히 드러날 수 있단 말인가? 기독교의 진리는 오직 한 개인의 내밀한 종교적 체험을 통해서만 드러날 수 있는 것이 아닌가?

그런 의문에 대해 해답을 제시하려 애쓴 사람이 니사의 그레고리우스(Gregorius, 335~395), 나지안스의 그레고리우스(329~391)와 함께 카파도키아 지역 3대 교부로 꼽히는 카에사레아의 바실리우스(Basilius, 329~379)이다. 참고로 카파도키아는 아나톨리아 반도 중동부 지역이며, 니사의 그레고리우스는 바실리우스의 아우이고 두 명의 그레고리우스는 동료 사이였다.

바실리우스를 비롯한 카파도키아의 3대 교부는 기독교도가 추구하는 참 진리는 눈에 보이는 것에 있지 않다고 생각했다. 참 진리는 모든 지식을 초월하는 진리의 불가해성不可解性을 깨닫는 것, 바로 거기에 있다고 말했다. 신에 대한 이해가 불가능하다는 것을 깨닫는 것, 바로 거기에 기독교의 참 진리가 존재한다는 것이다. 인간은 신에 대해 이해할 수도 없고, 그것을 설명할 수도 없다. 신은 신비 그 자체이기 때문이다. 인간은 다만 그런 이해 불가능성을 깨달을 수 있을 뿐이며, 그 깨달음이 바로 종교적 믿음과 진리의 바탕을 이룬다.

바실리우스는 기독교의 진리를 '도그마dogma'와 '케리그마kerygma'로 나누어 설명했다. 본래 '전달자로서 선포하다'라는 의미, 즉 신성의 강림이라는 뜻의 케리그마는 성서에 근거한 교회의 구체적인 가르침을 통해 전해지는 진리를 뜻하며 도그마는 종교적 체험을 통해서만 깨닫고 이해할 수 있는 진리, 상징적 형태를 통해서만 표현될 수 있는 성서적 진리를 뜻한다. 전자가 현교적顯敎的(exoteric)이고 공개적이라면 후자는 비의적秘義的(esoteric)이고 개인적이다. 도그마는 설명이 필요 없고 설명할 수도 없는 진리이다. 비의적 도그마는 공식적인 가르침을 통해 전수될 수 없고 한 개인의 구체적인 통과제의通過祭儀(initiation, 입문) 체험과 깨달음을 통해 비밀스럽게 전수될 수밖에 없다. 통과제의는 말 그대로 의식儀式이 아니다. 통과제의는 새로운 존재로 다시 태어나는 구체적 체험을 뜻한다. 입문자가 명상하거나 수련하는 것은 회심을 통해 진정한 기독교도로 다시 태어나기 위해서이다. 기독교의 사도 전승의 원칙은 바로 그런 비밀스러운 체험을 통해 전수되는 것이지 교과서적인 가르침 속에 존재하는 것이 아니다.

그 비의적 도그마는 순전히 개인적인 영적 체험을 통해서만 그 의미가 드러나지만, 바로 그 때문에 영적인 초월성을 지니며, 그 어떤 객관적인 설명이나 해석을 뛰어넘는 절대성을 지닌다. 바로 그 절대성 때문에 오늘날 도그마는 비이성적인 주장, 검증이 필요 없이 맹목적으로 신봉되고 주장되는 명제라는 부정적인 의미를 지니게 되었다. 그러나 도그마 자체가 부정적일 리 없다. 공식적인 가르침의 영역에 속하는 케리그마가 도그마 행세를 할 때 도그마는 부정적인 의미를 띠게 된다. 상대적 진리가 절대적 진리 행세를 하면서 부정적인 함의를 갖게 되는 것이다.

모든 종교의 원리주의는 케리그마와 절대성의 잘못된 결합에서 나온다. 원리주의자는 케리그마를 도그마처럼 강요하면서 그 케리그마를 종교적 진리의 절대성으로 포장한다. 그러나 공식적인 교리인 케리그마를 절대적인 진리라고 강요하는 것은 모순이다. 케리그마로서의 진리는 절대성을 상실한 상대적인 진리일 수밖에 없다. 공식적인 교리가 되는 순간, 그것은 신의 신비에 대한 인간적인 해석의 과정을 거친 것이 되기 때문이다. 불가해성에 대한 깨달음을 통해서만 드러날 수 있는 진리가 인간의 차원에서 규정된 것이 되기 때문이다. 원리주의는 그런 상대적 진리에 절대성을 부여함으로써 신비의 영역에 속하는 신적 진리를 인간적인 진리의 차원으로 강등, 혹은 추락시킨다. 더 과감히 말한다면 원리주의는 신의 자리를 인간이 찬탈한 것과 마찬가지이다. 케리그마가 종교의 이름으로 교조적인 도그마로 행세하며 강요되는 사회는 역으로 종교적 신성성을 잃어버린 사회이다.

바실리우스를 비롯한 카파도키아의 3대 교부는 삼위일체 원리도 로마를 중심으로 한 서방 기독교와는 다른 식으로 받아들였다. 그들에게 삼위일체는 신이 신비적 실체를 각기 다른 구체적 양태로 드러낸 것이 아니었다. 신비적 실체는 그렇게 명확하게 드러날 수 없기 때문이다. 삼위일체를 그런 식으로 받아들이면 삼위일체를 세 가지 신적 존재로 이해하거나 신은 성부이지만 예수 그리스도는 한 단계 아래에 있는 신의 동료로 이해하는 잘못을 범할 수 있으며 아리우스와 아타나시우스의 교리 논쟁은 그 연장선상에서 벌어진 일이다.

카파도키아의 교부들은 삼위일체도 일종의 상징적 패러다임일 뿐이라고 생각했다. 말하자면 삼위일체 자체가 논리적인 설명의 차원을 뛰어넘는 것으로서, 신비적이고 영적인 의미로 이해되어야만 하는 것이었다. 신이 모든 인간 사고의 범주를 뛰어넘듯 삼위일체도 개념화의 틀 너머에 존재하는 신의 신비적 실상이었다. 따라서 그들은 삼위일체에 관한 인간의 모든 개념화에 반대했다. 삼위일체의 신비 자체가 언어와 개념을 통한 인간의 분석 능력을 초월한다고 믿었기 때문이다. 삼위일체는 문자적 의미로는 해석될 수 없으며 논리 정연한 이론화의 대상도 아니다. 그들에게 삼위일체는 '아하, 성부와 성자와 성령은 그런 것이로 구나'라고 논리적으로 납득할 수 있는 대상이 아니었다. 그들에게 삼위일체는 관조, 혹은 명상이나 기도를 통해 그 실상이 드러나면서 자신을 압도하는 영감의 체험 바로 그것이었다.

그들이 아리우스파를 이단자로 간주한 것은 아리우스 신학이 지나치게 명료하고 논리적이었기 때문이다. 그렇다고 그들이 아타나시우스의 성육신 교리를 받아들인 것도 아니다. 그들은 아타나시우스의 성육신 교리 역시 우상 숭배의 소지가 있다고 간주했다. 신을 지나치게 인간적인 견지에서 이해하도록 만들 우려가 있고, 신이 마치 인간처럼 생각하고 행동하는 것처럼 상상하게 만들 수도 있다는 것이다. 즉 신적 진리의 절대성 대신 인간적 주장과 가치를 절대화하는 우를 범하게 할 수 있다고 본 것이며, 그것이 바로 우상 숭배이다. 아타나시우스의 교리 역시 아리우스의 교리처럼 지나치게 논리적이기 때문에 그런 일이 벌어지는 것이다. 그들이 보기에 신에 관한 이론의 발전은 종교적 신앙, 혹은 진리와는 아무 상관이 없었다. 그것은 오히려 신을 인간 사고의 이론 체계 안에 담아서 협소화시키는 길이었다. 신학이 정교해지는 것은 오히려 인간 사회에서 신성성이 사라지는 것을 의미할 수도 있었다. 인간에게 내재하는 종교성, 신성성이 약화하는 것을 의미할 수도 있었다.

지구상의 모든 거대 종교에는 도그마적인 측면과 케리그마적인 측면이 함께 작동하고 있다. 거대 종교는 신비체험, 혹은 회심을 통한 재탄생이라는 종교적 본질이 그 핵심 내용이면서 동시에 사회제도의 모습을 하고 있기 때문이다. 도그마가 감추어진 신의 신비를 암시함으로써 입문 수련을 요구한다면, 케리그마는 명료하게 표현된 진리의 형태로 인간을 설득하고 훈육한다. 인간 사회에 신성성을 부여해 주는 것은 전자의 기능이고 종교를 사회 윤리의 바탕이 될 수 있게 해주는 것은 후자의 기능이다.

도그마는 진리에 대한 상징적인 입문(통과제의) 수련을 전제로 하고, 케리그마는 진리에 대한 철학적 논증을 요구한다. 전자가 신의 초언어적 실재에 대한 체험이라면 후자는 인간의 언어로 신 존재를 표출하는 것이다. 전자가 말 그대로 종교적이라면 후자는 사회적이고 교육적이다.

바실리우스는 도그마와 케리그마를 나누어 설명하면서 도그마에 더 무게를 두었다. 도그마가 케리그마보다 불가해한 신의 절대 진리에 가깝기 때문이다. 따라서 그에게 중요한 것은 그 무엇보다 수련과 명상이었다. 그러니 그가 동방 교회의 수도원 규칙을 제정하고 '수도 생활의 아버지'로 불리게 된 것은 당연한 일이다. 바실리우스가 택한 그 길은 바로 오리엔트 지역의 전통적 종교관과 부합하는 것이었다.

오리엔트 지역에서 전통적으로 신은 늘 두 가지 모순되는 양상으로 존재했다. 그곳 사람들에게 신은 우선 늘 인간 세계 속으로 계시(啓示)하는 신, 즉 늘 인간과 함께하는 신이었다. 그와 동시에 신은 인간 세계와 멀리 떨어져 존재하는 불가해한 신비의 신이기도 했다. 말하자면 신은 인간 세계에 늘 내재해 있으면서 동시에 영원한 신비의 심연에 둘러싸인 존재였으니, 신을 바라보는 기본 태도 자체가 상호모순되는 불가해성을 품고 있었다. 무엇보다 유대교의 전통이 그러했고, 7세기에 발생한 이슬람교도 그 전통에서 그다지 멀지 않다. 그리고 동로마제국 정교(오리엔트 정교)는 오리엔트의 그러한 종교적 전통과 기독교가 결합한 것이다.

오리엔트 정교의 기독교도들, 더 나가 그리스 정교, 러시아 정교의 기독교도들은 묵시적 측면에서 신학적 작업을 수행하는 것을 무엇보다 중시했다. 그들은 '우리는 신의 본질에 접근할 수 없으나 신의 행위를 통해 신을 알 수 있다.'라는 기본적인 입장을 지니고 있었다. 말하자면 그들은 케리그마보다 도그마에 더 귀를 기울이는 방향으로 나아갔으니 신은 언어로 표현될 수 없는 신비의 신으로 늘 남아 있었다. 그러나 그 신은 외부 저 멀리 존재하는 것이 아니라 명상과 깨달음을 통해 현현하는 내재적 신이기도 했다. 오리엔트의 전통적 종교관과 결합한 동방의 기독교도들에게, 신은 기도·명상·수련을 통한 깨달음의 대상이면서 동시에 언어로 표현할 수 없는 신비스러운 존재였다. 동방의 기독교도들에게 고행과 수도원 전통이 세워진 것은 그 때문이다.

동방의 기독교도들이 궁극적으로 지향한 것은 회심과 깨달음을 통한 신인합일神人合―의 경지였다. 비잔티움 신학의 창시자로 알려진 막시무스(Maximus, (580(?)~662)가 대표적인 경우이다. 그는 아타나시우스와 마찬가지로 성육신 교리를 전개했다. 그러나 그의 성육신 교리는 아타나시우스의 성육신 교리와는 달랐다.

성육신 교리는 말씀이 인간의 모습으로 현현한 것이 예수 그리스도라는 믿음을 전제로 한다. 아타나시우스의 성육신 교리에 의하면 예수 그리스도가 성육신으로 현현顯現한 것은 죄악에 빠진 인간 사회를 구원하기 위해서이다. 그러한 그의 성육신 교리에서 신과 인간 사이에는 엄청난 거리가 존재한다. 인간은 신의 은총에 의해서만 구원받을 수 있는 비참한 존재이기 때문이다.

그러나 막시무스의 성육신 교리는 달랐다. 그는 인간이 자신의 본성을 자각할 때 신과 합일할 수 있다고 주장했다. 신은 인간 외부에 존재하는 것이 아니라 인간 내면에 거하는 초월적 존재라는 것이다. 그에게 예수 그리스도는 원죄에 시달릴 수밖에 없는 인간을 구원하기 위해 말씀이 성육신한 존재가 아니다. 그리스도는 인간을 신과 같은 존재로 만들기 위해 신이 인간과 똑같은 몸과 영혼으로 스스로를 낮춘 것이며, 신의 은총은 바로 거기에 있다. 인간을 구원하기 위해서가 아니라 인간을 신적 존재로 고양하기 위해 말씀이 성육신으로 나타난 것, 그것이 신의 은총이라는 것이다. 따라서 인간 내부의 초월성이 최고로 구현되어 인간들로부터 참된 존귀와 영광을 받을 수 있게 된 전범典範이 바로 예수 그리스도라는 것이 그의 주장이었다. 막시무스는 불교도가 석가모니를 숭배하듯 기독교인도 예수 그리스도를 '신성화된 신-인간'으로 섬길 수 있다고 보았다. 동방의 기독교도들이 지향한 신인합일의 경지는 서방교회의 성육신 교리보다는 오히려 불교의 견성見性에 가깝다고 볼 수도 있는 것이다.

반면에 서방의 기독교 신학은 진리의 공개적 가르침인 케리그마를 강조하고 중시하는 방향으로 발전했다. 즉 신에 관한 개인적 명상이나 깨달음보다는 신에 관한 인간의 언어적 해석과 표현을 더 중시하는 방향으로 나아간 것이다. 그 덕분에 서방의 기독교는 공식적인 기독교 교리를 중심으로 사회를 통합하는 힘을 발휘할 수 있었으니, 기독교 통합체로서의 유럽의 탄생이 가능했던 것도 그 덕분이다.

공식적인 케리그마적 진리에 의해 이끌린 서방의 기독교도들은 예수 그리스도가 신의 유일한 성육신이라고 믿었다. 그들에게 예수 그리스도는 인류를 구원하기 위한 처음이자 마지막 신의 성육신이며 유일한 성육신이었다. 따라서 서방 기독교도들이 믿은 진리는 배타적일 수밖에 없었다. 그런 그들에게 예수 그리스도를 석가모니와 비슷한 존재로 간주한 오리엔트 정교의 교리, 신을 인간 내면에 거하는 초월적 존재로 본 오리엔트 정교의 교리는 명색만 기독교 교리일 뿐 완전히 이질적인 종교로, 더 나가 이단으로 여겨질 수밖에 없었다.

뿌리는 같았는지 모르지만, 동방과 서방의 기독교는 그렇게 분열되어 완전히 다른 길을 걸었다. 서방에서 기독교는 새로운 문명 탄생의 주역이 되었으며 어떤 의미에서는 서로마제국의 멸망을 촉진했다. 반면에 동방에서 기독교는 오리엔트의 종교적 전통과 결합하면서 동로마제국의 공식 종교가 되었다. 말하자면 동방의 종교적 전통과 로마제국의 정통성 -비록 오리엔트의 군주국으로 변신한 로마제국이지만- 을 충실히 이어받은 셈이었다. 동로마제국이 자신들의 기독교를 정교회라 칭한 이유이다.

동방과 서방의 기독교가 그렇게 다른 길을 걸었지만, 로마제국은 명목상으로는 아직 분열되지 않은 상태였다. 하지만 실질적으로는 기독교의 분열과 함께 동·서 로마의 분열이 시작되었다고 보는 것이 타당하다. 기독교의 분열은 동서 로마제국의 실질적인 분열의 전조였다.

정치적으로 동방과 서방의 로마는 여전히 '로마제국'이라는 하나의 국가, 하나의 체제를 유지하고 있었고 실질적으로 동로마제국, 서로마제국으로 분열되었던 적은 없었다. 하지만 명목상으로만 하나의 국가, 하나의 체제였지 콘스탄티노폴리스를 중심으로 한 동방의 로마와 이탈리아 및 유럽·북아프리카를 중심으로 한 서방의 로마는 다른 길을 걸었다. 마치 기독교가 명칭만 같았을 뿐 다른 길을 걸었던 것과 같다.

동방의 기독교가 오리엔트화의 길을 걸었듯이 동방의 로마는 오리엔트 군주국의 길을 걸었다. 동방의 로마는 '동로마제국'이라는 이름의 오리엔트 군주국으로 존속하면서 번영의 길을 걸었다. 그러나 서방의 로마는 기독교와 함께 탈 오리엔트의 길을 걸었다. 달리 표현하면 로마제국의 뿌리 자체를 중시하는 길을 걸었다. 그 결과 역설적이게도 서방의 로마는 멸망하고 서방 전체에 유럽 문명이라는 새로운 문명이 탄생했다. 서로마제국의 멸망은 새로운 문명 탄생의 필연적인 과정이 된 셈이다. 어떻게 그런 일이 벌어지게 된 것일까? 서로마제국이 멸망하게 된 원인은 무엇일까?

역사가라면 서로마제국의 멸망에 대해 여러 가지 원인을 꼽을 수 있을 것이다. 대내외적 정치·경제적 상황을 꼽을 수도 있을 것이며 서로마제국 내부의 권력 다툼과 부패를 꼽을 수도 있을 것이다. 또한, 더 직접적으로는 실제로 벌어진 역사적 중요 사건들, 예컨대 이른바 유럽 대륙 야만족들의 침입, 그들과의 전투와 그 결과 등을 구체적인 원인으로 꼽을 수도 있을 것이다. 그리고 그 대답들은 모두 나름대로 타당성을 지니고 있다.

하지만 우리는 동일한 역사적 사실을 놓고 질문을 살짝 바꿔보고 싶어진다. 질문의 중심을 '서로마제국의 멸망의 원인'으로부터 '유럽이라는 새로운 문명의 탄생 과정'으로 살짝 옮겨보는 것이다. '왜 서로마제국이 멸망했을까?'라는 질문을 '어떻게 유럽인들이 서로마제국을 대체해서 새로운 문명을 이룩했을까?'로 바꾸어 보는 것이다. 이유는 간단하다. 서로마제국의 멸망은 로마의 입장으로 보면 멸망이지만 좀 더 큰 틀에서 보면 유럽 문명이라는 새로운 문명의 탄생을 의미하기도 한다. 우리가 질문을 그렇게 바꾸는 것은 우리의 시선의 중심을 망해가는 서로마제국이 아니라 새롭게 탄생한 문명, 새로운 주역(主役)으로 옮기기 위해서이다. 새로운 주역을 향한 중심 이동이다.

시선을 그렇게 옮기면 자연스럽게 서로마제국의 멸망과 유럽 문명의

제2장 『아이네이스』와 로마—유럽의 탄생 **203**

탄생에 연속성을 부여할 수 있게 된다. 서로마제국의 멸망이 말 그대로 멸망이 아니라 유럽 문명 탄생의 씨앗이 되었다는 사실이 두드러질 수 있다. 말하자면 유럽 민족의 서로마 정복을 알렉산드로스의 이집트와 바빌론 입성, 로마의 콘스탄티노폴리스 재건과 비슷한 맥락에서 바라볼 수 있게 되는 것이다. 알렉산드로스의 이집트, 바빌론 입성으로 헬레니즘 문명이 탄생했으며 로마의 콘스탄티노폴리스 재건으로 비잔티움 문명이 탄생했다. 마찬가지로 유럽 문명은 게르만족을 중심으로 한 유럽 민족의 서로마제국 접수로 탄생한 것이라고 볼 수 있다. 유럽 문명은 서로마제국의 종말과 함께 탄생했지만, 실은 서로마제국을 계승하면서 탄생한 것으로서 둘 사이에는 연속성이 존재한다.

05

로마의 분열과 서로마제국의 멸망

로마제국의 분열과 게르만족의 로마제국 진출

337년, 콘스탄티누스 황제가 사망하자 로마제국은 후계자들에 의해 다시 조각난다. 디오클레티아누스가 두 명의 정제^{正帝}와 두 명의 부제^{副帝}를 두었던 시절과 비슷한 모습으로 로마제국의 통치권이 나누어진 것이다. 하지만 디오클레티아누스가 통치하던 시절과는 다른 점이 있었다. 절대 권력을 장악하고 제국 전체를 통제할 강력한 전제군주가 없었다는 사실이다. 그렇기에 로마제국은 실질적으로 네 조각이 나버린 셈이었다. 그런 가운데 동방의 콘스탄티노폴리스는 경제적으로 번영을 구가했으며 군사적으로도 강화되었다. 반면에 옛 수도였던 로마는 쇠락의 길을 걸었다.

이후 몇십 년 동안 거의 내전으로까지 치닫던 로마제국을 테오도시우스 1세(346~395, 재위 379~395)가 잠시 재통일한다. 하지만 그는 사망하면서 로마제국을 둘로 분할, 동방의 통치를 장남인 아르카디우스

(377~408)에게, 서방의 통치를 차남인 호노리우스(384~423)에게 맡긴다. 형식상으로는 디오클레티아누스 시절의 동방 정제와 서방 정제 체제를 따른 것으로서 로마제국은 여전히 하나의 국가였다. 그러나 디오클레티아누스 재위 시절의 분할통치와 달리 이번의 분할은 영원한 분리가 되어 이후 두 제국은 완전히 다른 운명을 겪게 된다. 로마제국이 공식적으로 두 제국으로 분리된 것은 아니었지만, 역사가들은 이때 로마제국이 동로마제국과 서로마제국으로 분열된 것으로 간주한다. 동방의 정제 아르카디우스를 동로마제국의 초대 황제로 간주하는 것은 그 때문이다. 마치 동방의 기독교와 서방의 기독교가 완전히 분리되었듯 로마제국은 동로마제국과 서로마제국으로 완전히 분리되는 것이다.

동로마제국은 1453년까지 1,000여 년간 더 지속한다. 하지만 서로마제국은 끊임없이 이어지는 내란, 점차 강성해진 유럽 대륙 민족들의 반란과 침입 등으로 인해 풍전등화의 처지가 된다. 설상가상으로 테오도시우스 1세가 사망하고 로마가 실질적으로 동서로 분열된 바로 그 시기에 유럽 대륙 내에서 게르만족이 민족 대이동을 시작한다. 게르만족의 민족 대이동은 비틀비틀하던 서로마제국에 마지막 결정타를 가한 셈이라고 볼 수 있다.

바로 이 시점에서 우리는 우리의 눈길을 로마제국으로부터 유럽 대륙으로 옮긴다. 시점의 이동을 통해, 그 사이 유럽 대륙에서 어떤 변화가 있었는지, 서로마제국의 멸망이 왜 새로운 유럽 문명의 탄생으로 자연스럽게 연결될 수 있는지, 그 맥락을 이해하기 위해서이다.

여기서 분명히 짚어둘 것이 있다. 유럽 문명의 탄생은 동방에서의 헬레니즘 문명이나 비잔티움 문명의 탄생과는 전혀 성격이 다르다는 사실이다. 헬레니즘 문명과 비잔티움 문명은 이미 자리 잡고 있던 선진 문명이 외부의 충격으로 인해 탈바꿈을 겪으면서 탄생한 문명이다. 물론 유럽 문명도 로마 문명이라는 거대 문명의 영향력으로 탄생한 문명이다. 하지만 로마 문명의 충격을 받기 이전의 유럽 대륙은 완벽한 주변부일 뿐이었다. '야만'이라는 단어를 '세련'의 반대말로 사용한다면, 그곳은 야만적인 곳이었다. 유럽 문명은 야만 상태에 있던 유럽 대륙이 로마 문명이라는 외부 선진 문명의 영향으로 완전히 새롭게 탄생한 문명인 것이다. 헬레니즘 문명이나 비잔티움 문명이 외부의 충격으로 쇄신을 이룩한 문명이라면 유럽 문명은 거의 신생 문명에 가깝다.

거듭 말하지만, 동로마제국의 문명은 로마의 영향으로 쇄신의 길을 걷게 된 동방의 문명이다. 그 문명에서 쇄신의 주체는 이미 자리 잡고 있던 동방의 문명이며 로마는 그 문명에 충격을 가했을 뿐이다. 로마는 동방으로 중심 이동을 하면서 동방 문명이 된 것이다. 동로마제국은 분명 로마제국의 연장이기도 하지만 오리엔트화된 로마 문명이다.

하지만 유럽 문명은 다르다. 유럽 문명을 이룩한 주체는 분명 유럽 민족이다. 하지만 엄밀히 볼 때 그 쇄신을 이룩한 주체는 유럽 문명이 아니라 오히려 유럽이 멸망시킨 서로마제국의 문명이라고 볼 수 있다. 말하자면 로마 문명의 충격으로 유럽이 혁신을 이룩한 결과 유럽 문명이 탄생한 것이 아니라는 말이다. 어떤 의미로는 유럽 문명은 유럽 민족의 야만적인 힘과 역동성이 로마 문명에 강력한 충격을 가하여 완전히 탈바꿈하여 새롭게 태어난 문명이라고 볼 수 있을 정도이다. 중세 유럽에 제국이 출현할 때마다 로마제국의 적자(嫡子)임을 내세우는 것은 그 때문이다. 그리고 그 탈바꿈의 중심에 바로 기독교가 있었다.

유럽 문명을 로마 문명이 탈바꿈한 문명으로 볼 수 있지만, 유럽 문명은 분명히 로마 문명과는 다른 새로운 문명이다. 유럽 문명은 로마는 물론 당시까지 지구상에 존재했던 여타 문명들과는 완전히 다른 문명이다. 그렇기에 유럽 문명은 호모사피엔스의 기나긴 역사에 비추어 볼 때 가장 젊은 문명이기도 하다. 그리고 그 젊은 문명이 지금 호모사피엔스가 지구상에서 이룩했던, 혹은 이룩한 다른 문명들을 압도하고 주도하고 있다. 그 문명이 어떻게 탄생했는지, 지금 지구를 지배하고 있는 유럽 문명이 얼마나 새롭고 젊은 문명인지 실감하기 위해서라도 우리의 눈길을 그리스·로마 중심으로부터 유럽 대륙 중심으로 옮겨볼 필요가 있다.

우리는 지금 유럽 민족, 유럽 대륙, 유럽 문명이라는 단어를 사용하고 있다. 하지만 그 문명이 탄생할 시점에는 사실 유럽이라는 개념 자체가 존재하지 않았다. 유럽이라는 호칭은 존재했을지 몰라도 유럽 공동체라는 인식은 있을 리가 없었다. '유럽'이라는 이름은 그리스 신화에 나오는 페니키아의 왕 아게노르의 딸 에우로페에서 따온 것이지만, 신화 속의 '에우로페'는 그리스 문명의 크레타섬에 국한된 지역일 뿐이다. 사실상 우리가 지금 사용하고 있는 '유럽'이라는 개념 자체가 19세기에 유럽을 묶어줄 통합개념을 찾기 위한 노력에서 나온 발상이다. 게다가 '유럽'이라는 범주에 어느 지역까지 포함할 수 있는가 하는 문제는 지금까지도 관점에 따라 논란의 대상이 되고 있다.

물론 우리가 지금 그런 논란에 끼어들 이유는 없다. 우리는 카이사르의 갈리아 원정으로 선진 문명의 세례를 받고 변신하게 된 지역 전체를 유럽이라 칭하고, 그곳에 살고 있던 민족을 '유럽 민족'이라고 칭하기로 한다. 그리고 그 지역에서 새롭게 탄생한 문명을 '유럽 문명'이라고 부르기로 하자. 다시 말하지만, 그 새로운 문명은 '유럽'이라는 명칭을 공통 분모로 삼아 탄생한 문명이 아니다. 그 문명은 '기독교 공동체'로서 탄생한 것이다. 그 기독교가 바로 우리가 앞서 살펴본 '케리그마' 중심의 서방 로마의 기독교이다. 서로마제국의 종교였던 기독교는 서로마제국의 멸망과 함께 새로운 문명 탄생의 주춧돌이 되고 축이 된다. 따라서 우리가 살펴볼 유럽의 모습은 주로 카이사르의 갈리아 정복 이후부터이다. 그제야 유럽이 역사에 본격적으로 등장했고 유럽 문명의 탄생의 첫걸음이 그때부터 시작되었기 때문이다. 지금의 유럽 문명 탄생의 첫걸음은 유럽인이 자발적으로 뗀 것이 아니라 전적으로 로마의 유럽 정복으로부터 시작된 것이다. 이제부터 그 유럽 문명의 탄생 과정을 아주 간략하게 살펴보기로 하자.

유럽 대륙에서 제일 먼저 주도권을 차지한 종족은 켈트족이다. 켈트족의 본거지는 지금의 독일 남서부와 프랑스 북동부로서, 그들은 거의 유럽 전역을 휩쓸었고 기원전 5~6세기에는 그들의 독특한 문화를 유럽 전역에 전파했다. 그들은 기원전 4세기에 이미 로마와 델포이를 약탈하고 대서양에서 흑해에 이르는 넓은 지역을 지배했다. 같은 언어를 말하고 같은 유형의 사회 조직, 같은 풍습과 생활양식을 가진 하나의 지배 민족이 유럽 대륙에 일찌감치 자리 잡고 있었던 것이다. 하지만 켈트족의 문화는 족장과 전사들의 문화일 뿐으로, 그들이 정복한 지역의 선통 토착 문화를 완전히 대체하지는 못했다. 켈트족이 유럽 전역을 지배한 것은 사실이지만, 유럽 대륙이 켈트족 문화로 통합된 하나의 문명권을 이뤘다고 볼 수는 없었다. 카이사르의 갈리아 정복이란 바로 그 켈트족이 정복한 지역을 로마가 정복한 것을 말한다.

켈트족이 정복한 지역에 강력한 로마의 힘이 출현하자 켈트 문화는 순식간에 그 힘을 잃는다. 이탈리아 북부까지 진출해 있던 갈리아족 부족들의 정복을 시작으로 로마는 차츰 켈트족의 영역을 잠식했고, 로마에 의해 점령된 지역은 곧바로 로마화되었다. 실제로 유럽 대륙 내 로마제국의 판도는 켈트족 영역과 놀랄 만큼 일치한다. 또 16세기 종교개혁 이후 개신교와 가톨릭의 구분선도 대체로 켈트족 점령지역과 일치한다. 켈트족의 유럽 대륙 정복의 과실을 로마가 손쉽게 수확한 셈이라고 볼 수 있는 것이다.

로마는 유럽 대륙을 정복하면서, 국경을 도나우강과 라인강으로 정했다. 그렇기에 라인강 북쪽은 게르만족의 거주지였고, 지금의 체코와 슬로바키아에 해당하는 보헤미아-모라비아 지역과 지금의 루마니아에 해당하는 트란실바니아, 왈라키아 지역 등 도나우강 북쪽은 여전히 켈트족이 지배하는 영역으로 남아 있었다. 그러나 기원전 1세기가 되자 도나우강 북쪽 지역 패권이 켈트족에서 게르만족으로 넘어간다. 게르만족이 그 지역에 침략해서 새로운 국가들을 세운 것이다. 켈트족보다 소박했으며 부족끼리 강한 동질성을 지닌 게르만족이 유럽 무대에 주역으로 등장한 것이다. 바로 이 종족이 훗날 서로마제국을 접수하고 새로운 유럽 문명을 세우는 주역이 된다. 하지만 게르만족은 단일 민족이 아니었다. 로마인들이 제국 북쪽 국경 너머의 야만인들을 통칭해서 게르만족이라고 부른 것일 뿐이다. 나중에 로마제국 전 지역을 휩쓴 게르만족은 고트족, 반달족, 부르군트족, 알라마니족, 튜턴족 등 다양하며 브리타니아 섬에 정착한 앵글족, 색슨족도 게르만족 일군群들이다. 참고로 동로마제국은 서로마제국의 라인-도나우강 국경보다 게르만족에게 덜 노출된 도나우강 하류지역과 지세가 험한 발칸산맥에 의지하여 게르만족의 침입을 효과적으로 막아낼 수 있었다. 뿐만 아니라 동로마제국 초기 황금기를 구가했던 유스티이아누스 황제(527~565) 는 게르만족의 일파인 동.서고트족과 반달족 거주지역을 정복해 그들의 사기를 꺾어놓고 '고트족의 정복자'로 불렸다. 이런 요인으로 동로마제국은 북쪽 이민족의 침공에 효과적으로 대응할 수 있었다.

로마제국과 게르만족의 만남은 로마제국과 켈트족의 만남과는 그 양상이 달랐다. 로마제국에게 켈트족 지배 지역은 정복 대상이었다. 하지만 로마제국과 게르만족과의 전쟁은 로마제국의 입장으로 보자면 침략을 물리치는 수비 전쟁이었고 게르만족의 입장으로 보자면 로마제국 내 침투의 성격을 지닌 전쟁이었다.

로마제국이 팍스 로마나를 구가하고 있던 1~2세기경, 도나우강 건너편에서는 민족 대이동이 벌어지고 있었다. 흑해 지역에 거주하던 고트족 등이 유럽 중앙부로 세력을 넓혔고 당연히 부족 간의 유혈 충돌이 벌어졌다. 당시 로마제국의 국경 근처에 살고 있던 게르만 부족들은 실질적으로는 로마와 동맹자 관계를 유지하면서, 로마제국과 야만 세계의 완충 역할을 하고 있었다. 북쪽에서 강력한 부족들이 침입해서 삶의 터전을 위협하자 그들은 로마제국에 구원의 손길을 요청한다. 하지만, 당시 황제였던 안토니우스 피우스는 이를 거절한다. 남들 싸움에 끼어들어 국력을 소모하기 싫다는 것이 표면적 이유였겠지만, 기본적으로는 도나우강 너머로 영토를 확장할 생각도 없었고 여력도 없었기 때문이었을 것이다. 만일 로마제국이 도나우강 너머를 탐내고 있었다면 얼씨구나 하며 그 싸움에 끼어들었을 것이다. 이전 카이사르의 갈리아 원정 시, 그가 갈리아를 정복하면서 라인강과 도나우강 너머까지 진출하지 않은 것도 같은 이유에서였다. 쉽게 말하면 영토 확장으로 얻는 이익보다 관리 비용이 더 들 것이기 때문이었다. 카이사르는 라인강과 도나우강 너머를 탐하기보다는 그 두 강을 천연의 방어선으로 삼았다.

게르만 부족 간의 유혈 충돌에서 고트족 등 외지에서 밀려온 부족이 패권을 차지했고 그들에게 밀려난 부족들은 생존을 위해 새로운 영토가 필요했다. 그들의 시선이 어쩔 수 없이 도나우강 건너의 풍요로운 땅으로 향한 것은 당연했다. 동맹자에서 침략자로 처지가 바뀌었지만, 기본적으로 그들의 로마제국 침공은 정복을 위한 것이 아니라 생존을 위한 것이었다.

도나우강 북쪽에 거주하던 게르만족은 로마제국 오현제의 마지막 황제인 마르쿠스 아우렐리우스 집권 시 대규모로 도나우강을 건너 로마제국 속주로 침입한다. 그리고 로마제국과 게르만족 사이에서 최초로 대규모 전쟁이 벌어진다. 166~172년과 177~180년, 두 차례에 걸쳐 벌어진 '마르코만니 전쟁'이 바로 그것이다. 마르코만니족과 콰디족이 주축이 된 게르만족은 로마와의 전쟁에서 패배한다. 그러나 그들은 적장 마르쿠스 아우렐리우스에게서 뜻밖의 선물을 받는다.

마르쿠스 아우렐리우스는 도나우강 건너 새롭게 정복한 지역에 속주를 설치하려 했으나 그 뜻을 실현하지 못하고, 180년 3월 17일, 전염병에 걸려 오늘날 오스트리아의 빈에 설치한 병영에서 세상을 떠난다. 그러나 그는 이미 게르만족에게 선물을 준 터였다. 게르만족이 로마제국 내로 편입될 수 있는 중대 조치를 이미 실시했던 것이다.

마르쿠스 아우렐리우스는 전쟁으로 정복한 지역의 게르만족들과 전쟁 포로들을 노예로 팔거나 강제 노역에 동원하지 않았다. 대신 그들을 전쟁으로 피폐해진 도나우강 근처의 속주들뿐 아니라 갈리아 속주로까지 이주시켜 로마 주민으로 정착시키는 사업을 시행했다. 그들은 쉽게 로마에 동화되었으며, 4세기까지 엄청난 수의 게르만족이 발칸반도와 갈리아 북부 지역에 농업 이민과 군사 이민으로 정착했다. 그러니 대다수 게르만족에게 로마는 적이라기보다는 출셋길이었다. 게다가 4세기에 이르자 로마군에 편입된 게르만족이 로마군의 중추를 이루게 되었으니, 서로마제국 멸망 전에 게르만족은 이미 로마제국 내부에 깊숙이 들어와 있었던 셈이다.

오현제 시대가 끝나고 3세기에 이르자 로마는 내전에 가까운 소용돌이에 빠진다. 앞서 말한 것처럼 로마 황제를 지목하는 실질적 권한이 원로원으로부터 로마 군단으로 넘어간 상태에서, 전투에서 웬만한 전공만 세우면 황제 지위 찬탈을 노리고 로마 황제를 참칭하는 자가 나타나는 등, 군인-황제 시대의 대혼란이 벌어진 것이다. 그리고 게르만족들은 바로 그 시기에 로마제국의 농민과 군인으로 편입된 것이다. 제국 내 군단의 입김이 강해지고 군단 내 결속력이 강해지면서 로마제국 내 게르만족들의 위상도 덩달아 높아진 것은 당연한 일이었다.

게르만족의 대이동과 서로마제국 수도 함락

로마 군단 내 게르만인들의 위상이 그렇게 높아진 가운데, 거의 1세기 동안 게르만족들은 로마제국과 비교적 사이좋게 지낸다. 그들은 로마제국과 '포이데라투스'라고 불리는 일종의 동맹자 관계를 맺고, 로마로부터 정기적으로 돈을 받는 대가로 부족민을 징집해서 제국 군대에 공급했다. 북아프리카에 진출한 반달족만 끝까지 로마와 화해하지 않고 적으로 남아있었을 뿐, 나머지 게르만족은 대부분 로마제국과 화해하고 동맹국의 지위를 받아들였다. 말하자면 게르만족이 일종의 상설 수비군으로서 로마제국 영내에 머물게 된 셈이었다. 지난 세기에도 도나우강 유역의 게르만족은 로마제국과 비슷한 관계를 맺고 있었지만, 당시에는 지역도 국한되었고 그 규모도 작았다. 하지만 4세기에 이르러 게르만족은 이미 대규모로 로마제국 전역에 깊숙이 들어와 있었다. 로마와 게르만족이 각자 자신의 법률과 제도와 종교를 유지하면서 나란히, 혹은 뒤섞여 지내게 된 것이다.

그러는 사이 게르만족 내에서 우리가 주목해야만 하는 아주 중요한 변화가 일어난다. 로마제국과 동맹 관계를 유지하면서 로마 문명의 영향을 받은 게르만족이 기독교 세례를 받은 것이다. 종교를 통해 두 이질 민족, 이질 문명이 맺어질 가교가 마련된 셈이었다. 그러나 대다수 게르만족이 받아들인 기독교 교리는 로마제국이 공식적으로 채택한 기독교 교리와는 달랐다. 대다수 게르만족, 그중에서도 가장 큰 세력을 떨치고 있던 고트족의 기독교도들은, 니케아 공의회에서 이단으로 추방된 아리우스파의 교리를 신봉했다. 잠시 뒤에 살펴보겠지만, 훗날 프랑크족을 중심으로 한 게르만족은 아리우스의 교리를 버리고 로마제국의 공식 기독교 교리, 더 정확하게 말한다면 로마 중심 서방교회의 교리(로만가톨릭)를 받아들이면서 정확하게 서로마제국의 후계자가 된다.

그런데 4세기 말에 접어들자 상황이 급변한다. 로마제국과 비교적 사이좋게 지내던 게르만족들이 서로마제국에 대해 반란을 일으키고 제국을 공격한 것이다. 이미 시작되었다고 볼 수 있는 게르만족의 대이동이 본격화되면서 유럽 대륙 전체에 경천동지의 역사적 격랑을 몰고 온 것이다. 당시 로마제국은 이미 동로마제국과 서로마제국으로 분열된 상태였으며, 콘스탄티노폴리스를 중심으로 한 동로마제국은 혼란스러운 국제 상황 속에서도 번영의 길을 걷고 있었고 로마를 중심으로 한 서로마제국은 쇠약해질 대로 쇠약해진 상태에 처해 있었다는 사실을 우리는 염두에 두어야 한다. 게르만족이 본격적으로 민족 대이동을 감행하면서 이미 약자의 처지로 전락한 서로마제국을 주된 공략 대상으로 삼은 것은 당연한 일이다.

게르만족들이 이동하면서 로마제국을 침공한 것은 앞서 도나우강 근처에 거주하던 게르만족들이 로마제국을 공격하던 것과 표면적 양상은 비슷하다. 외지에서 침략해 온 새로운 부족들에 쫓겨 살길을 찾아 로마제국을 침공한 것이다. 다만 이번에는 외지에서 침략해 온 부족이 또 다른 게르만족이 아니라 유라시아 대륙 초원지대 출신인 훈족(흉노족의 일파)이라는 것이 전과 달랐다.

서흉노 일파인 훈족이 어떻게 4세기에 갑자기 유럽 대륙에 등장하게 되었는지는 분명하지 않다. 기원전 1세기, 중국 한나라와의 실크로드 쟁탈전에서 패배한 서흉노는 서쪽으로 쫓겨 지금의 투르키스탄 지역과 카자흐스탄 지역까지 도망간다. 하지만 그곳까지 추격한 중국 한(漢)나라 원정대에 의해 우두머리인 질지가 살해당한다. 이후 서흉노의 자취는 사라지고 남은 기록도 없다. 거대 문명과 접촉하지 않고 지내면서 유의미한 정보를 남기지 않았기 때문이다. 질지가 그곳으로 데려갔던 부족의 후예들이 그곳에 상당 기간 머물렀을 것이며, 4세기 말이 되자(약 370~375) 볼가강과 도나우강을 건너 유럽을 공격하면서 비로소 역사의 무대에 등장했으리라고 짐작할 수 있을 뿐이나. 어쨌든 유럽 대륙에서 벌어진 게르만족의 이동이라는 큰 사건이 저 멀리 중국과 유라시아 대륙에서 벌어진 일과 긴밀히 연관이 있음을 보여주는 좋은 예이다.

훈족은 370년경 우크라이나 스텝에 거주하던 사르마트 계 유목민족인 알란족을 격퇴한 후에 우크라이나 서부에 거주하던 서고트족을 공격했다. 훈족에게 쫓긴 서고트족은 발칸반도 전역을 약탈하고 이탈리아반도까지 침입했다. 그뿐 아니라 라인강 쪽에서도 사르마트 계열의 알란족을 비롯해 반달족, 수에비족 등이 로마제국 영토에 침입했다. 이들 역시 훈족에게 쫓겨 이동한 것으로 학자들은 추정하고 있다. 게르만족들은 갈리아 전역을 약탈한 후 피레네산맥을 넘어 이베리아반도까지 이동했으며 그중 반달족은 서로마제국의 주요 세입원이었던 북아프리카까지 진출했다. 또한, 프랑크족과 부르군트족, 알라마니족은 라인강 서안을 점령했으며, 훈족은 동방과 서방의 로마제국 속주들을 마음껏 유린했다.

이번 게르만족의 로마 침공은 이전의 침공과는 그 양상과 결과가 완전히 달랐다. 도나우강 주변 로마제국 속지 부근에서 일어났던 게르만족과 로마제국의 충돌은 국지적인 충돌이었다. 그러나 5세기에 접어들자마자 두 민족은 로마제국 전역에서 전면적으로 충돌한다. 게다가 서로마제국이 이미 쇠약해질 대로 쇠약해진 상태에서 벌어진 충돌이어서 그 피해는 결정적이었다. 이전의 충돌에서는 로마제국이 게르만족을 수용하는 것으로 결말이 났지만, 이번 충돌에서는 게르만족이 서로마제국을 접수하는 결과를 낳았다.

게르만족의 대이동과 로마제국 침공에 앞장섰고 서로마제국에 가장 결정적인 타격을 가한 종족은 서고트족이었다. 알라리크를 지도자로 한 서고트족은 410년 로마를 포위하고 대약탈을 감행한다. 로마는 이미 서로마제국의 수도가 아니었지만,[14] 로마가 로마제국의 발원지이자 기독교 사도 전승 본산이라는 자부심을 지니고 있던 로마 시민들은 깊은 충격을 받았다. 알라리크의 로마 약탈은 서로마제국 멸망의 전주

곡이면서 동시에 결정타였다. 로마를 약탈한 서고트족은 서로마 황제 호노리우스와 협상하여 아키텐지방(지금의 프랑스 남서부)의 땅을 얻고 415년 서고트왕국을 건설했으며, 나중에는 이베리아반도를 본거지로 삼는다.

444년과 452년, 기진맥진하던 서로마제국에 훈족의 아틸라가 침입했다. 사실 당시 서로마제국은 허울뿐인 제국이었다. 잉글랜드와 북아프리카는 이미 게르만족에게 빼앗긴 상태였고 이베리아반도와 갈리아 곳곳을 게르만족들이 점령한 상태였다. 말하자면 서로마제국 영토는 누더기로 변해버렸고 남은 것은 이탈리아반도뿐이었다.

로마를 침공한 아틸라가 전염병, 본거지의 반란 등의 악재로 물러갔지만, 서로마제국은 풍전등화 신세였다. 게다가 서로마제국 황제도 정식 황제라고 볼 수 없었다. 황제의 자리를 놓고 여러 차례 반란과 암살 사건이 벌어졌으며, 이후 서로마에 수많은 황제가 출현했으나 모두 동로마에서 인정하기를 거부한 황제들이었다. 그런 상황에서 455년에는 가이세리크가 이끄는 반달족이 지중해를 건너와 로마를 공격했고 막대한 양의 보물을 약탈해 갔다. 그리고 476년 게르만족 출신 용병대장 오도아케르가 허약하기 짝이 없던 서로마제국 군대를 격파하고 수도 라벤나로 진입, 허울뿐이었던 서로마제국 마지막 황제 로물루스 아우구스투스를 폐위시켜 버린다. 오도아케르는 게르만족이지만 그가 로마 군단 용병 출신인 점을 고려하면 일종의 내부 반란이라고 볼 수도 있

---

14 디아클레티아누스 황제는 293년에 막시미아누스를 서방의 정제로 임명하면서 서방 로마제국의 수도를 로마로부터 메디올라눔(지금의 밀라노)으로 옮겼으며, 402년에는 이탈리아 북부의 라벤나로 옮긴 상태였다.

다. 어쨌든 바로 그때 서로마제국은 멸망한 셈이다. 제국의 마지막 황제 이름이 로마의 시조인 로물루스와 로마 초대 황제인 아우구스투스의 결합으로 되었다는 것이 역설적이다.

　서로마제국을 멸망시킨 오도아케르는 자신을 황제라 칭하지 않고, 동로마제국의 황제인 제논에게 사절을 보내 이탈리아를 통치할 권한만 달라고 요구했다. 동로마제국의 종주권을 인정한 것이니 말하자면, 서로마제국 황제를 폐위한 자신의 행동이 서로마제국을 멸망시킨 행위가 아니라는 것, 자신에게 서로마제국을 이어갈 의도가 있음을 드러낸 것이다. 동로마제국 황제 제논은 오도아케르에게 총독 칭호를 내리고 그의 서로마제국 지배를 일단 묵인했다. 오도아케르의 의도야 어떻든 역사가들은 476년 서로마제국이 멸망한 것으로 간주한다. 480년에 동로마 황제 제논은 서로마제국의 완전 패망을 선언하고 자신을 로마제국의 유일한 공식 황제로 선포한다. 공식적으로 서로마제국의 멸망이 확인된 셈이다.

06

유럽 문명의 탄생

유럽의 탄생과 기독교

서로마제국이 멸망하면서 역설적으로 그 위상이 높아진 인물이 있었다. 바로 로마 총대주교이자 교황인 레오 1세였다. 452년 훈족이 로마를 침공했을 때 허울뿐인 로마 황제는 속수무책이었다. 로마 시민들은 당시 교황이었던 레오 1세에게 구원을 청한다. 레오 1세는 로마 교외에서 훈족의 지도자 아틸라와 담판을 벌인다. 아틸라가 물러간 것은 그 담판 덕이라기보다는 전염병과 본거지에서의 반란 때문이었지만 레오 1세는 로마 시민들의 뇌리에 시민의 수호자라는 이미지가 깊이 심어졌다.

455년 옛 카르타고 지역에 둥지를 튼 가이세리크가 이끄는 반달족이 로마를 침공했을 때도 마찬가지였다. 당시 서로마제국 황제는 페트로니우스 막시무스라는 인물이었다. 그는 서로마제국 황제 발렌티아누스 3세를 암살하고 황제 자리를 찬탈한 인물이었지만, 동로마제국 황제 테오도시우스 2세는 그를 서로마제국의 황제로 인정하지 않았다. 당시 로마에 머물던 페트로니우스는 반달족이 쳐들어오자, 로마 시민 틈에 섞여 도망가다가 성난 군중에게 발각되어 살해당한다.

반면에 레오 1세는 이번에도 가이세리크와 1대1 담판을 벌인다. 그는 반달족의 로마 입성을 허락하기는 했지만, 최소한 무분별한 약탈과 살육으로부터 로마 시민을 구해내는 데 성공했다. 그로부터 로마 시민들은 교황을 그들의 유일한 보호자로 여기게 되었고, 대외적으로도 교황은 사실상 로마시의 수호자가 된다. 교황의 지위가 안팎으로 한껏 높아진 것이다. 레오 1세는 훗날 '대교황'의 칭호를 받았고 역사가에 따라서는 레오 1세를 실질적인 초대 교황으로 간주하는 사람도 있다. 오늘날 가톨릭 내부에서는 예수의 수제자인 베드로를 초대 교황으로 받든다. 하지만 사실 당시에는 교황이라는 공식 직위 자체가 없었다. 세속을 관장하는 동방의 황제와 맞서기 위해 로마 교회가 4세기에 교황이라는 직함을 만들었고 동방의 로마에서는 공식적으로 인정하지 않았다. 따라서 레오 1세를 실질적인 초대 교황으로 간주하는 것도 그다지 무리는 아니다. 어쨌든 동로마제국에서는 황제의 현실적 위상이 교회보다 우위에 있었던 반면에 서방에서는 교황의 현실적 영향력이 한껏 높아졌다.

일반적으로 서로마제국은 476년에 멸망했다고 간주한다. 하지만 로마의 정치 체제와 문화는 서로마제국의 멸망과 함께 종말을 고하지 않았다. 로마 문명은 유럽 민족에게 고스란히 전해지면서 새로운 유럽 문명으로 재탄생했다. 달리 말한다면 서로마제국 문명 자체가 지중해권과 남유럽으로부터 중부 유럽과 서유럽으로 중심 이동하면서 새로운 문명으로 재탄생한 셈이다. 그리고 그 중심에 기독교가 있었다. 서로마제국이 멸망하는 과정에서 역으로 교황의 세속적 권한과 현실적 위상이 강화된 것은 기독교가 새로운 문명 탄생에서 실질적인 역할을 하게 되었다는 것을 의미한다. 기독교는 로마의 문명을 새로운 유럽 문명과 이어주는 촉매였으며 유럽 문명 통합의 핵심이었다.

서로마제국이 멸망했을 때 피정복민의 대표는 서로마제국의 관료나 법률가 등이 아니라 각 지역의 주교였다. 서로마제국 정부가 무너진 뒤 가톨릭 주교가 민중의 대표가 된 것이다. 가톨릭 주교는 오로지 종교적이고 영적인 지도자로서만 민중을 대표했던 것이 아니었다. 주교는 도시 수비대를 조직했고, 게르만족 지도자들과 교섭했다. 훈족과 반달족이 로마를 침공했을 때 교황 레오 1세가 용감하게 담판에 나선 것은 더없이 좋은 본보기이다.

게다가 가톨릭 주교는 종교적 신앙만 굳건히 지킨 것이 아니다. 로마제국의 주교는 로마 문명이 우월하다는 신념도 버리지 않았다. 그들이 보기에 로마를 침공한 게르만족이나 훈족은 야만족이었다. 로마의 기독교도들은 하느님의 나라를 내세우며 로마제국 황제의 권력에 맞섰지만, 로마인은 게르만족이나 훈족과 달리 문명인이었다. 그들은 교회가 살아남는 한 로마제국의 문명도 이어질 수 있으리라고 믿었다. 그들에게 야만족의 침입은 하느님이 부여한 시련이자 시험이었다. 로마가 힘으로 야만족들에게 정복되었다 하더라도 야만족들을 기독교도로 만듦으로써 그들을 로마인, 즉 문명인으로 만들 수 있다고 로마의 기독교도들은 믿었고 바로 그 길이 시험과 시련을 이기는 길이었다. 그리고 그들의 희망대로 로마를 정복한 게르만족은 로마 문명을 받아들였으며 기독교를 수용했다. 그 결과 라틴 문명은 로마-게르만 문명, 즉 유럽 문명으로 탈바꿈했다.

게르만족이 기독교를 일찌감치 받아들이긴 했지만, 로마인과 게르만족이 처음부터 종교적으로 통합된 것은 아니었다. 앞서 말했듯 부르군트족, 서고트족, 동고트족, 반달족들은 모두 아리우스파 교리를 믿었다. 그 때문에 초기 게르만족의 기독교를 받아들인 게르만족 왕국의 기독교도들은 초기에는 서로마제국의 가톨릭교회와 대립했다. 이런 와중에 서로마제국 멸망 직후 게르만 종족 간에 벌어진 치열한 패권 다툼에서 승리, 유럽 대륙과 이탈리아반도를 장악한 종족은 프랑크족이었다. 그 업적을 달성한 인물이 프랑크족 지도자 클로비스(Clovis, 466년~511) 1세였다. 그는 강력한 맞수였던 서고트족을 이베리아반도로 내쫓고 알라마니족, 부르군트 왕국 등을 공격하여 갈리아 일대까지 손에 넣는다. 로마-게르만 혼합왕국의 통치자가 된 것이다. 광활한 지역을 통치하게 된 그는 로마제국의 뒤를 이어받았다는 정통성 확보를 위해 508년 부하 3,000명과 함께 아리우스파로부터 로만 가톨릭으로 개종한다. 그는 가톨릭으로 개종함으로써 교황으로부터 '로마 교회 수호자'라는 칭호를 부여받았으며, 일부 로마 교회 소속 주교들은 그에게 '아우구스투스'라는 칭호를 내리기도 했다. 로마 교회로부터 정통성을 인정받음으로써 그는 대내외적으로 메로빙거 왕조(481~751)의 정통성을 확보할 수 있었으니, 훗날 프랑스, 독일, 이탈리아의 기원이 이때 시작된 셈이다.

클로비스 1세가 가톨릭으로 개종하면서 로마 문명과 유럽 문명은 가톨릭을 매개로 확실한 연결 고리가 마련된 셈이었다. 하지만 메로빙거 왕조 시절만 해도 로만 가톨릭은 아직 소수파였고 대다수 게르만족은 여전히 아리우스 교리를 신봉하고 있었다. 유럽의 게르만 왕조가 로마 교황과 손을 잡고 정식으로 서로마의 적통으로 인정받기 위해서는 한 위대한 인물을 기다려야 했으니 그가 바로 카롤링거 왕조의 샤를마뉴 대제(Charlemagne, Carolus, 카롤루스 1세, 742~814, 프랑크 왕 재위 768~814, 신성로마제국 재위 800~814)이다.

7세기 말부터 프랑크 왕국을 지배하던 메로빙거 왕조는 흔들리기 시작한다. 군주들이 유약하고 힘이 없었기에 프랑크 왕국의 실권은 궁재宮宰에게 넘어가 있었다. 궁재란 프랑크 왕국의 각 지역을 장악한 귀족 가문의 대표를 말한다. 궁재의 득세는 왕권이 쇠약해진 것을 뜻한다. 688년에 피핀 2세가 프랑크 왕국 전체의 궁재宮宰가 되어 실권을 장악했고, 그 아들 카를 마르텔Charles Martel, Karl Martell은 732년에 '투르-푸아티에 전투'에서 이슬람교도의 침입을 격퇴함으로써 프랑크 왕국의 실질적 지배자가 된다. 카를 마르텔의 아들 피핀 3세는 751년에 메로빙거 왕조 최후의 왕 힐데리히 3세를 폐위시키고 스스로 왕위에 올랐다. 당시 교황 스테파누스 3세가 피핀 정권의 정통성을 인정함으로써 프랑크 왕국에 새로운 카롤링거(카롤루스) 왕조가 새롭게 시작되었다.

때마침 프랑크 왕국과 교황의 유대를 공고히 하는 사건이 벌어진다. 아리우스 교리를 신봉하며 이탈리아 북부를 호령하던 사나운 롬바르드족이 라벤나의 총독령을 침범한 것이다. 총독령을 실질적으로 지배하고 있던 교황은 피핀에게 구원을 요청했고 피핀은 침입자들을 물리쳤다. 그뿐이 아니었다. 피핀 3세는 되찾은 라벤나 일대와 부르군트 지방의 총독령을 교황에게 바쳤고 이때부터 가톨릭 교황의 직할령인 교황령이 시작되었다. 교황이 현실적, 경제적 기반을 마련한 것이다. 피핀이 교황의 기독교 선교 정책을 적극 지지하고 후원함으로써 교황과의 유대를 한결 공고히 했음은 물론이다.

피핀 3세의 뒤를 이은 아들 샤를마뉴는 왕위에 오르자, 오늘날의 프랑스, 독일, 에스파냐, 이탈리아에 해당하는 넓은 지역을 정복하고 이후 오스트리아와 헝가리까지 손에 넣었을 뿐 아니라 유럽 대륙 북부의 엘베강까지 왕국의 영역을 넓혔다. 엘베강은 독일과 체코의 국경을 이루는 리젠 산맥의 남쪽 비탈면에서 발원하여 북해로 흘러드는 강이니, 라인강 너머까지 진출하지 못한 로마제국의 꿈을 게르만족의 한 사나이가 이룬 것이다. 그에 의해 갈리아는 다시 통일되었고, 북동쪽으로는 옛날 로마제국의 국경보다 훨씬 멀리까지 세력이 넓어졌다. 그는 알라마니족과 튀링겐족, 바이에른족을 연달아 정복하고 프랑스뿐 아니라 중세 독일의 모태이기도 한 거대한 왕국을 만들었다. 그가 대제 칭호에 값하는 정복 활동을 보여준 것이다.

샤를마뉴는 정복지에 로만 가톨릭 신앙을 전파한다. 그의 꿈이 서로마제국의 부활에 있었기 때문이다. 그런 그에게 교황 레오 3세는 크나큰 선물을 준비한다. 800년 크리스마스 날, 샤를마뉴는 로마의 성 베드로 대성당에 당당하게 등장한다. 임석한 귀족, 기사, 승려, 시민이 환호하는 가운데 로마 교황 레오 3세는 프랑크 왕국의 왕 샤를마뉴의 머리에 제관을 씌워주고 '로마인의 황제'라는 직함을 수여한다. 서로마제국이 멸망한 지 325년 만에 서로마 황제가 부활하는 순간이었다.

여전히 동로마 황제의 영향권에 놓여 있던 교황 레오 3세는 내심 동로마 황제와의 관계를 끊고 자율성을 획득하고 싶었을 것이다. 그는 프랑크 왕국의 비호를 받기 위해 프랑크족의 왕에게 서로마 황제의 제관을 씌워주었던 것이며 그 순간, 샤를마뉴는 프랑크 왕국의 왕에서 '신성로마제국의 황제'로 다시 태어난다.[15] 또한, 그 순간은 '로마제국의 문

---

15 학자들에 따라서는 동프랑크 왕국의 왕이었던 오토 1세(912~973)가 황제로 즉위하던 962년을 신성로마제국의 출발로 보기도 한다.

명'이 가톨릭을 중심으로 한 '유럽 문명'으로 재탄생하는 연금술의 순간이기도 했다. 고대 로마와 고대 게르만이 결합해서 새로운 문명이 탄생하는 순간이었으니, 고대 로마 문명과도 구별되고, 오리엔트의 비잔티움 문명과도 구별되는 새로운 문명이 탄생한 것이다.

교황 레오 3세가 프랑크 왕국의 왕 샤를마뉴의 머리에 직접 제관을 씌워주는 순간은 지방 부족 국가의 군주가 '세계 제국의 군주권'을 획득하는 순간이다. 하지만 그 제관을 교황이 직접 씌워주었다는 사실, 바로 그 사실이 훨씬 더 중대한 의미를 지닌다. 그 상징적 행위로 인해 유럽의 '왕권', 혹은 '황제권'은 고대의 '왕권'이나 로마제국의 '황제권'과는 확연히 구분된다. 게르만 국가 왕권의 정통성이 한 인물의 세속적 권력 장악으로만 결정되는 것이 아니라 로마 교회와의 제휴 관계를 기반으로 결정되는 '가톨릭 왕권'이 탄생한 것이다. 그리고 바로 그 사실에서 고대 로마 문명과는 구별되는 유럽 문명만의 독특한 새로운 질서가 형성된다.

주지하다시피 고대의 유럽 대륙은 온갖 부족·종족 간의 세력 다툼의 무대였으며 서로마제국을 무너뜨린 뒤에도 사정은 마찬가지였다. 그들을 통합해 줄 중심도 없었고, 보편적 가치도 없었다. 한 종족이 유럽 대륙을 장악하더라도 자신이 대륙의 패자라고 내세울 명분도 없었고, 그들을 유럽의 패자라고 인정해 줄 구심점도 없었다. 그 명분과 구심점 역할을 바로 가톨릭이 맡게 된 것, 그것이 바로 '기독교 왕권'의 의미이다.

로마 교황이자 리틴인인 레오 3세가 게르민인인 샤를마뉴의 머리에 제관을 씌워줌으로써, 게르만인도 라틴인도 로만가톨릭이라는 공통의 신앙을 갖는다는 사실이 공식적으로 선포된 셈이었다. 그 역사적 사건을 출발점으로 유럽인은 가톨릭교회를 중심으로 하는 공동사회에 살고 있으며 공동가치를 지니고 있다는 새로운 질서 의식을 갖게 된 것이다. 그러한 '기독교적 공동사회'의 이념과 질서 의식을 갖게 됨으로써 유럽은 비로소 통합을 이룩할 수 있었다.

하지만 그뿐이 아니다. '기독교 왕권'이라는 개념을 통해 유럽 문명은 민족·지역의 '특수성'을 넘어서는 '보편성'을 지향하게 된다. 기독교 자체가 보편성·세계성을 특징으로 하는 종교이기 때문이다. 이후의 세계 역사에서의 유럽인의 온갖 활동은, 기독교가 지닌 보편성·세계성 지향의 성격을 염두에 두지 않는다면 그 핵심을 이해할 수 없다. 기독교는, 더 정확히 로만가톨릭은 유럽 통합과 새로운 유럽 문명 탄생의 구심점 역할을 했을 뿐 아니라, 긍정적이건 부정적이건 유럽 문명 자체가 보편성·세계성을 지향하게 해주었다.

기독교가 유럽 통합의 구심점 역할을 했다는 것은, 유럽인들이 받아들인 이념과 질서가 세속적이고 정치적인 질서로만 나타난 것이 아니라 정신적·종교적 질서로도 나타났다는 것을 의미한다. 가장 단순하게 말한다면 세속적 질서는 군주가 담당했고 정신적 가치와 질서는 기독교가 담당했다고 할 수 있다. 왕권과 교권이 각기 양 날개로서 작동하게 된 곳, 그곳이 바로 새로운 유럽 문명이었다.

하지만 그러한 양 날개가 항상 이상적으로 작동할 수는 없다. 각 민족·왕가 간의 갈등은 끊이지 않았으며, 교권과 왕권 간의 권력 다툼도 끊이지 않았으니 그 둘이 사이좋게 세속 권력과 종교적 권력을 나누어 가지고 평화롭게 지낸 적은 드물었다. 중세 유럽의 역사는 바로 이 이원적 가치와 질서 간의 대립과 갈등과 봉합의 역사이다. 그러나 그런 가운데에도 왕권 조직과 교권 조직이 공유하고 있는 사회 체제가 있었으니, 그것이 바로 봉건제였다. 중세 유럽은 기독교라는 구심점을 지니고 있으면서 동시에 봉건제라는 특징을 기반으로 삼고 있는 사회였다.

유럽 봉건제의 탄생 :
로마제국 시민 사회와 고대 게르만족 전통의 결합

800년 크리스마스에 교황 레오 3세가 샤를마뉴 대제의 머리에 제관을 씌어준 순간은 분명 300여 년 만에 서로마 황제가 부활하는 순간이었다. 하지만 그 순간은 서로마 황제 부활의 순간인 동시에 가톨릭 통합체로서의 새로운 유럽 문명 탄생의 순간이기도 했다. 그렇게 새로 탄생한 유럽 문명은 당연히 이전의 로마 문명과는 달랐다. 무엇보다 교황이 샤를마뉴 대제의 머리에 제관을 씌워주었다는 바로 그 사실이 유럽 문명을 로마제국 문명과 확연히 구분할 수 있게 해주었다. 로마제국 문명은 기독교 통합 문명이 아니었기 때문이다.

로마제국은 4세기에 들어와서야 기독교를 공인했으며 국교로 정했다. 분열되어 가는 제국 통합의 필요성에서 기독교를 국교로 정한 것이었을 뿐 기독교는 애당초 로마제국의 근간을 이루는 종교가 아니었으며 초기에는 오히려 박해를 받았다. 그리고 새롭게 태어난 유럽 문명의 제도와 관습도 로마의 제도와 관습을 그대로 물려받은 것이 아니었다. 유럽 문명은 분명 로마 문명의 뒤를 이었지만, 로마 문명과는 확연히 구분되는 독특한 문명이었다. 그리고 그러한 유럽 문명의 특징을 분명하게 보여주는 것이 바로 유럽의 봉건제였다.

오늘날 '봉건제封建制', 혹은 '봉건적'이라는 표현은 전 근대적인 낡은 정치제도나 구시대적 사회상, 혹은 낡은 생각을 가리키는 부정적인 용어로 쓰인다. 특히 마르크스가 모든 인간 사회는 원시사회- 고대 노예제 사회- 중세 봉건제 사회- 근대 자본주의 사회- 공산주의 사회의 다섯 단계를 거쳐 발전해 왔다고 주장했고 많은 사람이 그의 주장에 혹한 결과 그런 인식은 더욱 강화되었다. 하지만 봉건제가 기원전 11세기 고대 중국의 주[周]나라에서 이미 시행했던 제도라는 사실만 염두에 두더라도 마르크스의 도식적인 구분은 역사적 사실과는 아무 상관이 없는 관념의 산물일 뿐이다. 물론 고대 중국의 봉건제와 중세 유럽의 봉건제를 같은 이름으로 부르기에는 많은 차이점이 존재한다. 중세 유럽에서 시행되었던 feudalism을 한자문화권에서 봉건제로 번역하면서 같은 제도처럼 착각하는 일이 벌어졌을 뿐이다. 그러나 봉건제를 '중앙 정부는 수도와 일부 요충지만 직접 통치하고 다른 지역은 제후나 영주가 다스리는 제도'라고 단순하게 정의한다면 고대 중국의 봉건제와 중세 유럽의 봉건제는 유사한 제도라고 볼 수도 있다. 다만 중앙 정부가 지방의 제후, 혹은 영주와 맺고 있는 관계에 큰 차이가 있을 뿐이며, 바로 그 차이가 중국 문명과 유럽 문명의 차이를 극명하게 보여준다.

사실 유럽 중세의 봉건제는 일반적으로 보편화하기 어려운 제도이다. 새로운 유럽 문명 풍토에서 태어난 유럽만의 독특한 제도이기 때문이다. 게다가 유럽 각 지역마다 그 양상이 다르게 전개되었을 정도로 복잡하고 다양하며 가변적이다. 그러니 유럽의 봉건제는 일정한 틀이 정해져 있는 제도라기보다는 당시 유럽의 정치·사회·문화적 상황이 빚어낸 독특한 사회 풍습, 혹은 관습이라고 하는 편이 옳을지도 모른다. 더욱 주목할 것은 그 독특한 사회 풍습이 유럽 중세의 마감과 함께 완전히 사라지거나 청산되지 않았다는 사실이다. 유럽의 봉건제라는 독특한 풍습을 만들었던 유럽 문명의 기본적인 가치관과 인식은 이후 유럽의 역사에서도 여전히 이어져 왔으며, 좀 더 과감히 말한다면 중세 이후 유럽을 이끌어 온 온갖 대변화의 씨앗이 유럽 중세에 마련되고 형성되었다고 볼 수도 있다. 단적인 예로 현대 유럽 대부분의 나라에서 왕실을 상징적으로 존속시킨 채 의원내각제의 정치체제를 채택한 점도 중세 봉건제적 전통과 무관치 않다. 이처럼 지구촌에서 가장 젊은 문명인 유럽 문명은 유럽 중세와 함께 탄생한 셈이니, 유럽의 중세는 그 시대 지구촌의 다른 문명권에 비해 볼 때 일종의 맹아기를 지나는 중이었던 것이며, 그 시기에 유럽 문명의 밑그림이 형성된 것이다. 유럽 봉건제의 특징이 무엇이기에 그런 주장을 할 수 있는 것인지, 간단히 살펴보기로 하자.

유럽에 봉건제라는 독특한 제도, 혹은 관습이 어떻게 형성되었는지 알아보려면 시간을 조금 앞으로 되돌릴 필요가 있다.

로마 공화정 말기인 기원전 1세기에 카이사르가 유럽 대륙을 정벌하면서 유럽 대륙에는 로마제국 속주屬州들이 세워진다. 그러한 로마의 속주들은 빠르게 로마화되었다. 그렇다면 유럽 대륙 내 로마제국의 속주가 로마화되었다는 것은 정확히 무엇을 의미하는가?

로마는 동방 정벌과 유럽 대륙의 정복 활동을 동시에 수행하면서 제국의 시대로 진입했지만, 초기의 로마제국은 엄밀한 의미에서 전제군주가 군림하는 제국은 아니었다. 로마제국의 초대 황제로 간주되는 아우구스투스는 절대 권력을 지닌 황제라기보다는 '시민 중의 제1인자(프린켑스, Princeps)'의 성격이 강했다. 간단히 말한다면 당시의 로마제국은 '공화정'의 성격이 강한 '제국'이었다. 로마제국은 도시국가 사회와 군사독재 국가라는 상반되는 두 요소가 통합된 형태였으며, 로마제국 초기 유럽 대륙 내 속주에 이식된 로마 문명은 '시민'을 중심으로 한 공화정 성격의 로마 문명이라고 보아도 무방하다. 따라서 로마제국 초기 제국의 군대는 별도 조직이라기보다는 시민으로 구성된 시민-군대의 성격이 강했다.

로마제국이 유럽 대륙을 정복하고 로마 문명을 이식하면서 유럽 대륙에는 켈트족이나 게르만 부족 사회에는 존재하지 않던 도시가 건립되었고, 시민권과 도시의 전통이라는 개념이 이식되었다. 도시가 지방의 정치와 종교의 중심지 역할을 하게 된 것이다. 속주민에게도 시민권이 주어졌으며 노예에서 해방된 자유민과 경제적 부를 획득한 사람은 속주 도시의 시의원 자격을 얻었고 더욱이 부유한 시의원은 로마 시민권을 얻을 수 있었다. 그뿐이 아니었다. 로마 시민권자의 경제적 지위가 높아지면 출신성분과 상관없이 기사나 원로원 계급으로 올라가기도 했다. 오늘날의 관점으로 본다면 교역과 상업으로 부를 획득한 부르주아가 사회 지배 계급이 될 수 있었던 것, 그것이 초기 로마제국의 속주 경영 방법이었으니, 해양 무역을 기반으로 한 지중해 중심의 상업 문명이 농업을 위주로 하던 유럽 대륙에 전파되면서 대륙에 변화의 물결이 인 셈이라고 보면 된다.

그런데 2세기 말에 이르자 사정이 달라진다. 무엇보다 로마 군단 내에서 변화가 일어났다. 2세기 말, 군단 병사 대부분이 속지 농민 출신으로 충원되면서 군단 자체가 내부적으로 강한 유대감을 지닌 별도의 계급 조직으로 변했다. 3세기에 이르러 제국 내 군단의 영향력이 막강해지고 로마제국이 거의 군사적 무정부 상태에 빠졌을 때, 군단 내 변화가 유럽 대륙 내 사회변화로 이어진다. 유럽 대륙 내 속주의 사회구조 자체에 큰 변화가 일어난 것이다. 로마 군단이 시민-군대의 성격을 지니고 있었을 때 유럽 대륙 내 속주의 지배층은 부유층과 원로원 귀족 계급이었다. 그런데 군단 병사 대부분이 속지의 농민 출신으로 대체되면서 농민 계급이 일종의 사회 혁명을 일으킨 셈이 되었다. 군대를 장악한 농민 계급이 군사적 특권 계급이 되어 이전에 부유층과 귀족 계급이 차지했던 자리를 대신 차지하게 된 것이다. 자연스럽게 제국의 속주가 지니고 있던 자치 도시로서의 성격이 약해지면서 지주와 소작농이라는 두 계급을 기초로 하는 새로운 사회구조가 형성된다.

로마제국이 지중해라는 권역에서 벗어나 대제국을 건설하게 되면서 사유재산제와 특권적 시민 계급에 바탕을 둔 이전의 제도는 시대착오적일 수 있다고 앞서 지적한 바 있다. 그러한 상황에서 디오클레티아누스 황제는 중앙집권적 국가로의 탈바꿈을 통해 전제군주제를 확립했다. 그렇게 변화할 수밖에 없는 운명이었던 것은 서방의 로마제국도 마찬가지였다. 다만 그 변화의 모습이 동방의 로마제국과 달랐을 뿐이었다.

지중해를 본거지로 한 로마는 기본적으로 교역을 바탕으로 한 상업적 시민 사회였다. 로마는 교역을 통한 부의 축적과 군사력 강화에 힘입어 제국을 건설할 수 있었다. 그러나 제국의 영토가 확장되면서 제국의 기본 성격이 바뀔 수밖에 없었다. 제국의 부를 유지해 줄 수 있는 기간 산업이 상업에서 농업으로 바뀔 수밖에 없었고, 그러면서 토지의 소유권이 부의 척도가 되었다. 제국의 영토가 확장되면서 필연적으로 제국의 사회구조는 변할 수밖에 없었던 것이고, 그런 현실 앞에서 동방의 제국은 신정 국가로 탈바꿈했다. 그러나 유럽 대륙 쪽으로 진출한 서로마제국은 달랐다.

유럽 대륙을 중심으로 한 서방 로마제국 내에서는 로마가 등장하기 이전에 중유럽에 존재하던 농경사회의 전통이 서서히 부활하기 시작했다. 2세기 말과 3세기 초부터 속주의 도시국가들이 쇠퇴하고 중산층이 몰락하면서 지주와 소작농이라는 두 계급을 기초로 사회구조가 개편되기 시작한 것이다. 말하자면 서로마제국이 멸망하고 중세 유럽 문명이 탄생하기 이전부터 유럽 대륙에는 농촌을 중심으로 이미 반* 봉건적인 사회구조가 서서히 뿌리를 내리고 있던 셈이니, 그러한 새로운 사회구조는 오래전에 로마에 흡수되어 사라진 것으로 여겨졌던 게르만 부족 사회의 전통, 혹은 제도가 부활한 것이었다.

과거의 게르만 사회는 일종의 자급자족 농촌 경제 사회였다. 귀족은 마을을 보호하는 역할을 맡고(파트로누스, 파트론) 마을 주민은 피보호자(클리엔테스, 클라이언트)가 되어 농지를 경작했다. 그런데 유럽 대륙의 로마제국 속주에서 이런 전통이 고스란히 되살아났다. 원로원 귀족은 영지의 일부를 직접 관리하고 가노家奴나 소작인들이 그 땅을 경작했으며, 나머지 토지는 자유농민이 경작하면서 일정한 소작료를 내는 방식이 정착하기 시작한 것이다.

그러나 중세 유럽은 단순히 게르만의 옛 전통이 부활한 사회가 아니었다. 도시 내부에는 로마로부터 이어받은 로마 시민 사회 이념이 지배하고 있었으며 자치 도시의 전통이 수면 밑으로 이어지고 있었다. 일반적으로 중세 유럽을 봉건시대라고 규정하지만, 사실 유럽의 중세는 옛 게르만 부족 사회의 봉건적 전통과 고대 로마로부터 이어진 도시 자치 전통이 결합한 이중적인 세계였다. 말하자면 현대식 지방자치제가 행해진 봉건사회라고 규정할 수 있는 것이 유럽의 중세였다. 그리고 그러한 특징이 기독교 통합체라는 성격과 결합해서 독특한 신생 유럽 문명이 탄생한다.

중세 유럽 사회의 독특한 점은 유럽의 봉건제를 중국의 봉건제와 비교하면 확연히 드러난다. 중국의 봉건제는 기원전 11세기 주周나라 시대에 확립된 제도이다. 말 그대로 '봉토封土를 하사하여 나라를 이루게 한다建國'라는 뜻에서 '봉건封建' 제도라고 불렀다. 주나라의 봉건제는 주周 왕실이라는 중심이 존재하는 중앙집권적 제도였으며 주군과 봉신의 관계는 혈연으로 맺어져 있었다. 분봉分封된 제후는 주나라 천자를 모시는 신하가 되었고, 이러한 가부장적인 질서에 의해 통제력을 유지할 수 있었다.

그러나 중세 유럽에는, 최소한 중세 후기인 14세기에 이르기까지 그런 중심이 존재하지 않았다. 말하자면 주나라와 같은 국가 개념이 없었다. 더 정확히 말한다면, 17세기에 이르러서야 오늘날의 영토 국가 개념이 생겼다. 중세 유럽인들이 생각한 공공公共의 기준은 시민 공동체로서의 자치 도시에 국한되었으니, 그들은 국가의 국민國民이나 신민臣民이 아니라 시민市民이자 자유민自由民이었다. 그들에게 국가를 운영하는 사람들은 '시민 공동체에 의해 선출된 능력 있는 자'였다. 따라서 국가의 왕은 주나라 봉건제의 왕처럼 중심에 군림하고 있는 지배자나 주인이 아니라 자신들을 보호해야 하는 존재였고 자신들은 그 대가로 세금 및 군사 의무를 제공하는 존재였다. 그리고 그 모든 것이 비교적 자율적 계약에 의해 이루어졌다. 땅을 중심으로 한 보호자/피보호자 관계의 봉건적인 체제에 자율적인 시민의식이 결합한 것, 그것이 유럽 중세의 봉건 사회였다.

물론 유럽 중세 사회에도 계급은 존재했으며 지배권은 존재했다. 지배자 계급은 국왕→제후→하급 영주→기사라는 피라미드 형태의 정치 질서를 이루고 있었다. 그러나 그 지배권은 주나라 봉건제처럼 가부장적인 질서에 의한 것이 아니었다. 그 지배권은 선명한 계약 관계에 의한 것이었다. 상급자는 하급자인 가신에게 보호를 제공하고, 가신은 상급자에게 충성을 제공한다는 계약으로서, 그 계약은 상호 간의 의무를 바탕으로 하고 있었지, 상명하달식의 명령 체계가 아니었다. 중세 유럽 사회의 위계질서가 그런 식의 쌍무적 계약 관계를 바탕으로 한 것이었기에 당연히 각 지방은 자급 경제적 성격을 지닌 채 독립적인 경향이 강했다. 요즘 식으로 말하자면 지방 분권이 크게 강화된 사회, 그것이 바로 유럽의 중세 봉건사회였고, 각 지방의 영주, 혹은 제후는 그 지방의 군주와 다름없었다. 그리고 강력한 힘을 지닌 제후가 형식상으로는 국왕의 가신이면서 휘하에 많은 가신을 두어 공국령과 같은 사실상의 독립 국가를 이루는 경우도 많았다. 심지어 신성로마제국에서는 7인의 선제후가 황제를 선출까지도 하였다.

중세 유럽 사회는 가톨릭과 봉건제를 두 기둥으로 하는 사회였다. 그러나 가톨릭과 봉건제가 별도로 작동하는 두 기둥이 아니라 실은 하나로 결합해서 작동한 곳이 중세 유럽이기도 했다. 교황을 중심으로 한 가톨릭은 정신적으로 유럽을 통합하는 중심 역할을 했다. 그런데 게르만족은 가톨릭을 받아들이면서 개인적이고 내면적인 신앙만 받아들인 것이 아니다. 그들은 교황→추기경→주교→사제→장로→평신도로 이어지는 가톨릭의 위계질서도 그대로 받아들였다. 즉 봉건제 사회질서 자체가 가톨릭교회의 위계질서를 본뜬 것이었다. 가톨릭교회는 신분 질서에 따라 광대한 영지를 소유하고, 그 자체 일종의 봉건사회를 형성했으며, 가톨릭교회의 위계질서는 유럽 중세 사회의 위계질서와 그대로 조응했다. 말하자면 가톨릭교회는 유럽을 통합하는 정신적 기둥 역할을 하면서 동시에 유럽 봉건제 사회 성립의 토대가 된 셈이었다.

당연한 일이지만 유럽 사회 전반으로 봉건제도가 확산함에 따라 가톨릭교회 세력과 국왕의 세력은 함께 강화되었다. 가톨릭 사제는 왕족과 함께 대토지 소유자가 되었으며, 세월이 흐름에 따라 고위층 사제의 자리를 영주 출신자들이 차지하는 일도 벌어졌다. 훗날 절대 왕정이 확립된 영국이나 프랑스에서 가톨릭교회의 추기경이 국가의 재상 역할을 동시에 맡는 일이 벌어진 것이 좋은 예이다. 가톨릭교회의 상층부가 봉건사회 지배층 세력이 되기에 이른 것이다. 그런 의미에서 가톨릭교회와 국왕은 유럽 사회의 정신적인 측면과 세속적인 측면을 나누어 담당하는 듯 보이면서도 동시에 세속적인 발걸음을 함께하는 사이이기도 했다. 그 경계가 모호해질 때, 혹은 그 보조가 어긋날 때, 교황권과 왕권은 심한 알력과 갈등을 빚을 수밖에 없었으니, 중세 유럽의 역사는 그 갈등과 봉합의 역사이기도 하다.

유럽 중세 봉건사회의 특징을 한 마디로 꼬집어 말한다면, 모든 사회 질서가 계약으로 이루어져 있다는 데 있다. 유럽 중세 사회에도 지구촌 여느 사회와 마찬가지로 계급과 지배권이 당연히 존재했다. 하지만 그 지배권조차도 쌍무적 계약에 의해 보장되는 권력이었다. 군주가 천자(天子)라는 호칭으로 불린 중국이나 황제가 교권까지 장악한 오리엔트의 신정 국가에 비할 때 왕권이나 국가의 권력은 허약할 수밖에 없었다. 유럽 대륙에서 비교적 일찌감치 절대 왕정을 확립한 잉글랜드에서도 의회라는 강한 견제 세력이 존재했으며, 17세기 프랑스의 절대 군주인 루이 14세도 '짐은 곧 하늘이다'라고 선언하지 못하고 '짐은 곧 국가다'라고 선언했을 뿐이다. 유럽 문명이 기독교 통합체였고, 교권이 교황청을 중심으로 독자적으로 기능하고 있었기에 군주는 신의 대행자가 될 수 없었으니 '짐은 곧 하늘이다'라고 선언하지 못한 것은 당연한 일이다. 하늘에 비할 때 국가는 그 얼마나 허약하고 임의적인가? 게다가 긴 안목으로 보았을 때 영국이나 프랑스에서 절대 왕정이 지속한 시기는 중국이나 오리엔트 국가들에 비하면 아주 짧다. 절대 왕권이 확립되는 순간 곧바로 무너지는 일이 벌어진다. 이런 표현이 가능하다면 체질에 맞지 않는 절대 왕권이라는 옷을 잠시 걸쳤다가 재빨리 벗어버린 것과 비슷하다. 영국의 명예혁명, 프랑스 대혁명은 그 방법만 달랐을 뿐 둘 다 체질에 맞지 않는 옷을 벗어 던진 역사적 사건으로 보아도 무방하다. 그리고 그 체질은 중세 유럽 문명이 탄생하면서, 더 정확히 말한다면 새로운 유럽 문명이 탄생하면서 형성된 것이다.

왕권신수설王權神授說에 의해 지배권이 보장되는 중국이나 오리엔트 신정 국가에 비할 때 쌍무적 계약에 의해 보장되는 유럽 군주의 지배권은 허약할 수밖에 없다. 군주도 그 계약의 당사자로서 그 계약에 종속된 존재이기 때문이다. 그러나 군주의 지배권이 허약하다는 것이 사회 체제 자체가 허약하다는 뜻은 아니다. 군주의 지배권보다 더 강력한 힘이 사회를 지배하고 있었으니, 그것이 바로 계약이고 법이었다. 그런 사회에서는 군주의 지배권이 아니라 계약과 법이 큰 위력을 지니게 된다.

물론 모든 사회에는 법이 존재하며 절대 왕정 국가나 신정 국가도 예외는 아니다. 어떤 의미에서는 중국이나 오리엔트 신정 국가에서 법이 더 빨리 확립되었는지도 모른다. 공적인 국가國家의 개념이 일찌감치 형성되었기 때문이다. 그뿐이 아니다. 중국이나 신정 국가에서의 법은 하늘의 명을 받아 군주가 백성에게 베푼 것이었기에 그 위력이 강할 수밖에 없었다. 법을 어기는 것은 천명을 어기는 것이었기 때문이었다. 그러나 역설적이게도 바로 그 때문에 중국이나 신정 국가에서의 법은 취약하기 짝이 없었다. 군주가 법 밖에, 혹은 법 위에 있었기 때문이다. 군주는 법을 자의적으로 바꿀 수 있었다. 물론 군주의 자의성은 천명을 행한다는 명분으로 포장되어 있었다. 춘추전국 시대 법가 사상도 법을 엄격히 시행해야 한다는 법 위주의 정책을 권했지만, 그때도 법은 군주의 도구로서의 성격이 강했다. 군주는 법 밖에서 법을 베풀고 행사하는 존재였다. 유럽과 달리 중국에서 반역자에 대한 처벌이 엄중했던 것은 그 때문이었다. 법을 어기고 군주에 반역을 꾀하는 것은 단순히 정권에 대한 도전이 아니라 하늘의 뜻에 거스르는 것을—적어도 명분상으로는— 의미했으니 당연한 일이다. 그러나 역설적이게도 반역에 성공하면 법을 위반한 행위 자체가 천명을 받든 정당한 행위가 된다. 법을 마음대로 무시해도 괜찮다는 뜻이다. 천명을 행사한다는 절대권을 가진 법이 군주에 의해 임의로 바뀔 수도 있고 위법이 합법이 될 수 있으니, 법은 절대적인 동시에 허약했다. 법 위에 하늘과 천자가 있어, 그 법을 좌지우지했기 때문이다.

그러나 유럽 봉건사회에서는 군주도 법에 종속되는 존재였다. 로마 시민 사회의 전통이 작동하고 있는 유럽 봉건사회의 자유민들에게 공공 사회란 군주가 천명을 시행하는 장소가 아니었다. 그곳은 자유민들의 공동체였다. 그리고 법이란 자유민들이 자율적으로 만든 규율이었다. 로마제국 초기와 마찬가지로 군주란 그 자유민 중 으뜸인 자일 뿐이었으며 더욱이 군주와 백성의 관계는 계약으로 맺어진 관계였다. 군주는 법 밖의 존재가 아니라 법의 지배를 받는 존재로서 법을 준수해야 했다.

중국이나 오리엔트 신정 국가에서의 권력투쟁과 중세 유럽에서의 권력투쟁의 성격이 다른 것은 바로 법에 대한 인식이 달랐기 때문이다.

제2장 『아이네이스』와 로마—유럽의 탄생 **237**

중국이나 오리엔트 신정 국가에서의 권력투쟁은 승자가 모든 것을 독식하는 싸움이었다. 그렇기에 중국을 비롯한 동아시아에서 역모는 능지처참에 처해야 하는 큰 범죄였고, 집안은 말살당했다. 반대로 역모에 성공한다면 권력에서 쫓겨난 왕은 물론이고 일가친척과 가신까지 비슷한 운명에 처하게 된다. 승자는 법을 독점함으로써 절대 권력을 행사하게 되는 것이다.

그러나 유럽에서는 달랐다. 극단적으로 말하자면 유럽에서의 권력투쟁은 군주의 개인 토지 소유권 확장 싸움과 비슷했으며 정복 전쟁도 마찬가지였다. 샤를마뉴가 대제국을 건설했다고 하지만 그의 제국 건설 방법은 유럽 봉건제도의 특성을 그대로 보여준다. 그는 게르만 지역을 정복하면 그 지역 부족장이 다스리던 땅을 접수한 다음, 부족장에게서 충성을 맹세 받고 그 땅을 부족장에게 그대로 하사했다. 정복 후 계약, 그것이 제국 확장 방법이었다.

제국 확장 사업이 그러하니 유럽에서의 권력투쟁이나 반란도 토지 소유권 다툼의 성격이 강하긴 마찬가지였다. 가문 간의 대립이 계속 존재한 유럽 중세 봉건제 사회에서는 중국에서보다 더 많은 반란이 일어났다. 그러나 반란이 실패하더라도 가문 사람들은 물론 당사자도 쉽게 풀려나는 경우가 많았다. 그러한 반항 자체가 당연한 권리로 인정되었기 때문이다. 오히려 반란자를 처형하거나 작위를 박탈하면 그 행위가 초법적인 폭정으로 간주되었다. 만일 반란에 성공하더라도 국왕을 살해하거나 왕조를 갈아치우는 일은 거의 일어나지 않았다. 왕을 억류한 채, 반란을 일으키면서 내세웠던 대의명분을 관철하고 이득을 취하는 것으로 그만이었다. 말하자면 역성易姓혁명이 일어난 것이 아니라 체제 개혁이 벌어진 정도였다. 반란 행위조차 계약과 법의 테두리 안에서 벌어진 일이었기에 가능한 일이었다.

국가의 권력이나 왕권이 허약할 수밖에 없다는 사실만 놓고 보면 중세 유럽 사회는 취약하기 짝이 없는 사회이다. 강력한 중앙집권 권력에 의해 유럽 대륙이 통일된 적도 없었고, 오늘날의 국가 개념조차 존재하지 않았다. 중세 유럽의 역사가 국가 간 갈등의 역사라기보다는 가문 간의 권력 다툼으로 이어진 것은 그 때문이다. 어쨌든 프랑스에 절대 왕권이 확립된 것은 17세기에 이르러서이며, 유럽에서 절대 왕권을 제일 먼저 이룩한 영국도 16세기에 이르러서야 겨우 국가의 꼴을 갖추었다. 그러니 어떤 면에서 보면 절대 왕권이 일찌감치 확립되어 있던 중국이나 오리엔트 신정 국가에 비할 때 미개한 후진사회처럼 보이기도 한다. 게다가 강력한 힘을 지닌 제후들이 난립하게 되면 갈등과 분열과 충돌이 난무한다. 실제로 중세 유럽의 역사는 강력한 중심이 존재하지 않는 분열과 갈등의 역사이고, 토지 다툼의 역사이고, 부富 다툼의 역사이기도 하다.

그러나 중세 유럽 사회에도 중국이나 오리엔트의 절대 왕권과는 다른 식의 중심이 존재해서 유럽을 하나의 통합체로 만들어 주고 있었다. 바로 기독교, 더 좁혀 말하면 가톨릭이다. 유럽은 가톨릭을 중심으로 한 가톨릭 통합체였다. 그리고 가톨릭과 함께 '계약'을 근간으로 하는 중세의 봉건적 질서가 또 다른 축을 이루고 있었다. '가톨릭'과 '계약'이라는 중심과 축이 있었기에 중세 유럽 사회의 분열과 갈등은 유럽 사회의 붕괴를 야기한 것이 아니라 변화와 다양성을 낳았다. 이제 막 형성되기 시작한 유럽 문명이 그러한 분열과 갈등으로 흔들린 것이 아니라, 그 분열과 갈등을 통한 변화와 다양성 자체가 바로 신생 유럽 문명의 특성이 되었다. 유럽 중세 봉건사회에 형성된 그 유럽 문명의 특성은 유럽 문명이 온갖 격변을 겪으면서도 그대로 이어져 왔으며, 그 특성 자체가 그러한 격변을 낳는 동인動因이기도 했다. 그러니 유럽의 중세는 암흑기가 아니라, 유럽 문명 태동기이자 형성기라고 보는 것이 옳다. 그렇다면 또 다른 축을 이룬 기독교는 통일된 교리와 강고한 조직을 바탕으로 완전한 통합체를 이루었을까? 그 실상을 살펴보자.

유럽 기독교 문화권에서의 다양한 천사의 얼굴들 – 기독교의 변용

앞서 썼듯이 그 어떤 종교든 정통적 교리 그대로 온전히 존속하는 경우는 없다. 종교 역시 하나의 문화 현상으로서 각 지역 풍토와 만나 변형을 겪는 것이다. 가톨릭, 더 넓게 보면 기독교가 유럽 통합의 중심축을 이룬 것이 사실이라 할지라도, 유럽이 말 그대로 단일한 기독교 교리를 준수하는 '기독교 제국'이 된 것은 아니다. 유럽 각 지역의 기독교는 로마 교황청이나 콘스탄티노폴리스의 정통교리를 수동적으로 수용한 것이 아니라 그 지역의 기질 풍토와 만나 변형을 겪은 것이다. 그런 의미에서 유럽 역사 속에 구체적으로 모습을 드러낸 기독교는 정통교리의 입장으로 볼 때는 모두 이단異端이라고 할 수도 있다. 우리는 이제부터 유럽의 정신적 통합의 축 역할을 함과 동시에, 유럽 내 각 지역의 기질 및 풍토, 역사적 사건들과 만나서 각기 다른 모습을 지니게 된 유럽 내 기독교의 여러 모습을 살펴볼 것이다. 분열과 갈등을 통한 변화와 다양성 자체를 특징으로 하는 유럽 문명의 속 내용을 깊이 들여다보기 위해서이다.

지금부터 소개할 내용은 전적으로 프랑스의 인류학자이자 심층 사회

학자인 질베르 뒤랑(Gilbert Durand, 1921~2012)의 탁월한 연구에 빚지고 있음을 밝혀둔다.[16]

이단이라는 단어에 과잉 반응할 필요는 없다. 정통교리를 완강하게 거부하는 완전히 이질적인 종교나 믿음이라는 뜻에서 사용한 단어가 아니기 때문이다. 뒤랑이 유럽 역사 속에 구체적으로 드러난 기독교의 모습을 이단이라고 지칭한 것은 기독교 신앙이 '굳어 있는 실체'가 아니라 일종의 살아 있는 생명체라는 생각에서이다. 모든 종교가 그러하듯 기독교도 하나의 문화적 총체이며 그렇기에 언제나 변용을 겪는 하나의 복합적인 체계이다. 문화적 총체로서의 기독교는 유일신이나 삼위일체 교리로 단순 환원되지 않는다. 다른 모든 종교와 마찬가지로 사회현상으로서의 기독교는 기독교를 수용한 문화권과의 문화적·사회적·역사적·정신적 제휴이며, 그 사회가 지닌 고유의 기질과의 결합이다.

뒤랑은 기독교 문화권이라는 유럽의 큰 풍토 안에는 각기 나름대로 특징을 지닌 여러 작은 풍토들이 존재한다고 말한다. 기독교는 그 풍토들과 만나 변형을 겪는 하나의 문화 현상이 된다. 뒤랑은 유럽의 각 풍토와 만나면서 기독교가 어떤 모습으로 나타나는지, 또 각 풍토의 상호작용을 통해 기독교 문화 즉, 유럽 사회 전체의 종교적 풍토가 어떻게 변하는지, 아주 흥미로운 작업을 통해 우리에게 보여준다.

뒤랑이 '상상적인 지리학'이라고 말하며 보여준 그 상상계의 지도에는 모두 일곱 개의 풍토가 알록달록한 모습으로 등장한다. 그러한 구분

---

16 Gilbert Durand, 「종교 형태학에서의 경계의 개념과 서유럽에서의 신의 현현의 여러 모습」 in 『Eranos Jahrbuch』, 1980.

은 민족-지리적인 차이에서 비롯되는 동시에 역사-문화적인 상황과도 연관이 있다. 즉 어느 지역의 토착적인 기질뿐 아니라 그 지역이 겪는 역사적 상황과 연관이 있는 것이다. 뒤랑은 그 각기 다른 풍토에, 각기 다른 천사가 살고 있다는 은유를 사용한다. 각기 다른 지역에서 변용을 겪은 기독교의 모습을 각기 다른 신성성神聖性의 현현顯現으로 본다는 뜻에서 사용한 은유이다.

그가 그리고 있는 일곱 개의 풍토란 다음과 같다.

ⅰ) 신비의 천사가 살고 있는 천저天底의 유대 헤브라이즘 풍토
ⅱ) 로고스의 천사가 살고 있는 천정天頂의 헬레니즘 풍토
ⅲ) 유럽 기독교의 중심에 있는 로마 풍토
ⅳ) 연민의 천사가 살고 있는 동쪽의 슬라브 풍토
ⅴ) 자연 예찬의 천사가 살고 있는 서쪽의 켈트 풍토
ⅵ) 영혼의 천사가 살고 있는 북쪽의 게르만 풍토
ⅶ) 전투의 천사가 살고 있는 남쪽의 스페인 풍토

그 상상계의 지도에서 신비의 천사/로고스의 천사, 연민의 천사/자연의 천사, 영혼의 천사/전투의 천사가 각기 짝을 이루며 대립하고 있다. 그리고 그 상상계의 지도 중심에 교황청이 있는 로마가 있다. 그렇다면 각각의 풍토의 특질은 어떤 것인가?

ⅰ) 유대-헤브라이즘 풍토 - 신비의 천사

이 풍토는 기독교 전체의 뿌리에 해당한다. 기독교는 유대인의 메타

역사라고 할 수 있는 구약에 토대를 두고 있으며, 헤브라이인으로부터 출발했기 때문이다. 유대인은 이교도가 아니다. 그들에게는 신비스러운 그리스도의 피가 흐르고 있으며 신이 신탁을 전한 것은 바로 유대인들이다. 또한, 모든 종교성의 근본을 이루는 것은 바로 신비의 천사이다.

신비의 천사가 살고 있는 이곳은 대답 없는 질문이 지배하는 곳이다. 믿음을 증명하기 위해 희생을 요구하는 신과 마주한 아브라함의 땅이며 정의를 실현해 달라고 신에게 끊임없이 간청하지만 내내 응답이 없는 신 앞에 서 있는 욥의 땅이다. 도저히 도달할 수도 없고 모습을 드러내지도 않는 신, 이루 말로 표현할 수 없는 신, 그렇기에 영원한 질문만이 있을 수밖에 없는, 깊은 신비의 땅이다.

신의 현존을 간절히 바라면서 그 영원한 부재 앞에 고뇌할 수밖에 없는 곳, 그곳은 종교성의 토대를 이루는 곳이기도 하다. 메시아를 향한 그 영원한 기다림은 신의 뜻이 세속에서 실현되었다고 믿는 기독교도에게 그 현존의 부재성, 그 영원한 신비를 상기시킬 수 있기 때문이다. 성서에 대한 신비적 해석에 입각한 카발리즘Kabbalism 전통은 이 풍토에서 유래한 것이지만, 이 풍토는 유대교건 기독교건 서구 신앙인들의 가장 깊은 곳에서 나타나는 가장 두렵고 신비스러운 풍토이다. 영원히 도달할 수 없으면서 동시에 간절히 그 강림을 바라는 신! 그 존재는 영원한 신비일 수밖에 없으며 영원한 질문일 수밖에 없다.

2차 대전 중에 유대인이 겪은 홀로코스트holocaust는 고난에 대한 '대답 없는 질문'이라는 의미에서 근본적으로 이 신비 풍도의 연장이다. 본래 짐승을 통 채로 구워 신에게 제사 지내는 유대교 의식인 홀로코스트는 대답 없는 신을 향한 간절한 기원의 의미를 담고 있다. 유대인들이 수용소 가스실에서 죽어간 고난과 고통을 홀로코스트라고 칭할 때, 그 고난과 고통을 주신 신을 향한 기원과 기다림, 대답 없는 신을 향한 안타까움이 그 호칭 속에 담긴 셈이다.

ii) 헬레니즘 풍토-로고스의 천사

어둡고 깊은 심연과 같은 신비 풍토와 정면으로 대립하는 풍토로서 밝게 빛나는 헬레니즘의 천사, 로고스의 천사가 사는 곳이다. 서구 사상의 천정天頂에 자리 잡고 있는 풍토로서 이곳에서 종교는 신학theology이 된다. 서구의 모든 교리 논쟁 뒤에는 바로 이 풍토가 자리 잡고 있다. 기독교 태동기 최초의 신학 언어는 그리스어였다. 또한, 아우구스티누스를 비롯한 주요 신학자들은 기독교로 개종하기 전에는 그리스 철학자였다. 초기 기독교 신학자들은 신플라톤주의학파 철학자인 플로티누스의 철학을 기독교에 적용했으며 10세기 후 아리스토텔레스주의에 입각한 스콜라 철학이 그 뒤를 이었다. 종교가 철학과 결합하여 종교 철학의 길이 열린 셈이다. 이 풍토에서 신은 논리적 해명의 대상이 된다. 그런데 종교에 관한 논의가 가장 활발하게 벌어지는 이 풍토는 역설적이게도 기독교 정통교리, 혹은 종교적 도그마에 가장 위험한 풍토이기도 하다. 종교의 기본 속성인 비의秘義를 증발시킬 우려가 있기 때문이다.

iii) 기독교 제도 중심에 있는 로마의 천사

로마는 교황청이 존재하는 곳이면서 '신의 백성'이 사는 곳으로서 기독교의 제도화를 완성하고 주재하는 곳이다. 즉 제도로서의 기독교의 중심을 이루는 곳이다. 기독교 성직자 계급 및 교회 제도는 로마의 사회 체제를 그대로 따온 것이며 그중에서도 로마의 사법 체계를 축으로 형성되었다.

이 풍토에서 신과 인간의 관계는 사법적 관계가 된다. 사법적인 권위를 지닌 교회는 개인적 신성성神聖性으로부터 제도적 신성성으로 가는 통로가 된다. '교회 밖에서 구원이란 없다'라는 계율이 강조되면서 성직자의 권위가 한껏 높아지고 교권주의clericalism가 확립된다. 하느님의 나라로 들어갈 수 있는 열쇠를 교회만이 지니고 있게 되니 성직자의 권위가 높아지는 것은 당연하다.

이상의 세 개의 풍토는 문화적 차이와 관련된 풍토들이다. 이어지는 네 개의 풍토는 앞선 풍토들과는 달리 민족적인 차이에 역사적 상황이 가미되면서 형성된 풍토들이다.

iv) 유럽 서부지역의 켈트 풍토- 자연 예찬의 천사

브르타뉴, 갈리아 지방, 아일랜드섬 등, 켈트족 문화가 지배하는 곳이다. 숲이 우거진 지역으로서 유럽의 다른 지역과는 달리 전원적인 분위기가 흐르고 있다. 유대-셈족의 유목 문화나 그리스·로마의 도시적 삶과는 달리 농촌 지역에 속한다. 이곳 사람들은 수렵·채취 생활을 하거나 농사를 지었다. 따라서 자연의 변화에 민감하고 자연의 풍요로움이 예찬된다. 유럽에서는 보기 드물게 여성 숭배의 전통이 이 지역에서 강한 것은 자연적 수태 능력에 대한 예찬과 맥을 같이 한다.

이곳의 종교적 토대는 아프리카나 아시아에서 발견할 수 있는 고대 농업 신앙과 비슷하며 아서왕 이야기에 나오는 마술사 멀린은 일종의 샤먼이라고 볼 수 있다.

이 풍토에서는 식물과 동물의 변신에 주목하게 되며, 삶과 죽음, 신과 인간 모두 변신의 질서 속에서 교대로 나타나는 모습, 혹은 존재로 인식된다. 순환 질서에 민감하게 되어 죽은 자와 산 자, 인간과 신 사이에 커다란 차이가 없다. 대부분의 켈트 신화에서 신이 초인적인 인간 영웅의 모습으로 나타나는 것은 그 때문이며, 당연히 범신론적인 경향을 낳는다.

v) 유럽 동쪽의 슬라브 풍토 - 연민의 천사

유럽의 동쪽에 속하는 지역이다. 대체로 슬라브인이 살고 있는 지역, 혹은 슬라브화된 지역이며 동이 트면서 새벽빛이 솟아오르는 지역이다. 그런데 그 빛은 타락한 천사, 즉 루시퍼의 빛이다. 이곳 풍토에서는 악을 배척하는 것이 아니라 수용한다. 천지 창조와 연관하여 악의 원초적 역할을 수용하는 것이다.

루마니아의 종교학자 미르체아 엘리아데(Mircea Eliade, 1907~1986)는 러시아, 루마니아, 불가리아, 폴란드, 더 나가 우랄 지역 위구르족 민속의 특징으로 신과 악마 사이의 우애 관계를 꼽고 있다. 그중 한 민담에 의하면 신이 대지와 인간을 창조할 때 진흙을 건져내어 하느님에게 전하는 역할을 악마가 담당한다. 악마도 천지 창조에 참여하는 것이니, 신은 절대적인 존재라기보다는 악마의 도움이 필요한 나약한 존재가 된다. 10~15세기에 불가리아를 중심으로 발칸 지방에서 성행한 보고밀 Bogomile파는 그 풍토에서 발생한 기독교 이단의 일파로서, 그 교리에 의하면 사탄이 먼저 태어났고 그리스도는 그 동생이다.

악마가 천지 창조에 참여했으니, 세상에 악이 깃든 것은 당연한 일이다. 그렇게 악의 원초적 역할을 수용하면서 인간의 죄, 고통, 광기, 백치 등은 배척의 대상이 아니라 인간적인 것으로서 수용의 대상이 된다. 러시아 문호 도스토예프스키가 『죄와 벌』, 『백치』, 『악령』이라는 제목의 작품을 쓴 것은 우연이 아니다.

이 풍토에서 성자는 죄를 멀리하는 사람이 아니라 자신이 최초의 죄인임을 의식하는 자이다. 성자의 길에는 죄로 인한 고통이 필연적으로 따르게 되는 것이다. 그 죄는 징벌의 대상이 아니라 의사의 치료가 필요한 상처와 같은 것이다. 그런데 죄에 대한 의식 자체가 바로 그 의사 역할을 한다. 그렇기에 '축복받은 죄$^{felix\ culpa}$', '축복받은 과오'라는 개념이 등장하는 것이다.

이 풍토에서는 연민^{compassion}의 덕목이 강조된다. 연민이란 타인이 저지른 죄, 잘못, 광기를 외면하거나 배척하는 것이 아니라 공감하는 것을 의미한다. 자신에게도 그런 죄와 잘못과 광기를 저지를 가능성이 함께 하고 있음을 느끼기에 형성되는 감정, 그것이 바로 연민의 감정이다. 연민은 기본적으로 타자를 향한 열림과 수용을 그 속성으로 하고 있다.

vi) 유럽 북부 게르만의 풍토- 영혼의 천사

라인강 너머, 지금의 독일에 해당하는 이 지역은 게르만의 천사가 문턱을 지키고 있다. 그 천사는 영혼의 친구이다. 종교 개혁을 주도한 마르틴 루터(Martin Luther, 1483~1546)로부터 심층 심리학자 융(Carl Gustav Jung, 1875~1961)에 이르기까지 영혼을 뜻하는 독일어 Seele라는 단어는 각별한 울림을 지니고 있다.

게르만 문화도 이웃인 켈트족 문화와 마찬가지로 농업 중심이다. 그러나 게르만족과 켈트족의 민족적 차이와 역사적 상황 전개를 통해 두 지역에서는 거의 대립적이라고까지 말할 수 있는 상이한 풍토가 조성된다.

이 지역의 천사는 자연을 향해 열리지 않고 '자아'를 향해 열려 있다. 그 자아란 신앙의 측면에서는 일종의 '내면적 신비주의' 모습으로 나타난다. '절대 존재' 혹은 '신'이란 바로 그 내면에 존재하며 영혼이란 피조물이 '신'에게 돌아가는 바로 그 지점이다. 이 일종의 영물론靈物論에서 신은 각 개인의 영혼에 강림해 있다. 즉 신은 창조를 통해 우리에게 그 존재를 알리는 것이 아니라 보이지 않는 개인의 내면에 숨어 있다.

마르틴 루터의 종교 개혁은 바로 이 게르만적인 풍토의 종합이자 구체화이니, 그것은 "개인의 영혼은 하느님과 매개 없이 직접 관계를 맺고 있다."라는 한 마디로 압축된다. 따라서 신자에게 요구되는 것은 공덕이나 행동이 아니라 신의 은총을 그대로 받아들일 수 있도록 개인의 영혼을 열어놓는 것, 가능한 한 신의 은총에 직접 가까이하려고 노력하는 것이다. 중요한 것은 겉으로 드러난 객관적 성례聖禮, 즉 고해와 영성체가 아니라 개인적이고 주관적인 영혼의 상태가 되는 것이다.

따라서 유럽 북부에서 주관성을 강조하는 낭만주의 흐름이 나타난 것은 당연한 일이며, 인간 내면의 표현을 중시하는 표현주의 예술이 주를 이루고 음악이 가장 활성화된 예술 장르가 되는 것도 당연한 일이다. 뒤랑은 바흐, 글루크, 베토벤 역시 '종교 개혁자'들과 다름없다며, 그들의 음악 작품은 음악적 '영성 신학'의 표현이라고 말한다.

vii) 유럽 남부 이베리아 반도의 풍토- 전투의 천사

정통 기독교 교리의 입장에서라면 가장 이단시될 수 있는 풍토이다. 이 천사는 전투의 천사이자 죽음과 고통의 천사이다. 이 풍토는 민족적인 기질보다는 역사적 격변과 더 관계가 깊다. 역사적으로 이베리아 반도는 온통 정복과 재정복의 역사로 점철되어 있기 때문이다.

이 풍토는 공격성이 근본을 이루고 있으며 종교 정신도 근본적으로 공격적이고 침입적이다. 이 풍토에서는 종교적 자비의 성격도 일반적인 성격과는 다르게 나타난다. 자비는 공감과 연결되지 않는다. 침범하여 공격하는 것, 그것이 바로 자비가 되는 것이다.

이 풍토에는 삶에 대한 비극적 감정이 숨겨져 있다. 비록 승리의 희망이 없더라도 운명과 싸우는 것, 그것이 이 풍토의 특징이기 때문이다. 이러한 맹목적 공격성을 잘 보여주는 대표적인 인물이 바로 세르반테스(Miguel de Cervantes, 1547~1616)의 소설 주인공 돈키호테이다. 돈키호테는 일반적으로는 시대착오적인 망상에 빠진 광기(狂氣)의 전형으로 알려져 있다. 하지만 그는 기사의 전범이기도 하다. 기사란 전사이고 군인이다. 그리고 전사의 가장 큰 특성은 그 맹목성에 있다. 돈키호테는 바로 그 맹목적 공격성에 사로잡혀 있는 인물이다. 그렇기에 그는 더 없이 순수하기도 하다. 그에게는 악을 물리치고 사랑하는 연인을 보호해야 한다는 기사의 의무만이 중요할 뿐이다.

이상 일곱 개의 알록달록한 풍토들이 유럽의 '상상계의 지도'를 형성하고 있다. 유럽의 각 지역의 그 알록달록한 풍토는 각 개인이 지닌 기질과 비슷한 것이다. 각 개인의 기질이 유전자적 요인과 그 개인을 둘러싼 환경적 요인에 의해 형성되듯, 그러한 풍토도 인종 및 자연환경의 요인에 역사적 사건들의 영향이 복합적으로 어우러져 형성된 것이다. 예를 들어 켈트의 천사와 게르만의 천사가 전혀 다른 모습을 띠게 된 것은 인종적 기질의 차이에 역사적 상황이 덧붙여지면서 형성된 것이다. 즉, 로마가 라인강 남쪽 갈리아 지방은 점령했으나 그 북쪽은 점령하지 않았기에 라인강을 경계로 감수성·관습·도덕 등에 많은 차이가 생긴 것이다.

그런데 그렇게 형성된 풍토들은 고정불변의 실체가 아니다. 그 풍토 자체의 자연스러운 내적 메커니즘과 역사적 충격 등 외적인 요인에 의해 각 풍토가 지닌 특성이 지나칠 정도로 강화되기도 하고 그 특성이 약화되어 심한 경우 아예 지워지는 일이 벌어지기도 한다. 게다가 그렇게 나누어진 각각의 풍토는 상호 영향을 주고받으면서 삼투 현상을 일으키고 그 결과 유럽 기독교 문화 전체의 풍토, 혹은 지도의 모습을 변화시킨다. 특히 상호 짝을 이루면서 대립하는 풍토들, 즉 신비의 천사/로고스의 천사, 연민의 천사/자연의 천사, 영혼의 천사/전쟁의 천사들은 한쪽 천사의 강화나 약화가 다른 쪽 천사의 강화나 약화로 이어져 유럽 기독교 사회 전체의 그림을 바꾸어 버리는 결과를 낳는다. 이제부터 그 풍토들의 강화, 혹은 약화가 어떤 결과를 낳으며, 유럽 기독교 사회 전체에 어떤 영향을 미치게 되는지 살펴보기로 하자.

i) 신비 천사의 강화와 위축이 낳은 결과

신비의 천사의 장소인 이곳에서는 '신이란 무엇인가?'라는 질문이 강화되면 동시에 신의 현존에 대한 의혹이 짙어지는 현상이 벌어진다. 즉 신비 천사의 과도화가 곧바로 그 천사의 위축, 혹은 약화로 이어지는 것이다. '신이란 무엇인가?'라는 질문이 기본적으로 명료한 답을 얻을 수 없는 질문이기 때문에 벌어지는 일이다. 이 풍토에서의 '신이란 무엇인가?'라는 질문은 헬레니즘 풍토의 로고스 천사가 던지는 질문과는 다른 질문이기 때문이다.

이 풍토에서 신의 존재에 대한 질문이 강해지면 신의 존재가 또렷하게 모습을 드러내는 것이 아니라, 더 두터운 신비에 휩싸인다. 그 질문이 기본적으로 신의 불가해성에서 나온 질문이기 때문이다. 또한, 제아무리 그 질문이 강하고 간절해져도 신은 좀처럼 그 모습을 드러내지 않는다. 예수가 골고다 언덕에서 희생의 제물이 되는 극단의 순간에도 신은 응답하지 않는다. 그 약속의 땅에서조차, 그 극단의 순간에조차 마치 예수를 방기放棄한 듯 신은 응답하지 않는다. 마치 죽은 듯 응답이 없는 신! 그때, 신은 오로지 질문뿐인 존재가 되어버린다. 신은 아담을 통해 자신의 창조 자체에 대해서도 질문을 던진 것이 아니었을까? 태초에 말씀이 있었던 것도, 사랑이 있었던 것도 아니고, 오로지 질문만이 있었던 것이 아닐까?

신비일 수밖에 없는 신을 향한 질문이 과도해질 때, 말하자면 모습을 드러내지 않는 신의 현존을 너무나 간절하게 원할 때 역으로 신비한 신의 존재 자체를 부정하는 길로 이어질 수 있다. 좀처럼 자신의 존재를 증명하지 않는 신! 그렇다면 이 세상은 과연 신이 창조하기는 한 것인가? 과연 신의 의지가 이 세상을 주재하고 있는가? 이 세상은 신의 섭리대로 움직이고 있기는 한 것인가? 그 질문들은 보이지 않는 절대자를 향한 절대적 믿음이 과도해져서, 좀처럼 모습을 드러내지 않는 절대자의 존재 자체에 대한 회의懷疑에 이른 결과 나온 질문들이다. 그리고 그 절대적 믿음과 회의 사이의 거리는 그다지 멀지 않다.

부조리의 철학을 요약해 보여주는 카뮈의 『시시포스의 신화』, 카프카의 『성』에서 던지는 질문들은 바로 그 자리, 즉 부조리 자체가 신비의 터전이 되어버린 자리에서 던진 질문들이다. 그리고 기독교, 특히 가톨릭은 이런 식의 '부조리'로부터 신자를 보호해 왔다. 신의 존재 자체를 부정하는 이단에 빠질 위험이 크기 때문이다. 그러나 기독교 교단에서 조차 이런 이단을 열렬히 지지했던 흐름이 있었으니 2세기 무렵 몬타누스(Montanus, ?~170)가 주창한 몬타누스주의가 대표적이다. 그의 영향으로 가시적인 기적을 바라지 않는 풍조가 기독교 교회 내에 퍼졌으며, '신의 죽음'이라는 스캔들을 퍼뜨린 교부가 있을 정도였다.

신비의 천사가 과도화되어 신비 풍토 자체가 지워진다는 것은, 신과 인간 사이의 동맹이 사라지는 것을 의미한다. 그러니 남는 것은 인간과 인간 사이의 관계밖에 없다.

뒤랑은 서구의 역사, 특히 르네상스 이후의 근대 역사는 이 천사가 지워진 역사, 즉 초월의 신비가 사라지게 된 역사라고 말한다. 그리고 그렇게 초월의 신비가 지워진 자리에 인본주의humanism가 탄생한다. 서구의 합리주의도 이 신비의 천사가 지워진 자리에서 탄생한 것이다. 유럽인은 신비의 풍토를 지우면서 신의 전지전능함을 착복하고 그 지위를 인간의 이성에게 부여한다. 합리주의의 대표로 알려진 데카르트(R. Descartes, 1596~1650)가 은총주의자 파스칼(B. Pascal, 1623~1662)을 마치 손가락이라도 튕기듯 가볍게 비웃은 것은, 신의 신비 대신 인본주의적 가치, 그중에서도 인간의 이성에 절대적인 지위를 부여했기 때문이다. 그 자리에서 인간은 신을 숭배하는 대신 프로메테우스 적 기술의 진보를 우상처럼 숭배하게 된다. 진보에 대한 절대적 믿음, 과학에 대한 절대적 믿음, 객관적 진리에 대한 절대적 믿음은 모두 아브라함의 '신비의 뿌리'를 거부한 자리에서 탄생한 것이다.

바로 그런 의미에서 뒤랑은 정신분석학자 프로이트(Z. Freud, 1856~1939)와 마르크스(K.Marx, 1818~1883)가 걸어간 길도 마찬가지라고 말한다. 프로이트는 신의 말씀인 로고스 대신에 인간의 욕망, 그중에서도 특히 성적인 욕망인 리비도Libido를 절대화했다. 마르크스는 신의 신비 대신에 인간의 역사를 절대화했다. 마르크스가 그린 것은 신비의 천사가 살고 있는 천상이 아니라 지상의 낙원이다. 그는 신 대신 역사의 진보라는 이른바 객관적 법칙을 신봉했으며 유물 변증법이라는 우상을 숭배했다. 한마디로 그들은 유대적 신비의 천사를 지워버린 유대인으로서, 뒤랑은 특히 마르크스를 길을 잘못 든 유대인이라고 잘라 말한다.

신비가 지워지고 투명해진 세상에서 프로메테우스적 진보의 신화와 기술이 등장했고 신은 인간의 이성 속으로 흡수되었다. 사람들은 쉽사리 이신론理神論으로부터 인본주의적 무신론으로 건너갔다. 그런데 그 결과 어찌 되었는가? 인간은 신비의 천사라는 어두운 심연의 천사와 잡았던 손을 놓으면서 부재해 있는 신의 선의善意 대신에 신비의 틈이 남긴 무無와 손을 잡았다. 그때부터 선한 신과 악을 구분할 수 있는 기준이 사라졌다. 그리고 1, 2차 세계대전이라는 유례없는 동족 살해의 참극을 빚었으며 아우슈비츠라는 최악의 범죄를 저질렀다.

여기서 너무 자명한 사실이 한 가지 있다. 아우슈비츠의 그 부조리한 행동, 그 잔인한 행동, 그것을 행한 것은 합리적이고 추론적인 인간이었으며 더 나가 바로 과학자이자 의사들이었다는 사실이다. 아우슈비츠의 참극을 불러온 것은 나치 독일이 아니다. 아브라함의 뿌리를 부정한 서구 전체이다. 화장 가마를 만든 것은 유대인도 아니고 독일인도 아니다. 독일인만을 아우슈비츠 범죄의 죄인으로 삼는 것은 너무 쉽게 희생양을 내세우는 짓이다. 가스실은 스위스 기업이 만들었다. 그리고 그 가스실의 가스를 만든 것은 프랑스 기업이다. 그 모든 것은, 심연의 신비의 천사를 지워버린 유럽인 모두가 함께 저지른 짓이다. 그렇기에 뒤랑은 서구의 신앙 체계를 존속하는 데는 심연의 신비 천사의 존재가 무엇보다 중요하며 필요하다고 말한다. 심연의 신비 천사는 기독교의 뿌리에 해당하기 때문이다.

ii) 로고스 천사의 강화와 위축이 낳은 결과

로고스 천사가 살고 있는 헬레니즘 풍토는 유럽 지식인 사회에서는 언제나 과도화된 풍토였다. 종교가 지나칠 정도로 논리적 추론의 대상이 되었을 때 로고스 천사가 과도화되며, 그때마다 신비의 천사와 긴장 관계를 이루게 된다. 그 긴장 관계를 헬레니즘과 헤브라이즘의 긴장 관계로 이해해도 되고, 신에 대한 로고스적 이해와 신비적 성찰의 대립으로 이해해도 된다.

로고스는 그리스어에서 '말하다'를 뜻하는 동사 legein의 명사형이다. 그리스 철학에서 여러 파생적 의미를 지니던 로고스는 신플라톤주의에 이르러 큰 의미를 지닌 개념이 되었다. 로고스가 세계를 지배하는 질서 정연한 체계가 된 것이다. 그러한 로고스의 철학적 의미를 기독교 교회가 받아들임으로써 로고스 천사의 과도화가 시작되었다고 볼 수 있다. 기독교 교회는 동방의 영지주의靈知主義(gnosticism) 흐름에 맞서 헬레니즘 철학의 로고스를 내세웠고 그로부터 종교와 철학의 결합인 신학이 탄생한다. 우리가 앞서 살펴본 활발한 기독교 교리 논쟁은 이 풍토의 과도화에 의한 것이었고 유럽 지식인 사회는 언제나 이 로고스 천사를 중시해 왔으며 결국에는 기독교 풍토 자체를 지우고 휴머니즘과 손을 잡는 길을 걷게 된다.

로고스 천사가 과도화되면서 수많은 교리 논쟁을 낳고 수많은 이단을 양산하게 된 것은, 우주를 지배하는 질서정연한 체계, 즉 로고스로서의 신의 개념과 창조주로서의 신의 개념을 명확하게 정립하기 힘들었기 때문이었다. '과연 진정한 신의 자리는 어디인가? 신성성은 창조주에게만 존재하는가, 아니면 신성성의 발현인 가시적 세상에도 존재하는가?'라고 간단히 정리할 수 있는 그 질문은 많은 논쟁을 낳았고 그 논쟁은 주로 '신의 독생자인 예수 그리스도를 어떻게 이해해야 할 것인가?'라는 문제를 중심으로 전개되었다. 즉 '유일신 사상인 기독교 내에서 어떻게 창조주와 예수라는 상이한 두 신성神性을 조화시킬 수 있는가?'라는 것이 바로 그 논쟁의 초점이었다.

그 논쟁에서 큰 힘을 발휘한 것이 바로 앞에서 말한 신플라톤주의이다. 신플라톤주의 철학에 의하면 예수는 신성의 발현이고, 그 존재는 그 발현을 가능하게 한 최고의 원칙에 비해 열등하다. 초기 기독교에서 대표적인 이단이라고 할 수 있는 아리우스파와 네스토리우스파는 모두 그러한 철학적 영향에 의해 탄생한 교리이다. 아리우스는 예수의 신성을 부정하고 그를 시간의 흐름, 즉 현상계, 혹은 물질계에 놓인 존재로 간주한다. 그는 성부만이 유일한 신이며 예수 그리스도를 본질상 신이라고 믿는 것은 신성모독의 죄를 범하는 것이라 주장했다. 대신 그는 예수의 고매한 사랑과 희생 덕분에 예수가 신의 은총으로 신적 지위에 오를 수 있었다고 주장했다. 한편 네스토리우스는 신은 마치 성전 안에 거처하듯 예수 안에 거하신다고 말하면서, 그리스도 안에서 신성과 인성은 엄격하게 구분된다고 주장했다. 니케아 공의회와 에페소 공의회에서 둘 다 이단으로 정죄했음은 이미 알아본 바 있다.

한편, 콘스탄티노폴리스 부근의 수도원 원장이었던 에우티케스(Eutyches, 380년경~456년경)는 단성론單性論(monophysisme)을 주장하면서 그리스도 안에서의 신성과 인성의 일치를 주장했다. 그리스도 강림 시 처음에는 그리스도 안에 신성과 인성의 두 본성이 존재하다가 인성은 마치 바다에 떨어지는 물방울이 바다에 녹아버리듯 신성에 흡수되어 신성만 남는다고 주장한 것으로서, 아리우스나 네스토리우스와는 달리 예수의 인간적인 측면을 최소화할 필요에서 탄생한 교리이다. 하지만 단성론 역시 칼케돈 공의회에서 이단으로 규정된다. 아리우스파나 네스토리우스파와 마찬가지로 기독교 정통 교리인 삼위일체 교리에 어긋나기 때문이었다.

그러나 기독교 공의회에 의해 이단으로 단죄된 이 교리들이 그대로 사라진 것은 아니다. 앞에서 보았듯 아리우스파는 게르만족들에게 전파되어 위력을 발휘했으며 네스토리우스파는 동방에서 세력을 떨쳐 중국에까지 전파되었다. 또한, 단성론은 헬레니즘의 본산이라 할 수 있는 알렉산드리아에서 크게 성행했고 비잔티움제국 황제들은 간헐적으로 공공연히 단성론을 지지하기도 했다.

이러한 신학적 논쟁이 극단에 달하면 그에 대한 반작용으로 로고스 천사 자체를 부정하는 움직임이 일어난다. 뒤랑은 로고스 천사의 본향인 알렉산드리아 부근에서 일어난 이슬람 운동을 이러한 로고스 천사에 대한 반작용으로 간주한다. 이슬람 운동은 신에 대한 논리적 추론에 맞서 신앙의 실존적 신비가 갑자기 계시했다며 등장했다는 것이다. 그런 의미에서 이슬람교에서 무엇보다 중시되는 것은 유대교와 마찬가지로 신비의 현현이었다.

헬레니즘적인 로고스의 천사가 과도화되면서 신비의 현현은 기독교 내에서 내내 의심의 대상이 되었으며 심한 경우 악마에 사로잡히는 현상으로 단죄를 받기도 했다. 중세 후기에 기독교를 주도한 스콜라 철학은 이성의 이름으로 비이성적인 신의 현현이라는 내용을 몰아냈다. 그 결과 이성의 남용에 대한 격한 반작용이 일게 되니, 파스칼이 데카르트에게 반기를 들고 덴마크의 철학자 키에르케고르(S.A. Kierkegaard, 1813~1855)가 헤겔에게 반기를 든 것은 그 반작용의 흐름에 속한다.

그런데 유럽에서의 그 반항은 종교적 반항이 아니라 세속적 반항이었다. 로고스 천사의 과도화에 의해 이성이 남용된 결과, 그 이성에 대한 반항의 물결이 일었지만, 그 반항은 세속적인 의미에서의 이성을 지우는 방향으로 전개되었다. 헬레니즘의 풍토의 과도화에 대한 저항의 흐름이 너무 뒤늦게 왔기 때문이다. 헬레니즘 풍토가 너무 오래 서구를 지배해 온 결과 신의 자리를 인간의 이성이 이미 차지한 다음에 그 흐름이 일었기 때문이다.

17세기에 데카르트는 합리주의자이면서도 논리로 신의 존재를 증명하려고 애썼다. 그리고 계몽주의 시대에는 이성으로 발견한 신, 혹은 이성으로 증명할 수 있는 신이 진정한 신이라는 이신론理神論이 자리를 잡는다. 거기까지만 해도 이성은 신의 존재를 인정하려고 했다. 그러나 과학주의, 실증주의 시대인 19세기에 이르게 되면 신의 자리를 인간의 이성이 거의 완전하게 대신하게 된다. 달리 말하면 세상은 완벽하게 세속화된다. 이성이 서 있는 자리와 이성이 맡은 역할이 세속화된 마당에 이성의 절대성에 대한 반항의 흐름 역시 세속화되어 나타나는 것은 당연하다. 즉 이성의 권위에 대항하는 흐름이 철학적인 신에 반대해서 신비의 천사를 내세우는 종교적 차원으로 나타난 것이 아니라 이성과는 다른 인간적 측면들, 즉 인간의 감정과 본능, 정열과 충동을 찬양하는 흐름으로 나타난 것이다. 19세기의 낭만주의와 그 뒤를 이은 초현실주의자들이 모델로 삼은 것은 파스칼이 아니라 사드였으며, 정신분석학처럼 인간의 욕망을 우선시하는 방향으로 전개되었지, 신의 이름을 내세우는 방향으로는 나아가지 않았다. 반항의 깃발이 휘날렸지만, '생의 의지'라는 이름, '초인超人'의 이름으로 휘날렸지, 신의 이름으로 휘날리지는 않았다.

iii) 연민의 천사의 강화와 위축이 낳은 결과

연민의 천사가 과도화되면 영지주의靈知主義(gnosticism)로 이끌리게 되며, 악에 무게를 주어 궁극적으로는 악신惡神이라는 개념이 탄생한다. 악이 신의 반열에 오르는 것이다.

철저한 선/악 이원론에 입각한 영지주의는 기본적으로 몸은 감옥이라는 비극적 인식에 토대를 두고 있다. 그 비극적 인식에서, 신은 부차적인 존재가 되며, 멀리 있고 무심하다. 그리고 그 자리를 나쁜 창조자가 점하고 있다. 악을 창조한 나쁜 창조자는 지고의 선한 신에게 반역하고 선한 것을 억압하고 짓누른다. 특히 물질에 갇혀 있는 신성한 선의 불꽃을 되찾으러 온, 진정한 신의 아들 예수를 억압한다.

이런 흐름은 기독교가 도래하기 이전부터 동방 종교 사상 깊은 곳에 이미 흐르고 있었다. 2세기에 활약한 시노페의 마르키온(Marcion, ?~?)은 이런 이단적 흐름을 기독교에 수용한 최초의 기독교도이다. 그는 영지주의에 입각한 이원적 신관을 전개했으며 그리스도 가현설假現設을 주창했다. 초월계와 물질계, 영혼과 육체를 선과 악의 대립 구도로 이해한 이 흐름에서 성육신成肉身한 가시적 존재로서의 예수를 부정한 것은 어찌 보면 당연하다. 가현설은 예수가 시공간적 한계에 묶인 육체와 인간성을 갖지 않았고, 단지 환영幻影과 같은 상태로 이 땅에 임했다고 주장했다.

마르키온은 이러한 이원적 신관에 의거, 신약과 구약을 엄격히 구분해야 한다고 주장했다. 구약의 신은 폭력과 보복의 신이고 예수 그리스도가 말씀으로 전하는 신약의 신은 사랑과 정의의 신이라는 것이다. 기독교의 대표적 이단이라고 할 수 있는 카타르주의, 보고밀주의는 이러한 이원론에 입각해서 등장한 기독교 교파이며 이러한 이원론은 중앙아시아의 위구르, 호라산 등지까지 널리 퍼졌다. 그리고 10세기에 이르러서는 기독교의 세례를 받고 슬라브족과 러시아에 등장했다.

이 풍토에서 창조는 축복이 아니라 추락이 된다. 그런 의미에서 원죄설에 충실한 성 아우구스티누스가 초기에 마니교 신자였다는 사실은 주목을 요한다. 그의 신학에 흐르는 비관론적인 색채는 마니교의 이원론적인 교리의 영향에 의한 것이다. 그 이원론에 의하면 원죄 의식이나 추락은 인간에게 불가피하다. 인간이나 자연은 불순하기 때문이다. 자연은 그 자체 자족적인 존재가 되려는 강한 현세적인 욕망을 지니고 있으며, 그것은 곧 신성한 존재와 분리하려는 욕구를 말한다. 따라서 모든 창조는 악과 연결되어 있으며 갓난아기라 할지라도 이 악으로부터 자유롭지 않다. 카타르주의자, 보고밀주의자가 진정한 선한 신은 아직 세상을 창조하지 않았다는 극단적 주장까지 하게 된 것은 그 때문이다. 정통 기독교 교리에 비추어 보면 창조주 자체를 부정하는 것이니 이단으로 정죄할 수밖에 없다.

이러한 이원론적 인식이 과도화되면 현세적 삶, 육체적 삶 자체를 부정하는 데까지 이르게 된다. 그리고 그 악의 흔적을 씻어내기 위한 단식, 독신, 금욕, 절제 등의 엄격한 고행이 요구된다. 연민의 천사가 과도화되면, 연민의 대상이었던 육체를 가진 모든 존재, 더 나아가 자연 자체가 부정의 대상이 되는 것이다.

반대로, 언제나 인간의 육체가 지닌 원죄, 그 육체가 겪는 물리적 고통과 직면하고 있는 이 연민의 천사가 약화되어 지워지면, 자연주의적 낙관론이 등장하며, 그러한 자연주의를 잘 보여주는 인물이 바로 '자연으로 돌아가라'라고 말한 루소(J.J Rousseau, 1712~1778)이다.

루소에게 창조는 순수하고 선한 행위이다. 그가 보기에, 원죄를 주장하는 것은 신성모독이다. 자연 상태의 인간은 순수하고 선한 창조의 결과물이니 순수하고 선한 존재일 수밖에 없다. 따라서 가장 선한 존재는 창조 시 부여받은 선한 본능을 한껏 발휘하고 향수享受하는 존재이다. 자연에서 악, 고통을 제거하면서 목가적인 미덕의 세계가 펼쳐지는 것이다.

루소가 18세기 계몽주의 시대의 대표적인 사상가로 간주되면서 동시에 평생을 오해와 탄압과 멸시 속에 살았던 이유가 바로 거기에 있다. 계몽주의란 무엇인가? 한 마디로, 인간 이성의 빛을 이제 발견했으니 그 빛으로 사회 구석구석을 비추어야 한다는 것이 계몽주의의 이상이다. 계몽주의는 당연히 이성에 의한 문명의 진보를 믿는다. 그리고 그들은 자연과 본능을 미개와 같은 의미로 사용한다. 그러니 루소는 계몽주의 시대를 살았던 반계몽주의적 인간이었던 셈이다.

루소 같은 자연주의자에게 인간이 이룩한 문명은 천부적으로 부여받은 그 목가적 세계를 파괴한 행위와 같다. 그 목가적 세계에서 인간은 모두 평등하다. 인간이 이룩한 문명은 그 평등을 파괴한 행위이다. 그의 「인간 불평등 기원론」이라는 논문은 그런 의미에서 철저하게 문명 비판적이다. 그는 『사회 계약론』에서, 인간이라면 누구나 지닌 '일반 의지(자연 상태에서 누구나 지닌 선한 의지)'에 의해 맺어진 계약으로 이루어진 사회가 바람직한 사회라고 주장했다. 그의 주장은 바람직한 건강한 사회의 모습을 제공한 것 같지만 실은 사회 자체를 부정한 것이기도 하다. 인간의 사회 자체가 자연의 그 선한 상태를 훼손하고 거기에 악을 도입한 것이기 때문이다. 생각해 보라. 인간이 이룩한 사회치고 불평등과 부조리와 악으로부터 완전히 자유로운 사회가 어디 있는가? 그런 사회가 가능하겠는가?

다시 말하자. 루소의 세계관에서는 인간은 누구나 똑같이 선하게 창조된 존재가 된다. 즉 인간은 누구나 평등하다. 그렇게 본래 평등한 인간이 불평등하게 살아갈 수밖에 없는 사회는 부정될 수밖에 없다. 따라서 그의 사회 비판은 극단적이고 혁명적일 수밖에 없다. 목가적 자연을 예찬한 그의 자연주의가 사회와 문명에 대한 전면 부정의 성격을 띠고 있기 때문이다. 계몽주의 시대를 살았을 뿐 근본적으로는 당대의 계몽주의자들과는 전혀 다른 길을 걸었던 루소가 계몽주의의 산물의 하나로 간주되는 프랑스 대혁명의 정신적 지주가 될 수 있었던 것은 그 때문이다. 루소의 자연주의는 인간 내부에 악이 스며들어 있을 수도 있다는 것, 따라서 인간 사회에 존재하는 부조리나 악은 불가피할 수도 있다는 것을 인정하지 않는다. 그의 성선설에는 인간적 고통과 비극에 대한 공감이나 연민은 존재하지 않는다. 그만큼 극단적이고 혁명적이다. 그렇기에 프랑스 대혁명의 불길에 기름을 붓는 효과를 낼 수 있었을 것이다.

iv) 자연 예찬 천사의 강화와 위축이 낳은 결과

바로 앞에서 살펴보았듯이 켈트 풍토의 자연 예찬 천사의 강화는 슬라브 풍토의 약화와 짝을 이루면서 깊은 연관을 맺고 있다. 루소의 자연주의는 바로 자연 예찬 천사가 과도하게 강화된 자리에서 탄생한 것이다.

기독교 내부에서 켈트 풍토가 강화되면 어떤 흐름이 나타나는가는 영국 출신 수도사이자 신학자인 펠라기우스(Pelagius, 354~418)의 신학 사상에 잘 요약되어 있다. 그는 원죄를 부정하고 인간의 자유의지를 강조한다. 루소가 '일반 의지'를 주창한 것과 맥락이 같다. 말하자면 그는 루소가 주창한 자연주의의 원조 격에 해당한다고 볼 수 있다.

그는 영지주의와는 정반대로, 물질계를 부정적인 것으로 간주하지 않는다. 마찬가지로 피조물인 인간이 겪게 되는 생로병사의 과정 및 온갖 고통, 번민도 부정적으로 보지 않는다. 심지어 인간이 필연적으로 겪어야만 하는 죽음도 부정적이지 않다. 죽음도 생명을 부여받은 모든 존재가 겪어야만 하는 자연스러운 과정이기 때문이다. 그 모든 것은 선한 자연의 섭리에 속하기 때문이다.

그렇다면 인간 사회에 필연적으로 존재하는 죄란 어떤 것인가? 인간이 범하는 죄도 자연의 섭리로 받아들여야만 하는 것인가? 절대로 그렇지 않다. 죄는 자연적 범주에 속하지 않는다. 그것은 인간의 정신적 결함에 의해 빚어진 것일 뿐이다. 따라서 인간이 범하는 죄는 자연스러운 것이 아니라 순전히 각 개인의 책임이다. 죄는 개인의 자유로운 선택, 정신적 선택에서 오는 것이며, 선과 악의 분리도 자연스러운 것이 아니라 그러한 선택의 결과일 뿐이다. 달리 말하면 선한 자연을 택하느냐,

자연과는 아무 관련이 없는 죄와 악과 고통을 택하느냐는 개인에게 달려 있다는 것이다.

　죄와 악이 그런 식으로 개인의 의지 문제로 바뀌게 되면 인간이 죄를 지은 존재로 세상에 태어날 수밖에 없다는 원죄설은 부정된다. 인간 존재에 깃들어 있는 비관적인 색채가 완전히 지워지는 것이다. 대신, 특히 죄와 관련해서 신의 섭리보다는 인간의 자유의지가 중요한 것이 된다. 인간의 의지가 신의 섭리 못지않게 중요하다는 바로 그 주장 때문에 펠라기우스의 신학은 이단으로 파문당한다.

　자연을 예찬하는 이러한 풍토가 예술 분야에서는 11세기에 고딕 양식으로 나타나며 그 양식은 성당 건축에서 꽃을 피운다. '고딕 성당 건축의 영감은 나무들이 심어진 오솔길에서 왔다'라고 말한 사람이 있듯이 고딕 양식의 성당에는 자연의 아름다움이 화려하게 되살아나 있다. 성당의 기둥은 그대로 나뭇가지이며 잎이 무성하고 꽃이 피어있다. 신성은 하늘나라 멀리에 있는 것이 아니라 자연 속에 존재한다는 생각을 성당 건축으로 표현한 것이 바로 고딕 양식이다. 참고로 고딕 양식이라는 명칭은 '고트족의 양식'이라는 뜻을 담고 있다. 아마 야만적이라는 경멸의 뜻도 그 안에는 들어있을 것이다. 어쨌든 행복은 하늘나라에만 있는 것이 아니라 지상의 자연에도 존재한다는 생각이 반영되어 고딕 성당은 세속적 아름다움, 자연적 빛, 색, 형태들로 화려하게 장식된다. 세속의 아름다움이 경건한 종교에 도입된 것, 그것이 바로 고딕 양식인 셈인데 그로 인해 고딕 양식의 성당들이 화려하게 도시들을 장식하고 이른바 '성당의 시대'가 오게 된다.

　펠라기우스의 자연주의 신학은 '청빈淸貧주의'로 알려진 프란체스코주의로 12세기 말에 부활한다. 프란체스코주의는 이탈리아 출신의 교부인 성 프란체스코(Francesco d'Assisi, 1182~1226) 사후 프란체스코 수도회의 회장이 된 보나벤투라(Sanctus Bonaventura, 1221~1274)가 '모범주의'라는 이름으로 정리한 기독교 일파이다. 그렇다면 고딕의 화려한 성당과 프란체스코의 청빈주의가 어떻게 연관이 있을 수 있을까?

프란체스코 수도회의 청빈주의는 슬라브 풍토의 고행과 외양은 비슷할지 몰라도 그 내용은 정반대이다. 슬라브 풍토에서의 고행은 현세적 삶, 육체적 삶 자체에 대한 부정에서 비롯된 것이다. 그들이 단식을 비롯한 고행을 택하는 것은 현실과 육신에 깃든 악의 흔적을 씻어내고 원죄에서 벗어나기 위해서이다. 그러나 프란체스코 수도회 수도사들이 청빈을 강조하는 것은 청빈한 삶이 자연에 가장 가까운 삶이기 때문이다. 그들은 원죄를 씻어내기 위해 청빈을 주장하는 것이 아니라, 자연에서 벗어난 것, 인위적인 것을 멀리하기 위해 청빈을 택한다. 자연이 베푼 것을 있는 그대로 누리기 위해 청빈을 주장하고 청빈한 삶을 택하는 것이다. 그 목소리는 '자연으로 돌아가라'라고 말한 루소의 목소리에 그대로 조응한다.

그렇게 평등한 상태에서 평등한 사람들끼리 자연스럽게 서로 사랑하는 것, 그것이 프란체스코파의 박애주의이다. 따라서 그들이 가톨릭의 교회 제도에 부정적인 것은 당연하다. 교회 제도는 성직자와 속인을 구분하며 그 제도 자체가 성직 내의 서열로 이루어져 있기 때문이다. 그들이 보기에 모든 형태의 계급은 인위적일 뿐 자연스럽지 않다. 그들이 도시의 거리를 떠도는 걸인 생활을 하게 된 것은 성직자와 속인을 나누는 계급적 질서에 반대해서이기도 하고 신성한 것이 자연계, 물질계, 일상에 스며들어 있다는 자연주의에 충실했기 때문이기도 하다.

프란체스코주의는 인간의 자유의지와 자연의 섭리를 주장한 펠라기우스 신학이 13세기에 다시 나타난 것으로 볼 수 있으며 켈트족의 자연 예찬의 풍토가 가톨릭 역사 속에 모습을 드러낸 것으로 볼 수 있다. 초기 프란체스코 거지 집단들은 단호히 청빈의 곁에 머물렀으며 자연 곁에 머물렀다. 자연의 호사스러움을 성당 건축에 도입한 고딕 예술이 청빈주의자들과 맺어질 수 있는 것은 둘 다 자연주의자들이며 자연 예찬론자들이기 때문이다. 그런 의미에서 프란체스코주의는 이단의 한 형태이다. 은총의 불가항력적인 성격을 부정하기 때문이다. 그들은 은총 자체보다는 은총을 영속하게 만드는 인간의 구체적 작업, 일 등을 중시한다.

이 풍토를 부정하면 당연히 자연이 부정되고 예정설과 원죄가 강조된다. 자연을 부정한다는 것은 신의 섭리를 찬양한다는 것이고 그런 믿음이 과도화되면 신이 역사에 개입하고 있다는 믿음으로 이어진다. 인간의 의지가 인간의 운명이나 역사를 이끄는 것이 아니라 신의 섭리에 의해 인간의 역사가 이끌리는 것이며 역사를 조정하는 것 역시 신이 된다.

그런 믿음을 구체적 교리로 보여준 사람이 바로 피오레의 요아킴 (Joachim de Fiore, 1132~1202)이다. 그는 인간의 역사를 구약의 '성부'의 시대, 성직자와 신약의 '성자'의 시대, 수도사의 '성령'의 시대로 구분했다. 성령의 시대에는 교회 조직이 바뀌어 수도원 조직이 교회를 지배할 것이며 영적인 인간들의 새로운 종교적 질서가 태어날 것이라고 그는 주장했다. 그가 말하는 성령의 시대란 인간 사회가 종국에 도달하게 될 이상적인 유토피아이다. 달리 말한다면 '신의 왕국'이 지상에 출현하는 것, 그것이 역사의 최종 목표이자 종착지라는 뜻이다.

그가 말하는 수도원 제도에서 성직자의 위계질서와 세속적 위계질서는 구분 없이 뒤섞인다. 또한, 기본적으로 시공간을 초월해 있는 '신의 왕국'이 역사에 모습을 드러낸다. 말하자면 종교적 초월성이 시간의 흐름에 종속되어 세속화되는 것이며, 신의 섭리와 은총이 그 초월성을 잃고 역사적인 현상이 되는 것이다. 그 신학은 '하느님의 왕국'이 이 땅에서 도래하기를 간절히 바라는 마음이 빚은 신학이라고 볼 수도 있을 것이다.

그러한 사유가 철학적으로 나타나면 '자연철학'에 반하는 '역사철학'이 된다. 19세기에 등장해서 유럽인을 매료시킨 '역사철학'은 요아킴이 말한 성령의 시대 도래에 대한 믿음이 과학적 기술 진보와 결합해서 태어난 것이다. 기술적 진보에 대한 믿음이 강화되면서 기술이 신, 혹은 성령의 자리를 대체하고, 이어서 인간의 역사 자체가 절대화된다. 기술적인 활동에 의해 인간이 지상에 유토피아를 건설할 수 있다는 믿음, 역사는 그런 유토피아를 향해 흘러가게 되어 있다는 믿음이 역사를 절대화하게 되는 것이다. 뒤랑은 역사적 진보의 신화가 지배한 그 흐름을 '프로메테우스 신화'라는 단어로 압축한다.

그 믿음은 아주 매혹적이다. 인간이 스스로 지상에 유토피아를 건설할 수 있다는 믿음이 매혹적이지 않을 수 없다. 그 믿음 때문에 인간은 자신이 만든 기술적 성과물에 도취한다. 자신이 만든 기술적 성과물에 취한 시대를 뒤랑이 '피그말리온 신화'의 시대라고 부른 것은 그 때문이다. 자신이 만든 작품에 취해서 그 작품을 사랑하게 된 피그말리온처럼 인간은 자신이 이룩한 기술적 성과를 사랑하게 되었다는 것이다. 하지만 기술적 성과라는 그 작품에는 자연이 존재하지 않고 영혼도 존재하지 않는다.

v) 영혼의 천사의 강화와 위축이 낳은 결과

앞서 살펴본 켈트 풍토에서는 신의 은총이 자연 속에 그 모습을 드러내는 데 반해 이 풍토에서 신은 인간의 영혼 속에 내밀하게 존재한다. 따라서 자연이건 교회건 신과 인간을 연결해 주는 외적인 매개나 끈은 존재하지 않는다.

16세기 종교 개혁을 주도한 마르틴 루터가 이 풍토의 대변자라고 할 수 있다. 이 풍토에서 신은 제도를 통해서가 아니라 말씀을 통해 각 개인과 직접 소통한다. 즉 인간의 영혼이 직접 신과 만나는 것이다. 그리고 신의 말씀의 기록인 성서만이 그러한 개인적 만남을 가능하게 해줄 수 있다.

루터가 중시한 것은 말하자면 신실한 신앙 자체이다. 그 신앙은 겉으로 드러나는 것이 아니라 내면에 숨어 있다. 그가 강조한 자유 검토의 정신은 그 내면에 숨어 있는 신앙이 그 어떤 중개 없이 신과 1대1로 대면하는 것을 말하며 신성한 말씀에 응답하는 것을 뜻한다. 원죄를 짓고 타락한 존재인 인간은, 신성한 말씀의 자유 검토를 통해 그리스도가 인간에게 부여한 숙명이나 거부의 응답을 들을 수 있다.

그러나 루터가 말한 자유 검토의 정신은 앞선 자연주의 풍토에서의 인간의 자유의지와는 거리가 멀다. 루터는 인간에게 스스로 자신을 구원할 능력이 없다고 말했다. 그러기에는 인간의 의지 자체가 죄의 영향에 덮여있다고 그는 보았다. 그가 말하는 자유 검토의 정신이란 능동적인 의지를 최대한 억제하고 영혼의 예속 의지serf arbitraire를 극대화해서 신과 1대1로 만나는 것을 의미한다. 예속 의지를 극대화한다는 것은 구원을 전적으로 신의 은총에 맡기도록 영혼을 완전한 예속 상태에 놓는 것을 말한다.

이러한 영혼의 천사가 강화되어 극대화된 것이 초월적인 신의 힘에 모든 것을 의지하려는 경건주의敬虔主義(pietism)이다. 인간의 노력으로 악, 혹은 죄와 싸우기보다는 영혼의 정적 상태에서 경건하게 모든 것을 완전히 신에게 맡기는 것이 진정한 그리스도인의 자세라는 것이다. 한편 내면의 빛을 중시하는 퀘이커교도 바로 이러한 영혼의 천사가 강화된 흐름에서 등장한 것이다.

영혼과 정신의 주관성을 강조하는 이 풍토를 부정하고 지우게 되면 비가시적이고 비물질적인 영혼을 물질의 부대 현상으로 간주하여 영혼 자체를 객관화하는 흐름이 나타난다. 일종의 영혼의 물질화라고 볼 수 있다. 한쪽에서는 영혼이 신경계와 뇌라는 물질의 작용에 의한 현상이 되고 다른 한쪽에서는 역사적·사회적 현상이라는 가시적 현상들의 부대 현상, 혹은 상부구조가 된다. 뒤랑은 전자를 해부 생리학적 물질주의라고 칭하고 후자를 사회 만능적인 행동주의라고 칭한다.

전자의 경우, 영혼을 부정하고 지우면서 영혼 없는 심리학이 탄생하고 정신분석학이 탄생한다. 그리고 정보 통신 기술과 인공 두뇌학이 발전하면서 컴퓨터와 인공지능이 인간 정신의 패러다임 안으로 들어온다. 후자의 경우 우생학과 경제학이 인간에 의한 인간 연구에서 주도권을 잡는다. 뒤랑은 인간의 영혼을 지우는 이 흐름이 서구 문명에서 가장 활짝 꽃을 피웠다고 말한다.

vi) 전투 천사의 강화와 위축이 낳은 결과

우리는 이 풍토의 특성이 맹목적 공격성에 있으며 그 공격성은 순수하다고도 말했다. 하지만 그 말은 이 풍토가 온전히 순수한 상태로 나타나기 힘들다는 것을 의미하기도 한다. 이 풍토는 대개 여러 풍토와 가치들과 뒤섞여서 발현된다.

종교적 이유에서 발발한 전쟁은 종교라는 생명체가 이 풍토와 결합한 것이다. 그러한 종교전쟁에서 이 풍토의 힘이 과도하게 발휘되는 일이 벌어지면 그 싸움은 점점 더 싸움을 위한 싸움으로 변질된다. 유럽의 많은 왕들이 "전쟁을 너무 즐겼어"라고 말하며 죽어간 것은 그 때문이다.

십자군 전쟁도 정말로 종교전쟁인지 혹은 오로지 전투의 열정이 지배한 전쟁인지 그 경계가 모호하다. 특히 나중에 기사가 용병으로 대체되었을 때 종교전쟁이라는 명분은 완전히 사라진다. 종교 개혁 이후 신교와 구교 간에 벌어진 종교전쟁도 마찬가지이다. 애당초 종교적 믿음의 대립에서 시작된 전쟁이었지만 전쟁이 전개됨에 따라 신앙을 위한 전쟁의 성격은 사라지고 전쟁 자체의 논리로 움직였다. 그리고 신앙을 향한 싸움이 교회의 권위 싸움이 되어버린다.

이 풍토가 과도할 정도로 강화되면 명령에 맹목적으로 복종하고 적을 물리치는 것만이 최고의 덕목이 된다. '승리'라는 최종 목적을 위해서라면 무슨 수단이건 정당화되고, 전쟁 자체에 대한 정신적·도덕적 문제는 가려진다. 명령에 맹목적으로 복종하는 전사는 싸움에만 몰두하면 된다. 그 싸움의 명분과 목적은 오로지 명령자의 판단에만 달려있다. 교회 제도의 절대적 권위는 이 풍토의 강화에 힘입어 형성된 것이다. 성직자의 권위에 의해 모든 것이 결정될 수 있었으며 무슨 행동을 하건 정당화할 수 있었고 그 어떤 전쟁도 벌일 수 있었다. 필요상 자주 종교적인 목적과 결합하기도 했던 이 풍토는 공격성을 그 속성으로 하고 있기에 가장 비종교적으로 보이기도 한다.

목적이 수단을 정당화하게 만드는 이 전투의 천사가 지나칠 정도로 강화되면 당연히 이 천사를 부정하는 반작용이 일기 마련이며, 그 반작용은 싸움 자체의 부정으로 나타난다. 즉 공격성과는 반대되는 종교적 덕목이 강조되는 것이다. '오른뺨을 맞으면 왼뺨을 내놓아라.'라는 경구는 정확히 전투 천사의 반대편에서 제시하는 경구이며, 그 경구는 '원수를 사랑하라'라는 식의 순수한 사랑을 강조하는 방향으로 이어진다. 이 풍토의 부정은 자연스레 영혼의 천사를 강조하는 방향으로 이어지며 앞에서 살펴본 경건주의, 혹은 정적주의靜寂主義(quietism)와 만나게 된다.

vii) 로마 천사의 강화와 위축이 낳은 결과

마지막 천사는 교황청이 자리 잡고 있는 로마 교회의 천사이다. 이 천사는 유럽 기독교의 중심에 자리 잡고 있으며 강력한 권위를 필요로 하는 천사이다.

우리가 살펴본 여섯 풍토는 상호 이질적인 풍토들이다. 그들 사이에는 응집력도 없고 일관성도 없다. 그 풍토들을 있는 그대로 방치하면 원심력에 의해 흩어진 채 종교에 대한 의식意識을 사분오열시킬 수 있으며 종교 자체를 아예 무너뜨릴 수도 있다. 그 다양하고 상호 이질적인 천사들 중에서 정통성을 정하고 기독교 체제를 유지하는 것, 그것이 바로 로마 교회 천사의 권위이고 교황의 권위이다.

그런데 그 교황의 권위 자체가 늘 이상적으로 유지되는 것은 아니다. 그 권위 자체가 역사적으로 다양한 긴장 관계 속에서 힘을 발휘하기도 하고, 약화되기도 한다. 그리고 가톨릭의 역사는 점차 가톨릭 교구의 권위를 강화하는 방향으로 전개되었으며 프로테스탄트들이 종교 개혁을 외친 것은 너무 폐쇄적인 성직자의 권위에 반발해서이다.

하지만 진정한 문제는 교회가 현실적으로 강한 권위를 지니고 있느냐 아니냐에 달려있지 않다. 기본적으로 영적靈的이라고 할 수 있는 교회의 권위가 세속적 권위에 어느 정도 물들어 있느냐 아니냐에 핵심적인 문제가 있다. 그리고 바로 그 점에서 교회의 권위가 높아지면 높아질수록 역으로 그 권위를 세속적인 권위와 구별할 수 있는 경계가 지워지는 역설이 벌어진다. 이 정신적인 조직의 권위가 강화되면서 교회의 관할 밖에 있는 세속적 권력을 쟁취하는 일이 벌어지는 것이다. 그리고 그 현상은 '황제-교황권'에 맞선 '교황-황제권'의 대립이 있을 때부터 존재한 것이다.

뒤랑은 정신적인 조직인 성직 조직과 단지 세속적일 뿐인 행정조직 간의 경계가 모호해지기 시작한 것은 756년 프랑크 왕국의 피핀이 교황령을 증여했을 때부터였다고 말한다. 그때부터 각기 영역이 달라야만 하는 두 권력 간의 싸움이 있게 되었다는 것이다. 성직자의 권위와 제국의 권위 간의 싸움, 정신적 권위와 세속적 권력 간의 싸움은 정신적인 권위 내에 세속적인 가치가 침투해 들어와서 그 경계가 모호해졌을 때 벌어진다.

유럽의 기독교 역사는 이런 싸움으로 점철되어 있다. 분명한 것은 교회가 그 경계를 넘어서서 행정권, 재정권, 정치권력 등의 세속권력을 차지하게 되었을 때, 사실상 성체聖體와 속체俗體 사이의 경계 개념이 지워진다는 것이다. 그때 교회는 정신적 권위를 상실한 오로지 세속적 권력에 불과하게 될 뿐이다.

신의 도시와 인간의 도시 사이에 존재해야 하는 경계는 바로 비의적秘義的인 것과 현교적顯敎的인 것 사이의 경계이며 도그마와 케리그마의 경계이기도 하다. 그 경계가 지워지면 종교적 수단과 목적이 세속화되고, 성직 자체가 가장 위험한 이단의 길, 즉 완전 세속화의 길을 걸을 수 있다. 중세 말기 교회의 타락은 바로 교권의 강화에 따른 세속화의 결과이니 교회의 권위가 강해지고 교회가 융성해질수록 종교성 자체가 약화되어 사라지는 현상을 맞이할 수 있다는 역설이 그때 성립된다. 따라서 정신적 권위와 세속적인 권력 사이의 경계가 지워진다는 것, 그것이 종교 자체가 맞이할 수 있는 가장 근본적인 위기 중의 하나이다.

교회의 권위가 강화되면서 나타난 것이 강력한 교권주의이다. 교권주의는 교회와 성직자들에게 막강한 권력을 부여한다. 사제들은 사회 제도 속에서도 특권 계급에 속할 뿐 아니라 교회 안에서도 막강한 권력을 지닌다. 그 권력이 비대해지면 사제들은 일반 신도들을 하느님의 나라로 인도하는 안내자, 중개자의 역할에서 그치는 것이 아니라 스스로 하느님의 대리자로 자처하게 된다. 권력의 남용이 이루어지는 것이다.

교회의 권력이 남용되면서 교회는 하느님을 대신해서 인간의 죄를 사해주기도 한다. 중세 말 교회에서 발부한 면죄부가 바로 그것이다. 죄를 사해주는 하느님 고유의 권능을 사제라는 세속적 제도가 찬탈한 것이다. 돈을 받고 면죄부를 발부해준다는 것은, 교회가 완전히 세속화되었음을 뜻한다. 교회 권위의 강화를 의미하는 교권주의가 교회가 담당하는 정신적 기능의 강화를 뜻하는 것이 아니라 역으로 교회의 세속화를 통해 본래의 종교적 권위가 실추되어 가는 것을 의미하게 되는 것이다. 그것은 세속적인 것과 성스러운 것의 경계가 허물어 가는 것을 의미한다. 그 경계가 사라지는 것은 성스러운 것과 세속적인 것이 화합하거나 소통하는 것을 의미하는 것이 아니라 그 경계를 통해 유지되던 종교적 풍토 자체가 사라질 위험에 처했음을 의미한다. 종교개혁은 그러한 위험에서 종교성을 되살리려는 운동이며, 인본주의 운동은 교회 권위의 과도화와 타락에 대한 반작용으로 일어난 운동이다.

기독교는 분명 유럽의 정신적 통합의 축 역할을 했다. 그러나 그 기독교는 단 한 가지 얼굴을 하고 있는 것이 아니라 유럽 내 각 지역의 기질 및 풍토, 역사적 사건들과 만나서 각기 다른 모습으로 변용되어 나타난다. 그리고 그런 다양한 모습은 이후 유럽 역사가 겪게 되는 온갖 변화의 밑그림이자 동력으로 작용한다. 유럽의 중세는 그렇게 이후 유럽 역사의 밑그림이 형성된 시기이지, 간단하게 부정하고 지워버릴 수 있는 암흑기가 아니다.

19세기 유럽인들은 유럽인은 15~16세기 유럽이 맞이한 대변혁에 르네상스라는 명칭을 붙이면서 중세를 암흑기로 규정하고 부정했다. 그러나 정확히 말하자면 유럽은 중세와 함께 탄생한 것이다. 19세기 유럽인들이 중세를 부정한 것은 이런 비유가 옳다면, 이제 막 출셋길에 나선 사람이 자신이 미천한 가문 출신임을 부정하고 명문 가문의 족보를 도용하는 것과 같다. 말하자면 족보 세탁이다. 19세기 유럽인들은 그렇게 새로 만든 족보에 고대 그리스와 로마 문명을 끌어넣었다. 나는 족보를 세탁하기보다는 개천에서 용 난 것이 사실이라고, 아무것도 없는 데서 출발해서 여기까지 이르렀다고 말하는 게 더 당당한 태도가 아닐까, 은근히 생각해 본다. 하지만 이해되는 측면도 있다. 중세 말기에 타락할 대로 타락한 교회의 모습을 부정하고 싶은 심정에, 브로델이 근대 이전 유럽을 '프롤레타리아 대륙'이라고 부를 만큼 낙후된 상황에서 동방의 고등 문명에 대한 상대적 열등감이 더해져 미천한 가문을 부정하고 싶었을 것이니, 어찌 보면 당연한 일이었는지도 모른다.

제3장

중국과 유목 민족, 실크로드와 불교

이번에는 우리의 눈길을, 중국을 중심으로 한 동쪽으로 옮기기로 하자. 지구촌 서반구에서, 로마가 기원전 3세기에 이탈리아반도를 통일한 이래 8세기 초 신생 유럽 문명이 기지개를 켜게 될 때까지, 그 사이, 지구촌 동쪽에서는 어떤 일이 벌어지고 있었을까? 지구촌 동쪽의 문명은 우리가 지금까지 살펴본 서반구의 문명과 어떤 차이를 보일까? 만일 두드러진 차이가 있다면 그 차이의 내용은 무엇이고 그 차이는 왜 생겼을까? 그 이질적인 문명들은 서로 고립된 채 지냈을까, 아니면 일찍이 교류했을까? 만일 교류했다면 어떤 방식으로 교류했을까?

   그런 궁금증을 간직한 채 우리의 눈길을 우선 중국으로 돌린다. 때는 춘추전국시대를 마감하고 진시황이 중국을 통일했을 때이다.

01

진시황秦始皇의 중국 통일과 만리장성

진시황의 중국 통일

진시황은 기원전 221년, 500여 년간의 기나긴 춘추전국시대를 마감하고 중국을 통일한다. 중국 역사상 최초로 중앙집권적 통일국가가 출범한 것이다. 진 제국이 통일을 이룩할 수 있었던 것은 단순히 군사력에 의한 것이 아니었다. 진 제국은 법가法家 통치 철학과 실용주의적 제도 개혁을 바탕으로 전국을 통일했으며, 진 제국의 통일을 통해 중국은 봉건 체제에서 벗어나 새로운 모습으로 변모한다.

하지만 진시황이 죽은 지 겨우 5년 만에, 그러니까 중국을 통일한 지 16년 만인 기원전 205년에 진나라는 멸망한다. 진나라는 겨우 16년밖에 존속하지 않은 셈이다. 그러나 그 짧은 세월과는 상관없이, 진시황이 남긴 족적은 중국 역사에서 획기적이다.

진시황은 법가의 국가철학을 시행하면서 신분에 관계 없이 법을 일률적으로 적용했으며 관료제를 전국적으로 확산시켰다. 과거의 분봉제

分封제를 폐지하고 군현제郡縣制를 시행함으로써 주나라로부터 이어져 온 봉건사회와 작별한 것이니 혈연 중심의 봉건사회를 국가에서 임명한 관리 중심의 관료 사회로 바꾸면서 중앙집권적 국가 형태를 갖춘 것이다.

이어서 그는 일련의 통일 작업을 추진했다. 그는 서체書體의 기준을 예서隸書로 통일하여 문화적 일체감을 조성했으며, 도량형을 통일하여 무게, 길이, 부피 등의 측정 기준을 전국적으로 표준화했다. 또한 그는 반량전半兩錢이라는 화폐를 통용해서, 경제 교류의 표준화를 꾀했고, 도로망을 정비했으며 토지제도를 개혁해 토지를 국가가 직접 관리했다. 그리고 그는 황제라는 칭호를 동아시아에서 최초로 사용하면서 자신이 첫 번째 황제라는 뜻에서 스스로 시황제始皇帝라 칭했다. 이후 중국의 군주는 모두 황제라는 칭호를 사용했으니, 청나라까지 이어진 중국 황실 역사의 장場을 그가 열었다고 해도 과언이 아니다.

기원전 3세기에 시행된 진 제국의 이러한 제도들은 중국 내부에서도 그렇고 지구촌 전체의 시각에서 보더라도 지극히 개혁적이고 선진적인 제도들이었다. 아직 제대로 된 국가 형태가 출현하기 전인 유럽은 두말할 필요도 없거니와 오리엔트의 분열된 헬레니즘 국가들은 중앙집권적 관료 체제와는 거리가 먼 지배 엘리트 중심의 통치 형태를 띠고 있는 것이 일반적이었다.

그렇다면 이런 질문이 떠오른다. 진 제국이 중국을 통일한 지 불과 16년 만에 붕괴한 것은 혹시 진시황이 실시한 제도가 지나치게 조숙한 제도였기 때문이 아니었을까? 그러한 개혁적 제도를 시행하기에는 아직 사회적 역량이 그에 미치지 못해서가 아니었을까? 법과 제도가 지나치게 기계적으로, 그것도 하향식으로 적용되어 사회가 그 제도를 수용하기 어려워서가 아니었을까? 그렇기에 민심 이반과 저항을 불러오게 된 것이 아니었을까?

하지만 분명한 사실이 있다. 진시황이 실시한 제도가 지나치게 개혁적이었고, 그 때문에 진秦 제국이 단기간에 붕괴했다 하더라도 진 제국이 열어놓은 새로운 길 자체는 붕괴하기는커녕 이어지는 중국 왕조의 기본 토대가 되었다는 사실이다. 당장 진의 뒤를 이은 한漢 나라만 보더라도 비록 진과는 달리 엄격한 법가 위주에서 탈피, 유교적 이데올로기를 채택하긴 했어도, 진 시황이 이룩한 중앙집권적 관료 체제를 더욱 강화하는 정책을 시행했으며 제도적으로 국가를 통일하려는 시도는 더욱 강화되었다. 한 나라 이후 수없이 새로운 왕조가 등장하면서 중국은 변화를 거듭했지만, 그 변화는 모두 진 제국이 이룩한 기본 토대를 바탕으로 한 변화였다.

만리장성 - 중화中華사상의 축조물

진 나라가 중국을 통일한 시기는 중국 내부적으로만 큰 변혁을 이룬 시기가 아니다. 그 시기는 중국 외부의 유목민족이 강력한 힘을 구축해서 중국에 큰 영향을 미치기 시작한 격변기이기도 했다. 이때부터 중국 역사는 외부 유목민과의 충돌에 의한 정복, 피정복의 역사가 된다. 진시황이 쌓은 만리장성은 강력해진 이민족의 중국 진출에 대한 반응의 중요한 결과물이다. 그런데 ㄱ 만리장성은 단순히 이민족의 침략을 막기 위한 건조물 이상의 큰 의미를 지닌다. 만리장성은 북방 흉노족의 침입을 막기 위한 거대한 축조물이다. 그러나 동시에 만리장성은 중화中華라는 이념의 상징이기도 하다. 그런 의미에서 진시황은 중국을 최초로 통일한 인물이면서 중국에 중화中華라는 이념을 처음으로 심어준 인물이기도 하다.

세력이 강해진 북방의 흉노족이 변방을 침입하자 진 시황은 대장군 몽염蒙恬을 파견하여 그들을 정벌하고, 내몽고 땅 일부를 영토로 편입한다. 그런 후 그는 몽염에게 임조臨洮(린타오, 간쑤성 동부)로부터 요동遼東에 이르기까지 험준한 지형을 따라 만리장성을 쌓게 한다. 물론 당시에 지금 존재하는 만리장성을 모두 쌓은 것은 아니다. 한 나라 무제武帝가 한 번 더 대규모 공사를 해서 위치도 변하고 길이도 더 길어진다.

다시 말하지만, 진시황이 몽염을 시켜 쌓게 한 만리장성은 북방 흉노족의 침입을 막기 위한 거대한 축조물이다. 그러나 만리장성의 목적이 야만족의 침입을 막기 위한 것이라면, 실질적으로 만리장성은 그 소임을 다 하지 못한 셈이다. 만리장성을 쌓은 후에도 야만족에게, 더 정확하게 말한다면 북방의 유목민에게 수없이 유린당하고 심한 경우 정복까지 당한 것이 중국의 역사이기 때문이다.

그러나 중국을 정복하고 대륙의 주인공이 된 이민족들은 곧바로 중국화된다. 힘으로는 중국 땅을 정벌했는지 몰라도 정복자들은 중국을 멸망시키고 완전히 새로운 나라를 건설하지 않는다. 그들은 곧바로 중국 문명권으로 편입되어 중국의 역사를 이어받는다. 한漢→수隋→당唐→송宋→원元→명明→청淸으로 이어진 중국의 역사는 한족漢族으로 이어져 온 역사가 아니다. 수와 당은 유목민족인 선비족鮮卑族이 한족 국가를 정복하고 세운 나라이며 원나라는 몽골족이, 청나라는 여진족이 세운 나라이다. 그러나 그 역사는 이민족이 지배하는 새로운 나라들이 중국 땅에 잇따라 들어선 역사라기보다는 같은 나라의 왕조만 바뀌어 온 역사처럼 보인다. 마치 강력한 블랙홀이 구심력으로 작동하듯, 만리장성 안쪽을 침범한 이민족은 이미 자리를 잡고 틀을 완성한 중국 문명에 흡수된다.

유럽 대륙의 게르만족은 서로마제국을 멸망시킨 후 새로운 유럽 문명을 일으켰지만, 만리장성 밖의 유목민들은 중국을 접수하더라도 중국을 멸망시키지 않았을 뿐 아니라 자신들이 정복한 곳의 중화 이념에 동화되었다. 한^{漢}나라 멸망 후 그 뒤를 이은 수^{隋}나라와 당^{唐}나라가 좋은 본보기이다. 다시 말하지만, 수나라와 당나라는 한족^{漢族}이 세운 나라가 아니라 유목민족 일파인 선비족^{鮮卑族}이 만리장성을 넘어 중국을 침략한 후 세운 나라이다. 그들은 중국을 접수한 후 철저히 한화^{漢化}되었다. 훗날의 원^{元}나라와 청^{淸}나라도 각기 조금씩 편차는 있지만 큰 틀에서 볼 때 사정은 마찬가지이다.

물론 새로운 왕조가 들어설 때마다 변화가 생긴다. 그러나 그 변화는 그리스의 침공으로 헬레니즘 문명이 탄생한 오리엔트 지역이나, 로마제국의 영향으로 새로운 유럽 문명이 탄생한 유럽 대륙에 비하면 혁명적인 변화가 아니었다. 만리장성을 넘어서 침입한 이민족들은 만리장성을 허물어뜨리고 만리장성 안쪽의 문명을 짓밟고 파괴하지 않았다. 그들은 만리장성을 넘어서자마자 어느 정도 충격만 가한 채 만리장성 안쪽의 문명에 흡수되었다. 그런 의미에서 만리장성은 중국을 외부의 침략으로부터 보호한다는 현실적 의미도 있지만, 중국 문명 안쪽과 중국 문명 바깥쪽을 구분하는 상징적 의미를 동시에 지니고 있다. 그리고 만리장성이 지니는 그러한 상징적 의미는 중국 역사 내내 그 힘을 발휘하며 존속해 왔다.

만리장성은 문명과 야만을 나누는 경계선이다. 진시황은 만리장성을 쌓음으로써 그 경계선을 확고히 한다. 그의 천하 통일은 영토 확장을 통한 말 그대로의 천하 통일이 아니다. 그의 시선은 만리장성 밖을 향하지 않는다. 알렉산드로스의 마케도니아와 로마제국이 끊임없는 정복 사업을 통해 영토를 확장하면서 자기 문명의 씨앗을 지구촌 곳곳에 뿌렸다면 진시황은 문명권 바깥 세계로 향하는 문을 걸어 잠갔다. 로마제국과 진 제국의 그 차이는 교역 위주의 상업 문명과 농사 위주의 농업 문명의 차이를 극명하게 보여준다. 상업 문명의 시선은 밖을 향해 열려 있고 농업 문명의 시선은 안을 향해 닫혀 있다. 상업 문명이 외부와의 교류를 통해 교류 당사자 모두의 변화를 낳는다면 농업 문명은 내부의 안정을 지향한다.

 진시황의 목표는 제국의 확장이 아니었다. 그의 목표는 천하를 통일하여 효율적으로 다스리는 것이었으며 그 천하는 바로 중국이었다. 그러나 로마제국의 중심은 로마가 아니라 오리엔트 선진 문명이었다. 로마가 확장을 통해 끊임없이 중심을 이동했다면 진 제국은 중심 탈환과 천하 통일이 최종 목표였고, 탈환한 중심을 안정적으로 지키는 것이 과제였다. 달리 말해 그리스 제국과 로마제국이 원심적遠心的이었다면 중국의 진 제국은 구심적求心的이었다. 그리고 그런 가운데 중화中華라는 이념이 형성되었다. 중화사상이란 만리장성 안쪽의 중국 문명을 중심으로 삼고, 그 나머지는 모두 오랑캐로 간주하는 사상이다. 그 중화사상이 오늘날까지 변치 않고 중국인의 집단의식으로 작동하고 있으니, 진시황의 만리장성 축조는 단순히 방어용 장성을 쌓은 것이 아니라, 이후 중국 모든 왕조의 정신적 토대로 작동한 중화 이념을 축조한 것이기도 하다.

02

역사에 등장한 유목 민족—유목제국과 실크로드

유목제국 약사

만리장성을 문명과 야만의 경계선이라고 말했지만, 엄밀히 말한다면 중화 이념의 입장으로 볼 때만 문명과 야만의 경계선일 뿐이다. 실은 그 경계선은 농경 문화와 유목 문화의 경계선이다. 중화 이념이란 유목 문화에 대한 농경 문화의 경계심과 우월감 등이 어우러져 빚어진 것이다. 그 우월감이 부풀어 오르자, 중국 문명 바깥은 동서남북 모두 오랑캐가 되어 동이東夷, 서융徐戎, 남만南蠻, 북적北狄이라는 용어가 만들어졌지만,[17] 애당초 그런 중화 이념을 낳은 것은 북방 유목 문화에 대한 농경 문화의 우월감이다.

어찌 보면 농경민이 이룩한 문화는 모든 면에서 유목민들의 문화보

---

[17] 『예기禮記』, 「왕제王制」 편에 그 용어들이 나오며 이후 오랑캐를 방위에 따라 나누는 근거가 되었다.

다 우월해 보이기도 한다. 그들은 훨씬 부유한 가운데 발전된 국가 체제를 이루고 있었으며 잘 정비된 제도도 갖추고 있었다. 반대로 유목민들은 지켜야 할 것이 별로 없어 보인다. 제대로 된 국가 형태를 갖추고 있지도 않았으며 지켜야 할 농토도, 부(富)도 지니고 있지 않았다.

그러나 정주 문명 중심의 시야에서 벗어나 지구촌 호모사피엔스의 삶을 큰 틀에서 바라보면 유목민의 삶, 혹은 문화를 단순히 농경 문화 주변을 어슬렁거리면서 농경 문화가 누리고 있는 부와 안정을 노리는 약탈자의 모습으로 그릴 수는 없게 된다. 유목민의 삶과 활동은 인류 역사에서 중요한 축을 이루고 있으며, 유목 민족과의 관계를 배제한 채 정주 문명 발달 과정을 설명하고 이해하는 데는 한계가 있다. 그뿐이 아니다. 학자에 따라서는 기원전 1,000년대 이후, 약 2,000년 정도 세계사를 움직인 동력이 바로 기마유목민 세력이라고 말하는 사람도 있을 정도이다. 고원지대 기마 문화에 기반을 둔 페르시아 문명은 물론이고, 중앙 유라시아 지역과는 멀리 떨어져 있는 헬레니즘 문명과 로마 문명도 기마유목민과 연관을 맺고 있으며 그 영향을 받았음을 염두에 둔 발언이다. 그 의견을 액면 그대로 받아들이기에는 무리가 있겠지만, 어쨌든 정주 문명을 중심으로 서술해 온 역사관대로 유목 민족의 삶과 문화를 변방 취급하거나 문명 밖으로 몰아내는 것은 인류 역사의 중요한 한 축을 버리거나 무시하는 것과 마찬가지이다.

우리의 시야를 넓혀서 바라보면 만리장성은 문명과 야만의 경계선이 아니라, 두 이질적인 문명의 숨결이 교차하던 접촉면이었다. 그리고 그 접촉은 때로는 충돌이었고, 때로는 통로였다. 만리장성은 중화 문명의 경계이자 자부심이었고, 때로는 두려움의 표현이었다. 우리는 그 벽을 넘어, 그 너머의 하늘 아래 존재했던 세계, 중앙 유라시아 초원과 사막 세계에서 펼쳐졌던 유목 제국의 역사를 조금 찬찬히 살펴볼 필요가 있다. 그곳에는 '문명'이라는 이름에 의해 가려졌거나 경시되었던 또 다른 삶의 형식과 정치 질서, 사유의 체계, 한 마디로 정주민의 삶과는 다른, '호모사피엔스의 또 다른 삶'이 있었기 때문이다.

아주 오래전부터 북위 35도에서 55도에 이르는 광범위한 중앙 유라시아 건조지대에 흩어져 살던 호모사피엔스들이 있었다. 그들은 기원전 6,000~5,000년대부터 비교적 물을 쉽게 얻을 수 있는 오아시스 및 큰 산맥 안의 계곡을 중심으로 농사짓고 목축하며 살았다. 그들에게 농경이 전파되었지만, 워낙 건조지대여서 농사를 지으며 살 수 있는 공간에는 한계가 있었다. 거주 가능 공간들은 농경이 가능한 오아시스가 있는 중앙아시아의 소그디아나, 박트리아, 페르가나, 타림분지 주변 등에 흩어져 있었고 사람들은 그곳에 끼리끼리 모여 살면서 역사 무대에 등장하지 않았다.

그런데 기원전 1,000년대에 이르러 중앙아시아에 큰 변화가 찾아온다. 기마유목민이 출현하면서 강력한 세력을 자랑하게 된 것이다. 기마유목민은 오아시스보다 훨씬 물을 이용하기 어려웠기에 거주 부적합 지역이라고 할 수 있는 광대한 초원에 출현하여 남쪽 도시를 위협할 수 있는 강력한 유목국가를 형성했다. 그들이 그렇게 강력한 유목국가를 세울 수 있었던 것은 전적으로 말 덕분이었다.

중앙 유라시아가 원산인 말은 기원전 3,500년경부터 가축화된다. 애당초는 고기와 젖을 얻으려는 목적에서 야생말을 가축으로 길들인 것이다. 그런데 기원전 1,000년대에 사람이 직접 말을 타는 기마 기술이 발명되어 중앙 유라시아 전역에 빠르게 퍼졌다. 이어서 중앙 유라시아

서부에, 킴메르, 스키타이, 사르마트가 출현했으며 중부의 사카, 동부의 월지, 오손烏孫, 흉노, 거란 등의 인도-유럽어족과 알타이어족 기마유목민이 역사의 무대에 등장했다.

그들은 가축을 방목할 수 있는 초원을 찾아 이동했다. 그들의 출현으로 중앙 유라시아의 광대한 초원지대 전역이 어렵게나마 사람이 생활할 수 있는 공간으로 변했다. 중앙 유라시아 초원지대에서 기마술은 기원전 9세기에 급속도로 발전했고, 그 결과 속도가 빠른 경무장의 기마군단이 출현했으며, 유목 민족이 강력한 군사력을 자랑하면서 세계사에 등장했다.

그 최초의 세력이 바로 스키타이와 흉노이다. 우리가 이전에 배운 역사에서는 스키타이 문화가 유라시아 서부로부터 전파되어 동쪽의 흉노 문화를 낳았다는 학설이 정설이었지만, 최근의 연구에서는 기마유목민의 원류는 동쪽이고 그것이 서쪽으로 전파되었다는 학설이 더 우위를 점하고 있다. 어쨌든 스키타이는 국가 단계에는 이르지 못했고, 최초로 강력한 유목국가를 건립한 것이 바로 흉노이다. 이후 1,500년 이상에 걸쳐 유라시아에서 흥망성쇠를 거듭했던 유목 제국의 원조가 바로 흉노이니, 만리장성은 세계사에 처음 모습을 보인 기마 유목 제국에 대한 농경 문명 최초의 반응을 의미한다.

흉노 제국 등장 이후에 중앙 유라시아에는 거대한 유목제국이 잇따라 등장했다. 기원전 3세기부터 기원후 1세기까지 존속한 흉노 제국은 진시황제에게 만리장성을 쌓게 한 장본인으로서, 이후 한漢나라와의 전쟁과 교섭을 병행하면서 실크로드 상의 주도권을 장악했다. 흉노 제국은 선우單于라는 명칭의 우두머리를 중심으로 중앙 집권화된 지배구조를 형성했으며, 강한 군사력과 기동력을 갖추고 있었다.

흉노가 해체된 후 6세기부터 8세기까지는 튀르크계의 돌궐 유목민이 중심이 된 돌궐제국이 중앙 유라시아 초원지대의 지배자로 군림한다. 돌궐제국은 당의 건국을 지원하기도 했지만, 당 태종에 의해 동서 돌궐로 분열하고, 744년 돌궐의 지배를 받던 부족 연합 세력과 당나라의 공격으로 멸망한다. 이후 돌궐족은 서방으로 진출, 동로마제국, 페르시아와 교섭 관계를 맺음으로써 유목 제국의 범위를 중앙아시아 전역으로 확대한다. 돌궐제국은 돌궐 문자를 사용하면서 일부 기록 문화도 형성하고, 자기 정체성의 표현을 시도한다.

돌궐에 이어 중앙 유라시아 초원지대를 주도한 제국이 위구르 제국이다. 위구르 제국의 역사는 8세기 후반부터 9세기까지 비교적 짧지만, 당나라와의 연합 및 교역을 통해 크게 융성했으니, 안사의 난(755-763)으로 당이 빈사 상태에 빠졌을 때 당을 구해준 것이 위구르 제국이다. 위구르 제국은 불교, 마니교, 조로아스터교 등을 받아들임으로써 종교적 다원성을 확보했다. 위구르 제국은 정주화 경향을 드러낸 유목국가로 볼 수 있으며, 실크로드 상의 도시들과 밀접하게 교류하면서 문화적 중개자 역할을 담당했다. 위구르 제국은 국제 교류를 바탕으로 정치조직, 관료 문화 등에서 상당히 높은 수준에 도달했으며 훗날 몽골제국을 세운 칭기즈칸은 위구르인들을 학자, 관료로서 중용한다.

이후 11세기까지 초원지대에는 거대 제국이 출현하지 않고 일종의 다극 체제가 유지되다가, 12세기에 이르자 거란족의 요遼나라 잔존殘存 세력이 중앙아시아로 진출, 카라키타이(서요西遼)를 세운다. 카라키타이는 실크로드 중심지를 지배하면서 불교적 색채를 유지한다. 카라키타이는 중국식 관료제와 유목 지배 방식을 절충했으니, 중앙 유라시아에서 동아시아적 통치 양식을 실험한 국가로 볼 수 있다.

이어서 13세기, 드디어 몽골제국이 등장한다. 칭기즈칸이 건립한 몽골제국은 동유럽에서 동아시아까지 아우르는 초대형 제국으로서 이제까지 등장했던 중앙 유라시아 유목 제국들의 종합판으로 볼 수 있다. 몽골제국의 등장은 세계사적 전환점이었으니, 몽골제국은 동서양 문명의 연결자이자 새로운 문명의 창조자였다. 몽골제국은 종교·언어·문화 교류 및 자유로운 무역의 주체가 됨으로써 팍스 몽골리카를 실현했고 제국의 분열 이후에도 장기적으로 그 영향력을 유지했다.

몽골제국 붕괴 이후에도 중앙아시아에서는 티무르 제국이 14세기 말부터 15세기까지 존속하면서 사마르칸트를 중심으로 강대한 세력을 자랑한다. 또한 튀르크의 유산과 이슬람 정체성을 기반으로 유럽-오리엔트-아시아를 잇는 대제국을 형성한 오스만제국도 중앙 유라시아 유목 제국의 계보를 잇고 있다.

흉노 제국이 등장한 이래, 중앙 유라시아에는 거대한 유목 제국이 잇따라 흥망성쇠를 거듭했다. 그러나 유목 제국은 정주 문명 지대 국가들과는 달리 영토를 중심으로 등장했다 사라진 제국이 아니었다. 유목 제국의 중심은 어느 한 거점 도시가 아니었다. 유목 제국에는 그런 고정된 중심이 아예 존재하지 않았다. 유목 제국의 중심은 도시가 아니라 초원을 따라 이동하는 사람들이었고, 그들이 거주하는 천막이었다. 유목 제국은 영토가 아니라 사람을 중심으로 한 지배 네트워크였으니, 그 중심은 움직이는 중심이었다. 따라서 하나의 제국이 멸망한다는 것은 정주 문명의 제국이 멸망하는 것과는 의미가 달랐다.

유목 제국의 멸망은 거점 도시를 빼앗기는 것을 의미하지 않았다. 그것은 지배 네트워크의 중심 역할을 잃게 되었음을 의미했다. 멸망한 제국의 지배자와 부족들에게는 집착할 영토가 있을 리 없었다. 따라서 그들은 자유롭게 다른 곳으로 이동할 수 있었다. 세력이 불리하면 언제고 물러날 준비가 되어 있는 것이 그들이었다. 그들이 조용히 지내면서 훗날을 도모할 초원은 여기저기 많았다. 유목 민족이 유럽 역사에 불쑥불쑥 모습을 드러내는 것은 그들의 그런 특성 때문이다. 한동안 얌전히 지내다가도 원활한 지배 네트워크가 형성되고 그 네트워크의 중심으로 부상하게 되면 거대한 세력이 되어 불쑥 그 모습을 드러낼 수 있는 것이 유목 민족의 특성이었다.

유목 민족은 일단 국가 형태를 갖추면 어차피 농경 중심의 정주 문명과 관계를 맺을 수밖에 없었다. 무엇보다 경제가 취약했다. 가축에 의존하는 유목국가 경제는 전적으로 자연환경에 의존했기에 극도로 불안정했다. 한발, 폭설, 한파 등으로 풀이 부족해지면 가축이 대량으로 죽을 수도 있었으며, 인구도 줄 수 있었다. 게다가 그러한 자연재해에 대비해서 가축을 비축하는 것이 불가능했기 때문에 언제고 가축 부족 위기에 빠질 수 있었다.

그뿐이 아니었다. 자연재해에 의한 위기 상황이 아니더라도 유목 지대에서 산출되는 자원만으로는 국가를 유지하고 운영하는 것이 불가능했다. 유목민이 국가 형태를 갖추고 유지하려면 정주 농경 세계로부터 재화를 흡수할 필요가 있었다. 따라서 일단 국가 형태를 갖추면 농경민과 고립되어 지낼 수 없었다. 아니, 농경민과 고립된 초원지대에서는 애당초 유목국가의 출현이 불가능했다. 고립된 초원지대에서 유목국가가 자연스럽게 발생했던 예는 없다. 유목국가는 언제나 농경 세계와 인접한 경계 부근에서 형성되었다. 그들에게는 인근 정주민과의 전쟁과 약탈을 통한 재화 획득이 국가 발생 조건이었고 국가 유지 수단이었다.

　유목국가의 그런 특성 때문에 유목국가 지휘자에게 가장 필요한 덕목은 전쟁 지휘력과 전리품의 공정한 분배였다. 이상적인 지도자는 위기관리 능력이 뛰어난 자, 획득한 자원을 공평하게 재분배하는 자였다. 그중에서도 유목국가 지도자가 반드시 지켜야 할 덕목은 재산의 공평한 재분배였으니, 그 덕목은 유목국가 유지의 근간이었다.

　유목국가의 전쟁은 영토 확장 전쟁도 아니었고, 지도자의 지배욕을 채우기 위한 전쟁도 아니었다. 그것은 분배할 재화를 획득하기 위한 수단이었다. 따라서 유목국가에서의 전쟁은 일반 백성에게는 생산 활동과 마찬가지였다. 유목 부족이 연합하여 유목국가를 건설했던 것은 전쟁을 통한 약탈을 보다 조직적으로, 보다 효과적으로 수행하기 위해서였으니 그것은 바로 유목 민족의 생존 전략이었다.

　유목 국가는 애당초 효율적인 약탈을 위해서 유목 부족이 연합하여 탄생한 것이다. 하지만 일단 유목국가 형태를 갖추게 되자 국가 체제를 유지하기 위해서는 약탈한 전리품의 분배만으로는 충분하지 않았다. 외부로부터 효과적으로 재화와 자원을 흡수할 정책이 필요했고 제도가 필요했다. 유목국가는 상업, 수공업, 농업에 종사하는 정주민을 피지배층으로 두고, 그들로부터 조공을 받았고, 세금을 받았다. 특히 국가 발전과 유지에 반드시 필요했던 것이 실크로드를 통한 무역이었다. 유목 국가에게 실크로드는 단순한 교역로가 아니라 국가 유지의 핵심적 기반이었다. 물론 기마 유목제국은 직접 교역에 참여하지 않았다. 그들은 실크로드의 '보호자이자 통제자'였다. 그들은 '길과 시장의 주인'이었지, 직접 이익을 창출하는 '상인'이 아니었다. 정주 상인 집단이 그 길 위를 오가며 이익을 창출했고, 유목 제국은 그 대가로 세금, 공물, 보호

비용, 상업 차익 등의 형태로 재화를 확보했다.

　유목 제국이 국가 유지를 위해 안전하게 보호한 실크로드 덕분에 호모사피엔스가 이룩한 문명은 서로 원활하게 연결될 수 있었다. 게다가 지구촌 정주 문명의 운명은 중앙 유라시아 기마유목민의 양상에 따라 영향을 받고 부침을 겪었다. 중앙 유라시아 기마유목민의 삶은 정주 문명 중심으로 보면 주변으로 보이지만 그곳은 오히려 정주 문명의 부침을 유도하는 일종의 진앙震央이었다. 또한 기마유목민의 보호와 통제 아래 발전한 실크로드는 일종의 대동맥이기도 했다. 이 대동맥을 향해 주변으로부터 사람, 물건, 돈, 정보가 유입되었고 이 대동맥은 여러 언어, 문화, 종교가 뒤섞이는 거대한 도가니가 되었다. 그리고 그 도가니 자체가 스스로 변용하면서 흘러 지구촌 전체로 그 내용물을 전달했고, 그에 따라 주변 세상은 크게 변했다.

　실크로드는 동쪽의 한漢 제국과 서방의 로마제국이 지구촌에 공존했던 기원 전후 수백 년부터 존재했다. 서쪽으로부터 동쪽으로 로마제국, 파르티아, 쿠샨 왕조, 한 제국이 병렬해서 존재하는 시대가 되면서 최초의 실크로드 번영기를 맞이한 것이다. 그리고 수당과 돌궐, 동 위구르, 이슬람 제국이 병존했던 6세기에서 9세기에 제2의 번성기를 맞았으며 몽골제국이 중앙 유라시아를 넘어 세계를 지배했던 13~14세기에 절정기를 맞았다. '팍스 몽골리카'는 기본적으로 몽골의 보호 아래 실크로드가 평화롭게 안정되어 번영했다는 뜻을 지닌다고 볼 수 있다. 하지만 실크로드는 그 번영기 중간에도 그 역할을 그친 적은 없었다. 호모사피엔스가 지구상에 이룩한 문명들은 고립되어 있던 것이 아니라, 이들 문명권을 연결하는 역할을 맡은 중앙 유라시아 기마유목민의 활동 양상에 따라 때로는 원활하게, 때로는 힘겹게 언제나 소통하고 있었다.

실크로드와 유목 문명, 정주 문명의 관계

실크로드는 그렇게 동서 문명을 연결하는 대동맥이자, 여러 언어, 문화, 종교가 뒤섞이는 도가니였지만, 그 길은 아주 위험한 길이기도 했다. 중앙 유라시아 지역에서는 잇따라 국가가 출몰, 그들 간의 분쟁이 끊이지 않았고, 도적도 출몰했으며, 자연환경도 가혹했다. 그럼에도 실크로드가 번성했던 것은, 그 위험을 감수할 만큼 실크로드 교역을 통해 얻는 이익이 컸기 때문이다.

실크로드 무역은 기본적으로 큰 차익을 남길 수 있는 고가의 사치품 무역이었다. 무거운 물건은 운반 불가능한 것이 그 이유였다. 그중 대표적인 것이 바로 견직물이었다. 그 길이 실크로드라고 불리게 된 것은 견직물이 대표적인 품목이었기 때문이다. 하지만 견직물 외에도 고급 모직물, 고급 면포, 모피, 융단, 금은 그릇, 보석류, 향료, 약품, 기호품이 그 길을 따라 오갔으며 스스로 움직이는 노예와 가축도 중요 품목이었다. 지구상에 호모사피엔스의 문명이 탄생한 이래 노예는 최상의 에너지이자 최고로 정밀한 기계였으니, 실크로드에서도 노예는 말과 함께 가장 가치 있는 상품이었다. 노예는 가축처럼 주인의 소유물이자 재산이며, 사람이 아니라 물건으로 취급되었다. 하지만 당시의 노예는 지금 생각하듯 비참한 처지에 놓인 존재가 아니었다. 뒤에서 자세히 살펴볼 기회가 있겠지만, 이집트에 세워진 이슬람의 '맘루크 왕조'는 노예가 세운 왕조였다.

실크로드의 대표적인 품목이 견직물이었다는 사실과 연관되어 공자의 『논어』에 아주 흥미로운 구절이 나온다. 공자는 자한子罕편 제3장에서 "麻冕, 禮也, 今也純, 儉, 吾從衆." (마면이 예에 맞는다. 지금은 순(비단을 쓰지만 그것이 검소하므로 나는 일반 사람들을 따르겠다.)이라고 말했다. 마면麻冕은 삼베로 만든 관을 뜻한다. 전통 예복의 일부로서 엄숙함을 상징하는 고급 의복이었다. 반대로 생사生絲를 의미하는 순純은 비단으로 만든 관을 뜻한다. 마면이 비쌌기에 실용성과 비용 절감을 이유로 일반인들이 삼베 대신 비단을 사용하고 있지만, 검소해서 그러는 것이므로 예에서 벗어나지 않는다, 나도 비단으로 만든 관을 쓰겠다, 라고 공자는 말한 것이다. 예禮란 형식이 아니라 그 내용에 있다는 점을 강조하기 위해 한 말이다. 실크로드의 대표적인 고급 교역 품목인 비단이 공자의 말씀에서는 검소함을 뜻한다니, 얼핏 우리를 어리둥절하게 만들 수도 있는 대목이다. 비단이 삼베보다 검소하고 대중적이라니!

위의 공자 말씀은 춘추전국 시대(기원전 8세기-기원전 3세기) 더 정확히 말하면 공자 생존 당시인 기원전 6세기에 이미 중국에 비단 직조 기술이 크게 발달했으며 비단이 대규모로 생산되어 보급되었음을 알려준다. 당시 중국에서는 비단이 대중적이고 값싼 직물이었던 것이다. 반면에 삼베는 수작업 중심이었기에 가공 작업이 오래 걸리고 착용감도 떨어져서 대중화가 어려웠다.

그러나 중국에서는 그렇게 값싸고 흔한 비단이 실크로드를 거쳐 서방에 전해지면 더없이 귀한 물품이 되었다. 로마 상류층은 비단을 얻으면 같은 무게의 황금을 대가로 지불했다고 전해지며, 중국은 흉노, 서역국가, 위구르 등에 비단을 대량 하사하여 외교 수단으로 삼았다. 게다가 당나라에서는 비난이 화폐 역할도 일정 부분 담당할 정도로 보편적이었다. 그런 비단이 일단 외국으로 가면 소수만 소유가 가능한 최고급 사치품이 되어 금에 비견할 수 있는 고가품이 되었으니 그 차익이 클 수밖에 없었다. 당시 중국의 섬유 직조 산업 발달상을 보여주는 문헌이며, 무역의 기본적인 성격을 보여주는 좋은 문헌이다. 공자는 실크로드의 명칭이 왜 실크로드인지 단번에 이해할 수 있게 해주는 말씀을 남긴 셈이다.

유목국가는 초원지대에서 독자적으로 발생해서 성장한 것이 아니다. 정주 지역의 농업 문명과 접하고 그 문명과 상호 영향을 주고받으면서, 그 문명의 일정 부분을 흡수하면서 제국으로 발전했다. 즉 유목 제국이 제국으로 성립하는 한 반드시 정주 농경 문명과 관계를 맺으면서 존재할 수밖에 없었다. 그런데 그 관계는 각 유목 제국의 성격에 따라, 혹은 유목 제국이 제국 성립 후 걸어간 길에 따라 그 양상이 다양했다.

흉노와 돌궐처럼 유목국가의 정체성을 잃지 않은 채 정주 문명과 거리를 유지하면서 필요시 쳐들어왔다가 불리하면 물러서는 유형도 있었으며, 거란(요), 여진(금), 카라키타이(서요)처럼 정치, 언어, 종교 면에서는 정주 문명을 받아들이면서도 유목 정체성을 유지하는 일종의 혼종混種인 경우도 있었다. 그런가 하면 동화 정착형도 있었다. 이웃 정주 문명 질서를 수용하고 황제 체제와 관료제를 도입한 경우로서, 위진 남북조시대를 마감하고 중국을 통일한 수나라, 몽골족이 세운 원나라, 여진족이 세운 청나라가 대표적이다. 그 외에 또 다른 유형이 있으니 유목 민족 출신의 지배층이 정주 세계의 일부를 이루는 경우이며, 오스만제국과 무굴제국이 그 예이다.

유목 제국의 종합판이라고 할 수 있는 몽골제국은 그러한 유목국가의 각 특성을 모두 보여준다. 칭기즈칸 사후 넷으로 분열된 몽골제국은 분열된 국가마다 그 유형이 달랐다. 원나라와 일칸국은 각각 중국과 페르시아 문명에 동화되었다. 차가타이 칸국은 유목-정주 혼합 모델이었으며, 가장 넓은 지역을 지배했던 킵차크 칸국은 유목국가로서의 정체성을 유지한 채, 동서 교역로 연결의 중추 역할을 했다.

정리하자면 유목국가들은 때로는 흉노, 돌궐, 초기의 몽골처럼 정주 문명의 경계를 뒤흔들고 새로운 질서를 요구하는 경계 파괴자 역할을 하기도 했고, 위구르, 카라키타이, 차가타이 칸국, 킵차크 칸국처럼 동서 문명의 중개자가 되어 문화, 종교, 상품 교환의 주역이 되기도 했으며, 금, 원, 청, 오스만제국, 무굴제국처럼 정주 문명의 계승자가 되기도 했다. 그러면서 유목국가들은 세계사에 지대한 영향을 미쳤다.

실크로드는 단순한 교역로가 아니었다. 그곳은 유목 제국들이 서로 밀고 밀리는 가운데, 아시아에서 유럽까지 진동시키는 연쇄적 에너지의 무대였다. 한곳의 변화가 수천 킬로미터 너머까지 연쇄적 반응을 일으켰다. 유목 제국의 흥망성쇠는 일종의 아코디언 효과를 발휘하며 수천 킬로미터 떨어진 지역까지 영향을 미쳤다.

기원전 2세기 한 무제에 의해 흉노가 분열되어 중앙아시아로 밀려나자, 그 잔존세력이 유럽으로 진출, 4세기경 훈족으로 등장했다. 그들은 발칸반도로 진입, 게르만족을 밀어냈고, 게르만족의 이동에 불을 지폈으며 그 결과 서로마제국이 붕괴했다. 아시아 제국 재편이 유럽의 민족 대이동을 유발하고 서로마제국 체제의 붕괴를 유도한 것이다.

6~7세기에는 돌궐제국이 등장하여 사산조 페르시아 및 동로마제국과 접촉하면서 오리엔트 정치 질서에 균열을 불러왔고, 이슬람의 출현에도 영향을 미쳤으며, 이후 동서 문명은 더욱 활발하게 접촉할 수 있었다. 한편 튀르크족의 서방 진출은 11세기 말 유럽에서 십자군 운동이 일어나게 된 원인 가운데 하나로 작용했다.

13세기에는 몽골제국이 팽창하면서 헝가리, 폴란드까지 진출하여 유럽을 공포에 빠뜨렸으며, 킵차크 칸국은 동유럽과 중앙아시아, 중국을 실질적으로 연결했다. 또한 그들의 러시아 지배는 모스크바 대공국을 중심으로 한 러시아 제국 탄생의 계기가 되었다. 몽골제국은 단순히 세계를 정복한 것이 아니라 유라시아적 통합 메커니즘을 창출한 것이다. 이후 티무르 제국과 오스만제국까지 중앙 유라시아는 세계사에서 일종의 진동판Resonance Board 역할을 했다. 말하자면 유목국가가 정복, 보호, 관리한 실크로드는 단순한 무역로가 아니라 정주 문명과 유목 문명, 서방 문명과 동방 문명이 서로 영향을 미치면서 교차하는 실질적인 공간이었으며, 연쇄적 에너지의 무대였다.

중앙 유라시아는 단순히 실크로드가 지나가는 통로가 아니었다. 실크로드를 지배한 유목 민족의 흥망성쇠는 역사의 구조를 흔드는 파장이었다. 만리장성 안에서 본 유목 세계는 질서를 위협하는 외부의 세력으로 보였겠지만, 아코디언 효과의 관점으로 본다면 상호 에너지가 전달되면서 이질적인 문명을 연결해 주는 주체였다. 그 사실을 염두에 두고 이제 우리의 눈길을 다시 만리장성 안의 중국으로 돌리기로 하자.

진시황제가 만리장성을 쌓은 것은 바로 1,500년 이상 중앙 유라시아에서 흥망성쇠를 거듭했던 유목제국의 원조 흉노가 등장했을 때이다.

중국을 통일한 진시황은 흉노족의 위협이 강해지자, 기원전 215년 대장군 몽염을 북방으로 파견한다. 몽염은 오늘날의 오르도스Ordos 일대(내몽고 자치구 남쪽 끝 지역)에서 흉노를 몰아내고 그곳에 만리장성을 쌓으니, 흉노족 일부는 일시적으로 서쪽으로 쫓겨난다.

그런데 앞에서 말했듯 중국 서북방에서 벌어진 그 사건은 국지적 사건으로 끝나지 않고 저 멀리 서쪽 지역까지 아코디언 효과를 일으킨다.

그 결과 우리가 이 책 1장에서 살펴본 박트리아 왕국, 즉 알렉산드로스가 중앙아시아에 세운 헬레니즘 왕국이 멸망하게 된다. 떠돌이 삶이라는 유목 민족의 특성이 동아시아의 중국 문명과 에게해에서 시작된 그리스 문명과 연관을 맺는 촉매 역할을 한 셈이니 흥미로울 수밖에 없다. 잠시 그 전말을 살펴보기로 하자.

몽염에게 밀려난 흉노족은 북쪽과 서쪽으로 진출해 중앙아시아와 북아시아에서 세력을 떨치고 있던 월지月支를 공격, 그들을 그 땅에서 몰아낸다. 월지는 동남으로는 중국 섬서성陝西省으로부터 서북으로는 알타이산맥에 이르기까지 광활한 영역에 거주하던 민족으로서 흉노족과 비슷한 국가 형태를 갖추고 있었다. 특히 그들은 타림분지를 중심으로 한 실크로드를 장악, 동서 무역을 독점했고 인도에도 진출할 정도로 활발한 활동을 했으며 실크로드를 통해 동아시아 국가들에 불교를 전파한 것으로도 알려져 있다.

흉노에게 쫓긴 월지의 무리는 계속 서쪽으로 이동, 마침내 소그디아나(오늘날 우즈베키스탄의 사마르칸트를 중심으로 하는 지역)까지 밀려나 그곳에 터를 잡으니 이 지역은 대월지大月支로 불리게 된다. 그들은 타슈켄트와 페르가나 지역에 살고 있던 사카족을 몰아냈다. 그런데 월지에게 쫓겨난 사카족은 더 남쪽으로 이동하여 지금의 아프가니스탄 지역에 존재하던 박트리아 왕국을 멸망시킨다. 박트리아는 중앙아시아에 존속해오던 마지막 헬레니즘 국가이니, 동아시아에서 벌어진 진시황의 흉노 속 죽줄 사건이 최동단 헬레니즘 국가의 멸망으로 이어진 것이다. 멸망한 사카족 일부 세력은 인도 땅으로 들어가 쿠샨 왕조를 일으킨다.

그뿐이 아니다. 흉노족과 월지, 사카족은 이란계 유목민이 세운 파르티아 제국을 공격해 위기에 빠뜨리기도 했고, 인도 땅으로 들어가 굽타 왕조 등을 세우기도 했으니, 유라시아 대륙의 유목 민족은 떠돌이 삶을 살면서 서로 멀리 떨어진 정착 문명들을 연결하는 촉매 역할을 단단히 한 셈이다. 전쟁으로 인한 것이건, 교역에 의한 것이건 그들의 활동을 통해 지구촌에서 가장 멀리 떨어진 이질적 문명이 만나서 교류하고 소통할 수 있었으니 요즘 식으로 말하자면 그들은 정보통신망 그 자체이자 소통의 플랫폼이었다.

중국을 넘보던 흉노는 진秦의 몽염에게 본거지를 빼앗기고 쫓겨난다. 만리장성 밖으로 쫓겨난 그들은 광활한 지역을 지배하던 월지를 몰아내고 그 지역을 장악한 후 더욱 강대한 세력을 자랑하게 된다. 그들은 월지가 지배하던 지역뿐 아니라 오르콘강 지역의 외몽골과 만리장성 근처의 내몽골까지 완전 장악 지배했으니, 중국을 제외한 동아시아 북부 대륙이 모두 흉노의 수중에 들어갔다고 해도 과언이 아니었다. 진시황의 흉노 축출은 오히려 그들에게 더욱 강대한 세력 구축의 빌미를 마련해준 셈이다.

힘이 더욱 강대해진 흉노는 진이 멸망하고 한 제국의 건설로 이어지는 혼란기(초한지楚漢志를 통해 우리에게 익숙해진 시기)를 틈타 중국 본토를 넘보기 시작한다. 그들은 기원전 201년 산서山西 지역을 공격한다. 천하 패권을 놓고 초나라의 항우項羽와 힘을 겨룬 끝에 겨우 승리를 거둔 유방劉邦(한 고조)이 직접 그곳으로 달려갔지만, 그는 오히려 포위되어 위기에 처한다(백등산 전투). 유방은 공주와 궁녀들을 흉노에게 바쳐서 겨우 협상할 수 있었다. 중국의 변방을 위협하던 흉노는 중국과의 인적, 물적 교류를 통해 이미 중국 문명을 상당히 받아들여 제국 체제를 갖춘 상태였고 군사력은 중국보다 월등했다.

한漢나라가 천하를 통일하고 제7대 황제인 무제(BC 159~BC 87, 재위 BC 141~BC 87)가 제위에 오를 때까지 이러한 힘의 불균형은 계속된다. 흉노는 기원전 167년에는 한나라 수도인 장안(시안) 근처 섬서성 지역까지 쳐들어와서 그곳에 있는 회중궁을 불태우는 등 중국 서북쪽 거의 전 지역을 위협했다. 그러나 한무제가 즉위하면서 사정이 달라진다.

한무제에 쫓긴 서흉노

한무제는 전한前漢(BC 206~AD 9, 왕망王莽이 세운 신나라(8년~23년)에 의해 멸망)과 후한後漢(25~209)의 420년에 이르는 한나라 역사에서 가장 오랜 기간(54년간) 재위한 황제였다. 재위 기간이 오랜 만큼 업적도 많고 일화도 많아서 중국사 전체에서도 가장 언급이 많이 되는 황제 중의 한 명이다. 전한의 중요한 정책이 모두 한무제 때에 이룩되었다고 말할 수 있을 정도로 그는 많은 일을 이루었다. 그는 한나라의 법령을 완성하고 중앙집권체제를 완료했으며 소금과 철 전매법, 균수법, 둔전제 등의 여러 가지 중요한 경제 정책을 시행했다.

그는 진 제국이 실시한 군현제와 주나라의 봉건제를 병행 운영했다. 중앙집권과 지역 자율 간의 절충을 시도한 것이니, 현실적 상황을 감안하여 진 시황의 급격한 개혁의 속도를 늦춘 것으로 볼 수 있다. 또한 그는 유교를 관학으로 채택하여 천인감응天人感應과 덕치德治를 통치 이념으로 삼았으며, 사마천司馬遷이 정통 중국 역사책인 사기史記를 집필한 때도 한무제 때이다. 한 무제 통치 시대에 유학儒學이 국학의 위치에 올라선 것이다. 중국 토착 민족을 한족漢族이라고 칭하고 중국의 문자를 한자漢字라고 부르게 된 것은 한무제의 업적에 의해 한나라가 최초로 강력한 국가의 꼴을 갖추고 오랜 기간 지속한 덕분이다. 중국 역사에서 중국을 최초로 통일한 진秦이 아니라 한漢을 중국 왕조 역사의 시작으로 간주하는 것은 진나라가 겨우 16년 만에 멸망했기 때문이며, 한무제가 기틀을 마련한 한나라가 400여 년간 지속한 덕분이다.

한무제의 업적은 내치에 그치지 않았다. 그는 중국 역사에서는 유례를 찾아볼 수 없을 정도로, 사방에 걸쳐 수많은 정복 전쟁을 벌였다. 한무제에 의해 한나라는 거대한 군사 제국으로 성장한 것이며 그 때문에 서방의 로마제국과 여러 가지 면에서 비교가 된다. 게다가 로마제국이 동서로 분열된 후 서로마제국이 제국의 내분을 틈탄 게르만족의 침입으로 멸망했듯이 한족漢族의 나라 역시 혼란기를 겪으면서 북방 유목 민족의 침입으로 멸망하게 되니, 동과 서, 양대 제국의 멸망기 모습은 여러 가지 측면에서 비교할 점이 많다. 그러나 그에 대해서는 잠시 후에 살펴보기로 하고 아직은 한무제 이야기를 계속하자.

한무제는 동쪽의 고조선을 멸망시키고 한사군漢四郡을 설치했으며, 남쪽으로는 지금의 베트남 영토로 침입해 남월南越을 멸망시켜 한국 역사와 베트남 역사에까지 등장한다. 그러나 무엇보다 당장 우리의 눈길을 끄는 것은 한무제에 의해 흉노족 일부가 서쪽으로 쫓겨났다는 사실이다. BC 127년~111년 사이에 한무제는 흉노를 몽골고원에서 완전히 몰아낸다. 그는 거기서 그치지 않았다. 한무제는 장건張騫을 파견하여 오르도스, 하서 회랑을 정복하고, BC 104년부터 101년까지 페르가나를 정복했으며, 실크로드의 중요한 길목인 누란樓欄(중국 신강 위구르 자치구의 타림분지 동쪽)도 정복한다. 흉노가 지배하고 있던 이전 월지의 땅에서 흉노를 몰아내고 실크로드의 거점을 장악한 것이다.

그러나 한나라의 정복 전쟁은 로마의 정복 전쟁과는 그 성격이 다르다. 로마의 정복 전쟁은 영토 확장 전쟁이었지만 한무제의 정복 전쟁은 영토 확장 전쟁이 아니었다. 그는 정복한 지역을 국가 영토로 편입한 것이 아니라 조공 관계만을 맺은 후 물러났다. 로마의 콘스탄티누스 황제가 수도를 이탈리아반도의 로마로부터 아나톨리아 반도의 콘스탄티노폴리스로 이동한 것과는 달리, 한나라의 중심은 여전히 중국의 중원中原이었다. 한무제는 정복 지역에 대한 지배권을 확보하고 행사하는 것으로 만족했다.

한무제가 실크로드 지역을 장악만 했을 뿐 점령해서 영토로 삼지는 않았더라도 한무제의 실크로드 장악은 역사적으로 아주 중요한 의미를 지닌다. 한무제가 실크로드를 장악한 덕분에 중국의 비단, 칠기, 도자기 같은 물품과 양잠, 화약, 종이 등의 선진 제조 기술이 실크로드를 통해 서방으로 전해질 수 있었으며 그중에서도 특히 종이 제조 기술은 유럽의 인쇄술 발달과 지식 보급의 원동력이 되었다. 물론 종이 제조 기술 등 주요 기술이 유럽에 전수된 것은 훨씬 훗날의 일이다.

그렇게 한무제가 서쪽으로 진출, 누란 왕국까지 정복하면서 흉노 일부(서흉노)는 계속 서쪽으로 쫓긴다. 앞서 보았듯 이들은 역사의 무대에서 사라졌다가 4세기 말에 그 후예들이 볼가강과 돈강을 건너 유럽을 공격함으로써, '훈족의 아틸라'라는 이름과 함께 로마와 유럽 역사에 다시 등장한다.

03

선비鮮卑족의 등장과 위진 남북조 시대 魏晉 南北朝 時代

서쪽의 흉노는 한나라에 의해 멀리 쫓겨났지만, 나머지 흉노족을 비롯한 여러 유목 민족은 여전히 중국 북쪽 초원지대인 외몽골 오르콘강 유역에 머물고 있었다. 이후 북방의 초원지대에서는 튀르크-몽골 부족들 간에 치열한 세력다툼이 벌어지고 선비鮮卑족이 최후의 승자가 되어 오르콘강 지역을 지배한다. 그리고 선비족의 등장과 함께 만리장성 안쪽 중국은 거대한 격변기를 맞이한다. 유럽에서 서로마제국을 멸망시킨 게르만족과 비슷한 역할을 중국 역사의 무대에서 선비족이 담당하게 된 것이다.

북방 초원지대 최후의 승자가 된 선비의 압력에 흉노족은 남쪽으로 밀려나 만리장성 근처 오르도스 지역에 터를 잡고 한나라를 위협한다. AD 2세기경의 일이었으며 당시 중국은 대혼란기에 빠져 있었다. 이윽고 400년 이상 지속해 온 한나라가 멸망하고 수隋나라가 중국을 통일할 때까지 360년 이상 그 혼란기는 지속한다. 역사적으로 그 혼란기는 '위진남북조 시대(220년~589년)'라 불린다. 중국이 기원전 8세기부터 500여 년 지속한 춘추 전국시대와 비슷한 혼란기를 다시 겪는 것이지만 그 성격은 완전히 다르다. 춘추전국 시대는 중원 땅의 패권을 놓고 한족漢族끼리 내부에서 세력다툼을 벌인 시기이며, 한족 일파인 진秦나라가 결국 패권을 차지한다. 그러나 위진남북조 시대는 한족 간의 쟁패爭霸 시기가 아니다. 400여 년 동안 한족이 터를 잡고 있던 화북華北지역 중원 땅에 이른바 오랑캐인 흉노족과 선비족이 쳐들어오면서 시작된 것이 위진남북조 시대이다. 흉노족의 침입으로 한족은 남쪽으로 쫓겨가고, 종국에는 선비족이 중국 전체의 패권을 잡는다. 그런 의미에서 흉노족은 서로마제국 멸망기의 서고트족과 비슷한 역할을 했다고 볼 수 있으며 선비족은 유럽 대륙 최초의 게르만족 패자霸者인 프랑크 왕국과 비교될 수 있다.

위진남북조 시대는 위진시대魏晉時代(220년~420년)와 남북조시대南北朝時代(420년~589년)를 통틀어 일컫는 명칭이다. 위진시대는 시간적 개념에 의한 분류이며 남북조시대는 공간적 개념에 의한 분류이다. 위진시대는 우리가 삼국지三國志를 통해 익숙한 위魏·촉蜀·오吳 삼국시대의 승자가 된 위魏나라와 위나라의 뒤를 이은 진晉나라를 합해서 부르는 명칭이다. 한편 남북조시대란 '5호 16국 시대(304~439)'라는 대혼란기를 거친 끝에 황허강을 중심으로 한 화북華北 지역을 유목 민족 선비족이 장악하여 지배하고, 흉노에 쫓긴 진晉나라가 중원中原을 잃고 남경南京으로 이주하여 동진東晉을 세운 뒤, 여러 왕조가 잇따라 등장했던 시기를 말한다. 즉 중국의 북쪽이자 숭원인 화북지역은 유목 민족이, 남쪽은 한족이 지배하던 시기가 바로 남북조시대이다. 참고로 위魏·촉蜀·오吳 삼국시대의 오吳와 서진西晉 멸망 후의 동진東晉, 동진이 멸망한 후 잇따라 들어선 남조南朝의 송宋·제齊·양梁·진陳 네 나라를 합해서 6조라고 부르기도 한다. 6조의 공통점은 모두 남경을 수도로 삼았고 한족이 세운 나라라는 사실이다. 그 명칭만 한족 중심으로 바뀌었을 뿐 6조 시대는 위진남북조 시대와 거의 일치한다. 위진남북조 시대가 얼마나 혼란기였는가는 그 시대에 45개 왕조가 등장했고 235명의 군주가 명멸했다는 사실로도 충분히 알 수 있다. 그 대혼란기는 581년 북주北周의 승상이었던 양견楊堅(541~604)이 수隋나라의 황제가 되어 전국을 통일할 때까지 지속한다.

앞서 말했듯 그 혼란기는 서로마제국이 멸망하고 게르만족이 새로운 유럽 문명을 건설하기 시작할 때와 시기상으로 비슷하다. 그뿐 아니라 서로마제국과 게르만족의 관계는 중국 문명과 유목 민족의 관계와 여러 가지 면에서 유사점이 많아서 우리의 흥미를 끈다. 그러나 그 유사점 이면에는 엄연히 차이점이 존재하며 그 차이가 바로 유럽 문명과 중국 문명의 차이를 확연하게 보여준다. 과연, 그 두 관계는 어떻게 유사하며 어떤 차이를 보이는가? 중국이 위진남북조 시대의 혼란기를 거쳐 수나라에 의해 통일될 때까지의 전말을 조금 자세히 살펴보면서 그 유사점과 차이점을 밝혀보기로 하자.

유목 민족의 중원 진출과 접수

위진 남북조 시대는 후한의 멸망으로부터 시작한다. 후한이 혼란에 빠져 나라 전체가 전란에 휩싸인 뒤 위魏나라가 최후의 승리를 거둘 때까지의 과정은 위魏·촉蜀·오吳 세 나라의 쟁패 과정을 그린 삼국지三國志를 통해 우리에게 잘 알려져 있다.

후한은 서기 220년에 한나라 마지막 황제인 헌제獻帝가 조조曹操의 아들 조비^(曹丕)에게 제위를 물려줌으로써 역사의 무대에서 사라진다. 조비는 한나라를 멸망시킨 후 나라 이름을 위^(魏)(220~265)로 바꾸었다. 하지만 위나라는 겨우 40여 년간 지속했을 뿐, 곧바로 사마염^(司馬炎)이 건국한 진^(晉)나라(서진(265~316), 동진(317~420))에 의해 멸망한다. 그러나 진나라의 명운도 그리 길지 못했다. 진나라는 내란으로 힘이 약화한 상태에서 북방 유목 민족이 침입하자 금세 붕괴한다.

한나라 붕괴 직전인 3세기 초, 만리장성 내 중국 영역인 산서 지역에 자리 잡고 있던 흉노족 일파인 선우^(單于) 조파노가 한나라 황실의 성인 유^(劉) 씨를 칭했다. 오랑캐인 흉노족이 중국에서 스러져 가는 한^(漢) 왕조의 정통성을 이어받았음을 천명한 것이니, 유목 민족의 중국 중원 진출의 서막이 열린 셈이다. 그로부터 100년 정도 흐른 서기 308년, 그의 후예인 유연^(劉淵)이라는 이름의 흉노족 선우가 황제를 칭하고 한나라 후예라는 명분을 내세우며 전조^(前趙), 혹은 북한^(北漢)이라는 왕조를 세운다. 5호 16국^(五胡 十六國) 시대가 열린 것이다. '5호'의 호^(胡)는 오랑캐를 뜻하니, 5호 16국이란 오랑캐가 세운 열여섯 나라라는 뜻이다. 하지만 실제로는 한족이 세운 세 나라도 포함되어 있다. 어쨌든 유연의 흉노족을 필두로 갈^(羯)(흉노의 일족)·선비^(鮮卑)·저^(氐)(티베트계)·강^(羌)(티베트계)의 다섯 오랑캐가 할거하여 화북지역에 저마다 나라를 세우게 되니, 유목 민족에 의한 중국 중원 점령의 역사가 본격적으로 시작된 것이다.

유연의 뒤를 이은 그의 아들 유총^(劉聰)(재위 310~318)은 마치 훈족의 아틸라가 유럽 대륙과 서로마제국을 휩쓸었듯 중원을 휩쓸었다. 311년 그는 진^(晉)나라 수도인 낙양을 점령하고 황제를 포로로 잡았다. 진나라가 팔왕의 난 등 내란으로 이미 국력이 쇠할 대로 쇠해 있었기에 가능한 일이었다. 포로가 된 황제는 유총이 거주하던 북쪽의 평양으로

이송되어 313년 처형될 때까지 시종侍從 노릇을 해야 했으며 진나라는 316년 멸망한다. 이후 진나라 황족인 사마예司馬睿가 중원을 포기하고 양자강 이남으로 도피, 317년 남경을 도읍으로 진나라를 재건하니, 316년에 멸망한 나라를 서진西晉, 남쪽에 새로 세워진 나라를 동진東晉이라고 한다. 이후 동진이 420년에 멸망하면서 위진시대는 종말을 고한다.

5호 16국이 난립하던 중국 북쪽을 평정한 것은 선비족 일파인 탁발拓跋 가문이었다. 386년에 선비족 일파의 선우單于 탁발규는 스스로 황제라 칭하고 나라를 건설한 후, 위魏라는 중국 왕조의 이름을 받아들인다. 유연이 한漢나라의 후예임을 자칭한 것과 같다. 탁발규가 세운 위나라는 조비가 세운 위나라와 구분하기 위해 오늘날 북위北魏라 불린다. 북위의 3대 황제인 태무제 탁발도가 439년 화북華北을 통일했으니, 이때부터 중국은 명실공히 남북조 시대로 접어들었다고 볼 수 있다.

태무제 탁발도는 화북을 통일하면서 철저히 자민족인 선비족 우대 정책을 썼다. 그는 한족들을 노예로 삼았으며 심지어 같은 유목 민족인 갈족과 흉노족에게 한족들을 노예로 배분하기도 했다. 그의 종족 차별 정책 때문에 많은 한족이 남쪽으로 이동했고 화북의 한족 인구는 대폭 감소했다. 그러나 그가 위魏나라라는 명칭을 받아들인 데서 알 수 있듯이, 선비족은 한족 국가를 접수하고 한족을 차별하기는 했어도, 한족의 문명을 파괴하지는 않았다. 선비족이 세운 나라는 오히려 한족의 제도와 풍습을 받아들였다.

북위가 화북을 통일할 수 있었던 것은, 한족의 제도와 풍습을 적극적으로 받아들인 덕분이다. 5호 16국의 다른 나라들이 중원에 진출하고도 옛 제도와 풍습을 답습한 결과 단명한 것과는 대조적이다. 농업 문명국가를 정복하면서 옛 유목민의 제도와 풍습을 답습한다는 것은 몸에 맞지 않는 옷을 걸친 것과도 같다. 선비족이 한족의 제도와 풍습을 받아들였다는 것은 유목민의 특성을 버리고 농업 문명을 받아들였다는 뜻이고, 중국의 정교한 관료제를 도입했다는 뜻이다. 요즘 식으로 말한다면 선진先進 문명을 받아들여 개화했다는 뜻이기도 하다.

하지만 북위가 단번에 옷을 갈아입었던 것은 아니다. 변화에는 언제나 저항이 뒤따르는 법, 북위의 한화漢化에는 우여곡절이 많았다. 게다가 선비족이 한화漢化된다는 것은 정복자가 피정복자의 문화를 이어받는다는 것을 뜻하니 자존심이 상한 지배층 선비족들이 심하게 저항한 것은 당연한 일이었다. 그러한 저항을 무릅쓰고 북위가 대개혁을 통해 한화漢化를 완료한 것은 제6대 황제인 효문제(탁발굉拓跋宏 467년~499년, 재위 471~499)에 이르러서이다.

효문제는 겨우 다섯 살에 즉위하였기에 모후인 풍태후馮太后가 수렴청정했고, 수렴청정은 그녀가 사망할 때까지(490년) 계속되었다. 풍태후는 수렴청정 기간 중 균전제均田制, 삼장제三長制 등의 여러 가지 개혁을 시행하여 유목 생활에 익숙한 선비족들의 나라를 농업 중심으로 만들었으며, 부족 연합체의 성격이 강했던 유목 민족 국가를 어느 정도 중앙집권 국가로 만드는 데 성공했다. 즉, 효문제가 스무 살이 지나 친정親政에 나섰을 때는 이미 위나라의 한화漢化가 상당히 이루어진 셈이었다.

효문제는 친정을 시작하자 풍태후가 시도했던 한화 개혁 작업에 더욱 박차를 가했다. 효문제가 제일 먼저 착수한 것은 천도遷都였다. 493년, 그는 북위의 수도를 선비족의 본거지라고 할 수 있는 산시성 북쪽의 평성(지금의 대동大同)으로부터 훨씬 남쪽에 있는 낙양으로 옮겼다. 낙양은 중국 왕조들의 전통적인 도읍지로서 후한後漢의 수도였다. 그는 천도를 통해 북위가 침략자가 아니라 중원의 계승자라는 인식을 백성들에게 심어주는 데 성공했다. 또한, 그의 낙양 천도는 그가 화북지역 정복 정도로 만족한 것이 아니라 중국 전체 통일의 야망을 지니고 있음을 보여준 사건이었다. 그런 야망을 이루려면 한화漢化는 필수적인 과정이었다.

선비족들의 거센 반대에도 불구하고 낙양 천도를 단행한 효문제는 탁발이라는 자신의 성을 원元으로 바꿨으며 신하들에게도 반강제적으로 한족의 성씨를 하사했다. 씨족의 성을 버리고 한족의 성을 택한 것이니, 한화 정책을 공식적으로 선언한 셈이었다. 그뿐이 아니었다. 그는 30세 이하의 조정 관료들에게 선비어를 쓰는 것을 금지했다. 30세 이상의 관원은 이미 선비어를 오래 써온 탓에 갑자기 바꾸는 것이 무리라고 보았기 때문이다. 이어서 그는 선비족의 복장, 풍습뿐 아니라 고유의 제천의식을 금하고 공자묘를 대대적으로 보수, 유교를 국교로 삼았으며 한족과의 통혼通婚을 장려했다. 또한, 선비식 관명을 한족식의 관명으로 바꾸어 부족 연합체의 성격이 강하던 정치체제를 중앙집권적 관료 체제로 전환했다.

한화漢化를 목표로 하고 있던 그가 농업을 중시한 것은 당연한 일이었다. 그는 직접 농사를 지어 시범을 보임으로써 유목 생활에 익숙하던 선비족들이 농사를 중시하게끔 유도했다. 그렇게 농업의 중요성을 강조하면서 그는 풍태후가 실시한 균전제均田制를 확대 시행했다. 균전제는 당시 전쟁으로 황폐해진 화북의 토지를 정비하여 국가가 일반 백성에게 하사한 제도로서 사실상 최초의 토지제도였다. 균전제는 당唐에도 계승되어 중화 제국의 대표적인 토지제도로 자리 잡는다.

효문제에 의해 한화漢化가 거의 완성된 이후에도 북위가 평탄한 길을 걸은 것은 아니다. 지배층 선비족들은 피지배층인 한족 문화에 동화된다는 사실에 큰 불만을 지니고 있었으며 특히 지방에 있던 선비족 군인들은 대규모 반란을 자주 일으켰다. 결국, 효문제 사후 육진의 난(523년)이라 불리는 반란이 일어나 북위는 동위東魏와 서위西魏로 분열되며, 이후에도 혼란은 이어져서 동위는 북제北齊로, 서위는 북주北周로 나라의 주인과 명칭이 바뀐다. 하지만 그렇게 주인이 바뀌었어도 그들은 모두 선비족이었으며, 북위 이후에 들어선 남북조시대의 북조北朝 왕조들은 이미 한화漢化된 나라들이었다. 그 왕조들은 유목민 중심의 국가 체제에서 농업 중심의 국가 체제로의 변신을 이룩한 왕조들이었고, 훗날 북주의 승상이었던 양견楊堅(541-604, 재위 581-604)이 중국을 재통일하고 수나라를 세울 수 있었던 것은 그러한 변신 덕분이었다. 양견은 이미 중국인이 된 선비족이었고 그 기틀을 마련한 것은 효문제였다.

수문제의 천하 통일

수문제 양견은 진시황처럼 분열된 중국의 통일을 이룩한 인물이다. 그러나 진나라가 겨우 16년밖에 지속하지 못한 것처럼, 수나라도 불과 37년(581~618)밖에 지속하지 못했기에 역사적으로 다소 경시되는 경향이 있다. 그러나 『세계사를 바꾼 사람들 100명』을 쓴 마이클 하트라는 사람이 수문제를 역사상 82번째 위인으로 꼽고 있을 정도로 그는 대단한 업적을 이룬 인물이다. 하트는 샤를마뉴와 수문제를 비교하면서 샤를마뉴가 유럽 일부만 정복했고 그가 죽은 후 유럽이 다시 분열된 반면, 수문제는 중국 전체를 통일했으며 그가 수립한 국가 체제가 당나라로 고스란히 이어진 점을 들어 수문제의 영향력이 더 크다고 쓰기도 했다.

수문제의 천하 통일은 진시황의 천하 통일과 비슷하지만 둘 사이에는 근본적인 차이가 있다. 그리고 그 차이는 춘추전국 시대와 위진남북조 시대의 차이와 상응한다. 춘추전국 시대가 봉건제의 붕괴로 중국이 내부적으로 분열되어 있던 시대라면 위진남북조 시대는 북방 이민족과 남쪽 한족 정권이 병존했던 시기이다. 북방 이민족 국가, 특히 북위는 불교를 국가 통합의 이념적 도구로 삼았고 남조는 유교를 기반으로 고전 문화와 귀족적 질서를 유지한 사회였다. 즉 위진 남북조 시대란 유목민족과 농경민족, 북방과 남방, 불교와 유교가 섞이면서 문화와 민족이 혼존성混存性을 보이던 시기였다.

따라서 수문제 양견의 중국 통일은 단순히 분열된 중국 통일의 의미를 넘어서서 여러 문화와 민족이 융합된 새로운 중국 탄생의 의미를 지닌다고 볼 수 있다. 그렇기에 수나라를 '진秦보다 정교하고 한漢보다 통일된 제국'이라고 평가하는 학자도 있으며 수나라를 제도적 실험의 정점에 도달했던 시기라고 보기도 한다.

수 문제는 국가가 직접 인재를 선발하는 체계로 전환하기 위해 과거제의 전신을 마련했으며 균전제를 시행, 농민에게 토지를 균등 분배했고, 조용조租庸調를 실시하여 세금을 물자와 노동으로 징수하는 등, 세계사에서 유래를 찾기 힘든 안정된 제국을 단기간에 완성했다. 그는 진나라와 한나라, 위진남북조 시대의 유산을 통합하여 강력한 중앙집권적 제국 체제를 단시간에 완성했으며, 그가 이룩한 성취들은 고스란히 당唐 제국의 기반이 된다. 그러나 그 모든 업적 중에서 가장 두드러진 것은 세계사적으로 유례를 찾기 힘든 대운하라는 거대한 인프라를 건설했다는 사실이다.

수문제가 시작하여 그를 이은 수양제가 완성한, 황하와 양자강을 연결한 대운하는 진시황의 만리장성 축조와 함께 중국의 2대 토목 공사로 간주된다. 이 대운하는 중국 대륙의 정치·경제·문화 통합을 실현하는 기반이 되었으며 중국 문명의 구조적 특징이 대운하 건설로 결정되었다고 해도 과언이 아니다. 대운하 덕분에 남북의 지리적·문화적·경제적 격차가 해소될 수 있었고 중국식 중앙집권 체제가 유지될 수 있었다. 이렇듯, 수나라는 비록 30여 년이라는 짧은 기간 존속했지만, 그 짧은 기간에 이룩한 성취들이 남긴 유산은 깊고도 넓다.

수나라가 이룩한 성취와 함께, 우리가 덧붙여 강조할 것이 있다. 수문제도 진시황과 마찬가지로 중국을 통일했지만, 진시황이 한족이었던 것과 달리 그는 유목 민족인 선비족 출신이었다는 사실이다. 비록 이미 한화漢化한 선비족이었지만, 선비족은 엄연히 이민족이었다. 수문제라는 이민족이 중국을 통일함으로써, 중국이라는 땅은 한족이 굳건히 지켜온 땅이 아니라 여러 이민족이 차례로 주인공으로 등장하는 무대와 비슷하게 된 셈이다. 중국 땅이라는 같은 무대에서 주인공이 바뀌어 온 역사, 그것이 바로 중국의 역사이다.

게르만족의 로마 정복과 선비족의 중국 정복은 어떻게 다른가?

서로마제국은 서고트족의 오도아케르에 의해 멸망했다. 게르만족 일파인 서고트족의 오도아케르는 서로마제국의 수도를 점령한 뒤, 동로마제국 황제인 제논에게 사절을 보내 이탈리아를 통치할 권한을 달라고 요구했다. 자신이 서로마제국 황제를 폐위했지만, 그 행동은 서로마제국을 멸망시킨 행위가 아니라는 것, 자신에게 서로마제국을 이어갈 의도가 있음을 드러낸 것이다.

서로마제국을 멸망시킨 고트족이나 이후 유럽 대륙을 장악한 게르만족의 프랑크 왕국도 로마의 후계자임을 자처한 것은 마찬가지였다. 메로빙거 왕조의 클로비스 1세는 가톨릭으로 개종함으로써 자신의 왕국이 서로마제국의 뒤를 잇고 있음을 천명했다. 또한, 로마 교황이 카롤링거 왕조 샤를마뉴 대제의 머리에 제관을 씌워줌으로써 프랑크 왕국이 서로마제국의 후계자임이 공식 선포된 셈이었다. 프랑크 왕국은 로마 문명의 후계자임을 자처함으로써 그들 자신이 게르만족이면서도 다른 게르만족을 야만으로 규정하고 그들의 침입에 대항해 로마 전통을 수호하는 역할을 맡았다.

선비족도 마찬가지였다. 선비족도 중원 땅에서 한족을 몰아낸 뒤 재빨리 한족의 선진 문명을 받아들이면서 한화漢化의 길을 걸었다. 선비족은 위魏나라라는 국호를 사용함으로써 한족 문명의 후계자임을 선언한 것이며, 동시에 초원 깊은 곳에서 아직 유목민의 삶을 누리고 있는 몽골계 부족들의 위협으로부터 한족 문명을 수호하는 역할을 떠맡은 것이다.

그러나 게르만족과 선비족의 유사점은 거기까지이다. 게르만족은 로마의 후계자임을 자처했으나 완전히 로마화되지는 않았다. 그들은 서로마제국의 종교인 로만가톨릭을 받아들였지만, 게르만의 관습, 제도를 완전히 버리지 않았다. 그들은 게르만의 관습, 제도와 로마의 제도가 융합한 독특한 유럽 봉건사회를 만들었고 새로운 유럽 문명을 탄생시켰다.

그러나 선비족은 거의 완벽한 한화漢化의 길을 걸었다. 말하자면 그들은 완전히 만리장성 안으로 들어와 버린 것이다. 게르만족이 선진 로마 문명을 받아들여 유럽 문명이라는 새로운 문명을 탄생시킨 데 반해 유목 민족 선비족의 문화는 중국의 농업 문명에 충격만 가하고 흡수되었을 뿐 새로운 문명의 탄생으로 이어지지 않았다. 한마디로 중국에는 만리장성이 존재했으나 유럽 대륙에는 만리장성이 존재하지 않았다. 선비족의 중국 정복이 만리장성 안의 중심을 향해 있었다면 만리장성이 존재하지 않던 유럽에서 게르만족의 로마 정복은 중심의 이동으로 이어졌다. 그리고 그 차이가 바로 동서양 문명 간의 차이의 핵심을 이룬다.

중국 문명에는 만리장성 안쪽이라는 중심이 굳건히 존재했고 그 중심은 마치 블랙홀처럼 정복 문화를 빨아들였다. 그리고 그러한 역사는 거란, 여진, 몽골, 만주족의 중국 정복을 통해 오랜 세월 동안 거듭 반복되었다. 중국에서 끊임없이 변란이 있었다 할지라도 중국 문명이 완전히 파괴되는 일은 벌어지지 않았다. 강력한 중심이 존재했기 때문이다. 다만 그 변란을 통해 그 중심이 동심원적으로 확장되었을 뿐이었다. 그만큼 중국 문명은 안정적이었고, 안정 지향적이었다.

반면에 유럽 문명은 중심이 없는 문명이었다. 유럽 문명은 끊임없이 중심이 이동하던 문명이었다. 유럽에서의 변란은 곧 중심의 이동을 의미했고 그렇기에 문명 자체가 끊임없이 변화를 거듭할 수밖에 없었으며 그만큼 안정적이지 못했다.

그 두 차이는 중국을 중심으로 한 동양 문명과 서구 문명의 근본적인 차이이다. 그리고 동양 문명의 그 특징이 동양 문명을 정체하게 했고 서양 문명의 그 특징이 서양 문명에 역동성을 부여해 오늘날의 발전을 가능하게 해주었다는 견해로 이어지기도 한다. 그러나 과연 그럴까? 중심 지향은 닫힘과 정체를 의미하고 중심 이동은 열림과 역동성을 낳는다고 단정할 수 있을까? 두 문명권의 특징을 그렇게 일도양단식으로 재단하여 평가할 수 있을까?

인과의 오류 – 중국 문명은 정체적이었고 유럽 문명은 역동적이었다?

중국 문명이 안정적이었고 유럽 문명이 불안정했다는 말은 다른 식으로 해석한다면 중국 문명은 정체되기 쉬웠고 유럽 문명은 역동적이었다는 뜻이 될 수도 있다. 그리고 바로 그 특성 때문에 중국 문명은 쇠퇴할 수밖에 없었고 유럽 문명은 발전을 거듭해서 오늘날 지구촌의 주도적 문명이 될 수 있었다는 견해로 이어지기도 한다. 하지만 그런 견해는 과거의 모든 일을 지금의 결과를 기준으로 해석하는 잘못을 범할 우려가 있다. 지금의 결과를 기준으로 과거에 벌어진 모든 일을 그 결과의 원인으로 해석하는(post hoc ergo propter hoc. 이다음에, 그러므로 이 때문에) '인과의 오류'의 잘못을 범할 수 있다는 말이다. 시간의 전후 관계를 인과 관계로 혼동하는 논리의 오류가 바로 '인과의 오류'이다.

'인과의 오류'를 범하면서 역사를 설명하면 논리 정연해지고 명쾌해진다. 그 논리에는 우연, 인간의 불합리성, 무질서가 끼어들 틈이 없다. 하지만 인간의 역사는 그렇게 명쾌하게 '논리적으로' 흘러 오지 않아 왔고 그렇게 흐르지도 않는다. 인간의 역사에는 온갖 우연, 불합리성, 무질서가 함께 작동하고 있다. 게다가 역사적 현실의 원인은 명백하게 드러나 있는 특정한 역사적 사실에 국한되지 않는다. 그 원인은 훨씬 복합적이며 총체적이다.

게다가 그런 논리가 지닌 또 다른 결함이 있다. 그 논리에 의하면 인간의 삶은 모두 미래의 결과를 낳기 위한 과정에 불과하게 된다. 인간은 다음 주자에게 배턴을 넘겨주는 릴레이 경주를 하며 사는 셈이 된다. 그러나 인간은 그런 릴레이 경주만 하며 살아가는 존재가 아니다. 각 개인은 역사적 존재인 동시에 자율성을 지닌 독립적 주체이다. 개인이라는 주체는 역사적 산물인 동시에 역사를 만드는 주체이며, 그 자체 완결된(완성까지는 아니더라도) 삶을 산다. 나는 완결된 나의 삶을 사는 것이지, 내 아들과 후손이 누릴 삶의 원인으로서만 삶을 사는 것이 아니다. 개인의 삶과 마찬가지로 인간의 역사 역시 원인과 결과의 고리로 평평하게 이어지는 것이 아니라, 수많은 개별적 이야기들, 수많은 정점頂點들로 굴곡을 이루고 있다.

그러한 '인과의 오류'에 근거한 논리가 지닌 또 다른 치명적인 결함이 있다. 그 논리를 확립하기 위해 내세운 '역사적 사실'들이 그 논리를 확립하기 위해 주관적으로 선택한 자의적恣意的 사실일 경우가 많기에 빚어지는 결함이요, 오류이다. 러시아의 문호 톨스토이는 『전쟁과 평화』의 한 구절에서 역사학자들이 범할 수 있는 그런 오류에 대해 아주 적절한 지적을 하고 있다. 좀 길지만 인용해 보자. 매력적인 글이니 약간의 시간을 할애할 만한 가치가 있다.

> 드디어 1812년 6월 12일 서유럽 군대가 러시아 국경을 넘었고, 전쟁이 발발했다. 하늘의 율법은 물론이고 인간의 도리와 법에 어긋나는 그 가증스런 전쟁이 발발한 것이다! 수백만의 사람들이 살인, 약탈, 사기, 배반, 도둑질, 방화, 강도 등 가장 추악한 범죄 현장에 뛰어든 것이다!
>
> (……)
>
> 이 끔찍하고 이상한 일은 어떻게 하여 벌어지는 것일까? 그 원인은 어디에 있는가? 당시 사람들은 정치·외교적으로 벌어진 구체적인 사건들을 예로 들기도 하고 나폴레옹의 권세욕, 외교관들의 미숙한 협상 능력과 외교적 오류 등을 예로 들기도 한다. (……) 하

지만 나폴레옹의 야심이 컸기 때문이라거나, 알렉산드르 황제가 너무 완강했기에, 혹은 영국이 너무 교활했기에 수백만의 기독교인들이 서로 살해하는 일이 벌어졌다는 설명을 우리는 납득할 수 없다.

(……)

우리가 깊이 살펴보면 살펴볼수록 아주 다양한 원인들을 발견하게 된다. 그리고 아무리 보아도 그 모든 것들이 옳은 것처럼 보이기도 하고 아닌 것처럼 보이기도 한다. 그것들이 빚어낸 엄청난 결과에 비해서 그 원인들이 너무 사소해 보이기 때문이다. 결국 우리는 그 모든 것들을 총체적으로 함께 고려해야 그럴 듯한 결론을 얻어낼 수 있다고 말할 수밖에 없다.

우리로서는 그 사소해 보이는 상황들, 그 디테일들이 모두 전쟁의 원인이라고 말할 수도 있다. 나폴레옹이 알렉산드르 황제의 요구를 받아들여 비슬라강 저쪽으로 퇴각했다면 전쟁은 일어나지 않았을 것이다. 또한, 프랑스의 한 병사가 이 전쟁이 싫어서 군 복무를 거부했고 수천 명의 프랑스 병사들이 그의 뜻을 따랐더라도 이 전쟁은 일어나지 않았을 것이다. 또 영국의 음모가 없었고 알렉산드르가 나폴레옹이 한 행동에 대해서 모욕감을 느끼지 않았다 하더라도 마찬가지였을 것이다. 또한 러시아에 군주 독재가 존재하지 않았던들, 더 거슬러 올라가 프랑스 혁명이, 그 뒤를 이은 독재 정치가 없었던들, 다시 더 거슬러 올라가 프랑스 혁명을 유발한 여러 요인들이 없었다면 전쟁은 없었을 것이다. 이렇게 본다면 그 모든 사건들과 상황이 개별적으로 이 거대한 사건의 원인이라고 단정 지을 수 없다. 그 모든 것들이 이 거대한 사건을 일으키기 위해 결집된 것이다. 결국 그 사건은 〈일어날 수밖에 없는 일이 일어나고 만 것〉일 뿐이다.

(……)

사과는 익으면 떨어진다. 왜 떨어지는 것일까? 무게 때문인가? 사과를 매달고 있던 줄기가 시들기 때문인가? 바람이 흔들기 때문인가? 아니면 사과 아래 있던 소년이 사과를 먹고 싶어 했기 때문인가?

그 어느 것도 원인처럼 보이지만 실은 원인이 아니다. 사과가 떨어지는 것은 모든 유기적 생명체의 극히 미미한 활동까지 지배하는 총체적 원인들이 작용한 결과이다. 따라서 세포 조직의 분해 때문에 사과가 떨어진다고 말하는 식물학자나, 사과가 먹고 싶어 사과나무 밑에 서서 제발 떨어져 달라고 빌었더니 사과가 떨어졌다고 말하는 소년이나 피장파장이다. 그러니 나폴레옹이 원했기에 그가 모스크바에 입성했다고 말하는 사람이나, 알렉산드르가 나폴레옹의 패망을 원했기에 그가 패망했다고 말하는 사람들 역시 옳기도 하고 그르기도 하다. 그것은 마치 거대한 광산이 한 광부가 마지막으로 가한 타격 때문에 무너졌다고 말하는 것과 마찬가지이다. 그 타격이 없었으면 광산은 무너지지 않았을 수도 있었겠지만, 그 타격이 광산 붕괴의 원인은 아니다. 우리가 역사 속에서 영웅이라고 부르는 사람들은 마치 그 광부와 같다.

_『전쟁과 평화』 II권 8~14, 진형준 역, 살림, 2020

이어서 그는 이렇게 쓴다.

우리는 지금 1812년 전쟁이 벌어졌던 그 상황에서 멀찌감치 떨어져 있다. 그 당시 활동의 주역들은 이미 역사의 현장에서 물러났고, 우리 눈앞에 남아 있는 것은 오로지 그 결과물뿐이다. 그리고 그 결과물은 나폴레옹과 알렉산드르를 비롯해 당시 전쟁의 주역이었던 모든 당사자들 중 그 누구도 알지 못했고 예상하지 못했다.
(……)

1812년의 전쟁에 대해 프랑스 측 역사가들은(…) 이런저런 자료들을 늘어놓으며 당시 프랑스 측이 이미 그 전쟁의 위험을 알고 있었던 것처럼 쓰고 있다. 한편 러시아 측 저자들은 나폴레옹을 러시아 땅 깊숙이 유인하는 스키타이식 전략이 마치 전쟁 초기부터 세워져 있던 것처럼 주장하면서, 그런 전략을 암시하는 온갖 기록, 작전 계획서, 편지들을 인용한다. 하지만 프랑스 측이건 러시아 측이건 그런 암시들이 부각되는 것은 그것들이 단지 실제 결과와 우연히 부합되었기 때문일 뿐이다. 만일 결과가 달랐다면 틀림없이 그런 암시들은 까맣게 잊혔을 것이다. 그것은 그런 암시나 예상과는 반대되는 수많은 의견들, 실제로는 당시 많은 사람들이 공유하고 있던 다수의 의견들이, 단지 결과와 부합되지 않는다는 이유로 잊힌 것과 마찬가지이다. 이 세상에는 무슨 일이 벌어진 뒤 "그럴 줄 알았다고 내가 말했잖아."라고 하는 사람이 언제고 존재하는 법이다.
(……)

당시의 상황을 총체적으로 살펴볼 때 그 어떤 사실도 그런 주장과 부합되지 않는다. 프랑스 군대가 러시아를 침입할 때부터 러시아는 이들을 막기 위해 안간힘을 쓰고 있었다. 또한, 나폴레옹은 전선의 확대를 두려워하기는커녕 러시아 땅을 향해 일보 전진할 때마다 이를 승리로 생각하며 자축했다.

_ 같은 책, II권 58~63

톨스토이는 역사학자가 아니다. 그는 문인일 뿐이다. 그런데 역설적이게도 그는 역사에 대한 총체적인 시각을 우리에게 보여준다. 역사 이해가 역사적 사실에 대한 해석에 그치지 않고 인간 이해에 바탕을 두고 있기에 가능한 일이다. 우리가 그에게 주저 없이 대문호라는 호칭을 붙일 수 있는 것은 그 때문이다.

"결국 그 사건은 〈일어날 수밖에 없는 일이 일어나고 만 것〉일 뿐이다."라는 그의 말은 숙명론의 토로가 아니다. 역사적 사건이 벌어진 원인은 대단히 복합적이고 총체적이라는 '상식'을 말하고 있을 뿐이다. 톨스토이는 역사학자들이 그 복합적이고 총체적인 원인들 중에서 후대의 결과와 부합하는 자료와 기록만을 취해서 역사를 기술하는 오류를 빚고 있다고 지적한다. 우리가 방금 말한 인과의 오류를 그 이상 정확하게 지적할 수는 없을 것이다. 그렇다면 오늘날의 우리는 그러한 인과의 오류에서 그 얼마나 자유로운가?

오늘날 지구촌은 분명 유럽 문명이 주도하고 있다. 물론 미국도 유럽 문명의 연장이라는 전제하에 하는 말이다. 그런 상황에서 유럽 문명이 지구촌을 지배할 수 있게 된 원인을 규명하려는 시도들이 다방면으로 행해진다. 왜 유독 유럽에만 기술 혁명, 과학혁명이 일어날 수 있었는가? 왜 지구촌 다른 곳에서는 그런 기술 혁명, 과학혁명을 이루지 못했는가, 라는 질문이 그 시도의 출발점이다. 그 자체 나쁠 것은 없는 질문이며 시도이다. 그러나 지금 지구촌을 지배하고 있는 서구적 가치를 절대화할 때 문제가 생긴다. 그때 유럽이 걸어온 길을 인류가 보편적으로 걸어온 길로 환원하는 오류를 범할 수 있고, 인류의 역사를 유럽의 역사로 환원하는 일이 벌어질 수 있다. 심한 경우 유럽은 제대로 된 길을 걸어왔고 다른 문명권은 그릇된 길을 걸어왔다는, 그야말로 그릇된 생각에 빠질 수 있다.

그러나 유럽의 역사는 결코 인류의 역사가 아니다. 유럽의 역사는 유럽의 역사일 뿐이다. 지금 유럽 문명의 가치가 지구촌을 지배하고 있다고 하더라도 인류 전체가 그 길을 향해 매진해 온 것도 아니며, 유럽 문명의 가치만이 궁극적으로 인류가 지향해야 할 가치도 아니다.

가만히 생각해 보자. 기원전 3,500년경에 수메르인들이 유프라테스 강 유역에서 문명을 이룩한 이래 지구촌에는 수많은 문명이 존재하면서 명멸했다. 각각의 문명은 모두 나름 정점에 도달했다가 쇠퇴하고 멸망하기도 했다. 수메르 문명의 뒤를 이어 명멸한 메소포타미아 지역의 왕국들, 이집트 문명, 페르시아 문명, 그리스 문명, 헬레니즘 문명, 로마 문명, 비잔티움 문명, 중국 문명, 그리고 유럽 문명과 아랍 문명, 유목 제국 문명…… 등등. 거기다 지금은 흔적만 남기고 사라진 남아메리카의 문명들……. 그 문명들은 모두 호모사피엔스가 지구촌에 이룩한 알록달록한 문명들이다. 그 문명들은 단 하나의 잣대로 옳은 문명, 그릇된 문명으로 재단할 수 있는 문명들이 아니다. 한 개인의 삶을 단 하나의 잣대로 성공한 삶, 실패한 삶, 제대로 살아온 삶, 잘못된 삶이라고 재단할 수 없듯이, 그 문명들을 지금의 잣대만으로 재단할 수는 없다. 게다가 비록 멸망한 문명이라 할지라도 완전히 무화되어 사라지지는 않는다. 집단 무의식, 혹은 전통이라는 이름으로 그 문명의 흔적과 영향력은 현재까지도 녹지 않은 눈덩이처럼 쌓여 있다.

그렇다면 그 여러 문명 중에 지금 지구촌을 주도하고 있는 유럽 문명의 가장 큰 특징은 무엇일까? 톨스토이식으로 상식적인 차원에서 말한다면 유럽 문명이 아랍 문명과 함께 지구상에서 가장 젊은 문명이라는 사실일 것이다. 가장 젊은 문명이니 젊음의 특성상 아직 역동적일 수 있고, 지금 정점頂點을 찍고 있을 수도 있다. 그러나 그 정점은 호모사피엔스가 이룩한 문명들의 여러 정점들 중 하나이지 인류가 유일하게 도달한 정점은 아니다.

유럽 문명은 그 문명이 지닌 특성상 지금 정점을 찍고 있다. 하지만 그뿐이다. 지구상의 다른 문명들도 거의 모두 정점을 찍었던 문명들이다. 유럽 문명이라는 젊은 문명이 지금 보여주고 있는 결과물은 나름 정점을 찍었던 다른 문명의 결과물들과는 다른 결과물이다. 그 결과물들 사이에는 차별이 존재하는 것이 아니라 차이가 존재할 뿐이다.

물론 유럽에서 일어난 산업혁명 이후 유럽 문명이 지구촌에 가져온 변화의 물결은 이전에 다른 문명이 초래한 변화보다 훨씬 거대하고 그 변화의 속도 또한 엄청나게 빠르다. 게다가 그 변화의 물결이 거의 지구촌 전체를 덮고 있다. 그렇기에 유럽 문명의 결과물들을 마치 인류 전체가 필연적으로 맞이한 결과물로 착각하기도 하고 인류 전체가 그 길을 따라 매진해 온 것처럼 보는 착시錯視에 빠지는 일이 벌어진다. 하지만 그 태도야말로 대표적인 '인과의 오류'에 해당한다. 그 결과가 엄청나다고 해서, 그 결과가 준 영향력이 지대하다고 해서 지구촌에 존재했던 모든 호모사피엔스의 삶과 문명을 그 결과의 원인으로 환원할 수는 없으며 그 결과에 비추어 폐기 처분할 수도 없다. 인간의 영혼은 알록달록하기 때문이며, 인간은 그 결과를 향해 매진해 온 릴레이 주자가 아니기 때문이다.

제3장 중국과 유목 민족, 실크로드와 불교 **321**

중국 문명은 중심 지향적이었기에 역동성이 결여된 채 정체와 쇠퇴의 길을 걸었으며 유럽은 중심이 없었기에 갈등과 분산의 길을 걸었고 그 역동성이 오늘날의 문명을 이룩할 수 있게 했다는 것이 오늘날의 결과물을 놓고 손쉽게 내놓을 수 있는 견해일 것이다. 그러나 그 견해는 혹시 톨스토이가 비판한 역사학자의 태도와 비슷한 것이 아닐까? 지금의 결과에 부합하는 요인들을 열심히 찾아내어 그 요인들을 현재 결과의 원인으로 해석한 것은 아닐까?

중국은 분명 청나라 이후 쇠락의 길을 걸었고, 수천 년 이어져 온 제국은 20세기 들어 멸망했다. 게다가 프롤레타리아 혁명인지 농민혁명인지 애매모호하기 짝이 없는 모택동의 혁명을 통해 공산당 일당 독재국가가 되었고, 지금도 여전히 전체주의라는 그릇된 옷을 입으려 하고 있다. 게다가 그런 왜곡된 모습으로 세상을 제패하겠다는 터무니없는 야욕을 드러내고 있다. 그런 의미에서 지금의 중국은 제아무리 경제대국이 되더라도 정상頂上권 문명과는 거리가 멀다. 정상권 문명이란 어떤 식으로건 지구촌 호모사피엔스에게 그 무언가 은혜를 베풀고 선물을 줄 수 있는 문명이다. 그러나 지금의 중국에는 지구촌 제패의 야욕만 있을 뿐 인류애라는 개념 비슷한 것도 존재하지 않는다. 그런 그릇된 야욕, 혹은 철 지난 야욕을 드러내고 있는 지금의 중국은 새로운 문명의 모습이라기보다는 말기적 모습을 보여주고 있을 뿐이다.

그러나 중국이 지금 그렇게 철 지난 야욕을 드러내고 있는 말기적 모습을 보인다고 해서 그 모습이 중국 문명의 특성이 빚은 필연적 결과라고 말하는 것은 옳지 않다. 중국 역사 전체가 지금의 결과를 향해 매진해 왔다고 말하는 것은 옳지 않다. 게다가 한 걸음 더 나가 중국 역사는 애당초 잘못된 역사이며 반反 현대문명적이라고 말하는 것은 어불성설이며 심지어 폭력이기도 하다. 만일 그래야 한다면 지금까지 명멸한 지구촌의 다른 문명들도 마찬가지 대접을 받을 수밖에 없다. 세상에 그런 획일화도, 그런 단순화도 없다. 그런 일차원적인 사유도 없다. 한창 젊음을 뽐내고 있는 젊은이와 기운이 다 빠진 노인의 지금 모습을 비교하며 노인은 이 세상에 필요 없다고, 그렇게 추한 모습을 보니 잘못 살아온 것이 틀림없다고 말하는 것과 똑같은 짓이다. 노인도 젊었을 때가 있었으며, 지금의 젊은이와는 다른 건강한 모습으로 절정을 뽐냈던 적이 있었음은 자명한 사실 아닌가? 게다가 노인이라고 해서 어디 추한 모습만 보이겠는가? 당연한 말이지만 노인에게는 젊은이에게 없는 경험이 있고 삶의 지혜가 있다.

다시 말하지만 '인과의 오류'는 현재의 결과에 비추어 과거를 그 결과의 원인으로 환원하는 태도이다. 유럽이 공업화에 성공하여 산업혁명을 이룩했고 그 결과 지구촌을 주도하게 되었다는 것은 사실이다. 그와 함께 유럽 역사가 이룩한 가치관들이 지금 지구촌을 주도하는 것도 사실이다. 그리고 그러한 현실을 바탕으로 유럽이 지닌 온갖 특징들이 유럽의 공업화에 긍정적인 요인으로 작용했다고 간주하는 것이 보편적인 태도이다. 그에 반해 중국을 비롯한 동아시아 문명의 특징들은 공업화에 부정적인 요인 대접을 받는 것이 일반적이다.

그러나 만일 유럽이 아닌 다른 지역, 예컨대 동아시아가 먼저 공업화를 이루었다면 어떤 일이 벌어졌을까? 유럽 공업화의 긍정적인 요인으로 간주하고 있는 유럽적 특징들이 모두 부정적인 장애 요인 대접을 받지는 않을까? 혹은 공업화에 장애가 되는 다른 요인들을 열심히 찾아내지는 않을까? 공업화에 부정적 요인으로 간주했던 중국 문명의 특징들을 장점으로 부각시키지는 않을까? 그 태도를 정당화하기 위해 온갖 증거와 정교한 논리가 총동원되지는 않을까?

그런 가정이 무리라면 이런 가정이 낫겠다. 9세기 이후 몇 세기 동안 지구촌에서 가장 강대국으로서 선진 문명을 자랑하던 당나라의 어느 역사가가 시야를 세계로 넓힌 후 똑같은 '인과의 오류'를 범하면서 당시의 세계사를 기술했다면 어떻게 썼을까? 그리스·로마 문명을 비롯해 오리엔트의 문명이 모두 길을 잘못 걸어왔다고 쓰지는 않았을까? 당시 후진적이었던 유럽 문명에 대해, 중심 없이 분열과 갈등만 계속하고 있으니 저 모양 저 꼴이라고 쓰지 않았을까? 공업화 차원에서 지금 부정적인 평가를 받는 동양 문화의 특질들을, 선진 문명을 이룩하게 해준 특질들이라고 한껏 치켜세우지 않았을까? 거기다 중화사상까지 덧붙여지면 중국 문명이 걸어온 길이 인류가 매진해 온 길이며 그 가치관이 인류가 지향해야 할 가치라고 쓰지 않았을까?

나는 유럽 문명이 지구촌을 지배하고 있는 지금의 현실을 무조건 부정하기 위해 이런 이야기를 하는 것이 아니다. PC 좌파 같은 일부 사람들처럼 역사를 온통 뒤엎기 위해 이런 이야기를 하는 것이 아니다. 역사는 되돌릴 수도 없고 일거에 뒤엎을 수도 없다. 다만 세상은 점점 복잡해지건만 그 세상을 보는 우리의 눈이 점점 더 획일화, 단순화되는 것이 아닌가, 안타까워서 하는 이야기일 뿐이다.

보수주의의 대표적 정치이론가로 알려진 영국의 에드먼드 버크(Edmund Burke, 1729~1797)가 『프랑스 혁명의 고찰』이라는 책에서 프랑스 혁명에 대해 부정적인 견해를 밝힌 이유는 간단하다. 수백 년, 수천 년에 걸쳐 인간이 이룩한 제도를 어떻게 모두 그릇된 것이라 부정하고 일거에 뒤엎을 수 있단 말인가, 라는 것이 그의 생각이었다. 보수주의자의 시조 대접을 받기도 하는 그는 사회개혁에 대해 부정적인 사람이 아니었다. 그는 아메리카 식민지의 혁명가들에게 공감을 표시하기도 했으며 국왕의 권력에 맞서기도 했다. 그는 국가와 사회를 오랜 전통이 축적된 복합적 유기체로 보았다. 보수주의자로 알려진 그가 경계한 것은 개혁이나 변화가 아니라 단순한 환원 논리였다.

중국 문명이 구심적이었기에 정체될 수밖에 없었고 유럽 문명에는 일정한 중심이 없었기에 역동성을 지니고 있었으며 그 덕분에 유럽 문명이 지금 지구촌을 주도할 수 있게 되었다는 결론은 너무 성급한 결론이다. 중심이 있는 문명이라고 해서 정체된 문명이 아니기 때문이다. 동심원적인 확장도 변화이며 외부의 충격으로 인한 변화도 변화이다. 중심이 있는 문명도 얼마든지 변화할 수 있다는 말이다. 아니, 그 어떤 생명체도 변화가 없으면 생존할 수 없으며 국가도 생명체의 하나이다. 중국에 만리장성이 존재한 것은 사실이지만 중국 문명은 외적外敵이 그 만리장성을 넘어올 때마다 변화와 변신을 거듭했다. 다만 그 변화가 중심이 무너질 정도로 과격하지 않았을 뿐이다. 이런 표현이 가능하다면 중국은 거대한 변란을 겪으면서도 안정되게 변화했다. 변화가 완벽히 차단된 정체 문명이었다면 적어도 몇백 년 이상, 길게 잡으면 1,000년 이상 중국이 지구촌에서 가장 번영한 선진 문명을 이루었을 리 없다. 문제는 중심이 있느냐 없느냐, 중심 지향적이냐 외향적이냐에 있는 것이 아니라 변화를 향하여 열려 있느냐 아니냐에 있다. 만리장성은 닫힘과 정체의 상징이라기보다는 중심 지향성을 지닌 채 변화하며 생명을 유지해 온 중국 문명 특성의 상징이다. 그리고 그 중국 문명의 특성을 대표적으로 보여주는 것이 바로 종교이다. 이 장을 마감하면서 불교가 중국으로 전파되는 과정과, 중국이 중국식으로 불교를 받아들이는 모습을 살펴보면서 그러한 중국 문명의 특성을 다른 각도에서 살펴보기로 하자.

04

불교의 전파와 중국의 불교 수용

실크로드는 교역로일 뿐 아니라 문화 교류의 길이었다. 그리고 문화 교류의 핵심에는 종교가 있었으니, 실크로드는 무엇보다 종교의 길이기도 했다. 실크로드를 통해 주로 불교와 이슬람교가 널리 퍼졌으며 그 외에도 기독교, 마니교가 실크로드를 통해 동쪽으로 전파되었다. 실크가 동쪽으로부터 서쪽으로 갔다면 종교는 서쪽으로부터 동쪽으로 간 셈이다.

흥미로운 것은 페르시아인의 조로아스터교, 인도인의 힌두교, 한인漢人의 도교, 샤머니즘 등 각 민족에게 고유한 종교는 포교를 지향하지 않았고, 불교, 기독교, 마니교, 이슬람교 등 창시자가 있는 종교만이 포교를 지향했다는 사실이다. 창시자가 있는 종교들은 발생지 밖으로 널리 전파되어 마니교를 제외하고는 모두 세계적인 종교가 되었다. 그 원인은 어디에 있을까?

창시자가 있는 종교는 거의 모두 개혁 종교이다. 대단히 능동적이라는 뜻이다. 부처는 브라만 중심의 불평등한 사회질서에 도전하면서 모든 중생의 구제를 설파했고 예수는 유대교의 율법주의에 대해 영적인 삶을 강조했으며 무함마드는 타락한 아랍 사회(메카)의 정신적 개혁을 위해 일신교와 공동체 윤리를 제시했다. 그 종교의 창시자들은 역사적 위기의 순간, 혹은 사회적 타락의 시대에 출현해서 정신적 개혁을 목표로 새로운 종교를 주창한 것이다.

새로운 종교 창시자들은 무엇보다 민족 종교적 울타리를 넘는 보편성을 지향했다. 신화적 기원을 지닌 민족 종교가 공동체적 정체성을 짙게 지니고 있다면 개혁 종교들은 진리를 널리 알리고 구원을 보편화하기 위해 포교를 지향했다. 새로운 종교가 앞세운 것은 민족성이 아니라 보편성이었다. 무엇보다 민족 종교가 상징과 의례 중심인 것과 달리 새로운 종교는 교리와 텍스트가 있었기에 널리 전파가 가능했다. 말과 글로 표현된 교리 체계는 먼 지역에 사는 사람에게도 전달이 쉬웠고, 실크로드처럼 장거리 이동과 교류가 활발한 공간에서 포교가 적합한 종교 모델이었다.

그러나 그렇게 전파된 종교가 원래의 정통 교리 그대로 수용되는 경우는 거의 없으며, 언제나 지역 문화의 기질에 따라 변용되어 수용된다. 제아무리 보편성을 지향하더라도 종교 역시 문화화된다. 중국도 예외는 아니니, 중국에 들어간 불교는 중국적인 풍토에서 중국식으로 변용 수용되어, 중국의 대표적인 문화 현상의 하나가 된다. 이제부터, 불교가 중국에 전파되는 과정과, 『서유기』라는 작품을 통해 중국식으로 변용된 불교의 모습을 살펴보면서 중국 문화, 혹은 문명의 특질을 정리해 보기로 하자.

불교의 중국 전파 - 구마라습의 번역

불교는 기원전 6세기경 고타마 싯다르타에 의해 현재 인도 동북부 지방과 네팔 지역의 마가다 왕국을 중심으로 성립되었다. 고타마 싯다르타는 사카족으로서 크샤트리아 계급이었다. 출생지는 룸비니였고, 성장지는 가비라 성이었으며 마가다 왕국이 불교 발생의 중심지였다.

기원전 321년 찬드라굽타에 의해 인도 최초의 통일 국가인 마우리아 제국이 성립되었으며, 제3대 황제인 아소카 왕 즉위 시 불교가 번성해서 박트리아, 스리랑카, 미얀마 등지로 퍼져나갔다. 불교는 싯다르타 입멸 후 100년이 지나자, 계율 해석을 두고 여러 갈래로 분열되며, 점차 승원 중심, 출가 중심의 학문 불교로 변하고 대중성을 잃는다. 이에 대한 반발로 기원전 1세기경 대중 불교 운동이 일어나서 대승불교가 성립되며 기존의 불교는 소승불교라는 이름으로 미얀마, 타이, 캄보디아, 라오스 등지의 남방 불교 문화권으로 퍼진다.

대승불교는 자기완성보다 대중의 구원을 우선시하며, 그렇기에 열반의 상태에 들어간 아라한阿羅漢 대신 보살菩薩이라는 새로운 인간상이 등장한다. 기원후 1세기 대승불교는 쿠샨 왕조에서 중흥기를 맞이하고, 파르티아, 소그디아나 지방까지 보급된다. 불전 번역을 통해 중국에 전파된 불교는 바로 그 대승불교이다.

중국에 불교가 전해진 시기는 1세기경으로 추정되지만, 불교 경전의 한문 번역은 2세기 후반부터 본격적으로 행해졌고, 위진 남북조시대부터 중국, 특히 북조北朝에 불교가 널리 전해지면서 독자적인 불교 문화를 형성하기 시작한다. 간다라 및 박트리아로부터 타림분지로 불교가 전파되었고 북조는 실크로드를 통해 전달된 간다라 예술, 즉 그리스-불교

양식을 열정적으로 받아들였다. 북위北魏는 불과 100년도 안 되는 사이에 운강雲崗(중국 산서성 대동 서쪽의 석굴)과 용문龍門(낙양의 용문 석굴)에 위대한 불교 조각을 새겨 놓을 정도로 종교적 열정을 발휘했으며 유명한 돈황燉煌의 막고굴도 전진前秦이 지배하던 4세기 중반에 만들어진 것이다. 그러나 불교가 중국에서 확실하게 뿌리를 내린 것은 4세기 말부터 6세기 말까지 약 200년에 걸쳐 많은 인도 승려가 중국으로 들어와 불교 경전들을 본격적으로 번역하면서부터이다. 그리고 그 번역의 길을 연 대표적인 인물이 구마라습鳩摩羅什(Kumārajīva, 344~413)이다.

구마라습(쿠마라지바)은 인도 카슈미르 태생의 명문 귀족 아버지와 쿠차왕국의 공주였던 어머니 사이에서 태어났다. 인도와 중앙아시아 혼혈이었던 셈이다. 어릴 때부터 불교 경전에 정통했던 그는 356년 어머니와 함께 출가했으며 369년 대승불교로 전향, 불경 공부에 매진한다. 잠시 북중국을 통일한 전진前秦의 장군 여광呂光(그는 나중에 후량後涼이라는 나라를 세운다.)이 384년 쿠차에 침입, 그곳에서 활동하던 구마라습을 포로로 잡아 양주涼州로 데려간다. 구마라습은 양주에서 18년간 포로로 지내다가, 401년 후진後秦의 2대 황제인 요흥姚興에 의해 장안으로 거처를 옮기게 된다. 그는 그곳에서 402년부터 죽을 때까지 국가의 후원을 받으며 수십 명의 제자들과 함께 산스크리트어로 된 불경 원전을 한문으로 번역한다. 말하자면 일종의 국립 번역원 원장 일을 맡아보면서 불경을 번역한 셈이다.

구마라습의 불경 번역을 요즘 식으로 분류한다면 직역直譯이 아니라 일종의 의역意譯이라고 할 수 있다. 인도 출신인 구마라습은 "자신이 체득하고 있는 불경의 뜻을 어떻게 하면 중국에 뿌리내리게 할 수 있을까?"라는 고민과 함께 번역했을 것이고, 가능한 한 중국인이 이해하기 쉬운 언어로 번역하는 길을 택했을 것이다. 그는 불경을 번역하면서 원전의 정확성보다는 수용자의 이해 가능성을 우선으로 삼았다. 원전의 의미를 완전히 파악하고 소화한 뒤에, 중국의 일반 독자가 이해하기 쉬운 언어로 마치 재창작하듯 번역한 것이다. 따라서 그의 번역은 원어에 충실한 딱딱한 언어가 아니라 당시 중국어 문장 감각을 살린 대중적인 언어였다. 그의 번역은 이해가 쉬웠으며, 당대 문인들이 감탄할 정도로 문학성이 있었고 유려했다. 운율감이 있고 암송이 가능한 그의 번역은 정서적 울림이 컸으며, 따라서 중국에서의 대중 불교 발전에 크게 기여했다.

그는 단순히 언어의 측면에서만 불경 원전을 의역한 것이 아니다. 그는 불교의 중국 토착화를 위해 불경을 중국식으로 재해석했다. 언어가 본질적인 것이 아니라 하나의 방편이며, 참 의미는 언어 너머에 있다고 생각했기에 자유로운 의역이 가능했다. 그런 자유로움으로 그는 공즉시색, 색즉시공空卽是色 色卽是空이라는, 『반야심경』 원전에는 없는 표현을 만들어 내기도 했다. 불교에 존재하지 않던 공空이라는 개념을 도교적 어휘에서 빌려와 불경 번역에 사용한 것이니, 이후 중국의 불교는 도교적 세계관과 혼합되어 〈신선과 보살이 공존〉한다는 세계관을 낳았다. 따라서 구마라습의 불경 번역은 불경 원전을 정확히 소개했다는 측면보다는 불교의 중국화 측면에서 더 의미가 컸다. 구마라습이 번역한 관세음보살觀世音菩薩 보다는 훗날 현장玄奘(602-664)이 번역한 관자재보살觀自在菩薩이 사스크리트 원전에 더 가까운 번역임에도 불구하고 일반 사람들에게 관자재보살보다 관세음보살이 더 익숙하다는 사실은 그의 번역이 대중화에 성공했음을 보여주는 좋은 예이다.

현장 법사

사실, 당시 구마라습만 불경을 번역한 것이 아니었다. 구마라습 외에도 많은 승려와 학자들이 불경 번역에 매진했으니 후한, 남북조, 수나라를 거쳐 당나라(618-917)에 이르기까지, 500권 이상의 불경이 번역되어 유통되고 있었다. 그중 구마라습의 번역이 가장 권위가 있었고 유려했다. 그런데 그렇게 무수한 번역이 유통되고 있는 사실에 대해 의문을 지닌 사람이 있었다. 바로 당의 고승 현장이었다.

그는 한마디로 뛰어난 학자였다. 그는 번역된 불경을 읽고 철저히 분석했다. 그리고 다수의 불경에서 해석의 차이를 발견했으며, 어느 번역에서는 생략된 부분이 다른 번역에는 들어 있는 것을 발견했고, 교리에서도 차이가 있음을 발견했다. "그렇다면, 진짜 인도 정본은 무엇인가?"라는 의문을 그가 품는 것이 당연했다. 유럽 르네상스 이후 '신적神的 진리'에 맞서는 '인간적 진리들'이 우후죽순으로 등장한 현상 앞에서 데카르트(Descartes, 1596-1650)가 "너도나도 자신이 내세우는 게 진리라고 주장한다면 '절대 불변의 진리'는 과연 어디에 있는가?"라는 의문을 품은 것과 마찬가지로 볼 수 있다. 데카르트가 철저한 논리적 추론을 통해 코기토cogito의 절대성을 발견하고 "나는 생각한다, 고로 나는 존재한다."라는 결론에 도달했다면 현장은 직접 진리를 찾아 서역으로 떠난다. 산스크리트어 불경 원전을 직접 두 눈으로 확인하기 위해서였다.

현장이 서역을 향해 떠나던 629년은 당 태종 초기로서 민간인이 자의적으로 국경을 넘으면 국법 위반으로 처벌되던 때였다. 현장은 출국 신청이 거부되자 인도의 정통 불법을 배우지 않고는 중국 불교가 뿌리내릴 수 없다는 신념에 사막을 넘어 서역으로 몰래 출국한다. 불법 출

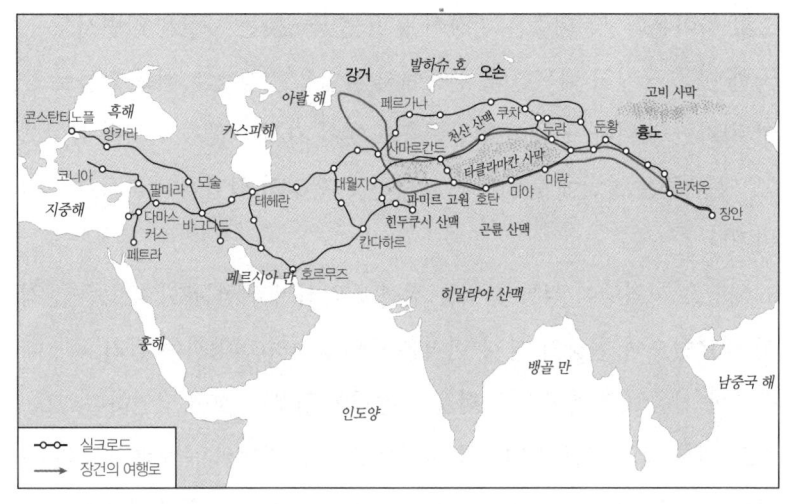

국이었으니 수도승이나 무역상조차 꺼리는 외곽의 위험하고 험난한 행로를 택할 수밖에 없었다. 체포되면 법률 위반으로 중형을 받을 수도 있었고, 도중에 낯선 토착 부족, 강도, 자연재해, 기근 등 수많은 위험에 노출되어 있었으니, 현장은 신심이 깊은 수도승일 뿐만 아니라 목숨을 건 결단을 내린 고행자이기도 했다. 명나라 때 현장의 서역 행로를 소재로 오승은이 지은 소설 『서유기西遊記』에 등장하는 수많은 괴물은 바로 이 위험들의 의인화이다.

현장은 고창국 등 중앙아시아 불교 도시에서 환대받으면서 톈산산맥 남로를 따라 타림분지를 통과한다. 이어서 쿠차, 카슈가르, 토하라 등 서역의 여러 소왕국들과 불교 중심지를 지난 뒤 그는 파미르고원을 넘어 옛 파키스탄 북부인 산다라에 도착한다. 그는 갠지스강 중류를 따라 인도 본토로 진입한 후, 나란다 대학에 5년 이상 체류하면서 불교 유식학唯識學과 인도철학을 집중적으로 연구했으며, 불교 성지들을 순례했다.

현장은 645년 인도로 갈 때의 역순을 밟아 수많은 경전과 함께 장안으로 돌아온다. 당 태종은 현장이 불법 출국했다는 사실을 알면서도 귀국한 그를 극진히 예우한다. 천축에서 불법을 정통으로 배운 인물로 높이 평가한 것이다. 귀국한 현장은 인도에서 가져온 불경 번역에 몰두했고, 당 태종은 장안에 번역원을 설치하고, 현장의 작업을 적극적으로 지원했다.

애당초 서역행이 정통 불법을 접하고 익히기 위한 유학 비슷한 성격의 행로였으니 현장의 불경 번역은 구마라습의 번역과는 달리 원전에 충실한 일종의 직역이었고, 학문적 성격이 강했던 것이 당연하다. 그는 인도 체류 중의 학문적 연구를 바탕으로 인도 원전의 문맥과 구조와 철학을 가능한 한 정확하게 반영하려고 애썼다. 따라서 번역 문체가 정밀하면서도 다소 난해했다.

그가 산스크리트 언어 원전의 문맥과 구조를 충실하게 반영하려고 애쓴 것은, 언어 자체가 마음心의 작용이며 그 구조의 일부라고 보았기 때문이다. 요즘 식으로 표현한다면 언어 구조 자체에 의미가 있다고 본 셈이다. 따라서 오류를 줄이고 원전의 개념을 정확히 옮기는 것이 곧 진리에 접근하는 길로 보았다. 현장은 중국어로 번역된 불경을 읽으면서 독자가 원어민처럼 생각하기를 바랐다고 볼 수 있으며, 그 입장은 오늘날 직역을 주장하는 사람들의 입장과 비슷하다. 따라서 그의 번역은 다소 난해하거나 건조하다고 평가되기도 하지만 그 덕분에 법상종과 같은 학문적 불교에 영향을 미쳤고 화엄 초기 사유의 체계화에 기여했다. 구마라습의 번역이 쉽게 중생이 다가올 수 있도록 믿음과 감응의 문을 열어주었고 정토 신앙의 길을 열어주었으며 그로 인해 불경의 예술적 수용에 큰 영향을 주었다면 현장의 번역은 불교 철학의 논리화에 기여했으며 불교가 학문적 전통으로 정착하는 데 기여했으니, 두 번역은 불교가 중국에 수용되어 자리 잡는 데 양 날개 구실을 했다고 볼 수 있다.

서유기西遊記, 중국적 사유의 상징

현장이 구술한 17년간의 서역 행적을 그의 제자 변기辯機가 정리, 『대당서역기大唐西域記』를 완성 편찬한다. 현장의 직·간접적 경험의 집대성으로서 크고 작은 100여 개국의 정치·사회·문화·풍토 지리·관습 등이 총망라된 방대한 서적이다. 이 책은 고대 불교사 연구뿐 아니라 인문지리학, 문화 인류학, 민속학의 측면에서도 오늘날까지 아주 귀중한 문헌이며 현장이라는 인물의 탐구 정신에 의해 태어난 훌륭한 학문적 업적이다.

그런데 7세기가 흐른 뒤 명나라(1368-1644) 대에 이르러 『대당서역기』는 오승은이라는 인물에 의해 『서유기』라는 픽션으로 다시 태어나면서 현장이라는 역사적 인물의 성격이 바뀐다.

『대당서역기』의 주인공 현장은 진리를 향한 학자이자 수도자이다. 그는 정본 불교 경전을 찾아 서역으로 향했던 종교학자적인 풍모를 지닌 구도자이다. 당시 여러 종파가 존재하면서 혼란스러워 보였던 불교를 원전에 기대어 교리적인 통일을 이루고 사상적 근거를 마련한다는 지적知的 시도를 했던 인물이다. 그의 그런 지적 시도의 산물인 『대당서역기』는 실크로드 상에서 이루어졌던 문명교류의 중요한 사료이며 단순 여행기가 아니라 해당 국가의 종교·언어·민속·지리를 기록한 인류학의 집합체이다.

그런데 『서유기』를 통해 현장의 '역사적 구도 여행'은 삼장법사의 '상징적 구도 여행'으로 탈바꿈한다. 주인공 삼장법사는 물론이고 손오공, 저팔계, 사오정 모두 인간성의 본질을 상징하는 인물이 된다. 삼장법사는 구도를 향한 일념을 잃지 않은 채 온갖 난관에도 불구하고 끝까지 구도 행각에 매진하는 인물이며 손오공, 저팔계, 사오정은 각기 자신이 지닌 능력으로 삼장법사가 구도 행각 중에 봉착하게 되는 온갖 난관들을 극복하는 데 도움을 주는 인물들이다. 삼장법사는 인내, 수용, 자비, 순종 등을 상징하며, 손오공은 힘과 지략과 기민함을 상징한다. 저팔계는 식욕과 성욕과 게으름 등 육체적 욕망의 상징이며, 사오정은 충직함의 상징이다. 이 네 명의 등장인물 중에 삼장법사와 손오공에 주목하면서 이 작품의 상징적 의미를 뒤따라가 보기로 하자.

간단한 질문부터 던지자. 『서유기』의 등장인물 중 단 한 명의 주인공을 꼽으라면 과연 누구를 택해야 할까? 삼장법사인가, 손오공인가?
많은 사람이 주저 없이 손오공을 꼽을지 모른다. 서역으로 가는 길에 봉착하게 되는 온갖 난관을 모두 물리치는 것이 바로 손오공이기 때문이다. 그러나 이 작품의 진정한 주인공은 삼장법사이다. 이 작품은 구도 소설이고 그 구도의 길에서 초심을 잃지 않고 일관되게 목표를 향해 매진하는 것은 손오공이 아니라 삼장법사이기 때문이다. 손오공은 애당초 구도에는 아무런 관심도 없다. 그는 기회만 닿으면 도망가려 하고, 괴물을 물리친다는 눈앞의 과업을 성취하고 나면 그에 만족한 채, 삼장법사에게 그만 가자고 조른다. 물론 그에게는 괴물을 물리치는 능력이 있다. 하지만 그는 눈앞의 괴물을 물리치는 데만 몰두할 뿐 그 너머의 목표나 의미에는 관심이 없다. 말하자면 보다 큰 목표도 없고 항심恒心도 없다. 반면에 삼장법사는 원대한 목표도 있고 항심도 있다. 그는 늘 그 힘든 여정에서 벗어나려는 손오공을 꾸짖으며 그 험난한 길을 헤쳐 나간다. 따라서 작품의 중심인물은 아무리 보아도 삼장법사이다.

내가 『서유기』에서 아주 재미있는 사실을 발견하고 무릎을 친 것은 지금은 고인이 된 고우영 화백의 만화 『서유기』를 아주 오래전에 보면서이다. 나는 그의 『서유기』 만화를 보다가 깜짝 놀랐다. 예쁜 남자 얼굴의 삼장법사가 입을 가리며 "호호호"하고 웃는 것이 아닌가? 나는 무릎을 탁하고 쳤다. 그래, 삼장법사는 바로 여성성의 상징이로구나. 손오공은 남성성의 상징이고…… 뛰어난 만화가의 직관이 이 작품의 핵심을 간파하고 그림으로 표현한 것이다.

그러자 바로 손오공의 무기가 떠올랐다. 손오공이 들고 다니는 무기는 여의봉^{如意棒}이다. 그가 '커져라, 세져라.'라고 주문을 외우면 여의봉은 길이가 늘어나 단단한 무기가 된다. 영락없는 남성 성기의 상징이다. 그런데 손오공에게만 무기가 있는 게 아니다. 삼장법사에게도 무기가 있다. 바로 손오공의 머리에 씌워놓은 둥근 고리 긴고아^{緊箍兒}이다. 삼장법사는 손오공이 딴마음을 품을 때마다 주문을 외워 그를 제압한다. 긴고아는 영락없이 여성의 성기를 상징한다. 긴고아는 손오공을 억제하고 제어하는 상징으로, 삼장법사의 수용성과 통제력을 드러낸다. 손오공의 여의봉이 능동적 에너지의 상징이라면, 긴고아는 그 에너지를 감싸고 조율하는 상징이라 할 수 있다. 삼장법사와 손오공은 각기 여성성과 남성성을 상징하는 것이니, 이 구도 여정에서 주인공은 바로 여성성의 상징인 삼장법사이니, 『서유기』는 태음^{太陰} 사상을 구현한 작품으로 볼 수 있다.

다시 말하지만 『서유기』는 구도^{求道} 소설이다. 삼장법사 일행의 서역

행로는 득도에 이르는 길이며 그 과정에서 겪게 되는 모험들은 득도의 과정에서 겪게 되는 온갖 고난과 어려움의 상징이다. 득도에 이르게 된 존재는 성불成佛한다. 성불은 인간 존재가 초월을 경험하고 초월자의 위치에 오르는 것을 의미한다. 그런 의미에서 『서유기』는 성배聖杯를 찾아 온갖 모험이 가득 찬 편력의 길에 나서는 유럽의 기사도 소설과 맥을 같이 한다. 기사도 소설에서 성배를 찾는 데 성공한다는 것은 삶과 죽음의 비밀을 깨치고 하느님의 나라, 즉 초월 세계에 들어갈 자격을 얻는 것을 의미한다.

그러나 유럽의 기사도 소설과 『서유기』 사이에는 결정적인 차이가 존재한다. 기사도 소설에서 성배 탐색에 나서는 것은 언제나 남성이다. 기사도 소설에서 여자는 두 가지 양상으로 등장할 뿐이다. 여성이 긍정적인 모습으로 나타나면 영웅이 사랑하는 연인이 된다. 그 연인은 영웅이 목표를 달성하고 무사히 돌아오기를 간절히 빈다. 그 연인을 향한 사랑은 영웅이 고난을 겪을 때 그에게 용기와 힘을 주는 역할을 한다. 하지만 연인은 언제나 보조자일 뿐이며 영웅이 보호해야 할 대상일 뿐이지 기사의 편력에 동행하지 않는다. 게다가 기사도 소설에서 많은 경우 여성은 부정적인 모습으로 나타나기도 한다. 영웅을 유혹해서 편력의 길을 방해하는 마녀로서 등장하는 것이다. 모험의 길에 만난 마녀들은 영웅을 유혹해서 그 힘든 과업을 중도에 그만두라고 부추긴다. 그 마녀들은 끊임없이 교태를 부리며 '쉬어가세요'라고 말한다. 사이렌이 그러하며 로렐라이 언덕의 인어들이 바로 그러한 존재들이다. 그 덫에 걸리면 영웅의 편력은 중도에 좌초하고 만다. 그녀들이 바로 팜프 파탈femme fatale들이다. 그런데『서유기』는 전혀 다르다. 여성성의 상징인 삼장법사가 직접 구도 행각에 나설 뿐 아니라 여성성이 바로 그 구도 여정의 주인공이 된다. 『서유기』의 주인공은 남성성의 상징인 강인한 전사 손오공이 아니라, 나약해 보이면서도 모든 것을 감싸 안는 여성성의 상징 삼장법사이다.

스위스의 심층 심리학자인 융(Carl Gustav Jung, 1875-1961)은 인간은 생물학적인 성性과는 무관하게 심리적으로 양성이라고 말했다. 심리적인 측면에서 볼 때 남성 속에도 여성적 특성이 존재하며 여성 속에도 남성적 특성이 존재한다는 것이다. 그리고 그는 남성 속의 여성적 특성을 아니마anima라고 불렀고 여성 속의 남성적 특성을 아니무스animus라고 불렀다. 아니무스가 행동 지향적이라면 아니마는 행복한 몽상에 잘 빠지는 경향이 있다. 아니무스가 전투적이라면 아니마는 평화 지향적이다. 아니무스가 합리적인 사고를 지향한다면 아니마는 상상력을 낳는 모태가 된다. 아니무스가 외향적이며 표면으로 표출되려 한다면 아니마는 깊은 심리 속으로 내려가려는 경향이 있다. 아니무스가 현실적이며 깨어있는 정신을 가능하게 한다면 아니마는 순수하고 비현실적인 생각을 낳는다. 융이 프로이트와 결별한 후 독자적인 심층 심리학 이론을 펼치게 된 데는 동양 고전들이 큰 영향을 미쳤다고 하는데, 혹시 『서유기』도 그중의 하나인지 모르겠다. 어쨌든 『서유기』에서 삼장법사와 손오공이 보여주는 행동은 융의 아니마와 아니무스의 특성에 그대로 부합한다.

그러나 『서유기』의 가장 큰 특성은 여성성의 상징인 삼장법사가 주인공이라는 데만 있지 않다. 이 작품의 가장 큰 특징은 여성성의 상징인 삼장법사와 남성성의 상징인 손오공의 관계에 있다. 삼장법사와 손오공이 대립하고 있지 않다는 점, 게다가 손오공이 단순히 삼장법사의 조력자가 아니라 거의 대등한 위치에서 둘이 상보적相補的 관계를 맺고 있다는 점, 거기에 이 작품의 가장 큰 특징이 있다.

『서유기』의 주인공은 분명 삼장법사이지만, 그는 홀로 구도 여정을 마치기에는 결함이 많은 존재이다. 그는 항심을 지니고 있기는 하되, 구도 여정에서 부딪치는 고난과 모험 앞에서는 무기력하기 짝이 없다. 그뿐이 아니다. 그는 늘 사고와 문제를 일으킨다. 불쌍한 사람으로 변신한 괴물에게 삼장법사는 번번이 속아 넘어가 일행을 위험에 빠뜨린다. 그 괴물의 정체를 알아보고 여의봉으로 내려치는 것은 언제나 손오공의 몫이다. 심지어 삼장법사는 그런 손오공을 말리며 꾸짖기까지 한다. 그는 순수하기는 하지만 현실 감각을 갖고 있지 않으며, 어리석기까지 하다. 삼장법사에게는 구도의 길을 향한 항심은 있지만 그 여정 중 겪게 되는 모험을 극복하는 것은 그의 몫이 아니다. 그가 그 항심을 실현하려면 반드시 손오공의 힘이 필요하다.

손오공은 그 반대이다. 그는 출중한 무력과 지략을 지니고 있으며 에너지도 넘친다. 하지만 그에게는 항심이 없으며, 궁극적인 목표가 없다. 그는 눈앞 괴물의 정체를 알아보고 그 괴물을 물리치지만, 그것으로 그만이다. 왜 괴물을 물리쳐야 하는지, 왜 그런 고난의 행로를 계속해야 하는지 궁극적 비전이 없다. 그래서 그는 순간순간에 만족해서 주저앉으려 하며 중도에 그만두기를 원한다.

만일 삼장법사 혼자 구도 행각에 나섰다가는 어떻게 됐을까? 첫 발걸음을 떼자마자 처음에 만난 괴물에게 잡아 먹혔을 것이다. 그렇다면 손오공 혼자였다면? 애당초 서역으로 갈 마음조차 먹지 않았을 것이다. 원숭이 무리의 왕으로 만족하며 지냈을 것이다. 그러고 보면 삼장법사건 손오공이건 둘 다 결함을 지닌 존재들이다. 그들 각자는 혼자 힘으로는 궁극적인 목표에 도달할 수 없다.

『서유기』는 개별적으로는 결함을 지닌 삼장법사와 손오공이 융합해서 궁극적인 목표를 달성하는 작품이며, 『서유기』의 가장 큰 특징은 바로 거기에 있다. 어찌 보면 『서유기』의 주인공은 삼장법사 한 명이 아니다. 손오공도 주인공이고, 더 나가 저팔계와 사오정도 주인공이다. 작품 결말에서 넷이 모두 함께 성불成佛에 이르기 때문이다. 항심을 지니고 득도의 길에 매진한 삼장법사만 성불하는 것이 아니라 그를 도와 그 행로가 가능하게 한 손오공, 저팔계, 사오정도 성불한다. 그들은 동시에 성불함으로써 같은 반열에 오르고 최고의 상태에서 하나가 된다. 차이를 간직한 채 이상理想적인 하나가 되는 것, 그것은 조화와 균형을 통해 일체감을 완성하고, 더 큰 자아로 태어나는 것을 의미한다.

조금 더 풀어서 말해보자. 여성성의 상징이자 진리를 향한 여정을 인도하는 영적인 존재인 삼장법사를 중심으로, 손오공이라는 남성성의 상징, 저팔계라는 욕망의 상징, 사오정이라는 침묵과 인내와 충직의 상징이 화해와 통합을 통해 더 큰 자아를 발견하는 과정이 바로 서유기에서의 구도의 여정이다. 이는 단지 개인의 초월을 의미할 뿐만 아니라, 이질적인 존재들이 고유한 개성을 간직한 채 조화를 이루는 동양적 이상 공동체의 모델로도 이해할 수 있다. 공자의 말을 빌린다면 이는 곧 화이부동和而不同의 세계이다.

서유기에서 우리가 읽어낼 수 있는 그러한 상징적 의미는 융이 말한 개성화individuation 과정과 일치한다. 융의 개성화 과정은 흔히 오해하듯 한 개인이 자신만의 정체성을 발견하는 과정이거나, 개성을 완성하는 과정이 아니다. 한 인간이 자기 내면에 알록달록한 이질적인 요소들이 공존하고 있음을 자각하고, 그 이질적인 요소들의 분열과 충돌을 경험하고 극복한 후, 그 이질적인 요소들이 활성화되어 조화롭게 지내는 존재로 성장하는 것을 뜻한다. 개성화 과정이란 자아ego를 발견하는 과정이 아니라 좁은 자아가 더 큰 자기self를 실현하는 과정이다. 그 더 큰 자기는 타자를 포함하고 수용하는 자기이다.

구도 과정이 이질적인 요소들의 균형과 조화와 융합의 과정으로 이루어진다는 것, 그것이 『서유기』의 가장 큰 특징이다. 이질적인 존재들이 각기 특성을 고스란히 간직한 채 모두 성불한다는 것은 인간 속의 온갖 이질적인 요소들이 각기 존재 이유를 지니고 있으며, 그 모든 요소가 긍정적으로 활성화할 수 있음을 뜻한다. 중요한 것은 그중의 하나, 예컨대 '이성' 같은 것을 가장 인간적인 것으로 내세우는 것이 아니라, 그 이질적인 것의 존재를 인정하고 그것들 간의 조화와 균형을 중시하는 것이다. 인간 자체가 남성성과 여성성, 이성과 욕망이 공존하는 존재로 보고, 그 모든 것을 '인간'이라는 이름으로 통합해 보는 것을 뜻한다. 즉 "인간에 관한 한 그 어느 것도 낯설지 않다."라는 관점을 갖는 것을 뜻한다. 그런 의미에서 유럽의 기사도 소설에서 성배를 찾아가는 주인공이 언제나 남성성의 상징인 기사인 것과 크게 대비된다. 기사도 소설에서 목표 달성을 위해 필요한 것은 영웅의 지략과 의지와 용기이다. 하지만 『서유기』에서는 그것만으로는 부족하다. 그와는 반대되는 특성들의 도움뿐 아니라 그것들 간의 조화와 균형이 필요하다.

사실 서유기는 오승은이라는 개인의 창작물이라고 보기 어렵다. 대당서역기가 나온 지 300년 뒤인 송·원(10세기~14세기) 시대에 현장의 여행 이야기가 전설로 변형되기 시작했다. 원나라에 이르러 현장의 모험이 잡극雜劇으로 공연되었고 손오공이라는 인물이 등장했다. 그리고 오승은이 살던 명나라 시대에는 송·원 때부터 전해오던 현장의 서역 여행기와 손오공 전설이 민간에 널리 퍼져 있었다. 오승은은 이러한 구전 설화와 잡극에 불교, 도교 사상을 결합하여 『서유기』를 썼다. 『서유기』는 명대 민중 사이에 전해지던 구법승 설화, 손오공 이야기를 바탕으로, 도교의 변신술, 불교의 업과 수행, 유교의 의와 덕 등이 어우러진 작품인 것이다.

서역을 향해가는 구법승 이야기인 이 작품 속에서는 유불선儒佛仙의 세 정신이 조화롭게 회통會通하고 있으며, 이는 명나라 때의 시대정신이기도 했다. 이 작품 속에 담긴 유불선 조화의 상상력은, 철학적으로는 송나라 시대 주자의 성리학이 꿈꾸었던 유불선 삼교 회통의 사유와 서로 맞닿아 있다. 말하자면 『서유기』는 사상적 종합이 완성된 시기라고 볼 수 있는 중국 명나라에서 그런 '중국적인 정신'을 이야기로 형상화한 것이라고 볼 수 있다.

주자朱子(1130-1200)의 주자학, 혹은 성리학性理學은 바로 그런 중국적인 정신의 철학적 종합이다. 진시황제의 진나라가 만리장성을 쌓음으로써 중화 이념을 축조했다면, 송나라는 성리학이라는 종합 학문을 통해 이른바 중국적인 것을 사상적으로 종합함으로써 중국의 중국화를 완성했다고 볼 수 있다. 송나라는 불교, 유교, 도교의 삼교 회통이 완성되면서 중국적인 것의 정리 및 종합화가 일어난 시기이니, 그런 종합화의 구체적 형상화로서 훗날 명나라에서 『서유기』가 등장한 것은 우연이 아니다.

중국 문명은 유가, 불가, 도가라는 서로 다른 사유 체계가 경쟁이 아닌 상호 수렴을 통해 발전해 온 독특한 역사적 경로를 지닌다. 유가儒家는 사회적 질서와 윤리를, 불가佛家는 존재의 본성과 구원의 길을, 도가道家는 자연과 무위의 원리를 말해 왔다. 그러나 이 셋은 따로따로 존재한 것이 아니라, 중첩되고 상호 보완되면서 통합적 사유로 나아갔다.

특히 송나라 시대부터 주자^{朱子}를 중심으로 형성된 성리학은 중국 문명의 유기적 통합 정신의 종합이라고 볼 수 있다. 성리학은 단순히 유교의 한 갈래, 혹은 유교의 종합이 아니라 유교의 사회 윤리와 실천성, 불교의 형이상학적 내면 탐구, 도교의 자연관 및 우주론을 유기적으로 통합하려 했던 주자의 철학적 야심이 집약된 종합적 사유 체계였다.

성리학의 핵심 개념은 리^{理}와 기^{氣}와 심^{心}이다. 리^{理}는 불교의 공^{空}, 도교의 도^{道}와 상응하면서 우주적 질서이자 도덕적 본체를 의미하며 기^{氣}는 불교의 번뇌, 무명^{無明}, 도교의 기^{氣}와 정^{精}의 흐름과 상응하면서 존재의 형성과 변용의 역동성 그 자체를 의미한다. 심^{心}은 불교의 깨달음의 주체, 도교의 무위^{無爲}와 상응하면서, 리와 기를 연결하는 자각의 자리를 의미한다. 따라서 성리학의 핵심 개념 자체가 사회적 질서와 윤리에 바탕을 둔 유교의 범주를 훨씬 뛰어넘는 것이었다.

성리학 내부에서, 특히 조선 사회에서, 철학적 논쟁이 치열했던 것은 성리학이 아우르는 철학적 스펙트럼이 너무 넓었기 때문이고, 이론적 측면과 실천적 측면뿐 아니라 종교적 측면까지 아우르는 거대한 종합이었기 때문이다. 성리학이 후대에 교조화된 것은 정치·사회적 맥락 때문이지, 성리학 본래의 성격은 포용과 종합에 가까웠다. 실제로 주자는 젊은 시절 도가와 불가 사상에 심취했었으며, 그가 불교와 도교를 비판했다 하더라도 그것은 도덕적 실천성이 부족하다는 측면에서였지, 그 철학적 내용 자체에 대한 비판은 아니었다. 한마디로 성리학은 유불선을 아우르는 동양 사유의 종합을 시도한 철학적 기획이었다.

중국의 이러한 유기적 통합의 정신은 로고스 중심의 정통신학을 바탕으로 한 기독교 중심의 유럽 문명과는 여러 가지 점에서 차이를 보여준다. 유럽이 대체로 신과 인간, 신앙과 이성 사이의 긴장을 통해 사유를 전개해 왔다면 중국은 이질적인 사유들의 조화와 감응을 통해 내적인 통합을 이루어왔다고 볼 수 있다. 그렇기에 유럽이 기독교 문명권이라는 두드러진 특성을 띠고 있는 데 비해 중국 문명은 불교 문화권이라거나 유교 중심 문명권이라고 단정하기 어렵다. 중국 문명은 유불선의 통합적 사유 구조, 유불선의 상호 영향 내에서의 융합적 체계 형성이라는 독특한 성격을 지닌다.

기독교를 중심으로 전개되어 온 유럽 문명은 대체로 초월과 이성을 중심으로 개인의 정체성과 구원의 길을 모색했다고 볼 수 있다. 이에 비해 중국 문명은 유가, 불가, 도가의 상호작용 속에서 내재성과 조화의 원리를 통해 인간의 삶과 우주를 설명하려 했다.

유럽 문명에서의 개인은 초월적 존재 앞에 서 있는 인간으로서 '고백하는 주체'이다. 그는 "나는 신 앞에서 어떤 존재인가?"라는 질문을 던지는 존재이다. 그의 정체성은 타자와 구별되는 자아와 초월적 신 사이의 긴장으로 형성된다. 그러나 중국 문명에서의 개인은 천리天理에 속한 인간으로서 수양修養하는 주체가 된다. 그는 하늘-사회-가족의 연속성과 유기적 관계 속에서 자신의 위치를 인식한다. 그는 "나는 누구인가?"라고 묻는 주체가 아니라 "나는 어디에 속해 있는가?", "나는 타자와 어떤 관계를 맺고 있는가?"라고 질문하는 존재이다. 그의 자아는 타자와 구별되는 자아가 아니다. 그 자아는 사회적 질서와 우주의 순환 속에서의 자신의 위치를 통해 파악되는 자아이다. 불교의 '내재된 불성'이나 도교의 '무위', 유가의 '성性'이 모두 자기 내부의 천리天理를 향하는 개념이니, 그 자아는 천리에 속한 자아이면서 동시에 천리를 실현하는 자아이다. 그 자아는 우주에 품어져 있는 자아이면서 동시에 그 자아가 우주를 품고 있는 소우주가 된다.

물론 유럽식 사유와 중국, 혹은 동양적 사유를 그렇게 도식적으로 나누는 것은 위험할 수도 있다. 유럽식 사유에도 동양적인 사유가 비주류로서 흐름을 이어왔을 수도 있으며 반대로 동양적 사유에도 유럽식 사유가 녹아 있을 수 있다. 그 사유들은 모두 호모사피엔스가 품을 수 있는 사유이기 때문이다. 게다가 그 특징적 사유들은 고정된 실체로 존재하는 것이 아니라 언제나 유동적이고 유기적인 변화의 도정에 놓여 있다. 유럽식 사유와 동양적 사유가 상호 영향에 의해 혼종混種의 성격으로 변할 수도 있으며 언제고 주류가 비주류가 되고 비주류가 주류가 될 가능성도 있다. 따라서 오늘날은 동양인이 유럽적으로 사유하고 있는지도 모르며, 유럽인이 동양의 정통적인 사유에서 더 매력을 느끼고 있는지도 모른다.

그렇더라도 한 문명권을 특징지을 수 있는 큰 흐름은 분명히 존재한다. 각 개인에게 그 개인만의 고유한 기질이 존재하는 것과 마찬가지이다. 그리고 역사적 관점으로 인간의 삶을 바라볼 때는 필연적으로 각 문명권의 주류를 이루는 큰 흐름에 초점을 맞출 수밖에 없다.

우리의 눈길이 오랫동안 동양에 머물렀다. 게다가 조금 성급하게 12세기 중국 송나라까지 흘낏 눈길을 주었다. 이제 다시 시선을 되돌려 서로마제국의 멸망과 함께 새롭게 태동하기 시작한 유럽 쪽으로 우리의 눈길을 돌리기로 하자.

제4장

단테의 『신곡』과 중세
―이슬람의 탄생

이탈리아반도의 피렌체가 고향인 단테 알리기에리(Dante Alighieri, 1265~1321)는 고향이 아닌 라벤나 망명 생활 중에 『신곡 La Divina Commedia』을 집필했고, 그곳에서 눈을 감았다. 그는 왜 고향인 피렌체로 돌아가지 못하고 망명지인 라벤나에 머무르며 생을 마감해야 했을까? 13세기 말과 14세기 초의 이탈리아가 어떤 격동기에 처해 있었기에 단테는 그런 운명을 맞이하게 되었던 것일까? 더 나가 유럽과 오리엔트 지역을 포함한 당시의 국제 정세의 변화는 이탈리아에 어떤 영향을 미쳤을까?

단테가 생존했던 13세기 말부터 14세기 초는 시대적으로 중세 말기에 해당한다. 언제나 그렇듯이 말기라는 것은 곧 변혁의 기운이 꿈틀대는 시기라는 뜻이다. 그러한 새로운 변혁의 움직임에 대해 유럽, 특히 프랑스의 역사가들은 르네상스Renaissance라는 명칭을 16세기부터 간간이 붙이기 시작했다. 그러나 이 명칭이 본격적으로 학문적 관심사를 불러일으키게 된 것은 19세기 프랑스 역사가 쥘 미슐레(Jules Michelet 1798-1874)에 의해서이다. 쥘 미슐레는 『프랑스사』라는 저술에서 14세기부터 16세기까지 유럽 문명에서 일어난 새로운 변혁을 두고 르네상스라는 명칭을 사용했고, 그 프랑스어가 지금까지 보편적으로 사용되고 있다.

르네상스의 문자적 의미는 재re-탄생naissance, 즉 다시 태어남이란 뜻이다. 유럽이 중세의 암흑기에서 벗어나 새롭게 태어났고, 그 결과 비로소 밝은 세상을 다시 맞이하게 되었다는 뜻이다. 그리고 유럽 지식인들은 르네상스라는 단어를 사용하면서 유럽 문명의 뿌리를 고대 그리스·로마 문명에서 찾았다. 자신들이 이미 고대에 찬란하게 문명의 꽃을 피운 적이 있었으며, 중세라는 어두운 터널을 겨우 지나 비로소 본래의 모습을 되찾기 시작했다는 것이다. 유럽 지식인들, 특히 19세기의 유럽 지식인들이 르네상스라는 단어를 학술적 용어로 정착시킨 것은 19세기에 확고해지기 시작한 유럽 중심주의 세계관을 반영한 결과이다.

그러한 유럽 중심주의에서 세계는 문명화된 백인 세계와 미개한 야만인의 세계라는 간단한 이분법적 도식으로 나뉜다. 그런 세계관에 입각, 지구촌에서 호모사피엔스가 이룩한 모든 문명의 중심에 유럽 문명을 놓고 인과론적으로 세계사를 서술하는 방식이 유럽 중심주의 역사관이다. 산업혁명을 거치면서 유럽이 지구촌을 주도하기 시작했으니, 세계사 전체를 유럽 중심으로 바라보려는 시도는 어찌 보면 당연한 일이다. 개인이건 집단이건 인간은 누구나 어느 정도 자기중심적으로 세상을 해석하려는 욕구를 가지고 있으며, 한창 잘 나가기 시작할 때 그 경향이 심해지기 때문이다. 그러나 바로 그 이유로, 유럽 중심주의에 짙게 물든 르네상스라는 용어가 과연 객관적으로 타당한 용어인지 검토해 볼 필요성은 더 커진다.

르네상스기는 분명히 새로운 변혁기이다. 그리고 르네상스 이후 유럽 문명이 서서히 지구촌 전체에서 두각을 나타내기 시작한 것도 사실이다. 그러나 과연 그러한 변혁을 유럽인들 혼자의 힘만으로 이룩한 것일까? 과연 그러한 변혁이

19세기 유럽의 지식인들이 생각했듯, 유럽의 재탄생을 의미하는 것일까? 과연 유럽 문명을 그리스·로마 문명의 직계 후손으로 볼 수 있을까? 중세를 과연 암흑기라고 단순하게 규정할 수 있을까? 또한, 그들이 내린 암흑기라는 규정은 유럽 대륙에만 해당하는 것일까, 아니면 포괄적으로 오리엔트 문명까지 포함하는 것일까?

미리 선언적으로 말하자. 르네상스는 유럽 문명의 재탄생이 아니다. 유럽인들은 그들이 고대에 이룩했던 위대한 그리스·로마 문명을 되찾은 것이 아니다. 그들이 말하는 르네상스는 분명 유럽적 현상이지만 그들은 그들이 이룩했던 고대 문명을 되살리면서 그런 변혁을 이룩한 것이 아니다. 유럽의 르네상스는 타 문명과의 교류를 통해서 가능했던 역사적 현상이며, 좀 더 엄밀히 말한다면 타 문명의 도움으로, 혹은 타 문명을 차용함으로써 가능했던 역사적 현상이다. 게다가 그리스·로마 문명 자체가 유럽 문명이라는 좁은 틀에 갇히지도 않는다. 그런 의미에서 14세기부터 16세기까지 유럽에서 벌어진 변혁에 르네상스라는 용어를 붙이는 것 자체가 무리이다. 좀 심하게 말한다면 전에 태어난 적도 없었으면서 재탄생이라는 용어를 사용한 셈이다. 더욱이 유럽인들은 '유럽의 중세'를 암흑기로 규정하면서 그들의 근본을 스스로 부정하기까지 했다. 앞장에서 살펴보았듯, 유럽 문명의 뿌리는 유럽의 중세에 있다. 중세와 함께 유럽 문명이 새롭게 탄생한 것이다. 다시 말하지만, 그들은 르네상스라는 용어를 사용함으로써 일종의 족보 세탁을 한 셈이다.

우리는 이번 장에서 유럽인들이 '르네상스'라고 명명한 대변혁에 이르는 과정을, 유럽 중심주의에서 벗어나 비교적 객관적 시선으로 살펴보려 애쓸 것이다. 앞에서 알렉산드로스의 제국 건설과 로마제국의 팽창과 멸망, 가톨릭 중심의 유럽 문명의 탄생을 오리엔트 문명과의 관련 하에서 살펴본 바 있다. 다시 말하지만, 유럽인들의 르네상스는 말 그대로 유럽인들의 재탄생을 의미하지 않는다. 유기적으로 얽힌 세계사적 사건들의 영향으로 유럽 대륙에서 일어난 큰 변혁이 바로 르네상스이다. 그리고 유럽 대륙에서 일어난 그 변혁은 세계사 흐름에 크나큰 영향을 미쳤다.

르네상스를 기점으로 유럽 문명은 지구촌 전체에 큰 영향을 미쳤을 뿐 아니라, 주역으로 등장한다. 즉, 그 이전에는 지구촌의 주역이 아니라 약소한 변방에 불과했다는 뜻이다. 그러한 객관적 사실을 무시한 채 지구촌 역사 전체를 유럽 중심주의 시각에서 살펴보는 것은, 결과에 비추어 역사적 사건과 현상을 모두 그 결과의 원인으로 환원하는 '인과의 오류'를 범하는 것과 같다. 지구촌 인류의 역사는 단 하나의 주역에 의해 이끌려 온 역사가 아니다. 끊임없이 주역이 교체되었으며, 늘 새로운 주역들에 의해 수많은 변화가 크고 작은 파도처럼 밀려왔던 역사가 호모사피엔스의 역사이다.

우리는 이번 장에서 변방이었던 유럽문명이 어떤 과정을 거쳐 주역으로 등장할 수 있었는지와 당대의 주도적 문명이 유라시아 대륙과 유럽 문명에 끼친 영향이 무엇이었는지를 중심으로 살펴볼 것이다. 시기적으로는 유럽문명의 태생기부터 신항로가 개척된 이른바 '대항해시대'까지이다. 봉건제도와 가톨릭 공동체라는 두 축을 중심으로 하여 탄생하여 가속페달을 밟기 시작한 유럽 문명이 '신항로 개척'의 시대를 맞아, 어떻게 지구촌이라는 무대에 주요 등장인물로 등장하게 되었는지, 그 전말을 넓은 시야에서 살펴보는 것, 그것이 이번 장의 목표이자 내용이다.

01

단테의 신곡

우리는 단테 알레기에리(1265-1321)의 『신곡』을 논의의 출발점으로 삼을 예정이다. 단테의 『신곡』이 변혁기의 유럽의 모습을 넓은 시야에서 바라볼 수 있는 단초(端初)를 제공하기 때문이다. 단테의 『신곡』은 이번 장 이야기의 출발점인 동시에 종착점이다.

단테의 『신곡』을 펼치면 곧바로 우리에게 친숙한 이름이 나타난다. 바로 베르길리우스라는 이름이다. 베르길리우스는 우리가 앞장에서 살펴본 『아이네이스』를 지은 1세기 로마의 시인이다. 그는 단테를 천국 입구까지 안내할 스승이자 인도자로 등장한다. 단테가 『신곡』에서 베르길리우스를 저승의 안내자 겸 스승으로 삼은 것은, 『아이네이스』가 로마 건국 이야기를 담고 있기 때문이기도 하지만, 주인공 아이네이아스의 저승 방문 장면이 실감나게 묘사되어 있기 때문이기도 하다. 살아 있는 자가 죽음 이후의 세계를 방문하는 테마는 호메로스의 『오디세이아』에 처음 등장하고 베르길리우스의 『아이네이스』를 거쳐 단테의 『신곡』까지 이어지는 중요한 테마이다.

단테는 베르길리우스의 안내로 아케론강을 건너 지옥으로 들어서고 곧바로 제1 구렁인 림보로 내려간다. 고통에 찬 신음 대신 한숨 소리만이 허공을 채우고 있는 그곳에서 단테는 뜻밖의 인물들을 만난다. 호메로스, 소크라테스, 플라톤, 아리스토텔레스 등, 살면서 죄를 짓기는커녕 인류에게 뛰어난 업적을 남긴 훌륭한 인물들이 지옥에서 벌을 받는 것이다. 물론 그들은 지옥의 다른 구렁에서처럼 무서운 형벌을 받고 있지는 않다. 하지만 언젠가는 천국에 갈 수 있다는 희망을 영원히 품을 수 없다는 것, 그것이 바로 그들이 받는 형벌의 내용이다.

베르길리우스는 그들이 림보에서 한숨짓게 된 이유는 단 한 가지, 그들이 예수 그리스도 탄생 이전에 생존했던 인물이었기 때문이라고 단테에게 설명해 준다. 아직 그리스도교가 출현하기 전이었기에 그들은 세례를 받지 못했으며 자신도 그들 중의 하나라는 것이다. 하느님의 나라로 가는 필수적 관문이 바로 세례인데, 그들은 그 관문을 통과하지 못한 것이다. 그들은 천국으로 갈 자격을 충분히 갖춘 인물들이지만 세례를 받지 못했다는 단 한 가지 결격 사유 때문에 천국에 들지 못한 인물들이다. 즉, 천국에 갈 자격을 충분히 갖춘 인물들이 그곳에 가지 못하고 어중간한 상태에 머물러 있는 곳, 그곳이 바로 림보이다. 그렇기에 '림보'라는 단어는 '경계 지역, 중간 지역'의 뜻으로 사용되기도 한다. 천국이나 지옥 그 어디에도 확실하게 속하지 않은 어정쩡한 곳, 그곳이 바로 림보이다.

림보에서 신음하는 인물들은 분명 천국에 오르지 못한 인물들이다. 하지만 그들이 림보에 등장하는 것은 그들이 인류에게 헌신한 위대한 인물이라는 뜻이기도 하다. 따라서 소크라테스, 플라톤, 아리스토텔레스, 호메로스 등이 림보에 등장하는 것은 어찌 보면 당연해 보인다.

하지만 당시의 상황으로 돌아가 살펴보면 사정이 그렇게 간단하지 않다. 유럽은 애당초 가톨릭 통합체였다. 더욱이 이탈리아는 로마 교황청이 있는 곳이다. 로만 가톨릭은 동로마 교회와 결별하면서 그리스어 대신 라틴어를 공식 언어로 삼았다. 그리스 문명과의 결별을 선언한 셈이다. 더 정확히 말하면 그리스의 다신교적 전통과의 결별을 선언한 셈이며 로만 가톨릭 왕국의 독자적 탄생을 선언한 셈이다.

그런데 13세기, 이탈리아 피렌체 어로 쓰인 단테의 『신곡』에 뜬금없이 그리스 철학자, 문학자들이 등장한다. 가톨릭 신자인 단테의 작품에서 그리스 위인들이 등장할 뿐 아니라 제대로 대접받는다는 것은 간단히 보아넘길 일이 아니다.

반복하지만, 로마 교회는 콘스탄티노폴리스 중심의 동로마 교회와 결별하면서 그리스어를 배제하고 라틴어를 공식 언어로 삼았다. 가톨릭교회, 더 나가 가톨릭 사회 전체가 그리스 문명과 차별화를 선언하고 독자적인 길을 걸었음을 뜻한다. 이후 그리스 문학, 철학 등은 오직 오리엔트 지역에서만 읽히고, 번역되고 연구되었다. 그런데 단테의 신곡에 그리스 철학자들 이름이 등장한다는 것은, 어떤 경로를 통해서건 그리스 철학, 더 나가 그리스 문명이 이탈리아에서 받아들여지고 있음을 뜻한다. 그리고 그것은 가톨릭 공동체인 중세 유럽에 큰 변화의 물결이 일고 있었음을 의미한다.

그런데 우리의 놀람은 거기서 그치지 않는다. 림보에서 우리가 만나는 인물은 고대 그리스 문명을 대표하는 인물들만이 아니다. 그곳에서 더 놀라운 뜻밖의 인물을 만난다. 바로 이슬람 술탄이었던 살라딘이라는 인물과 이븐 루시드, 이븐 시나 등, 이슬람 학자들이 그들이다. 살라딘은 12세기, 분열된 이슬람 세계를 재통일한 인물이다. 그는 제1차 십자군 원정 시 십자군에게 빼앗겼던 예루살렘을 재탈환한 인물이며, 제 3차 십자군 원정 시 영국의 사자 왕 리처드와 서로 깊은 존경심을 가질 정도의 기품있는 일화를 많이 남겼던 인물이다. 이븐 루시드와 이븐 시나는 이슬람 대학자로서, 아리스토텔레스 등 고대 그리스 철학자들의 저술을 아랍어로 번역하고 주석을 단 사람들이다. 그들의 저작들은 다시 라틴어로 번역되어 유럽에 널리 퍼졌고 중세 유럽 대학을 중심으로 학자와 사제들에게 수용되고 연구되었다.

단테가 그들을 고대 그리스의 뛰어난 철학자, 문학가 등과 함께 림보에 등장시켰다는 것은 단테가 그들을 대단히 높게 평가했다는 뜻이다. 일반 이교도들을 제6 구렁에서 신음하게 해놓은 단테가 왜 이슬람 군주인 살라딘과 이슬람 학자인 이븐 루시드와 이븐 시나를 림보에 등장시켰을까? 어떻게 그리스 철학자들과 이슬람 술탄, 이슬람 학자들이 함께, 그것도 고결한 인물 대접을 받으며 림보에 머물 수 있게 된 것일까?

우리의 놀람은 거기에서 그치지 않는다. 림보를 지나 조금 더 깊은 지옥으로 내려가다 보면 우리의 눈이 더 휘둥그레진다. 평생 탐욕에 젖어 지낸 자들이 고통으로 신음하고 있는 제3 구렁에서 가톨릭 성직자들과 추기경, 심지어 교황까지 등장해 벌을 받고 있다. 역사상 실제로 존재했던 인물들로서 단테가 보기에 이름만 성직자일 뿐 신성모독과 독직의 죄를 지은 자들이다. 가톨릭 신자인 단테의 『신곡』에서 왜 추기경과 교황이 지옥에서 벌을 받고 있는 것일까? 이슬람 술탄 살라딘을 림보에 등장시킨 단테가 왜 가톨릭 성직자들을 지옥 제3 구렁에서 벌을 받게 만든 것일까? 단테가 신곡을 집필할 당시, 유럽과 오리엔트, 더 나아가 지구촌 전체에서는 어떤 변화가 있었기에 가톨릭 성직자들은 지옥에 떨어지고, 오히려 이교도들이 림보에서 구원을 기다리는 상황이 초래되었을까? 유럽인들이 과거의 재탄생이라고 정의한 르네상스는 그런 변화와 어떤 연관이 있는 것일까?

그 궁금증을 풀기 위해 우선 단테가 신곡을 집필할 당시의 이탈리아 피렌체 상황을 잠깐 살펴보기로 하자. 그리고 기왕에 단테의『신곡』을 펼쳤으니,『신곡』이 우리에게 펼쳐 보이는 사후死後 세계 모습에 눈길을 주고 가는 것도 나쁘지 않을 듯싶다.

13세기 말 피렌체의 정치적 상황

서로마제국 멸망 후 이탈리아반도는 동고트족, 동로마제국(유스티니아누스 황제), 롬바르드족, 프랑크 왕국(샤를마뉴 대제)의 지배를 차례로 받는다. 그리고 10세기 말에는 오토 1세가 세운 신성로마제국의 통치하에 놓이게 된다. 물론 그 와중에도 로마교황은, 비록 부침은 있었지만, 가톨릭의 중심 지위를 누리고 있었다.

이탈리아반도가 신성로마제국의 통치를 받았다고 하지만, 황제의 권력은 절대적이지 않았고, 황제와 교황 간의 권력 다툼이 격하게 벌어지고 있었다. 게다가 베네치아, 제노바, 파비아, 밀라노, 피렌체 등의 도시에서 수공업, 상업이 발달하고 해상과 대륙의 교역이 활성화되면서 각 도시 지방 영주의 권한이 막강해졌고, 실질적으로 각 도시 영주가 통치하는 도시국가들이 속속 출현했다. 그중에는 밀라노나 피렌체처럼 로마제국 시절부터 번성하던 곳도 있었고, 서로마제국 붕괴 후 훈족의 침공을 피해 6세기에 이탈리아반도 동쪽 바다 아드리아해 북쪽 끝 120여 개 인공 섬에 자리 잡고 새롭게 번성하면서 독자적인 공화국을 설립한 베네치아 같은 곳도 있었다. 마치 BC 3세기경 로마가 이탈리아반도를 통일하기 이전의 도시국가 시대로 돌아간 듯한 형국이었다. 이탈리아반도 전체가 왕국, 공국, 공화국 등이 우후죽순식으로 출현해서 각축을 벌이는 곳이 된 것이다.

단테가 활약했던 시기는 바로 그런 상황에서 교황파와 황제파 간의 정쟁이 절정에 달해 있던 시기였다. 그리고 그 정쟁의 불꽃이 가장 심하게 타오른 곳이 바로 피렌체였다. 피렌체는 11세기부터 상업과 모직물 공업이 발전했고, 동시에 남이탈리아의 곡물 무역을 독점하면서 이탈리아반도의 경제·문화의 중심지로 도약 중이었다. 그리고 12세기 중엽에 도시국가인 피렌체 공화국이 수립된다.

13세기에 이르자 피렌체에서는 로마교황과 신성로마제국 황제 중 누구를 옹호할 것인가를 두고 치열한 정쟁이 벌어진다. 피렌체 전체가 교황을 지지하는 구엘프 당파와 황제를 지지하는 기벨린 당파로 나뉘어 사실상 내전에 돌입한 것이다. 중세 유럽에서 때로는 협력관계를 유지하는가 하면, 때로는 대립하며 갈등 관계를 보이던 교황과 황제 간의 싸움이 마치 대리전처럼 이탈리아반도의 피렌체에서 본격적으로 벌어진 것이다.

표면상으로 교황과 황제 지지층으로 갈라진 구엘프파와 기벨린파의 싸움은 내용상으로 본다면 신흥 세력과 기존 세력의 싸움이기도 했다. 구엘프파는 부유한 신흥 상업 가문, 요즘 식으로 말한다면 신흥 부르주아들이 주도했으며 기벨린파는 토지에 기반을 둔 전통적인 귀족 가문들이 주도했다.

피렌체를 시발점으로 한 양자 간의 싸움은 곧 피렌체를 넘어 이탈리아 전역으로 번져 나갔다. 그리고 각각의 도시 성격에 따라 한 도시 진체가 구엘프파 지지, 혹은 기벨린파 지지의 성향을 띠게 된다. 상업적 성격이 강한 도시들은 당연히 구엘프파를 지지했다. 신흥 상업 세력들에게는 교황보다 황제가 자신들의 이익에 반하고 더 위협적이라고 보았기 때문이다. 반대로 전통적인 귀족 가문이 득세한 도시에서는 교황의 권위 확대가 자신들에게 위협이 된다고 보았다. 그런 가운데 14세기에 이탈리아 내 도시들은 서로 반목하면서 갈등과 전쟁으로 점철되었다. 19세기에 들어서야 이탈리아 통일 운동(리소르지멘토 Risorgimento)을 계기로 그 갈등이 잦아들었으니 유럽의 다른 국가에 비해 이탈리아반도 분열의 역사는 너무나 길었다고 볼 수 있다.

단테는 당연히 그러한 살벌한 정쟁의 소용돌이 한복판에 휩쓸렸다. 그는 교황 지지파인 구엘프파에 속해 활동한다. 구엘프파는 교황을 지지했지만, 내용상으로는 황제로부터 피렌체의 자유와 독립을 외친 것이라고 볼 수도 있다. 피렌체에서의 두 당파 간의 치열한 싸움에서 구엘프파가 승리한다. 그런데 구엘프파 승리 후 구엘프파는 다시 둘로 쪼개진다. 교황으로부터도 더 많은 자유를 얻으려던 백파와 교황의 권력 강화를 주장한 흑파로 갈라져 다시 치열한 싸움에 돌입한 것이다. 그 싸움에서 흑파가 승리하고 백파에 속했던 단테는 박해를 받고 추방되어 길고 긴 망명 생활을 하게 된다. 교황과 가톨릭 성직자들이 흑파를 지지한 것은 당연하다. 그러니, 단테의 『신곡』 지옥 제3 구렁에서 가톨릭 성직자들이 등장해서 벌 받는 것은 당연한 일이다. 그들은 모두 흑파에 속하는 인물들인 것이다. 물론 단테가 그들을 오로지 정치적 이유만으로 지옥에서 신음하게 만든 것은 아니다. 단테의 판단에 당시 교회가 본래의 종교적 기능을 상실했고 거의 세속적 권력의 수준으로 타락했기 때문이다.

단테는 1310년에 고향 피렌체에서 추방되어 유배 생활을 하다가 라벤나에서 1321년 사망했다. 『신곡』은 바로 그 유배 생활 중에 출간한 작품이다. 물론 구상과 집필은 훨씬 전에 시작했으며, 「천국」편은 그의 사후 출간된다. 단테가 유배지에서 눈을 감게 된 사연을 알아보았으니 잠시 쉬어 가는 기분으로 그가 유배지에서 완성한 『신곡』을 감상해 보자.

『신곡』 감상 – 지옥과 연옥

『신곡』은 「지옥편」, 「연옥편」, 「천국편」의 세 부분으로 이루어져 있다. 그중 우리가 눈길을 줄 곳은 「지옥편」과 「연옥편」이다. 「천국편」까지 구체적으로 다루려면 이야기가 너무 길어질 우려가 있기 때문이다.

먼저, 질문을 던지는 것으로부터 시작하기로 하자. 과연 지옥과 연옥의 차이는 무엇일까? 두 곳 다 지상에서 죄를 지은 인간이 사후에 벌을 받는 곳인데, 그 결정적인 차이는 무엇일까?

지옥과 연옥의 차이는 그 단어에서부터 분명하게 드러난다. 지옥은 이탈리아어로 inferno이다. 말 그대로 꼼짝하지 못하고 그곳에 갇혀 벌을 받는 감옥이다. 그러나 연옥煉獄은 이탈리아어로 purgatorio, 영어로는 purgatory이다. 그 단어에서 pur는 '순수한'이라는 뜻이다. 즉 연옥은 단순히 벌을 받는 곳이 아니라 죄를 씻고 정화purgation가 이루어지는 곳이라는 뜻이다. 요즘 식으로 한다면 일종의 교도소矯導所이다. 실은 연옥煉獄이라는 번역 자체가 불에 의한 단련과 정화의 뜻을 담고 있다. 연옥에서 벌을 받는 자들은 그 벌을 통해 죄를 씻고 천국과 가까운 곳으로 올라갈 가능성이 있는 자들이다.

그러나 지옥은 다르다. 그들은 지옥에서 지금 받는 형벌에서 영원히 벗어날 수 없다. 똑같은 형벌이 영원히 계속되는 곳, 그곳이 바로 지옥이다.

이쯤에서 다른 질문을 하나 또 던져보자. 만일 당신이 지옥과 연옥 중 한 곳을 자유롭게 선택할 수 있다면 어디를 택할 것인가?

당연히 연옥이라고 대답할 것이다. 형벌에서 벗어날 가능성이 있는 곳을 마다하고 영원히 형벌이 계속되는 곳을 택할 사람은 아무도 없다. 그러나 지옥과 연옥에서 받는 형벌을 구체적으로 살펴보면 생각이 달라질지도 모른다. 예를 들어보자.

지상에서 식탐에 빠졌던 자들은 모두 지옥과 연옥에서 벌을 받는다. 그러나 그 형벌의 내용이 완전히 다르다. 사는 동안 게걸스럽게 식탐에만 빠져 지낸 죄를 지었기에 지옥에 간 자는 온통 진흙탕투성이인 제3구렁에서 진흙을 입에 욱여넣는 벌을 받고 있다. 반면에 식탐의 유혹에 가끔 굴복했던 죄로 연옥에 간 자들은 훨씬 좋은 환경에서 지낸다. 주변에 과실도 풍성하고 먹을 것도 많다. 하지만 모두 그림의 떡이다. 그들은 식욕을 참아내야만 한다. 풍요로운 먹거리는 축복이 아니라 견디기 어려운 시련이다. 그 시련을 이겨내야만 다음 단계로 상승할 수 있다.

하나만 더 예를 들어보자. 애욕에 빠졌던 자들도 그 죄의 경중에 따라 지옥과 연옥에서 각기 다른 벌을 받는다. 평생 바람둥이로 지낸 자는 지옥에서 바람에 날리는 벌을 받는다. 그러나 연옥에서 벌을 받는 자들은 불의 정화 과정을 거친다. 아마 잠시 애욕의 유혹에 빠졌던 자들일 것이다. 그런데 말이 좋아서 정화이지 실은 가장 어려운 마지막 시련을 겪는 셈이다. 인간이라면 누구나 빠질 수밖에 없는 함정, 빠져나오기 힘든 함정이 바로 애욕이기 때문이다. 연옥에서의 그 징벌은 애욕을 상징하는 불의 뜨거움을 극복하는 과정이면서 동시에 불을 통해 정화를 이룩하는 단계이기도 하다.

지옥은 인간이 지상에서 지었던 죄를 다시 범하지 못하게 벌을 주는 곳이 아니다. 오히려 그 죄에 푹 빠져 지내게 하는 곳이다. 식탐에 빠졌던 자들은 맛이 없어서 그렇지 실컷 진흙을 먹는 벌을 받고 바람을 피웠던 자들은 아예 바람에 날리고 있다.

다른 죄인들도 마찬가지이다. 물욕에 빠졌던 자는 돈이라는 무거운 짐을 벗는 게 아니라 돌로 변한 돈을 짊어진 채 계속 같은 자리를 맴돌고 있다. 스크루지 같은 수전노라면 너무나 반가워할 벌이다. 돈의 효용성과는 상관없이 제 몸에 그 무거운 것을 지니고 있기만 하면 행복해지는 게 수전노가 아닌가. 평생 화를 잘 내서 남과 싸우기만 하던 자들은 스틱스강에 빠진 채 말 그대로 실컷 싸운다. 남들을 피 흘리게 한 자, 예컨대 폭군 같은 자들은 피의 강물에 빠져 지내는 벌을 받는다. 피를 그렇게 좋아했으니 피 맛 실컷 보라는 식이다. 자살한 자들은 어떤가? 그들은 제7 구렁에 나무 모습을 한 채 서 있다. 그 나무에 여성의 머리를 한 괴조(怪鳥) 하르피아가 앉아서 계속 가지를 꺾거나 잎을 따 먹으며, 나무는 그럴 때마다 피를 흘린다. 영원히 제 몸이 상하는 고통을 맛보라는 형벌이다. 이간질을 일삼은 자들은 세상을 찢는 재미에 빠져 살았으니 아예 제 몸을 찢는 벌을 받는다. 사기꾼들, 거짓말쟁이들은 온통 전염병으로 썩어가는 지옥에서 지낸다. 네 거짓말로 세상을 썩게 했으니 네 원대로 온통 썩은 곳에서 지내라는 것이다.

하지만 연옥은 다르다. 오만하게 살았던 자는 무거운 돌을 어깨에 짊어지고 고개를 숙인 채 지내야 하고, 질투에 사로잡혔던 자들은 두 눈을 철삿줄로 꿰맨 채 쓸데없는 것 보지 말아야 하며, 게으르던 자는 쉴

틈 없이 뛰어다녀야만 한다.

그렇다면 다시 묻자. 우리가 지상에서 행했던 죄를 실컷 범하게 만드는 지옥, 욕심을 한껏 채워보라고 유혹하는 지옥을 택할 것인가, 아니면 그 욕심에서 벗어나기 위해 어려운 시련이 기다리고 있는 연옥을 택할 것인가? 게다가 연옥 자체의 여정은 그 얼마나 험난한가? 한 단계에서의 참회와 정화를 거쳤더라도 그것으로 끝이 아니다. 그다음 단계에서의 형벌이 기다리고 있고, 위로 올라갈수록 점점 더 극복하기 어려운 형벌이 된다. 그렇다고 최종 목표인 천국에 도달하리라는 기약도 없고, 게다가 그 시간은 한없이 길고…… 하지만 지옥에서는 그냥 주어진 형벌을 묵묵히 받기만 하면 된다. 만일 지옥과 연옥 중 한 곳을 택할 선택권이 있다면 과연 우리는 어느 쪽을 택할 것인가?

하지만 지옥은 분명 지옥이다. 지상의 욕심을 죽어서도 채울 수 있는 곳이지만 그곳은 분명 지옥이다. 이유는 딱 하나이다. 영원히 거기서 벗어날 수 없다는 것, 그것이 바로 지옥의 무서움이다. 지옥의 무서움은 형벌의 내용에 있는 것이 아니라 그 형벌이 영원히 계속된다는 데 있다. 달리 말하면, 지상에서 미처 못 채운 욕망을 한껏 채울 수 있는 곳이 바로 지옥이며 죽은 후에도 살아 있는 동안 자신을 사로잡고 있던 욕망에서 벗어나지 못하는 곳 그곳이 바로 지옥이다. 금기가 사라졌기에 영원히 욕망을 채울 수 있는 곳, 그곳이 지옥이며, 바로 그렇기에 절대로 벗어날 수 없는 곳, 그곳이 바로 지옥이기도 하다.

지옥이건 연옥이건, 모두 우리가 죽은 다음에 가는 곳이다. 그러나 지옥이나 연옥은 이 세상과 분리된 곳이 아니다. 죽은 후 지옥으로 가느냐, 연옥으로 가느냐, 아니면 단테처럼 베아트리체의 인도를 따라 천국에 이르느냐는 살아생전 우리가 한 행동에 따라 결정되기 때문이다.

지옥과 연옥은 추상적인 곳도 아니고 오로지 상상이 빚어낸 세계도 아니다. 그곳은, 인간 사회에서 인간이 범할 수 있는 온갖 악덕, 혹은 본능적 욕망이 집약된 곳이다. 『신곡』에 등장하는 온갖 죄들, 애욕, 식탐, 물욕, 분노, 폭력, 아첨, 도둑질, 사기, 배신 등등은 우리가 살면서 늘 목격하는 죄들이며 인간 사회가 존재한 이래 단 한 번도 사라져 본 적이 없는 죄들이다.

하지만 인간 사회에는 그런 탐욕만이 존재하지 않는다. 그런 탐욕을 제한하고 징벌하는 사회제도가 존재하며 무엇보다 인간의 양심이 존재한다. 인간에게는 죄만 존재하는 것이 아니라 덕목도 존재한다. '차마, 못하는 마음'이 존재한다. 그렇다고 우리 모두 순수한 영혼을 고이 간직한 채 곧바로 천국행 티켓을 손에 넣을 수 있는 것도 아니다. 솔직히 말하지만, 그런 경우는 거의 없다. 그러니 우리는 모두 연옥에 살고 있는지도 모른다. 죄를 범했고 죄를 지금도 범하고 있지만, 언제고 그 죄를 씻을 가능성 속에서 살고 있는 것인지도 모른다.

그렇다면 묻자. 우리가 그런 연옥 속에서 살 수밖에 없다는 것, 그것은 형벌일까? 축복일까? 그리고 다시 묻자. 당신은 살아생전에 미처 채우지 못한 욕심을 한껏 채울 수 있는 지옥을 택할 것인가, 아니면, 살아생전 지은 죄를 씻어야 하는 형벌이 기다리고 있는 연옥을 택할 것인가?

02

7세기의 오리엔트—이슬람 제국의 등장

단테의 『신곡』에는 그리스 철학자들과 함께 이슬람 술탄, 철학자가 림보에 등장한다. 유럽 가톨릭 세계, 그리스 문명, 이슬람 문명이 단테의 작품 안에서 긍정적으로 공존하고 있다. 봉건제와 가톨릭을 중심으로 탄생한 신흥 유럽 문명이 새로운 변혁기를 맞이했을 때, 고대 그리스 문명은 물론이고 당대에 가장 강대한 세력을 떨치고 있던 이슬람 문명을 받아들였거나 그 영향을 받았음을 단테의 『신곡』이 보여주고 있는 셈이다.

그러나 단테의 『신곡』에서 우리가 엿볼 수 있는 그러한 공존 현상에 대한 해석은 역사학자의 입장에 따라 천차만별이다. 그리고 이제까지의 해석은 주로 유럽 중심주의적 해석이었다. 그 모든 현상의 주체를 유럽으로 보고, 이슬람 문명이 가져다준 영향을 부수적으로 평가하거나 아예 무시하는 것이 일반적이었다. 유럽 문명이 신흥 문명이긴 해도 분명히 이슬람 문명보다는 약간 앞서 탄생한 문명이며, 16세기 이후 지구촌을 주도하는 문명이 되었으니 그런 관점을 갖는 것이 무리가 아닐 수도 있다.

그러나 7세기에 이슬람 문명이 발흥한 이래, 오리엔트에서 주도권을 차지한 것은 분명히 이슬람 문명이었으며, 14세기 유럽 문명의 변혁에 큰 영향을 준 것도 이슬람 문명이었다. 따라서 이슬람 문명과의 관계를 배제한 채 14세기 유럽의 변혁을 온전히 이해하는 것은 불가능하다. 14세기 초, 단테의 『신곡』에 그리스 철학자와 이슬람 인물들이 등장하게 된 전말을 살펴보려면 이슬람 문명이 오리엔트에 등장하던 때인 7세기로 거슬러 올라가야 한다.

이슬람 제국 탄생 시의 국제 정세

7세기 오리엔트는 동로마제국(비잔티움 제국)과 사산조 페르시아 왕국의 각축장이었다. 동로마제국은 앞 장에서 살펴보았듯이 로마가 오리엔트라는 중심부로 진출해서 오리엔트 문명과 융합한 결과 탄생한 새로운 로마제국이다. 콘스탄티누스 황제가 로마제국의 수도를 콘스탄티노폴리스로 옮기면서 '새로운 로마 Nova Roma'라고 명명했다는 사실을 상기하기 바란다. 서로마제국은 476년 신생 유럽 문명 탄생의 밑거름 역할을 하고 붕괴했지만, 동로마제국은 1453년 오스만 튀르크 제국에 의해 멸망할 때까지 1,000년 동안 오리엔트 지역의 기독교 왕국으로 존속했다. 그리고 6세기 중반 유스티니아누스 황제가 38년간 제국을 통치하며 지중해 서부에서부터 한 번도 손에 넣지 못했던 흑해지역까지 영향력을 확대하며 최전성기를 구가했으나, 그의 사후 7세기에 들어서 사산조 페르시아에게 안티오키아, 예루살렘, 이집트를 빼앗기고 최악의 상황으로 치닫고 있었다.

당시 비잔티움 제국에 맞서 자웅을 겨루고 있던 세력은 사산조 페르시아 왕국(224~651)이었다. 사산 왕조는 3세기 초에 파르티아 왕국(BC 247~224)을 멸망시키고 세워진 왕조이다. 파르티아 왕국은 셀레우코스 제국(BC 312~BC 63)을 상대로 페르시아인들이 반란을 일으켜 세운 왕조로서 당시 로마제국과 중국의 한나라를 잇는 비단길 교역로에 위치하며 상업과 중계무역으로 번영을 누리던 제국이었다. 셀레우코스 제국이 알렉산드로스 사망 이후 제국이 분열되면서 세워진 헬레니즘 왕조의 하나였으니, 파르티아 왕국은 헬레니즘 세계 내에 세워진 페르시아계 국가로 볼 수 있다. 파르티아 왕국의 뒤를 이은 사산조 페르시아 제국은 고대 페르시아 아케메네스 왕조의 후예를 자처하면서 동시에 자신들을 '이란인'으로 명명하여 페르시아 민족의 정체성 형성에 결정적인 역할을 했다.

7세기의 오리엔트는 동로마제국과 사산조 페르시아 왕국이라는 두 거대 세력으로 양분되어 있었다. 즉 이탈리아반도에서 출발해 오리엔트에 터를 잡은 새로운 로마제국과 오래전부터 그곳 터줏대감이었던 페르시아 제국이 서로 으르렁거리고 있었다고 말할 수도 있다.

두 거대 세력이 각축전을 벌이고 있는 오리엔트는 여러 가지 면에서 여전히 서반구 문명의 중심지였다. 조금 시야를 넓힌다면 당시 동방에서는 중국의 당나라가 건국되어 번영의 길을 닦고 있었으니, 지구촌은 오리엔트 문명과 중국 문명으로 크게 양분되어 있었다고 보아도 무리가 아니다. 무엇보다 두 문명의 역사는 수천 년에 달한다. 오리엔트와 중국 땅이라는 무대의 주인공은 바뀌어 왔지만, 수천 년 동안 그 무대가 문명의 중심지로 존속해 왔다는 사실은 변화가 없었다.

그런데 7세기에 큰 변화가 일어난다. 유럽 대륙에서는 새로운 유럽 문명이 태동하고 있었고, 오리엔트에서는 이슬람 문명이 새롭게 탄생한 것이다. 로만 가톨릭을 토대로 한 유럽 문명도 기존의 문명에 비해 신흥 문명이었으며, 7세기에 탄생한 이슬람 문명은 더 말할 것도 없다.

이슬람 문명 탄생 후 유럽 문명은 그 문명과 충돌하고 교류하면서 상호 영향력을 주고받는다. 그리고 그 충돌과 교류와 변화의 역사가 이후의 지구촌 서반구 전체 역사와 거의 맞물린다고 보아도 무리가 없다. 물론 두 새로운 문명의 변화에는 멀리 동방 중국 문명과의 교류가 큰 영향을 미쳤다는 사실도 염두에 두어야 하며, 무엇보다 13세기와 14세기에 광활한 유라시아 초원지대 전체를 호령하며 역사상 가장 넓은 면적을 지배하고 지구촌 전체를 뒤흔든 몽골제국의 영향을 빼놓을 수 없다. 그 두 영향에 대해서는 나중에 살펴보게 될 것이다.

신흥문명인 유럽 문명의 탄생 과정 및 그 축을 이루는 봉건제와 가톨릭에 대해서는 이미 앞 장에서 자세히 살펴본 바 있다. 이제 우리의 눈길을 이슬람 문명으로 돌려 그 문명의 탄생과 이슬람 제국의 성장 배경에 대해서도 살펴볼 차례이다. 다시 한번 오리엔트 지역으로 시선을 옮겨보자.

동로마제국과 사산조 페르시아 전쟁 - 니네베 전투

이슬람 제국의 이슬람islam은 '복종·순종'을 의미하는 아랍어 '아살라마asalama'에서 파생한 말로서 '알라에게 복종하라'라는 뜻을 지니고 있다. 알라는 절대 유일신이다. 즉 이슬람 제국이라는 명칭 자체가 이미 종교적이다. 이슬람 제국의 성격과 확장 과정을 살펴보려면 이슬람교에 대한 이해가 선행되어야 하는 이유이다.

이슬람교가 당시 오리엔트 지역의 기존 종교와는 어떤 차별점을 지니고 있었고 그 특징은 무엇이었기에 그토록 짧은 기간에 그토록 널리 세력을 떨칠 수 있었던 것일까? 이슬람 제국의 성격이 어떤 것이었기에 알렉산드로스 대왕보다 더 짧은 기간에, 사산조 페르시아 제국을 멸망시키고 동로마제국을 반쪽 이하로 만들면서 대제국을 건설할 수 있었던 것일까?

그 궁금증을 풀기 전에 우선 7세기 오리엔트 지역에서 일어난 중요한 사건에 먼저 눈길을 줄 필요가 있다. 바로 동로마제국과 사산조 페르시아 사이에 벌어진 니네베 전투이다. 그 전투 자체가 이슬람 세력 확장과 직접적으로 연관이 있기 때문이다.

7세기 초 오리엔트 지역에 대단히 중요한 사건이 발생한다. 603년, 동로마제국과 사산조 페르시아 사이에 대규모 전쟁이 발발해서 628년까지 25년 동안 이어진 것이다. 물론 이전에도 동로마제국과 사산조 페르시아 사이에는 오리엔트 지역 패권을 두고 잦은 충돌이 있었다. 고대로부터 문명의 중심지였던 비옥한 초승달 지대에서 패권 다툼이 한시도 끊이지 않았던 것은 당연한 일이다.

그러나 7세기 초에 벌어진 전쟁이 가장 규모가 컸으며, 무엇보다 그 전쟁은 두 제국 간의 마지막 전쟁이었다는 사실이 특별한 의미를 지닌다. 그 계속되는 전쟁에 국력을 너무 소모해서 쇠약해질 대로 쇠약해진 사산조 페르시아 제국이 전쟁이 끝난 지 얼마 안 된 651년 신흥 이슬람 제국에 밀려 멸망했기 때문이다.

대규모 전쟁을 먼저 일으킨 쪽은 사산조 페르시아였다. 당시 페르시아 황제 호스로 2세는 비잔티움 제국, 즉 동로마제국을 정복하고 고대 페르시아 제국을 부활하겠다는 꿈을 꾸고 있었다. 호스로의 입장으로 본다면 굴러온 돌 주제에 주인 행세를 하는 동로마제국을 자기 땅에서 몰아내겠다는 야심을 품은 것이라고 볼 수도 있다. 당시 동로마제국은 콘스탄티노폴리스를 수도로 이집트를 비롯해 북아프리카의 카르타고, 이탈리아, 남부 스페인 일부까지 세력을 넓힌 강대국이었다. 동로마제국 전성기라 할 수 있는, 유스티니아누스 1세(재위 527-565년) 재위 시 옛 로마제국의 영토를 거의 다 회복한 것이다.

전쟁 초기 주도권을 잡은 쪽은 페르시아였다. 페르시아는 승승장구, 금세 아나톨리아 반도 일부와 시리아를 점령한다. 특히 610년에는 시리아의 주도이자 기독교 5대 교구 중의 하나인 안티오키아가 페르시아에 넘어간다. 시리아 공략에 성공한 호스로 2세는 계속 남진, 기독교 최대 성지 예루살렘이 있는 팔레스타인 공략에 나서서 성공한 후, 620년에는 동로마제국 최대 곡창지대인 이집트마저 정복한다. 역시 기독교 5대 교구 중의 하나이자, 헬레니즘 문화 계승의 상징인 알렉산드리아가 페르시아 제국 손으로 넘어간 것이다.

페르시아군은 남진南進에만 나선 것이 아니라 서진西進도 계속, 동로마제국 본거지로 향한다. 페르시아군이 동로마제국 수도 콘스탄티노폴리스 코앞에 있는 칼케돈까지 점령하자 동로마 황제 헤라클리우스(이라클리오스)는 호스로 2세에게 휴전을 제의했고, 호스로 2세는 막대한 공물을 바칠 것을 조건으로 이를 수락해 전쟁은 잠시 소강상태에 접어든다.

몇 년간 전열을 정비한 헤라클리우스는 반격을 개시, 627년 오늘날의 이라크 북부 모술 동부 지역인 니네베에서 페르시아군과 일대 격전을 벌인다. 그 전투에서 동로마군은 대승을 거두고 이어서 시리아, 이라크, 팔레스타인, 이집트, 아나톨리아반도, 아르메니아의 기독교 지역을 모두 되찾는다. 그리고 헤라클리우스 황제는 630년 봄, 예루살렘에 입성한다.

니네베 전투는 고대 페르시아 전쟁의 살라미스 해전과 비길 수 있는 중요한 전투이다. 만일 그 전투에서 사산 왕조가 승리했다면, 오리엔트에서 그리스-라틴 문명은 사라지고 페르시아의 전통 오리엔트 문화가 그 지역을 지배했을 것이며, 이슬람의 등장도 불가능했거나 한참 늦춰졌을 것이다.

동로마제국(비잔티움 제국) - 새로운 로마, 새로운 예루살렘

25년이나 지속된 전쟁에서 패한 사산조 페르시아는 651년 멸망하고, 곧바로 이슬람 문명권으로 흡수된다. 이후 페르시아 민족은 16세기 초 이스마일이 사파비 왕조(1501-1736)를 일으킬 때까지 온전한 독립적 국가 형태를 이루지 못했다. 하지만 페르시아가 이슬람화된 이후에도 타히르 왕조(821-873), 사만 왕조(819-999), 부예 왕조(934-1062) 등이 페르시아를 부활하려 힘썼다. 즉 페르시아는 이란고원이라는 땅 안에서 언제나 하나의 독특한 문화권을 형성하면서 정체성을 유지하고 있었으니, 사산조 페르시아가 멸망한 이후에도 페르시아 문명은 어떤 형태로든 사라지지 않고 존속해 왔다고 볼 수 있다.

사산조 페르시아는 이슬람 문명 탄생과 함께 7세기에 사라졌지만, 동로마제국은 15세기까지 존속하며, 오랫동안 오리엔트의 주역으로 남아서 독특한 문화를 형성했다. 동로마제국은 서로마제국 멸망 후에 겨우 살아남은 로마의 흔적이나 부록 정도의 대접을 받을 국가가 아니다. 동로마제국은 오랫동안 오리엔트 문명의 중심이었고, 기독교의 중심이었다.

동로마제국이 그 중요성에 비해서 별로 주목받지 못하는 이유는 간단하다. 후대 유럽인들이 서로마제국의 멸망을 곧 로마의 멸망으로 간주했기 때문이다. 멸망한 로마의 문명을 유럽이 계승했고, 로마 문명이 오로지 유럽에서만 살아남은 것으로 간주했기 때문이다.

그러나 그 시각은 너무 유럽 중심주의적 시각이다. 그런 시각에서 유럽의 르네상스는 곧바로 고대와 연결되고 중세는 지워진다. 중세를 암흑기라고 말하는 것은 중세가 실제로 암흑기이었기 때문이 아니다. 유럽 중심주의적 시각에서 중세를 무시하거나 지웠기 때문이다. 그렇게 중세를 암흑기로 규정하고 지우게 되면 지구촌 전체의 역사를 유기적으로 바라보는 안목을 가질 수 없다. 고대 문명을 현대와 연결하는 중요한 맥락이 지워지기 때문이다. 우리가 이렇게 중세의 빛을 동로마제국에서 찾는 것은, 그렇게 지워진 맥락을 되찾기 위해서이다. 지구촌 인류의 역사를 유기적으로 바라보기 위해서이다.

이미 살펴보았듯 로마의 콘스탄티누스 황제는 330년에 로마제국의 수도를 콘스탄티노폴리스로 옮겼다. 그는 313년에 밀라노 칙령으로 기독교를 공인했으며 325년 니케아 공의회를 열어 기독교 공식 교리의 기초를 다져 놓은 바 있다. 기독교는 392년 테오도시우스 1세에 의해 로마제국 국교로 공식 채택되지만, 콘스탄티누스 황제 때부터 이미 국교와 같은 위상을 지니기 시작했다. 콘스탄티누스 대제는 기독교를 공인하고 기독교 교리의 기초를 다지면서 옛 로마와 단절하고 오리엔트의 주역이 되었음을 선언한 셈이기도 하다. 오리엔트가 기독교의 발상지였음을 상기하면 쉽게 납득할 수 있는 일이다.

콘스탄티누스 1세는 기독교를 공인하면서 사산조 페르시아의 조로아스터교와 같은 위상과 역할을 기독교에 부여하려는 마음을 품고 있었을 것이다. 따라서 콘스탄티누스의 기독교 공인과 수도 이전은 오리엔트 지역에 기독교를 중심으로 한 새로운 신성 군주 국가가 탄생한 것을 의미한다. 로마 초대 황제 아우구스투스는 베르길리우스에게 『아이네이스』를 짓게 해서, 로마제국의 정통성을 오리엔트에서 찾으려 했고, 그것은 일종의 족보 세탁과 비슷했다. 로마제국의 수도 이전은 그리스 알렉산드로스 대왕의 오리엔트 정벌과 마찬가지로 서방 지중해 문명의 동방 진출이요, 문명 중심지로의 진출을 의미했다. 그리고 알렉산드로스 대왕의 동방 정벌로 인해 헬레니즘 문명이라는 새로운 융합 문명이 탄생한 것과 마찬가지로 로마의 동방 진출 결과 동로마 문명, 혹은 비잔티움 문명이라는 새로운 문명이 탄생했다.

동로마제국은 '새로운 로마'를 표방했고, 통치자들도 자신이 '비잔티움인'이 아니라 '로마인'임을 자처했다. 마치 유럽인들이 '신성 로마 제국'이라는 명칭을 사용하면서 자신들이 로마의 후계자임을 주장한 것과 같다. 그러나 동로마제국에서 사용한 로마라는 단어와 유럽인들이 사용한 로마라는 단어는 명칭만 같을 뿐 그 내용은 완전히 달랐다. 마치 완전히 다른 뜻의 두 개의 로마가 존재한 것과 같았다.

유럽인들에게 로마는 라틴어의 로마였고, 로마교황을 중심으로 한 가톨릭의 로마였다. 유럽인들에게 기독교는 사도 전승 전통에 입각한 가톨릭을 의미했다. 그런 유럽인 사회에서 그리스 문명과 헬레니즘 문명은 다신교 전통에 입각한 이교도 문명으로서 외면받고 배척받았다.

그러나 동로마제국은 달랐다. 무엇보다 동로마제국에서는 그리스어를 주요 언어로 사용했다. 헬레니즘 문명이 꽃 피어났던 곳을 본거지로 삼았으니 당연한 일이기도 했다.

동로마제국은 기독교를 국교로 삼았으나, 동로마제국에서의 기독교의 위상은 유럽과 달랐다. 교황권과 왕권이 양 날개로 작동한 유럽과 달리 동로마제국의 기독교는 신정 군주국 황제의 통치 아래 존재했다. 즉, 동방의 교회를 대표하는 콘스탄티노폴리스의 총대주교는 제국 국교의 중심이면서 동시에 제국 전체의 종교 정책을 집행하는 기관 역할을 했다.

그러나 유념할 사실이 하나 있다. 동로마제국의 기독교가 신정 군주국 황제의 통치 아래 놓여 있었다는 사실이, 동로마제국의 종교적 특성의 약화를 의미하지 않는다는 사실이다. 오히려 신정 군주국 황제의 보호 아래에서 기독교는 세속화의 길을 걷지 않은 채 종교적 기능을 충실히 유지할 수 있었다. 세속 권력을 두고 왕과 교황 사이의 갈등과 다툼이 끊이지 않았으며, 그 결과 로마 교황청이 종교성을 상실하고 세속화의 길을 걸었던 유럽과 달리, 동로마제국의 기독교는 종교적 자율성을 유지한 채 종교적 기능을 발휘할 수 있었다. 기독교가 제도적으로 황제에게 종속되어 있다는 사실이 오히려 역설적으로 기독교의 세속화를 방지하는 보호 역할을 한 셈이다. 크리스토퍼 도슨이 비잔티움 문명을 (그는 동로마라는 명칭 대신 비잔티움이리는 명칭을 사용했다) '초월'을 추구하는 문명이며 콘스탄티노폴리스를 '신의 제국, 관료들의 도시'라고 부른 것은 그 때문이다.[18]

제도적으로는 신정 군주국 황제의 통치를 받았으나, 내용상으로는 종교적 자율성과 기능을 충분히 발휘한 것이 동로마제국의 기독교였다. 가톨릭 유럽이 왕과 교황이 양 날개로 존재한 곳이었다면 동로마제국은 절대 군주와 하느님이 동시에 존재한 곳이었다. 따라서 동로마 황제는 제국의 황제이면서 동시에 충실한 기독교 신자였다. 제국의 황제이면서 동시에 하느님 나라의 백성이라는 이중적 신분을 자연스럽게 지니고 있던 셈이다. 제국의 황제라는 기능과 종교의 기능이 뒤섞이지 않은 채 자율적으로 작동하고 있었던 곳이 동로마제국이었으니, 교황이 황제와 세속적 권력을 놓고 끊임없이 갈등을 빚은 유럽과는 달랐다.

　오리엔트의 문화 및 종교적 전통과 결합한 동로마제국의 기독교와 유럽의 가톨릭은 기독교라는 명칭만 공유할 뿐 그 성격이 현저히 달라졌다. 간단히 말한다면 동방교회는 오리엔트 문화의 영향으로 오리엔트화된 기독교였고, 서방 교회는 유럽의 봉건적 문화와 결합한 기독교였다. 각자 입장에 따라 모두 정통이면서 동시에 모두 이단인 셈이다. 하긴 거의 모든 종교가 다 그런 속성을 지니고 있긴 하지만……

　역사적으로 기독교 동서 교회의 분열이란 1054년 기독교가 동방 정교회와 서방 가톨릭으로 완전히 갈라선 사건을 말한다. 콘스탄티노폴리스를 방문한 로마교황 사절단은 미카엘 키룰라리오스 콘스탄티노폴리스 총대주교에게 로마교황 레오 9세의 절대 권위를 인정하라고 요구한다. 그러나 미카엘은 이를 거부하고 사절단은 미카엘 총대주교를 파문한다. 그러자 이번에는 미카엘 총대주교가 로마교황을 파문했으며 이후 동서 기독교 교회는 완전히 결별한다. 하지만 그 사건을 계기로

18　『유럽의 형성』, 197, 204쪽.

비로소 기독교가 동서로 분열된 것이 아니다. 그 사건 이전에도 동방과 서방의 교회는 제도적으로나 내용상으로나 이미 갈라져 있었으니 그 사건은 그 분열을 공식화한 것일 뿐이다.

로마교황과 콘스탄티노폴리스의 총대주교가 서로를 파문한 것은, 각자 자신이 기독교의 중심이며 정통이라고 생각했기 때문이다. 동로마 교회는 콘스탄티노폴리스라는 중심 교회로부터 로마가 떨어져 나갔다고 생각했고, 로만 가톨릭교회는 콘스탄티노폴리스 교회도 교황을 정점으로 하는 여러 교회의 하나일 뿐이라고 생각했다. 로만 가톨릭교회 입장으로 본다면 콘스탄티노폴리스 총대주교는 교황 휘하의 중요한 하나의 교구에 불과했다. 그러나 콘스탄티노폴리스 교회 입장으로 본다면 로마교황은 여러 독립적인 총대주교 중의 하나일 뿐이었다.

게다가 콘스탄티노폴리스 입장에서 볼 때 로마 교회는 프랑크 왕국이라는 현지 세력, 아직 야만적인 세력과 손을 잡은 이단이었으니, 800년 교황 레오 3세가 샤를마뉴의 머리에 서방 로마 황제의 관을 씌워준 사건이 바로 그것을 의미했다. 그 사건은 자신이 진정한 로마제국임을 자처하고 있었던 동로마제국을 향한 큰 도전을 의미했다. 반대로 로만 카톨릭의 입장에서 그 사건은 로마 교회가 독립적인 권위를 가지고 있음을 만천하에 천명한 것이었으며 유럽이라는 새로운 문명이 탄생했음을 알리는 사건이었다. 그러니 동서 기독교 교회는 1054년 공식적으로 결별을 선언하기 200여 년 전에 이미 완벽하게 갈라선 셈이라고 보아도 무리가 없다.

비잔티움의 기독교가 정교회(Orthodox Church, 그리스어로 Ορθόδοξη Εκκλησία)라는 명칭을 사용한 것은 로만 가톨릭이 하나의 분파, 더 나가 이단일 뿐이고 자신들이 정통임을 내세우기 위해서이다. 그러나 가톨릭을 정통으로 삼는 쪽에서는 정교는 기독교의 이질적인 변용에 불과하다고 본다. 정통Orthodox이라는 단어 속에 변용과 변방의 의미가 들어 있는 셈이니 묘한 역설이다.

참고로 기독교가 동서로 분열되면서 동방과 서방의 기독교가 제도상으로 보이게 된 차이에 대해서도 잠시 눈길을 주기로 하자.

로만 가톨릭은 유럽의 전통적인 봉건제와 결합하면서 유럽 문명을 통합하는 큰 축이 되었다. 유럽 사회에서 로마교황은 가톨릭의 중심일 뿐 아니라, 유럽 사회 자체의 중심이었다. 그리고 유럽 사회의 모든 교회는 교황청의 완전한 통제하에 놓여 있었다. 교황을 중심으로 하는 중앙집권적 구조였던 것이다. 교황의 권위가 제도적으로 강력했다는 사실이 교권과 왕권의 갈등과 다툼을 낳았고, 결과적으로 교회의 타락을 초래했으니, 역설적이라고 볼 수밖에 없다.

하지만, 정교회의 성격은 로만 가톨릭과 달랐다. 물론 동로마제국 시대에도 정교회의 중심은 콘스탄티노폴리스 총대주교였다. 그러나 그의 권위는 로마교황과 달랐다. 앞에서 말했듯 콘스탄티노폴리스 총대주교의 권위는 '제도적 권위'가 아니라 '상징적 권위'였다. 그는 종교적으로 으뜸의 지위를 지녔지만, 다른 지역의 총대주교들 위에 군림한 것이 아니라 '일종의 협력관계'를 유지했다. 동방 정교회 조직은 다수의 자치교회로 구성되었으며, 각 교회의 대주교는 독립성을 지니고 있었던 것이다.

특히 9세기 중반 슬라브족을 그리스도교로 개종시키는 과정에서 불가리아, 세르비아 등의 슬라브족 교구들은 독립적인 지위를 보장받았고 각 교구는 명실공히 독립 교구가 되었다. 각 지역 교구는 한편으로는 동로마제국 정교회의 종교적 전통을 지켜 나가면서 다른 한편으로는 독립적으로 교구를 꾸려나갔기에, 각 나라, 혹은 각 지역의 정교회는 그 지역의 문화와 쉽게 동화되었다. 즉 그리스 정교회는 그리스 문화 자체가 되었고, 러시아 정교회는 러시아 문화 자체가 되었다고 볼 수 있다. 그리고 1453년 동로마제국이 멸망하고 구심점이 사라지면서 정교회 각 교구들은 완전히 독자적인 행보를 걷게 된다. 그리고 그중 가장 대표적인 것이 러시아 정교회이다.

988년 키예프 대공국이 정교회를 받아들이면서 탄생한 러시아 정교회는 교회의 의식과 전례, 수도원 전통들을 콘스탄티노폴리스로부터 직접 이어받는다. 러시아 정교회는, 로만 가톨릭과 달리 초기 기독교의 순수한 전통을 유지하고 있다는 자부심, 동로마제국 멸망 이후 기독교 세계의 마지막 수호자로서 정통 기독교 신앙을 지키고 있다는 강력한 자부심을 지니고 있다. 종교적으로 동로마제국의 적자라는 자부심을 지니고 있었던 것이다. 도스토옙스키, 톨스토이 등의 중요한 러시아 작가를 비롯해, 러시아의 예술과 문화에 종교적 색채가 짙게 배어 있는 것은 그 때문이며, 러시아의 문화와 예술을 종교와 분리해서 살펴보는 것이 불가능한 이유이기도 하다.

로만 가톨릭과 동로마 정교가 각기 자신이 정통이라고 주장하는 것은 마치 유럽과 동로마제국이 각기 자신들이 로마의 정통 후계자라고 주장하는 것과 같다. 하지만 객관적으로 본다면 당시 문화의 중심은 콘스탄티노폴리스였다. 그리고 콘스탄티노폴리스는 문화의 중심지답게 다양한 민족과 종교가 공존한 다문화적 도시였다. 그리스인과 로마인이 도시 주민의 주류를 이루었지만, 아르메니아인, 슬라브인, 유대인, 시리아인, 고트족 등 다양한 민족이 그곳에 거주하며 각기 다양한 분야에서 활동했다. 온갖 문화와 인종이 어울린 코스모폴리탄의 면모를 지닌 곳이 바로 콘스탄티노폴리스였고, 그런 면모를 갖춘 도시는 기독교 세계에서 그곳 하나뿐이었다. 11세기 말 십자군 전쟁이 일어나서 가톨릭 세력이 오리엔트를 침범하기까지 기독교 세계의 중심은 콘스탄티노폴리스였고 동로마제국이었다.

콘스탄티누스 황제는 제국의 중심을 오리엔트로 옮기면서 콘스탄티노폴리스라는 신도시를 건설했다. 그리고 그곳을 '새로운 로마'라고 불렀다. 그러나 콘스탄티노폴리스는 '새로운 로마'라기보다는 오리엔트 문명, 더 정확하게 말한다면 헬레니즘 문명의 전통을 이어받은 곳이었으며, 조로아스터교를 국교로 삼은 사산조 페르시아에 맞서 등장한 새로운 기독교 제국의 중심이었다.

동로마제국이 오리엔트에 새로 등장한 기독교 제국이라고 해서, 이질적인 외래 종교를 국교로 하는 새로운 제국이 출현한 것으로 보는 것은 오해이다. 오리엔트는 기독교가 발흥한 곳이며 무엇보다 예루살렘이 있는 곳이다. 로마가 제국의 길을 걸으면서 트로이를 로마의 뿌리로 삼았던 것과 마찬가지로, 동로마제국에게 기독교의 뿌리는 로마가 아니라 오리엔트였다. 4세기에 콘스탄티누스 대제가 콘스탄티노폴리스라는 새로운 도시를 건설하면서 그곳이 세계의 중심이라고 선언했듯, 6세기의 유스티니아누스 1세는 성 소피아 성당을 지으면서 그곳이 예루살렘의 성전과 로마의 대성당들보다 우월한 기독교 신앙의 중심이라고 선언했다. 콘스탄티노폴리스는 새로운 로마이면서 동시에 새로운 예루살렘이었다. 그리고 그 상징이 바로 소피아 성당이었다.

소피아 성당의 본래 명칭 '아야 소피아 Άγία Σοφία (Hagia Sophia)'는 그리스어로서 '신성한 지혜'라는 뜻이다. '신성한 지혜'란 '신성한 성령'

을 뜻하니, 예수 그리스도를 상징하는 개념이기도 하다. 소피아 성당은 예수 그리스도가 현현하는 신성한 곳이고 신의 은총이 강림하는 곳이었다. 그 신성한 장소에서는 황제도 기독교 신도로서 다른 신도와 함께 신 앞에서 예배를 드렸다. 그 성소에서 행해지는 예배를 통해 황제와 교회, 신도들은 종교적 연대감을 강화하면서 정신적 통합을 실현할 수 있었다. 동시에 동로마 황제는 그곳에서의 예배를 통해 황제라는 권위에 신성성을 부여받았다. '아야 소피아'는 동로마제국의 위대함과 신성성을 과시하는 장소이기도 했던 것이다.

한마디로 '아야 소피아'는 기독교 중심지로서 제국의 신학적 정체성을 유지하는 장소임과 동시에 동로마제국의 권위와 통합을 상징하는 장소였다. 소피아 성당 자체가 오리엔트에 건립된 '새로운 기독교 제국'의 상징 바로 그것이었다.

'아야 소피아'가 지닌 종교적, 정치적 의미와 의도는 건축물 자체에서도 그대로 표현되었다. 소피아 성당은 '빛의 예술'이라고 부르기도 하는 동로마제국의 예술적 특징이 집약된 건물이었다.

이 건물에서 핵심은 거대한 돔이다. 돔은 성당을 성스러운 공간으로 창조하는 역할을 한다. 돔 아래 아치와 창을 통해 빛이 성당 내부로 들어오면서 돔은 마치 공중에 떠있는 것처럼 보인다. 빛이 신성의 매개체라면 돔은 그 신성한 빛을 맞아들이는 메신저 역할을 한다.

돔이 맞아들인 신성한 빛은 성당 내부를 장식하고 있는 화려한 모자이크로 인해 성당 안을 골고루 비추고 감싼다. 금색 바탕의 모자이크가 빛의 반사를 통해 성당 내부를 한결 밝게 한 것이다. 금은 신성함과 천상의 빛을 상징했으니, 빛과 모자이크의 만남은 그 신성성을 극대화하는 효과를 냈다. 그렇게 신성성이 감싸고 있는 곳에서 예배를 드림으로써 예배자는 마치 하늘의 왕국에 와 있는 듯 느끼면서 세속적 세계와 신성한 세계의 경계를 넘나드는 영적인 체험을 하게 된다.

흔히 비잔티움 예술이라 부르는 동로마 예술은 '빛의 예술'이다. 그리고 그 빛은 바로 성령을 의미한다. 동로마제국 예술이 빛의 예술이라고 불리는 것은 제국 전체가 바로 종교적 영성이 지배하는 기독교 제국임을 보여준다. 빛의 예술이 화려하게 꽃피운 동로마제국을 '신의 제국'이라고도 부르는 것은 그 때문이다. 1453년 오스만 튀르크 제국의 술탄 메흐메드 2세가 콘스탄티노폴리스를 정복한 후 소피아 성당을 모스크로 바꾸고 이슬람 세계의 중심으로 삼을 때까지 아야 소피아는 그렇게 동로마제국의 상징으로 존재했다.

동로마제국 혹은 비잔티움 제국은 대표적인 융합 제국이며 그 문명은 융합 문명이다. 그 제국은 고대 그리스와 로마의 유산, 특히 그리스 문명을 계승한 기독교 제국이다. 그러나 헬레니즘 문명이 그러하듯 동로마제국은 유구한 전통의 오리엔트 문명과 결합하여 독특한 '기독교 문명'을 만들었다. 유럽인들이 말하듯 고대 그리스와 로마의 유산은 중세 동안 단절되어 있던 것이 아니라 비잔티움으로 계승되어 빛을 발했다. 중세는 암흑기이기는커녕 찬란한 빛의 세기였던 것이다. 물론 그 빛은 인간 이성의 빛이 아니라 천상의 빛이었다. 오리엔트화 된 그리스 문명과 오리엔트화 된 기독교가 결합하여 빛을 발한 곳, 그곳이 바로 동로마제국이었다.

이슬람교 발흥 시의 아라비아반도

7세기 초 이슬람교가 탄생하기 전까지 아라비아반도 내륙 지방에 살던 부족들은 북쪽으로는 요르단, 남쪽으로는 예멘과 교역하며, 오리엔트 지역의 지정학적 분쟁을 피해 비교적 오랫동안 조용히 지내고 있었다. 이 아랍인들은 언어와 문화를 공유하는 반*유목적 부족들로서 동로마제국과 페르시아 두 제국 세력의 경계였던 시리아 가장자리에 정착하거나, 아라비아반도 내 생활이 가능한 지역에 널리 퍼져 있었다.

아라비아반도가 당시 두 거대 제국의 지정학적 분쟁을 피해 비교적 안전한 지역으로 남을 수 있었던 이유는 무엇보다 독특한 지리적 환경 때문이었다. 아라비아반도 대부분은 사막과 산악 지형으로 이루어져 있어 물자도 부족하고 농업 생산성이 낮았다. 따라서 동로마제국과 사산조 페르시아는 아라비아반도를 중시하지 않았다. 두 제국이 충돌한 곳은 주로 북부 지역과 동부 지역 국경을 중심으로 한 전략적 요충지였고, 대강의 국경은 아르메니아에서부터 유프라테스강까지 형성되었다.

이어서 아라비아반도에 종교적으로도 정치적으로도 구심점이 없다는 사실 또한 그곳이 비교적 안전한 지역으로 남을 수 있던 이유이다. 아라비아반도에 거주하고 있는 아랍인들은 언어와 비슷한 생활 습관을 공유하고 있었어도 다양한 종교적, 부족적 갈등을 겪고 있었고, 정치적으로도 통일된 형태를 지니고 있지 않았다.

아라비아반도에는 기독교, 유대교, 다신교 신앙이 혼재해 있었고 특정 종교적 중심지가 없었다. 따라서 종교적 명분으로 외세가 개입할 동기가 부족했다. 동로마제국과 사산조 페르시아는 종교적 이유로 인해 많은 전쟁을 치렀지만, 기독교의 이름이나 조로아스터교의 이름으로 아라비아반도를 정벌한다는 명분을 내세우기 어려웠기 때문이다.

또한 아라비아반도는 요즘 식으로 말한다면 사소한 분쟁지역이었다. 부족끼리 분열되어 끊임없이 갈등이 발생하는 지역이었으며 상호 견제가 심한 전통을 갖고 있었다. 아라비아반도의 부족들을 한데 묶어줄 정치적 중심이 없다는 그 사실로 인해 오히려 아라비아반도는 거대 제국의 침입으로부터 안전했다. 정복할 하나의 중심 권력이 없었기에 그곳을 일거에 장악하기가 어려웠기 때문이다. 따라서 두 제국은 아라비아 내부에 직접 개입하기보다는 국경 근처의 특정 부족이나 왕국을 지원하여 일종의 완충 역할을 맡기는 것으로 만족했다. 동로마제국은 시리아 지역에 거주하는 아랍계 부족 국가인 기산 왕국을 속국으로 삼아 국경 방위를 맡겼고, 사산조 페르시아는 오늘날 이라크 남부와 사우디아라비아 북부 지역에 걸쳐 있던 라흐미드 왕국을 속국으로 삼아 동로마제국을 견제했을 뿐 직접적 충돌을 피했다.

당시 오리엔트를 호령하던 두 제국의 관심밖에 있었던 덕분에 아라비아 도시들은 비교적 안전한 가운데 상업적으로 번성할 수 있었으며 그 중심지가 바로 메카였다.

메카는 아라비아의 중심부에 있는 도시로서 동서와 남북을 연결하는 중요한 무역로의 교차점이었다. 북쪽으로는 동로마제국, 동쪽으로는 페르시아, 서쪽으로는 이집트와 아프리카, 남쪽으로는 예멘을 연결하는 주요 육로가 이곳에서 만나는 것이다. 이 교역로를 통해 각종 향신료, 향수, 귀금속, 직물, 보석 등 인도, 아프리카, 동로마제국, 페르시아 등 다양한 지역에서 온 상품들이 오고 갔다. 특히 남쪽의 예멘은 인도양 무역의 중요한 거점이었고, 예멘에서 북쪽으로 이동하는 상품들이 메카를 거쳐 동로마와 페르시아로 유통되었다.

그뿐이 아니었다. 메카는 상업의 중심지이면서 종교적 중심지이기도 했다. 그곳에 바로 카바 신전이 있었기 때문이다. 카바 신전은 아라비아반도의 다양한 부족들이 숭배하는 여러 신들을 모시고 있던 장소로서 이곳 다신교 전통의 중심이었다. 이슬람교가 발흥하기 전부터 아라비아반도 전역의 모든 부족이 이곳을 신성한 장소로 간주하고 순례했다. 그리고 그 순례자들 행렬 덕분에 메카는 상업적으로 더욱 번성할 수 있었다.

그런 가운데 메카가 핵심적인 무역 허브로 한층 더 도약할 수 있는 계기가 찾아온다. 바로 동로마제국과 사산조 페르시아 사이에 벌어진 25년간의 대규모 전쟁이다. 그 전쟁으로 인해 북부 무역로와 주요 도시들이 파괴되거나 경제적으로 위축되는 결과를 낳았다. 그러자 상인들은 위험한 육로보다 더 안전한 무역로를 찾게 되었고, 아라비아반도 남부를 통과해 예멘으로 이어지는 해상 무역로의 중요성이 부각되었다. 메카가 더욱 번성해진 것은 물론이다. 대규모 전쟁으로 인해 7세기 초, 동로마제국이 경제적으로 큰 손실을 입었고, 사산 왕조의 국력이 크게 쇠퇴한 반면, 메카가 상업적으로 크게 번성하고 있던 상황에서 다신교적 전통을 넘어선 새로운 유일신 종교 이슬람교가 탄생한다.

이슬람교의 탄생

당시 메카 역시 강력한 부족사회였으며 가장 영향력 있는 부족은 쿠라이시Quraysh족이었다. 쿠라이시족은 정치적으로, 경제적으로 메카를 장악하고 있었으며 카바 신전을 중심으로 종교적 권위도 누리고 있었다.

메카는 경제적으로 번영을 누리고 있었지만 동시에 사회적 불평등이 극심한 사회였다. 쿠라이시족 중심의 부유한 상인들이 상류층을, 가난한 노동자와 노예들이 하류층을 이룬 가운데 계층 간의 격차가 심하게 벌어져 있었다.

그런데 동로마제국과 사산조 페르시아 간의 대규모 전쟁으로 인해 메카가 더욱 번성하게 되자 불평등한 가운데도 비교적 안정되어 있던 메카의 도시 풍경이 아주 복잡하게 변했다. 메카로 사람들이 몰려들면서 도시 인구가 팽창하자, 모험적인 자, 불운한 자, 한탕 노리는 자들이 메카로 모여든 것이다. 번영은 짝으로 부패를 불러오는 법인지, 사회는 점차 타락하고 불안정해졌으며, 빈부의 격차도 커졌고 세상의 종말이라는 관념이 널리 퍼지게 되었다. 그리고 개혁을 요구하는 목소리가 점차 커졌다. 이슬람교는 바로 이런 상황에서 탄생했다. 하지만 이슬람교 탄생의 배경에는 메카의 그러한 사회적 상황 변화와 함께 또 다른 요인이 작동하고 있었다.

당시 페르시아와 동로마제국에게 조로아스터교와 기독교는 그들의 방대한 제국주의의 통치를 위한 효과적인 이데올로기였다. 게다가 기독교는 이미 동로마제국의 영역적, 정치적 경계를 넘어서고 있었다. 무함마드가 이슬람교를 창설하던 시기에 기독교는 남북으로 에티오피아에서 아일랜드까지, 동서로 조지아로부터 모로코까지 전파되었다. 기독교가 특히 번창했던 곳은 오늘날 이라크가 위치한 메소포타미아 지역이었다. 이 지역은 당시 초강대국이었던 페르시아 제국 경계 내에 속했으나 종교에 대한 페르시아의 관용 정책으로 인하여 이 지역민들은 신념에 따라 자유롭게 기독교를 신봉하고 있었으니, 유일신 종교인 기독교가 오리엔트 전역에서 그 위력을 발휘하고 있었던 셈이다.

기독교의 확산은 오리엔트 지역에서 유일신 사상, 혹은 유일신 종교가 널리 퍼지면서 그 영향력이 커진 것을 의미한다. 물론 오리엔트 지역에는 유일신 종교인 유대교도 존재했다. 그러나 배타적 민족 종교의 성격이 강한 유대교의 확산력은 그리 강하지 못했다. 오리엔트에서 다신교 풍습이 줄어들고 유일신 사상이 확산된 것은 주로 기독교의 영향 때문이다.

6세기 후반 예멘 지역에서는 유대교가, 페르시아만 지역은 기독교가 퍼지면서 다신교 풍습이 거의 사라졌다. 이슬람교 탄생 이전에 아랍인들은 이미 단성론적인 성격의 유대교와 기독교를 모두 알고 있었으며 상당수의 시리아 아랍인들도 무함마드 시대 이전에 이미 일신교인 기독교를 믿고 있었다. 그리고 상업뿐 아니라 종교적 교류의 중심지였던 메카나 메디나 같은 도시에도 이미 유일신 사상이 널리 퍼져 있었다.

새로운 유일신 종교인 이슬람교는 그러한 시대적 상황을 배경으로 메카에서 탄생했다. 그러나 아랍인들은 유일신 사상을 수동적으로 받아들이는 데서 만족하지 않았다. 그들에게는 그들만의 새로운 유일신 사상이 필요했다. 이슬람은 아랍인들에게 그들의 언어로 기록된 경전을 근거로, 그들의 본토에 성지를 두고, 그들의 방식으로 예배하고 신앙 생활을 영위하는 고유의 일신교를 제시했다.

요약하자면 이슬람교는 평등을 갈구하던 사회적 약자의 요구에 부응하는 종교였으며, 동시에 아랍 민족의 민족 정서에 호소할 수 있는 유일신 종교였다. 사회 개혁의 요구와 민족주의가 결합해서 나온 새로운 유일신 종교, 그것이 바로 이슬람교였다. 아랍인들은 제국주의 세력과 영합하지 않은 중립적인 유일신 신앙을 찾고 있었으니, 이슬람교의 뿌리에는 이런 배타성과 독립성이 내재해 있었다. 배타성과 독립성에 토대를 둔 유일신 종교에 대한 새로운 갈망과 아랍 지역의 토착 신앙이 결합하여 탄생한 것이 바로 이슬람교이다.

이슬람교는 610년 무함마드가 메카의 북쪽 한 바위 동굴에서 대천사 가브리엘의 계시를 듣고 기독교와 일정한 전통을 공유하며 새롭게 창시되었다. 610년 무함마드가 메카에서 예언을 시작하면서 이슬람교라는 새로운 종교는 시작된다. 그가 초기에 메카 상류층을 이루고 있던 쿠라이시족의 강한 반발에 부딪히며 박해받은 것은 당연했다. 무함마드의 유일신 종교는 그들에게는 기존 질서에 대한 도전이었고, 근본적인 반체제 운동이었다. 무함마드와 그의 측근 제자들이 622년 메카를 떠나 야트리브로 이주한 것은 쿠라이시족의 박해를 피해서였다. 야트리브는 무함마드가 그곳으로 이주한 후 '빛나는 도시'라는 뜻의 메디나로 이름이 바뀌었다. 참고로, 쿠라이시족이 주도하는 사회 체제에 반발하면서 새로운 종교를 창설한 무함마드도 쿠라이시족 일파였다. 그리고 무함마드가 창시한 이슬람교를 이어받아, 그 세력을 확장한 주역도 바로 쿠라이시족이었다.

헤지라, 즉 무함마드가 메카를 떠나 메디나에 정착할 무렵, 지구촌 서반구는 대격변을 겪는다. 서로마제국은 아예 사라지고 새로운 유럽 문명이 그 뒤를 이었다. 페르시아 제국은 동로마제국과의 거듭된 전쟁으로 국력이 소진되어 멸망했다. 번영을 누리던 동로마제국은 신생 이슬람 세력에 밀려 아나톨리아반도 일부에서 도시국가 규모로 쪼그라든 채 겨우 명맥만 유지하게 된다. 패권 다툼을 벌이던 두 거대 제국이 새로운 종교로 무장한 아라비아반도 오지의 부족들에게 비옥한 초승달 지역도 내주게 되었다. 이제 유럽 문명과 이슬람 문명이라는 두 새로운

문명이 만나서 충돌하는 것은 당연했다. 그러니 이제 그 두 문명이 어떤 식으로 만나서 서로 영향을 주고받게 되는지 구체적으로 살펴볼 차례가 된 셈이다.

그러나 그 전에 풀어야 할 궁금증이 있다. 그것은 우리가 앞서 던진 질문이기도 하다.

이슬람교가 당시 오리엔트 지역의 기존 종교와는 어떤 차별점을 지니고 있었고 그 특징은 무엇이었기에 그토록 짧은 기간에 그 세력을 그토록 널리 확산할 수 있었던 것일까? 이슬람 제국의 성격이 어떤 것이었기에 알렉산드로스 대왕보다 더 짧은 기간에 사산조 페르시아 제국을 멸망시키고 동로마제국을 반쪽 미만으로 만드는 데 성공하면서 대제국을 건설할 수 있었던 것일까?

03

이슬람교와 기독교

　위의 질문은 자연스럽게 기독교와 이슬람교의 차이가 무엇인가라는 질문으로 이어진다.
　앞서 말했듯 당시 기독교는 오리엔트 전역에 널리 퍼져 그 영향력을 크게 발휘하고 있었다. 당연히 아랍인들도 유일신 종교인 기독교의 영향을 받았으며, 특히 많은 시리아의 아랍인들은 무함마드가 이슬람교를 창시하기 이전에 단성론적인 성격의 기독교도가 되었다. 따라서 이슬람교가 창설되어 그 세력이 확장되는 과정은 이슬람교가 기독교 지역을 잠식, 혹은 정복한 과정이기도 하다. 그렇다면 우리는 위의 질문을 이렇게 바꿀 수도 있다.
　이슬람교는 기독교와 어떤 차이가 있었기에 단번에 새로운 아랍인들의 종교로 자리 잡을 수 있었던 것일까? 그리고 그토록 빠르게 기독교 세계 속으로 확산하여 단시일 내에 대제국을 건설할 수 있었던 것일까?

　이슬람이 처음 등장했을 때 기독교도들은 기독교 내에 이단 정도가 등장한 것으로 생각했다. 그들은 이슬람교도들도 언젠가 기독교의 울타리 안으로 모이게 될 것이라고 믿었다. 그도 그럴 것이 이슬람교도, 즉 무슬림이 믿는 것 중 많은 부분이 기독교도에게도 친숙했기 때문이었다.

무엇보다 이슬람교는 유대교, 기독교와 마찬가지로 유일신 종교였다. 게다가 유대교와 기독교의 유일신과 이슬람교의 유일신은 같았다. 이슬람교의 창시자인 무함마드가 만난 신은 그 명칭만 다를 뿐, 모세와 이스라엘의 예언자들이 만난 바로 그 신이다. 이슬람교도들도 아브라함, 이삭, 야곱, 모세, 엘리야, 다윗, 솔로몬 등 구약의 족장들, 예언자들, 왕들을 경외했다. 또한 쿠란의 한 장은 동정녀 마리아에 대한 찬미로 채워져 있다. 게다가 예수와 그 가르침을 존중하는 내용이 반복적으로 등장한다. 기독교인들과 마찬가지로 그들은 기도와 금식을 했으며, 자선을 베풀었고 순례를 떠났다.

그렇게 많은 것을 공유하는 기독교와 이슬람교였지만 둘 사이에는 근본적인 차이가 있었다. 바로 유일신에 대한 개념이 달랐다. 많은 아랍 민족이 유일신 종교인 기독교의 영향을 받았으며, 그 결과 기독교도가 된 아랍인들도 있었지만, 그들이 받아들인 것은 삼위일체 교리를 정통으로 삼은 기독교가 아니었다. 아랍인들이 받아들인 기독교는 정통 기독교로부터 이단으로 몰린 단성론적인 성격에 가까운 것이었다. 아랍인들이 삼위일체 교리를 내세운 정통 기독교가 아니라 단성론적인 성격의 기독교를 받아들인 것은, 전통적인 셈족의 유일신 개념으로는 삼위일체 교리를 이해할 수 없었기 때문이다.

그들이 믿는 유일신은 셈족의 '신의 통일' 전통에 입각한 유일신이었다. 가장 단순하게 말한다면, 절대자인 신은 그냥 하나였다. 무함마드가 창시한 이슬람교는 셈족 고대 전통에서 비롯된 유일신 사상을 더욱 철저하고 엄격하게 발전시킨 것이며, 그렇기에 아랍 민족은 자연스럽게 이슬람교를 자신들의 종교로 받아들일 수 있었다.

우리는 앞에서 기독교 교리 논쟁에 대해 비교적 자세히 알아본 바 있다. 그 논쟁의 핵심은 예수가 과연 신성한 존재인가, 아닌가 하는 문제였다. 그리고 치열한 교리 논쟁 끝에 325년 니케아 공의회에서 아타나시우스가 주창한 삼위일체설이 정식 교리로 채택되었음을 우리는 알고 있다.

그런데 기독교와 접한 아랍 민족이 가장 당혹스러워한 것이 바로 기독교의 삼위일체설이었다. 신이 셋으로 나뉠 수 있다는 사실을 그들은 이해할 수 없었다. 어떻게 절대자인 신이 성부와 성자와 성령이라는 세 위격位格으로 나뉠 수 있다는 말인가? 신은 그냥 하나이지 어떻게 세 가지 신적 존재로 분리될 수 있다는 말인가? 어떻게 신의 아들이 세상에 나타나 인격적인 신의 모습으로 존재할 수 있단 말인가? 그것은 신성모독 아닌가?

게다가 삼위일체 교리는 너무 어렵고 복잡했다. 그들의 유일신 전통에서 신이라는 절대자는 믿음의 대상이었지 논증의 대상이 아니었다. 중요한 것은 절대자인 신의 가르침을 내면적으로 체험하며 실천하는 것이었다. 그들은 신이라는 존재를 규정하고, 신을 증명하고, 그에 대해 논쟁한다는 사실 자체를 이해하기 어려웠다. 기독교 내에서 벌어진 교리 논쟁의 내용은 물론이고, 그런 논쟁이 벌어진다는 사실 자체를 이해하기 어려웠던 것이다. 그들에게 중요한 것은 영성靈性이었지 논리가 아니었다.

무함마드가 창설한 이슬람교의 '알라'는, 이런 표현이 가능하다면, 정확하게 셈족의 전통적 유일신 개념에 부합했다. 다시 말하지만, 이슬람교의 '알라'는 유대교와 기독교의 '야훼'와 같은 존재이다. 야훼가 '스스로 있는 자'를 뜻한다면 알라는 '유일한 신'이라는 뜻이다. 그런데 기독교 내에서, 유일신의 속성을 정의하려는 신학적 탐구의 결과 삼위일체 교리가 등장해서 기독교의 정통 교리가 되었다.

무함마드가 이슬람교를 창설하면서 알라를 유일신으로 내세운 것은, 그런 신학적 탐구, 혹은 교리 논쟁 이전의 신을 온전히 다시 섬기자는 의도에서이다. 그런 어려운 과정을 겪기 이전의 전통적인 유일신에 대한 절대적인 믿음으로의 회귀를 천명한 것이다. 알라에 오로지 '유일한 신'이라는 단순한 의미만 들어 있는 것은 그 때문이다. 알라는 셈족의 '신의 통일' 개념에 입각한 전통적인 유일신이었다. 그런 의미에서 이슬람교는 신흥 종교이면서 동시에 셈족의 오랜 전통을 이어받은 종교라고 볼 수 있다.

기독교가 오랫동안 교리 확립 과정을 통해 정통성을 가다듬어 왔다면, 이슬람교는 단번에 하나의 신앙을 강요했다. 그 신앙의 중심에는 유일신 알라에 대한 절대적인 믿음과 복종이 자리 잡고 있었다. 영성의 회복을 통해 흠 없이 유일신을 섬기는 것, 그 유일신의 성전을 지었던 아브라함의 참 종교를 회복하는 것, 그것이 이슬람의 목표였다. 그들에게 아브라함은 최초의 무슬림이었다.

이슬람의 알라는 선택된 그들만의 알라가 아니라 인류의 알라였다. 바로 그 자리에서 이슬람은 유대교와도 갈라선다. 이슬람의 유일신은 배타성을 드러내지 않는다. 이슬람이 강조한 것은 존재의 고양을 통해 영성을 회복하고 절대적인 유일신을 온전히 받아들이는 것이었다. 624년 1월 알라의 새로운 종교는 독립을 선포했다. 그리고 이슬람교 칭시자 무함마드는 예루살렘 대신 메카를 향하여 기도할 것을 명했다. 불경스러운 유혈 투쟁을 통해 갈라서고 변질된 유일신이 아니라 본래의 온전한 유일신을 향해 기도할 것을 명한 것이다. 그 명은 널리 울렸고, 많은 사람이 그 명을 받아들였다.

이슬람교는 셈족의 전통적인 유일신을 섬기는 종교이면서 동시에 대단히 실천적이고 현실적인 종교이다. 무함마드가 이슬람교를 창설한 것은 상업적으로 번창하면서 정신적으로 타락해 가는 아랍 풍토에 정신적인 개혁이 시급하다는 현실적 이유에서였다. 무함마드는 신이 존재한다는 사실을 사람들에게 깨우치려 하지도 않았고, 신이 어떤 존재인가를 증명하려 하지도 않았다. 그가 목표로 한 것은 상업적인 성공을 그 무엇보다 우선시하는 아랍 풍토에서 사람들의 사고를 '신 중심'으로 바꾸는 것이었다. 세속화 되어가는 세상에 종교성, 혹은 영성을 불어 넣는 것, 그것이 문제였다. 그런 그에게 신의 존재 여부를 증명하는 것은 중요한 문제가 아니었다. 자명하게 존재하는 신을 중심으로 사고하고 행동하게 만드는 것, 그것이 문제였다. 이슬람교가 실천적이고 현실적인 종교라는 것은 바로 그런 맥락에서이다. 기도와 실천을 하나로 묶는 것, 그것이 그의 목표였다. 따라서 이슬람교에서 알라는 절대적인 유일신이면서 동시에 언제나 피조물인 인간계를 주재하는 존재였다.

모세의 율법은 시나이산에서 단 한 차례의 계시를 통해 전달되었다. 그러나 쿠란은 23년이라는 긴 세월을 통해 무함마드에게 한 구절 한 구절씩 계시를 통해 전달되었다. 즉 쿠란은 그 계시가 전달된 시기의 현실적 상황에 대해 신이 구체적으로 언급한 내용으로 되어 있다. 신은 인간 삶의 영적인 부분을 일깨워 주었을 뿐만 아니라, 초기 이슬람 공동체 내에서 일어나고 있는 전쟁과 갈등의 의미도 설명해 주었으며 구체적인 삶의 지침도 주었다.

쿠란이 실천적인 내용으로 되어 있다는 말은 현실적인 삶, 일상적인 삶에 신의 계시가 그대로 반영되어 있다는 뜻이기도 하다. 무슬림이 된다는 것은 영성에 대한 깨우침을 얻고, 자신의 전 존재를 창조주에게 바치는 구체적 행위를 실천하는 것을 뜻한다. 즉 알라가 모든 일상생활의 중심에 존재하는 것이다.

알라의 구체적인 가르침을 인간 사회에 전달하는 것, 그것이 바로 메신저의 역할이며, 인류에게는 언제나 그런 메신저가 존재해 왔다는 것이 이슬람교의 믿음이다. 메신저라는 존재를 통해 유일신 알라는 인간계와 분리되지 않고 언제나 인간계에 내재한다. 알라의 말씀을 전한 무함마드도 메신저이고 예수도 메신저로서 초월계와 현실계를 맺어주는 다리가 된다. 그러한 메신저가 인간 사회에 계속해서 존재했음을, 3세기에 마니교를 창설한 페르시아인 마니가 마니교 경전인 샤부라간에서 다음과 같이 말한 바 있다.

"지혜와 선행은 시대의 흐름 속에서 하느님의 메신저들에 의해 계속 이어진다. 인도 지역에서는 붓다라는 예언자를 통해서 왔으며 페르시아 땅에서는 조로아스터를 통해서 왔다. 그리고 서방 땅에서는 예수를 통해서 왔다."

무함마드는 바로 그 메신저의 계보를 잇는 존재이다. 따라서 무함마드는 이슬람교를 창설하면서 새로운 종교의 창설을 천명한 것이 아니다. 그가 창설한 종교는 새로운 종교가 아니라 인간 사회에 영속해 왔던 종교의 맥을 잇는 종교이다. 적어도 이슬람교의 교리로 보면 그러하다. 따라서 쿠란은, 쿠란을 통해 전해지는 알라의 계시가 새롭다고 강조하지 않았다. 쿠란이 강조한 것은 종교적 경험의 영속성이다. 쿠란이 덜 배타적인 것은 그 때문이다.

초기 포교 기간에 메카에 만연된 상업주의적 풍토에 혐오를 느끼던 젊은 사람들과 하층민들이 주로 이슬람으로 개종했지만, 나중에는 무함마드와 추종자들을 박해했던 쿠라이시족도 이슬람으로 개종한다. 그뿐 아니라 쿠라이시족은 이슬람교를 전파하는 주요한 세력이 되었으며 무함마드 사후, 쿠라이시족 출신 인물들이 칼리프가 되어 이슬람 세계를 이끈다. 그리고 그 힘은 모두 쿠란에서 왔다. 이슬람교에 교리 논쟁이 없었던 것은 쿠란의 가르침이 명료했고 구체적이었기 때문이다. 그리고 그 힘으로 이슬람교는 무서울 정도로 빠르게 그 세력을 넓힌다.

04

이슬람 제국의 확장
—우마이야 왕조로부터 아바스 왕조까지

초기 이슬람 공동체의 확립과 수니파, 시아파의 분열

무함마드가 메카에서 메디나로 이주하여 이슬람 공동체를 건설한 때가 622년이다. 630년, 무함마드가 메카를 정복하면서 아라비아반도에서 이슬람 통합 세력이 형성되었고, 이어서 여러 부족과의 동맹을 통해 아라비아반도 통일이 이룩된다. 632년 무함마드가 사망한 후, 그의 후계자가 명확히 지정되지 않았기에 이슬람 공동체는 누가 지도자가 될 것인가를 놓고 권력투쟁이 벌어지며, 초기 칼리프 네 명 중 세 명이 암살당한다. 결국 그 투쟁에서 승리한 우마이야 가문이 이슬람 제국의 실권을 잡는다. 그 과정은 많은 복선과 빠르게 변하는 현실 상황을 반영하고 있다.

무함마드 사후 그의 가장 가까운 친구이자 최초 신도 중 한 명이었던 아부 바크르(재위 632-634)가 초대 칼리프로 선출되었으며 그는 아라비아반도 내 부족 반란을 진압하고 이슬람 공동체를 공고히 하기에 성공한다.

　무함마드의 제사장이었던 우마르 이븐 알카타브(재위 634-644)가 그의 뒤를 이었으며 그는 10년간의 재위 기간 중 이슬람 제국을 크게 확장한다. 그는 사산조 페르시아와 동로마제국 일부를 정복했고, 중앙집권 체제를 강화했으나, 암살로 생을 마감한다. 그는 이슬람 공동체를 제국의 길로 들어서게 한 칼리프이다.

　그의 뒤를 이은 우스만 이븐 아판(재위 644-656)은 알라의 말씀을 수집하고 확정하여 총 114장으로 이루어진 쿠란을 완성한다. 그러나 그 역시 656년 암살당한다. 그리고 그의 뒤를 이은 인물이 무함마드의 사촌이자 사위인 알리 이븐 아비 탈리브(재위 656-661)이다.

　알리가 55세의 나이에 칼리프로 즉위한 후 우스만의 사촌이자 시리아 지역 총독이었던 무아위야는 우스만의 죽음에 대한 책임이 알리에게 있다고 그를 비난하면서 두 세력은 대립한다. 그런데 알리가 두 적대 세력을 모두 인정하지 않는 극단주의 분파인 카리지파Kharijites에 의해 암살당하면서 정통 칼리프 시대는 막을 내린다. 알리 사망 후 무아위야는 우마이야 왕조를 세우고 칼리프 자리를 차지하면서 그 자리를 세습 체제로 바꾼다.

　칼리프가 우마이야 가문의 세습 체제로 바뀌면서 당연히 이슬람 세계 내에서 반발이 일어난다. 알리의 후손과 지지자들이 알리 가문이 정당한 후계자라 주장하면서 우마이야 왕조에 반발한 것이다. 이들은 시아트 알리(Shiat Ali, 알리의 당파)라는 이름으로 불리게 되었고, 이것이 시아파Shia의 시작이다. 반면 수니파Sunni는 칼리프가 가문이 아니라 공동체의 합의를 통해 선출되어야 한다고 주장하면서 우마이야 왕조의 권위와 통치를 인정했다.

시아파와 수니파의 대립은 겉보기에는 칼리프 자리를 두고 가문, 혹은 혈통끼리 싸운 것처럼 보인다. 시아파가 알리의 혈통만이 정당한 후계자라고 중시했고, 수니파가 혈통보다는 공동체의 합의를 통해 칼리프가 선출되어야 한다고 주장했지만, 후자도 결국은 칼리프의 세습을 인정했기 때문이다.

그러나 시아파와 수니파의 대립은 권력을 사이에 둔 단순한 혈통 대립 이상의 의미를 지닌다. 그 대립은 가문과 혈통이 대립이 아니라 이슬람교라는 종교의 본질에 대한 해석 차이에서 비롯된 대립과 싸움이었다. 두 파 모두 혈통을 내세웠지만 그 혈통의 의미가 전혀 달랐다.

시아파는 예언자 무함마드의 가르침을 가장 잘 이해하고 실천할 수 있는 자질을 지닌 사람이 칼리프가 되어야 한다고 믿는다. 그들이 강조하는 것은 바로 메신저로서의 칼리프의 역할이다. 그리고 그 메신저의 역할에서 핵심적인 단어는 영성靈性이다. 무함마드가 이슬람교를 창시하면서 주력한 것이 세속화 되어가는 세상에 영성을 부여하는 것이었으니, 그들은 무함마드의 신앙적·영적 유산을 보존하고 계승하는 것이 그 무엇보다 중요한 칼리프의 역할이라고 보았다. 그러한 신성한 임무를 상속한 자가 칼리프가 되어야 한다는 것이다. 그리고 무함마드의 직접 혈통인 알리와 그의 후손만이 그런 자질을 지니고 있다고 보았다. 즉 시아파가 강조한 혈통은 메신저의 혈통이다. 그 혈통만이 직접 신의 인도를 받을 수 있다고 시아파는 주장했다.

반면 수니파는 혈통이 아니라 공동체의 신뢰와 지지를 강조했다. 수니파에게 칼리프는 메신저라기보다는 이슬람 공동체의 지도자였다. 그들에게 칼리프는 종교적 지도자이면서 동시에 정치적 지도자의 모습에 가까웠다. 그런데 칼리프는 실제로 공동체의 합의를 통해 선출되지 않고 세습되었다. 수니파는 무아위야의 칼리프 세습을 인정하면서 공동체의 안정 및 번영과 통치권 강화라는 실용적 이유를 내세웠다. 수니파에게 혈통은 영적인 메신저의 혈통이 아니라, 정치적 안정을 위한 통치권자의 혈통이었다.

시아파와 수니파는 둘 다 자신이 이슬람교의 정통 후계자임을 내세운다. 누가 이슬람교를 창시한 무함마드의 뜻을 잘 이어받았는가를 두고 시아파와 수니파가 대립한 것이다. 칼리프라는 단어 자체가 어원적으로 '후계자', 혹은 '대리인'을 뜻하니 칼리프임을 선언한다는 것은, 정통 후계자임을 선언하는 것과 같다.

무함마드의 후계자 자리를 두고 벌어진 그 싸움은 사실상 무함마드가 이슬람교를 창시할 당시 배태하고 있었다고 보아야 한다. 무함마드가 이슬람교를 창시하면서 가장 중시한 것은 세속화·상업화되어 가는 세상에 영성을 불어넣는 것이었다. 그러나 그와 동시에 이슬람교는 구체적인 삶의 지침을 주는 현실적인 종교이기도 했다. 그 둘 중에 어느 면을 강조하느냐에 따라 무함마드 후계자의 성격, 즉 칼리프의 성격이 달라진 것이다.

무함마드 사후 초기 칼리프 시대를 정통 칼리프 시대라고 부르는 것은 칼리프의 그 두 역할이 비교적 온전하게 균형을 유지했기 때문이다. 그렇지만 초기 칼리프들은 무함마드의 가르침을 이어받아, 이슬람 공동체를 신앙으로 이끄는 지도자의 성격이 강했다. 초기 칼리프들은 신성한 임무를 수행하는 메신저의 성격이 강했던 것이다.

그러나 이슬람 세계의 힘이 강해지고 거대 제국으로 성장하면서 칼리프의 정치적·군사적 지도자의 성격이 크게 부각된다. 영적인 인도자로서의 칼리프의 역할보다, 현실적 기능이 강화된 것이다. 따라서 이슬람 제국의 팽창과 함께 수니파가 주류가 된 것은 어찌 보면 당연하다. 제국의 확장은 영성靈性만으로는 이루어질 수 없는 엄연한 현실적 작업이다.

무아위야가 칼리프로 등극, 우마이야 왕조를 세우면서 이슬람 제국은 점차 우마이야 혈통을 중심으로 한 왕조 체제로 굳어지고 수니파가 주류가 된다. 다시 말하지만, 수니파에게 칼리프는 무슬림 공동체의 종교적 지도자라기보다는 정치적 지도자의 성격이 강했다. 수니파가 중시한 것은 종교적 영성靈性보다 종교의 현실적 기능이었다. 그리고 그런 면모를 분명하게 보여주는 것이 울라마Ulama라는 이름의 종교 지도자들이다.

울라마는 수니파가 장악한 이슬람 사회에서 종교적 규범을 관장하는 종교 지도자이다. 그러나 동시에 그들은 학자이자 법률가이기도 했다. 울라마들은 이슬람법인 샤리아의 교리 해석을 통해 무슬림 공동체를 지도하고 교육했으며 법적 문제와 분쟁을 조정하고 판결하는 법관의 역할도 했다. 울라마들은 종교 지도자인 동시에 학자이자 지식인이었다. 울라마라는 명칭 자체가 지식 있는 자, 혹은 학자라는 뜻의 '알리무Alim'라는 단어에서 파생했다는 사실은 수니파 이슬람 사회에서 종교 지도자들의 역할이 지극히 현실적이었음을 여실히 보여준다. 그들은 구체적인 삶의 지침을 주는 현실적인 종교로서의 이슬람교의 역할을 충실히 떠맡은 존재들이었다.

유럽 가톨릭 사회에서 교황이 정신적 지도자 역할을 했고 왕, 혹은 황제가 정치적 지도자 역할을 했다면 이슬람에서는 종교 지도자가 곧 정치 지도자였다. 울라마들이 종교 지도자이면서 동시에 현실적인 지식인 역할을 담당했으며 정치 지도자이기도 했다는 사실은 이슬람 사회가 종교와 정치가 분리되지 않은 신정 정치 체제임을 반영한다.

울라마는 별도의 사회계층이 아니었다. 이슬람 사회에서는 가톨릭 사회처럼 성직자 계층이 따로 존재하지 않으며, 자율적인 종교 기관으로서의 교회도 존재하지 않는다. 그들은 별도의 성직자 계층에 속한 존재들이 아니라, 현실 속에서 활동한 독립적인 종교학자 집단이었다. 울라마의 전통은 오늘날까지도 수니파 이슬람 사회에 이어져, 그들의 학문적, 종교적 권위는 어느 정도 변함없이 유지되고 있다. 무엇보다 종교 지도자가 곧 정치 지도자로 군림하는 오늘날 이슬람 국가의 모습은 종교와 정치가 분리되지 않은 이슬람 사회의 기본 속성을 그대로 보여준다.

수니파의 종교 지도자가 울라마라면 시아파의 종교 지도자는 아랍어로 '이끄는 자'라는 뜻을 지닌 '이맘'이다. 수니파가 종교의 현실적 기능을 중시한다면 시아파는 종교 본연의 영성을 강조한다. 한마디로, 수니파의 종교 지도자인 울라마가 종교학자였다면 시아파의 이맘은 영적 지도자였다. 이맘은 단순히 이슬람 사회의 종교 지도자가 아니라 신으로부터 특별한 지혜와 영적 권위를 부여받은 메신저였다. 따라서 그들이 내리는 판단, 그들의 지도는 무함마드의 가르침과 마찬가지로 절대성을 지니고 있다. 그들이 전하는 메시지는 곧 신의 메시지이기에 언제나 옳다.

시아파가 무함마드의 후계자는 그의 혈통을 이어받은 알리와 그 자손들이어야 한다고 믿는 것, 그들만이 이맘이 될 수 있다고 믿은 것은, 바로 그러한 신성한 자격을 그들만이 지니고 있다고 믿기 때문이다. 그들은 이맘을 통해 신의 지혜가 인간 사회에 전해지며, 신자들은 이맘을 통해 신에게 가까이 갈 수 있다고 믿는다. 시아파에서 이맘으로 존재한다는 것은, 현실적인 의미에서의 정치 지도자, 종교 지도자의 권위를 뛰어넘는 훨씬 우월한 권위를 지니는 것을 뜻한다.

　이슬람 사회 내의 수니파와 시아파의 대립에서 승리하고 주류가 된 것은 물론 수니파이다. 무함마드 혈통이 아닌 무아위야가 권력 다툼에서 승리, 칼리프로 등극하면서 우마이야 왕조가 세워졌기 때문이다. 그러나 우마이야 왕조가 칼리프 자리를 이어받았기에 수니파가 주류가 되었다기보다는, 수니파가 지지한 우마이야 왕조의 설립 자체가 이슬람 제국 팽창의 당연한 결과라고 보는 것이 타당하다. 제국의 팽창 과정에서, 무함마드가 전한 알라의 가르침을 온전히 이어받아야 한다는 명분과 그 가르침을 이 세상에 널리 퍼뜨려야 한다는 명분 중에서 후자가 승리하는 것이 어찌 보면 당연하기 때문이다. 즉, 칼리프가 정치적·군사적 지도자로서의 면모를 띠게 된 것은 이슬람 제국 팽창의 당연한 결과이다. 우마이야 왕조가 권력을 잡고 수니파가 주류가 되면서 시아파는 이슬람 세계에서 비주류가 된다. 시아파의 역사가 저항의 역사, 순교의 역사로 이어지게 된 것은 그 때문이다.

　이슬람 제국 내에서 비주류가 된 시아파의 전통은, 사산조 페르시아 멸망 후에도 민족적 정체성을 잃지 않았던 페르시아인들에게 받아들여져 그 맥을 이어간다. 그리고 오늘날까지도 이란은 시아파의 중심지로 존재하고 있다. 그 사정을 잠깐 살펴보자.

　사산조 페르시아는 651년 우마이야 왕조에 의해 멸망하고 이슬람 제국의 일부가 된다. 페르시아인들이 아랍인들의 우마이야 왕조의 지배 하에 놓이게 된 것이다. 고대로부터 유구한 문명적 전통을 이어 오던 페르시아인들은 민족 정체성 차원에서 당연히 수니파에 대해 반발심을 갖게 되었으며 이슬람 사회 비주류인 시아파에 동조하게 된다.

그러나 페르시아인들이 시아파에 동조하게 된 것은 단순히 그러한 이유 때문만은 아니다. 페르시아 제국의 전통 종교인 조로아스터교 사상과 시아파의 종교사상에 유사한 점이 많았기 때문이다.

조로아스터교는 왕실 혈통이 신의 축복을 받았다고 믿었다. 따라서 왕위 계승은 단순히 세속적 권력을 이어받는 것이 아니었다. 왕위 계승은 신성이 부여한 권리를 이어받는 것이었다. 그러한 조로아스터교의 전통에서 무함마드의 후손만이 정당한 지도자가 될 수 있다고 믿은 시아파 교리는 자연스럽게 받아들여질 수 있었다.

같은 맥락에서 조로아스터교의 종교 지도자인 '마고스'는 신과 인간 사이의 중재자 역할을 담당했으며 그들은 이맘과 마찬가지로 메신저였다. 그리고 조로아스터교는 시아파와 마찬가지로 영적인 내적 깨달음과 신성한 계시를 중시했으며 마고스를 통해 신성한 지혜에 접근할 수 있다고 믿었다. 이슬람교의 현실적 역할을 강조한 수니파가 아니라 이맘의 메신저 역할에 중점을 둔 시아파가 페르시아인들에게 주류로 자리 잡을 수 있었던 것은 그들의 오랜 종교적 전통과 시아파의 믿음이 일맥상통하는 점이 많았기 때문이다.

이슬람 제국의 확장

632년 이슬람교 창시자인 무함마드가 사망한 이후 이슬람 공동체는 놀라울 정도로 빠르게 그 세력을 넓히고 곧바로 제국의 면모를 갖춘다. 특히 2대 칼리프인 우마르는 636년 현재 요르단과 시리아 국경 지대인

야르무크에서 동로마제국과 격돌, 승리하면서 시리아 지역을 이슬람 제국에 편입시킨다. 이듬해인 637년 그는 예루살렘을 점령, 평화 협상을 통해 예루살렘을 이슬람 제국에 통합시킨다. 그뿐 아니라 640년 이집트로 진격, 641년 알렉산드리아를 점령한다. 불과 몇 년 만에 동로마제국의 요충지를 모두 장악한 것이며, 그 결과 동로마제국은 아나톨리아 반도 내 왜소한 국가로 전락한다.

우마르는 동로마제국 영토를 점령하는 동시에 사산조 페르시아와도 대규모 전투를 여러 차례 벌여 모두 승리를 거둔다. 642년 벌어진 페르시아와의 마지막 대규모 전투인 니하반드 전투에서 승리를 거둔 우마르는 현재의 이란 지역까지 지배권을 확립한다. 니하반드 전투 이후 사산조 페르시아는 더 이상 저항을 이어가지 못하고 붕괴의 길을 걷게 되며 651년 결국 멸망한다.

3대 칼리프인 우스만 역시 영토 확장을 멈추지 않았다. 그는 재위 기간에 이슬람 제국의 국경을 북아프리카와 중앙아시아까지 넓혔다. 북아프리카에서는 이집트를 넘어 리비아와 튀니지까지 그 세력을 확장했고, 동쪽으로는 이란을 거쳐 중앙아시아로 진출, 호라산과 아프가니스탄 일부를 정복했다. 다만 4대 칼리프인 알리 재위 시에는 내정 문제와 정치적 갈등으로 인해 해외 정복 사업이 상대적으로 위축되었으며, 이슬람의 정복 사업은 정통 칼리프 시대가 끝나고 두 번째 칼리프 시대이며 최초의 세습 칼리프 왕조인 우마이야 왕조가 들어선 이후 본격적으로 전개된다.

우마이야 왕조는 약 90년간의 통치 기간에(661-750) 동쪽과 서쪽으로 동시에 급속히 세력을 확장했다. 우마이야 왕조는 지금의 아프가니스탄, 투르크메니스탄, 우즈베키스탄을 포함한 중앙아시아 주요 지역들을 정복했으며 인도 북부 지역까지 진출했다. 우마이야 왕조는 동방 진출에만 힘쓴 것이 아니라 북아프리카와 유럽으로도 진출했다. 3대 정통 칼리프인 우스만이 벌였던 정복 사업을 북아프리카까지 확장, 670년에는 튀니지와 알제리, 모로코에 이르는 광범위한 지역을 차례로 접수한다. 이로써 북아프리카의 가장 독립성이 강하고 전투적인 베르베르인들이 이슬람교로 개종하고, 이슬람 유럽 진출의 선봉장 역할을 하게 된다.

711년 무슬림 군대는 베르베르인들을 앞세우고 이베리아반도에 침공한다. 당시 이베리아반도에는 서고트 왕국이 들어서 있었다. 결국 이베리아반도의 대부분이 이슬람 세력권으로 들어오게 되었고, 알 안달루스라는 이름의 이슬람 영토가 유럽 내 이베리아반도에 형성된다. 서고트 왕국은 6세기 말부터 공식적으로 아리우스주의를 포기하고 로만 가톨릭을 받아들였으니, 우마이야 왕조의 이베리아반도 정복으로 유럽 가톨릭 문명과 이슬람 문명의 직접적인 만남과 공존, 경쟁과 충돌의 역사가 시작된 것이다. 잠시 후에 상술하겠지만 중세 말기 유럽 가톨릭 사회의 급격한 변화에는 이베리아반도 내 이슬람 문명의 영향이 큰 동인으로 작용했다. 이런 이유로 유럽은 피레네산맥까지라고 말하는 사람도 있다.

750년 이슬람 사회는 큰 변동을 겪는다. 아바스 가문이 우마이야 왕조에 반기를 들고 봉기, 우마이야 왕조를 무너뜨리고 아바스 왕조(750-1258)가 들어선 것이다. 아바스 왕조는 수도를 지금의 시리아 수도인 다마스쿠스로부터 이라크 수도인 바그다드로 옮긴다. 이슬람 세계의 본거지가 동쪽으로 옮아간 것이다. 이는 이슬람 제국사에 중요한 변곡점으로 중세 이슬람 황금시대가 열렸음을 알림과 동시에, 이슬람 문명이 점점 더 육상제국으로 바뀌어 가고 있음을 보여준다. 이슬람 제국은 기본적으로 동방 육로 네트워크의 중심지이기를 원했고, 유럽 문명을 정복하겠다는 강한 의지가 없었다. 따라서 11세기 십자군 전쟁이 발발하기 전까지 아바스 왕조의 이슬람 문명과 유럽 가톨릭 문명 간에는 직접적인 충돌이 없었다. 십자군 운동은 오리엔트에서 유럽 문명과 이슬람 문명이 최초로 만난 사건인 것이다. 십자군 전쟁이 발발하기 전까지 두 문명권의 만남은 이베리아반도에 국한되었다. 우마이야 왕조 잔존세력이 독특한 문화를 이룬 이베리아반도에서만 두 문명의 만남과 공존과 충돌이 이어졌을 뿐이다. 당시 유럽은 이슬람에 뒤처져 있었기에 초기 아랍인들은 유럽인을 프랭키franky라고 부르며 멸시했다. 프랭키는 '프랑크인'이라는 뜻의 다소 경멸적인 표현이다.

다시 묻자. 이슬람 문명이 그토록 단시일 내에 동로마제국을 도시국가 규모의 작은 나라로 축소해 버리고 페르시아 제국을 멸망시키는 한편, 북아프리카를 거쳐 이베리아반도까지 진출하게 된 동력이 무엇일까? 그에 대해서는 다양한 견해가 있을 수 있지만 우선 꼽을 수 있는 것은, 바로 종교적 요인이다.

우리는 앞서 '이슬람이 처음 등장했을 때 기독교도들은 기독교 내에 이단 정도가 등장한 것으로 생각했다. 그들은 이슬람교도들도 언젠가 기독교의 울타리 안으로 모이게 될 것이라고 믿었다.'라고 썼다. 그만큼 기독교와 이슬람교 사이에는 공통점이 많았으며, 그 뿌리도 같았다. 그러나 이슬람교는 기독교와 뿌리만 같을 뿐 실제로는 다른 점이 많았다.

초기 기독교 역사는 정통 교리를 가다듬으면서 이단을 배척해 온 역사이다. 그러나 이슬람교는 설립 당시부터 직접 종교적인 '믿음'에 호소했다. 그 명칭 그대로, 이슬람교가 내세운 것은 유일신 알라에게 복종할 것, 그리고 알라의 말씀을 전한 쿠란을 따를 것, 이것뿐이었다. 당연히 기독교가 배타적이었던 데 반해 이슬람교는 포용적이었다. 기독교가 언제나 포교를 앞세우며 이교도를 적대시한 데 반해 이슬람은 종교에 관용적이었으니, 이는 오리엔트 지역의 오래된 전통이기도 했다.

이슬람 제국이 정복 사업을 통해 영토를 넓힐 때의 모습을 흔히 한 손에 칼, 다른 한 손에 쿠란을 든 모습으로 묘사한다. 하지만 그 표현은 이슬람의 세력 확장을 두려워한 로만 가톨릭의 중세 유럽 사회가 만든 왜곡된 이미지일 뿐이다. 그 이미지를 통해 이슬람은 무력으로 종교를 강요한다는 대중적인 오해가 심어졌다. 그러나 이슬람교는 기본적으로 포용적인 종교였으며 쿠란에는 "종교에는 강요가 없다."라는 구절이 실제로 나온다. 사람들이 자유롭게 신앙을 선택할 수 있다는 것이 이슬람이 가르침이었다. 적어도 쿠란의 가르침에 의하면 이슬람교도에게 알라는 '우리'의 알라가 아니라 '모두'의 알라였다. 그리고 이슬람의 정복 사업은 실제로 많은 지역에서 무력이 아닌, 상업, 교육, 철학, 예술, 무역 등 평화적인 방식으로 다양하게 이루어졌으며 심지어 이슬람의 진출을 반긴 곳도 많았다.

다만, 최초의 칼리프이자 초대 정통 칼리프 아부 바크르가 무하마드 사망 이후 각지의 이슬람 세력들이 분열의 조짐을 보이자 '최초의 선택은 자유이지만 이후의 배교는 반역과 같다'라는 조항을 신설하여 향후 이슬람의 포교 방식에 커다란 영향을 미쳤다.

물론 이슬람교가 기독교보다 포용적이었다는 사실 만을 이슬람 제국이 단시일 내에 거대한 제국을 건설할 수 있었던 원인으로 단정하는 것은 무리이다. 그것 역시 결과에 비추어 그 결과에 합당한 사실만 추려서 원인으로 환원하거나 왜곡 설명하는 인과의 오류의 하나라고 볼 수 있다. 이슬람교의 확장과 지속에 이슬람교의 포용성이 큰 역할을 한 것은 사실이지만, 그러한 성격의 새로운 종교가 나타나 세력을 넓힐 수 있는 분위기가 당시 오리엔트 지역에 무르익어 있었다고 보는 것이 합당해 보인다.

이미 살펴보았듯이 당시 아라비안반도 내에는 개혁의 기운이 팽배해 있었다. 아랍 민족은 그들의 정체성을 확립해 줄 새로운 종교를 원했다. 그리고 동로마제국 기독교의 영향권에 속했던 사람들, 특히 유대인, 조로아스터교도들은 기독교의 종파적 갈등과 배타성에 시달리고 있었다. 그런 가운데 이슬람의 새로운 물결이 들어왔다. 동로마제국과 사산 제국 치하에서 '박해' 받던 소수 집단은 이슬람의 새로운 물결이 반가웠다. 기독교는 이교도를 적대시했지만, 이슬람은 이교도를 연민의 대상으로 여기고 수용했기 때문이었다.

물론 이슬람 제국에도 무슬림과 비이슬람교도 사이에 차별이 있었다. 그러나 차별은 있되 억압과 강요는 없었다. 게다가 차별도 별로 심하지 않았다. 이슬람 제국은 이슬람교의 포용성을 제국 경영에 그대로 반영한 것이다.

이슬람 제국은 정복 사업을 벌이면서 피정복민 비무슬림을 딤미dihmmi라고 불렀다. 이슬람법에서는 딤미의 생명·재산의 안전과 각자의 신앙의 유지를 보증했다. 대신 그들에게는 의무가 부과되었으니 그 의무는 크게 보면 셋이었다.

첫째, 무슬림의 주권을 인정하고 무슬림에 정치적으로 복종할 것, 둘째, 전쟁 시 무슬림을 도울 것, 셋째, 무슬림에게 지즈야jizya라는 특별 세금을 납부할 것이 딤미에게 주어진 의무였다. 그러나 그 세 가지 의무

중 앞의 둘은 실질적으로는 딤미에게만 주어진 의무가 아니었다. 이슬람 정복 지역의 대다수 무슬림도 첫 번째와 두 번째 의무는 공유하고 있었다. 따라서 비무슬림인 딤미가 지니고 있는 유일한 의무는 세금이었다고 보아도 된다. 그리고 그 의무는 이슬람 제국 경영자들에게도, 딤미에게도 이로운 것이었다.

이슬람 제국은 세력을 확장하면서 40~50년 사이에 로마제국의 크기와 같은 영토를 획득했다. 그들은 군사 조직과 전략에만 집중했을 뿐 소소한 행정 업무는 위탁했다. 그들은 서기, 기록원, 회계원, 세금 징수원, 판사 등을 딤미 중에서 뽑아서 맡겼다. 즉, 딤미에게 직업 선택의 자유가 한껏 보장되었으며 그들이 능력껏 경제 활동을 할 수 있게 된 것이다. 그리고 그들이 내는 세금은 제국을 물질적으로 풍요롭게 해주었고, 왕조의 권위를 견고하게 해주었다.

우마이야 왕조는 '신의 길에서 헌신적으로 노력한다'는 뜻을 지닌 지하드를 통해 제국 영토를 넓히면서 비무슬림을 무슬림으로 개종하려 애쓰지 않았다. 쿠란에 '종교를 강요해서는 안 된다'라고 명시된 것이 그 첫 번째 이유였다. 그러나 현실적인 이유도 있었다. 세금이 면제된 개종자보다는 세금을 착실히 내는 비무슬림이 제국 경영에 더 유익했기 때문이었다. 반대로 이슬람 정복지 내 비무슬림들은 세금을 내면서 종교의 자유를 누릴 수 있었으니, 동로마제국과 사산 제국 치하에서 박해받던 소수 집단에게는 이슬람의 차별이 오히려 반가웠다고 볼 수도 있다. 이슬람 제국의 차별은 종교의 자유를 허용하는 차별이었다.

이처럼 이슬람이 단기간에 넓은 지역을 정복할 수 있었던 것은 이슬람교의 포용성과 함께 그러한 이슬람 제국의 포용 정책을 받아들일 분위기가 피정복지에 무르익어 있었기 때문이었다. 거기에 동로마제국과 사산조 페르시아가 오랜 전쟁으로 국력이 쇠잔할 대로 쇠잔해진 당시 상황이 크게 작용했다.

그러나 이슬람 제국은 알렉산드로스 제국이나 몽골제국처럼 신속하게 세상을 정복하는 데서 그치지 않았고 광대한 지역에 포괄적이고 지속적인 변화를 일으켰다. 그리고 제국 내에 기독교도, 유대인, 조로아스터교인, 기타 이교도들을 모두 포용하다 보니, 피정복자뿐만 아니라 정복의 주체인 제국 자체도 질적 변화를 겪게 된 것은 필연적인 일이었다. 게다가 그 변화는 일시적 변화로 그치지 않고 길게 지속되었다. 즉, 이슬람의 세력 확장 과정은 이슬람 문명 자체는 물론 피정복 지역의 변화와 발전 과정이었다.

페르시아를 정복한 이슬람 문화는 페르시아의 문학·철학·예술의 영향을 크게 받았으며, 이집트와 시리아의 헬레니즘 전통은 이슬람 철학과 과학 발전에 기여, 후대 이슬람 황금기의 토대가 되었다. 또한 종교적인 측면에서, 페르시아와 인도의 신비주의 전통은, 신비주의적 이슬람교인 수피즘의 형성에 큰 영향을 미쳤다.

한편 개종을 강요하지 않는 이슬람 제국의 포용적 정책은 비무슬림들이 이슬람 제국을 환영한 요인이었을 뿐 아니라, 비무슬림의 자발적 무슬림화를 유도하기도 했다. 개종하면 지즈야 세금의 의무가 사라지고 사회적 지위가 향상될 수 있었기 때문이다. 또한 이슬람의 수피즘 전통은 중앙아시아 유목민과 튀르크족의 종교적 전통과 흡사한 부분이 많았기에, 그들이 쉽게 이슬람교를 받아들일 수 있는 요인이 되었다. 후에 일칸국과 킵차크칸국 같은 몽골 유목민 국가가 이슬람 국가가 된 데는 그 요인도 작용했다. 한 마디로 이슬람 제국의 포용성과 융합의 정신은 단순히 정복 성공의 요인에서 그친 것이 아니라, 다양한 민족과 지역에서 오랜 세월 이슬람 문명이 꽃피어나 지속할 수 있게 한 동력이었다.

05

유럽 가톨릭 세계와 이슬람의 만남
—투르 푸아티에 전투로부터 이베리아반도에서의 격돌까지

고대로부터 지구촌 서반구 문명의 중심지였던 오리엔트 지역에 새로 탄생한 이슬람 문명이 거대 제국을 건설하면서, 역시 갓 태어나 기지개를 켜던 가톨릭 유럽 문명과의 만남과 충돌은 필연적이었다. 이슬람 문명과 가톨릭 유럽 문명의 만남은 지구촌 서반구의 두 새로운 문명의 만남이요, 충돌이었으며 그 만남과 충돌이 근대 이후까지 지구촌 서반구 역사에서 큰 궤적을 그렸다.

이슬람 제국은 서쪽으로는 북아프리카를 거쳐 이베리아반도까지 세력을 넓혔으며 동쪽으로는 중앙아시아를 비롯해 인도까지 진출했다. 이슬람 제국은 정복 지역의 이슬람화는 물론 정복한 지역의 문명의 영향으로 자신도 스스로 변화하였다. 오리엔트 지역에서 그들이 이슬람화하지 못한 곳은 콘스탄티노폴리스의 동로마제국뿐이었다. 그러나 기독교 국가인 동로마제국은 이슬람 제국과 자웅을 겨루는 존재가 아니라 방어에 급급한 존재로 머물렀다. 동로마제국이 이슬람 제국의 공세를 막아내고 오랜 세월 동안 오리엔트 지역 기독교 최후의 보루로 부침을 겪으며 잠시 반짝하기도 했다. 하지만, 엄밀히 말하면 동로마제국은 이슬람 제국과 맞선 제국이라기보다는 절명하지 않은 채 겨우 목숨을 유지한 존재라고 하는 것이 옳을 것이다. 이슬람 제국과 자웅을 겨룰 가능성이 있는 존재가 있었다면, 이슬람과 마찬가지로 갓 태어난 유럽 문명뿐이었다. 그 두 문명 최초의 본격적 충돌은 732년, 아키텐 평원 쟁탈전이 벌어졌던 투르-푸아티에 전투에서 벌어졌다.

투르- 푸아티에 전투(732년)

8세기 초 터번을 두른 무슬림 기병 부대가 피레네산맥 동쪽 아키텐 평원을 휩쓸었다. 그곳에 살고 있던 갈리아-로마인들에게는 낯설기만 한 수만 명의 아랍과 베르베르 병사들이 떼를 지어 그곳 평원으로 내려온 것이다. 알 안달루스 병사들이었다. 알 안달루스라는 명칭은 이슬람의 이베리아반도 점령 초기에는 반도의 남쪽을 지칭했지만, 이슬람이 점차 이베리아반도 전역을 지배하게 되면서 이슬람이 지배하는 이베리아반도 전체를 지칭하는 용어가 되었다.

알 안달루스는 711년 수도를 남쪽의 세비야로부터 좀 더 위쪽인 코르도바로 옮긴 뒤 피레네산맥 너머의 골 지역으로 진격, 골-서고트 왕국의 중심지였던 나르본을 함락했다. 나르본은 지중해와 면한 남부 도시였다. 이어서 그들은 서북쪽 내륙의 카르카손을 함락하고 아키텐으로 진격했다.

아키텐은 이슬람이 탐낼 만한 매우 매력적인 지역이었다. 골 지방의 약 1/4에 해당하는 이곳은 보르도의 가론강부터 루아르강까지 이어지는 매우 부유한 고장이었으며 라틴문화를 많이 간직하고 있었다. 알 안달루스 이슬람들은 피레네에서 루아르강에 이르는 광대한 토지에 식민지를 건설하겠다는 노골적인 야심을 품고 있었다. 그들이 그 계획을 실행에 옮김으로써 드디어 이슬람과 유럽이 유럽 대륙에서 최초로 충돌한 사건이 발생한 것이다. 그 사건이 어떻게 전개되었는지, 그 사건으로 인해 유럽 대륙에는 어떤 변화가 있었는지 알아보려면 당시 유럽 대륙의 상황을 잠시 살펴볼 필요가 있다.

당시 유럽은 프랑크 왕국 메로빙거 왕조 시대였다. 하지만 메로빙거 왕조의 왕은 명목만 왕일 뿐 이미 실권은 궁재宮宰인 카롤링거 가문의 카를 마르텔이 쥐고 있었다.

아키텐 지역은 프랑크 왕국에 속했지만 비교적 독립적인 지위를 유지하고 있었다. 우선 그곳은 지역적으로 오늘날의 북부 프랑스에 해당하는 프랑크 왕국의 중심부와는 멀리 떨어져 있었다. 게다가 이곳은 자연적 방어선이라고 할 수 있는 피레네산맥과 가론강으로 둘러싸여 있었다. 이러한 지리적 장벽 때문에 메로빙거 왕조의 직접 통치가 어려웠고 현지 영주들은 독자적인 권력을 행사할 여지가 많았다.

또한 이곳은 프랑크 왕국에 의존하지 않고도 경제적으로 자립할 수 있었다. 비옥한 농경지로 이루어진 이곳은 특히 포도 재배지로 유명했으며 로마 시대부터 유명한 보르도 와인 생산 지역이었다. 게다가 지중해 무역로와 연결된 이 지역은 동로마제국, 이슬람, 이베리아반도 등과 교역하며 부를 축적할 수 있었다. 농업과 상업이 모두 융성한 곳이 아키텐 지역이었던 것이다.

그뿐이 아니었다. 이곳의 문화 자체가 프랑크 왕국의 문화와 달랐다.

게르만 문화가 주도하는 북부 프랑크와는 달리 이곳에서는 갈리아-로마인들의 후예들이 주류를 이루면서 라틴문화와 로마 행정 체계가 깊숙이 자리 잡고 있었다. 아키텐의 지배층은 이미 로마화 된 귀족들이었으며, 이들은 프랑크족 중심의 메로빙거 왕조에 이질감을 느끼고 있었다.

메로빙거 왕조 말기인 7세기 후반과 8세기 초부터 왕들이 유명무실해지고 궁재宮宰들이 실질적으로 왕국을 통치하게 되자 프랑크 왕국의 내분을 틈타 아키텐의 독립적인 성향은 더욱 강해졌다. 당시 아키텐 공작이었던 오도 대공이 딸을 우마이야 왕조의 지도자에게 시집보내려 했던 사실은, 아키텐이 프랑크 왕국과는 독립된 독자적 길을 걸으려 했음을 단적으로 보여준다. 오도 대공은 프랑크 왕국 외의 세력과 동맹을 맺어 독립적인 지위를 유지하려고 했다.

결론적으로 오도 대공의 전략은 실패했다. 우선 731년 카를 마르텔이 이끄는 프랑크 왕국 군대가 아키텐으로 쳐들어온다. 오도 대공이 추진한 이슬람과의 혼인 동맹을 프랑크 왕국의 안보에 대한 위협으로 간주하고 침공한 것이다. 전투에서 승리한 카를 마르텔은 아키텐을 완전히 장악하지 않고 곧바로 철수한다. 왕국 내 다른 지역에서 발생한 반란과 내전을 진압해야 했기 때문이었으며, 그의 침공 자체가 아키텐의 완전 병합이 목적이었다기보다는 영향력 강화와 통제력 확보에 있었기 때문이었다.

카를 마르텔이 물러난 이듬해인 732년, 이번에는 이슬람 우마이야 왕조의 장군 알 알라흐만이 이끄는 대규모 군대가 아키텐으로 침입, 보르도에서 오도 대공의 군대를 크게 격파한다. 만일 이슬람군이 투르까지 진격해서 점령한다면 루아르강을 따라 오를레앙을 압박하고 프랑크 왕국 영토의 중심부까지 진출할 수 있는 상황이었다. 프랑크 왕국과도,

이슬람 세력과도 적당한 관계를 유지하며 자신의 안녕을 꾀하려던 오도 대공의 전략은 결국 이중의 적을 앞뒤에 둔 결과를 빚은 것이다. 그런 상황에서 생존을 위해서는 한쪽을 택해야 했다. 그리고 우선은 눈앞의 위협을 막는 것이 급선무였다.

그는 적대시했던 카를 마르텔에게 구원을 요청했다. 멀리 떨어진 도나우강에서 전투에 임하고 있던 카를 마르텔은 모병한 병사들 1만여 명을 이끌고 프랑크 왕국 지역을 가로질러 아키텐으로 강행군한다. 그는 투르와 푸아티에 사이에서 이슬람 군대와 격돌, 대규모 전투를 벌여 승리를 거둔다. 이슬람 장군 알 알라흐만은 전사했고, 이슬람의 유럽 진출은 저지된다.

투르 푸아티에 전투 이후에도 아키텐은 여전히 반* 독립적인 상태를 유지한다. 그러나 카를 마르텔의 지원 없이는 장기적인 방어가 어렵다는 점이 확인된 만큼 아키텐에 대한 프랑크 왕국의 영향력은 한층 강화되었다. 또한 투르 푸아티에 전투의 승리로 인해 카를 마르텔의 권위가 크게 높아진 것은 물론이다. 이 전투의 승리로 메로빙거 왕조는 현저히 약해졌고, 카를 마르텔의 아들 피핀 3세가 메로빙거 왕조를 폐하고 자신이 왕위에 올라 카롤링거 왕조를 열 수 있는 중요한 계기가 되었다.

투르 푸아티에 전투가 역사적으로 갖는 의미는 아주 크다. 특히 유럽인들에게 투르 푸아티에 전투는 거의 신화가 되었다고 보아도 무방하다. 유럽인의 입장에서는 그들의 운명이 푸아티에에서 결정되었다고 보는 것도 무리가 아니다.

많은 유럽 역사가가 이 전투에 대해 학자에게는 어울리지 않을 듯한 감격적 어조를 사용한다. 19세기 프랑스의 역사가 프랑스와 기조(François Guizot, 1787-1874)는 '프랑크족이 끔찍한 운명으로부터 문명을 구했다'라고 썼다. 또 푸아티에 전투는 세계의 운명을 좌우했던 순간이라고 쓴 역사학자도 있으며 아시아인과 아프리카인에게서 유럽인을 구출한 순간이라고 쓴 역사학자도 있다. 말하자면 투르 푸아티에 전투를 페르시아 전쟁이나 포에니 전쟁, 혹은 악티움 해전처럼 역사상 중요한 전쟁이나 전투와 어깨를 나란히 할 수 있는 큰 사건으로 간주한 것이다.

그러나 그 전투를 세계사의 흐름을 바꾼 중요한 전투와 같은 반열에 놓는 것은 유럽인의 관점일 뿐이다. 만일 그 전쟁이 유럽 학자들의 평가대로 세계 역사의 흐름을 바꾼 중요한 전투였다면 그 전투 이후 유럽이 세계의 중심으로 곧바로 부상하고 아랍이 쇠퇴했어야 했다. 그러나 실상은 그렇지 않다. 그 전투 이후 이슬람 제국은 물론, 알 안달루스는 더욱 번성했다. 실제로 그 전투는 서로의 운명을 바꾼 전투가 아니었으며 아랍과 베르베르인의 유럽 침공은 이후에도 이어졌다. 가깝게는 2년 후 새로운 총독 알 말리크가 지휘하는 군대가 푸아티에 전투의 복수를 위해 아키텐으로 쏟아져 들어왔고 오도 대공 군대는 대패했으며 결국 그는 수도원으로 은퇴했다. 이후에도 유럽 대륙 동남부 지중해 연안의 나르본은 20년 이상 무슬림의 거점으로 남았으며, 무슬림들은 걸핏하면 리옹을 침략했고 디종을 위협했다.

사실, 이슬람이 피레네 동쪽 지역에서 물러난 것은 투르 푸아티에 전투의 패배 때문이 아니라 이슬람 제국의 내부 사정과 유럽 대륙 진출보다 중요한 일이 많았기 때문이었다. 실제로 이슬람권에서 이 전투의 패배에 대한 평가는 대수롭지 않다. 그들에게 별 의미와 충격이 없었기 때문이다. 그들이 전투에 패배한 진정한 이유는 프랑크족 전투력 때문이 아니라 자신들의 내분 때문이었다고 그들은 기록한다.

다시 말하지만, 투르 푸아티에 전투에 유럽인들이 큰 의미를 부여하는 것도 무리는 아니다. 그러나 그 전투는 이슬람의 침입으로부터 가톨릭 문명을 지켜낸 거창한 전투가 아니다. 엄밀히 말한다면 지켜내야 할 가톨릭 문명 같은 것이 당시에 형성되어 있었다고 보기도 어렵다. 그 전투로 인해 유럽인이 그 존재를 겨우 드러낼 수 있었으며, 지켜내야 할 유럽 문명의 정체성이 비로소 형성되기 시작한 것이라고 할 수 있다.

그런 맥락에서 아주 흥미로운 의견을 제시하는 학자들도 있다. 그 전투에서 프랑크족이 승리함으로써 오히려 유럽의 발전이 늦춰졌다는 것이다. 만일 이슬람이 승리했다면 유럽은 국경을 마구 넘나드는 세계적인 이슬람 제국으로 일찍 흡수되었을 것이며 천문학, 삼각법, 아라비아 숫자 등의 과학은 물론이고 그리스 철학이 일찌감치 도입되어 유럽의 발전이 250년 이상 앞당겨졌을 것이라는 과감한 주장이다. 역사에 가정은 무의미할 수 있지만 당시 유럽과 이슬람의 문명 수준을 객관적으로 고려한 결과 나온 발언이기도 하다.

어쨌든 투르 푸아티에 전투 이후 유럽인의 정체성이 형성되기 시작했다. 그리고 그 정체성은 800년 로마교황 레오 3세가 샤를마뉴 대제의 머리에 제관을 씌워주면서 그 모습이 분명하게 드러난다. 로마의 뒤를 이은 가톨릭 국가라는 정체성이다. 이후 그들은 전쟁에 나설 때마다 성인과 하느님의 거룩한 이름을 앞세우며, 그들의 전쟁은 이슬람교의 지하드처럼 성전이 된다. 하지만 분명한 사실이 있다. 유럽은 아직 문화적으로나 경제적으로나 한참 후진사회였으며 정체성이 확고하게 성립되기 선이었다.

롤랑의 노래

프랑크 왕국 카롤링거 왕조의 샤를마뉴는 778년 스페인 원정길에 오른다. 아직 로마교황 레오 3세가 그의 머리에 황제의 관을 씌워주기 전이었다. 군사적 천재인 그는 유럽 대륙의 군사적·정치적 주도권을 완전히 장악한 상태였다. 그는 이슬람 세력의 프랑크 침입을 방지하기 위해 이베리아반도 북동부 아라곤 지방에 전략적 요충지를 확보하고 싶었다. 아라곤 지방은 동쪽으로 카탈루냐 지방, 남쪽으로 발렌시아 지방과 접한 곳이다. 샤를마뉴는 이베리아반도에서 무슬림에게 박해받는 사람들을 가톨릭 신앙으로 구원하겠다는 명분을 내세웠다. 그러나 알 안달루스 입장에서는 야만 상태의 이교도 원시 부족이 이슬람 제국에 침입해 온 사건이었으며 역사상 처음으로 이슬람 제국의 일부가 기독교 세력의 공격을 받은 사건이기도 했다.

샤를마뉴의 스페인 원정은 실패로 끝난다. 원정 자체가 재난의 연속이었던 데다, 프랑크 왕국 본토에서 색슨족의 약탈 소식이 들려오자, 샤를마뉴의 군사들은 스페인을 침공한 바로 그해에 전쟁 약탈품을 싣고 퇴각할 수밖에 없었다. 그리고 그 와중에 아주 유명한 사건이 벌어진다. 론세스바예스 전투에서 샤를마뉴의 후위 부대가 바스크인들의 습격을 받아 전멸한 것이다. 그 후위 부대 지휘관의 이름이 롤랑이었다. 바스크인들은 산악 지대에서 자치 공동체를 이루어 살고 있었으며, 이슬람 세력의 통제에서 벗어나 있었고 과거 서고트 왕국의 종교적 영향력에서도 어느 정도 벗어나 있던 지역이었다.

샤를마뉴의 스페인 침공은 이슬람 문명과 유럽 문명의 본격적인 전쟁이 아니었다. 명분이야 어쨌건 결과적으로는 샤를마뉴의 알 안달루스 침공, 약탈과 퇴각이라는 일과성 사건이었다. 그런 일과성 사건에서 샤를마뉴의 후위 부대가 이슬람 세력과 아무 상관이 없는 바스크인들의 습격을 받아 전멸한 사건은 실제 사건이 벌어진 300년 후에 완벽하게 변신, 화려하게 재탄생한다. 『롤랑의 노래』라는 서사시에 의해서이다.

『롤랑의 노래』는 11세기 후반에서 12세기 초반에 쓰인 서사시로, 작자는 미상未詳이라는 것이 정설이다. 몇몇 필사본에서 음유시인 투롤두스Turoldus라는 이름이 언급되지만, 그의 개인 저작이라기보다는 구전으로 전해진 것을 여러 작가가 오랜 시간에 걸쳐 다듬고 변형했을 가능성이 크다. 말하자면 한 개인의 창작물이 아니라 당시 유럽인의 일반적인 정서를 대표한다고 보는 것이 옳을 것이다.

『롤랑의 노래』는 샤를마뉴와 그의 기사들, 특히 롤랑의 용맹을 다룬 중세 기사 문학의 대표작으로서 프랑스의 민족적 서사시가 되었고, 후에는 가톨릭 세계의 위대한 서사시가 된다. 『롤랑의 노래』 덕분에 프랑크족은 유럽의 미래를 책임지는 종족이 되었으며, 기독교의 이름으로 적-그리스도를 찾아내어 섬멸하고 새로운 예루살렘을 건설할 책임을 맡은 선민이 되었다. 『롤랑의 노래』는 유럽인의 자아의식과 타자 의식을 형성하는 결정적 계기가 된 것이다.

이 작품은 무대만 역사적 사실에서 빌려왔을 뿐 내용은 거의 모두 허구이다. 우선 무엇보다 이 서사시에는 바스크 병사들이 나오지 않는다. 그래서 호젓한 산길에서 벌어진 기습전이 가톨릭과 이슬람의 대결이라는 서사시적 구도로 확대 변모한다. 그리고 전멸한 후위 부대의 지휘관 롤랑은 가톨릭 기사도의 이상을 지닌 영웅이 된다.

『롤랑의 노래』에 의해 작은 기습전은 기독교 문명과 이슬람 문명의 이원적인 대립의 드라마가 된다. 그리고 샤를마뉴의 스페인 침공은 일과적 사건이 아니라 마호메트의 군대를 완전히 격멸할 때까지, 혹은 이슬람교도들이 기독교도로 개종할 때까지 이어질 위대한 성전聖戰의 하나가 된다. 샤를마뉴는 기독교 세계의 수호자가 되며 신을 대리하는 사자使者가 된다. 롤랑은 적에게 굴복하지 않고 싸우다 전사한 가톨릭 전사이자 신앙을 위해 목숨을 바친 숭고한 순교자가 된다.『롤랑의 노래』에 의해 가톨릭은 선, 이슬람은 악으로 간주되었고, 이러한 이분법적인 구도는 당시 한창 진행 중이던 십자군 전쟁의 정신적 기반이 되었다. 『롤랑의 노래』가 11세기 말부터 벌어지기 시작한 십자군 전쟁의 명분을 제시한 것이다. 하지만 엄밀히 말한다면『롤랑의 노래』가 십자군 운동의 정신적 기반이 된 것이라기보다는 십자군 전쟁이 발발할 당시 유럽인들의 의식을『롤랑의 노래』가 충실히 반영하고 있다고 보는 것이 옳다.

샤를마뉴 이후의 프랑크 왕국의 분열

샤를마뉴가 스페인을 침공했다가 퇴각했던 시기부터『롤랑의 노래』가 나온 시기 사이에는 약 300년의 간격이 있다. 호젓한 산길에서 벌어졌던 기습전이『롤랑의 노래』라는 대서사시로 변신하기까지, 또한 샤를마뉴의 스페인 침공 시에는 아직 전쟁 기계에 가까웠던 유럽인들이 기독교를 앞세운 성전을 본격적으로 표방할 때까지 300년의 세월이 흐른 것이다. 두 문명이 처음 맞섰을 때는 아직 가톨릭 통합체로서의 정체성을 갖지 못했던 유럽이 300년의 세월이 흐른 뒤 기독교와 이슬람의 확고한 이원적 대립을 보여주는『롤랑의 노래』를 부르게 된 것이다. 그 사이 유럽 대륙과 이베리아반도 알 안달루스에서는 무슨 변화가 있었던 것일까?

우리는 그 사이에 벌어진 변화에 대해서 피레네산맥 동쪽 유럽 본토의 역사보다는 이베리아반도에 시선을 집중해서 간략히 살펴보기로 하자. 이유는 간단하다. 이제껏 우리는 유럽 전체의 역사를 피레네산맥 북쪽의 유럽 본토 중심으로 살펴보는 데 익숙해 있었다. 하지만 그 시기 이베리아반도를 포함한 유럽에는 완전히 다른 두 문명이 공존하고 있었고, 게다가 이베리아반도의 이슬람 문명이 모든 면에서 우월했다. 이후의 유럽이 맞이하게 될 거대한 변혁은 이베리아반도 이슬람 문명의 영향을 도외시하고는 설명할 수도 없고 이해할 수도 없다. 유럽 전체의 변화를 제대로 이해하기 위해서는 이베리아반도 알 안달루스에 대한 이해는 필수적이다.

프랑크 왕국에서는 샤를마뉴가 세상을 뜬 후 아들 루트비히 1세 지배를 거친 뒤 샤를마뉴의 세 손자가 치열한 영토 쟁탈전을 벌인다. 그리고 그 결과 셋이 영토를 나누어 갖게 됨으로써 프랑크 왕국은 셋으로 분열된다. 843년 베르됭 조약에 의해 샤를마뉴의 제국이 지금의 프랑스의 기원인 서프랑크 왕국과 독일의 기원인 동프랑크 왕국, 이탈리아 북부와 부르고뉴 지역을 포함하는 중부 프랑크 왕국으로 분열된 것이다. 유럽인들이 미처 유럽인의 정체성을 제대로 정립하기도 전에 샤를마뉴의 카롤링거 제국이 너무 빨리, 너무 완벽하게 분할된 셈이다. 당시 유럽은 군사력에서는 이슬람 세계로부터 자신을 지킬 만큼 강력해졌는지 몰라도, 정치·경제·문화 면에서는 미개한 수준이었으며 아직 정체성과 타자 인식이 확립되지 못한 상태였다.

한편 그렇게 나라가 분할되면서 언어도 갈라졌다는 사실을 지나는 길에 지적하기로 하자. 라틴어가 현지 토착 언어와 결합하여 여러 로망스어를 낳은 것이다. 서프랑크 왕국에서는 라틴어가 갈리아인의 토착 언어와 섞이면서 고대 프랑스어로 발전했고, 중부 프랑크 왕국에서는 이탈리아어, 스페인의 카탈루냐 언어로 변화했다. 그리고 동프랑크 왕국에서는 라틴어가 아예 게르만어에 밀려나 사라졌다.

유럽이 그렇게 분열된 상태에서 이번에는 8세기 말부터 바이킹족이 유럽 해안과 내륙을, 특히 브리튼 섬과 프랑스, 아일랜드를 주요 표적으로 삼아 지속적으로 약탈하였다. 바이킹의 침입이라는 최악의 사태가 벌어지자 카롤링거 왕조의 유럽은 서서히 무정부 상태로 빠져들었다. 이후 가톨릭 유럽은 오랫동안 폭력이 난무하는 내전 상태에 빠지며, 그 상태는 십자군 전쟁 때까지 이어진다. 한편 11세기 잉글랜드가 노르망디 공작의 지배하에 들어가면서 영국의 중앙집권화가 가속화되었고, 프랑스는 점차 독립적인 왕조로 발전하여 파리 주변을 중심으로 왕권을 강화해 나갔다는 사실도 지적하자.

한편 962년 교황이 동프랑크 왕국의 오토 1세에게 신성 로마제국 황제의 관을 씌워줌으로써 신성로마제국이 탄생한다. 신성로마제국 탄생의 배경은 역시 이민족의 침입과 내전에 관련 있다.

10세기 중반 우랄산맥 남쪽에 거주하던 유목 민족 일파인 마자르족(헝가리인)이 유럽 중부를 침략한다. 10세기 서유럽 수도원에서 '주여, 우리를 헝가리인들의 화살로부터 자유롭게 하소서'라는 기도문이 낭송될 정도로 마자르인의 도를 넘는 잔인함은 유럽에 커다란 공포심을 확산시켰다. 동프랑크 왕국의 오토 1세는 이들을 격퇴하여 유럽의 안정을 되찾았고 그로 인해 유럽 가톨릭 세계의 강력한 지도자로 부상한다.

또, 당시 이탈리아는 북부의 롬바르디아 공국, 중부의 교황령, 남부의 나폴리, 시칠리아 및 베네벤토 공국 등으로 나뉘어 있었으며 극심한 혼란에 빠져 있었다. 이러한 상황에서 교황 요한 12세는 오토 1세에게 구원을 요청했다. 명목이야 이탈리아의 안정과 기독교 세계 수호였지만 실은 세속적 권력투쟁에 나섰던 교황이 당시 가장 힘이 강력했던 오토 1세에게 손을 내민 것이다. 이탈리아 원정에서 오토 1세가 교황의 뜻대로 사태를 수습하자 교황은 신성로마제국 황제의 관을 오토 1세에게 씌워준다. 독일과 이탈리아 지역을 포괄하는 신성로마제국이 탄생한 것이다. 언어조차 로망스어가 아닌 게르만어를 쓸 정도로 로마의 영향력이 가장 약했던 동프랑크 왕이 신성로마제국의 이름을 부여받아 로마제국의 후예로 탄생했다는 것은 역설적이다. 어쨌든 오토 1세의 신성로마제국 황제 즉위로 유럽 사회에서 황제와 교황이라는 두 개의 권력축이 노골화된 셈이었으며, 이후 '서임권 분쟁'이라는 교황과 황제 사이의 치열한 세속적 권력 다툼의 씨앗이 된다. 우리가 단테의 『신곡』에서 살펴본 13세기 이탈리아 내 내전에 가까운 분열은 바로 그 연장선상에서 벌어진 일이다.

이제 우리의 눈길을 이베리아반도의 알 안달루스로 돌리자.

아바스 왕조의 성립과 우마이야 왕조의 재탄생

샤를마뉴가 778년 이베리아반도에 침공했다가 소득 없이 물러난 지 23년이 지난 801년 샤를마뉴는 아들 루이 경건왕(루트비히 1세)을 시켜 다시 한번 스페인을 침공한다. 목적은 지난번과 같았다. 그리고 이번에는 어느 정도 목적을 달성한다. 카롤링거 왕조 군사들이 카탈루냐 지방의 수도인 바르셀로나를 포위 공격, 함락하고 이 지역을 카롤링거 왕조의 프랑크 왕국으로 편입한 것이다.

카롤링거 왕조의 바르셀로나 함락으로 이슬람 세력은 카탈루냐 지역에서 물러나고 바르셀로나는 프랑크 왕국의 봉토가 된다. 바르셀로나가 프랑크 왕국의 스페인 변경 핵심 도시로 자리 잡은 것이다. 하지만 10세기경 프랑크 왕국의 영향력이 약화하면서 카탈루냐 지방은 점차 독립적인 정치 주체로 발전하게 되며 프랑크 왕국과의 봉신 관계도 단절한다. 이슬람과도, 가톨릭 유럽과도 단절된 독립적인 지역의 특색을 갖추게 된 것이다. 카탈루냐 지방의 그러한 분리·독립 경향은 오늘날까지도 이어져, 스페인으로부터의 독립운동이 지금도 계속 진행되고 있는 역사적 배경을 우리는 이해할 수 있다.

9세기 초 카롤링거 왕조 프랑크 왕국의 이베리아반도 침공을 끝으로 유럽 본토의 가톨릭 세력과 알 안달루스의 이슬람 세력은 이후 약 두 세기 동안 큰 충돌 없이 공존한다. 그리고 알 안달루스는 엄청난 번영을 구가하면서 독특한 하나의 문명권을 형성한다.

이슬람이 이베리아반도로 진출할 당시, 이슬람 제국은 다마스쿠스에 수도를 둔 우마이야 왕조 시기였다. 그러나 750년 과도한 세금 징수와 이슬람의 다른 종파에 대한 박해에 반발해 발생한 아바스 혁명으로 우마이야 왕조는 몰락하고 아바스 왕조가 들어선다. 정권을 잡은 아바스 왕조는 762년 수도를 오늘날 이라크의 수도인 바그다드로 옮긴다. 이슬람 제국의 중심이 지중해로부터 동쪽으로 이동한 것이다. 수도를 동쪽으로 옮긴 새로운 아바스 왕조의 등장은 이슬람 제국의 단순한 정권

교체 이상의 중요한 의미를 지닌다. 그것은 이슬람 제국의 성격을 근본적으로 바꾸어 놓은 일종의 혁명적 변화였다.

우마이야 왕조의 지배계급은 아랍인이었다. 게다가 이슬람 제국이 융성하면서 그들은 타락했다. 베두인족의 소박한 생활 모습은 이미 오래전에 사라졌고 동로마제국과 사산 제국을 모방한 화려한 궁정 생활이 파고들었다. 게다가 우마이야 왕조의 지배계급은 비아랍인 무슬림을 2등 시민 취급하며 차별했다. 비아랍 민족의 불만이 고조될 수밖에 없는 상황이었다.

아바스 왕조를 창시한 초대 칼리프 아부 알 아바스 사파흐는 불만이 고조되어 있던 페르시아계 무슬림과 호라산 지역(오늘날 이란과 중앙아시아 일부)의 비아랍인 무슬림들을 포섭하여 반란을 일으켰다. 페르시아인, 튀르크인, 쿠르드인 무슬림을 비롯해, 이슬람 분파인 시아파, 카리지파 등이 반란에 앞장섰고 그 덕분에 혁명이 성공할 수 있었다. 아바스 왕조가 반란에 성공할 수 있었던 것은, 언제나 2등 시민, 혹은 피보호자 지위에 머물 수밖에 없었던 비아랍계 무슬림들의 불만이 폭발한 덕분이었다.

아바스 왕조의 탄생에 비아랍인이 큰 공을 세웠으니 아바스 왕조의 지배구조가 바뀌는 것이 당연했다. 왕조의 최고 권력층과 칼리프는 여전히 아랍인이었지만, 관료, 군대, 학계 등 다양한 분야에서 비아랍인이 중용되었다. 아바스 왕조가 아랍인과 비아랍인의 협력 체제로 출발하면서 이슬람 제국은 단순히 아랍인의 제국이 아니라 다양한 민족과 문명이 융합된 보편적인 문명 제국의 면모를 갖추게 되었다. 사회적 처우가 인종으로 규정되던 '아랍 사회'로부터 종교와 문화로 규정되는 진정한 '이슬람 사회'로 탈바꿈한 것이다.

한편 아바스 왕조가 수도를 다마스쿠스로부터 바그다드로 옮겼다는 사실에도 우리는 주목해야 한다. 아바스 왕조의 수도 이전은 유럽 입장으로 볼 때는 이슬람 제국의 동방 진출로 보이겠지만, 지구촌 전체를 놓고 볼 때는 지구촌 중심으로의 이동이라고 보는 것이 타당하다. 로마 제국의 콘스탄티노폴리스로의 수도 이전이 지구촌 서반구의 중심인 오리엔트로의 진출을 뜻한다면 이슬람 제국의 수도 이전은 지구촌 전체의 중심으로의 이동을 의미한다. 이라크의 바그다드가 대서양에서 태평양에 이르는 당시 지구촌 교역망의 중심부에 자리 잡고 있었기 때문이다.

바그다드는 교역망의 중심부일 뿐만 아니라 학문의 중심이기도 했다. 교역망을 통해 바그다드로 다양한 문명의 유산이 유입된 덕분이었다. 이슬람 학자들은 그리스와 페르시아의 고대 문명은 물론, 인도와 중국의 전문 지식과 축적된 지혜를 흡수할 수 있었다. 역사상 중국과 이슬람 사이 첫 직접적 충돌인 탈라스의 전투 후, 중국의 제지술이 이슬람 문명으로 전파되어 유럽까지 퍼지면서 유럽의 인쇄혁명이 일어난 것이 대표적 사례이다. 아바스 왕조 초기 이슬람 학자들은 놀라울 만한 열정으로 학문 연구에 몰두했으며, 과학과 철학 분야에서 큰 업적을 이룩했다. 특히 '지혜의 집'이라는 번역을 중심으로 한 도서관은 온갖 지식을 집대성한 지혜의 창고였다. 바그다드는 760년부터 900년까지 온갖 다양한 지식과 문화를 빨아들이는 자석이었으며 중심축이었다.

참고로 한 가지만 지적하자. 이미 쇠퇴할 대로 쇠퇴한 동로마제국은 그리스 사상을 보존하는 역할을 더 이상 하지 못하게 되었다는 사실이다. 헬레니즘 문명 지역을 대부분 잃고 축소된 동로마제국은 기독교를 지키는 마지막 수호자로 자처했다. 코스모폴리탄적 특성을 잃고 스스로 위상을 축소한 것이다. 동로마제국은 유클리드, 프톨레마이오스, 아리스토텔레스 등의 그리스 과학과 철학서들을 이교도 저작으로 간주하고 금서 목록에 넣었다. 대신 바그다드 '지혜의 집'이 초기 동로마제국을 이어받아 그리스 고전 문명과 지혜를 보존했다. 그런 상황을 염두에 둔다면 중세 전체를 손쉽게 암흑기로 규정하는 것은 섣부른 짓이다. 중세는 암흑기이기는커녕 인류 고대 문명의 유산이 '빛의 제국' 동로마제국에 이어 이슬람 세계에서 면면히 이어져 오면서 빛을 발한 시기였다.

마지막으로 한 마디만 덧붙이자. 지구촌 전체의 중심부에 자리 잡게 된 이슬람 제국 아바스 왕조, 이 새롭게 태어난 제국에게 이제 갓 태어난 유럽 대륙은 별로 고려의 대상이 아니었다. 이슬람 제국의 눈에 유럽 대륙은 아직 미개한 지역이었을 뿐이었다. 이후 신생 가톨릭 유럽 세계와 직접 접촉하며 지대한 영향력을 발휘한 것은 이슬람 제국의 본령인 아바스 왕조가 아니라 이베리아반도에 터를 잡은 우마이야 왕조의 후예였다.

아바스 혁명으로 대부분의 우마이야 왕족은 학살된다. 그러나 살아남은 유일한 왕족인 아브드 알 라흐만은 이베리아반도로 도피, 25세가 되던 756년 알 안달루스 수도인 코르도바를 점령하고 자신을 알 안달루스 총독으로 선포한다(알 라흐만 1세). 이베리아반도에서 우마이야 왕조가 재탄생한 것이며, 이후 수 세기 동안 유럽과 계속 관련을 맺는 이슬람은 바로 이 재탄생한 우마이야 왕조이다.

지혜와 용기가 출중하여 '쿠라이시의 매'라고 불린 알 라흐만 1세는 통치 기간 내내 자신을 총독(아미르)이라 칭했다. 알 안달루스의 총독이 자신을 칼리프라고 칭한 것은 150년 뒤 알 라흐만 3세에 이르러서이지만, 알 라흐만 1세는 사실상 바그다드로부터 완전히 독립된 왕의 신분이었다. 이슬람 제국이 바그다드에 중심을 둔 아바스 왕조와 유럽 내 코르도바에 자리 잡은 우마이야 왕조의 연장인 알 안달루스 정권의 둘로 갈라진 셈이었다.

코르도바에서 우마이야 독립 정권을 수립한 알 라흐만 1세는 758년 내부 반란 세력이 장악하고 있던 세비야를 점령하고 764년에는 이베리아반도 중앙의 톨레도를 점령한다. 알 라흐만 1세는 알 안달루스 내부 장악에 힘쓰느라 집권한 지 얼마 지나지 않은 759년에는 유럽 대륙 내 나르본을 프랑크족에게 잃기도 했지만, 비교적 짧은 시기에 이베리아반도 내 우마이야 정권의 터전을 잡는 데 성공한다.

콘비벤시아(convivencia)

알 라흐만 1세가 코르도바에서 아미르로 즉위했을 때 알 안달루스는 안정된 상황이 아니었다. 반란이 자주 일어났고 지방 세력들은 강력한 자치권을 행사하고 있었다. 711년 우마이야 왕조가 이베리아반도를 정복한 후에도 알 안달루스는 사실상 여러 군벌, 아랍 부족, 베르베르족, 기독교 세력들이 각기 지배권을 행사하고 있는 복잡한 지역이었다. 알 라흐만 1세가 총독으로 즉위했을 당시 이베리아반도의 사정도 이전에 비해 별로 나아진 것이 없었다. 여전히 다양한 인종과 종교 집단으로 구성된 일종의 다문화 사회로서의 복잡한 성격을 지니고 있었다.

알 안달루스 상층부는 시리아, 예멘, 팔레스타인 출신으로 이루어진 비교적 소수의 아랍인들이 귀족층을 이루고 있었다. 이어서 북아프리카 출신의 베르베르족이 주요 구성원이었다. 이슬람의 이베리아반도 정복에서 중요한 역할을 담당한 그들은 주로 군인으로 활동했으며 근본주의적 성향이 강했기에 '쿠란 앞에서의 모든 무슬림의 평등'을 내세우며 자주 반란을 일으켰다. 그 외에 이슬람 정복 이전 서고트 왕국의 지배층이었던 고트족들이 있었으며 유대인들도 다수 포함되었다. 그뿐이 아니었다. 검은 피부의 아프리카인과 슬라브인도 중요 구성원이었다. 서고트 왕국에 노예로 끌려왔던 슬라브인들은 알 라흐만을 보호하는 노예 군대 구성원이 되었으며 검은 피부의 아프리카인이 근위대 역할을 했다.

그뿐이 아니었다. 알 안달루스는 민족적으로만 다양한 것이 아니라 종교적 측면에서도 복잡했다. 이슬람 치하에서 기독교도로 살아가던 모사라베Mozarabes가 있었으며 이슬람으로 개종한 서고트 왕국 귀족 출신 물라와둔Muwalladun이 있었고, 당연히 유대교도도 있었다. 한 마디로 당시 알 안달루스는 다민족·다종교 사회로서, 그중에서 이슬람이 정치적·문화적 주도권을 행사하고 있는 사회였다.

총독으로 즉위하자마자 반복되는 전쟁과 반란 진압이라는 어려움을 겪어야만 했던 알 라흐만 1세에게는 알 안달루스를 안정화하는 것이 무엇보다 시급한 과제였다. 그리고 그는 그 과제를 해결하기 위해 특별한 정책을 시행했다.

다양한 민족과 종교가 복잡하게 얽혀 있는 사회의 안정화 방법에는 두 가지 길이 있다. 가장 손쉽게 떠올릴 수 있는 길은 알 안달루스를 강력한 이슬람 제국으로 단일통합하는 길일 것이다. 그 길을 따르려면 이민족과 이교도들에게 이슬람교도로 동화하기를 강요하거나 그들을 박해해야 한다. 이슬람을 절대 선으로 내세우며, 나머지는 이교도나 악으로 간주하고 이교도나 이민족을 선의 길로 인도하거나 박멸하는 길이 그 길일 것이다.

그러나 알 라흐만 1세는 그 길을 따르지 않았다. 알 라흐만 정권은 새로운 비전을 제시했다. 바로 콘비벤시아convivencia 정책이었다. 단어 뜻 그대로 콘비벤시아 정책은 공존共存, 공생共生 정책을 뜻한다. 다양한 민족과 종교로 구성되어 이해가 충돌하고 있는 공동체를 단 하나의 가치나 종교로 단일통합하는 것이 아니라, 이질적인 민족과 종교의 공존을 통한 통합이라는 정책을 취한 것이다. 같은 통합이라도 전자가 한 가지 색으로의 통일을 의미한다면 후자는 다양한 색들의 조화와 공존을 의미한다.

물론 알 라흐만 1세의 정책이 다양한 민족, 다양한 종교 간의 완벽한 평등을 내세우거나 실현한 것은 아니었다. 어디까지나 이슬람이 우위에 있었고 갖가지 차별이 존재했다. 그럼에도 불구하고 그가 콘비벤시아 정책을 시행한 것은 이념보다는 실용적인 이유에서였다. 허약한 체제를 안정시키기 위해서는 이슬람 지배의 강압적인 정책보다는 이슬람교도, 기독교도, 유대교도 등 다양한 집단의 공존과 상호 협력을 추구하는 것이 효과적이라고 믿고 이를 실행한 것이다. 그렇더라도 그의 콘비벤시아 정책을 평가절하할 필요는 없다. 이질적인 민족이나 종교를 이단이나 적으로 간주하는 태도와는 너무나 거리가 먼 세련된 정책이었음을 부인할 수 없기 때문이다.

그가 중시한 것은 안 안달루스를 이슬람 사회로 만드는 것이라기보다는 유기적인 사회적 공동체로 만드는 것이었고 그것이 바로 실용성의 내용이었다. 따라서 그는 알 안달루스 내 비이슬람 세력의 존재를 위협이 아니라 사회적 자산으로 간주했다.

알 라흐만 1세가 시행한 콘비벤시아 정책의 핵심은 종교적 관용 정책에 있다. 알 안달루스의 기독교와 유대교 신자들은 인두세인 지즈야를 내는 대가로 자치권을 인정받았다. 기독교인들은 교회에 다닐 수 있었고 재산을 유지할 수 있었다. 또한 자치적으로 행정 문제를 처리할 수 있었으며 이슬람 법정이 아니라 기독교 교회법에 따라 재판을 받을 수 있었다. 유대인도 마찬가지였다. 그들에게는 이슬람법이 아니라 랍비 법률을 적용했다. 물론 최상위에는 "알라에 대한 의무를 다하고 진정으로 증명하라!"라는 이슬람의 대원칙이 있었으며, 그에 따른 각종 규제도 있었다. 그러나 시간이 지나면서 많은 규제는 철폐되었고 새로운 규제가 만들어지지도 않았다.

알 라흐만 1세는 기독교도와 유대인들에게 관용을 베풀었을 뿐 아니라 그들을 정치·행정·외교 분야에서 적극 활용했다. 서고트 왕국에서 기독교 귀족이었던 사람들을 행정 및 관료직에 기용했으며 북부 기독교 왕국과의 외교를 맡기기도 했다. 그리고 무엇보다 그는 유대인들을 우대했고 적극 활용했다. 알 안달루스의 정치적 안정을 굳히는 과정에서 유대인들의 전략적 가치가 컸기 때문이었다.

세파르딤 유대인이라 불리는 이베리아반도 유대인들은 이슬람의 이베리아반도 정복 당시 이미 아랍 정복자들과 협력했다. 알 라흐만 1세는 새롭게 정복한 지역 전체에 유대인을 이주시키는 식민정책을 펼쳤다. 말라가, 그라나다 등 인구가 희박한 지중해 해안 지역, 과달라하라, 살라망카, 사라고사와 같이 가톨릭적 전통이 우세했던 곳에 유대인을 전면적으로 재배치한 것이다.

그렇게 반도 전역에 재배치된 유대인들은 금융과 무역 분야는 물론이고 학문 분야에서도 뛰어난 성과를 이루며 알 안달루스의 경제발전과 학문 발전에 크게 기여했다. 또한 행정과 기능직 분야에서도 뛰어난 능력을 발휘해 기록관·서기·의사·궁정 관리 일을 담당했으며 유능한 이들은 고위직까지 진출할 수 있었다. 알 안달루스의 유대인들은 콘비벤시아 정책하에서 일종의 황금기를 누렸다고 볼 수도 있을 정도였다. 그런 유대인들이 이베리아반도에서 추방된 것은 스페인 가톨릭 왕국이 반도에서 이슬람 세력을 최종적으로 몰아냈을 때이다. 1492년 그라나다에서 마지막 이슬람 세력을 몰아낸 스페인 가톨릭 왕국은 곧바로 유대인 추방령을 내린다. 유대인들은 가톨릭으로 개종하거나 쫓겨날 수밖에 없었다. 추방된 유대인들은 북아프리카, 오스만제국, 네덜란드, 이탈리아 등지로 이주했으며 그들이 향후 유대교 사회에서 중요한 축을 담당하게 된다.

알 라흐만 1세가 시행한 콘비벤시아 정책은 그의 후계자들에게 그대로 이어져 알 라흐만 2세(재위 822-852) 때는 알 안달루스의 통합이 어느 정도 이루어졌다. 그리고 알 라흐만 3세(재위 912-961)는 아미르(총독) 칭호를 벗어던지고 자신을 칼리프라고 선언했다. 알 안달루스가 최대의 번영과 정치적 안정을 누리는 시대가 온 것이다. 그리고 그의 아들 알 하캄 2세(재위 961-976) 때는 수도 코르도바가 상업, 문화, 과학, 건축의 중심지로 우뚝 서게 되었다. 알 안달루스가 마치 영원히 지속될 것처럼 엄청나게 안정된 국가의 모습을 갖춘 것이다.

10세기 말 알 안달루스가 안정된 국가의 모습을 갖추었다는 것은 가톨릭 문명과 이슬람 문명이라는 두 문명권이 유럽 내에서 각기 한 부분을 차지하고 공존하게 되었음을 의미한다. 투르 푸아티에 전투가 벌어진 지 약 250년이 흘렀으며 카롤링거 프랑크 왕조와 스페인의 우마이야 왕조가 수립된 지 약 200여 년이 흐른 뒤였다.

이제 유럽은 장기적으로 대립하는 두 개의 유럽이 될 것처럼 보였다. 그중 이베리아반도에 자리 잡은 한쪽은 국방이 안정되어 있었고, 종교적으로 관용을 베풀었으며 문화와 과학이 꽃을 피우고 있었다. 그러나 다른 한쪽은 끊임없이 전쟁을 벌였으며, 배타적 종교로 무장하고 있었고 지식의 불꽃은 희미했다. 문화는 높은 곳에서 낮은 곳으로 흐르는 법, 신생 문명의 땅 유럽은 이슬람 문명을 받아들이면서 눈을 뜨고 성장했다. 유럽인이 그것을 르네상스라고 부른 것은 어찌 보면 당연하다. 이슬람 문명이 준 영향과 충격이 너무 강하고 컸기에 마치 새로 태어난 기분에 재탄생이라는 용어를 붙였을 것이다. 그런데 유럽에서 최종 승리를 거둔 것은 선진 이슬람 문명이 아니라 신생 가톨릭 유럽 문명이었으며, 이베리아반도의 이슬람 문명은 곧바로 쇠락하게 되었으니, 바로 거기에 역사의 아이러니가 존재한다고 볼 수밖에 없다.

콘비벤시아의 상징 코르도바
– 이슬람 문명 유럽 전파의 산실이 된 톨레도의 번역학교

콘비벤시아 정책에 의해 알 안달루스는 다양한 민족과 집단의 교역과 문화적 교류가 이루어지는 장소가 되었다. 알 안달루스는 기독교, 유대교, 이슬람 문명이 공존하면서 지중해와 유럽, 아프리카를 잇는 교역 중심지로 성장했으며 지식과 문화의 중심지가 되었다. 그리고 그 중심에 수도인 코르도바가 있었다. 코르도바는 아바스 왕조의 수도인 바그다드처럼 교역의 중심지임과 동시에 많은 학자가 몰려드는 학문과 지식의 중심지로 성장했다.

코르도바는 동로마제국 전성기의 콘스탄티노폴리스처럼 코스모폴리탄적인 도시였다. 이슬람교 울라마, 가톨릭 사제, 유대교 랍비가 어울려 지냈으며 변호사, 건축가, 천문학자, 의사, 관료 등 각종 다양한 전문직 종사자들이 어깨를 부딪치며 지냈다. 게다가 세계 각지에서 온 물산들이 넘쳐흐르면서 코르도바는 화려한 도시가 되었으며 온갖 지식과 지혜가 넘쳐흐르는 곳이 되었다. 당시 코르도바의 시민은 10만 명에 가까웠으니, 당시 기독교 어느 국가에도 그 정도 인구를 자랑하는 도시는 없었다.

아바스 왕조가 황금기를 구가하는데 기여한 싱크 탱크 '지혜의 집'의 중심이 바그다드에 있었다면 알 안달루스의 코르도바는 우마이야 왕조의 '지혜의 집'이었다. 비옥한 초승달 지대로부터 알 안달루스로 흘러들어온 과학과 철학은 이베리아반도 전역에서 크게 번성했으며 코르도바는 이슬람 학문의 중심지인 바그다드 못지않은 명성을 독자적인 힘으로 구축했다. 코르도바가 학문적으로 얼마나 번성했는지는 전성기인 10세기 말 코르도바에 약 70개가량의 도서관이 있었으며 도합 약 40만 권의 장서를 보유하고 있었다는 사실을 보면 알 수 있다.

바그다드 '지혜의 집'의 주된 학문 활동은 번역과 주석이었다. 기독교, 이슬람교 학자들뿐만 아니라 페르시아 및 인도에서 초빙된 학자들은 헬레니즘 문명의 유산인 그리스 철학, 과학, 의학, 천문학 등의 저서들을 아랍어로 번역했다. 그 결과 아리스토텔레스, 플라톤, 유클리드, 히포크라테스, 갈레노스, 프톨레마이오스 등의 저작들이 아랍어로 번역되었다. 그러나 그들은 단순 번역에 그친 것이 아니었다. 번역된 텍스트를 연구하여 주석을 달았으며 원 텍스트보다 주석 분량이 긴 경우도 많왔다. 번역 작업이 단순한 원 텍스트 소개 작업이 아니라 원문 내용에 대한 철학적 논쟁과 비판을 포함했기 때문이었다. 그 덕분에 번역서는 새로운 지식 창출 역할을 담당했고, 학문적 논쟁의 플랫폼 역할을 했다.

알 안달루스도 마찬가지였다. 코르도바와 톨레도를 중심으로 활발한 번역 작업이 이루어졌으며 특히 톨레도에서 이슬람 학자, 유대 학자, 기독교학자들이 협력하여 활발한 번역 활동을 했다. 다만 그들은 바그다드에서처럼 그리스 저술의 아랍어 번역 작업을 한 것이 아니라 아랍어로 된 텍스트를 라틴어로 번역했다.

톨레도에서 번역 작업이 이루어지던 곳을 '번역학교'라 부르는데 번역학교는 공식적인 기관이라기보다는 그곳에서 자발적으로 이루어진 학문 활동을 포괄적으로 지칭하는 용어라고 보는 것이 옳다. 아랍어로 번역된 그리스 철학, 의학, 과학, 수학 저술들이 그곳에서 라틴어로 번역되었으며, 11세기 말 카스티야 왕국의 알폰소 6세에 의해 톨레도가 가톨릭 세력에 정복되자 이슬람 지배하에 축적된 방대한 학문적 유산이 기독교 세계로 흘러 들어갔다. 게다가 톨레도가 문화적 중심지임을 이미 알고 있던 알폰소 6세는 기존의 학문적 자원을 파괴하지 않고 장려했기에 아랍 학자들과 유대인 학자들을 중심으로 한 학문 활동이 이어질 수 있었고, 톨레도의 번역 활동은 오히려 12세기와 13세기에 절정에 달했다.

톨레도 학자들의 활동을 통해 아리스토텔레스의 철학, 히포크라테스와 갈레노스의 의학, 프톨레마이오스의 천문학, 유클리드의 기하학 등이 중세 유럽, 특히 프랑스와 이탈리아의 주요 학문 중심지로 전달되어 핵심 교재로 사용되기에 이르렀다. 알 안달루스로 흘러들어와 번성한 이슬람 학문이 12세기에 이르러 피레네산맥 동쪽의 가톨릭 세계로 흘러 들어가 르네상스라는 대변혁의 물꼬를 트게 된 것이다.

그런 과정을 통해 유럽에 소개된 저술 중에 유럽 학계에 가장 큰 반향을 불러일으킨 것은 이븐 루시드(Ibn Rushd, 라틴어로는 아베로에스 Averroes, 1126-1198)가 번역하고 주석을 단 아리스토텔레스 번역서였다. 물론 이븐 루시드의 저술이 라틴어와 히브리어로 본격적으로 번역되어 유럽에 유입된 것은 13세기에 이르러서였고, 그의 저술을 번역한 사람들은 이탈리아와 남프랑스의 학자들이었다. 하지만, 그의 저술들이 유럽에 소개될 수 있는 토대를 마련한 것은 톨레도 번역학교였다.

이븐 루시드는 코르도바 출신의 철학자, 의사, 법학자였다. 그는 이슬람 학문 전통을 기반으로 아리스토텔레스의 철학을 연구했다. 그는 아리스토텔레스의 거의 모든 저작을 번역했지만, 그의 책은 번역서라기보다는 자신만의 독창적 해석서였다. 그는 앞서 아리스토텔레스를 번역하고 주석을 단 이븐 시나(Ibn Sina, 아비센나 Avicenna, 980-1037)의 철학뿐 아니라 아랍어로 된 아리스토텔레스의 원전 철학도 비판적으로 분석했다. 이븐 루시드의 철학은 이탈리아 르네상스 철학자들뿐 아니라, 13세기의 토마스 아퀴나스에게 큰 영향을 미쳐 스콜라 철학의 탄생에 기여했다. 그렇게 이븐 루시드를 통해 유럽에 소개된 아리스토텔레스 사상이 이후 서구 사상의 주류로 자리 잡았으니, 이븐 루시드는 서구 철학의 앞길을 연 인물이라고 말해도 과장이 아니다. 바로 이 이븐 루시드가 이븐 시나와 함께 단테의 『신곡』 림보에 등장했던 이슬람 인물들이며 단테는 이런 이유로 그들을 그리스의 위대한 철학자들과 어깨를 나란히 하는 인물로 여긴 것이다.

서로마 문명을 받아들여 새롭게 싹이 튼 신생 문명의 땅 유럽은 그렇게 아랍 문명을 받아들이면서 눈을 뜨고 성장했다. 다시 강조하지만, 그

임팩트가 하도 컸기에 그들은 마치 새롭게 탄생한 것과 같은 느낌으로 그것을 르네상스라고 불렀다.

알 안달루스의 종말

콘비벤시아는 실험적인 이상향이었을까? 그래서 잠깐 신기루처럼 그 모습을 보이고 사라진 것일까? 우마이야 칼리프 왕조는 전성기를 구가하던 바로 그 순간, 마치 신기루가 사라지듯 힘없이 스르르 주저앉은 것이다.

10세기 후반 알 라흐만 3세와 그의 아들 알 하캄 2세 치하에서 번영을 누리던 코르도바 칼리프 국은 1009년 내전이 발발하면서 급격히 쇠퇴한다. 알 하캄이 후계 문제를 해결하지 못한 채 사망했고, 아들 히샴 2세가 어린 나이에 칼리프가 되면서 권력 다툼이 벌어졌기 때문이다.

앞에서 살펴보았듯이 우마이야 왕조는 수니파의 지지로 수립된 왕조였다. 수니파에게 칼리프는 이슬람 공동체의 정치 지도자에 가까웠으며 가문이 아니라 공동체의 합의를 통해 칼리프가 선출되어야 한다는 것이 기본 원칙이었다. 말하자면 칼리프의 정치 지도자로서의 힘이 약해지면 언제고 혈통에 의한 계승권이 흔들릴 수 있는 상황이었다.

그런 상황에서 나약한 히샴 2세가 칼리프가 되자 우마이야 왕족 내부에서 칼리프 자리를 두고 경쟁자들이 나타나는 것이 당연했다. 지역의 실권자들은 반란과 음모를 꾸몄고 나라 전체가 혼란스러워졌다. 결국 알 안달루스는 각기 칼리프임을 내세운 무함마드 알 마흐디와 술레이만 알 무스타인 양자 간의 대결 구도로 압축되었으며 치열한 내전 결과 일진일퇴를 거듭하던 두 명의 자칭 칼리프는 모두 살해된다. 그리고 1031년 11월 30일, 코르도바 통치 위원회는 공식적으로 안달루스의 우마이야 칼리프 왕조를 폐지하면서 우마이야 칼리프 왕조는 공식 해체된다.

우마이야 왕조가 공식 해체되자 지방의 아랍 부족, 이슬람으로 개종한 무왈라둔, 슬라브족 출신 노예 군대 사령관, 베르베르 부족 등이 각기 자기 영토에 대한 권리를 주장하고 나섰다. 그 와중에 그라나다가 베르베르 일족인 지리드에게 넘어갔고. 톨레도 역시 베르베르 부족이 차지했으며 이베리아반도 전체가 이슬람 소왕국들로 나누어진 타이파 시대로 접어들었다. 타이파들은 톨레도, 바다호스, 세비야, 그라나다, 발렌시아, 사라고사 등 10여 지방에서 군소 왕 노릇을 했으며, 영락한 코르도바는 피를 흘리고 인재를 잃었다. 코르도바라는 선진 도시에서 마음껏 능력을 뽐냈던 세련된 시민들은 그들의 재능을 인정해 줄 활동 장소를 찾아 그곳을 떠났으며, 이븐 시나 같은 대학자도 그곳을 떠나 동방으로 향했다. 그렇게 코르도바 칼리프 국은 신기루처럼 스러졌지만, 대신 톨레도가 번성하면서 찬란한 시기를 맞이했고, 앞에서 살펴보았듯 번역을 중심으로 한 학문 활동이 계속 활발하게 이루어졌다. 또한 유대인 사무엘 이븐 나그렐라가 사령관이 되어 다스린 그라나다도 그의 탁월한 통치 덕분에 번영을 누리면서 이베리아반도 이슬람 세력의 최후 보루가 되었다.

알 안달루스가 내전으로 분열되자 이베리아반도 북동쪽을 흐르면서 지중해로 흘러 들어가는 에브로강과 지금의 스페인과 포르투갈의 국경을 가로지르면서 대서양으로 흘러 들어가는 두에로강 인근에서는 정반대 현상이 일어났다. 그 지역 백작령들이 가톨릭 국가로 통합을 이루기 시작한 것이다. 바로 산초 대왕(재위 1004-1035)이라는 별명을 가진 산초 가르세스 3세에 의해서였다. 산초 대왕은 대서양에 맞닿은 북서쪽 끝에 위치한 갈리시아와 지중해에 접하며 프랑스와 국경 지대인 카탈루냐 두 지역만 제외하고는 두에로강과 에브로강 유역의 중요한 백작령들을 나바라 왕국으로 통일했다. 이베리아반도의 가톨릭 왕국들을 통치하는 대왕으로 군림하게 된 것이다.

산초 대왕이 세상을 떠나자 나바라 왕국은 분열을 겪지만, 형제들의 권력 다툼에서 승리한 알폰소 6세가 레온-카스티야의 왕으로 즉위하고 남방을 공략, 1085년 톨레도를 함락한다. 오랫동안 유럽 땅에 머물렀던 이슬람 세계의 쇠퇴와 종말이 가까웠음을 알리는 서곡이었다. 톨레도는 옛 서고트 왕국의 수도였으니, 톨레도 함락의 상징적 의미는 그만큼 컸다. 엘시드 캄페아도르라는 이름으로 유명한 로드리게스 디아스는 바로 이때 등장한 인물이니, 알폰소 6세가 세비야, 북아프리카 이슬람 연합군과의 싸움에서 열세에 처했으면서도 톨레도를 빼앗기지 않은 것은 엘시드의 활약 덕분이었다.

기독교도가 이베리아반도에서 이슬람 세력을 축출하는 과정을 일반적으로 레콩키스타Reconquista라고 부른다. 스페인어로 '재정복再征服'을 의미하는 단어이다. 기본적으로는 이슬람 지배를 받던 이베리아반도를 기독교도가 되찾는다는 의미를 담고 있으며 오늘날에는 이슬람이 이베리아반도를 점령한 후 700년 이상 벌어진 양자 간의 충돌을 통칭하는 포괄적인 뜻으로 쓰인다. 이슬람의 반도 점령 후 700년간을 아예 기독교도들의 실지失地 회복 과정으로 간주한 것이다.

하지만 그 단어는 당시 기독교도들이 사용하던 단어가 아니라 19세기 스페인의 민족주의적 발상에서 나온 단어임을 주목할 필요가 있다. 말하자면 당시 기독교도들 머리에는 그런 개념이 들어있지 않았다는 뜻이다. 11세기에 톨레도를 점령한 알폰소 6세도 왕국의 영토를 넓힌다는 현실적 목표에 사로잡혀 있었을 뿐 그에게 종교적 감정은 강력하게 작동하지 않고 있었으며 그런 종교적 감정은 얼마 뒤에 십자군 전쟁을 일으킨 가톨릭 교황에 의해 고취되었을 뿐이다.

이슬람 세력은 이베리아반도를 점령하고 그곳에서 700년 이상 머물렀다. 그들은 그곳에서 독창적인 문화를 일궈냈으며 그 문화로 가톨릭 세력에 충격을 가하고 선도적 계몽 역할도 했다. 그런 역사적 사실을 두고 이슬람을 이베리아반도의 일시적 점유자로 간주하는 것은 무리일 수밖에 없다. 그들이 그곳에 머문 그 기나긴 기간을 가톨릭 세력이 이베리아반도에서 이슬람 세력을 몰아낸 역사로 단순화하는 것 역시 무리일 수밖에 없다. 이베리아반도 700여 년의 역사는 단순히 레콩키스타의 역사가 아니라 두 문명이 정치적, 사회적, 종교적으로 복합적으로 어울려 지내던 역사이며, 무엇보다 콘비벤시아가 시행되었던 역사이기도 하다.

1085년 톨레도 함락으로부터 이슬람의 마지막 보루인 그라나다가 1492년 함락되기까지는 400년 이상이 걸렸다. 그라나다 홀로 250년 이상 완강하게 버텼기 때문이다. 하지만 가톨릭과 이슬람 양자 간의 대결은 1212년 라스나바스 데 톨로사 전투에서 이미 판가름이 난 셈이었다. 1118년 아라곤 왕국의 알폰소 1세가 사라고사를 점령하면서 이슬람 세력의 북부 방어선이 무너졌다. 이후 일진일퇴를 거듭하던 기독교 세력과 이슬람 세력은 1212년 라스나바스 데 톨로사 전투에서 건곤일척의 승부를 겨룬다. 당시 이미 십자군 전쟁이 한창이었고 교황 인노켄티

우스 3세는 이베리아반도 내 기독교 세력을 적극 지원한다. 카스티야의 알폰소 8세, 나바라의 산초 7세, 아라곤이 페드로 2세가 이슬람을 향하여 군대를 일으켰을 때, 템플 기사단, 칼라트라바 기사단, 산티아고 기사단은 톨레도의 로드리고 대주교의 축복을 받으며 함께 전투에 나섰다.

이윽고 양군은 시에라모레나산맥이 보이는 라스나바스 데 톨로사에서 맞붙었다. 10만 명의 이슬람 군대는 튀니지인, 알제리인, 모로코인, 모르타니아인, 세네갈인 등으로 구성되어 있었다. 라스나바스 데 톨로사 전투는 가톨릭 군대와 이슬람 군대가 기독교 신자 대 이슬람 신자로서 정식으로 맞붙은 최초의 문명 간 충돌이었다. 그리고 그 전투에서 기독교 군대가 승리한다.

이 전투로 스페인의 역사가 바뀌었다. 이 패배로 서부 아프리카와 안달루시아에서 이슬람이 몰락하기 시작한 것이다. 마침내 1236년 카스티야의 페르난도 3세가 당당하게 코르도바에 입성한다. 알 안달루스는 남동쪽의 그라나다 왕국을 제외한 대부분 영토를 잃게 된 것이다. 그라나다 왕국은 카스티야 왕국에 공물을 바치는 등, 겨우 생존을 유지해 갔으나 카스티야와 아라곤 왕국의 결합으로 통일을 이룩한 스페인 군에 의해 1492년 종말을 고한다.

06

십자군 전쟁

이베리아반도를 거점으로 유럽 대륙 진출을 시도하던 이슬람 문명과 갓 기지개를 켜고 있던 가톨릭 유럽 문명이 732년 아키텐 지방의 투르와 푸아티에 사이에서 처음으로 만나 충돌한 이래 이슬람은 코르도바에 대모스크를 건설하고 유럽에서 700년간 성쇠를 거듭했다. 가톨릭 세력과 이슬람 세력이 오랫동안 이베리아반도에서 충돌과 공존의 세월을 보낸 것이다. 이슬람 문명 탄생 전, 로마제국과 페르시아 제국이 주도권을 잡기 위해 오리엔트에서 맞섰던 기간과 맞먹는 세월이었으니, 결코 짧은 세월이 아니었다. 그리고 결국 가톨릭 유럽의 힘에 밀려 이슬람 세력은 물러난다. 문화적 저울 축에서는 이슬람이 우위를 점하고 있었는지 몰라도, 힘의 저울 축에서는 가톨릭 유럽이 우세했기 때문이었다. 게다가 절대 악으로 '상상된' 이슬람교도들을 향한 가톨릭 전사들의 거의 맹목적(?)인 증오가 큰 힘을 발휘했기 때문이었다.

이베리아반도에서의 이슬람과 가톨릭 유럽의 만남이 그 의미가 크다 하더라도 좀 더 큰 시야로 본다면 그 만남은 제한적인 만남이었다. 그런데 11세기 말부터 두 문명은 훨씬 넓은 무대에서 만난다. 그 두 세력이 최초로 오리엔트라는 본격 무대에서 만나 수차례에 걸쳐 싸움을 벌이게 된 것이다. 바로 9차까지 이어진 십자군 전쟁에 의해서이다.

십자군 전쟁 발발의 빌미를 이슬람 제국이 제공했는지는 몰라도 그 전쟁은 전적으로 가톨릭 유럽 세력이 먼저 일으킨 전쟁이며, 그 전쟁이 일어난 근본 원인은 유럽 대륙의 내부 사정에 있다. 그렇지만 십자군 전쟁은 지구촌 서반구의 중심인 오리엔트 지역에서 벌어진 전쟁인 만큼 그 파장이 커서 유럽은 물론이고 지구촌 서반구 전체에 커다란 지각 변동을 초래했다. 십자군 전쟁 이야기를 시작하면서 당시 오리엔트의 정세를 먼저 일별하는 것은 그 전쟁의 전말을 보다 넓은 시야에서 조망하기 위해서이다.

십자군 전쟁 발발 시의 오리엔트

십자군 전쟁 발발 당시 이슬람 제국은 셋으로 분열되어, 각기 정통성을 주장하는 세 왕조와 세 명의 칼리프가 존재했다. 그 중심은 물론 750년 우마이야 왕조를 몰아내고 정권을 장악한 바그다드의 아바스 왕조였다. 또, 앞서 살펴본 이베리아반도의 후기 우마이야 왕조(알 안달루스)가 있었으며 이집트 카이로에 중심을 둔 파티마 왕조가 있었다.

파티마 왕조는 시아파의 한 갈래인 이스마일파가 북아프리카에서 수립한 정권이다. 북아프리카 지역은 알 안달루스와 마찬가지로 아바스 왕조의 중앙 통제력이 약했던 곳으로 독립성이 강했으며 특히 근본주의적 성향이 짙은 베르베르 부족들 사이에서는 수니파 아바스 왕조에 대한 반감이 상존하고 있었다. 이런 상황을 이용해 이스마일파 지도자의 한 명인 알 마흐디는 자신이 무함마드의 딸 파티마의 후손이라고 주장하며 909년 튀니지를 근거지로 파티마 칼리프국을 창건했다. 세력을 키운 파티마 왕조는 969년 이집트를 정복하고 카이로를 건설, 수도로 삼았다. 파티마 왕조는 시리아와 팔레스타인 일부 지역으로 세력을 확장했으며 1171년 살라딘의 아이유브 왕조에 의해 멸망할 때까지 250년 이상 존속한다.

십자군 전쟁 초기 십자군이 일정한 성공을 거둘 수 있었던 것은 이슬람 세계가 분열되어 있었기 때문이다. 게다가 십자군 전쟁 발발 당시 아바스 왕조는 이미 휘청거리고 있었다. 실질적으로는 셀주크튀르크 왕조가 바그다드를 포함한 이라크와 이란 지역을 통치하고 있었고, 칼리프는 종교적 지도자로서의 상징적 권위만 누리고 있었으니, 그 사정을 조금 살펴보자.

10세기에 이르자 아바스 왕조의 오리엔트 이슬람 사회에서는 아랍인, 페르시아인, 튀르크인들 사이에 균열이 생긴다. 아바스 왕조 때부터 아랍인 중심이었던 이슬람 제국이 이슬람교라는 종교 중심으로 바뀌면서 벌어진 현상이라고 보아도 된다. 핏줄 중심 '아랍 사회'로부터 종교 중심 '이슬람 사회'로의 탈바꿈을 이룩한 것이 아바스 왕조였으니, 누구나 핏줄이 아니라 '알라에게 복종하라'는 이슬람의 원칙을 내세우며 제국의 주인으로 나설 수 있었다. 그리고 그런 아바스 왕조 이슬람 세계의 성격은 각 민족 간의 권력 쟁탈전이라는 현상으로 나타날 소지가 충분했다.

그중에서 아바스 왕조의 통치력을 먼저 무너뜨린 것은 페르시아인의 부예 왕조였다. 651년 사산조 페르시아 멸망 이후, 페르시아는 이슬람 제국의 일부가 된다. 그러나 이후에도 페르시아 민족은 사산조의 유산을 계승하고 그 전통을 부활하려는 운동을 계속한다. 그 운동은 두 방향으로 전개되었는데, 하나는 이슬람 정권 내에서 이란인들이 정권을 탈취하는 방법이었으며 다른 하나는 이슬람 제국 내에 이란인들의 독립된 왕조를 세우는 방법이었다.

821년에 세워진 타히르 왕조(821-873)는 아바스 칼리프의 용인 아래 이란 동부 지역인 호라산을 중심으로 반*독립적인 통치력을 행사했으며, 사만 왕조(819-999)는 이란 동북부와 중앙아시아를 독립적으로 다스리며 페르시아 전통을 되살렸다. 사만 왕조는 페르시아어를 공식 언어로 사용했고 페르시아 문학과 예술 부흥에 힘썼다. 그러나 페르시아계 이슬람 왕조 중에서 가장 강력했던 왕조는 10세기 중반 이란 남서부에서 등장한 부예 왕조(934-1062)였다. 시아파 이슬람을 지지한 부예 왕조는 아바스 칼리프의 통치력이 약해진 틈을 타서 934년 바그다드를 점령했으며, 아바스 칼리프는 부예 왕조의 실질적 통제하에 놓인다. 그러나 부예 왕조는 100년 정도 뒤(1055년)에 바그다드에 입성한 셀주크 튀르크 왕조(1037-1194)에게 밀려난다.

셀주크 왕조는 중국 위진 남북조 시대 말기에 중앙아시아 초원지대에서 강력한 세력을 자랑했던 돌궐족(튀르크족)이 세운 나라이다. 돌궐족은 6세기에 중앙아시아 초원지대에서 강력한 제국을 세웠으며 중국, 페르시아, 동로마제국과의 중계 무역 및 다양한 외교활동을 통해 강력한 세력을 유지했다. 그러나 7세기에 이르러 돌궐제국은 내부 권력 다툼과 당나라의 개입으로 몽골고원 중심의 동돌궐과 중앙아시아 중심의 서돌궐로 분열된다. 당나라 영향권에 들어간 동돌궐은 8세기 초 당나라에 의해 사실상 멸망한다.

한편 중앙아시아 서쪽으로 이동한 서돌궐 일파가 그곳을 점령, 지배하게 되면서 그 지역의 튀르크화가 진행된다. 그 과정에서 원래 황인종이었던 튀르크어족과 주로 백인종이었던 인도-유럽어족의 혼혈이 이루어졌고, 그 지역은 이전 몽골고원의 돌궐족과는 다른 새로운 튀르크인의 세계가 된다. 그리고 그들은 서서히 이슬람교를 능동적으로 받아들였으니, 돌궐족이 지배한 지역의 튀르크화와 튀르크족의 이슬람화가 동시에 진행된 것이다.

10세기 전반기에 성립되어 12세기까지 지속되었던 카라한 왕조는 튀르크계 최초 이슬람 왕조였다. 카라한 왕조는 999년 가즈나 왕조와 협력하여 이란계 사만 왕조를 점령하고 소그디아나까지 영토를 확장하며 11세기 타림분지의 타클라마칸 사막 남쪽 지역의 실크로드 분기점에서 천년 이상 존속해 왔던 호탄 왕국도 정복한다. 하지만 카라한 왕조는 11세기 말 셀주크튀르크 왕조에 병합되어 역사 속에서 사라진다. 셀주크튀르크 왕조는 9세기에 카스피해 인근으로 이동해서 강력한 유목 연맹을 형성했던 돌궐족 일파 오구즈 족이 11세기에 창건한 왕조이다.

1048년 그루지아(조지아) 지역에서 동로마제국의 5만 군대를 상대로 대승을 거둔 셀주크 왕조 군대는 1055년에는 바그다드에 입성한다. 그들은 부예 왕조를 몰아내고 아바스 왕조 칼리프로부터 술탄 칭호를 받았다. 아바스 왕조의 실권이 페르시아계로부터 튀르크계로 넘어간 것이다. 아랍어로 '통치자' 혹은 '권위'를 뜻하는 술탄이라는 칭호는 칼리프가 세속 군주에게 하사하던 것으로서, 총독이란 뜻의 '아미르'보다 강력한 권력을 지닌 군주를 뜻했고, 사실상 이슬람 세계의 지배자를 지칭했다.

바그다드에 입성함으로써 이슬람 아바스 왕조를 장악한 셀주크 왕조는 곧바로 아나톨리아반도의 동로마제국으로 진격한다. 1071년 양국 군대가 만지케르트에서 맞붙은 결과 셀주크가 승리했고, 술탄 아르슬란은 동로마 황제 로마노스 4세를 포로로 잡는다.

만지케르트 전투에서의 패배로 아나톨리아반도의 상당 부분이 동로마제국으로부터 셀주크 튀르크에게 넘어갔고 그렇지 않아도 제국의 면모를 이미 상실하고 있던 동로마제국은 큰 타격을 입는다. 어떤 역사가는 이 만지케르트 전투를 '동로마제국이 존속했던 기간 중 가장 심각한 재난'이라고 간주하였다. 만지케르트 전투 이후 계속 튀르크 세력의 위협에 시달리던 동로마제국의 알렉시오스 1세는 제국의 심장부인 콘스탄티노폴리스마저 지키기 어렵게 되자 1095년 교황 우르바누스 2세에게 도움을 요청한다. 알렉시오스 1세의 도움 요청 서신을 받은 우르바누스 2세는 바로 그해에 클레르몽 공의회에서 십자군 동원령을 내린다. 교황은 이슬람 세력으로부터 기독교 성지인 예루살렘을 되찾는 것이 기독교인의 의무라는 명분을 내세운다. 명분이야 어쨌건 알렉시오스 1세의 구원 요청은 우르바누스 2세에게는 단비와 같은 것이었다. 신성로마제국 황제 하인리히 4세의 핍박에 시달리던 교황에게 그 구원 요청은 하나의 전환점이자 돌파구였다. 그 사정은 잠시 후에 살펴보기로 하자.

셀주크튀르크 왕조는 아나톨리아반도에서 동로마제국을 위협하면서 이슬람 세계의 중심 세력으로 부상했지만, 이슬람 세계를 통합하는 데는 성공하지 못했다. 특히 이집트를 중심으로 한 시아파 파티마 왕조가 팔레스타인 지역까지 통제하고 있었기에 이 지역 지배권을 놓고 수니파 셀주크 왕조와 파티마 왕조는 충돌할 수밖에 없었다. 그뿐이 아니었다. 이슬람 세계 자체가 수십 개의 군주국으로 분열된 것과 마찬가지여서, 각 지역에서 저마다 술탄을 자처하는 군주들이 난립했으며 이들 사이에 군사적 충돌이 수시로 벌어졌다. 십자군 전쟁 초기 가톨릭 십자군이 별다른 저항 없이 오리엔트 지역으로 진군할 수 있었던 것은 이슬람 세계가 이렇듯 분열되어 있었기 때문이다.

당시 이슬람 세계가 분열되어 무력이 횡행하는 세상이었음을 보여주는 단적인 예가 있다. 바로 밀교 조직 아사신Assassin이다. 아사신이 오늘날 암살자라는 뜻을 지니게 된 것은 그 밀교 조직의 활동이 주로 암살로 이루어졌기 때문이다. 시아파에서 갈라져 나온 이 교파는 1090년 페르시아 동부의 한 성채를 점거하고 비밀조직을 이용한 첩보전, 요인 암살을 통한 심리전을 펼치면서 세력을 키워나간다. 이들은 1275년 몽골군이 이 성채를 파괴할 때까지 200년 가까이 존속하면서 세 명의 칼리프를 비롯해 수많은 정치·종교 지도자들을 암살하며 위세를 떨쳤다.

십자군 전쟁 발발 시의 유럽

가톨릭 유럽 사회는 기본적으로는 왕과 교황이 세속적 지도자와 종교적·정신적 지도자의 역할을 각기 나누어 맡는 사회였다. 단순하게 말한다면 왕은 정치·군사 조직의 수장이었고 교황은 교회 조직의 수장이었다. 두 조직의 기능이 명확히 구분된 채 사회를 움직이는 양 날개로 작동하기만 한다면 문제될 것이 없으며 이상적이기도 했다. 그러나 중세 유럽 가톨릭 사회에서 세속적 권력과 정신적·종교적 권위의 경계는 늘 모호했다. 종교적 권위가 세속적 권력과 아주 밀접해 있었으며, 더 정확히는 그 둘이 중첩된 부분이 많았기 때문이었다.

당시 로마 교회 주교들은 단순한 성직자가 아니었다. 그들은 당대 최고의 지식인이었다. 그들은 가톨릭의 권위를 상징하는 라틴어에 능통했고 신학과 법학에 밝았다. 게다가 주교들은 성직 업무만 수행한 것이 아니라 지방행정관 역할을 담당했으며 외교관 역할도 수행했다. 주교가 종교적 권위만 지닌 것이 아니라 정치적, 경제적 권력도 누리고 있었던 것이다. 그런데 이 중세 사회 핵심 인력의 인사권을 교황이 지니고 있었다. 교황의 주교 서임권은 교황의 종교적 권위를 상징하는 데서 그치지 않고 그 자체 막강한 현실적 권력을 의미했다.

군주로서는 교황이 지닌 그 인사권과 주교에 대한 통제력이 탐날 수밖에 없었고 그렇기에 군주와 교황 사이에 이른바 '서임권 분쟁'이 일어나는 것은 당연했다. 왕과 제후들은 자신의 영토 내 성직자들을 자신이 임명하려 했고 교황은 이 권한이 교회의 고유 권리라고 주장했다. 그 다툼을 대표적으로 보여주는 것이 바로 '카노사의 굴욕'이라고 알려진 사건이다.

1075년 교황 그레고리우스 7세는 서임권 분쟁에 못을 박기 위해 '주교 서임권을 세속 권력인 왕권과 엄격하게 분리한다'라는 칙서를 발표한다. 그러자 신성로마제국 황제 하인리히 4세는 독일 내 주교 임명 권리는 자신에게 있다고 주장하며 그레고리우스 7세를 교황직에서 축출하려는 시도를 꾀한다. 그러자 교황은 그를 파문했고, 당시 독일 귀족들이 교황의 편을 들었다. 상황이 불리함을 알게 된 하인리히 4세는 교황이 머물고 있던 카노사 성을 찾아가 세속 권력의 상징인 왕관과 망토를 벗고 맨발로 선 채 약 3일간 용서를 구한다. 그레고리우스 7세는 하인리히의 사죄를 받아들이고 파문을 해제한다.

이상이 카노사의 굴욕으로 알려진 사건이지만, 그 사건으로 문제가 일단락된 것이 아니었다. 그 사건 이후에도 하인리히 4세는 다시 교황과 대립하면서 둘 사이의 물리적 충돌로까지 이어졌다. 당시 교황에게는 군사력이 없었고 이탈리아 남부에 진출해 있던 노르만족이 교황을 도와주었다. 결국 하인리히 4세는 1084년 군대를 이끌고 로마를 점령, 대립 교황(클레멘스 7세)을 내세운다. 1088년 그레고리우스 7세에 이어 이탈리아 남부 망명지에서 교황 위에 오른 우르바누스 2세는 고향인 프랑스(서프랑크) 등 서유럽에서 활동하며 지지 기반을 다진다.

1095년 셀주크튀르크의 위협에 시달리던 동로마제국의 알렉시오스 1세가 교황 우르바누스 2세에게 도움을 요청했을 때, 우르바누스 2세는 프랑스에 머물고 있었으며 로마 교황청은 대립 교황 클레멘스 3세의 통제하에 있었다. 우르바누스 2세는 주로 프랑스 남부와 중부지역을 중심으로 활동하며 지방 봉건 귀족들과 교회 지도자들의 지지를 확보하는 중이었다. 그런 상황에서 동로마제국 알렉시오스 1세의 도움 요청은 그에게 천재일우千載一遇의 기회였다. 그는 곧바로 프랑스 땅 클레르몽에서 공의회를 소집하고 십자군 전쟁을 선포한다. 교황의 자리를 되찾아 로마로 돌아갈 수 있는 절호의 기회가 찾아왔음을 직감하고 십자군 전쟁을 선포한 것이다.

하인리히 4세의 핍박에 밀려 프랑스로 피신 중이던 우르바누스 2세에게는 봉건 영주들의 강력한 지지가 필요했으며 신성로마제국 황제와의 싸움에서 이길 수 있는 자금력과 군사력이 필요했다. 그런데 십자군 전쟁 선포가 그 모두를 한꺼번에 해결해 주었다.

우르바누스 2세가 십자군 전쟁을 선포하자 서유럽 영주들이 열렬히 지지를 선언하고 적극적으로 동참한다. 기독교 성지인 예루살렘을 이슬람 세력으로부터 탈환한다는 종교적 명분이 그들을 거리낌 없이 성전에 나설 수 있게 했음은 물론이다. 게다가 우르바누스 2세는 그 명분에 멋진 선물을 덧붙인다. 십자군 원정에 참여하는 자들에게 일종의 면죄부를 발부한 것이다. 그는 성지 해방을 위해 고난을 견딘 자들은 속죄를 받을 것이라고 선언했다. 십자군 참여라는 신앙적 의무를 이행함으로써 죄로 인한 형벌, 즉 지옥이나 연옥에서 받게 될 고통을 면제받으리라는 약속을 한 것이다. 그런 점에서 그는 훗날 종교개혁의 빌미가 된 면죄부를 최초로 발부한 교황이기도 하다.

물론 우르바누스 2세가 발부한 면죄부는 훗날 종교개혁의 빌미가 된 면죄부와는 그 성격이 다르다. 우르바누스가 2세가 약속한 면죄부가 십자군 전쟁을 통한 고난과 속죄에 대한 대가로 발부된 면죄부라면 14세기 이후 교회가 발부한 면죄부는 금전을 대가로 발부된 것이다. 종교적 헌신을 대가로 요구한 우르바누스 2세의 면죄부는 공적公的인 성격이 강했고 신앙을 담보로 한 것이었다. 하지만 중세 말기의 면죄부는 개인적이었으며 더욱이 금전적 거래로 발부된 것이었다.

그런 차이에도 불구하고 우르바누스 2세의 면죄부는 기본적으로 중세 후기의 면죄부와 아주 중요한 점을 공유하고 있으며, 어떤 의미에서는 중세 후기 타락한 면죄부 발부의 출발이 되었다고 볼 수도 있다. 명분과 실상은 달랐어도 둘 다 교회의 세속화를 상징한다는 것, 그것이 바로 둘의 공통점이다.

기독교 신학에서 죄를 사하는 권능은 기본적으로 하느님에게 속한다. 그리고 예수 그리스도의 희생을 통해 그 속죄가 가능했다는 것, 그것이 기독교 교리의 핵심이다. 우르바누스 2세가 면죄부를 발부한 행위는 근본적으로 신에게 속하는 권능을 교회라는 세속적 제도가 발휘한 것, 더 심하게 말하면 찬탈한 것을 의미한다. 하느님이 아니라 교회가 죄를 사해준다는 것, 그것이 교황이 발부한 면죄부의 기본 성격이다. 교회와 교황이 신자들을 하느님의 나라로 인도하는 매개자의 자리에서, 하느님의 권능을 위임받아 지상에서 그 권능을 행하는 대리자가 된 것이니, 그것은 종교적 기능의 타락과 세속화를 의미한다고 볼 수밖에 없다. 교회 자체는 세속적인 사회제도의 하나이기 때문이다.

죄를 사하는 권능이 기본적으로 하느님에게 속해 있다면 무엇보다 중요한 것은 개인적 신앙의 순수성이다. 그런데 교회가 면죄부를 발부하게 되면 신앙의 순수성보다는 면죄 여부를 판단하는 교회의 권위가 우선이 되며 그것이 바로 교권주의clericalism이다. 개인의 신앙이 아니라 교회의 권능이 속죄와 구원을 가능하게 해줄 수 있다는 것, 그것이 바로 교권주의의 속성이다. 교권주의의 강화는 교회의 본령이랄 수 있는 종교적 기능이 세속화된다는 뜻이며, 면죄부는 바로 그런 세속화의 상징이다. 그리고 우르바누스 2세가 발부한 면죄부도 예외가 아니다.

우르바누스 2세가 발부한 면죄부는 성지 탈환이라는 종교적 명분을 내세우며 발부한 면죄부이다. 그러나 당연한 일이지만 많은 영주, 기사들은 순수한 종교적 사명감만으로 십자군 전쟁에 참여한 것이 아니다. 그들에게는 분명한 현실적인 동기가 있었다.

당시 유럽에서는 봉건 영주들 간의 끊임없는 갈등과 전쟁이 끊이지 않는 상황이었다. 영주들은 십자군 참여를 자신의 영토와 세력을 확장하거나 종교적 권위를 강화할 기회로 여겼다. 그리고 무엇보다 그들을 유혹한 것은 레반트 지역이라는 새로운 땅이었고 그 땅이 누리고 있는 풍요였다. 아직 유럽은 변방이었으며 동로마제국과 이슬람 제국은 상업적 번영을 누리고 있는 지구촌 서반부의 중심이었다. 십자군 원정을 통해 얻게 될 전리품과 자원은 그들에게 너무 매력적이었으며, '동방의 부를 마음껏 누릴 수 있다!'라는 속삭임은 너무 큰 유혹이었다. 게다가 제아무리 약탈과 살육을 저지르더라도, 그들에게는 이미 교황이 약속한 면죄부가 발부되어 있었다. 십자군 병사들은 그리스도의 대리자에 의해 죄를 미리 사면받았고, 게다가 구원까지 약속받았으므로 아무런 양심의 가책 없이 무슨 짓이든 저지를 수 있었다. 하느님의 이름으로 '차마 못 할 짓'의 금기가 주어진 것이 아니라 하느님의 이름으로 모든 행위가 허용된 것이다. 명분 및 사명감과 현실적 필요성을 공유한 그들, 욕망과 구원의 약속을 공유한 그들은 자연스럽게 교황 우르바누스 2세를 중심으로 결집했다.

우르바누스 2세는 갈등 관계에 있는 서유럽의 영주와 기사들에게 기독교 공동체의 이름으로 협력하라고 설득했다. 그리고 그의 설득은 놀랄 정도로 큰 효력을 발휘했다. 영주들은 교황과의 관계 강화를 통해 종교적·정치적 정당성을 얻기 위해 교황을 지지했으며 클레르몽 공의회가 열린 이듬해인 1096년, 1차 십자군이 결성되어 원정길에 오른다. 그리고 1099년 애당초 목표했던 대로 예루살렘을 탈환했을 뿐 아니라 오리엔트 곳곳에 십자군 국가를 세운다.

십자군 원정 개시로 그 누구보다 커다란 이득을 본 쪽은 바로 우르바누스 2세였다. 우르바누스 2세는 십자군 1차 원정으로 당장에 커다란 결실을 맛본다. 1097년 프랑스군의 힘을 빌려 대립 교황 클레멘스 3세를 로마에서 몰아내고 교황청으로 복귀한 것이다. 그러나 교황의 소득은 거기에서 그치지 않았다. 1차 십자군 원정 결과 교황은 독자적 군사력을 갖출 수 있게 되었으며, 풍부한 자금력을 갖출 수 있게 된다. 군주와 맞설 수 있는 현실적 힘을 지니게 된 것이다.

십자군 원정 이전에 교황은 독자적인 군사력을 보유하고 있지 않았다. 서로마제국 멸망 후 교황청은 강력한 세속 권력과 동맹을 맺고 보호를 받았다. 서임권 분쟁이 본격화되었을 때도 교황은 여전히 군사력을 보유하지 않았고 봉건 영주, 기사, 성직자들의 지원에 의존했다.

그런데 1차 십자군 원정 결과 구호 기사단(Knights Hospitaller, 1110년경)과 성전 기사단(Knights Templar, 1119년)이 탄생했다. 구호 기사단은 병사와 부상자를 치료하고 순례자들에게 숙소를 제공하는 것을 목적으로 탄생했지만, 점차 군사 조직의 성격을 띠게 된다. 한편 성전 기사단, 일명 템플 기사단은 1차 십자군 이후 예루살렘 순례자들을 보호하기 위해 결성되어 전문적인 군사 조직으로 발전했다. 이 두 조직은 교황이 직접 보유한 군사 조직은 아니었지만, 세속 군주가 아니라 교황에게 충성했다. 십자군 병사와 순례자의 보호, 이교도와의 전쟁을 그 임무로 삼고 있었기 때문이었다. 특히 성전 기사단은 레반트 지역뿐 아니라 프랑스, 영국, 독일 등 각지에 지부를 두고 방대한 금융 네트워크를 형성하면서 교황의 든든한 우군이 되었다. 교황청과 성전 기사단을 둘러싸고 온갖 음모론이 그치지 않는 것은 그 결속이 워낙 단단했고 비밀스럽게 유지되었기 때문이다. 또한, 교황청과 기사단이 그 규모를 가늠하기 힘들 정도로 막대한 부를 비밀리에 쌓았기 때문이다.

십자군 운동의 산물인 이 두 기사단으로 인해 교황은 독립적인 군사력을 보유하게 되었으며 교황권을 지탱하는 중요한 군사적 기반을 지니게 되었다. 중세 유럽의 교권주의가 강화되고 교황이 세속적 영향력을 확대하는 데 중요한 역할을 한 것이 바로 이 두 기사단이다. 그리고 그 기사단의 이상적 기사의 전형이 바로 우리가 앞서 살펴본 『롤랑의 노래』의 롤랑이었다.

　십자군 전쟁은 교황에게 군사력만 선물한 것이 아니었다. 이전까지 로마교황의 수입은 이탈리아 중부 교황령에서 나오는 토지 수입이 전부였다. 그런데 십자군 원정을 계기로 자발적인 헌금 운동이 활발하게 벌어졌으며 여기서 한 걸음 더 나가 교황은 12세기 말부터 십자군 세금 제도를 도입했다. 십자군 운동 초기에 순례자, 기사, 평민들까지 성지 탈환이라는 대의에 동의해서 자발적으로 재산 일부를 교황청에 기부했으며 그 액수는 토지 수입을 상회했다. 이 헌금 운동은 단발로 그치지 않고 교황청의 지속적인 수입원으로 발전했으며 교황청은 차츰 헌금과 세금을 중앙집권적으로 관리하기 시작했고, 중세 후기에 이르면 교황은 세속적 왕권에 맞먹을 만큼의 재정력을 갖추게 된다. 그 헌금과 세금이 교황권의 세속적 권력 확대와 재정력 강화에 크게 기여했고, 중세 교회의 세속화를 촉진한 중요한 계기가 되었음은 물론이다.

늑대 피하려다 호랑이 만난 동로마제국

　가톨릭 십자군 수만 명이 몰려오자 정작 당황한 것은 구원을 요청한 동로마제국의 알렉시오스 황제였다. 그가 기대한 것은 자신이 통제할 수 있는 소규모의 구원군이나 용병 정도였다. 그런데 동로마제국 군사력에 필적할 만한 대군이 밀려오니 당황할 수밖에 없었다. 설상가상으로 밀려온 대군은 구원군이라기보다는 침략군에 가까웠다.
　동로마제국과 가톨릭 유럽은 기독교 사회라는 동질성을 지니고 있었다. 그러나 그것은 표면적인 동질성일 뿐이었다. 동로마제국은 로마적인 전통과 헬레니즘적인 요소, 전통적인 오리엔트 문명이 결합하여 독특한 문명을 이룩한 곳이었다. 동로마제국의 기독교는 오리엔트 전통적 신앙과 결합한 기독교라고 할 수 있는 오리엔트 정교였다. 반면 유럽은 게르만 사회의 봉건적 특성과 로만 가톨릭이 결합하여 탄생한 새로운 문명이었고, 유럽의 가톨릭은 동로마제국의 정교와 기독교라는 이름을 공유하고 있었지만, 실제로는 이질적인 면이 더 많았다. 실제로 동로마제국의 정교회와 로만 가톨릭은 1054년 완전 분리되기 전부터 이미 서로를 적대시하는 관계였다. 그러니 콘스탄티노폴리스 인근에 등장한 십자군의 의미가 양자에게 완전히 다를 수밖에 없었다.

알렉시오스 황제의 의도는 서유럽 십자군을 자신이 통제할 수 있는 보조 병력으로 활용하여 잃은 영토를 수복하자는 것이었다. 그러나 십자군은 성지 탈환이라는 대의명분을 내세웠다. 십자군에게 동로마제국은 구원 대상이 아니라 예루살렘으로 가는 길목일 뿐이었다. 그들에게 동로마제국은 우방이 아니라 약탈의 대상이었으며, 만일 동로마제국이 성지 탈환이라는 대의명분에 걸림돌이 된다면 제거해도 좋은 대상이었다.

게다가 '기독교 세계의 성지 탈환'이라는 십자군의 대의명분 뒤에는 현실적인 속셈이 숨어 있었다. 오리엔트 문명의 경제적, 문화적 자원 확보가 십자군의 숨어 있는 실질적 목적이었으니 십자군은 동로마제국이 기대했던 구원군도 아니었고 우군도 아니었다.

십자군 전쟁은 기독교 세계와 이슬람 세계의 충돌로 인식하는 것이 일반적이다. 표면상으로는 맞다. 그러나 십자군 전쟁을 단순히 그런 관점으로 본다면 동로마제국과 십자군은 동맹군이어야 한다. 하지만 현실은 그렇지 않았다. 동로마제국 역시 십자군의 약탈과 정복의 대상이었으니 4차 십자군 원정(1202-1204) 때는 그런 십자군의 민낯이 그대로

드러난다.

 4차 십자군 원정은 성지 탈환이라는 애당초 목표에서 완전히 벗어난 것이었다. 원정 초기 십자군은 동지중해 무역에서 주도적 위치를 차지하려는 베네치아 공화국의 상업적 이해관계에 의해 움직였다. 이어서 십자군은 예루살렘으로 향하는 대신 황제권을 놓고 내분에 빠져 있던 콘스탄티노폴리스를 약탈, 점령하고 라틴 제국(1204-1261)을 세운다. 그 결과 동로마제국이 분열되어 니케아 제국을 비롯한 여러 후계 국가가 세워진다. 1261년 동로마제국이 콘스탄티노폴리스를 재탈환하지만, 국력이 약해질 대로 약해진 동로마제국은 점차 신생 오스만 튀르크 제국의 압박에 시달리다가 1453년 멸망하게 되는 중요한 단초가 되었다. 4차 십자군은 동로마제국의 구원군이 아니라 점령군이었다.

 동로마제국의 구원 요청을 빌미로 시작된 십자군 전쟁은 오히려 동로마 제국에게 독이 되는 결과를 낳았다. 그러니 십자군 전쟁을 단순히 기독교 세계와 이슬람 세계의 충돌로 보는 것은 무리이다. 십자군 전쟁은 오리엔트 지역의 경제적·문화적 자원을 장악하려는 유럽 가톨릭 세력의 야심이 빚은 결과이며 장악의 대상에 동로마제국이 포함되는 것은 물론이다. 오리엔트 문명이 누리고 있는 부와 교역망, 기술 등에 대한 선망과 욕심이 십자군 운동을 일으킨 숨어 있는 동력이었으며, 그 결과 유럽 가톨릭 문명은 동방의 선진 문명을 흡수 수용하여 경제·문화 등 모든 면에서 도약할 수 있는 계기를 맞게 된다.

 유럽이 아직 세력이 약했을 때 동로마제국은 가톨릭 유럽과 이슬람 세계를 잇는 문화적, 지리적 완충지대 역할을 했으며 이슬람의 유럽 진출을 저지하는 교두보 역할도 했다. 만일 동로마제국이 없었다면 이슬람 제국은 멀리 아프리카와 스페인을 우회하지 않고 곧바로 유럽 대륙으로 진출할 수 있었을 것이다. 그런데 십자군은 이 완충지대를 거의 짓밟다시피 하면서 오리엔트로 진출하려 했고 200년 가까이 십자군 전쟁이 진행되는 동안 그러한 의도는 더욱 노골화되었다. 유럽 스스로 완충지대를 없애려 했으니 어떤 면에서는 가톨릭 유럽 세력의 자신감 표현으로 볼 수 있을지도 모른다. 십자군 운동은 토지에 기반을 둔 봉건제와 야만인들을 순치시키는 데 탁월한 성과를 낸 로마 가톨릭이 결합한 유럽 문명이 다양한 이민족들에게 시달리던 과거를 뒤로하고 자신들의 축적된 힘을 최초로 외부로 투사한 사건인지도 모른다. 결국 십자군 전쟁으로 동로마제국은 '늑대 피하려다 호랑이를 끌어들인 격'이 되었으니, 셀주크튀르크뿐 아니라 가톨릭 유럽 세력에 의해 이중으로 압박을 받아야만 했다.

십자군 원정의 전개 과정

1096년에 시작된 십자군 원정은 1271년의 9차 원정까지 약 200년 가까이 지속된다. 십자군 원정의 궁극적 목표를 성지 탈환으로 본다면 1차 원정을 제외하고 모두 실패한 원정이라고 할 수 있다.

하지만 명시적 목표 달성에는 실패했을지 몰라도 십자군 원정은 가톨릭 유럽 세계에 축복과도 같은 것이었다. 이전에는 접해 보지 못했던 화려하고 풍요로운 세계를 접하고 유럽인들이 눈을 뜨게 된 것이다. 심지어 십자군 운동을 분기점으로 서유럽이 지구촌 서반구의 문명을 이끌어 가는 주체가 되었고 나아가 세계 문명의 주역으로 발돋움했다고 말하는 사람도 있을 정도이다. 십자군 원정이 르네상스의 동력으로 작용했음을 염두에 둔 조금은 과장된 발언이겠지만, 어쨌든 종교적 명분에서는 실패처럼 보이는 십자군 원정이 망외(望外)의 선물을 서유럽에 선사한 것만은 분명한 사실이다.

아홉 차례의 십자군 원정에서 명분상으로나 실리적으로나 성공한 작전은 1차 십자군 원정이 유일했다. 앞에서 말했듯 예상치 못했던 대군이 밀려오자, 동로마제국 황제 알렉시오스 1세는 당황했다. 하지만 그는 곧 그들의 속셈을 눈치채고 재빨리 현명하게 대처했다. 그는 십자군을 콘스탄티노폴리스로 맞아들이지 않고 아나톨리아반도 내 셀주크튀르크가 점령하고 있는 지역으로 진격하도록 유도했다. 애당초 예루살렘 탈환이라는 목표를 지니고 있던 십자군은 그의 유도를 따른다. 십자군은 콘스탄티노폴리스 인근 니케아를 점령한 후 시리아와 레반트 지역을 향해 진군하기 시작한다.

당시 이슬람 제국이 혼란에 빠져 있었기에 십자군은 쉽게 레반트 지역 여러 곳을 점령할 수 있었으며 어렵지 않게 예루살렘에도 입성한다. 십자군 지도자들은 점령지역에 눌러앉아 그곳을 자기네 영지로 만들고 그곳을 우트르메르outre-mer라고 불렀다.

우트르메르는 프랑스어로 '바다 너머'라는 뜻으로서 구체적으로는 지중해 너머라는 뜻이다. 1차 십자군 원정 시 주력 부대가 프랑스인이었기에 그렇게 불렸으며 십자군 국가Crusader States라고도 불린다. 우트르메르 국가로는 예루살렘 왕국, 안티오키아 공국, 에데사 백국, 트리폴리 백국 등이 있었다. 예루살렘 왕국은 현재의 이스라엘과 팔레스타인, 요르단 일부를 포함하는 곳으로서 우트르메르의 중심 역할을 하면서 다른 십자군 국가와 종속적 관계를 유지했다. 안티오키아 공국과 에데사 백국은 아나톨리아 반도 내에 자리 잡고 있었고 트리폴리 백국은 현재 레바논의 수도 트리폴리 지역에 있었다.

1250년 아이유브 왕조에 뒤이어 이집트에 성립한 맘루크 이슬람 왕조에게 1291년 완전히 정복당할 때까지 200년 가까이 존속했던 우트르메르 국가들은 서유럽의 가톨릭과 봉건제, 오리엔트 정교회, 이슬람, 유대교 문화 등이 혼재된 독특한 국가였다. 그리고 무엇보다 그곳은 교역의 중심이었다. 베네치아, 제노바, 피사 등의 이탈리아 도시국가들은 십자군 국가와 동맹을 맺고 무역로를 확장하여 막대한 수익을 올릴 수 있었다.

애당초 동로마제국 황제의 의도대로라면 십자군은 점령지역을 동로마 황제에게 돌려주는 것이 마땅했다. 더욱이 에데사 백국과 트리폴리 백국은 동로마제국의 본거지인 아나톨리아반도 내에 있었다. 하지만 십자군이 점령한 영토를 동로마 황제에게 돌려줄 리 만무했다.

1차 십자군 원정으로 가톨릭 세력이 우트르메르를 점령한 후 이슬람 세력과 치열한 우트르메르 쟁탈전이 벌어지며 그로 인해 십자군 전쟁이 계속된다. 그렇기에 십자군 전쟁을 기독교 세력과 이슬람 세력 간의 대결 관점에서 바라보는 것이 일반적이다. 하지만 1차 십자군 전쟁 이후 오리엔트의 기독교도들과 가톨릭 사이의 적대감이 한층 강해졌다는 사실도 동시에 염두에 두면 꼭 그렇게만 볼 수 없다.

사실 표면상으로만 기독교를 공유하고 있었을 뿐, 이슬람 세력에 점령당한 오리엔트의 기독교도들에게 로만 가톨릭은 이슬람 세력보다 오히려 낯설었다. 오리엔트의 기독교도들은 그들의 정치적 지배자들인 이슬람과 꽤 조화로운 관계를 유지하고 있었다. 반면에 구원자를 자처하던 십자군들은 오히려 구원 대상이었던 동방의 기독교도들에게 미심쩍은 눈초리를 받았다. 한편 유럽의 가톨릭 십자군에게도 오리엔트의 기독교도가 낯설기는 마찬가지였다. 분명히 친척은 친척 같은데 거만한 데다 애정이라고는 보이지 않는 먼 친척일 뿐이었다.

앞서 살펴본 대로 가톨릭과 오리엔트 정교회는 뿌리만 같을 뿐 이질적인 점이 훨씬 많았다. 가톨릭 교황과 달리 콘스탄티노폴리스 총대주교의 권위는 '제도적 권위'가 아니라 '상징적 권위'였다. 그의 권위를 보증해 주는 것은 제도가 아니라 영성靈性이었다. 헬레니즘 및 시리아와 이집트의 전통 종교적 특성과 융합한 오리엔트 정교는 신비주의적 색채가 강했으며 바로 그 점에서 실천적이고 제도적인 신앙을 강조한 가톨릭과는 달랐다. 게다가 같은 기독교도라도 오리엔트에서는 지역에 따라 신앙의 내용이 달랐다. 수도 콘스탄티노폴리스 인근은 정통 삼위일체 교리가 주류를 이루고 있었지만, 여타지역 오리엔트 기독교도들 사이에는 정통 기독교에 의해 이단으로 규정된 단성론이 널리 퍼져 있었으며 이슬람과 혼합된 독특한 종교적 색채를 띠는 곳까지 있었다. 따라서 가톨릭 십자군과 오리엔트의 기독교도들이 서로를 낯설어하는 것은 너무 당연했으며, 십자군의 눈에 동로마제국은 기독교라는 종교를 공유하고 있는 형제가 아니라 이교도에 가까웠다.

가톨릭 십자군이 이슬람으로부터 탈취한 땅을 동로마제국에 돌려주지 않는 것은 여러 가지 면에서 당연했다. 힘겹게 얻은 땅을 이름만 비슷할 뿐 완전히 낯설기만 한 이에게 물려줄 이유도 명분도 그들에게는 없었다. 그런 그들에 대해 동로마제국은 배신감과 함께 적대감을 느꼈을 것이다. 우트르메르 국가들은 현실적으로는 가톨릭이 이슬람 세력으로부터 탈취해 세운 국가들이지만 동로마제국 입장으로는 이슬람에 탈취당했던 자신들의 땅이었고, 그 땅을 되찾아달라고 가톨릭 유럽에 구원을 요청했던 것이니 배반감을 느끼는 게 당연했다. 십자군 원정 당시 엄연히 존재했던 동로마제국과 가톨릭 유럽과의 그러한 적대관계를 무시한 채 십자군 원정을 단순히 기독교 대 이슬람의 대결 구도로만 보고 십자군과 동로마제국을 동맹으로 본다면 십자군 전쟁의 의미와 전개 양상을 제대로 이해하기 어렵다.

1차 십자군 원정 후 약 50년 후 조직된 2차 원정단(1147-1149)은 1144년 이슬람 세력에 의해 에데사 백국이 함락되자 이를 되찾기 위해 결성된 것이다. 하지만 십자군은 아무런 성과 없이 철수한다. 이후 제4차 원정을 제외하고 3차(1189-1192)부터 9차(1271-1272)까지의 원정은, 이슬람 세계에서 무함마드, 알리 등과 함께 항상 최고의 영웅으로 꼽히는 살라딘에게 다시 빼앗긴 예루살렘을 재탈환하려는 시도였다. 하지만 그 원정은 모두 실패한 원정이었다.

이슬람 학자인 이븐 시나, 이븐 루시드와 함께 단테의 『신곡』 림보에 등장하는 이슬람 술탄 살라딘이 바로 그 살라딘이다. 이슬람교도인 그가 아리스토텔레스, 플라톤, 소크라테스 등의 위대한 고대 그리스 인물들과 함께 명예로운 대접을 받는 것이다. 단테가 살라딘을 림보에 등장시킨 것은 그의 개인적인 덕망과 위대함을 인정한 것이기도 하지만, 사실은 이슬람 문명에 대한 단테의 긍정적 인식을 보여주는 중요한 예이기도 하다. 이슬람 세계와의 지적·문화적 교류를 통해 이슬람 문명의 위대함을 알아본 단테로서는 이슬람 전체를 악마시하는 『롤랑의 노래』의 분위기에 동조할 수 없었을 것이다.

십자군 전쟁은 셀주크튀르크 왕조의 위협을 받은 동로마제국 알렉시오스 황제의 도움 요청을 빌미로 발발했다. 하지만 십자군에 맞서 예루살렘을 탈환하고 용기와 덕망으로 유럽에까지 이름을 떨친 살라딘은 셀주크튀르크의 술탄이 아니다. 그는 이집트를 근거지로 새로운 아이유브 왕조(1171-1260)를 연 쿠르드족 출신의 인물이다. 살라딘이라는 인물이 십자군과 맞서게 된 배경은 당시 이슬람 제국의 상황과 맞물려 있다.

동로마제국을 위협했던 셀주크튀르크는 12세기 초에는 왕위 계승 문제와 지방 술탄들의 독립으로 인해 급격히 분열되어 쇠퇴의 길에 접어든다. 제1차 십자군 원정 당시 십자군이 쉽사리 안티오키아와 예루살렘을 점령할 수 있었던 것은 셀주크튀르크가 분열되어 있어 이슬람군이 효과적으로 대응하지 못했기 때문이다.

1차 십자군 원정 이후 전열을 정비, 십자군과 제대로 맞선 최초의 이슬람 술탄이 누르 알딘(1128-1174)이라는 인물이다. 그의 아버지 이마다 앗딘 장기는 누르 알딘에 앞서 이미 에데사 백국을 공략하여 함락한 상태였다. 그러자 다시 에데사 백국을 되찾기 위해 결성된 2차 십자군 원정 시 십자군에 맞서 그들을 격퇴한 인물이 바로 누르 알딘이다. 누르 알딘은 우마이야 왕조의 옛 수도였던 시리아 다마스쿠스 일대를 지배했던 강력한 이슬람 지도자였다.

당시 이집트에 거점을 두고 있던 시아파 파티마 왕조도 셀주크 왕조와 마찬가지로 내부 갈등과 부패로 심각한 쇠퇴의 길을 걷고 있었다. 누르 알딘은 십자군 침공으로부터 이슬람 제국을 지키기 위해 이집트의 풍부한 자원을 이용하겠다는 계획을 세우고 휘하의 장군이었던 살라딘을 이집트 정복에 나서게 한다. 그 원정의 빌미를 제공한 것은 파티마 왕조의 재상 사와르였다. 그가 권력 유지를 위해 십자군과 동맹을 맺은 것이다. 살라딘은 파티마 군대를 물리치고 이집트의 재상이 된다. 1171년 살라딘은 파티마의 시아파 칼리프 제도를 폐지했고 이집트는 수니파 이슬람으로 전환한다. 명목상으로 이집트는 누르 알딘의 권위 아래 있었지만, 사실은 살라딘이 독립적으로 이집트를 통치한 것이니 이때부터 아이유브 왕조가 시작된 것이다.

누르 알딘이 사망하자 살라딘은 1174년 다마스쿠스로 진출, 시리아 전역을 손에 넣고 자신의 통치 아래 둔다. 그리고 셀주크 왕조 및 기타 이슬람 지도자들과의 협상과 전투를 통해 이라크, 메카와 메디나, 예멘 등지까지 지배 영역을 넓힌다. 그리고 1187년 7월 그 유명한 하틴 전투에서 살라딘은 예수살렘 왕국의 대규모 병력을 궤멸시키는 대승을 거두고 예루살렘을 점령한다. 예루살렘 왕국은 현재 이스라엘 북부의 항구 도시 아크레로 쫓겨가 겨우 명맥을 유지하고 아크레는 우트르메르의 최후의 보루가 되었다.

3차 십자군 원정은 살라딘에게 예루살렘을 빼앗기자 그곳을 탈환하기 위하여 감행된 것이다. 사자 왕이라 불리는 잉글랜드의 리처드 1세, 프랑스의 필리프 2세, 신성로마제국의 프리드리히 1세가 참여해 감행되었지만 예루살렘을 탈환하지는 못한다. 하지만 일부 해안 도시를 확보하고 예루살렘을 순례할 수 있는 권리를 확보한 것이 소득이었다.

1193년 살라딘이 사망하자 아이유브 왕조는 분열되어 내분에 휩싸인다. 아이유브 왕조가 분열된 틈을 타서 이집트의 노예 병사 출신들인 맘루크 장군들이 1250년 반란을 일으킨다. 맘루크는 아랍어로 노예라는 뜻이지만 군주의 호위무사와 수행원에 가까운 의미를 담고 있다. 맘루크들은 이집트 아이유브 왕조의 술탄을 폐위하고 맘루크 왕조를 세우니, 아이유브 왕조는 시리아와 팔레스타인 지역에서 미미한 영향력을 발휘할 정도로 쇠약해진다. 맘루크 왕조는 1258년 유라시아 대륙의 초원 지대를 대통합하고 이슬람 세계로 침공한 몽골군이 바그다드를 점령하고 이집트를 향해 진격하자 그들을 저지하면서 이슬람 세계의 중심 세력으로 부상했으니, 살라딘의 뒤를 이어 우트르메르 지역을 공략한 세력이 바로 맘루크 왕조 이슬람이다. 1268년과 1289년 우트르메르 국가였던 안티오키아 공국과 트리폴리 백국을 멸망시킨 것도 맘루크 왕조이며, 1291년 우트르메르의 마지막 보루였던 아크레를 함락하고 오리엔트에서 십자군 세력을 완전히 몰아낸 것도 맘루크 왕조이다.

노예 출신인 맘루크들이 군사 지도자가 되어 반란에 성공, 집권할 수 있었던 것은 이슬람 사회의 노예에 대한 관념과 제도가 다른 문명권과 달랐기 때문이었다. 고대로부터 노예에게는 기본적인 권리가 없는 것이 일반적이다. 하지만 이슬람법인 샤리아에서는 노예도 인간으로서의 기본적인 권리를 보장받았다. 따라서 노예도 능력과 충성심에 따라 높은 사회적 지위를 얻을 수 있었다. 게다가 이집트의 맘루크들은 노예라기보다는 군사적 엘리트에 가까웠다.

이집트의 맘루크들은 출신이 다양했다. 중앙아시아 초원지대에서 유입된 튀르크인과 캅카스산맥 지역 출신들이 주를 이루었지만, 그 외에 몽골계도 있었고, 슬라브, 발칸 지역 등 동유럽 출신들도 있었다. 어린 시절 노예로 유입된 맘루크들은 군사 훈련, 종교적 의무 등을 엄격하게 교육받은 후 전문 군사 계급으로 성장했다. 다양한 민족으로 구성된 그들은 외부 가문이나 무속과의 연결고리가 없었기에 왕조에 충성을 바치는 군사 조직이 되었다. 그러나 이들은 점차 자신들만의 정치적·군사적 세력을 형성하게 되었고 결국 반란을 통해 독립적인 왕조를 세우게 된 것이다. 맘루크 왕조는 몽골족의 침입을 저지하는 한편 살라딘의 유산을 계승하여 우트르메르를 탈환하면서 이슬람 세계의 중심 세력으로 부상했다. 맘루크 왕조는 1517년 오스만 튀르크 제국(1299-1922)에 의해 멸망할 때까지 250년 이상 존속했다.

맘루크 왕조에 의해 우트르메르의 마지막 보루였던 아크레가 함락됨으로써 성지 탈환을 명분으로 오리엔트에 진출하려던 가톨릭 유럽의 꿈은 좌절된다. 그러나 그 명시적 의도는 이루지 못했는지 몰라도, 세상일이란 언제나 의도와 상관없이 예기치 못한 결과를 낳는 법이니 십자군 전쟁도 마찬가지였다. 십자군 전쟁은 유럽 문명이 본격적으로 꿈틀대는 계기가 되었으며 유럽은 물론 세계사에 커다란 영향을 미친 거대한 사건이었다.

십자군 운동의 결과

십자군 전쟁이 발발할 당시까지만 해도 유럽은 낙후된 지역이었다고 보는 것이 객관적인 시각이다. 유럽은 11세기까지 봉건제 기반의 농업 경제가 중심이었으며 교역이 있었다고 해도 지역적 범위에 머물렀다. 이에 비해 이슬람 세계는 물론이고 전성기를 지나 쇠퇴기에 접어들었다고 할 수 있는 동로마제국까지도 대규모 국제 무역망을 통해 부를 쌓고 있었으며, 그러한 글로벌 대규모 무역망은 인도와 중국까지 연결되어 있었다. 말하자면 국제적 감각 면에서 유럽은 지구촌 다른 지역에 비해 우물 안 개구리에 불과했다.

게다가 정치면에서도 유럽은 수많은 봉건 영주들이 다스리는 지역들로 잘게 나누어져 있었다. 동로마제국이나 이슬람 세계, 혹은 저 멀리 인도나 중국처럼 강력한 중앙집권적 통치 구조를 갖추고 있지 않았던 것이다. 물론 그러한 유럽식 정치 구조가 지역 간의 경쟁을 통한 역동적 변화를 가능하게 해준 면도 있다. 하지만 언제고 분열될 수 있는 불안정한 구조였다는 것도 사실이며, 유럽인으로서의 확고한 정체성을 공유하기 어렵게 만들었던 것도 사실이다.

그러나 유럽이 가장 낙후된 것은 무엇보다 문화와 지식 분야에서였다. 유럽의 교육은 주로 교회 중심으로 이루어지고 있었기에 실용적 지식의 전파 역시 제한적이었다. 또한 로만 가톨릭 교회의 교육과 지식은 고대 그리스·로마의 지적 유산과 단절되어 있었다. 동로마제국과 이슬람 세계가 고대의 지적 유산들을 계승, 발전시키는 동안 유럽은 그 지식의 대부분을 멀리했다.

한마디로 당시 유럽은 국제 네트워크에서 거의 배제된 변방이었다. 이슬람 문명이 고대 그리스, 로마, 인도, 페르시아, 중국의 지적 유산을 통합하여, 지식과 문화 융합의 중심지로 자리 잡았던 데 비하면 유럽은 상대적으로 폐쇄적이었고 지적 수준이 낮았다. 또한 고대 로마와 그리스의 전통을 계승하여 경제적 번영과 정교한 행정 시스템을 유지한 동로마제국에 비해 유럽의 통치 시스템은 느슨했으며 섬세하지 못했다. 게다가 시야를 더 넓혀 중국 및 인도와 비교하면 유럽의 낙후성은 더욱 두드러진다. 당시 중국(송나라)은 종이 화폐, 화약, 나침반 등을 포함한 기술 혁신의 중심지로서 엄청난 부富를 누리고 있었다. 통계에 의하면 11세기 송나라의 철강 생산량이 7세기 후 산업혁명 당시 영국의 철강 생산량과 비슷한 양이었으며 GDP는 유럽의 다섯 배에 달했다고 한다. 한편 인도는 국제 무역의 중요한 허브로서 동서 해안 네트워크와 교류의 중심이었다.

그렇게 낙후되어 있던 유럽이 가톨릭이라는 종교적 정체성을 축으로 결집하여 십자군 운동을 감행했다. 그리고 십자군 운동이 이어지는 동안에는 물론 십자군 원정 이후에도 놀라운 도약을 이룩하여 변화의 가속페달을 밟으며 국제적 위상을 높였다.

왕권의 강화

십자군 원정 동안 우선 유럽 봉건제에 중대한 변화가 찾아왔다. 봉건 영주들의 권력이 약화하면서 왕권이 강화되고, 그에 따라 교황과 군주 사이의 권력 다툼도 더욱 치열해졌다.

십자군 원정은 준비와 수행 과정에 막대한 비용이 드는 사업이었기에 봉건 영주들이 계속되는 원정 비용을 감당하는 데는 한계가 있었다. 그들은 토지를 매각하거나 국왕이나 교회로부터 빚을 얻어 자금을 마련해야만 했다. 게다가 십자군에 참여한 영주들은 장기간 영지를 떠나 있는 경우가 많았기에 지역 통치가 느슨해질 수밖에 없었다. 이 틈을 타 국왕이 봉건 영지에 대한 통제권을 강화했고, 당연히 지방 영주들의 독립성이 약해질 수밖에 없었다. 게다가 십자군 원정을 준비하고 자금을 모으기 위해 왕실 주도의 세금 체계와 행정 조직이 발달하게 되었으니, 왕을 중심으로 한 중앙집권적 정치체제가 강화되는 것이 당연했다.

왕권이 강화되면서 교황과 왕 사이의 주도권 싸움에서도 큰 변화가 일어났다. 애당초 십자군 전쟁은 교황이 유럽 세계의 리더로 등장하게 된 사건이었다. 십자군 운동 덕분에 교황은 군주에 버금가는 자금력과 군사력을 갖추게 되었고, 종교적 중심뿐 아니라 정치적인 구심점으로도 군림할 수 있었다. 그리고 그런 교황을 지방 영주들, 특히 서유럽의 영주들이 강력하게 지지했다. 영주와 기사들은 교황 중심으로 결집해서 연합 세력을 형성했으니, 교황과의 관계 강화를 통해 종교적·정치적 정당성을 얻기 위해서였다.

그러나 십자군 운동이 전개됨에 따라 그 양상이 변했다. 왕권 강화에 따른 봉건 영주의 힘의 약화는 교황의 힘의 약화로 자연스럽게 이어졌고, 그 변화는 봉건제와 가톨릭을 두 축으로 하는 중세 유럽의 근본적인 변화를 의미했다.

실제로 9차까지 이어진 십자군 원정 중, 5차 십자군 이후부터 십자군의 조직과 목표, 주도 세력에 중요한 변화가 나타난다. 초기 십자군은 교황 중심으로 종교적 명분을 앞세웠으나 5차 이후부터는 점차 세속 군주들의 정치적·군사적 프로젝트로 그 성격이 바뀐다. 애당초 십자군 운동이 지녔던 의의도 희석되었고, 그에 따라 성공 가능성도 현저히 낮아진 것이다. 하지만 다른 각도에서 본다면 십자군 운동의 그러한 변질은 유럽 전체가 교황 중심 사회로부터 세속 군주 중심으로 변모했음을 보여주며, 사회를 움직이는 동력이 종교적 열정보다는 정치적 이해관계로 바뀌었음을 보여준다.

교황권이 현저하게 약해지고 왕권이 강화되었음을 보여주는 대표적인 사례가 바로 1307년의 아비뇽 유수 사건이다. 프랑스의 필리프 4세(재위 1285-1314) 재위 시는 아직 프랑스와 영국 사이에 백년전쟁(1337-1453)이 빌빌하기 선이었으나 양측의 긴장은 최고조에 달해 있었으며 크고 작은 전투가 벌어진 시기였다. 필리프 4세는 막대한 전쟁 비용을 마련하기 위해 프랑스 내 성직자들에게 세금을 부과하려 했고, 심지어 주교 한 명을 반역죄로 처형하려 했다. 교황 보니파시오 8세는 이에 반발, 모든 기독교인은 교황의 권위 아래 있어야 한다고 주장하며 대립했다. 그러자 필리프 4세는 보니파시오 8세를 체포하고 울화가 치민 보니파시오 8세는 얼마 지나지 않아 사망한다. 보니파시오 8세의 뒤를 이은 베네딕토 11세도 단명하자, 필리프 4세는 프랑스 사제 중 한 명을 교황에 앉힌 후(클레멘스 5세) 교황청을 아예 프랑스 아비뇽으로 옮겨 버린다. 이후 70년 동안 교황은 프랑스 국왕의 지배를 받게 되고 두세 명의 교황이 동시에 존재하는 혼란 상황이 발생, 교황의 권위가 완전히 실추된다.

왕권의 강화를 보여줄 수 있는 또 다른 예가 있다. 바로 오늘날의 의회격인 삼부회이다. 필리프 4세는 1302년 프랑스 최초의 의회라고 할 수 있는 삼부회를 소집했다. 성직자, 귀족, 평민으로 구성된 삼부회는 명목상으로만 의회였을 뿐 실제로는 국왕의 정책을 정당화해 주는 역할을 하는 일종의 '자문 기구'였으며 그 기구를 설립한 주된 목적은 교황권의 견제였다. 그러니 프랑스에서 절대왕정이 강화됨에 따라 일종의 명분 쌓기 기구인 삼부회가 유명무실화된 것은 당연한 일이다.

여기서 잠시 프랑스의 삼부회와 영국 의회의 차이점을 살펴보자. 프랑스에서 의회 제도가 생긴 것은 국왕의 필요에 의해서였지만 영국은 존 왕(재위 1199-1216)이 1215년에 마그나 카르타 Magna Carta를 승인하고 귀족과 평민의 요구를 일정 부분 수용할 수밖에 없을 정도로 왕권이 약했다. 영국에서는 1265년 최초로 민중 대표를 포함한 의회를 소집했고, 1295년에는 현대적인 의회의 기원이라고 할 수 있는 모범 의회 Model Parliament를 소집한다. 말하자면 처음부터 왕권을 견제하는 역할을 의회가 담당했으며, 1688년 명예혁명 이후 실질적인 입법 기관으로 정착한다. 하지만 유명무실한 기관으로 존재하던 프랑스의 삼부회는 1789년 프랑스 혁명으로 폐지된다. 이후 영국이 점진적으로 왕권을 제한하면서 입헌군주제와 현대적인 의회 민주주의의 길을 나아간 데 반해 프랑스는 혁명을 통해 새로운 정치체제를 만드는 길로 접어들었다.

경제적 변화 - 농업 중심 경제에서 상업·금융 중심 경제로

고대로부터 전쟁은 무력의 충돌만 의미하지 않는다. 반드시 교역이 동반된다. 때로는 교역 중심지의 확보가 전쟁의 원인이 되기도 했고, 전쟁을 통해 당사자 간의 교역이 활발해지는 계기가 마련되기도 했다. 특히 십자군 운동은 내부 교역에 치중해 왔던 유럽 세계가 해외 교역을 통해 부를 창출하는 계기가 되었으며 그로 인해 유럽 경제에 큰 변화를 가져왔다. 농업 중심 경제에서 상업·금융 중심 경제로 경제 활동의 전환이 이루어진 것이다.

십자군 운동 기간 중 교역로 확장에 따른 경제 중심축의 이동으로 가장 큰 이익을 보고 번영을 이룩한 대표적인 지역으로는 두 곳을 꼽을 수 있다. 베네치아, 제노바, 피사, 피렌체 등 북이탈리아 지역이 그중 하나이고, 지금의 벨기에와 네덜란드 남부, 프랑스 북부 일대를 포함하는 플랑드르 지역이 다른 하나이다. 차례로 살펴보기로 하자.

초기 십자군 원정길은 크게 보아 육로와 해로 두 갈래였다. 그런데 4차 원정 시 십자군이 콘스탄티노폴리스를 점령하고 '라틴 제국'이 설립된 후 육로는 안전한 통행이 어려워졌다. 라틴 제국이 불안정하고 허약해서 십자군을 지원할 능력이 없었으며, 12세기 후반부터 셀주크튀르크가 아나톨리아반도 대부분을 장악했기 때문이었다. 자연히 십자군은 육로 대신 지중해 항로로 이동하게 되었으며 주로 베네치아와 제노바의 함대를 이용했다. 따라서 십자군 4차 원정 이후로 이탈리아 해상 무역 도시국가들이 큰 이익을 보았으며 그중에서 가장 큰 이득을 보고 번창한 대표적인 나라가 베네치아였다.

  5세기 고트족과 훈족 등 여러 이민족의 약탈을 피해 석호지대에 인공섬을 조성하여 생긴 도시국가 베네치아 공화국(697-1797)은 8세기부터 동로마제국과 긴밀한 관계를 맺으면서 발전해 왔으며 도제Doge 제도라는 매우 특이한 정치 제도를 운용하고 있었다. 도제는 베네치아 공화국 지도자의 명칭으로서, 동시대 다른 도시 공화국의 일반적인 지도자와는 그 성격이 달랐다. 도제는 종신직이었지만 권한이 제한되어 있었고 더욱이 선출직이어서 세습직인 유럽의 왕과는 달랐으며, 같은 도시국가인 피렌체나 밀라노의 시뇨리아와도 달랐다. 시뇨리아 역시 왕과 마찬가지로 세습직이었으며 비교적 강한 권력을 지니고 있었기 때문이다. 도제라는 지도자가 있되 그 권한이 귀족회의에 의해 통제를 받는 나라, 중세 시대에는 보기 드문 집단 지도 체제를 운용하던 나라가 바로 베네치아였다. 아테네의 민주정치, 혹은 제정으로 전환하기 이전 로마의 공화정과 비슷하다고 할 수 있는 베네치아 공화정의 도제 제도는 베네치아의 특수한 지정학적 위치에서 정치적 안정과 경제적·외교적 성공을 거둘 수 있게 해준 최적의 제도였다.

  도제 제도의 베네치아에는 특정한 왕조가 없었기에 프랑스나 잉글랜드처럼 왕위 계승을 둘러싼 권력 다툼이 없었다. 게다가 도제 선출 과정이 하도 복잡해서 특정 가문이 권력을 독점하는 것도 어려웠다. 또한 군주의 개인적 야망에 의해 정책이 결정되는 왕조 국가와 달리, 베네치아는 도제가 귀족회의 및 상인 계급과 협력하여 정책을 수립했다. 따라서 비교적 장기적이고 안정적인 경제 성장 전략을 세우는 것이 가능했다. 그뿐 아니라 도제는 귀족회의와 협력하여 실익에 우선한 다각도의 외교 전략을 수립할 수 있었으며 국익에 따라 그 전략을 언제고 수정할 수 있었다. 한 마디로 공화국 전체가 '국익을 위하여' 장기적인 전략을 세울 수 있는 비전과 언제고 전략을 수정할 수 있는 유연성을 함께 지닌 곳이 바로 베네치아였다. 유럽과 동방을 연결하는 교역로에 위치한 베네치아, 이탈리아반도에서도 비교적 고립된 섬 도시국가였던 베네치아가 국가 번영을 위하여 택할 수 있던 최적의 제도가 바로 도제 제도였던 셈이다.

십자군 원정 시 베네치아는 국익을 위하여 공화국 전체가 일사불란하게 움직일 수 있는 기동성과 유연성을 한껏 발휘하여 엄청난 이득을 취하며 특히 4차 십자군 원정 이후 급성장을 이룩한다. 4차 십자군 원정 시 베네치아는 원정의 '수송비용'을 빌미로 십자군이 콘스탄티노폴리스를 공격하도록 유도하여 함락시키고 동로마제국의 해상 무역 중심지였던 크레타, 코르푸, 키프로스 일부 등 에게해 여러 섬을 차지하여 해양 제국을 형성한다. 그뿐이 아니었다. 콘스탄티노폴리스에 라틴 제국이 수립되자, 베네치아는 제국 내에서 독점적인 무역 권한을 확보하여 막대한 이익을 취한다.

베네치아의 비약적 발전을 가능하게 했던 4차 십자군 원정 이후 십자군 원정대 이동 방식은 해로海路로만 이루어졌다. 그러자 베네치아뿐 아니라 제노바와 피사 등의 북이탈리아 해상 국가들이 막대한 원정 비용의 직접적인 수혜자로서뿐만 아니라 원정대의 보급, 수송 일을 나누어 맡으면서 번영을 누렸다. 십자군 원정은 북이탈리아 도시국가들에게 경제적 이익을 극대화할 수 있는 하나의 사업이 된 것이다. 그리고 그들의 교역사업을 통해 오리엔트의 사상 및 기술이 북이탈리아는 물론 서유럽으로 전파되었고 이탈리아와 유럽의 대변혁을 촉진했다. 19세기 프랑스 역사학자 미슐레가 르네상스라고 부른 현상은 북이탈리아에서 시작된 바로 그 대변혁을 말한다.

베네치아와 피렌체를 비롯한 북이탈리아 지역에 탈봉건적인 자치 도시국가들이 등장할 수 있었던 것은 그 지역이 유럽 내 다른 지역과 달리 일종의 정치적 공백 지대였기 때문이다. 교황령이 자리 잡은 중부 이탈리아와, 황제 직할령이 있는 남독일과 오스트리아 사이에 위치한 북이탈리아는 황제와 교황의 힘자랑 무대의 완충지대로서 상대적으로 자유를 누릴 수 있었다. 이 지역은 공식적으로는 신성로마제국의 지배를 받고 있었다. 하지만 교황과 끊임없이 권력 쟁탈전을 벌여야 했던 황제는 실제로는 도시의 자치권을 인정할 수밖에 없었다. 게다가 십자군 원정을 통해 무역이 급성장하자 상인 계층(부르주아)의 힘이 강해져 귀족의 영향력이 약해졌고, 도시국가의 독립성은 더욱 강화되었다.

그런데 유럽 대륙 내에도 이탈리아 북부와 마찬가지로 상대적으로 자유로운 지역이 있었다. 바로 플랑드르 지역이었다. 플랑드르는 마치 열강의 바다 위에 뜬 섬처럼 힘의 공백 지역이었다.

플랑드르는 프랑크 왕국 분열 시 서프랑크 왕국과 동프랑크 왕국의 경계 지역으로서 프랑스와 신성로마제국의 완충지대였다. 상대적으로 양측 중심과 멀리 떨어져 있었기에 프랑스와 신성로마제국의 통제가 약했던 지역이 그곳이었다. 한때 프랑스 왕이 플랑드르에 대한 통제력을 행사하려 한 적도 있었지만, 플랑드르의 도시들은 이에 저항하면서 더욱 강한 독자적인 세력을 형성했다. 부유한 상업 도시들은 용병을 고용하면서 자치권을 요구했고, 점차 독립적인 정치 구조를 형성, 브뤼헤,

헨트, 함부르크, 뤼베크 등의 자치도시들이 생겼다. 이 자치도시들은 북해와 발트해를 이용해서 해상 무역을 장악하며 성장해 갔다.

플랑드르는 중세 유럽에서 가장 중요한 섬유·모직 산업의 중심지였다. 이 지역은 잉글랜드의 양모를 재료로 고품질의 모직물을 생산했다. 이곳은 십자군 시대의 '유럽의 공장 지대'로 불렸으며, 그곳에서 생산된 직물들은 프랑스, 독일, 이탈리아뿐 아니라 십자군 원정을 통해 활짝 열린 지중해 무역로를 따라 레반트와 북아프리카로 수출되었고 시간이 지날수록 플랑드르의 섬유 제품 수요가 폭발적으로 증가했다.

플랑드르는 '유럽의 공장 지대'였을 뿐 아니라 유럽의 북쪽과 지중해를 연결하는 무역로의 중심이기도 했다. 북해와 발트해 무역망의 중심지였던 이곳 자치도시들은 그 무역망이 베네치아, 제노바 등의 이탈리아 해상 도시국가들과 연결되며 단순히 두지역 사이의 교역을 넘어서 오리엔트와 인도 더 멀리는 중국까지 접속되었다. 이탈리아 상인들은 플랑드르의 모직물과 곡물을 수입하고, 향신료, 비단 등 오리엔트의 사치품을 플랑드르의 시장에서 판매하는 중계무역으로 많은 부를 쌓았고 플랑드르 지역은 북이탈리아 지역과 함께 무역이 급성장하면서 십자군 원정의 가장 큰 수혜자가 된 것이다.

이 교역로를 따라 오리엔트의 고급 물자뿐 아니라, 선진 문명도 함께 유입되어 유럽의 근본적인 변화를 유도했으니, 15~16세기 유럽에서 본격적으로 일어난 르네상스 운동이 왜 북이탈리아를 발원지로 해서 알프스를 넘어 플랑드르로 이어지는지 그 맥을 우리는 이해할 수 있다.

지적知的 변화 - 그리스 철학의 유입

십자군 시대에 유럽은 정치·경제적으로 엄청난 변화를 겪었다. 그러나 십자군 시대를 지나면서 유럽이 겪은 변화 중에서 가장 중요한 변화는 지적인 분야에서 일어났다. 이슬람 문명과의 교류를 통한 유럽의 대변혁 중 가장 풍성한 열매를 맺은 것은 지적 분야라고 할 수 있으며, 그 영향력은 깊고 넓고 길었다.

가톨릭 유럽과 이슬람의 만남을 통한 지적 교류는 십자군 원정로와 이베리아반도 두 곳에서 동시에 이루어졌다. 이베리아반도는 오리엔트를 향하는 십자군의 원정로에 속해 있지 않았지만, 십자군의 정신적 지주가 된『롤랑의 노래』의 무대가 바로 그곳이었으며, 일찌감치 가톨릭 유럽 문명과 이슬람 문명이 만난 곳이었고 어찌 보면 십자군 시대 지적 교류의 중심이기도 했다.

지적인 측면에서 유럽에 가장 큰 영향력을 발휘한 것은 그리스 철학자들의 사상이며 그중에서도 아리스토텔레스의 영향이 결정적이었다. 그리고 이미 언급했듯이 아리스토텔레스를 비롯한 그리스 철학과 과학, 의학 등의 학문은 바그다드의 '지혜의 집'과 이베리아반도 알 안달루스의 코르도바, 톨레도에서의 이슬람 학자들이 수행한 번역과 주석을 통해 유럽에 전해졌다.

이슬람 세계 사람들이 그리스 과학과 철학을 접한 것은 9세기 아바스 왕조 시대였다. 이슬람 학자들은 그리스의 천문학, 연금술, 의학, 수학 등을 연구했고, 괄목할 만한 학문적 성과를 이뤄냈다. 그 결과 철학적 이념을 중시하는 새로운 무슬림 학자들이 등장했고, 이른바 팔사파falsafah의 시대, 즉 철학의 시대가 열렸다. 이슬람 세계로서는 보기 드물게 철학의 시대가 열린 것이다. 팔사파의 시대에 그리스 철학을 연구해서 이슬람 사회에 철학적 사유를 도입한 이슬람 철학자들은 파일라수프Faylasuf라고 불렸다.

파일라수프들은 초기에는 그리스 자연과학에 몰두했으나 곧이어 그리스 형이상학에 관심을 기울여 그리스 형이상학의 원리를 이슬람 신앙에 적용하려 했다. 그들은 그리스 철학의 합리적이고 객관적인 원리와 이슬람교의 접합점을 찾으려 애썼다.

이슬람 철학은 유럽인에게 아비센나로 알려진 이븐 시나(980-1037)에 이르러 절정을 이루었다. 우즈베키스탄 부하라 출신의 페르시아인인 이븐 시나는 당대 최고의 대학자였다. 말년에는 신비주의적 영성으로 기울었지만, 초기의 그는 아리스토텔레스의 철학에 근거해 합리주의적으로 신의 존재를 증명하려 했고, 이성을 통해 신을 발견하는 것을 하나의 종교적 의무라고 보았다. 의학자이기도 했던 그가 당대 의학 지식과 교육 방법을 총망라해 저술한 의학 전서The Canon of Medicine는 라틴어로 번역되어 12세기 말에는 유럽 대학에서 교과서로 사용되었고, 이탈리아 출신의 신학자 토마스 아퀴나스(Thomas Aquinas, 1225-1274)에게 큰 영향을 미쳤다.

이븐 시나도 유럽 지성계에 큰 영향을 미쳤지만, 오늘날의 서양을 만들었다고 말할 수 있을 정도로 막강한 영향력을 발휘한 사람은 라틴어 이름인 아베로에스로 더 알려진 이븐 루시드(1126-1198)이다. 이븐 루시드가 활동하던 시대는 이슬람 세계에서 '철학의 시대'가 종말을 고하던 때였다. 신은 철학적이고 과학적인 방법으로 증명될 수 있는 존재가 아니며 철학보다는 영성이 이슬람 신앙의 기본이라는 흐름이 다시 이슬람 사회의 주류로 자리 잡았기 때문이었다. 그런 중에도 이븐 루시드는 아리스토텔레스의 사상을 제대로 복원하는 것을 일생의 목표로 삼고 아리스토텔레스의 모든 저작을 번역하고 주해를 달았다. 라틴어로 번역된 그의 저술은 토마스 아퀴나스에게 깊은 영향을 미쳤다. 토마스 아퀴나스가 『신학대전』을 집필하고 스콜라 철학을 집대성하는 데 이븐 루시드의 저술이 결정적 역할을 했으니, 이븐 루시드의 영향이 없었다면 토마스 아퀴나스의 철학이 완성되기는 어려웠을 것이다.

토마스 아퀴나스는 이븐 루시드의 아리스토텔레스 주석서를 연구하면서 철학적 방법론을 신학에 체계적으로 적용할 수 있었으며 신앙과 이성을 통합한다는 스콜라 철학의 핵심 개념을 정립할 수 있었다. 결과적으로 이성의 발전이 신앙에 위협이 되는 것이 아니라 신앙을 더 깊이 이해하는 길이라는 신학적 개념이 자리를 잡았고, 그 결과 후대에 이성이 신앙과 분리된 독자적인 학문, 즉 과학으로 발전할 수 있는 중요한 철학적 기초가 마련된 것이다. 따라서 서구 정신사의 주류는 이븐 루시드 덕분에 형성되었다고 해도 과언이 아니다.

인간의 이성에 대한 가치 부여가 르네상스의 기폭제가 되었음은 주지의 사실이다. 그리고 그런 기폭제가 가능했던 것은 이슬람권에서 아리스토텔레스를 비롯한 그리스의 사상을 보존하고 발전시켜 유럽에 전달한 덕분이다. 이슬람이 그리스 고전 문화라는 자양분을 서유럽에 공급하여 정신적 지각 변동을 일으킨 것이니, 지적 분야에서의 중세 말기 유럽의 대변혁은 이슬람과의 만남을 배제하고는 설명할 수도 없고 이해할 수도 없다.

바티칸에 걸려 있는 라파엘로(1483-1520)의 걸작 「아테네 학당」에는 터번을 두른 이븐 시나가 그리스의 대철학자 피타고라스 뒤에서 영예로운 자리를 차지하고 있다. 이븐 시나가 르네상스 시기 학자·예술가들에게 어떤 대접을 받고 있는지 보여주는 상징적인 그림이며 더 나가 이 슬람 문명에 대한 당대의 인식을 보여주기도 한다. 단테의 『신곡』 림보에 이븐 시나, 이븐 루시드와 함께 이슬람 술탄 살라딘이 등장한 것도 같은 맥락으로 이해할 수 있다. 르네상스 시기 인물 중 눈이 밝은 사람들은 아마 이슬람에 대해 애정과 감사하는 마음을 품고 있었을 것이다.

이븐 루시드는 유대교인과 기독교도 사이에서는 권위가 있었다. 그의 저술은 13세기에 히브리어와 라틴어로 번역되었으며 맹목적 신앙에 저항한 합리주의의 제왕 대접을 받기도 했다. 그런데 그는 정작 이슬람 세계에서는 생각만큼 큰 대접을 받지 못했다. 그가 이슬람 사회에서 존경받은 인물이었음에도 주도적 사상가로 인정받지는 못한 것은 이슬람 세계에서는 합리주의적 신의 개념보다는 믿음과 영성이 더 중요했기 때문이었다. 그가 이슬람 세계에서 큰 대접을 받지 못했다는 것은 이슬람 세계에서 팔사파 시대가 금세 저물었음을 뜻한다.

서유럽의 기독교인들이 철학에 관심을 기울이기 시작했을 때가 오리엔트 기독교인과 무슬림들이 철학에 관심을 잃기 시작했을 때와 거의 일치한다는 사실은 참으로 역설적이다. 그리고 그 역설이 두 문명권의 미래 행보에 커다란 차이를 낳았다. 이슬람은 잠시 그리스 철학에 매혹되었다가 다시 오리엔트의 전통으로 돌아간 것이며, 서유럽은 그리스 철학을 자신의 철학으로 삼아 큰 변신을 이룩한 것이다.

십자군 시대 이전까지 가톨릭 유럽은 그리스 철학에 대해 무지했다. 그들은 라틴어로 된 플라톤과 아리스토텔레스의 사상을 접할 수 없었다. 그런 만큼 그리스 철학의 발견은 그들에게는 획기적인 사건이었다. 십자군 원정이 시작되자 오리엔트로 갔던 가톨릭 유럽인들이 방대하고 화려한 이교도 문명 앞에서 아연했던 것과 마찬가지로 고대 그리스 문명과 지식을 새롭게 접한 유럽 지식인들은 비로소 눈이 뜨이는 것처럼 느꼈을 것이다. 그 놀람과 아연함이 역동적인 에너지로 작동해서 이후 서유럽의 대변혁을 가능하게 했을 것이다. 큰 변화를 통한 변신을 가능하게 해주는 역동적인 에너지는 세련된 문명보다는 낙후된 문명에 더 크게 잠재해 있는 법이다.

우리가 십자군 원정 당시의 유럽을 낙후된 곳이라고 자주 말하는 것은 유럽을 폄하(貶下)하기 위해서가 아니다. 낙후되어 있었기에 오히려 역동적 에너지가 강했으리라는 점을 강조하기 위해서이다.

인류 역사는 세련된 문명들의 릴레이로 이어져 오지 않았다. 비유적으로 표현하자면 고결한 혈통으로 이어져 온 것이 인류의 역사가 아니다. 인류 역사는 개천에서 계속 다른 용이 나온 역사이지 한 핏줄의 용끼리 대대손손 이어져 온 역사가 아니다. 고대 문명 발상지에서도 새로운 주인이 속속 등장했으며 페르시아 제국의 영광도 언제까지나 영광스럽게 이어져 오지 않았다. 알렉산드로스의 대제국도 변방 마케도니아가 일으켰으며, 로마제국도 반도 서쪽 해안가 작은 도시국가에서 출발했다. 그리고 이슬람 제국도 오리엔트에서 가장 소외되어 있던 지역에서 발흥했다. 비교적 안정되어 있었다는 평가를 받는 중국도 수천 년의 역사에서 수나라 당나라를 비롯해 원나라 청나라는 변방의 이민족들이 세운 나라였다. 그러니 출신이 미미하다고 부끄러워하는 것이 오히려 이상한 일이다. 낙후되어 있었기에 오히려 역동적인 에너지가 넘쳤고, 급격한 도약이 가능했다고 당당하게 말하는 것이 더 자연스럽다.

인류 문명은 하나의 흐름을 따라 선적(線的)으로 흘러오지 않았다. 단절이 있었고 도약이 있었으며 새로운 야만적 힘과 이미 자리 잡고 있던 세련된 문명의 교차가 있었다. 공자의 표현을 빌리자면 인류 역사 자체가 문질빈빈文質彬彬의 역사이다. 공자는 문은 사史하고 질은 야野하다고 했다. 사史는 세련되었음을 뜻하고 야野는 거칠기에 역동적 힘이 있음을 뜻한다. 세련된 문명은 퇴폐적으로 될 가능성이 높고 거친 문명은 건강하게 생동할 가능성이 높다.

1096년 1차 원정을 시작으로 1271년의 9차 원정까지 이어진 십자군 원정은 가톨릭 유럽 내 교황과 황제의 권력 다툼이 그 원인이었다. 셀주크튀르크의 위협에 시달리던 동로마제국의 알렉시오스 황제의 구원 요청이 원정의 빌미를 제공했으며 유럽인들은 가톨릭의 이름으로 처음으로 함께 뭉쳤다. 그들은 성지 탈환을 외치면서 '성스러운 과업' 완수를 위해 동방으로 향했다. 그러나 그들은 순례자라기보다는 이교도들을 향한 거의 맹목적인 복수심에 불타고 있는 전사들이었다. 그들에게 이슬람은 기독교 성지를 무단 점령하고 있는 악의 축이었다. 그런 그들에게 예수는 성육신한 '하느님의 아들'이 아니라 이교도들이 점령하고 있는 성지를 회복하기 위해 기사들을 소집한 군주에 가까웠다.

그런데 의기양양하게 동로마제국으로 진격한 그들은 콘스탄티노폴리스의 화려함에 촌놈처럼 어리둥절해진다. 그리고 이슬람 세계 일부를 힘으로 정복하면서 가톨릭 문명권보다 강력하고 세련된 이교도 문명권이 존재한다는 사실을 실감한다. 아마 유럽인들에게 복수심이 사라지고 대신 자신들도 그런 세상을 이룰 수 있지 않을까 하는 꿈이 찾아왔을 것이다. 그리고 십자군 원정 자체가 그들에게 그 꿈을 이룰 기반을 마련해 준다. 애당초 목표였던 성지 탈환에도 실패했고 십자군 원정의 의미와 목표도 변질되었지만, 십자군 원정이 유럽에 정치적·경제적·문화적 도약을 이룩할 계기를 마련해준 것이다.

  십자군 원정은 유럽 내 변혁의 계기만 마련해준 것이 아니다. 우물 안 개구리에 가까웠던 유럽인들은 십자군 원정으로 인해 더 큰 세상을 향하여 눈을 뜰 수 있게 되었다. 그리고 그 큰 세상을 향하여 나라별로, 지역별로 각개 약진했고 유럽이 팽창했다. 새로운 항로 개척이 시작되었으며 북이탈리아로부터 시작된 르네상스가 유럽 대륙 전체로 퍼졌다. 그리고 유럽의 탈바꿈과 도약으로 세계 역사 자체가 새롭게 쓰이게 되었다.

  이제 우리도 그렇게 새로이 눈을 뜬 유럽인들과 함께 지구촌 전체를 향해 우리의 눈길을 넓혀 보기로 하자.

제5장

이슬람 제국 탄생시의
중국

⋮

　우리는 이제까지 이슬람 등장 이후의 지구촌 지각 변동의 모습을 지구촌 서반구를 중심으로 살펴보았다. 그렇다면 이슬람의 등장으로 유라시아 대륙 서반구에 거대한 지각 변동이 일어나는 동안 지구촌 동쪽에서는 어떤 일이 벌어지고 있었을까? 동아시아 문명이 걸어간 길과 서반구가 걸어간 길은 어떤 차이를 보일까? 동아시아 문명은 유라시아 대륙 서반구의 지각 변동과 어떤 연관을 맺고 있을까?

01

당나라(618-907)—안정과 번영의 길

당나라 건국 시기는 정확히 이슬람 발흥 시기와 일치한다. 그러나 시기만 일치할 뿐 이슬람의 발흥과 당나라의 건국은 그 의미가 전혀 다르다. 이슬람의 발흥으로 유라시아 대륙 서반부가 격동에 처하게 되었다면, 당나라의 건국으로 중국은 안정화와 번영의 길로 접어든다.

당나라는 수나라의 연장선상에 존재하는 국가이다. 당나라를 설립한 주체가 수나라와 마찬가지로 선비족이었기 때문이다. 선비족은 유목 민족이다. 그러나 그들은 만리장성 안으로 들어오면서 유목 민족의 특성을 버리고 한화漢化되었다. 더 정확히 말한다면 위진 남북조 시대의 격변기에 난립했던 수많은 유목민 왕조 중에 선비족이 재빨리 한화에 성공했기에 중원의 패자가 될 수 있었다. 만리장성 안으로 들어온 유목민은 자신들이 주인이 된 나라를 유목 민족의 나라로 만든 것이 아니라 스스로 한화漢化되었다. 수나라와 당나라는 유목 민족이 세운 새로운 유목국가가 아니라, 지배 계층만 유목 민족 출신으로 바뀐 정주定住 국가 중국이다.

앞서 진시황이 건립한 만리장성의 의미를 살피면서 확인했듯이, 중국 문명의 시선은 밖을 향하지 않고 안을 향했다. 민족적 기질이 그런 것이 아니라 중국 문명의 기질이 그러했다. 중국 문명이 맞은 지리적·경제적·이념적·역사적 환경이 그 기질을 만들었다. 자급자족 구조의 농업 국가인 중국에서 정권의 일차적 목표는 나라를 잘 다스리는 데 있었지, 나라의 확장에 있지 않았다. 황허와 양쯔강을 중심으로 한 중국 땅 자체가 충분히 넓었고 충분히 풍요로웠기 때문이다. 그들에게 전쟁은 내부의 안정과 번영을 위한 전쟁이었지 정복을 위한 전쟁이 아니었다. 그들 주위에는 정복욕을 자극할 만한 매력적인 곳이 없었다. 자신들이 최고였고 자신들만이 중심에서 빛나고 있었다.

진시황제가 만리장성을 쌓을 때부터 만리장성 밖에는 그들을 유혹하는 또 다른 세계가 있지 않았다. 동쪽은 바다, 서쪽은 사막과 고원이 있었으며, 북쪽은 초원지대였고, 그곳에는 문명인이 아니라 그들이 오랑캐로 여기는 종족들이 있었다. 오랑캐들은 경계해야 할 대상, 퇴치해야 할 대상이었으며, 오랑캐의 땅은 정복을 통해 소유해야 할 식민殖民 대상이 아니었다. 조금 적극적이라야 조공 체제로 끌어들일 대상이었고 문화적으로 교화할 대상일 뿐이었다.

알렉산드로스의 마케도니아와 이탈리아반도의 작은 나라 로마 주변에는 온통 화려한 세상, 화려한 문명이 존재하면서 그들을 유혹했다. 게다가 일찍이 해양 무역을 중시해 온 그들은 교역로 확보와 시장 확대의 필요성에서 눈을 밖으로 돌릴 수밖에 없었다. 그러나 중국은 그렇지 않았다. 바깥 세계보다 자신의 세계가 더 풍요로웠고 안정적이었으며 매력적이었다. 그들은 남이 가진 것을 탈취하기보다는 지키는 것이 급선무였다.

물론 수나라도, 당나라도 다른 나라와 전쟁을 벌였고, 군대를 양성했다. 게다가 단순히 방어만 한 것이 아니라 침략 전쟁도 벌였다. 그러나 그러한 침략 전쟁도 영토 확장을 위한 전쟁이라기보다는 길들이기용 전쟁이거나 예방용 전쟁에 가까웠고 경제적 이익을 취하기 위한 전쟁이었다.

유라시아 대륙 서쪽에서 이슬람 세력이 발흥하여 오리엔트 문명을 재편하고, 가톨릭 유럽이 이슬람 세계와의 충돌과 교류를 통해 거대한 변화의 소용돌이에 빠져 있었을 때, 동방의 중국은 중앙집권의 강화를 통한 상대적인 안정과 번영의 길을 걷고 있었다. 물론 당나라에서 송나라로 이어지는 과정에 내외적으로 부침과 변란이 있었고 외부 민족과의 충돌도 있었다. 하지만 이는 큰 흐름으로 볼 때 중앙집권 체제를 구축하는 과정의 하나로 간주할 수 있고, 진시황제의 만리장성이 상징하는 중화주의가 공고해지는 과정으로 볼 수 있다. 그 길은 중앙집권의 강화를 통한 국가의 번영과 안정을 목표로 하는 길이었다.

균전제

당나라는 건국 후 토지제도, 관료 체계, 군사 체계 등 모든 분야에서 개혁적인 정책을 시행했다. 한漢나라 때 시작되어 이어져 온 둔전제屯田制 내신 북위北魏에서 시행되기 시작한 균전제均田制를 확대 시행했으며, 과거제가 정착되었고 율령律令 체계를 완성했다. 또한, 국가 수비를 위해 번진藩鎭 제도를 확립하고 변방의 국경 지역에 절도사를 배치했다. 그런데 그렇게 다양한 분야의 다양한 정책들은 모두 같은 목표를 향해 수렴

되었다. 바로 중앙집권의 강화를 통한 안정 확보였다.

당 태종(재위 626-649) 즉위 시 본격적으로 자리를 잡은 과거제는 관료 선발권을 국가가 갖는다는 뜻에서 중앙집권 강화와 직접 연결된다. 당 태종은 과거제를 정착, 관료의 상당 몫을 과거로 채용함으로써 귀족과 문벌의 독점적 정치를 견제할 수 있었으며 관료의 충성심을 황제에게 집중시키는 효과를 낳을 수 있었다. 또한 율령 체제를 완성함으로써 명확한 법률 체계를 통해 중앙정부가 지방행정을 직접 통제할 수 있었다. 번진 제도는 그렇게 안정되어 가는 나라를 외부의 침입으로부터 보호하기 위한 제도이다. 변방의 절도사들은 기본적으로 국경 방위대의 성격을 띠고 있는 방위 세력이었다.

당나라가 시행한 제도들은 명백히 중앙집권 체제 강화를 위한 제도들이며 토지제도인 균전제 역시 마찬가지였다. 하지만 균전제의 성격을 제대로 이해하기 위해서는 약간의 설명이 필요하다.

균전제는 둔전제를 개혁하고 시행한 토지제도이다. 둔전제는 국가가 토지를 직접 소유하고 운영하는 토지제도였다. 그러나 실질적으로는 국가 토지 전체를 중앙정부가 직접 관리하기보다는 주로 군대, 관청, 집단 농민이 토지를 개간하고 경작했다. 둔전제에서의 농민은 농지에 대한 소유권이 전혀 없었기에 농노에 가까웠다고 볼 수도 있다.

균전제는 국가가 직접 토지를 경영하는 둔전제와는 달리 백성에게 토지를 나누어 주고 직접 농지 경영을 맡기는 방식이다. 어찌 보면 토지에 대한 중앙정부의 통제력이 약해진 것으로 보이기도 한다. 그러나 실상은 달랐다. 백성에게 토지를 나누어 직접 경영하게 했지만, 토지는 농민의 사유재산이 아니었고 소유주는 여전히 국가였다. 토지를 국가가 소유하고 일시적으로 농민에게 분배하는 형태였다. 토지를 경작하던 농민이 사망하면 국가가 다시 토지를 회수하여 재분배했다.

게다가 토지를 분배받은 농민들에게는 온갖 의무가 뒤따랐다. 납세의 의무가 있었고 국가가 필요로 할 때면 노동력을 제공해야 했으며 병역의 의무도 부과되었다. 균전제를 시행함으로써 중앙정부는 농민을 파악, 관리할 수 있었고 군사력과 세금도 효과적으로 확보할 수 있었다. 균전제를 통해 토지뿐 아니라 농민도 중앙정부에 소속되게 된 것이며 당연히 지방의 호족, 절도사들의 기반이 약해졌다. 둔전제는 주로 변방 지역이나 국경 지역에서 군사적 필요에 따라 운영되었고 토지가 점차 지방 군벌의 통제하에 놓이게 된 것이 현실이었기 때문이었다. 둔전제에서 균전제로의 이행은 중앙정부의 관리 대상이 토지 중심에서 인력과 노동력 중심으로 옮아갔음을 의미하며, 인력에 대한 중앙정부의 장악력이 커졌음을 의미한다.

당나라의 대외 군사 정책

당나라가 중국 문명의 특징대로 원심적 확장 정책보다는 구심적 안정 정책을 썼다고 해서 당나라의 군사력이 약했다고 보면 오해이다. 당나라의 군사력은 강했다. 주변에 호시탐탐 침략 기회를 노리는 유목 민족 국가들이 건재하고 있었으니, 안보를 위해서도 강한 군사력이 필요했다. 실제로 당나라는 수차례에 걸쳐 외부 세력과 전쟁을 벌였고, 심지어 먼저 다른 나라 영토를 침범한 때도 많았다. 동돌궐과 서돌궐을 멸망시켰고 서역의 고창국(지금의 투르판, 타클라마칸 사막 북쪽)까지 원정을 감행했으며, 신라와 연합해서 백제와 고구려를 정벌하기도 했다.

그러나 당나라의 전쟁과 정벌 사업은 영토 확장의 일환이었다기보다는 교역로 확보, 주변 세력 견제, 조공 체제 유지라는 전략적 목적이 강한 전쟁이었다. 당나라의 한반도 개입도 고구려가 돌궐, 말갈과 연대하여 독립적 외교 세력으로 성장하는 것을 견제하려는 목적에서였다. 당나라가 신라와 동맹을 통해 백제와 고구려를 멸망시킨 것은 동아시아에서 당나라 중심의 국제 질서를 구축하려는 의도였다고 보는 것이 타당하다. 당시 당나라의 국제 질서는 바로 동아시아의 질서였다.

당나라가 돌궐, 토번(티베트), 위구르, 토욕혼 등 북서쪽의 유목국가들과 계속 전쟁을 벌인 것은 한반도 개입과는 그 성격이 약간 다르다. 당나라가 서쪽으로 진출한 것은 그곳을 정복하여 당나라 중심의 질서를 세우기 위해서라기보다는 실크로드를 장악해 중앙아시아 무역로를 확보하려는 의도가 강했다. 그리고 그 목적이나 성격이 어떠했건 당나라의 대외정책, 특히 서역 진출은 국지적 사건으로 그친 것이 아니라 유라시아 대륙 서반구에 강한 아코디언 효과를 일으켰으니, 그중 대표적인 것이 바로 당나라에 의한 돌궐제국 정복이다.

당나라 건국 당시 북쪽 오르콘강 유역은 돌궐족이 지배하고 있었다. 오르콘강 유역은 훗날 몽골제국의 본거지가 된 곳으로서 역사적으로 주인이 수시로 바뀌어 왔다 초기(기원전 2세기~기원후 1세기)에는 흉노족이 그곳에서 강한 유목제국을 건설했으며 6세기부터 8세기까지는 동돌궐의 중심 지역이었다. 당 고조 이연은 바로 그 돌궐의 협조로 수나라를 멸하고 당나라를 세웠다.

당 태종이 즉위할 무렵 동돌궐이 당나라로 침입해 왔다. 태종은 돌궐과의 싸움에서 승리, 동돌궐을 멸한 후(630년) 오르콘강 유역에 도호부(都護府)를 설치하여 당나라의 직할 행정구역으로 편입했다. 이어서 그는 북서쪽으로 진출, 640년 고창국을 합병하고 649년에는 쿠차 왕국을 정복하는 등, 실크로드 일대를 장악했다. 이어서 당나라는 당 고종 재위 시인 657년 돌궐족의 또 다른 국가였던 중앙아시아의 서돌궐을 멸망시키고 인근에 4개의 도호부를 설치하여 관리했다.

당에 의해 서쪽으로 밀려난 돌궐족은 중앙아시아를 정복하면서 인도유럽어족과 혼혈이 이루어졌고, 오늘날의 튀르크족을 형성했다. 이들이 카라한 왕조에 이어 셀주크튀르크 왕조를 세우고 이슬람 세계의 주역이 되었으며 동로마제국을 압박, 결국은 십자군 전쟁의 빌미를 제공한다. 동아시아의 당나라에 의해 벌어진 정복 전쟁이 아코디언 효과를 발휘해, 저 멀리 서유럽에 대변화를 가져온 십자군 운동의 간접 원인이 된 셈이다.

당나라가 서유럽에 끼친 영향은 그뿐이 아니다. 당나라는 실크로드를 적극적으로 통제하면서 중앙아시아와 서역에서 강한 영향력을 행사했다. 그리고 실크로드를 통해 제지술, 도자기, 인쇄술 등의 기술이 서방으로 전파되었고, 그 기술들은 북이탈리아 상인들과 플랑드르 상인들을 통해 서유럽으로까지 전해졌다. 이 또한 서유럽 대변화의 촉매가 된 기술들이다. 국내 안정용 정책을 주로 펼친 당나라의 영향력이 그렇게 멀리까지 뻗어갈 수 있었다는 것이 엄연한 역사적 사실이니, 인류 역사를 보는 우리의 눈길이 거시적인 방향으로 이끌릴 수밖에 없다.

탈라스 전투 : 이슬람과 중국 최초의 충돌

이슬람은 7세기 초에 발흥했다. 그리고 거의 비슷한 시기에 당나라가 건국했다. 이슬람은 동방으로 팽창 중이었고, 당나라는 내적인 안정과 번영을 다지는 중이었다. 그런데 그렇게 성격이 다른 두 문명이 충돌하는 사건이 벌어졌다. 안정적인 교역로와 조공을 확보하기 위해 실크로드의 중심지를 두고 두 세력이 쟁탈전을 벌인 결과 발생한 충돌이다. 두 문명의 성격은 달랐지만, 탐내는 대상은 같았다. 두 이질적인 문명은 실크로드 교역로 중심지 쟁탈을 위해 치열한 전투를 벌인다. 751년에 탈라스강(지금의 카자흐스탄과 키르기스스탄 접경을 흐르는 강) 근처에서 벌어진 탈라스 전투가 그것이다. 탈라스 전투는 채 일주일도 지속하지 않은 짧은 전투이지만 세계사적으로 그 의미가 큰 아주 중요한 전투이다.

당 태종 재위 시부터 교역로 확보를 위해 중앙아시아 서방 진출을 꾀한 당나라는 오아시스 도시국가들을 차례로 점령했고 이 국가들은 당나라에 조공을 바치며 외교 관계를 유지했다. 당시 당나라에 조공을 바친 국가들은 중앙아시아 여러 지역에 널리 걸쳐 있었다. 그런데 당나라는 당 현종(재위 712-756) 재위 시 실크로드 교역로의 중심인 소그디아나까지 진출을 꾀한다.

지금의 우즈베키스탄 사마르칸트를 중심으로 하는 소그디아나는 소그드인이 사는 곳이란 뜻으로서 고대로부터 이란 계열의 유목민들이 살던 곳이었다. 이곳은 역사적으로 셀레우코스 제국, 박트리아 왕국, 쿠샨 제국, 사산 제국의 지배를 차례로 받았으며 6세기부터는 서돌궐제국의 지배를 잠시 받았고 8세기 중반에는 이슬람 아바스 왕조에 복속된 상태였다. 실크로드 교역의 요충지인 소그디아나는 국제적인 상업 중심지로서 번영을 누리고 있었다. 당나라는 그런 소그디아나를 정복, 실크로드 교역을 완전히 장악하려는 의도를 갖고 그곳 진출을 꾀한 것이다.

당시 당나라 군대의 지휘관은 고구려 유민 출신인 고선지高仙芝로서 그는 안서도호부 부도호 직책을 맡고 있었다. 당 현종은 당시 조공 관계를 맺고 있던 석국石國(타슈켄트)이 조공을 제대로 바치지 않았다는 핑계로 고선지에게 타슈켄트 공격을 명한다. 하지만 그것은 핑계일 뿐 실제로는 소그디아나를 점령하겠다는 야심을 숨기고 있었다. 당나라군은 타슈켄트를 점령하고 왕을 처형한다. 그러자 피신한 석국의 왕자가 당나라군을 몰아내기 위해 이슬람 제국 아바스 왕조에 구원을 요청했다. 당나라가 소그디아나 지역 정복 욕심을 지니고 있음을 간파한 아바스 왕조가 당나라군 저지에 나선 것은 당연한 일이다. 아바스 왕조는 즉각 군대를 파견했고 당나라 군대와 이슬람 군대는 탈라스강 근처에서 격돌한다. 이슬람 제국과 당 제국 간의 최초의 충돌이 벌어진 것이다.

탈라스 전투에서 당시 세계 최강국이라고 할 수 있었던 당나라 군대는 이슬람 군대에 대패한다. 그리고 탈라스 전투의 패배로 중앙아시아 지역에 대한 당나라의 영향력은 약해지고 이슬람의 영향력이 강화된다. 탈라스 전투는 당나라와 아바스 왕조 사이에 벌어진 중앙아시아 패권 쟁탈전이었고, 그 전투에서 이슬람이 승리한 것이니 그 역사적 의미는 결코 작다고 할 수 없다.

탈라스 전투 이후 더 이상 당나라의 중앙아시아 진출은 없었다. 이 전쟁 이후 안사安史의 난(755-763, 안록산安祿山과 사사명史思明의 난을 합해서 부르는 명칭)이 일어나 국내적으로 혼란에 빠졌기에 서역에 관심을 쏟을 여력이 없었기 때문이나.

탈라스 전투 패배 이후 그곳 당나라 주둔군은 즉시 철수했고 중국은 다시는 중앙아시아에서 영향력을 행사하지 못했다. 대신 그 지역의 이슬람화가 본격적으로 진행될 수 있는 계기가 되었다. 이후 페르시아계 이슬람 왕조인 사만 왕조(875-999)에 의해 중앙아시아의 이슬람화가 거의 완성되었으며 10세기 이후에는 튀르크계 이슬람 왕조인 카라한 왕조(840-1212)에 의해 튀르크계 유목민들도 대규모로 이슬람을 받아들이기 시작했다. 오늘날까지도 카자흐스탄, 우즈베키스탄, 타지키스탄, 투르크메니스탄, 키르기스스탄 등 이른 바 5탄 국가에 이슬람이 주요 종교로 남아 있게 된 것은 탈라스 전투에서 아바스 군대가 승리했기 때문이다.

하나만 더 지적하자. 이 전투에서 이슬람군이 종이 제조법을 획득하여 서방으로 전파하는 중요한 계기가 되었다는 것이 지금까지 정설이다. 제지술이 서유럽 르네상스의 밑거름이 되었으니, 중앙아시아에서 단기간에 벌어진 전투가 저 멀리 서유럽에 지대한 영향을 미친 것이다.

정책의 균열과 당나라의 멸망

755년에 발발해서 763년까지 이어진 안록산(703-757)과 사사명(?-761)의 난은 당나라를 근본부터 뒤흔든 중요한 사건이었다. 당나라는 탈라스 전투 패배와 안사의 난 이후에도 150년 가까이 지속되다가 907년 멸망한다. 그러나 300년 당나라 역사의 후반기에 해당하는 그 시기는 당나라가 안정적으로 지속된 기간이 아니다. 그 기간은 전반기에 확립되었던 당나라의 질서와 제도가 변질되고 붕괴하면서 혼란에 접어든 시기였다. 당나라 말기 5대 10국 시대는 당이 멸망한 907년부터 조광윤이 송나라를 건국한 960년까지 50여 년간의 혼란기를 지칭하지만, 실질적인 혼란기는 안사의 난이 일어났던 755년부터 이미 시작되어 송나라가 세워질 때까지 200년간 지속되었다고 볼 수 있다. 그 혼란기는 한 마디로 지방 절도사의 힘이 강력해지면서 중앙정부와 대립했던 시기이며, 그런 변화의 도화선이면서 동시에 그 변화를 상징적으로 보여준 사건이 바로 안록산의 난이다.

안록산은 소그드인 아버지와 돌궐계 무녀 사이에 태어났다. 돌궐 부족 사이에 살고 있던 안록산의 집안은 안록산이 어린 시절 당나라로 망명 안安씨 성을 하사받았다. 젊은 시절 지금의 통역사 정도에 해당하는 작은 지위를 얻은 안록산은 소그드인 출신답게 그 지위를 활용, 국경 부근 중계무역으로 큰 부를 축적한다. 이어서 군에 진출한 그는 축적한 부를 바탕으로 당 현종의 마음을 사로잡고 출세 가도를 달려 751년에는 평로(랴오닝성), 범양(베이징), 하동(산서성) 세 곳의 절도사 자리를 확보한다. 당나라 전체 군세의 1/3을 차지하는 최대 군벌이 된 것이다. 그는 755년 난을 일으켜 낙양을 도읍지로 연燕 나라를 세우고 황제를 자처했다. 하지만 757년 그는 아들 안경서에게 살해되고 곧이어 안경서는 휘하 장수였던 사사명에게 살해된다. 이후 사사명도 아들 사조의에게 암살당하고, 763년 당나라-위구르 연합군은 사조의의 반란군을 진압, 사조의가 자결함으로써 8년 만에 당 제국 최대의 군사 반란이자 내전 중 하나가 막을 내린다.

안사의 난은 8년 만에 진압되었지만, 실추된 중앙정부의 권위와 통치력은 회복되지 않았다. 지방 절도사들의 권력이 막강해지면서 강력한 지방 군벌이 등장했다. 게다가 안사의 난 이후 국경 지역 변경의 방위를 위해 설치되었던 절도사 체제가 전국적으로 확산되었다는 사실 또한 주목을 요한다. 말하자면 국방이 주 임무였던 절도사들이 국내 정치권력자로 등장했다는 뜻이다.

안사의 난 이전 번진藩鎭은 북방 유목민과 서역 세력의 침입을 방어하기 위한 군사 행정구역이었으며 절도사들은 중앙정부의 지휘를 받는 국경 방어 사령관이었다. 그런데 안사의 난 이후 번진이 내지內地로까지 확대되고 지방 군벌들의 세력이 급증한다. 그중 일부 군벌들은 중앙정부의 통제에서 완전히 벗어나 세습적인 권력을 구축, 독립적인 지방 군벌로 변모한다. 800년경에는 전국에 40개 이상의 번진이 존재하면서 절도사들이 번진을 사실상 지방 정권처럼 운영했고, 9세기 중반에는 절도사들이 당나라 행정을 좌지우지하는 상태가 되었다. 중앙정부가 형식적으로만 존재하는 분열 상태로 접어들었으니 나라 전체가 흡사 수 세기 전의 춘추 전국시대와 비슷하게 되어버린 것이다.

안록산의 난 이후 지방 절도사의 영향력이 강해지면서 중앙집권 체제 강화를 위해 시행되었던 제도들도 변질되거나 붕괴했다. 우선 균전제가 붕괴했다. 전란으로 많은 농민이 토지를 버리고 떠나면서 유력 귀족과 지방 절도사들이 이들의 토지를 차지했고 중앙정부는 전국적인 토지 조사와 재분배를 실행할 능력이 없었기 때문이었다. 당연히 조세의 기반이 무너졌고 국가 재정은 악화되었으며 중앙정부의 통제력은 급격히 약해졌다.

과거제에도 변화가 찾아왔다. 지방 절도사들이 독자적으로 과거제를 시행하면서 지역 기반의 신흥 관료층이 등장한 것이다. 따라서 중앙정부의 율령체계가 흔들린 것도 당연한 결말이다. 절도사의 권한이 커지면서 자체적인 군사·경제 정책을 시행했고, 이는 곧 국가 차원의 법 집행력 상실을 의미했다. 국가 질서 자체가 무너진 것이다.

결국 안록산의 난 이후 중앙집권을 위한 핵심 제도들이 모두 변질되면서 당나라는 사실상 분열되었고, 875년부터 884년까지 이어진 황소의 난黃巢之亂을 겪은 뒤 사실상 멸망의 길로 접어든다. 그리고 907년 원래 황소의 부장이었으며 당시 변주 절도사였던 주전충이 애제哀帝를 폐위하고 당나라를 멸하면서 중국은 오대십국의 혼란기(907-960)에 접어든다. 오대십국 시대란, 주전충이 후량後梁을 세운 이후 중원 지역에 후량을 비롯해 후당後唐, 후진後晉, 후한後漢, 후주後周의 다섯 왕조가 세워지고, 그 외 지역에서 오吳, 남당南唐, 오월吳越, 민閩, 형남荊南, 초楚, 남한南漢, 전촉前蜀, 후촉後蜀, 북한北漢의 10국이 할거하던 시대를 말한다.

  오대십국의 혼란기를 끝내고 중국을 다시 통일한 인물이 송 태조인 조광윤趙匡胤(927-976, 재위 960-976)이다. 후주後周의 무장이었던 조광윤은 후주의 공제恭帝로부터 제위를 선양 받아 송나라를 건국한다. 그는 몇 년간 과거 제도 정비 등 내치에 힘쓴 후 963년부터 통일 전쟁에 나선다. 송 태조는 970년경 중국의 북부 지역을 거의 통일하며 사망 직전인 975년에는 북한北漢과 오월吳越을 제외한 10국도 거의 다 평정한다. 이전 당나라의 영토 대부분을 되찾는 데 성공한 것이다. 그가 병으로 세상을 떠난 뒤 황제 위에 오른 송 태종은 중국을 완벽하게 통일했다.

02

송나라―지구촌 최고 부자 나라

송나라(960-1279)가 지속된 시기는 이슬람 세계에서 아바스 왕조의 힘이 약해지고 셀주크튀르크(1040-1307)가 이슬람 왕조를 지배하면서 동로마제국을 압박하던 시기, 그를 빌미로 십자군 전쟁(1096-1272)이 벌어지던 시기와 거의 일치한다. 이어서 살라딘의 아이유브 왕조(1171-1250)가 들어섰다가 노예 왕조인 맘루크 왕조(1250-1517)에 의해 멸망하고, 맘루크 왕조가 이슬람 세계를 지배하기 시작하던 때와도 겹친다. 한편 송나라 말기는 칭기즈칸(1162-1227)이 몽골제국(1206-1368)을 설립한 뒤, 그 세력이 지구촌 전체를 향해 뻗어나가기 시작하던 때이기도 하다.

문치주의와 중상주의

비록 13세기 말 몽골제국에 의해 멸망하기는 했지만, 지구촌 많은 지역이 격동기에 처해 있을 때 가장 안정된 상태에서 번영한 국가를 하나 꼽으라면 단연 송나라이다. 송나라는 당시 이미 영국 산업 혁명기와 비슷한 양의 철강을 생산했으며(추정량 12만 5천 톤) 세계 최초로 지폐를 발행하여 유통했다. 또한 상업과 대외교역을 장려하여 기본적으로 농본주의와 중농억상重農抑商으로 이어져 온 중국 역사의 기조를 바꾸었으며, 인쇄술, 화약, 나침반 등 기술 분야에서도 큰 발전을 이루었다.

거의 200년 가까이 혼란에 처해 있던 당나라의 뒤를 이은 송나라는 당나라를 타산지석으로 삼아, 당나라와는 다른 방향에서 번영과 안정을 추구했다. 중앙 권력의 강화를 통한 나라의 안정이라는 큰 목표는 당나라 초기와 같았는지 몰라도 송나라가 택한 길은 당나라와 달랐다.

송 태조가 송나라를 건국하면서 택한 정책들은 후기 당나라가 보여 준 구조적 문제에 대한 반작용이자 해결책이었다. 우선 송나라의 가장 대표적 정책 기조인 문치주의가 그러했다. 송 태조 조광윤은 후기 당나라의 혼란이 절도사의 군벌화에 따른 것임을 잘 알고 있었다. 그는 무신(절도사) 중심의 지방 군벌화를 막기 위해 강력한 문관 중심 정치를 시행했다.

물론 송나라에 군대가 없었을 리 없다. 하지만 송나라는 당나라 때의 부병제府兵制를 모병제募兵制로 바꾸었다. 균전제하에서 농민에게 병역을 부과하던 제도를 일종의 직업 군인 제도로 바꾼 것이다. 후기 당나라에서 부병제가 지방 군벌의 세력을 강화하는 데 활용되었기 때문이었다. 게다가 송나라는 중앙군이자 황제 근위대라고 할 수 있는 금군禁軍 제도를 개혁, 군 사령관직을 폐지하고 황제 직속으로 만들었다. 기본적으로 군대가 황권을 위협할 수 없는 구조로 만든 것이다. 송나라 군대는 오로지 황제에게만 복종했으니, 자율성과 전투력이 현저히 떨어지는 부작용이 뒤따랐다.

한편 송 태조는 중앙 권력 강화의 일환으로 당나라에서 부분적으로 도입되었던 과거제를 더욱 확대, 중앙정부가 직접 인재를 등용하는 시스템을 강화했다. 당나라 후반기 절도사들이 독자적으로 과거제를 시행하여 중앙정부의 통제력이 약화되었던 것을 반면교사 삼아 국가 차원의 과거제를 강화한 것이다. 당나라에서도 과거제를 시행했다고 하지만 아직 세습적인 관료 임용 방식이 주를 이루고 있었다. 그러나 송대에 이르러 과거제가 유일한 관리 임용 방식이 되었다. 혈통보다 능력과 실무 중심으로 관리를 선발하려 한 것이니, 국가 임명 관료를 통한 국가 관리는 송나라 정책의 뼈대를 이루었다.

그러나 송나라의 변화를 대표적으로 상징하는 것은 무엇보다 균전제의 폐지였다. 사실 당나라 후반기에 균전제는 이미 유명무실화된 상태였다. 지방 절도사들의 힘이 강해지면서 귀족과 절도사들이 대토지를 소유하게 되었고 그에 따라 국가의 토지와 인력 관리 시스템이 붕괴했다. 그러나 송나라는 중앙 권력 강화를 위해 균전제를 되살리려 하지 않았다. 토지와 인력을 국가가 직접 통제하는 것이 이미 어려워졌기 때문이다. 송나라는 다른 방법을 택했다. 토지를 개인이 소유, 판매할 수 있게 한 것이다. 말하자면 이미 실질적으로 토지를 소유 관리하던 귀족의 소유권을 합법적으로 인정한 셈이다. 국가가 토지와 인력을 직접 관리하는 시스템에서 탈피, 사유재산 체제로 전환한 것이다. 송나라는 사유재산을 인정하는 제도를 도입하면서 농민들에게 거주 이전의 자유를 보장해 주는 정책도 함께 펼쳤다.

토지 사유제의 도입은 송나라의 모습 자체를 이전 중국과는 크게 다르게 만들었다. 우선 토지 사유제 도입으로 지주地主제가 확립되었다. 부유한 개인이 토지를 소유하고 농민을 고용하거나 소작하는 방법이 일반화된 것이니 그로 인해 개인의 재산 축적 가능성이 커졌다. 송나라의 사유재산 제도는 토지 분야에서 그치지 않았다. 상공업 분야에서도 개인의 경제적 자유가 확대된 것이다. 당연히 상업이 활성화되고 도시 경제가 발전했다. 그리고 시장경제가 활성화되면서 자본 축적이 이루어졌고 상인 층의 정치적 영향력이 커졌다. 균전제 폐지가 단순한 토지 관리 형식의 변화에서 그치지 않고 사유재산 제도의 확대와 상공업 발전이라는 경제적 변화와 연결된 것이다. 게다가 농민에게 거주 이전의 자유를 보장해 줌으로써 농민들이 도시로 이주, 산업 인력이 증가하여 도시 경제와 상공업이 활성화되었다.

사유 재산 제도의 확립과 경제적 자유의 확대는 중앙 권력 강화와는 거리가 멀어 보인다. 그러나 송나라는 그러한 정책을 시행하면서 당나라와는 다른 방식으로 중앙 권력을 강화할 수 있었으니, 바로 세금 제도를 통해서였다. 균전제의 붕괴로 토지와 인력을 직접 관리하기 어려웠지만 대신 조세 제도를 통해 중앙 권력을 강화할 수 있었던 것이다.

송나라 중앙정부는 토지 사유를 인정하는 동시에 세금 부과 시스템을 강화했다. 그리고 토지에서 나오는 세금은 물론, 상공인들이 납부하는 세금이 국가 재정의 핵심이 되었다. 국가가 직접 토지를 관리하던 균전제 체제를 시장경제 원리에 따라 세금 징수가 원활한 체제로 바꾼 것이다. 민간의 경제활동이 활발해질수록 세수가 증가하는 구조가 형성되어, 나라 전체의 경제적 발전이 중앙정부의 부富의 축적으로 이어졌다. 강력한 중앙 관료 체계를 이용하여 세금을 효과적으로 징수하는 시스템을 구축한 것도 세수稅收를 통한 중앙 권력 강화에 크게 기여했다.

송나라가 균전제를 폐지하고 사유재산과 시장경제 체제를 도입한 것은 송나라 중앙 권력의 약화를 뜻하지 않는다. 단지 중앙정부의 국가 관리 방식이 이전과 달라졌을 뿐이다. 둔전제로부터 균전제로, 이어서 사유재산 제도로의 이행 과정은 국가의 관리 대상이 '토지'에서 '토지와 인력'으로, 이어서 '돈'으로 바뀌었음을 뜻한다. 사유재산 제도와 자유로운 시장경제의 활성화로 나라가 부유해짐에 따라 재정 수입이 원활해진 중앙정부는 그 돈을 이용해 군대 조직을 운영할 수 있었으며 효율적인 관료 조직을 운영할 수 있었다. 그리고 그것은 곧 중앙 권력의 강화로 이어졌다. 중앙정부는 민간의 자유로운 경제활동을 보장했고, 그 덕분에 활성화된 경제를 기반으로 강력한 권력을 유지할 수 있었던 것이니 일종의 선순환이었다.

사유재산과 시장경제 체제 도입은 중국의 모습을 근본적으로 변화시켰다. 이전의 농업 중심 국가로부터 교역 중심 국가로 변신한 것이다. 물론 당나라도 중앙아시아까지 영향력을 확대하면서 실크로드 교역을 적극적으로 장악하려 한 것은 사실이다. 그러나 당나라 경제의 중심은 여전히 농업이었고 해외 교역은 국가 경제의 핵심 기반이 아니었다. 무엇보다 당나라의 교역 체계는 민간 상업 활동이 아니라 국가 주도의 외교적 경제 활동에 가까웠다. 당나라의 무역은 기본적으로 조공 무역이었으니 외국 상인들은 조공 관계를 통해서만 당나라와 교역할 수 있었다.

그런데 송나라에 이르러 교역이 국가 주도가 아닌 민간 주도 활동이 되자 송나라의 해외 교역량은 엄청나게 증가했다. 특히 해상 무역(해상 실크로드)이 폭발적으로 성장하면서 송나라는 국제 무역의 중심이 되었다. 항저우杭州, 취안저우泉州 등은 세계적인 항구 도시이자 국제도시로 성장했다. 마르코폴로보다 3년 먼저(1271년) 취안저우에 왔던 이탈리아 상인이자 학자 야콥 단코나Jacob d'Ancona의 견문록 『빛의 도시』에는 당시 취안저우에 수십만 명의 일본인, 고려인, 베네치아인, 유대인, 영국인, 프랑크인, 인도인, 흑인들이 살아가고 있었다는 기록이 나온다. 송나라가 세계 각지의 사람들이 모여드는 국제도시였음을 증명하는 기록이다. 송나라와의 교역을 통해 중국의 비단, 도자기, 차, 종이, 화약 등이 이슬람 세계, 인도는 물론 저 멀리 유럽까지 대량 수출되었으며, 그 대가로 향신료, 보석, 말, 은銀 등이 유입되었다. 송나라는 당나라보다 훨씬 개방적이고, 국제적 경제 네트워크를 형성한 국가였으며 그런 개방성으로 한껏 번성했다.

송나라를 대표하는 또 하나의 이미지는 약한 군사력이다. 부유한 국가이긴 하되 강한 나라는 아니었다는 뜻이다. 그리고 송나라의 멸망을 약한 군사력 때문이라고 지적하는 사람도 많으며, 정책적 오류 때문에 자주국방에 실패한 예로 자주 거론되기도 한다. 어느 정도 사실이지만 그렇게 간단하게 단정하기는 어렵다.

송나라는 기본적으로 외교적 화친 정책을 기본으로 하고 있었다. 송나라는 인도의 촐라 왕국, 이집트의 파티마 왕조, 중앙아시아의 카라한 왕조, 한반도의 고려, 일본 등과도 외교 관계를 맺었다. 심지어 1081년, 동로마제국에서 온 대사를 황제가 접견하였다는 기록도 있을 정도로 송나라는 국제적으로 많은 나라들과 친교를 맺었다. 다만 국경을 접하고 있는 나라와의 관계가 문제였다. 송나라는 거란족의 요遼(916-1125), 탕구트족의 서하西夏, 여진족의 금金(1115-1234)과 외교적, 군사적 충돌이 있었다. 그런데 송나라는 당나라와 달리 지나칠 정도로 방어적인 자세로 임했다.

송나라가 대외 관계에서 그 얼마나 방어적인 자세였는가를 보여주는 예가 바로 요나라와 맺은 '전연의 맹澶淵之盟'이다. 1004년 요나라가 송나라 땅을 침범하자 송나라 제3대 황제 진종眞宗은 몸소 군대를 이끌고 요나라 군과 대치한다. 송나라의 강경한 태도에 요나라가 화친을 제의, 두 나라가 평화조약을 맺으니, 그것이 바로 '전연의 맹'이다. 그런데 분명히 요나라가 먼저 송나라를 침범했으며, 요나라가 먼저 화친을 제의했음에도 불구하고 송나라는 매년 은 10만 냥, 명주 20만 필을 세폐歲幣로 요나라에 보내기로 합의한다. 이후 두 나라 사이에 오래 평화가 계속되었으니, 송나라는 돈을 주고 평화를 산 셈이었다.

　서하와의 관계도 마찬가지였다. 송과 서하의 충돌도 서하가 여러 번 송나라 국경을 침범함으로써 벌어졌다. 이번에도 송의 반격을 견디지 못한 서하가 먼저 화친을 제안하고 송은 그 제안을 받아들인다. 그런데 1048년 맺어진 이번 조약에서도 송은 서하에 매년 은 5만 냥, 비단 13만 필, 차 2만 근을 세폐로 지급하기로 약속한다.

　당시 송나라의 1년 재정 수입이 1억 5,000만 냥이었다고 하니 요나라나 서하에 바치는 공물은 송나라에 큰 부담이 안 되는 미미한 양이었다. 그렇다 할지라도, 그 두 조약은 전쟁에 이긴 강대국이 패한 약소국에 조공朝貢을 바치는, 역사상 유례를 찾기 어려운 이상한 조약이었다. 송나라 입장으로는 오랑캐를 방어하기 위해 군대 양성에 비용을 들이는 것보다 훨씬 저비용 고효율 방법이라고 생각했을 것이며, 고도의 경제 성장을 안전하게 이루기 위해 치러야 할 비용 정도로 생각했을 것이다. 어쨌든 그 두 조약은 송나라가 군사력을 통한 국방보다는 외교를 통한 국방에 더 치중했음을 보여주는 단적인 예이다.

　송나라는 1127년 금나라에 밀려 양쯔강 남쪽으로 쫓겨나 임안臨安(지금의 항저우)으로 수도를 옮긴다. 개봉을 수도로 했던 이전 송나라를 북송北宋(960-1127)이라 부르고 임안으로 수도를 옮긴 이후의 송나라는 남송南宋(1127~1276, 혹은 1279)이라 부른다. 비록 황하를 중심으로 하는 중원 지역은 잃었지만, 남송은 양쯔강 이남의 많은 인구와 생산성 높은 농지를 기반으로 여전히 막강한 경제력을 지닌 국가로 번성한다. 하지만 한창 번성하던 남송은 몽골제국 5대 대칸이자, 원元의 시조인 쿠빌라이가 1279년 최후 저항 세력을 완전 섬멸함으로써 멸망한다. 송의 멸망 이전에 요는 1125년 금金에 의해 멸망했고 금은 1234년 몽골에 의해 멸망했다.

송의 멸망

송나라의 멸망은 지구상에 존재했던 여러 나라가 겪은 멸망 양상과는 조금 다르다. 송나라 자체가 혼란에 빠지지도 않았고, 송나라 체제의 흔들림도 없는 상태에서, 외적의 힘에 압도되어 멸망한 이례적인 경우이다. 중국으로 범위를 좁히더라도 이전의 한나라나 당나라, 혹은 훨씬 이전의 주周나라처럼 송나라에는 말기末期 현상이 없었다. 지구촌에 존재했던 대부분의 나라들은 절정기 이후의 부패와 분열이라는 내부 요인과 외적 침입이라는 외부 요인이 함께 작용해서 멸망한다. 그러나 비록 양쯔강 이남의 반쪽 국가였지만 남송은 경제, 문화 등 모든 면에서 한창 번영기를 구가하고 있었다. 즉 부패와 분열이라는 내부 요인 없이 멸망한 나라가 송나라이다. 그렇기에 중국 사람들 중에 송나라의 멸망을 안타까워하는 사람들이 많은지 모른다. 그들은 속으로 이렇게 되뇌고 있을지도 모른다. 만일 송이 멸망하지 않았다면…… 송이 계속 번영의 길을 갈 수 있었다면…… 만일 송이 막강한 경제력으로 군사력을 키웠다면……

다시 말하지만, 송나라는 국가 체제가 결정적으로 파탄에 처하지 않은 상태에서 오랑캐의 힘에 압도되어 멸망한 이례적인 경우이다. 그래서 더 아쉬움을 주는 경우이다. 그 아쉬움은 송나라가 군사적으로 무기력했다는 사실에 대한 아쉬움으로 이어지고, 송나라의 문치주의를 송나라 멸망의 원인으로 간주하는 데까지 이른다. 그러나 송나라가 멸망한 것을 오직 문치주의의 탓으로 돌릴 수 있을까? 송나라가 좀 더 강한 군사력을 키웠다면 멸망하지 않을 수 있었을까?

물론 송은 명백히 문치주의 국가였으며 국가 방어를 군사력보다는 경제력과 외교력에 의존했던 것이 사실이다. 그리고 그로 인해 사회 전반적으로 군인에 대한 인식도 좋지 못했다. 게다가 무인 경시 사회에서 모병제로 병사를 채우다 보니 전반적으로 병사 개개인의 질도 낮아졌다.

그러나 송의 군사력이 생각만큼 허약하기만 했던 것은 아니다. 남송은 금나라가 멸망한 이후에도 몽골에 대항해서 40년 이상 버텼으며, 몽골군이 총공격에 나서서도 정벌 과정에 뭉케 대칸이 전염병으로 사망(1259년)하는 등 송나라 공략에 어려움을 겪었다. 만약 송나라가 군사적으로 극도로 취약한 나라였다면 몽골과의 전쟁에서 이렇게 오래 버티지는 못했을 것이다. 송나라가 몽골에 의해 멸망한 것은 송이 너무 허약해서라기보다는 몽골이 너무 강해서였다.

송나라가 문치에 치중했다 하더라도 송나라 멸망의 원인을 내적 원인으로만 돌리는 것은 단견이다. 그러한 내적 원인과 함께 국제 정세에 따른 외적 원인도 고려해야 한다. 한마디로 지구촌은 이미 몽골의 세계 제국화의 길로 접어들고 있었고 그것이 대세였다. 몽골은 당시 존재했던 거의 모든 국가에 압도적인 위협이었다. 당시 몽골제국은 세계적으로 가장 강력한 군사적·정치적 세력이었고, 그 힘으로 세계 질서를 바꿀 수준의 변화가 진행 중이었으며 그 흐름은 송나라의 흥망을 넘어서는 거대한 흐름이었다. 금, 서하, 아바스 왕조, 동유럽의 키예프 공국 등 송나라보다 훨씬 더 군사 중심적인 국가들도 몽골에 의해 무너졌으니, 이는 개별 국가의 체제와 상관없는 역사적 흐름이었다고 볼 수 있다. 말하자면 송나라가 무인 중심 국가였다고 할지라도 몽골제국이라는 초강대국의 세력 확장 흐름 속에서 독립과 번영을 유지하기는 어려웠을 것이다.

그런 흐름 속에서 송나라는 1279년 멸망한다. 학자에 따라서는 원나라 군대가 남송의 수도인 임안을 점령하고 당시 5세였던 남송 황제 공제恭帝가 원나라에 공식적으로 항복한 1276년을 멸망한 해로 삼기도 한다. 그러나 남송 조정 일부가 황실 후손 조병趙昺을 옹립하여 광둥 지역에서 저항을 이어갔으며 그 저항은 3년간 계속된다. 1279년 송의 실질적 마지막 황제인 조병이 바다에 몸을 던져 자결함으로써 남송 세력이 완전히 소멸했으니, 1279년을 송이 멸망한 해로 간주하는 것이 일반적이다.

몽골제국의 쿠빌라이 대칸은 1268년 가을부터 재차 남송정벌에 나선다. 그런데 남송정벌이 진행되던 중인 1271년 그는 대원大元 왕조를 창설하고 칭기스칸을 원 태조로 모신다. 몽골제국의 이름으로 남송정벌에 나섰다가, 원나라의 이름으로 남송을 멸망시킨 것이다. 말하자면 정복 전쟁이 통일 전쟁으로 바뀐 것이니, 원나라에 의한 중국 통일은 선비족인 수와 당의 중국 통일과 그 성격이 비슷하다. 송나라에 의해 잠시 한족漢族이 중국이라는 무대의 주인이 되었다가 다시 유목 민족인 몽골족에게 자리를 내준 것이다.

제6장

세계 역사를 바꾼
몽골제국

⋮

　7세기 초 이슬람의 발흥은 거의 지구촌 전체를 뒤흔들 만큼 세계사에 지각 변동을 가져온 혁명과도 같은 사건이었다. 이슬람 등장 이후 오리엔트 문명의 중앙아시아 진출이 이전보다 훨씬 활발히 진행되었으며, 비교적 낙후된 지역이었던 서유럽은 이슬람과의 만남을 통해 대변혁을 겪고, 자신들의 말 그대로 새롭게 탄생할 계기를 마련한다.

　그런데 13세기에 이르러 지구촌은 이슬람의 등장으로 인한 지각 변동보다 영향력이 더 큰 또 한 번의 지각 변동을 경험한다. 바로 몽골제국(1206-1368)의 등장으로 인한 지각 변동이다. 1279년 몽골이 남송을 정복하고 중국 땅에 원나라를 세웠을 당시, 유라시아 대륙 거의 전부가 몽골제국의 판도 안에 들어와 있었다고 해도 과언이 아니다. 몽골제국이 유례가 없는 세계 최대의 육상제국을 이루면서 팍스 몽골리카$^{Pax\ Mongolica}$라고 불리는 시대가 열린 것이다. 당시 몽골제국의 기세로 볼 때 인도와 유럽, 이슬람 세계가 어떻게 몽골에 완전히 정복당하지 않았는지 그 이유를 힘들게 찾아야 할 정도였다.

　몽골제국은 유라시아 전역에 걸쳐 역사상 최대의 육상제국을 건설했으니, 이로부터 비로소 진정한 의미의 세계사가 시작되었다고도 말할 수 있다. 그전까지 지구촌 문명은 각 지역 단위, 혹은 각 문명권 단위로 흥망성쇠를 겪은 셈이었으며 문명 간 교류가 있었다 할지라도 그 범위는 제한적이었다. 그런데 몽골제국의 등장으로 역사의 무대가 유라시아 대륙 전체로 확대되어, 그 넓은 무대 전체가 새로운 유기적 관계 속에서 대변화를 겪게 된 것이다.

몽골제국에 의한 문명의 교류와 통합은 무엇보다 경제적 교환에 의해 이루어졌다. 몽골 지배로 분쟁이 끊이지 않던 초원지대가 안정되었고, 그 덕분에 안전한 교역로가 확보되어 동서 간의 광범위한 교역이 가능해진 것이다. 팍스 몽골리카로 인해 그전까지 동아시아, 이슬람 세계, 슬라브 세계, 유럽으로 나뉘어 있던 경제 체제들이 하나의 경제 체제로 통합되어, 사람들과 대상들은 역사상 처음으로 이탈리아로부터 중국까지 안전하게 이동할 수 있게 되었다. 그리고 아시아와 거의 단절되어 있던 유럽인이 당시 최고의 풍요로움을 자랑했던 극동과 접촉, 그곳의 문물, 기술 등을 손에 넣을 수 있게 되었다. 오늘날 우리에게 익숙한 단어를 사용한다면 교역을 통한 '지구촌의 세계화'가 이루어진 시기가 바로 '팍스 몽골리카' 시대라고 할 수 있다. 그리고 그 팍스 몽골리카의 가장 큰 수혜자는 바로 유럽이었다. 이슬람을 통해 그리스 문명과 오리엔트의 선진 문명을 받아들인 유럽이 저 멀리 동아시아의 문명을 받아들여 도약의 발판을 완성한 것이다. 그런데 유럽인은 칭기즈칸을 약탈자이자 잔인한 학살자로 주로 그려 왔다. 역설적으로 보이지만, 한편으로는 이해할 수 있는 일이다. 결과야 어찌 됐든 그들에게 몽골은 무시무시한 침략자였다. 그런 양면성을 지닌 게 역사이자 세상사이다.

우리에게 익숙한 문명사는 대개 정주민 위주의 문명사이다. 유목민은 정주민이 이룩한 문명 주변을 떠돌면서 그들이 이룩한 것을 탈취하거나, 그 문명에 기생하는 존재로 간주하는 것이 일반적이었다. 게다가 몽골제국은 세계를 호령했음에도 불구하고 지구상에 존재했던 다른 제국들과는 달리 비교적 단명했으며, 그들만의 두드러진 유산도 남기지 않은 채 사라진 것처럼 보인다. 마치 신기루처럼, 일시적으로 반짝했다가 기존의 정주 문명권에 흡수되어 사라진 것처럼 보인다.

그러나 몽골제국을 비롯한 유목민의 삶을 그런 식으로 경시하는 것은 인류 역사를 정주 문명 중심으로만 보는 눈길 때문이다. 유목민들에게도 유목민의 문명이 있고, 유목 민족의 역사가 있으며 다른 문명과 마찬가지로 그들만의 특징이 있다. 그리고 그런 특징이 응집되어 거대한 세력으로 세계에 군림한 것이 바로 몽골제국이다. 그들은 그들이 정복한 정주민들에게 의지해서 통치제도를 만들거나 그들의 제도를 모방할 필요가 없었다. 그들에게는 그들만의 통치제도가 있었고, 그들이 정복한 지역에서 그 통치제도를 유지했다. 게다가 그들은 새로운 해법이 필요한 난관에 봉착하면 끊임없이 변화할 수 있는 유연성을 지니고 있었으니, 그 유연성이야말로 정주 문명이 지니기 어려운 유목 문명의 특징이었다. 유목 민족의 특성인 이동성과 유연성 덕분에 몽골제국은 일종의 이동 가능한 국가 개념을 우리에게 선보였다고 볼 수도 있다.

그런 사실들을 젖혀 놓더라도 무엇보다 몽골제국은 세계를 크게 변화시켰다. 그들은 빈약한 연결망으로 겨우겨우 소통하고 있던 지구촌에 원활한 연결망을 제공함으로써 세상을 크게 변화시켰다. 그들은 매개였고 촉매였고 윤활유였다. 그러나 몽골은 그런 매개와 촉매 역할에서 그치지 않았다. 그들이 변화의 주체이기도 했고 그들이 정복한 곳을 변화시키기도 했으며 그 변화로 세계 자체를 변화시켰다. 예컨대 슬라브족은 몽골 지배 덕분에 눈에 두드러진 변화를 겪고 국가의 모습을 갖추었으며 특히 러시아는 몽골 지배를 받으면서 공국 연방 형태로부터 중앙집권적 전제국가로 변모했다. 변방 소국이었던 모스크바 공국은 몽골 지배 덕분에 강국으로 성장할 수 있었으며 몽골의 군사·행정 시스템을 받아들여 러시아 제국의 기틀을 마련했다.

세계를 통합한 몽골제국은 비교적 단시일 내에 붕괴한 것이 사실이다. 하지만 '몽골의 방식'은 훨씬 오래 지속되었으며 바로 그것이 우리가 받아들여야 할 역사적 사실이다. 호모사피엔스의 중요 기질 중 하나인 떠돌이 기질이 어떤 문명을 이룩할 수 있는지, 그 기질이, 그 기질의 구현이라고 할 수 있는 몽골제국이 사라진 후에도 지구촌에 어떤 영향을 미쳤으며 세상을 어떻게 변화시켰는지, 더 나가 그런 몽골의 방식이 현대 문명 내에서 어떻게 ㅇㅇ작동하고 있는지 깊이 성찰하기 위해서도 몽골제국은 우리가 흘낏 눈길은 주는 정도로 만족할 대상이 아니다.

01

몽골제국의 등장

　몽골제국은 하루아침에 갑자기 등장한 유목 민족 국가가 아니다. 몽골제국 등장 이전에도 유라시아 유목 민족은 동쪽으로는 중국의 만주 서북부로부터 서쪽으로는 헝가리 초원지대까지, 북쪽으로는 시베리아 남부 변경으로부터 티베트고원까지 광범위한 건조지대에서 약 2,000년 동안 생활하며 세계사를 움직이는 동력 역할을 했다. 중국 수나라를 건국한 선비족도, 당의 건국을 도운 돌궐족도 유목 민족이었고, 안사의 난을 일으킨 안록산도 이란계 유목민 혈통이었다. 안사의 난으로 위기에 빠진 당나라를 구해준 위구르 제국도 유목민이 세운 나라였으며, 5대 10국 시대의 후량, 후당, 후한, 후진, 후주도 돌궐족이 세운 나라들이었고, 북중국을 지배한 요, 서하, 금도 유목민이 세운 나라였다.
　그뿐이 아니다. 5세기 초 유럽을 침입한 훈족 외에 아바르, 불가르, 하자르, 마자르, 킵차크 등 동유럽에 등장한 민족들도 아시아 유목 민족이었으며, 6세기부터 11세기에 이르는 동안 중앙아시아로부터 서아시아까지 튀르크계 유목 민족들이 두드러진 활동을 벌이니, 카라한 왕조,

셀주크 왕조 등이 대표적인 왕조이다. 셀주크 왕조가 이슬람 제국을 정복하고 십자군 전쟁의 간접 원인이 되었음은 이미 살펴본 바 있다.

12세기에 유라시아 대륙 초원지대에는 금金, 서하西夏, 서위구르, 서요西遼, 카라한 왕조, 호라즘 왕조, 셀주크 왕조 등이 병립竝立하고 있었다. 그리고 마침내 13세기에 이르러 중앙 유라시아형 국가의 완성체가 등장해 유라시아 전역에 걸쳐 역사상 최대 육상제국을 건설하니, 바로 칭기즈칸이 세운 몽골제국이다. 앞에서 말했듯 몽골제국의 등장으로 세계 전체가 유기적으로 연관을 맺는 진정한 세계사가 등장한 셈이니, 역사의 무대가 각 지역, 각 문명권을 넘어서서 유라시아 대륙 전체로 확대되었다고 볼 수 있다.

몽골제국의 세계 지배는 칭기즈칸이 1206년 제국을 선포한 이후, 1368년 원나라의 수도인 대도大都가 명明나라 시조인 주원상朱元璋에게 함락되어 원나라가 중국 땅에서 물러날 때까지 약 150년밖에 지속하지 못한다. 그러나 몽골제국이 사라졌다고 중앙 유라시아 유목 민족 국가가 사라진 것이 아니다. 중앙아시아는 몽골제국의 뒤를 이은 티무르 제국(1370-1507)이 지배했으며, 서쪽에서는 오스만제국(1299-1922)이 군림하면서 유럽 동남부, 서아시아, 북아프리카 대부분을 통치했다. 오스만제국은 1453년 동로마제국을 멸망시켰으며 17세기 말에는 신성로마제국을 위기에 빠뜨리고 헝가리 전역을 탈취한다. 그뿐이 아니다. 유라시아 서북부의 러시아 제국, 이란의 사파비 왕조, 인도의 무굴제국, 더나가 만주족의 청 제국도 넓은 의미에서 몽골을 계승한 국가로 꼽을 수 있다. 따라서 우리가 몽골제국의 흥망성쇠와 그 특징을 살펴보는 것은 150년간 존속했던 하나의 제국 모습을 살펴보는 데서 그치는 것이 아니라, 호모사피엔스가 지구촌에 이룩한 또 다른 문명의 총체적 모습을 살펴보는 것과 같다.

칭기즈칸의 등장과 개혁

칭기즈칸(테무친)은 1160년경 오논강 인근 지역에서 태어났다. 1190년경, 테무친이 이끄는 키야트 부족은 인근 부족과의 세력다툼에서 승리, 강력한 부족으로 성장했으며, 1199년 나이만족을 정복하고 초원지대의 패자가 되었다. 1206년 테무친은 고원에 남은 마지막 큰 세력인 서 나이만족과 북 메르키트족을 격파하고 그해 2월, 족장 회의인 쿠릴타이quriltai를 소집, 칭기즈칸에 추대된다.

사실 칭기즈칸이라는 용어 자체가 몽골제국의 본질을 함축하고 있다고 볼 수 있다. 몽골어에서 유래한 칭기즈Chinggis라는 용어는 어원상 '강력한', '위대한'의 의미로 해석도 가능하고 '광대한', '끝없는'의 의미로 해석도 가능하다. 그리고 두 해석 모두 칭기즈칸이 이전의 몽골 지도자와는 다른 새로운 존재라는 뜻을 상징적으로 암시한다. 이전까지 단순한 부족장을 의미하던 '칸'에 '칭기즈'라는 수식修飾을 덧붙임으로써 자신이 단순한 부족 지도자가 아니라 강력하고 세계적인(광대한), 새로운 유형의 군주로 새롭게 탄생했음을 천명한 것이다. 실제로 칭기즈칸은 그 호칭대로 치밀한 행정·군사 개혁을 통해 강력한 힘을 갖추고, 그 강력한 힘을 바탕으로 초원의 울타리를 넘어서 광대한 세계의 지배자가 된다.

칭기즈칸 이전의 몽골은 일종의 부족 연맹 형태를 띠고 있었다. 몽골족 생활 단위의 기본은 부족이었고 타타르, 케레이트, 나이만, 메르키트 등의 부족이 각각 독립적으로 활동했다. 유력한 칸이 등장하면 주변 부족들이 연맹 형태로 결집했고 부족장들의 합의(쿠릴타이)를 통해 칸에게 권력을 부여했지만, 부족 중심의 체제는 여전히 유지되었다. 그런데 칭기즈칸은 칸으로 즉위하면서 일대 개혁을 단행, 몽골 전체의 정치체제를 혁신했다.

우선 칭기즈칸은 혈연에 기반한 부족 연맹을 해체하고 새로운 군사 체제를 도입했다. 그는 십호제十戶制를 도입, 군을 10인→100인→1,000인→10,000인 편제로 개편했다. 각각의 단위마다 명확한 지휘 계층을 두었으니, 오늘날의 소대-중대-대대-연대-사단-군단 체계와 흡사한 군 편제를 창설했다고 보면 된다. 즉, 칭기즈칸은 세계 최초로 현대적 군사 계급 제도를 도입한 것이다.

칭기즈칸의 군사 제세 개편은 효율적인 지휘 체계를 마련했다는 점에서도 의미가 있지만 실은 그보다 더 큰 의미가 있다. 그는 부족과 상관없는 새로운 행정·군사 단위를 형성함으로써 부족 중심의 질서를 해체한 것이다. 새로운 군사 체제에서의 계급 부여 기준은 혈연이 아니라 능력이었다. 칭기즈칸은 과거 부족장 출신이 아니라 능력 있는 자들을 고위 관리와 지휘관으로 임명했으며, 그들은 당연히 칭기즈칸에게 충성을 바쳤다.

칭기즈칸은 군사 조직을 개편하면서 이전에 그 어디에도 존재하지 않던 아주 독특한 제도를 창설했다. 바로 케식Keshik 제도였다. 케식은 명목상으로는 황실 호위대였다. 그러나 케식은 단순한 군사적 경호 조직이 아니었다. 일반적으로 10,000명 단위급으로 운영된 케식은 몽골제국의 통치 방식과 국가 시스템을 상징하는 중요한 제도로서 새로운 정권의 핵심 조직이자 국가 운영의 중추적 기구로 기능했다.

케식은 경호와 궁정 질서 유지의 친위대 역할 수행과 동시에, 국가 행정과 군사 지휘 체계의 핵심 인재들을 배출하는 기능을 발휘했다. 즉 몽골제국 최정예 부대라는 군사적 역할을 담당하는 조직이면서 동시에 국정 운영을 보좌하는 핵심 관리들을 배출하는 행정 핵심 조직이기도 했다. 그 제도하에서 케식의 일원이 된다는 것은 출세 가도에 들어선다는 것을 의미했다. 몽골제국의 많은 장군, 총독, 행정관료들은 거의 모두 케식에서 성장하여 고위직에 임명되었다. 말하자면 케식은 국가 운영을 담당할 전 분야 엘리트 집단 양성소였다.

그런데 우리가 특히 주목할 점이 있다. 케식의 구성원이 단순히 몽골 전사들만으로 구성되지 않았다는 사실이다. 케식은 그야말로 다양한 배경을 가진 다양한 엘리트들로 구성되었다. 충성스럽고 유능한 몽골 귀족과 전사들 외에 외교 인질들도 케식의 주요 구성원이었다. 칭기즈칸이 정복 사업을 벌인 후의 일이지만, 칭기즈칸은 정복한 부족이나 국가의 왕족·귀족 자제들을 케식에 편입했다. 이들은 인질이면서 인질이 아니었다. 그들을 평생 붙잡아 두지 않았으며 오히려 지휘하는 법, 복종하는 법을 가르쳤다. 그들은 몽골제국 신하의 몸으로 귀향해서 자신의 나라를 통치했다. 몽골은 그 나라를 군사원조 등을 통해 전폭 지원했다. 이들은 이중의 효과를 냈다. 이들 덕분에 해당 국가나 부족의 반란을 미연에 방지하는 것이 첫 번째 효과였고, 이들을 그 지역을 통치하는 몽골 행정관으로 키울 수 있었던 것이 두 번째 효과였다. 케식이 외교적 통합의 기능까지 발휘한 것이다. 정복 지역 왕족과 귀족 자제들로 이루어진 인질뿐 아니라 외국인 전문 인력도 케식에 편입되어 행정·외교·재정을 담당했다. 이들은 몽골제국의 실질적 행정을 담당하는 '서기관 계층'으로 발전했으며 외국인 전문 인력을 국가 발전의 동력으로 삼을 수 있었다.

칭기즈칸 이후 케식은 몽골제국의 행정·군사·외교를 총괄하는 핵심 기구로 작동했으니, 이는 로마의 황실 경호대인 프라에토리안 가드 Praetorian Guard, 중국의 금군禁軍, 이슬람의 맘루크, 오스만튀르크의 예니체리 같은 친위대와는 성격이 전혀 다른 케식만의 고유한 특성이었다. 칭기즈칸이 이룩한 이 체제는 전통적인 유목 부족 연맹을 초월한 강력한 국가 운영의 핵심 기둥이었고, 이전 역사에서 그 유례를 찾아볼 수 없는 독창적인 시스템이었다. 케식을 통해 강력한 중앙집권적인 국가 형태를 갖춘 칭기즈칸은 당연히 법제를 정비 공포하고 행정 체제를 정비한다. 단순한 부족 연맹 지도자가 아니라 법과 조직을 갖춘 중앙집권적 제국의 지도자로 거듭난 것이다.

칭기즈칸이 법과 조직을 갖춘 중앙집권적 제국의 시노자로 거듭나면서 전통적으로 존재하던 족장 회의 '쿠릴타이'의 의미와 역할도 바뀐다. 쿠릴타이는 몽골 부족사회에서 칸 선출, 전쟁 선언, 법 제정 등 주요 결정을 내리는 부족장 협의체였다. 그런데 칭기즈칸이 강력한 법과 행정

체계를 수립한 후 쿠릴타이는 단순한 부족 회의가 아니라 국가 차원의 정치 기구로 변모했으며 몽골제국의 주요 통치 제도가 되었다. 중대한 결정은 칸이 내렸지만, 그 결정에 대한 지지를 보여주기 위해 쿠릴타이가 소집되었다.

칭기즈칸 사후 쿠릴타이의 가장 중요한 역할 중의 하나는 칸위汗位의 승계를 결정하는 일이었다. 칸 유고 시 곧바로 쿠릴타이가 열렸으며, 대규모 인사가 쿠릴타이에 참석했다. 칭기즈칸 이전의 쿠릴타이는 부족장들과 영향력 있는 귀족들만 참석하는 회의였다. 하지만 몽골제국이 거대한 제국이 되면서 쿠릴타이는 제국의 최고 의사 결정 기구임과 동시에 '국제적인 정치 행사'가 되었다. 쿠릴타이에는 칭기즈칸의 후손 왕족뿐 아니라, 전통 귀족들, 주요 군사 행정가뿐 아니라, 피 정복지의 총독과 귀족들도 대규모로 참여했으니, 몽골제국이 전성기를 맞이했던 13세기 중반에는 최대 2만 명 이상이 참여했을 것이라고 추산된다.

칭기즈칸의 개혁은 정치 제도와 군사 제도 분야에서 그치지 않았다. 그는 교육·학문 분야와 행정 분야에서도 개혁적인 조치를 단행했으며 그러한 개혁에는 외국인, 특히 위구르인들이 큰 역할을 했다. 위구르족은 중앙아시아에서 한자와 페르시아 문화를 접하면서 상당한 수준의 학문적·행정적 역량을 갖추고 있었으며 특히 문자를 지니고 있었고, 행정, 법률 분야에서 뛰어난 능력을 보유하고 있었다. 칭기즈칸은 위구르 문자를 기본으로 최초의 몽골 문자를 만들게 했으며, 위구르 출신들 학자와 행정가들을 중요 관직에 등용했으니, 그들이 몽골제국의 통치 체계 확립에 큰 역할을 했다. 또한 칭기즈칸은 법과 행정 체제를 정비하는 과정에서 전문적인 문관(서기, 회계 담당자 등)을 적극 채용했는데 이들은 대개 위구르족이나 페르시아계 출신이었다. 칭기즈칸은 해외 정복 사업을 벌이면서 정복지의 학문적·행정적 전통을 받아들여 체계적인 국가 경영의 토대를 마련한 것이다.

그렇게 탄생한 몽골제국에는 대원칙이 있었다. 군주의 지위는 오직 세습만이 가능했으며 칭기즈칸의 후손만이 군주가 될 수 있다는 원칙이었다. 몽골제국은 통치자의 가족과 그 혈통의 우월성을 근간으로 하는 제국이었다. 그들에게는 '황금 씨족'이라는 새로운 명칭이 부여되었으며 다른 귀족 혈통 구성원들은 황금 씨족에 종속되었다. 그들은 충성의 대가로 전리품에 대한 권리를 확보할 수 있었고, 고위 군관과 행정가로서 성공할 수 있었다. 쿠릴타이가 대칸 선출 집회라기보다는 이미 선출된 대칸 추인 대회였다고 볼 수 있는 것은 그 때문이다.

몽골제국이 발전하는 데 원동력이 된 또 하나의 원칙이 있었다. 몽골제국은 초원의 다른 유목민들과 달리 패배한 적들을 제거하지 않고 흡수했다. 물론 이 전통은 칭기즈칸이 처음 확립한 것이 아니라 몽골의 오랜 전통이었으며, 칭기즈칸은 이 전통을 해외 정복 사업에 적극 활용했다. 그리고 이 원칙은 몽골의 해외 정복 사업 성공에 크게 기여했다.

이러한 개혁을 통해 칭기즈칸은 결국 기존의 혈연 기반 정치 구조를 해체하고 능력주의·법치주의를 국가 근간으로 바꾸는 데 성공했다. 그는 행정 체제를 개편하고 군사 개혁을 단행하는 한편 정복과 외교 정책을 통하여 몽골을 강력한 통일 국가로 변화시켰다. 그는 강력한 군주였을 뿐 아니라 개혁 군주였으며, 새로운 몽골제국의 창실자였다.

몽골제국 탄생의 배경과 의미

몽골제국을 창설한 칭기즈칸은 곧바로 정복 사업에 착수, 인류사에 유례가 없는 대제국을 건설하는 데 성공한다. 칭기즈칸의 정복 사업이 성공할 수 있었던 첫 번째 요인은 개혁을 통해 새롭게 태어난 몽골제국과 몽골군이 강했기 때문이었다. 그들은 이전에 존재한 적이 없던 강한 제국이었고 강한 군대였다.

그들은 이전 유목민의 군사적 강점을 고스란히 지니고 있었으며, 중앙집권적인 국가의 병사로서의 강점도 겸비하고 있었다. 칭기즈칸은 기존 유목 사회의 틀을 뛰어넘어, 거란·위구르·페르시아·중국 등의 국가 모델을 참고하고 개조하여 새로운 통치 구조를 창조한 것이다. 몽골제국은 농경 세계와 유목 세계가 통합된 새로운 모델이었으며, 두 세계의 강점이 시너지 효과를 발휘하여 세계를 정복할 힘을 갖춘 강군強軍이 태어났다.

그러나 무릇 모든 개혁은 단시일 내에 하늘에서 떨어진 것이 아니다. 유럽의 르네상스가 그러하듯 몽골제국의 탄생은 몽골 내부에서 홀연히 발생한 사건이 아니다. 몽골제국의 탄생은 초원지대 유목제국에서 이미 벌어졌던, 혹은 진행 중이던 개혁과 변화의 결정판이다.

거란족의 요나라는 이미 북방 유목민 최초로 정치적 중앙집권을 이룩했으며 유목과 농경을 결합한 이중 행정체계를 도입하고 있었다. 여진족의 금나라는 몽골에 앞서 부족 중심 체제에서 탈피한 군사적 행정 구조를 마련했다. 몽골제국 탄생 시 강력한 힘을 자랑하던 케레이트, 나이만, 메르키트 같은 몽골고원의 부족 연맹들은 내부적으로 이미 중앙집권을 실험하고 있었다. 칭기즈칸은 하늘 아래 존재한 적이 없던 제도를 창설한 인물이 아니라 유목 세계 내부의 변화와 흐름을 최종적으로 집대성하고 종합한 인물이었다. 그런 과정에서 칭기즈칸이 가장 적극적으로 수용, 활용한 것이 위구르 문화이고 위구르족 인물이다.

동돌궐 멸망 후 8세기부터 오르콘강 유역의 주인으로 군림하고 있던 위구르 제국은 9세기에 튀르크계 유목 민족 키르키스족에 의해 멸망한다. 위구르인들은 현재 신장 위구르 자치구의 톈산산맥 인근으로 피신, 새로운 위구르 왕국(서 위구르 왕국)을 세운다. 위구르 왕국은 칭기즈칸에 복속될 때까지 약 350년간 지속되었으며, 소그드인의 마니교, 문자, 상업망, 정보망을 계승하여 높은 수준의 고급문화를 이룩했고 동쪽의 중국, 남쪽의 티베트, 서쪽의 서투르키스탄, 더 나가 인도와 이란까지 아우르는 탁 트인 국제적 안목을 지니고 있었다. 칭기즈칸은 적극적으로 위구르 왕국의 정치 시스템과 행정체계를 받아들였고 위구르 문자를 기반으로 몽골 문자를 창제했다. 그리고 위구르 출신 관료들을 등용하여 국가 행정체계를 확립했으니, 위구르인들이 확립한 행정체계가 몽골제국 관료제의 핵심이 되었다.

칭기즈칸의 개혁은 성공이었다. 그 개혁 덕분에 그는 세계 정복이라는 대야망을 실현할 준비를 갖출 수 있었다. 그뿐이 아니었다. 당시 유라시아 대륙의 지정학적 상황도 몽골제국의 세계 정복에 일조했다.

칭기즈칸이 등장한 12~13세기는 유라시아 전체가 거대한 혼란에 휩쓰여 있던 시기였다. 요나라와 금나라가 다툼을 벌이던 중국 북방에서는 금나라가 요나라를 멸망시키고 송나라를 남쪽으로 쫓아내는 등 세력 판도가 요동치고 있었다(12세기 초). 또한 중앙아시아에서는 카라키타이Khitan와 호라즘 제국Khwarezm Empire이 대립하는 가운데 혼란이 가중되고 있었다. 시야를 더 넓히면, 이슬람 세계에서는 셀주크튀르크가 쇠퇴의 길에 접어들었고 아바스 칼리프는 유명무실해졌으며, 여러 군소 왕조가 난립해 있었다. 유럽은 십자군 운동이 끝나가면서 대변혁의 기운에 휩싸였고, 여러 공국으로 나뉘어 있던 러시아는 몽골족 침입에 거의 무방비의 취약한 상태에 놓여 있었다.

이처럼 유라시아가 전반적으로 충돌과 분열에 휩싸여 있었기에 몽골이 개입할 수 있는 틈이 많았다. 중국 북방은 요동치고 있었고, 중앙아시아는 혼란을 겪고 있었으며, 이슬람은 분열되어 있었고 유럽은 변혁의 몸살을 앓고 있었다. 한 마디로 유라시아 대륙 전체가 격동기에 처해 변환기를 맞고 있었다. 변환기는 언제나 새로운 질서의 출현을 요구하는 시기이기도 하다. 그런 의미에서 몽골제국의 탄생은 '국제 질서의 재편'이라는 세계사적 요구에 부응하는 사건이라고 볼 수도 있다. 몽골제국의 세계 정복은 새로운 유라시아 질서의 결정적 변곡점이었다.

정주 문명(이슬람, 유럽, 중국) 중심으로 역사를 바라보면 몽골제국은 야만적 침략자의 모습으로 비칠지도 모른다. 하지만 다른 한편으로 몽골제국은 새로운 정치·군사·행정 체계를 만들어 낸 국가 혁신 사례였다. 그리고 칭기즈칸은 단순한 침략자가 아니라 동·서양 문명을 융합하여 세계 질서를 재편한 인물이었다. 그의 개혁은 당시 유라시아 전체의 변화를 집대성한 개혁이었으며 세계사적 흐름 속에서 그 의미를 이해할 성질의 개혁이었다. 그렇기에 몽골제국의 팽창은 단순히 군사적 요인만으로 설명할 수 없으며 중앙집권 개혁·행정 혁신이라는 몽골제국의 내적 혁신과 국제적 상황이 절묘하게 결합하여 빚어진 결과로 이해해야 한다.

당연한 지적이지만 몽골제국의 탄생이라는 세계사적 사건은 칭기즈칸이라는 인물의 리더십이 없었다면 불가능했을지도 모른다. 무릇, 개혁을 구현할 수 있게 해주는 것은 결국 지도자의 통찰과 결단력이기 때문이다. 그는 혈연 중심의 기존 부족 질서를 능력 중심의 체제로 바꾸었다. 또한 정복 과정에서 유능한 인물을 출신과 상관없이 중용했다. 특히 위구르, 페르시아, 중국, 튀르크계 학자와 장군을 적극적으로 활용했으니, 유라시아 대륙 전체를 아우르는 국제적 안목에서 국가를 경영하는 리더십을 발휘한 셈이었다. 게다가 그는 법과 질서를 강조하는 통치관을 지니고 있었다. 그가 도입한 야사Yassa라는 법체계는 혈연과 부족을 초월하는 것이었다. 거기에 종교적 관용 정책을 도입하여 몽골제국을 다민족, 다종교 제국으로 만들었다.

어쩌면 칭기즈칸은 그런 인물을 필요로 하는 시대 상황이 낳은 인물인지도 모른다. 칭기즈칸이 아니더라도 다른 곳에서 그런 인물이 나타났을지도 모른다. 역사적 흐름이 그런 인물의 등장을 요구하고 있었는지도 모른다. 그렇다 할지라도 칭기즈칸이 위대한 인물이라는 사실에는 변함이 없다.

칭기즈칸의 정복 사업과 제국의 분할

군주의 자리에 오를 때부터 이미 초원지대 밖으로 세력을 확장할 야망을 지니고 있었고 그 준비가 되어 있던 칭기즈칸은 곧바로 그 야망의 실현에 나선다. 그는 황금알을 낳는 교역로인 실크로드를 장악하기 위해, 11세기부터 거란과 송나라 사이의 대립구도를 최대한 이용하여 독자적인 활동공간을 확보했다. 이어서 실크로드에 대한 통제권을 행사하며 중계무역으로 번성하고 있는 서하를 공략, 강화조약을 통해 복속시키고 같은 해 향후 몽골 제국 운명의 실무적인 업무를 관장하는 데 많은 인적 자원을 제공했던 텐산 일대의 위구르 왕국을 정복한다. 이어서 1215년 금나라의 수도 연경(현재의 베이징)을 함락시키고 중국 대륙 공략의 기반을 닦았다. 남쪽의 개봉으로 수도를 옮긴 금나라는 겨우겨우 버티다가 칭기즈칸이 죽은 뒤 그의 후계자인 오고타이 칸에 의해 1234년 멸망한다.

이어서 칭기즈칸은 서방의 서요西遼를 정복하고 당시 중앙아시아 최강국이었던 호라즘 제국(1077-1231)으로 진격한다. 호라즘 제국은 원래 셀주크 제국의 일부였다. 셀주크 제국 멸망 후 독자적 세력을 키운 호라즘 제국은 12세기 중반 카라한 왕조를 멸망시키고 트란스옥시아나, 아프가니스탄 지역까지 지배하는 동부 이슬람 세계의 패자로 군림하고 있었다. 칭기즈칸은 1219년 20만의 병력으로 호라즘 침공을 개시, 호라즘의 이전 수도였던 부하라와 당시 수도였던 사마르칸트를 단시일 내에 함락한다. 칭기즈칸의 호라즘 정벌로 몽골은 카스피해 연안까지 진출할 수 있었으며, 이후 몽골군이 중앙아시아를 넘어 이슬람 제국, 캅카스, 러시아까지 진출할 수 있는 계기가 되었다.

칭기즈칸이 중앙아시아 원정에서 돌아왔을 때 몽골제국은 이미 유라시아의 1/3을 지배하는 거대 제국으로 팽창해 있었다. 칭기즈칸은 1227년 영지를 분할, 네 아들에게 나누어 준다. 장남 주치에게는 서쪽을, 둘째 차가타이와 셋째 오고타이에게는 중앙을, 막내 툴루이에게는 동쪽의 몽골 본토를 나누어준 것이다. 구체적으로 킵차크 초원지대와 시베리아 일부, 서시베리아와 우랄산맥, 볼가강 유역을 장남 주치에게,

투르키스탄, 타림분지, 페르시아 지역 일부를 차남 차가타이에게, 중가리아와 알타이산맥, 위구르, 나이만, 타타르 등의 몽골 서부지역을 삼남 오고타이에게, 몽골고원과 칭기즈칸의 궁전이 있는 카라코룸을 막내 툴루이에게 물려준 것이다. 참고로 장남 주치는 칭기즈칸 생전에 사망했기에(1226년, 혹은 1227년 초) 그의 영지는 주치의 두 아들 바투와 오르다가 물려받았다. 칭기즈칸은 세 명의 동생에게도 내몽골 동부 지역의 영토, 즉 여진족의 영역 근처이자 전에 거란족 등이 차지했던 지역을 나누어 주었지만, 이들은 독자적인 국가를 형성하지 못하고, 제후국 형식으로 남게 된다.

칭기즈칸에 의한 몽골제국의 영토 분할은 약간의 부연 설명을 요한다.

몽골 유목 사회에서는 장자가 가장 먼 곳을 물려받는 것이 전통이었다. 장자가 개척자의 역할을 맡는 전통에서 비롯된 것이었다. 따라서 칭기즈칸의 장남 주치는 몽골 본토에서 가장 멀리 떨어진 서방의 영토를 물려받았으며, 그 덕분에 주치 울루스(킵차크 칸국)는 독립적인 제국으로 발전, 유럽에 가장 큰 영향을 미치게 된다.

반대로 집안의 안방은 막내가 상속받는 것이 일반적 전통이었다. 막내가 부모를 모시고 제사권을 이어받아, 가문의 중심 역할을 맡는 것이 몽골족의 전통이었던 것이며, 그 때문에 막내 툴루이는 쿠릴타이가 열리는 제국의 수도 카라코룸 지역과 몽골고원을 물려받았다. 무던한 성품의 삼남 오고타이가 이미 후계자로 낙점받은 상태였고 칭기즈칸 사후 그가 대칸으로 즉위하게 되지만, 오고타이 사후 툴루이의 후손들이 몽골제국을 장악하게 되는 것은 그가 몽골제국의 핵심 영토와 권력 구조를 물려받고 실질적인 권력자로 군림한 덕분이었다.

툴루이가 물려받은 몽골 본토는 수도 카라코룸이 자리 잡은 몽골제국 정치와 행정의 중심지였다. 가문의 제사권을 지닌 툴루이는 칭기즈칸의 유산을 관리했고 제사를 담당했다. 그리고 무엇보다 케식을 장악해서 제국의 공식 후계자가 아니었음에도 사실상 가장 강한 실권을 지니고 있었다. 결국 오고타이 사망 후 툴루이의 후손들(몽케, 쿠빌라이)이 대칸이 되었으며 몽골제국을 장악한다.

로마제국의 분할과 몽골제국 분할의 차이

몽골제국의 분할과 비슷한 예가 로마제국에도 있었다. 로마제국 디오클레티아누스 황제가 시행한 사두정치四頭政治(Tetrarchia)가 바로 그것이다. 로마제국의 전제군주 체제를 공고히 한 디오클레티아누스는 효율적으로 영토를 방위하기 위하여 부제副帝(Caesar) 제도를 도입했다. 그는 286년 로마제국을 본인 포함 정제正帝(Augustus) 두 명, 부제 두 명이 다스리는 네 지역으로 분할했다. 겉보기에는 칭기즈칸의 영토 분할과 아주 비슷한 조치를 시행한 것이다.

디오클레티아누스는 로마제국의 영토가 너무 커지자, 한 명의 황제가 효과적으로 제국을 통치하고 방어하기에 어려움을 느끼고 사두정치 제도를 도입, 시행했다. 그러나 사두정치는 통치의 효율성을 위한 분할이었지 제국 자체의 분열은 아니었다. 최고 권력은 여전히 디오클레티아누스가 장악하고 있었으며 제국은 행정과 법률을 통한 제도적 통합을 이루고 있었다. 제도가 제대로 작동하면서 제국 체제가 공고히 유지되는 한 중앙 권력은 여전히 강력한 힘으로 군림할 수 있었으니, 다른 지역의 황제들은 독립적인 군주가 아니라 제국의 일부를 관리하는 존재일 뿐이었다.

그러나 몽골제국의 분할은 달랐다. 몽골제국의 영토 분할은 방대한 영토를 효율적으로 관리, 방어하기 위한 분열이 아니라 일종의 유산 분배에 가까웠다. 그리고 그 분할된 제국을 묶어주는 힘은 행정과 법률 등의 제도가 아니라 혈연이었다. 따라서 몽골의 분할 제국은 일종의 느슨한 혈연적 연합체였고 각각의 영토들은 로마의 분할 제국보다 독립성이 강했다.

몽골제국에서는 분할되어 각각의 칸이 다스리는 영토를 울루스라고 불렀다. 울루스는 몽골어로서 '백성, 나라, 영토'라는 뜻이다. 즉 울루스는 오늘날의 국가 개념처럼 국경으로 구획된 지역을 지칭하는 것이라기보다는 칸의 혈통이 지배하는 몽골제국 내 특정 영역을 의미하는 개념이다. 현재 우리에게는 울루스라는 용어보다 칸국^{Khanate}이라는 용어가 익숙하다. 칸국이라는 용어는 유럽 역사학계에서 몽골 국가들을 부를 때 사용한 용어로서 몽골어가 아니라 페르시아와 튀르크에서 유래한 용어이다. 몽골제국이 분할된 이후 울루스가 각각 독립된 국가로 자리 잡았을 때, 서구 학자들이 이 국가들 명칭을 '칸국^{Khanate}'이라고 번역한 것이다. 예컨대 주치 울루스를 킵차크칸국으로 불렀으며, 차가타이 울루스를 차가타이칸국으로 불렀다. 우리는 앞으로 몽골제국의 통치 구조와 관련된 맥락에서는 주치 울루스, 차가타이 울루스처럼 울루스라는 용어를 사용할 것이며, 제국의 분열 이후 형성된 독립 국가 차원에서 접근할 때는 킵차크칸국, 일칸국 등 칸국이라는 용어를 혼용해서 사용할 것이다.

몽골제국 내 각각의 울루스는 독립성을 지니되 다른 울루스들과 유기적 관계를 맺고 있었다. 대칸이 제국의 중심 역할을 하되 개별 울루스들이 자체적인 군사력과 행정체계를 지니고 운영한 것이 몽골의 분할 정치였다. 따라서 각 울루스는 실제로는 독립성을 지니고 있었고 시간이 지나면서 독립 국가로 변화하는 것이 자연스러운 흐름이었다. 로마 제국은 법과 제도가 무너지고 중심 권력이 약해지면 분열되는 제국이었고, 몽골제국은 혈연이 흐려지면 각각 독립의 길을 걷는 제국이었다.

 몽골제국의 분할된 울루스는 혈연뿐 아니라 칭기즈칸이 창안한 독특한 체제에 의해, 각자 독립적인 성격을 지니면서도 유기적 관계로 맺어져 있었다. 몽골제국의 칸들은 자기 영지의 세수 일부를 형제들과 공유했고 정복으로 획득한 전리품과 이익을 나누었다. 이 체제 덕분에 각 울루스 간의 권력 균형을 유지할 수 있었고, 울루스들이 공통의 이익을 위해 협력할 수도 있었다. 이 체제는 칭기즈칸이 창안한 새로운 체제였지만 실은 공유를 중시하는 몽골의 전통적 원칙에 근거한 것이기도 했다. 전통적으로 모든 사회계층의 몽골인들은 부를 분배하는 관습에 익숙해 있었으며 아들과 딸은 부모가 사망하기 전에도 가족의 재산에서 자신의 몫을 받을 수 있었다. 몽골제국의 칸은 그 전통대로 전리품, 가축, 포로를 공개적으로 재분배했다. 그 덕분에 칸은 상징적 권위를 지닐 수 있었고 자신이 아버지이자, 재화의 공급자라는 이미지를 제국 내에서 유지할 수 있었다.

 칭기즈칸은 1227년 서하西夏 재원정 중 사망한다. 호라즘 원정 시 서하의 황제가 원군을 보내는 것을 거절했고, 이에 분노한 칭기즈칸이 호라즘 정벌을 마치고 재차 서하 공격에 나섰다가 병을 얻어 사망하니, 당시 칭기즈칸의 나이는 67세였다.

칭기즈칸 사후의 몽골제국

칭기즈칸의 뒤를 물려받은 오고타이 칸이 1241년에 죽자 그의 아들 구육이 제위를 물려받았다. 그러나 그 과정은 순탄치 않았다. 사촌들의 반발이 심했기 때문이었다. 구육은 오고타이가 죽은 지 5년이 지난 1246년에야 대칸에 오를 수 있었다. 그러나 그는 2년 후 서방 원정길에서 죽었다. 그리고 몽골제국 내부에 치열한 권력 다툼이 일어났다.

그런데 몽골제국 내부의 권력 다툼에는 관심이 없는 듯, 칭기즈칸의 세계 정복 야망을 계속 실현해 온 울루스가 있었으니, 바로 주치 울루스였다. 칭기즈칸이 다른 아들들에게 확정된 영토를 물려주었다면 장남 주치에게는 정복과 개척의 가능성을 물려준 셈이었고, 주치의 후계자가 된 그의 둘째 아들 바투(1205-1256, 재위 1227-1255)가 그 가능성을 현실화하고 있었다.

주치는 칭기즈칸보다 몇 달 먼저 사망했다. 그의 장남은 오르다였고 바투는 차남이었다. 몽골족의 전통대로라면 서방 원정과 개척은 장남 오르다의 몫이었다. 그가 자기 땅을 갖기 위해서는 새로운 영토를 개척해야 했다. 그러나 그는 몸이 약했다. 그는 동생 바투가 아버지의 계승자가 되기를 원했다. 주치가 아무런 유언도 남기지 않고 죽었기에 할아버지 칭기즈칸이 결정을 내렸다. 칭기즈칸은 오르다의 바람대로 해주었다. 바투에게 볼가강 지역 인근을 주었으며, 오르다에게는 애초 주치의 분봉지였던 시르 다리야깅 인근 지역을 주었다. 오르다에게는 확정된 땅을, 바투에게는 정복 가능성을 물려준 셈이었다.

오르다는 거대하되 사방으로 경계가 정해진 땅을 물려받았다. 따라서 그에게는 확장 가능성이 없었다. 반면 바투에게는 서북쪽 모든 지역이 정복 대상이었고, 그의 영토가 되기를 기다리고 있는 땅이었다. 말하자면 제한 없는 영토를 물려받은 셈이었다. 이후 몽골제국 대칸들은 바투가 주치 가문의 우두머리임을 인정했다. 멀리 북서쪽의 모든 땅과 사람들이 바투와 그의 자손들에게 속한다는 것을 공인받은 셈이었다. 오르다는 대칸 오고타이에게 충직했고 황금 씨족 구성원들과 좋은 관계를 꾸준히 유지했다. 반면에 바투는 제국을 외면했다. 그의 시선은 밖을 향해 있었다. 그는 주치 올루스에 집중하면서 힘을 키웠다. 그는 오고타이가 사망했을 때 쿠릴타이 참석을 위해 카라코룸에 가지 않았고 그 이후로도 가지 않았다. 반대로 오르다는 오고타이 사망 시 카라코룸에 있었다. 1246년 쿠릴타이에서 구육을 대칸으로 선정할 때, 오르다는 주치 울루스를 대표해서 카라코룸으로 갔다.

주치 사망 후 오르다와 바투가 영토를 서쪽과 동쪽으로 나누어 분봉 받음에 따라 킵차크 칸국은 크게 서부의 '백장 칸국'과 동부의 '청장 칸국'으로 나누어진다. 청장 칸국은 주치가 최초로 분봉 받았던 지역에서 오르다가 건국한 칸국이며, 백장 칸국은 바투가 러시아 등 서방 원정을 통해 점령한 지역을 바탕으로 건국한 칸국이다. 하지만 주의할 점이 있다. 사실 몽골인들은 두 칸국을 구별 없이 주치 울루스라고 불렀다. 청장 칸국, 백장 칸국이라는 이름은 킵차크 칸국이 러시아를 지배할 때는 사용되지 않았으며, 킵차크 칸국이 멸망한 16세기 이후에나 사용되었다. 그리고 킵차크 칸국의 기초를 쌓은 것은 오르다가 아니라 오고타이 재위 시 유라시아 서부 초원지대를 휩쓸고 다닌 바투였다. 전성 시절 킵차크 칸국의 영토는 서쪽으로는 현재의 몰도바, 벨라루스와 우크라이나, 동쪽으로는 시베리아, 북쪽으로는 현재의 러시아, 남쪽으로는 흑해 연안, 캅카스까지 이르렀다. 거의 모두 바투가 정복 사업을 통해 새롭게 확보한 광대한 영토이다. 그의 정복 사업의 뒤를 잠시 뒤따라가 보기로 하자.

02

주치 울루스(킵차크 칸국)의 정복 사업
— 팍스 몽골리카의 완성

　몽골제국의 킵차크 정벌은 1210년 무렵에 시작되어 1240년에 완성되었다. 몽골은 이 정복 사업으로 유라시아 대초원의 서쪽 끝 헝가리에 이르게 된 것이다. 유라시아 대초원은 동아시아와 유럽을 잇는 초원 고속도로와 같았다.
　몽골이 어떻게 전쟁에 이길 수 있었는지 그 요인을 정확히 밝히는 것은 불가능하며 무의미할 수도 있다. 기술자記述者의 관점에 따라 서로 다른 요인을 내세울 수도 있으며 만일 몽골이 패했더라면 그들이 전쟁에 이기게 만든 요인을 패배의 원인으로 간주할 수도 있는 게 역사이다. 그렇더라도 누구나 동의할 수 있는 비교적 객관적인 요인은 존재하는 법이고, 몽골 군대에는 그런 게 있었다.
　몽골 군대의 가장 큰 특색은 재빠른 이동이 가능했다는 데 있다. 그들은 재빠른 이동으로 언제나 정주민들의 허를 찔렀다. 유럽의 군주들은 소작농을 겸하고 있던 군대를 동원하는 데 몇 개월이 걸렸다. 반면에 몽골은 수시로 군대를 징발하고 동원할 수 있었다. 무겁고 느린 유럽의 기사와 군대는 기마 궁수들과 발달한 무기를 갖춘 공성전 전문가들의 상대가 될 수 없었다. 게다가 몽골의 전술을 효율적으로 만들어 준 또 다른 요인이 있었다. 일반적으로는 전장戰場에 나서기 위해서는 삶의 터전을 떠나야 하는 것이 상식이고 유럽 군대도 마찬가지였다. 그런데 몽골은 대규모 군사 작전과 목축 경제가 함께 짝을 이루고 있었다. 몽골의 군사 원정에는 병사들의 가족, 천막, 짐, 가축이 동행했다. 말하자면 몽골 병사들에게는 향수가 따로 없었다. 전쟁터가 곧 고향이었고 가족이 함께 있는 곳이었다. 노예, 일꾼, 목동, 여성, 아이들이 전쟁터에서 병참에 적극적으로 참여했으니, 병사들은 원기 왕성했고 사기도 높았다.

주치 울루스의 목표는 정주지대를 정복하고 약탈하는 것이 아니었다. 전체 초원지대를 자기 것으로 만드는 것, 그것이 그들의 유일한 목표였다. 바투는 킵차크 지역을 몽골제국으로 완전 통합함으로써 아버지 주치가 이루지 못한 과업을 달성했다. 이제 더 이상 정복할 초원은 남아 있지 않았다. 바투의 후손들은 더 이상 정복 사업에 나서지 않고 그들만의 강력한 정치 공동체를 만들었으니, 그것이 바로 킵차크칸국(황금 호르드)이었다.

1229년 칭기즈칸의 셋째 아들 오고타이가 대칸으로 즉위할 무렵 바투는 수부타이(1175-1248)와 함께 한창 서정西征 중이었다. 바투는 한창 혈기 왕성한 젊은이였고 몽골의 전설적인 장군 수부타이는 50을 넘긴 노련한 나이였다. 수부타이는 몽골제국의 개국공신이자 칭기스칸이 가장 신임했던 맹장으로 '전쟁의 신'이라는 찬사를 얻을 만큼 그 명성을 떨쳤다. 그는 칭기즈칸이 몽골제국을 세웠을 때부터 정복 사업에 늘 앞장섰다. 서하 정벌, 금나라 침공, 호라즘 정벌에 나서서 승승장구했던 그가 이번에는 바투와 함께 서정에 나선 것이다. 명목상 바투가 총사령관이었지만, 전투에서의 실질적인 권한은 부사령관 수부타이에게 있었다고 해도 과언이 아니다. 그는 바투와 함께 볼가강을 건너 러시아 북부의 공국들을 유린하며 승승장구했다.

1220~1221년 겨울 주치의 군사는 캅카스 지역의 지배 세력이었던 조지아 왕국을 함락했다. 그리고 계속 킵차크 공략에 나서서 러시아 연방 노브고로드주의 주도인 수다크를 점령했다. 크림반도에 있는 수다크는 드나프로강(드네프르강), 돈강, 볼가강 동맥을 비잔티움 제국, 셀주크 술탄국, 불가리아, 심지어 시리아-팔레스타인 해안과 연결하는 교역 중심지였으며 그리스인, 베네치아인, 아르메니아인, 유대인, 투르크멘인 등 다양한 주민들이 농업과 상업에 종사하는 도시였다.

물론 정복 전쟁이 순탄하지만은 않았다. 거의 20년 가까이 걸린 정복 전쟁 끝에 킵차크 초원과 볼가-우랄 지역은 몽골의 손에 들어왔고 오직 러시아인들만이 저항하고 있었다. 그러나 러시아인들도 오래 버티지 못했다. 몽골군은 1240년 러시아 연방의 핵심부인 키예프를 정복했다.

다시 상기하지만, 주치 울루스가 그렇게 정복 사업을 벌이는 사이, 1227년 칭기즈칸이 사망했고 칭기즈칸의 막내 툴루이는 1232년 금나라와의 전선에서 사망했다. 그리고 1229년 셋째 아들 오고타이가 즉위했다. 시선을 서방으로 향하고 있던 바투는 대칸 선출 쿠릴타이에 참석하지 않았다.

킵차크 초원을 완전히 정복한 바투와 수부타이는 1241년 봄, 드나프로강을 건너 헝가리 왕국으로 진입했다. 몽골은 폴란드와 헝가리 두 곳에서 거의 동시에 벌어진 전투에서 게르만인, 폴란드인, 헝가리인에게 승리를 거두었다. 그리고 이듬해 1월 몽골은 얼어붙은 도나우강을 건너 헝가리 서부 일대로 진입했다. 이제 헝가리 함락은 시간문제였다.

그런데 같은 해 3월 몽골군은 갑자기 진격을 멈추었다. 그리고 바투와 수부타이는 전 병력에 후퇴 명령을 내렸다. 몽골군에게 점령당하는 것을 당연히 여기며 두려워하던 현지민들이 도무지 이해할 수 없는 결정이었다. 그들은 1241년 11월에 몽골제국의 대칸 오고타이가 사망했다는 사실을 알 리 없었다. 황금 씨족 구성원들과 군대 지휘관들은 오고타이 계승자를 정하기 위해 카라코룸으로 돌아가야 했다. 수부타이는 카라코룸으로 돌아갔다. 하지만, 바투는 킵차크 초원으로 돌아간 뒤 카라코룸에 가지 않고 그곳에 남아 킵차크 정복 사업을 마무리했다. 1246년 그는 킵차크 전역을 장악했고 새로운 질서를 만들었다. 물론 러시아도 그에 포함되어 있었다. 만일 그때 오고타이가 사망하지 않고 주치 울루스가 헝가리 정복 사업을 마무리했다면 유럽의 역사 전체가 달라졌을 것이다. 하긴 몽골군이 헝가리를 정복했더라도 더 이상 서쪽으로 진격하지 않았을지도 모른다. 더 이상 매력적인 초원지대가 없었으니까…… 그들이 탐낸 것은 초원지대였지, 정주민의 농경지나 그들이 이룩한 문명이 아니었다.

제국의 실질적 분열

대칸에 오른 구육은 2년 뒤에 사망했고 툴루이의 장남 뭉케가 대칸에 즉위했다. 주치의 아들 바투가 뭉케를 지원한 덕분이었다. 바투는 칭기즈칸의 손자들 중 가장 연장^{年長}이었으며 군사력도 강했다. 그러나 그는 킹메이커 역할에 만족하고 대권을 탐내지 않았다. 그는 몽골 중심부에서 멀리 떨어진 주치 울루스 통치에 만족했다. 그는 뭉케를 지원한 대가로 독립적 칸국의 면모를 완전히 갖추기 시작한 '주치 울루스'의 실질적인 독립성을 보장받았다. 차가타이계 역시 자기네 영역의 독립성을 강화하는 데 만족했다. 다만 칭기즈칸의 후계자가 되었던 오고타이계만이 끝까지 불복하다가 쇠퇴했다.

대칸에 오른 뭉케는 바로 밑의 동생 쿠빌라이와 함께 남송정벌에 나섰고, 셋째 동생 훌라구를 서쪽의 오리엔트 지역 정벌에 나서게 했다. 뭉케는 할아버지 칭기즈칸이 정복한 호라즘 제국에 만족하지 않고 더 서쪽의 이란, 이라크, 아제르바이잔, 아르메니아, 아나톨리아반도, 이집트까지 제국을 확장하려 한 것이다. 어찌 보면 바투에게 할당된 사업 일부를 동생에게 맡긴 셈이기도 했으니, 그 때문에 훗날 주치 울루스와 일칸국 사이에 갈등이 발생한다.

원정은 1256년에 시작되었다. 훌라구는 손쉽게 이란을 정복한 후 이슬람 아바스 왕조 수도인 바그다드로 진격했다. 그리고 채 2주일도 걸리지 않아 바그다드를 함락했다(1258년). 승승장구한 몽골군은 시리아 등지에서 미미한 세력을 유지하고 있던 아이유브 왕조를 멸망시키고 곧바로 이집트로 향했다. 이슬람 카이로 정권이 이슬람의 마지막 보루가 된 것이다. 그때 이슬람 제국을 파멸에서 구해준 것이 바로 맘루크 왕조이다. 맘루크 군은 이집트에서 얌전히 기다리지 않고, 팔레스타인까지 진출, 1260년 9월, 예루살렘 북쪽인 '아인 잘루트 전투'에서 몽골군을 격파한다. 역사적으로 몽골제국이 처음으로 패배한 사건이었으며 맘루크 왕조가 이슬람의 수호자이자 중심으로 우뚝 서는 계기가 된 전투이다.

'아인 잘루트 전투' 당시 훌라구는 전장戰場에 없었다. 몽골군이 카이로 공격에 나서기 전에 뭉케가 사망했고(1259년) 훌라구는 대칸 선출 쿠릴타이 참석을 위해 작은 규모의 몽골군만 남긴 채 군대 대부분을 이끌고 카라코룸을 향해 떠난 뒤였기 때문이다. 훌라구가 카라코룸으로 떠나지 않았다면 전투의 결과가 달라졌을 것이라며, 뭉케의 사망이 이슬람 제국을 구해주었다고 말하는 사람도 있으며 어찌 보면 맞는 말일 수도 있다. 어쨌든 맘루크 술탄국이 몽골의 서방 진출을 저지한 것은 역사적으로 중요한 사실이다. 그 전투의 패배로 몽골은 팔레스타인을 포기할 수밖에 없었고 이후 몽골제국(일칸국)과 맘루크 왕조의 국경선은 시리아의 티그리스강으로 결정된다.

훌라구가 바그다드를 점령하고 아바스 왕조가 붕괴한 1258년은 일칸국(1258-1235)이 설립된 해로 간주한다. 일칸국이 설립되었을 때는 주치 울루스의 바투가 이미 사망(1255년)하고 그의 아들 베르케가 뒤를 잇고 있었던 때였다.

뭉케가 쿠빌라이와 함께 남송정벌에 나섰다가 1259년 전염병으로 사망하자 계승권 분쟁이 뭉케의 형제들 사이에 벌어졌다. 당시, 세 번째 동생 훌라구는 오리엔트 원정 중이었고 몽골족 전통대로 카라코룸은 막내 아리크부카가 맡고 있었다. 몽골제국의 대권 다툼이 쿠빌라이와 아리크부카 사이에 벌어졌고 쿠빌라이가 승리한다. 그런데 대칸의 지위에 오른 쿠빌라이는 칭기즈칸 이래로 제국의 수도였던 카라코룸을 버리고 대도大都(지금의 베이징)로 수도를 옮긴다. 몽골제국 전체 대칸으로서의 통치력을 발휘하기보다 중국에 집중하겠다는 의도를 밝힌 것이다. 그는 국호도 원元으로 바꾸었다.

쿠빌라이가 중국의 후예임을 선언하고 만리장성 안으로 들어오자,

그는 명목상으로만 대칸일 뿐, 초원의 지배자 몽골제국 대칸으로서의 실질적 지위는 스스로 버린 셈이었다. 칭기즈칸 사후 채 50년도 되지 않아 몽골제국이 중앙 초원의 차가타이칸국, 서방 초원의 킵차크칸국, 페르시아 방면의 일칸국, 중국의 원나라의 넷으로 분열된 것이다. 칭기즈칸의 네 아들 중 장남 주치의 후손은 킵차크칸국을, 둘째 차가타이의 후손은 차가타이칸국을 차지했고, 막내 툴루이의 후손은 대칸의 지위(뭉케, 쿠빌라이)와 함께 일칸국을 차지했다. 칭기즈칸의 뒤를 이어 대칸에 올랐던 오고타이의 자손은 뭉케-쿠빌라이 형제와의 권력투쟁 과정에서 완전히 세력을 잃었다.

이전의 수나라 당나라가 그러했듯, 원나라는 중국에 흡수된 유목 민족 국가였다. 마찬가지로 일칸국은 페르시아 지역에서 패권을 확립하는 데 만족한 국가였다. 즉 원나라와 일칸국은 기존의 문명권으로 진출한 유목 민족의 국가였다. 그리고 차가타이칸국은 중앙아시아에 머문 전통 유목국가였다. 그러나 킵차크칸국은 달랐다. 킵차크칸국은 몽골제국의 세계사적 의미를 실현한 칸국이었다. 그리고 엄밀한 의미에서 '팍스 몽골리카Pax Mongolica'를 이룩한 것은 킵자크칸국, 즉 주치 울루스였다.

'팍스 몽골리카'는 몽골제국이 유라시아 전역을 지배하면서 형성된 평화로운 시대를 지칭하는 용어이다. 물론 말 그대로 평화로운 시대라고 볼 수는 없지만, 끊임없이 이어지던 여러 지역의 자잘한 분쟁이 몽골 지배 덕에 사라졌다는 의미에서 상대적으로 평화로운 시대라고 볼 수 있다. 팍스 몽골리카란 그러한 평화를 바탕으로 국제 교역, 문화 교류가 활발하게 이어지던 시대를 말한다. 그리고 이를 실제로 구현한 주체가 바로 주치 울루스였다.

주치 울루스는 몽골제국의 서쪽 영역에서 중국-중앙아시아-러시아-유럽을 연결하는 핵심 루트를 장악하고 있었다. 주치 울루스가 실크로드와 북방 루트를 안정시켜서 유럽과 아시아 간의 교역이 활성화할 수 있었으니, 유럽으로 가는 카라반들이 가장 많이 이용한 루트가 주치 울루스를 통과하는 루트였다.

그뿐이 아니었다. 세계사적인 안목에서 주치 울루스를 팍스 몽골리카의 실질적 주역으로 간주할 수 있는 또 다른 요인이 있다. 주치 울루스가 유럽에 가장 직접적인 영향을 미친 것이다. 러시아와 동유럽을 직접 지배한 주치 울루스는 몽골식 군사 전술, 중앙집권적 국가 모델을 유럽에 간접적으로 전파했다. 특히 러시아는 몽골의 통치를 통해 행정 체계와 군사 조직이 개편되었으며, 이후 모스크바 대공국이 중앙집권 국가로 성장하는 기반을 마련할 수 있었다. 게다가 다른 몽골 칸국이 내부 권력투쟁과 외부 적대 세력과의 갈등으로 인해 비교적 불안정했던 데 비해 주치 울루스는 비교적 안정적인 통치를 유지하며 장기간 존속함으로써 팍스 몽골리카의 주체 역할을 수행할 수 있었다.

물론 몽골과 이슬람 세계의 접점에 존재하던 일칸국도 페르시아 및 서유럽과 활발하게 교류할 수 있는 위치에 있었다. 하지만 일칸국은 팍스 몽골리카의 핵심적 역할을 했다고 보기 어렵다. 일칸국은 독자성을 간직한 몽골제국이라기보다는 이슬람 문명이라는 정주 문명 속으로 들어와 이슬람화된 유목 민족 국가였으며, 그것은 마치 원나라가 중국화된 것과 마찬가지였다. 일칸국은 몽골의 특성을 유지하지 못했다. 그들이 정복한 곳이 분명 시대였기 때문이다. 그들은 지배했다기보다는 흡수되었다. 주치 울루스가 미개 지역을 개척하면서 러시아라는 새로운 문명의 탄생을 촉발했다면 일칸국이 남긴 업적은 제한적이었다. 게다가 정복민과 피정복민과의 관계는 주치 울루스와 러시아의 관계만큼 우호적이지 못했다. 그래서 내부 안정에 많은 힘을 쏟을 수밖에 없었고, 시선도 페르시아 지역 내부에 국한될 수밖에 없었기에 그 영향력은 제한적이었다.

반면에 주치 울루스는 유목 민족이 세계사에 끼친 영향을 대변한다. 그들은 세계의 동서남북을 연결했고 세계를 팍스 몽골리카로 묶었다. 우리가 넷으로 분할된 몽골제국 중에서 주치 울루스, 혹은 킵차크칸국을 특히 주목하는 것은 그 때문이다. 이제 우리는 주치 울루스가 유라시아 대륙의 상업적 교역과 문화적 교류의 인프라를 제공하면서 '팍스 몽골리카'를 이룩한 측면을 살펴볼 것이며, 이어서 그들의 러시아 지배로 러시아가 어떤 변모를 겪고 새롭게 탄생할 수 있었는지 그 과정을 별도로 살펴볼 것이다. 물론 그 둘은 별도로 진행된 것이 아니며 시간적 선후 관계도 아니다. 우리가 그 둘을 분리해서 살펴보는 것은 오직 기술記述의 편의를 위해서일 뿐이다.

이동하는 중심의 몽골제국
- 권력 집중과 분산을 가능하게 해준 얌(Yam)

바투는 관대했다. 개인적으로 성품이 관대했기에 관대한 정책을 펼친 것이 아니라, 관대함이 자신을 강력하게 만들어 줄 수 있기에 관대했다. 정책의 관대함이 몽골제국의 기본 정신이자 그들을 강력하게 해준 무기의 하나였기에, 바투는 관대했다.

주치 울루스는 특히 상인들에게 관용을 베풀었다. 심지어 상인들이 요구한 금액의 두 배 값을 쳐주는 등, 지금의 상식으로는 도저히 이해할 수 없는 혜택을 베풀기도 했다. 그러나 상인들로부터 더 많은 이익을 취하기 위해 그들에게 관용을 베푼 것이 아니었다. 상인들은 이익집단이면서 동시에 순환하는 혈액이었기 때문에 그들에게 관용을 베풀었다. 상인들은 순환과 교환의 상징이면서 구체적 실현 주체였기에 그들에게 관용을 베풀었다. 주치 울루스가 상인들에게 베푼 관용은 일종의 밑밥이었고 집어등集魚燈이었다. 상인들은 이익이 있는 곳으로 자연스럽게 모이는 존재이지, 강요나 통제로 좌지우지할 수 있는 존재가 아니라는 사실을 알고 있었기에 주치 울루스는 상인들을 통제하지 않고 유혹했다.

몽골제국의 상상력은 순환과 이동의 상상력이다. 몽골제국 자체가 끊임없이 이동했으니, 순환과 이동은 몽골제국 경제·정치 체제의 근간이었다. 그리고 상인집단은 유목제국의 그러한 상상력에 그대로 부응했다. 몽골제국에게 중요한 것은 교류이고 순환이고 변화이고 유연성이었다. 몽골제국이 상인들의 이익을 보호하고 교역로를 정비해서 유통을 원활하게 해준 것은 제국 체제의 근간을 공고히 하는 것과 같았다. 주치 울루스의 몽골제국은 상인들에게 안전한 교역로를 제공했을 뿐만 아니라 그들처럼 이동했다.

물론 국가를 제대로 경영하려면 부를 축적하는 것은 필수적이다. 그러나 몽골제국은 교역을 통해서 부를 축적하지 않았다. 그들의 부 축적 수단은 전쟁을 통해 얻은 전리품, 세금, 선물 등이었고 생산품, 하인, 가축 등이 재산이었다. 그들에게 교역은 교류와 순환의 상징이었지 부의 축적 수단이 아니었다.

몽골제국은 고정된 중심이 존재하는 제국이 아니었다. 물론 중심은 있었다. 하지만 그 중심은 이동하는 중심이었다. 게다가 중심이 하나가 아니라 여럿이었다. 몽골제국 자체가 다 중심 체제였기에 중요한 것은 그 중심 간의 교류와 순환이었다. 그리고 그 중심도 정주 문명국가에서처럼 고정된 도시가 아니었다. 그들은 도시의 사람들이 아니라 초원의 사람들이었다. 그 때문에 몽골제국의 수도 개념도 일반적인 정주 국가의 수도 개념과 다를 수밖에 없었다.

1250년경 바투는 지금의 러시아 아스트라한 지역의 볼가강 하류에 사라이Sarai라는 도시를 건설하게 했고, 그곳은 주치 울루스의 명목적 수도가 되었다. 그러나 사라이는 엄밀한 의미에서 수도가 아니었다. 칸은 황금 천막에 거주했지, 사면이 벽으로 둘러싸인 궁전에 거주하지 않았다. 칸은 이동식 궁정, 혹은 이동식 수도라고 할 수 있는 '오르도'에 거주했으니 사라이는 외교, 상업을 원활하게 하기 위한 거점이었지 군사·행정 중심지가 아니었다. 대신 사라이는 국제 무역 중심지로서 번성했다. 사라이는 실크로드와 동유럽-이슬람 세계를 연결하는 무역 거점 역할을 했고, 몽골제국 전체의 경제 네트워크의 중심 역할을 했다.

카라코룸이 그러하듯 사라이는 일종의 '만남의 장소'였다. 그곳에는 견고한 집들이 있었고, 구획 정리도 잘 되어 있었다. 사라이는 상인, 여행자, 서기, 장인, 종교인들을 맞아들였고, 그들은 그곳에서 편안한 정주 생활을 누렸다. 하지만 상대적으로 사라이는 수도로서는 작은 도시였다. 대신 사라이와 비슷한 성격의 도시들이 여럿 생겼다. 몽골제국 곳곳에 정주 생활에 익숙한 도시 사람들의 편의를 위해 정주 구역들이 생겼고, 멀리 유럽에서 온 수도사들, 사절단, 물품 보관 장소가 필요했던 상인들, 여행자들이 그곳에 머물렀다.

다시 말하지만, 사라이는 명목상 수도일 뿐 진정한 수도는 칸의 거처인 이동 궁전 오르도였다. 그리고 오르도는 그 어떤 정주 도시보다 엄격하게 조직화되어 있었다. 그러한 오르도는 킵차크 칸국 내에 하나가 아니었다. 칭기즈칸이 제국을 건설하자마자 아들들에게 분봉했듯이 주치 울루스의 오르도들은 스텝 지역 전역에 분산되어 있었다. 바투의 오르도 외에도 7개의 큰 오르도들이 드나프로강, 돈강, 우랄강, 남캅카스 등지에 흩어져 있어, 바투의 남동생, 누이, 바투의 형 오르다 등 일족들이 그곳을 통치하고 있었다. 수백 킬로미터씩 떨어진 각 오르도는 자율성을 지니고 있었다. 하지만 동시에 그것들은 서로 유기적으로 연결되어 있었다. 각 오르도는 자율성을 지니되 일체감으로 엮여 있었으니, 그들은 맺어주는 것은 혈연이었다. 그리고 피를 원활하게 돌게 해주는 구체적인 핏줄이 바로 얌Jam이었다.

얌은 본래 길, 또는 여정을 의미하는 몽골어이다. 예로부터 존재하던 유목민의 전통적인 통신 방법을, 광대한 영토의 원활한 통치와 소통을 목적으로 칭기즈칸이 훨씬 고도로 체계화한 것이다. 얌은 다른 칸국에 비해 영토가 넓은 주치 울루스에서 특히 크게 발달했다. 우리에게 익숙한 용어로는 역참驛站 제도로 보면 된다.

얌에는 말을 갈아탈 수 있는 시설, 숙소, 보급소 등이 있었으며 긴급한 정보 전달을 위해 통신병이 상주했다. 얌은 하루 이동이 가능한 거리(약 40킬로미터)를 고려하여 평균적으로 30~50킬로미터 간격으로 설치되어 있었다. 각 역참에는 언제든 갈아탈 수 있는 싱싱한 말이 늘 준비되어 있었기에 한 역참에서 다른 역참까지 교대로 말을 갈아타며 최고 속도로 이동할 수 있었다. 예컨대 몽골제국 서쪽 끝의 사라이로부터 동쪽 끝의 카라코룸에 이르는 약 6,000킬로미터의 거리를 약 2주 이내에 주파할 수 있었으니, 지금으로 보자면 초고속 광케이블이 설치되어 있는 것과 같았다.

 얌은 긴급 군사 명령 전달·군사 동원·전술 지휘 등의 군사적 기능, 세금 징수·인사 관리·통치 명령 전달 등의 행정적 기능, 외교 사절과 특사의 신속한 이동을 가능하게 하는 외교적 기능, 교역로의 안정화와 관리라는 경제적 기능을 두루 맡고 있는 핵심 인프라였다. 광대한 몽골제국 영토 내의 권력 집중과 분산을 가능하게 해준 핵심 네트워크가 바로 얌이었으니, 주요 행정 거점 간의 신속하고 효율적인 통신을 통해 칸국 전체가 하나의 거대한 유기적 시스템으로 연결될 수 있었다. 100만 명도 채 되지 않는 몽골인들이 그토록 멀리 흩어져서 거대한 대륙을 어떻게 지배할 수 있었는지는 얌이 설명해 준다. 얌은 광활한 초원을 작게 만들어 주었다.

새로운 교역로 개척, 흑해–지중해와 돈강–게르만 지역 연결

 1255년 바투가 죽고 아들 베르케가 칸에 올랐다. 그러나 칸에 오른 그의 앞길은 순탄하지 않았다. 바투가 죽고 베르케가 즉위한 때가 바로 훌라구의 서방 원정이 시작된 때였기 때문이다.

 베르케가 칸으로 즉위했을 때, 주치 울루스의 정복 사업은 거의 완성된 뒤였다. 베르케의 아버지 바투는 칭기즈칸이 가능성으로 물려준 땅을 남쪽 일부를 제외하고는 거의 다 정복해 실제 현실로 바꾸어 놓았다. 1240년 키예프를 함락함으로써 동유럽 지역을 완전히 장악하고 헝가리·폴란드까지 진격했으며, 이후 볼가강 유역의 사라이를 중심으로 킵차크 초원을 확고하게 장악했다. 다만 칭기즈칸이 정복 대상 지역으로 물려준 남부 지역(카스피해 서쪽 연안 및 캅카스 일대)은 1236년 조지아만 정복해서 복속시켰을 뿐 나머지는 미처 정복하지 못한 채 접경 지역으로 남아 있었다. 하지만 아직 킵차크칸국에 완전히 점령만 당하지 않았을 뿐, 조지아를 거점으로 안정적인 무역로가 열려 있어 상품과 공물이 오간 곳이었다. 이 지역은 몽골제국 초기부터 경제적 가치가 높은 지역으로서, 실크로드 무역의 중요 거점이었고 킵차크칸국은 그 거점에 대한 영향력을 발휘하고 있었다.

바투의 뒤를 이은 베르케는 바투가 이미 정복한 영토를 안정적으로 다스리며, 영토 확장보다는 내부 안정과 경제적 교역에 힘쓰려 했다. 바로 그때 갑자기 툴루이 가문의 새로운 울루스가 무슬림 세계에 나타나서 주치 울루스를 압박하기 시작했다. 바로 훌라구 원정대였다. 훌라구의 원정으로 바그다드의 아바스 왕조가 붕괴했고(1258), 몽골군을 물리친 맘루크 왕조가 이슬람 세력 내 강국으로 부상한 상황이 되었고, 그것은 킵차크 칸국에게 큰 타격이었다.

훌라구의 서방 원정 초기, 킵차크칸국은 협조적이었다. 그러나 훌라구 군대가 호라산, 조지아, 이라크, 시리아, 아나톨리아 동부에 자리 잡자, 사정이 달라졌다. 주치 울루스의 남부 변경 지역 무역로의 요충지인 캅카스 지역(현 아제르바이잔 일대)이 일칸국의 영토로 편입되어 버린 것이다. 이 때문에 이란 북부를 통해 흑해 연안 및 카스피해로 연결되던 실크로드 무역망이 단절되었고, 주치 울루스는 크나큰 경제적 타격을 입었다.

일칸국이 위협한 것은 영토가 아니라 경제였다. 일칸국의 등장으로 울루스가 이미 확보하고 있던 코카서스 남부로 향하는 중요한 무역로가 차단되었고, 그것은 공물과 상품이 오가는 통로가 차단된 것을 의미했다. 교역로를 통해 전달되는 공물과 상품은 부의 축적을 위한 재화가 아니었다. 그것들은 재분배를 위한 재화들이었고, 그 교역로가 차단된다는 것은 분배할 사치품이 없어진다는 것을 의미했다. 분배를 근간으로 한 몽골 사회에서 분배할 사치품이 없어지면 그것은 곧 체제에 금이 가는 것을 의미했고 사회가 붕괴할 위험에 처하는 것을 의미했다. 훌라구의 교역로 차단은 킵차크칸국의 목을 조르고 있는 것과 같았다. 킵차크칸국은 어떤 식으로건 교역을 회복해야 했다.

킵차크칸국은 일칸국과 직접 충돌하기보다 새로운 무역로 개척에 나섰다. 훌라구의 봉쇄를 피하려면 흑해를 통과해서 아나톨리아반도의 콘스탄티노폴리스로 가는 것이 유일한 루트였다. 이전의 육상 루트 대신 해상 루트 개척에 나선 것이다. 베르케는 이 루트를 뚫기 위해 맘루크와 동맹을 맺고 일칸국을 견제했다. 몽골 역사상 처음으로 다른 왕조와 직접 동맹을 맺은 것이다. 그 결과 이전에 소소하게 유지되던 흑해-지중해 항로가 활성화되면서, 크림반도와 콘스탄티노폴리스가 본격적으로 연결되었다. 페르시아와 레반트를 경유하던 기존 노선이 아니라 흑해-지중해를 통한 선 굵은 서방 무역 루트가 개설된 것이니, 킵차크칸국이 유럽(제노바, 베네치아)-콘스탄티노폴리스-이슬람 세계(이집트)를 연결하는 새로운 교역망의 중심으로 떠오르게 된 것이다.

킵차크칸국은 제노바, 베네치아, 동로마제국 등과 협정, 군사적 위협 등의 방법을 통해 지중해와 흑해를 연결하는 교역로를 장악했다. 해상 무역로를 이용하는 해상 상인 및 해안 세력은 제노바인, 피사인, 베네치아인, 그리스인, 아르메니아인, 이집트인, 그 누구라도 킵차크칸국의 전략적 협력자가 되도록 만든 것이다.

그중에서 킵차크칸국과 가장 긴밀하게 협력하면서 큰 이익을 얻고 번성한 것은 제노바인들이었다. 그들은 이미 동로마제국과의 협정을 통해 콘스탄티노폴리스의 갈라타 지구를 장악하여 흑해 무역로에 진출해 있었다. 제노바인들은 흑해 북쪽이자, 킵차크칸국의 가장 서쪽인 크림반도에 자신들의 항구를 세우고 싶었다. 크림반도는 유서 깊은 상업적 집결지로서 그곳에는 상인과 유목민이 모두 거주하고 있었다.

서유럽인들에게 크림반도는 몽골이 지배하는 대륙으로 진입하는 정문과도 같았다. 눈이 밝은 제노바인들은 그 사실을 꿰뚫고 있었다. 그들은 전부터 크림반도의 요충지인 수다크에서 무역을 해왔지만, 그곳이 제공하는 이익을 동로마인, 유대인, 베네치아인, 그리스인과 나누는 것이 불만스러웠다. 그들은 그 이익을 독점하고 싶었다. 제노바인들은 칸과 협상하여 수다크를 제노바인의 정착지로 승인받는 데 성공했다. 제노바인들은 킵차크칸국에 세금을 바치면서 밀접한 경제 협력 관계를 맺었다. 킵차크칸국과의 무역 덕분에 제노바는 13~14세기 유럽 최대의 해상 무역 강국으로 성장했고 지중해 및 서유럽 상인들과 몽골제국을 연결하는 핵심 중개자 역할을 수행할 수 있었다. 킵차크칸국은 제노바인들에게 안정적인 교역을 보장해 주었고, 이는 제노바가 르네상스 초기의 자본을 축적하는 데 중요한 역할을 한 셈이었다.

제노바와 달리 베네치아는 킵차크칸국과 직접적인 연관을 맺지는 않았다. 그들도 흑해 북부까지 진출하긴 했지만 지중해 중심의 해상 네트워크에 더 집중했기 때문이었다. 그렇더라도 그들은 킵차크칸국의 물류 체계 덕분에 동방과의 교역을 활성화할 수 있었다. 유럽으로 들어오는 주요 동방산 상품(비단, 향신료, 비단, 도자기, 후추, 설탕 등)의 상당수가 킵차크칸국을 통해 베네치아로 유입되었으며 이를 바탕으로 베네치아는 상업 중심 도시로 성장했고, 그 결과 베네치아가 르네상스의 문화적·경제적 기반 형성에 일익을 담당할 수 있었다.

킵차크칸국은 흑해와 지중해를 연결하는 무역 루트만 장악한 것이 아니었다. 동유럽과 발트해를 연결하는 무역로도 장악함으로써 한자^{Hansa} 동맹을 맺고 있던 게르만 상인들과 이탈리아 상인들이 직접 교역할 수 있는 길도 마련했다. 킵차크칸국이 교역의 핵심으로 중요시한 곳이 크림반도의 수다크 외에 또 한 곳 있었으니, 지금의 루마니아 동쪽인 돈강 유역의 몰다비아였다.

킵차크칸국은 그곳을 러시아처럼 간접 통치하지 않고 킵차크칸국의 최고 군사 지휘관이었던 노가이를 파견하여 직접 통치했다. 두 가지 이유가 있었다. 첫 번째로는 그곳이 드네스트르강과 돈강의 하구로서 교역의 요충지였기 때문이었으며 두 번째로는 그곳에 드넓은 부자크 초원이 있어 최고의 하영지와 동영지를 제공할 수 있었기 때문이었다. 그곳에 자리 잡은 노가이 오르도는 중앙의 바투 후손의 오르도, 동쪽의 오르다 후손의 오르도와 함께 킵차크칸국의 주요 삼대 오르도 중의 하나가 되었으니, 그만큼 그 지역은 킵차크칸국의 핵심 지역 중의 하나였다.

노가이가 돈강 유역을 직접 통치함에 따라 동유럽 및 게르만 상인과의 무역이 활발하게 이루어질 수 있었다. 이 지역을 거점으로 한 무역로가 한자 동맹과 연결되었고 몰다비아로부터 뤼베크와 발트해를 거쳐 플랑드르(브뤼헤)까지 연결되는 교역 루트가 형성되었다. 플랑드르와 제노바 상인들이 직접 만날 수 있는 길이 열린 것이며 킵차크칸국으로부터 서유럽 끝까지 연결될 가능성이 생긴 것이다.

킵차크칸국은 흑해-지중해 연결로와 돈강-게르만 지역 연결로를 장악함으로써 유럽의 분산된 상인들을 통솔하고 결합했다. 칸국은 이 모든 무역을 감독하고 과세했다. 칸국은 주화를 찍어내어 유통을 활성화했으며 세금, 수수료, 공물의 형태로 보상을 거두어들였다. 그러나 그런 시스템만으로 그들이 성공을 거둘 수 있었던 것은 아니다. 칸국은 장거리 상인과 토착 지배 계층을 충성스러운 대리인으로 변모시켰다. 게르만인, 제노바인을 비롯해 다른 유럽 정착민 집단은 스스로 몽골에 귀속했고, 칸국의 발전에 기여했다.

팍스 몽골리카의 완성

1260년대 중반부터 14세기 중반까지 킵차크칸국은 번성했고, 엄밀한 의미의 팍스 몽골리카는 이 기간을 말한다. 이 기간에 베르케는 이슬람교를 받아들였다. 무슬림 지도자로서의 지위를 확고히 하기 위해서였으며 맘루크와의 우호 관계를 이어가기 위해서였다. 베르케는 술탄인 동시에 칸이었다. 그는 칭기즈칸의 통치 규칙을 따라 통치했고, 이슬람의 법 샤리아도 존중했다.

1266년 베르케가 사망하고 뭉케 테무르칸이 뒤를 이었다. 명목상 이슬람 국가였지만, 통치 체제는 여전히 몽골 전통을 토대로 한 복합 체제였다. 그리고 앞에서 말했듯 바투 조의 오르도, 오르다 조의 오르도, 노가이의 오르도 등 중요한 세 오르도가 공존하고 있었다. 말하자면 중심이 셋인 셈이었지만, 이들은 세수를 포함한 사원과 이익을 공유하면서 유기적인 단일 국가를 이루고 있었다. 팍스 몽골리카 기간에 이 오르도들은 서로 화목하고 협력하면서 번영을 구가했다. 킵차크칸국은 몽케 테무르의 통치하에서 유럽과 지중해의 핵심 구성원이 되었으며 안정과 번영을 동시에 추구했다. 물론 여러 요인에 의해 빠르게 종식되었지만……

킵차크칸국이 팍스 몽골리카를 실현하면서 번영하는 동안 그들이 지배하는 지역 전체는 비유적으로 말한다면, 건강한 순환기(循環器)를 자랑하고 있었다. 그들이 마련한 교역로는 마치 건강한 혈관처럼 사람과 물자를, 문화와 종교와 기술을 원활하게 순환시켰다. 그 건강한 혈관을 따라 상인들은 킵차크칸국을 가로지르는 북방의 실크로드로 진출했고 동방과 교류했다.

14세기에 상인들이 몽골의 광활한 지역을 가로질러 저 멀리 동방으로 가려면 남쪽과 북쪽 길 둘 중 하나를 택할 수 있었다. 그중 그중 남쪽 길은 거리상으로는 짧았지만 대부분은 일칸국을 비롯해 툴루이계 후손들이 장악하고 있어 아제르바이잔으로부터 대도(베이징)로 가는 그 여정은 얼마나 걸릴지는 예측이 거의 불가능했다. 짧게는 3개월, 길게는 3년이 걸릴 수도 있었다. 여러 이유가 있었지만, 무엇보다 14세기 초 내내 툴루이계 영토 내에서 정치적 분쟁과 격변이 이어졌기 때문이다.

북쪽 길은 차가타이칸국을 통과하는 일이 조금 까다롭긴 했어도 상대적으로 안전했고 기간도 예측할 수 있었기에 상인들은 이 길을 선호했다. 게다가 일칸국이 1350년대에 갑자기 붕괴하자 경쟁자도 사라졌고 킵차크칸국은 유라시아 무역을 문자 그대로 독점했다. 얌이 유라시아 전역의 무역과 통신이 원활하게 이루어지는 데 큰 역할을 했음은 물론이다.

킵차크칸국은 단순한 킵차크 초원의 지배자가 아니었다. 킵차크칸국은, 흑해-지중해, 도나우강-게르만, 북방 실크로드를 연결하며 유럽·이슬람·아시아 세계를 유기적으로 통합한 팍스 몽골리카의 실질적 주체였다. 흑해-지중해 루트를 통해 유럽-이슬람-아시아 세계의 경제적 통합을 이루었고 도나우강-게르만 무역로를 통해 서유럽과 동유럽 상업망을 통합했으며 북방 실크로드를 통해 유럽-중국 간 직접적 경제 교류가 가능하게 했다. 그리고 이를 통해 '해양과 육로'를 모두 활용한 진정한 글로벌 경제망이 완성되었다. 그리고 그 글로벌 경제망의 혜택을 유럽이 가장 크게 받았다. 그 교역망 활성화를 통해 중국과 이슬람 세계의 수학, 천문학, 의학, 종이 제작술, 화약 제조법 등이 유럽으로 전달되었고, 유럽의 지적·과학적·기술적 발전에도 기여했다. 르네상스라는 대변혁의 발판을 마련하는 데 몽골제국이 크게 기여한 것이다.

03

킵차크 칸국의 러시아 지배

몽골제국은 세계를 정복하면서 접촉하게 된 이질적인 문명에 유연하게 대처했다. 그중에서도 제국 내 그 어떤 칸국보다도 다양한 이질적인 문명을 복속시키고 이질적인 민족들과 접촉한 킵차크칸국은 그 유연성을 가장 크게 발휘했다. 종교적인 측면에서도 킵차크칸국이 지배하는 영역 내에는 샤머니즘, 기독교, 불교, 이슬람교 등 다양한 종교가 공존했다. 다양한 문명, 민족, 종교가 혼재하고 있는 킵차크칸국은 다른 칸국들과는 다른 정치 전략이 필요했고 통합과 혁신을 위한 유연성이 필요했다. 킵차크칸국은 특히 러시아를 지배하면서 그런 유연성을 유감없이 발휘했다.

간접 통치

킵차크칸국은 러시아의 정치적·경제적 특수성과 기후·풍토적 특성들을 고려해 알맞은 통치 방식을 취했다. 한마디로 몽골인들은 러시아인들을 간접 통치하는 방식을 취했다.

러시아는 몽골이 정복한 다른 지역에 비해 상대적으로 농업 생산력이 낮았고 생산량도 불안정했다. 게다가 당시에는 금·은 등 광물 생산량도 보잘것없었으며 러시아 북부의 노브고로드를 제외하면 변변한 상업 도시도 없었다. 러시아가 제공할 수 있는 것은 모피와 수공업품뿐이었으니, 한 마디로 러시아는 수탈 대상이 될 정도로 매력적이 아니었다. 따라서 실질적인 자치를 허용하면서 정기적으로 공물과 세금을 받는 통치 방식이 직접 통치하는 것보다 효율적이었다. 겨울철 기후가 혹독한 데다 초원지대도 없었기에 몽골군이 러시아 땅에 주둔하기 어려웠던 점도 몽골이 러시아를 간접 통치한 이유 중 하나였다.

칸은 러시아 도시에 주둔군을 두지 않고 몽골군을 러시아 주변에 머물게 했다. 또한 다른 복속민들을 오르도로 흡수했던 것과 달리 러시아 백성들은 러시아 백성인 채 내버려 두었다. 대신 킵차크칸국은 기존 러시아 통치 집단과 협력했고, 수천 명의 지주들이 이전에 소유하고 있던 토지를 그대로 유지하게 했다. 러시아는 몽골의 그런 통치를 받아들였으며, 그 통치에 대체로 만족했다. 몽골이 러시아에 바란 것은 영토가 아니라 세금이었고, 그들이 실행한 정책은 효율적인 세금 징수에 초점이 맞추어 있었다. 그러기 위해서는 러시아 지배 계층의 충성만으로도 충분했다.

러시아에는 중앙집권적 권력이 존재하지 않았다. 대신 두 중요한 권력 집단이 있었다. 그중 하나는 각 공국의 공작과 보야르로 이루어진 귀족 통치 집단이었다. 보야르는 최상류 봉건 지배층으로 서유럽의 기사에 대응할 수 있는 집단이었다. 통치 집단과 함께 또 다른 중요한 지배 집단은 바로 러시아 정교회의 성직자였으니, 몽골이 충성을 끌어내야 하는 지배 계층은 보야르와 성직자 두 계층이었다.

몽골은 귀족들, 특히 보야르 소유의 토지들을 그들 소유인 채로 내버려 두었다. 그들의 부와 영향력의 근간인 토지를 건드리지 않음으로써 그들을 안심시켰으며, 바로 이것이 간접 통치의 핵심이었다. 대신 몽골은 공국의 수공업품, 농산물, 무역 수지, 재산 등에 과세했다.

러시아 공작과 보야르는 세금을 내야 했지만 자신들의 신분과 땅은 그대로 유지할 수 있었다. 즉, 몽골은 러시아 공국의 기존 지배구조를 건드리지 않고 자율적으로 운영하게 해준 것이다. 몽골이 중국과 중앙아시아에서 토지 경계선을 재구획하고 소유권을 재분배하는 등, 기존 구조에 칼을 들이댄 데 반해 킵차크칸국은 러시아의 수천 명 지주들에게 이전의 토지 보유권을 그대로 인정해 주었으며 그 대가로 피정복자들과 과실을 공유했다.

킵차크칸국은 러시아의 또 다른 지배 계층인 성직자의 지지를 끌어내기 위해 '타르칸'이라는 제도를 활용했다. 타르칸은 칭기즈칸이 자신의 휘하 장수들에게 부여한 칭호 중 하나로서 타르칸이 되면 세금 면제(조세 특권), 사법적 독립(독자적 재판권), 일부 행정권을 행사할 권리를 가졌다. 킵차크칸국은 일부 장인匠人과 상인을 선별해 타르칸의 지위를 부여했으며 러시아 정교회 성직자에게도 이 지위를 부여했다.

러시아 정교회는 세금 면제의 특권을 부여받은 대가로 킵차크칸국에 충성하라고 러시아 민중을 설득했다. 러시아 정교회는 그들의 보호를 받으며 면세 특권을 누리는 동안 독자적인 정치·경제적 기반을 형성했으며 훗날 모스크바 공국을 중심으로 한 러시아 국가 형성 과정에서 핵심적인 역할을 담당했다. 정교회가 러시아 민족 정체성의 중심으로 성장하는 계기가 된 것이다. 정복자에 부역하면서 동시에 러시아 민족 정체성의 중심으로 굳건히 자리 잡게 된 역설!

몽골 정권의 타르칸은 이슬람의 딤미와는 달랐다. 딤미 제도의 목적은 복속민을 통합하는 것이었다. 하지만 타르칸 제도의 목적은 지배 계층을 유혹하기 위한 것이었다. 딤미 제도에서 비무슬림은 지즈야라는 특별세를 내야만 자신의 신앙을 지킬 수 있었다. 그러나 몽골은 종교적 관용이 그 특징이었다. 복속민들이 세금을 충실히 내고 용역을 제공하는 한 그들이 어떤 신앙을 유지하건 신경 쓰지 않았다. 몽골은 그 세수^{稅收}와 용역을 얻어내기 위해 타르칸에게 면세 특권을 부여했다.

몽골의 칸에게 중요한 것은 러시아 농민들이 자신의 땅 소유주인 보야르와 영혼의 보호자인 종교 지도자에게 복종하는 것이었으며 그 복종을 바탕으로 지배 계층의 충성을 확보하는 것이었다. 그리고 그 시도는 성공을 거두었다. 러시아 지배 계층은 몽골에 충성했으며 그것으로 충분했다. 게다가 몽골은 가끔 뛰어난 무력을 과시해서 그들의 보호를 받는 것이 러시아 지배층에 도움이 된다는 것을 보여주기도 했다. 특히 볼호프강 연안의 중요한 상업 중심지인 노브고로드는 그 점을 잘 알고 기꺼이 몽골의 보호를 받아들였다. 몽골의 보호 아래 그들은 게르만족의 한자 동맹 상업 연합과 적극적으로 교역하며 번성할 수 있었다.

킵차크칸국은 그런 식으로 기존의 러시아 사회 체제를 파괴하지 않은 채 그늘을 간섭석으로 지배했나. 그러나 몽골이 러시아 지배 제제에 직접 개입하지 않고 간접적으로 러시아를 지배했다는 사실 자체가 러시아에 커다란 변화를 불러왔다. 기존 러시아 지배 체제의 파괴를 통해 오게 된 변화가 아니라, 몽골의 간접 지배로 인해 내부에서 저절로 오게 된 변화였다. 즉, 그 변화를 유발하고 이끌고 마무리한 것은 몽골이었다.

9~12세기 동안 러시아는 키예프 루스라는 이름으로 하나의 연합체를 유지하고 있었다. 그러나 몽골이 러시아를 정복하던 시기에 러시아는 이미 키예프 공국, 노브고로드 공국, 블라디미르 공국, 갈리치아 공국 등 여러 공국으로 분열되어 있었다. 각 공국의 공작들은 뿔뿔이 흩어져 있었으며 각자 자신의 영역을 방어하고 지역 경제를 유지하는 책임을 지고 있었다. 그런 가운데도 공국 연합의 대표자 격인 러시아 대공이 존재했으며, 대공은 명목상으로는 러시아인 전체에 대한 지배권을 가진 통치자였다. 대공은 가문 내에서 상속되지 않고 여러 공국 통치자의 합의로 선출되었으며 공작 중 가장 연장자가 계승하는 것이 원칙이었다. 대공은 공국 연합의 대표이긴 했어도 각 공국의 독립성이 강했기에 중앙집권적 권력을 행사하는 지도자와는 일정한 차이가 있었다.

그런데 몽골의 지배를 받으면서 러시아 대공의 권력이 한층 강화되었다. 몽골의 간접 지배 방식에 의해 대공이 러시아 내 몽골의 권력을 대행하는 존재가 된 것이다. 대공은 칸을 대신하여 세금을 징수하는 책임자가 되었고 덕분에 이전보다 더욱 강한 경제적 권력을 지닐 수 있게 되었으니, 그 권력은 몽골 지배로부터 온 것이었다. 대공은 몽골의 신하가 됨으로써 각 공국에 대해 강력한 영향력을 지닐 수 있었다. 당연히 각 공국의 독립적 성격이 약해졌고, 역설적으로 러시아 전체 통합의 길이 열렸다.

몽골의 지배하에서 대공에게 필요한 자질은 두 가지였다. 우선 그는 칸에게 충성해야 했다. 다음으로 그는 러시아인들의 신뢰를 받아야 했다. 러시아 내 공국의 공작들은 칸의 지지를 받기 위해 충성했다. 칸의 신임과 후원이 권력의 핵심이었기 때문이었다. 그리고 그 신임을 통해 러시아인들의 신뢰도 얻을 수 있었다.

러시아 대공이 칸에게 충성하면서 물질적 이익을 제공하는 대신 칸은 대공을 비롯해 러시아를 보호했다. 만약 대공에게 군사적 도움이 필요하면 칸은 거절할 수 없었다. 그것은 칸의 의무였다. 킵차크칸국은 러시아의 지배자이자 강력한 군사 동맹이었다. 대공에게 새로운 욕망이 생기거나, 몽골의 칸이 대공 선출권을 넘보지 않는 한 그 체제는 균형을 유지할 수 있었다.

킵차크칸국은 초기에는 대공 선출에 직접 관여하지 않고 전통적인 계승 방식대로 러시아 공국들의 협의체에 맡겼다. 다만 대공의 지위를 공식적으로 인정받기 위해서는 칸의 추인을 반드시 받아야만 했다. 따라서 러시아의 전통적인 대공 계승 방법과 칸의 권위 사이에는 균형이 유지되었고 긴장 관계가 발생하는 일은 드물었다. 몇 해 동안 양측은 상호 존중했고 잘 소통했다.

그런데 우즈베크(1282~1342, 재위 1313~1341)가 칸으로 즉위하면서 사정이 달라졌다. 그는 러시아 대공 선출권을 킵차크칸국의 권한으로 간주하고 본격적으로 개입하기 시작했다. 균형의 저울추가 칸의 권위를 강화하는 쪽으로 기운 것이다. 그리고 그의 개입은 러시아 정치사에 지대한 영향을 미쳤다. 러시아의 대공 계승 전통이 붕괴했고, 모스크바 공국이 부상浮上했다.

모스크바 공국의 부상浮上

14세기 초까지만 해도 모스크바는 러시아 내에서 일종의 벽지僻地였다. 노브고로드, 블라디미르, 트베리, 키예프 등 주요 도시에 비해 모스크바는 전원적인 작은 도시였다. 알렉산드로비치 가문의 후손들이었던 모스크바 공작들은 몽골 지배 이전부터 대공 자리에 대한 우선권이 없었다. 그런데 모스크바 통치자들의 야심과 칸의 과도한 욕심이 결합하여 모스크바의 탈바꿈이 이루어졌다. 러시아의 대공 계승 전통이 붕괴하고 몽골의 칸이 대공을 임의로 결정하게 되면서, 모스크바 공작이 우즈베크 칸의 환심을 사서 대공에 오른 것이며 이것은 러시아가 맞이한 커다란 변화였다.

사실 대공 지위를 둘러싼 러시아 정치 판도의 변화는 1240년대 몽골이 러시아를 정복하면서 이미 싹트기 시작했다. 몽골의 정복 과정에서 기존의 중심지였던 키예프와 블라디미르 같은 주요 공국이 경제적으로 파괴되었고, 지배 계층도 대거 살해되었다. 반면에 노브고로드는 중요한 무역 거점이었기에 몽골이 거의 손을 대지 않은 채 그대로 두었고, 모스크바는 관심 대상 밖이었기에 거의 피해를 입지 않았다.

키예프와 블라디미르가 거의 황폐해지자 그 틈을 타서 트베리와 모스크바 공국이 성장하기 시작했다. 그리고 그 두 나라는 몽골의 지배로 더욱 강력한 권력을 갖게 된 대공 자리를 탐내기 시작했다. 우여곡절 끝에 대공 쟁탈전에서 모스크바 공국의 유리가 승리하고 대공에 오른다. 우즈베크 칸이 최종적으로 그를 택했기에 가능한 일이었다. 유리는 오랜 러시아 왕조의 전통을 어기고 대공 자리에 오른 첫 번째 인물이었으니, 러시아의 대공 계승 전통이 붕괴한 것이다.

그러나 유리의 집권은 오래가지 못했다. 트베리 가문의 공격으로 그가 곤경에 처하자, 우즈베크 칸은 무능한 유리에게서 대공의 직함을 빼앗고 트베리 가문의 드미트리에게 대공 직위를 돌려주었다. 대공이 된 드미트리는 곧바로 유리를 살해했다. 우즈베크 칸은 유리 살해에 대한 책임을 물어 드미트리의 대공 직함을 빼앗고 대공 자리를 드미트리의 동생 알렉산드르에게 물려주었다. 그런데 알렉산드르가 칸국을 향해 반란을 일으켰고, 우즈베크 칸은 곧바로 반란을 진압, 알렉산드르를 처형한다.

알렉산드르를 응징하기 위해 출동한 몽골군 지휘관이 모스크바 공작 이반 1세(이반 다닐로비치, 1283~1340, 재위 1325~1340)였으니, 그는 유리의 동생이었다. 알렉산드르의 반란을 진압한 그는 우즈베크 칸으로부터 대공 직함을 부여받았다. 다시 한번 러시아의 전통적인 계승 방법이 무시되었고, 모스크바 공작이 다른 가문들 위로 격상되었다.

이반 1세는 유능했다. 그는 영토를 확장하는 한편, 모스크바 공국이 러시아의 중심임을 보여주기 위해 교회와 손을 잡았다. 그는 즉위한 바로 그해에 대주교구로 격상한 모스크바 교회의 성 베드로 대주교와 손을 잡고 거대한 교회를 건설했다. 교회의 웅장함으로 모스크바는 키예프와 블라디미르를 압도했으니 그 거대한 교회를 건설하면서 모스크바가 신앙의 중심임을 선언한 것이다.

이후 모스크바 공국과 킵차크칸국 사이에는 아슬아슬한 유대 관계가 이어졌다. 전통적인 계승 방식으로 물려받은 것이 아니라 오로지 칸의 신임에 의해 대공 자리를 차지했기에, 칸의 신임을 잃으면 언제고 빼앗길 수 있는 자리였기 때문이었다. 이반 1세는 다른 러시아 공국들보다 몽골에 충성하며 적극적으로 공물을 징수해서 칸국에 전달했다.

그러나 그 일은 힘겨운 일이었다. 몽골이 기대하는 세금 수입을 대공이 제대로 제공할 수 없게 되면 칸의 신임은 언제고 사라질 수 있었다. 이제 몽골에 제공해야 하는 세금과 공물이 이반 1세에게 큰 부담이 되었다. 이전까지 상호 이익을 위해 거의 자발적으로 바치던 세금과 공물이 오로지 힘에 의한 압박이자 의무가 된 것이었다. 압박은 언제나 반발을 불러오는 법, 우즈베크 칸이 대공 임명을 좌우지하게 되자 이제껏 유지되었던 칸국과 러시아 사이의 우호 관계에 균열이 오게 되었다.

킵차크칸국의 쇠퇴

이어서 급격한 변화가 찾아왔다. 1350년 일칸국이 갑자기 붕괴한 것이다. 일칸국의 붕괴는 일시적으로는 킵차크칸국에 큰 기회가 찾아온 것과 같았다. 킵차크칸국이 남북의 모피로와 동서 실크로드를 완전히 장악했고 유라시아 교차로의 중심이 되었다. 킵차크칸국은 영원히 번영할 것 같았다. 그러나 그 번영은 일시적이었다. 일칸국의 붕괴는 14세기 세계 체제를 이끌었던 몽골제국 해체의 조짐이었다. 일칸국 붕괴 이후 킵차크칸국은 내분에 휩싸였고, 원나라는 중국에서 축출되었으며(1368년) 차가타이 울루스는 분열해서 티무르 제국에 흡수되었다(1370년). 그리고 그러한 제국의 붕괴는 흑사병으로 가속화되었다.

흑사병은 원래 몽골 초원과 티베트고원 지역의 들쥐와 벼룩을 숙주로 삼아 발생한 질병이었으며 14세기 중반에 몽골제국의 교역망을 따라 빠르게 확산했다. 교역과 유통의 혈관이었던 팍스 몽골리카 번영의 길이 흑사병을 전파하는 죽음의 길이 된 것이다. 마치 혈관을 통해 암이 퍼져나가는 것과 같은 형국이었다.

흑사병이 유럽으로 유입된 경로는 1346년 가을 크림반도에서 처음 발생한 후, 이듬해 콘스탄티노폴리스, 알렉산드리아로 전파되고 1348년에는 제노바, 베네치아, 피렌체를 덮치고, 프랑스 마르세유를 거쳐 스페인, 영국으로까지 확산된 것으로 추정한다. 그리고 1350년에는 신성로마제국과 거쳐 스칸디나비아, 러시아까지 도달했다. 흑사병이 이탈리아에 도착했을 때 그 전염병은 이미 아시아를 덮친 뒤였으니, 흑사병은 세계를 뒤엎은 질병이자 재앙이었다.

흑사병은 광범위한 지역에 엄청난 영향을 미쳤고, 그 영향력은 세계체제를 변화시킬 만큼 심각했다. 학자들은 흑사병으로 최소한 유럽 인구의 1/3이 희생되었으리라고 추정한다(약 2,500만 명). 그 결과 유럽에서 농촌 노동력이 급감하면서 영주-농노 관계(봉건제)가 약화되어 유럽 봉건제의 붕괴에 영향을 미쳤다. 흑사병은 오리엔트 지역에도 엄청난 피해를 주었다. 이집트의 맘루크 왕조, 아나톨리아의 오스만제국, 이란 등에서도 대규모로 인구가 감소했으며 그중 맘루크 왕조가 경제적으로 가장 큰 타격을 받았다. 맘루크 왕조는 카이로, 알렉산드리아 등 주요도시를 중심으로 한 상업 국가였기 때문에 인구가 밀집된 도시환경과 빈번히 왕래하는 교역선 때문에 흑사병 감염에 일찍부터 노출되었기 때문이다. 그 결과, 흑사병으로 인해 맘루크 왕조는 빠르게 몰락하고 오스만제국이 강대국으로 부상하는 간접적인 계기가 된 것이다.

그러나 흑사병의 가장 큰 영향을 받은 것은 무엇보다 킵차크칸국이었다. 이 세계적인 유행병의 충격은 유럽, 오리엔트, 중앙아시아, 동아시아 전역에 큰 타격을 주었고, 그 영향은 세계 체제의 주축이었던 몽골제국, 특히 킵차크칸국에 부메랑이 되어 돌아왔다. 실크로드와 초원길을 장악하며 팍스 몽골리카를 실현했던 킵차크칸국이었지만, 그 무역로는 흑사병으로 병들어 와해하기 시작한 세계와 연결된 길이었고, 그 피해는 고스란히 킵차크칸국으로 돌아올 수밖에 없었다.

흑사병의 확산으로 교역로가 폐쇄되었고 세계 경제가 무너지면서 교역량이 현격히 줄어들었다. 세계 경제 혈관의 흐름이 막히기 시작한 것이고, 그것은 곧 몽골제국의 생명선이 막히기 시작한 것을 의미했다. 특히 킵차크칸국의 젖줄이었던 북쪽 교역로 일부가 1350년에 붕괴하면서, 주치 울루스는 휘청거릴 수밖에 없었다. 킵차크칸국의 경제적·군사적 기반이 약해지면서 그 힘 덕분에 유지되던 유라시아의 정치적·경제적 통합이 와해했고, 각 지역의 독립 왕조들이 성장하는 계기가 되었다. 그중 대표적인 것이 바로 러시아였다.

흑사병이 유럽과 오리엔트를 강타하던 1350년대 중반은, 킵차크칸국이 가장 크게 팽창했던 시기였다. 그런데 킵차크칸국이 영토 면에서 절정을 구가하던 바로 그 시기에 칸의 자리를 놓고 치열한 권력투쟁이 벌어지면서 칸국은 대혼란기에 접어들었으니, 그 피해는 흑사병보다 컸다. 베르디베크 칸은 1357년부터 1359년까지 2년밖에 집권하지 않았지만, 그는 폭군이었으며 권위주의적인 칸이었다. 그의 권위주의적 성향은 마치 전염병처럼 다음 칸에게 옮아갔다. 그가 사망하자 칸의 자리를 놓고 거의 내전과 같은 유혈 사태가 벌어졌고 정권이 교체될 때마다 피의 보복이 이어졌다. 그 결과 칸의 권위가 실추되고 칸국의 분열을 낳았으니, 권위주의의 강화가 역으로 권위의 실추를 낳았고 국력의 약화를 불러온 것이다. 게다가 1395년 티무르가 킵차크칸국의 수도 사라이를 침공하여 파괴하면서 킵차크칸국은 사실상 회복 불가능한 상태가 되었으며, 중앙집권적 국가로서의 기능을 상실했다.

킵차크칸국이 약해진 틈을 타서 대표적으로 꿈틀거린 것이 러시아였다. 1374년에 모스크바 대공 드미트리는 칸의 사신을 살해하면서 칸국에 저항한다. 킵차크칸국이 허약해졌기에 일어난 일이었다. 그리고 1380년 드미트리가 이끄는 러시아 연합군은 쿨리코보 전투에서 킵차크칸국의 군대를 격파한다. 그 승리는 일시적인 승리였을 뿐이지만, 이때부터 러시아 공국들은 킵차크칸국에 대한 공포에서 벗어나 독립의 길을 모색하기 시작했으니, 러시아 역사에서 의미가 큰 승리였다.

15세기가 되자 킵차크칸국은 여러 칸국으로 분열되었고, 러시아에 대한 칸국의 지배력은 현저하게 약해졌다. 이윽고 1480년 모스크바 대공 이반 3세(1440-1505, 재위 1462-1505)가 우그라강에서 몽골군과 격돌, 결국 칸국의 군대가 철수한다. 러시아가 공식적으로 몽골의 지배에서 벗어난 것이다.

러시아 제국의 탄생과 주치 울루스의 소멸

몽골을 물러나게 한 이반 3세는 러시아 제국 성립의 기초를 닦은 인물로 평가받고 있다. 러시아 대공이 차르^{Tsar} 칭호를 공식적으로 사용한 것은 이반 4세(재위 1533-1584) 때였지만, 러시아를 통합하고 강력한 중앙집권 체제를 확립하여 러시아 차르 체제의 기틀을 마련한 것은 이반 3세이다. 또한 그는 동로마제국 황실의 후예와 혼인 관계를 맺어, 그의 뒤를 이은 바실리 3세(재위 1505-1533)가 공식적으로 러시아가 제3의 로마제국임을 선언할 수 있는 계기를 만들었다.

모스크바 공국이 러시아 제국으로 변신하면서 차르 체제를 확립한 것은 중요한 의미가 있다. 모스크바 대공은 차르 칭호를 사용하면서 대외적으로 자신이 동로마제국의 후계자임을 선언했다. 마치 로마제국의 초대 황제 아우구스투스가 베르길리우스의 『아이네이스』를 통하여 오리엔트 문명의 후계자로 변신한 것과 같았으며, 콘스탄티누스 황제가 오리엔트 지역에 신도시를 건설하면서 새로운 로마의 탄생을 선언한 것과 같았다. 모스크바 대공은 차르라는 칭호를 사용함으로써 러시아 제국이 1453년 오스만제국에 의해 멸망한 동로마제국의 후계자임을 선언한 셈이었다. 그 칭호를 통해 모스크바 공국은 몽골의 지배하에 성장한 미미하고 일천한 공국이 아니라 유구한 역사를 자랑하는 로마제국의 정통 후계자임을 대외적으로 선포하고자 했다.

러시아가 동로마제국의 후계자라는 선언의 빌미는 바로 러시아 정교가 제공했다. 러시아 정교회는 교회의 의식과 전례, 수도원 전통들을 콘스탄티노폴리스로부터 직접 이어받았다는 의식을 가지고 있었다. 러시아 정교회는 서유럽의 로만 가톨릭과 달리 초기 기독교의 순수한 전통을 유지하고 있다는 자부심, 정통 기독교 신앙의 마지막 수호자이자 적자(嫡子)라는 자부심도 지니고 있었다. 러시아 정교회의 그러한 의식과 자부심은 러시아가 동로마제국의 후예라는 선언을 가능하게 해주었으며, 모스크바 대공에서 차르로의 변신을 가능하게 해주었다.

그러나 차르라는 칭호에는 그 외에도 다른 의미가 있었으며 그것이 훨씬 실질적이었다. 대외적으로 '제3의 로마'라는 선언의 의미를 지닌 그 칭호는, 대내적으로는 모스크바 대공이 몽골 칸의 후계자임을 선언하는 정치적 의미가 포함되어 있었다. 실제로 이반 3세는 몽골의 관료 체제와 군사 체제를 적극적으로 도입하면서 몽골의 '칸'이 누렸던 절대 권력을 모스크바 대공국에서 실현하려 했다. 그리고 이반 3세의 통치 방식이 훗날 차르 체제의 중앙집권적 통치 방식으로 이어진다. 즉 차르 체제는 몽골의 전제군주제를 그대로 계승한 것이다.

러시아에서는 몽골 지배를 '타타르의 멍에'라고 부르며 이를 수난과 굴욕의 역사로 간주한다. 굳이 민족주의적인 시각이 아니더라도 타민족의 지배를 받았던 기간을 수난의 역사로 간주하는 것은 너무나 당연한 일이다. 그러나 러시아 제국의 탄생에는 묘한 역설이 존재한다. 몽골에 의한 러시아 지배를 단순히 '타타르의 멍에'로 간주하고 백지처럼 지워버리는 것은 어찌 보면 러시아 제국 탄생의 배경을 지워버리는 것과 같으며 유럽이 중세를 암흑기로 간주하는 것과도 비슷하다.

러시아 제국은 몽골 지배 이전에 벽지에 가까웠던 모스크바 공국이 대공국으로 성장하면서 이룩한 제국이다. 이후 러시아 제국은 모스크바 보야르 가문이었던 로마노프 왕조가 다닐로비치 왕조의 뒤를 이어 부강해지면서 러시아를 국민 국가로 통합하고 지배하게 된다. 그리고 로마노프 왕조는 러시아 민족주의자들에게 '타타르의 멍에'에 대한 강력한 저항의 상징이며, 독립을 이룩한 민족정신을 구현한 존재로 받아들여진다. 하지만 앞에서 보았듯, 주치 울루스가 모스크바 가문을 총애하지 않았다면, 그들을 러시아 권력의 정점으로 끌어올리지 않았다면, 모스크바 대공국의 탄생은 불가능했을 것이다.

그뿐이 아니다. 몽골의 지배 이전에 러시아 대공은 자치적 공국들의 대표에 불과했다. 그런데 몽골 지배하에서 몽골 칸의 대리인 역할을 맡으면서 그 권환을 강화시키며, 중앙집권적 권력의 지배자에 가깝게 되었다. 몽골의 지배 아래 대공의 권력이 강화된 것이며, 그 권력을 바탕으로 대공은 전제군주로 변신할 수 있었다. 몽골의 통치 방식을 경험한 러시아 지배층은 강력한 그 통치 방식을 따라 중앙집권적 군주제를 구축했다. 즉 러시아의 전제군주제는 몽골의 유목적 중앙집권적 통치 방식을 이어받은 것이다.

몽골의 지배가 굴욕적일 수밖에 없다는 민족주의적인 엄연한 사실과, 러시아 제국의 탄생이 몽골의 지배로 가능했다는 또 다른 엄연한 사실 사이의 역설은 아마도 쉽게 풀 수 없는 역설인지도 모른다. 러시아 제국은 그러한 역설과 함께 탄생했다.

몽골에 대한 러시아의 저항과 독립 과정은 그대로 킵차크칸국의 쇠퇴 과정과 일치한다. 흑사병의 강타, 내전, 티무르의 사라이 침공 등으로 점차 쇠락의 길을 걷다가 빈사 상태에 빠진 킵차크칸국은, 통합된 중앙집권적 국가가 아니라 소규모 칸국들의 연합체로 변질된다. 15세기 초중반에 킵차크칸국은 볼가강 유역의 카잔칸국, 캅카스 및 볼가강 하류의 아스트라한칸국, 흑해 연안의 크림칸국, 서부 시베리아의 시비르칸국으로 분열된다. 그리고 1480년 킵차크칸국의 마지막 주요 칸인 아흐마드 칸이 우그르 강에서 모스크바 대공 이반 3세와 대치하다가 물러났을 때는 킵차크칸국이라는 거대한 정치 집단이 실질적으로 붕괴한 시점時點이라고 볼 수 있다. 이후 킵차크 칸국의 명맥을 이은 소국들이 여전히 존재했으나 16세기에 차례차례 러시아 제국에 병합된다. 그리고 마침내 1783년 크림 칸국이 러시아에 병합됨으로써 킵차크칸국의 마지막 흔적이 사라진다.

1350년 일칸국의 붕괴, 1368년 원나라의 중국에서의 퇴각, 1378년 차가타이칸국의 소멸 이후에도 킵차크칸국은 16세기까지, 더 나가 크림칸국이 멸망하던 18세기까지 그 명맥을 유지한 셈이다. 그러나 팍스 몽골리카의 실질적 구현자였던 주치 울루스는 1480년 러시아의 독립과 함께 사실상 소멸했다고 볼 수 있다. 주치 울루스의 흔적을 계승한 칸국들이 명맥을 유지했지만, 주치 울루스가 실현했던 국제적 네트워크와 유라시아 통합 질서는 사실상 붕괴한 것이다.

몽골제국에 의해 비교적 짧은 기간에 실현되었던 13세기, 14세기의 세계 체제는 팍스 몽골리카의 종식과 함께 사라졌다. 몽골제국, 특히 주치 울루스가 실현했던 다원적이고 유기적인 세계 질서가 사라진 것이다. 그리고 그 뒤를 이어 15세기 이후 대 변화를 겪으면서 도약한 것이 바로 유럽이다.

육상陸上 제국이었던 몽골과는 달리 해상海上 길을 개척하면서 유럽이 이룩한 도약에는 여러 가지 원인이 복합적으로 작용하고 있다. 십자군 원정으로 인한 개안開眼과 교역의 증가, 이슬람을 통해 전해진 고대 그리스 과학과 철학의 영향 등도 중요한 원인이지만, 무엇보다도 몽골제국이 제공한 동서 교류 네트워크를 통한 기술과 문물의 전파, 교역을 통한 경제적 번영이 유럽 도약의 발판이 되었다는 점은 간과할 수 없다.

특히 주치 울루스는 제노바, 베네치아, 피렌체 등의 이탈리아 북부 도시국가와 긴밀한 경제적 관계를 유지했으며 그 관계를 통해 이탈리아 상인들은 엄청난 부를 축적할 수 있었다. 그리고 이탈리아 북부 도시국가들은 이러한 경제적 번영을 바탕으로 문예 부흥 운동의 후원자가 되었다. 그중에서도 피렌체의 메디치 가문과 같은 금융가들이 르네상스를 후원할 수 있는 기반을 마련하고 예술을 비롯한 여러 분야에 적극적인 투자를 아끼지 않았으니, 주치 울루스와의 교역이 르네상스를 촉진하는 동인이 되었다고 볼 수 있다.

그뿐이 아니었다. 팍스 몽골리카를 통해 유라시아 네트워크가 크게 활성화되었다. 베네치아 상인 마르코 폴로는 몽골제국이 제공한 교역 네트워크를 통해 중국까지 여행할 수 있었고 그가 남긴 『동방견문록』은 「대항해시대」의 한 주역인 콜럼버스에게 커다란 영감을 주어 유럽의 여러나라들이 지구촌 미지의 영역을 개척하는 중요한 계기가 되었다. 콜럼버스가 긴 항해 중에 항상 곁에 두었던 책이 성경과 마르코 폴로의 『동방견문록』이었다는 일화가 전해진다. 또 유라시아 네트워크를 통해 그들이 동방의 선진 문물(안료, 종이, 직물, 광학 이론, 원근법 개념 등)을 유럽에 전달함으로써 유럽은 여러 분야에서 혁신을 이룰 수 있었으니, 유럽의 도약에서 팍스 몽골리카의 영향을 빼놓는다면 동시다발적으로 일어난 유럽의 변화와 발전의 연쇄 고리 중 중요한 한 고리를 잃는 것과 같다.

팍스 몽골리카의 소멸과 함께 몽골이 주도했던 13세기, 14세기의 세계 체제는 무너졌다. 그리고 유럽 중심의 새로운 세계 체제가 꿈틀거리기 시작했다. 이제 우리의 눈길을 그쪽으로 돌리기로 하자.

04

팍스 몽골리카 붕괴 이후의 유럽
—대변혁과 도약의 시작

19세기 프랑스 역사학자 쥘 미슐레(1798-1874)에 의해 르네상스기라는 호칭으로 굳어진 15~16세기는 중세 말기이면서 유럽이 대변혁을 겪고 도약하기 시작한 시기이다. 지구촌 전체의 관점에서 바라본다면 그 시기는 유럽 가톨릭 문명이 이슬람 문명, 동아시아 문명을 이제 막 따라잡기 시작한 시기라고 볼 수 있다.

이슬람권은 15~16세기까지는 여전히 유라시아 문명의 중심이었으며 군사적으로, 경제적으로, 문화적으로 가장 강력한 세력을 구축하고 있었다. 아나톨리아반도에서 발흥한 오스만제국(1299-1922)은 1453년 콘스탄티노폴리스를 함락하고 동로마제국을 멸망시킴으로써 동지중해 패권을 완전히 장악했으며 16세기 술레이만 대제 때는 발칸반도와 북아프리카, 아라비아 전역을 지배했다. 또한 이란 지역에서는 시아파의 사파비 왕조(1501-1736)가 등장, 오스만제국과 경쟁하면서 독자적인 문화를 발전시켰으며, 중앙아시아 티무르 제국(1379-1507)의 뒤를 이은 무굴제국(1526-1858)이 인도에서 탄생해 전통적인 인도 문명과 융합한 새로운 문명을 발전시켰다. 동아시아에서는 원나라의 뒤를 이은 명(明)나라(1368-1644)가 여전히 세계에서 가장 발전된 경제, 문화, 기술 수준을 유지하고 있었으며 해양과 육상에서 강력한 영향력을 행사하고 있었다.

이런 가운데 유럽은 해양 개척으로 이른바 대항해 시대를 여는 한편, 종교개혁 등의 내부 혁신을 통해 큰 전환점을 맞았고, 이후 17~18세기 과학혁명과 산업혁명을 이룩하면서 지구촌을 주도하는 문명으로 자리 매김하게 된다.

변혁의 배경

유럽의 르네상스는 베네치아, 제노바, 피렌체 등 이탈리아 북부의 도시국가로부터 시작되어 유럽 전역으로 확산했다고 보는 것이 일반적이다. 르네상스가 문예 부흥 운동으로부터 시작되었고, 좁은 의미의 문예 부흥 운동은 분명히 이탈리아 북부의 도시국가들에서 시작되었기 때문이다.

그러나 중세 말기 유럽의 대변혁은 그렇게 간단하게 규정할 수 있는 성격의 변혁이 아니다. 15~16세기에 유럽이 겪은 변혁은 단순히 '재탄생'이라는 단어만으로는 설명할 수도 없고 이해할 수도 없는 거대한 변혁이다. 그 변혁은 이탈리아 북부에서 일어나 유럽 전역으로 확산한 통시적이고 직선적인 변혁이 아니라 사실은 유럽 전역에서 거의 동시다발적으로 벌어진 현상으로 보는 것이 타당하다. 그만큼 그 대변혁의 배경도 복잡하며 다양하다.

사실 이 책의 3장 이후의 내용 전부가 15~16세기 유럽에서 일어난 대변혁의 배경이자 원인을 이룬다고 말할 수도 있다. 낙후된 지역이었던 유럽은 이슬람과의 접촉을 통해 오리엔트 문명 및 고대 그리스의 문명을 접하게 되었다. 또한 11세기~13세기까지의 십자군 운동을 통해 본격적으로 오리엔트 문명에 눈을 떴고 이슬람 문명의 과학, 철학, 기술이 유입되었다. 그와 동시에, 활성화된 무역에 힘입어 자급 자족적 유럽의 장원 경제가 상업 경제로 변신할 기틀이 마련되었다. 이어서 13~14세기에 이룩된 팍스 몽골리카 덕분에 유럽은 세계 경제·지식 네트워크와 연결되었다. 베네치아, 제노바 같은 해양 도시 국가들이 몽골제국과 직접 교역하면서 엄청난 부를 축적할 수 있었고 중국의 나침반, 화약, 인쇄술 등의 발명품은 몽골과 이슬람을 통해 유럽에 전달될 수 있었다. 몽골제국 해체 후 육상 교역로가 불안정해지자 유럽은 독자적으로 무역로를 개척할 필요를 느꼈고, 이는 신항로 개척의 시대, 혹은 대항해 시대를 여는 원동력이 되었다.

그뿐이 아니었다. 몽골제국의 확장으로 유럽에 페스트가 전파되면서 인구 감소로 인한 농업 중심의 봉건제 붕괴가 가속화되었고 대신 도시 중심의 경제가 성장하기 시작했으며 노동력이 부족해지자 임금 노동이 확산하면서 유럽 중세 질서의 해체를 앞당겼다.

대변화는 언제나 위기의식을 동반한다. 중세 말기의 유럽인은 수 세기 동안 지속해 온 중세 봉건 질서의 해체와 붕괴 앞에서 위기의식을 느꼈을 것이다. 그러나 언제나 위기는 기회의 다른 모습인 까닭에 새로운 가치와 질서 탄생의 조건이 될 수 있는 법이다. 그리고 신생 유럽 문명이 지닌 여러 기질과 특성이 새로운 가치와 질서 탄생에 유리하게 작용할 수 있었다. 말하자면 유럽의 독특한 봉건제 자체가 변화에 대한 저항보다는 변화에 친화적이어서 경쟁력 제고의 기회로 만들 가능성을 내포하고 있었다.

    비록 유럽이 로만 가톨릭과 봉건제를 두 축으로 삼아 큰 틀의 정체성을 형성해 왔다 할지라도 중앙집권적인 제국과는 거리가 멀었다. 프랑크 왕국의 샤를마뉴와 신성로마제국의 오토 1세가 로마 황제의 관을 머리에 썼지만, 그들은 명목상으로만 황제였을 뿐 그들이 군림하고 있던 곳은 실질적으로는 제국이 아니라 지방분권적 정치체제로 이루어진 곳이었다.

    유럽은 하나의 제국으로 통합되어 있던 것이 아니라 각기 경쟁하는 분권 국가들로 이루어져 있었다. 이탈리아의 도시국가들, 프랑스, 잉글랜드, 신성로마제국 등이 독립적으로 경쟁하면서 각기 다른 방식의 정치, 경제 체제를 이루고 있었다. 따라서 한 국가에서 혁신이 이루어지면 경쟁적으로 다른 국가에서 그 뒤를 따랐으며 그 혁신은 빠르게 확산했다. 예컨대 이탈리아의 피렌체를 중심으로 발전한 금융 시스템은 곧바로 네덜란드, 영국 등지로 확산되었고, 포르투갈이 대서양으로 진출, 새로운 항로를 개척하자 스페인, 영국, 네덜란드가 곧바로 그 뒤를 따랐다. 유럽은 일사불란하게 움직인 것이 아니라 요란하게 서로 경쟁했으며, 그 경쟁이 역동성을 추동했고 새로운 변화를 가능하게 했다.

    한편 유럽 사회가 새로운 지식을 수용하여 변화를 이룩할 수 있었던 중요 요인 중 하나로 대학의 역할을 빼놓을 수 없다. 12~13세기에 신학을 중심으로 한 파리 대학, 법학의 볼로냐 대학, 자연철학의 옥스퍼드, 케임브리지 대학 등 유럽 전역에 대학이 설립되어 학문의 체계적 연구와 보편적 지식 확산의 기반이 마련되어 있었다. 이들 대학 덕분에 유럽 사회는 이슬람과 몽골을 통해 유입된 지식을 수동적으로 수용하는 데 그치지 않고 이를 변용하고 확장 적용할 수 있었다. 예컨대 아리스토텔레스 철학은 이슬람을 통해 유럽 사회에 전달되었지만, 토마스 아퀴나스는 그것을 새로운 신학, 철학 체계로 정리해서 스콜라 철학으로 완성했고, 이는 이후의 과학 혁명과 계몽주의의 지적 기반이 되었다.

15~16세기 유럽의 대변혁은 그러한 유럽 문명의 내적 특징과 역사적 배경이라는 외적 요인이 어우러져 각 분야에서 동시다발적으로 벌어진 '다층적인 변화의 집합'이었다.

피렌체 - 변혁의 중심

다시 말하지만, 르네상스는 이탈리아 북부의 문예 부흥으로부터 시작해서 유럽으로 확산되었고 문예 부흥을 기점으로 정치 변화와 경제 혁신, 종교개혁이 뒤따랐다는 것이 르네상스에 대한 전통적인 해석이다. 하지만 이탈리아의 문예 부흥, 북유럽의 종교개혁, 서유럽의 정치적 중앙집권화, 대항해 시대의 도래, 금융의 발전 등은 순차적으로 일어난 사건들이라기보다는 유럽 각지의 특성에 따라 거의 동시다발적으로 일어난 변화들이다. 다만 이탈리아 북부에서 시기적으로 조금 앞서서 변혁이 일어났을 뿐 그 변화들은 서로 유기적인 관계를 맺고 있으며, 그 유기적인 연관을 통해 유럽 문명 전체가 큰 변혁과 변신에 성공한다.

그런데 그 변화들이 어떻게 유기적으로 연관을 맺으면서 큰 변신으로 이어질 수 있는지 압축해서 보여주는 곳이 바로 피렌체이다. 피렌체의 변혁은 피렌체라는 도시국가가 지닌 특성이 세계사적 흐름과 결합하여 이룩한 변혁이며, 동시에 유럽 전체 변혁의 방향성을 보여주는 변혁이기도 하다. 한참을 돌아서 다시 단테의 고향으로 돌아온 셈이다.

피렌체는 전통적으로 농업보다는 모직물 가공 산업과 금융업이 중심인 도시국가였다. 게다가 피렌체는 전통적인 봉건 왕조가 아니라 시민 계층이 정치에 참여하는 공화정 체제를 유지하고 있었고, 귀족뿐 아니라 상인, 은행가를 비롯해 공예가 조합인 길드가 정치적 영향력을 나누어 행사했다. 말하자면 피렌체는 전통적인 귀족 계층과 신흥 상업·금융 계층이 함께 존재하는 도시국가였다. 전통 귀족들은 농업 기반의 영지를 보유하고 중세 봉건적 질서를 유지하려는 세력이었고, 신흥 상업·금융 계층은 상업적 성공을 기반으로 도시 내에서 정치적 영향력을 확대하려는 세력이었다. 13세기 교황 지지파인 구엘프파와 신성 로마제국 황제 지지파인 기벨린파의 싸움은 실은 그 두 세력 간의 주도권 싸움이었고, 그 싸움에서 구엘프파가 승리한 것은 상업·금융 계층이 정치적 지배력까지 획득했음을 의미한다.

당시 신흥 상업·금융 가문들은 신성 로마 황제의 봉건적인 통제에서 벗어나 도시 중심의 자유로운 상업경제를 원했다. 그런데 교황은 도시국가들의 상대적 자율성을 보장하는 경향이 있었기에 그들은 교황을 지지했다. 게다가 피렌체 신흥 상업·금융 가문들은 방대한 가톨릭 조직을 운용하기 위해서 대규모 자금이 필요한 교황청과 다양한 방식의 금융 거래를 하면서 은밀한 관계를 맺고 있었다. 신흥 상업 가문들은 단순히 종교적 이유로 교황을 지지한 것이 아니라 경제적 자유, 금융적 이익, 정치적 자율성을 확보하기 위해 교황과 연대한 것이다. 즉, 구엘프/기벨린의 대립은 교황과 황제의 대립이라기보다는, 피렌체의 사회·경제 구조와 밀접하게 연관된 대립이자 갈등이었다. 신흥 상업 가문들은 봉건제에서 벗어나 상업 중심 사회로 이행하려는 경제적·정치적 선택의 차원에서 교황을 지지한 것이다.

1267년 교황 지지파인 구엘프파가 승리하면서, 전통 귀족 가문들이 몰락하고 신흥 상업·금융 가문들이 피렌체 정치의 주도권을 잡게 된다. 이후 피렌체는 상업 중심의 도시 공화국 체제를 강화하며, 훗날 금융 명가인 메디치 가문이 등장할 수 있는 정치적 기반을 마련했다.

11세기 말부터 13세기 말까지 십자군 운동이 벌어졌던 시기는 피렌체에 그러한 갈등이 점화되었을 때였으며 갈등 끝에 새로운 변신을 이룬 때였다. 그리고 14세기 팍스 몽골리카가 작동될 때 그 변신으로 인해 번영의 길로 나서던 때였으며, 그 번영을 바탕으로 변혁의 물결이 밀려온 때였다. 피렌체는 자신들의 특성에 맞게 그러한 역사적 사건들을 수용하면서, 변신의 계기로 적극 활용했고 발전의 발판으로 삼았다. 십자군 운동 발발 이후 이탈리아 북부의 도시국가들이 무역 중개자 역할을 하면서 지중해 경제의 중심지가 되었고 덕분에 베네치아, 제노바 등이 해상 무역 중심지로 성장한 사실은 이미 언급하였다. 그러나 피렌체인들은 직접 무역에 나서지 않았다. 피렌체가 토스카나 지역에 속한 내륙 도시였기 때문이었다. 대신 그들은 무역을 뒷받침하는 금융업에 집중했다. 그들은 은행을 만들어 환전을 해주고, 공채를 발행했다. 덕분에 피렌체는 금융 중심지로 특화되면서 부를 축적했다. 게다가 피렌체의 금융 네트워크는 교황청과 유럽 왕실의 자금을 관리하면서 국제적 영향력을 행사하고 최고의 신용을 창출하였다. 당연히 상인, 은행가들의 위상이 높아졌고 그중에서 메디치 가문은 유럽 최고의 은행 망을 구축하면서 금융과 정치권력을 장악했다. 금융업을 통해 경제적 자율성을 획득한 상인들이 주도하는 정치, 경제 체계를 형성했으니, 자본이 곧 권력으로 이어진 곳이 바로 피렌체였다.

피렌체는 독특한 아이덴티티를 지닌 채 세계사적 변화와 보조를 맞추고 그 흐름을 흡수하며 성장했다. 게다가 흑사병처럼 전 세계를 강타한 재앙마저도 결과적으로는 피렌체 같은 도시국가의 발전에 유리하게 작용했다. 피렌체도 흑사병으로 인해 엄청난 피해를 본 것은 사실이며, 보카치오(Giovanni Boccaccio, 1313-1375)의 『데카메론』은 그러한 상황을 적절히 형상화해 탄생한 작품이다. 그러나 농업에 의존하던 지역들이 노동력 부족으로 회복 불가능한 타격을 받은 데 비해 피렌체는 상업과 금융 중심의 구조 덕분에 비교적 회복이 빨랐다. 게다가 흑사병으로 인해 농노제가 붕괴하면서, 토지에서 해방된 인구 중 일부가 도시로 유입되었고 피렌체 같은 상공업 중심의 도시국가에 원활하게 노동력을 공급할 수 있었다.

또한 몽골제국의 붕괴로 동서 무역로가 불안정해진 것도 피렌체에는 또 다른 기회가 찾아온 것과 같았다. 동서 무역이 불안정해지자 유럽 무역업자들에게는 신뢰할 수 있는 금융 시스템이 절실히 필요해졌다. 피렌체는 환어음, 장거리 금융 네트워크, 국제적인 신용 시스템을 활용하여 무역업자들에게 원활하게 자본을 공급했다. 피렌체를 중심으로 한 이런 금융 시스템은 포르투갈, 스페인이 문을 연 대항해 시대에도 중요한 역할을 담당했으며, 이후 유럽 금융업 발전의 토대가 되었다. 덕분에 피렌체의 금융업은 더욱 성장했으며 이는 르네상스 예술과 학문을 후원하는 자본 축적의 기반이 되었다.

피렌체는 전통적인 봉건 왕국이 아니라 공화정 체제였다. 즉 왕권 중심의 정치 구조가 아니라 경쟁적이고 개방적인 정치 구조였다. 따라서 변화와 혁신을 쉽게 이룰 수 있었고 그것은 정치, 경제 차원뿐 물론 사상과 예술 분야에서도 마찬가지였다. 그런 정치적 구조에서 신흥 가문들은 치열하게 경쟁했고 경쟁의 일환으로 학문과 예술을 적극 지원했다. 예컨대 메디치 가문 같은 주요 가문은 정적政敵에게 질 수 없다는 호승심에서 학문과 예술을 적극 지원했고 더 나아가 소프트한 이데올로기로 활용한 결과 피렌체는 학문과 예술의 중심지가 될 수 있었다.

단테 이후 최고의 시인이자 인문주의자로 꼽히면서, 고전 부흥을 통한 인간 중심 사상을 확립한 페트라르카(Francesco Petrarca, 1304-1374)도 피렌체 사람이었으며『데카메론』이라는 작품을 통해 인간의 인간다움은 즐거움에 있음을 보여준 보카치오도 피렌체 사람이었다. 또한『군주론』을 통해 근대 정치사상의 기초를 마련한 마키아벨리(Niccolo Machiavelli, 1469-1527)도 피렌체 사람이었다.

그러나 피렌체의 번영과 함께 활짝 꽃을 피운 분야는 무엇보다 예술, 특히 미술 분야였다.

부유한 금융·상업 가문의 후원을 받은 미술가들은 안정적인 재원을 바탕으로 마음껏 독창적이고 혁신적인 작품을 창작할 수 있었다. 미술가들은 독창적인 아이디어를 가진 창조자 대접을 받으며 새로운 시대정신을 마음껏 그들의 그림에, 그들의 조각에 담을 수 있었다. 이전과는 다른 기법을 구사해 이전과 다른 작품을 창작한다는 의미에서 그들은 독창적이었다. 그러나 그들의 독창성은 단순한 기법적 차원에 머무르지 않는다. 그들은 원근법이라는 기법으로 인간이 중심이 되는 세계관을 표현했고, 빛과 해부학적 기법을 통해 자연을 사실적으로 묘사했다. 즉, 그들의 독창적인 기법은 곧 새로운 시대정신—인간중심주의, 사실주의, 개인의 발견—을 시각적으로 구현한 것이었다. 그들은 당시 시대정신의 구현자이기도 했다.

조토 디 본도네(Giotto di Bondone, 1267-1337), 필리포 브루넬레스키(Filippo Brunelleschi, 1377-1446), 마사초(Masaccio, 1401-1428), 레오나르도 다 빈치(Leonardo da Vinci, 1452~1519), 미켈란젤로(Michelangelo, 1475~1564)로 이어지는 르네상스 시기 피렌체 화가와 조각가들은 각기 독창적 작품 세계를 자랑하고 있지만 동시에 그들의 작품은 15~16세기 유럽의 변혁 내용을 압축해서 상징적으로 보여준다고 해도 과언이 아니다.

그중에서 제일 먼저 주목할 것은 원근법의 도입이다. 브루넬레스키가 창안하고 마사초가 최초로 회화에서 본격적으로 활용한 원근법은 이후 모든 서양 미술의 기본 원리가 된다. 원근법의 도입은 단순한 미술 기법의 혁신만을 뜻하지 않는다. 원근법은 지금 내 위치에서, 나를 중심으로 세상을 보고 싶다는 욕망이 미술 기법으로 등장한 것이다. 게다가 원근법은 단순히 주관적인 시각만을 강조하는 것이 아니다. 원근법의 시각은 수학적 비례와 기하학적 원리를 바탕으로 세계를 논리적으로 질서화하고자 하는 시각이며, 그것이 바로 인식론적 전환의 중요 내용을 이룬다. 피조물인 인간이 인간을 창조한 신의 관점이 아니라 인간의 관점에서 과학적 원리를 통해 현실을 재구성하려는 시도라는 점에서, 원근법은 인간중심주의뿐만 아니라 합리주의적 사고와도 직접적으로 연결된다. 원근법에 '발견' 대신 '발명'이라는 단어를 사용하기도 하는 것은 그런 발상의 전환 자체가 혁명적이었기 때문이다.

원근법은 인간중심주의, 즉 휴머니즘의 미술적 표현이다. 시선을 신 중심으로부터 인간 중심으로 옮겼기 때문이다. 게다가 '나'라는 개인의 관점에서 보는 세상을 그린다는 의미에서 '주체적 개인의 발견'을 의미하기도 한다. 그뿐이 아니다. 지금의 내게 보이는 세상을 객관적, 논리적으로 구성해서 재현한다는 의미에서, 원근법은 과학적 세계관과도 맥을 같이 한다. 원근법은 인간중심주의, 개인의 발견, 객관적 관찰이라는 새로운 가치관과 세계관의 미술적 표현이다. 아니, 미술적 표현을 넘어선 관점 이동의 혁명이다.

조토는 입체적이고 사실적인 표현을 도입하여 피렌체 미술의 근본적인 변화를 이끌었고 마사초는 회화에서 원근법을 본격적으로 활용한 최초의 화가이다. 그는 빛과 그림자를 이용하여 인물의 입체감을 강조한다. 레오나르도 다 빈치는 과학과 예술을 결합하여 인체와 자연을 사실적으로 묘사함으로써 르네상스 미술의 정수를 보여준다. 미켈란젤로는 사실적인 동시에 이상적인 인체를 표현하여 인간 존재의 숭고함을 강조했다. 그들은 모두 원근법에 담겨 있는 새로운 인식을 자기 나름대로 독창적 양식으로 표현한 작가들이다. 그들은 각기 독창적인 작품을 통하여 르네상스 시기의 핵심적인 흐름을 대변하고 있는 셈이니, 피렌체의 문예 부흥은 유럽 전역에서 일어난 대변혁을 압축하고 있다고까지 말할 수 있다. 피렌체의 미술 혁신은 단순한 지역적 현상이 아니라, 유럽 전체의 인식론적 전환을 시각적으로 구현한 현상이었다.

13세기 말부터 시작된 피렌체의 변혁은 피렌체가 독자적으로 이룩한 변혁이 아니다. 피렌체라는 독특한 도시국가가 세계사적 변화에 능동적으로 대응한 흐름과 유럽의 동시 다면적 변화와 맞물려 일으킨 변혁이다. 십자군 운동으로 무역이 활성화되고 금융업이 발전하게 되었고, 팍스 몽골리카로 인해 동서 교류가 확대되면서 유럽의 금융망이 성장하게 되었다. 게다가 흑사병으로 인해 봉건제 붕괴가 가속화되면서 결과적으로 도시 경제가 활성화했다. 피렌체의 변화와 발전은 그러한 흐름 속에서 이룩된 것이다. 즉, 피렌체의 변혁은 외부와의 교류, 재난, 경제 변화가 복합적으로 맞물려 탄생한 유럽 전체 변화의 한 부분이면서, 동시에 그 전체 변화의 내용을 품고 있다.

피렌체의 변화가 이후 유럽의 대변화를 이끌었다고 해도 과언이 아니다. 이곳에서 탄생한 원근법과 사실적 표현 기법은 곧 로마와 베네치아, 나아가 북유럽까지 확산되었고, 이후 유럽 미술의 근본적인 방향을 결정지었다. 피렌체 금융망은 신항로 개척을 위한 자본을 조달함으로써 대항해 시대에 큰 몫을 담당했으며 피렌체의 인문주의적 사고가 확장되어 교회 중심의 권위에 도전, 종교개혁의 발판이 되었다. 또한 피렌체의 인문주의적 탐구 정신이 유럽의 과학 발전을 낳아 코페르니쿠스적인 과학 혁명을 가능하게 했다.

그러나 정확히 말해서 유럽의 변화는 피렌체의 변화가 유도한 결과물에 한정된 것은 아니다. 피렌체의 변화는 유럽 전체 변화의 원인도 아니고 동인도 아니다. 피렌체의 변화는 세계사적 흐름 속에서 나타난 유럽 전체 변화의 조짐이었으며 압축이었을 뿐이다. 피렌체를 비롯한 북이탈리아 지역이 십자군 운동 이후 새롭게 열린 교역로의 핵심 허브였기에 그런 변화가 먼저 일어났을 뿐이다.

피렌체는 유럽에서 일어날 변화를 압축해서 보여준 전초기지와 같았다. 피렌체는 변화의 첨병이었고 유럽은 본대本隊였으니 첨병은 본대 변화의 예고였다. 피렌체가 요약해 보여주는 변화의 기운은 이미 유럽 전역에서 꿈틀대고 있었다. 이제 우리의 시선을 확대해서 유럽 전역에서 벌어진 그러한 변화의 양상을 살펴볼 차례가 되었다. 하지만 그 변화의 양상은 2권에서 상세히 살펴볼 것이므로 여기서는 비교적 간단히 그 뼈대를 정리하는 것으로 만족하기로 하자.

유럽의 대변혁

15~16세기 유럽의 대변혁은 복합적인 대외적 상황과 유럽적인 특성이 결합하여 일어난 현상이다. 또한 그 현상은 어느 특정 분야에서 일어난 현상도 아니고, 어느 특정 지역에서 일어난 현상도 아니다. 정치·사회 분야에서 거의 동시다발적으로 유럽 전역이 변혁을 겪었으니, 프랑스와 영국에서 왕권이 강화되었고, 스페인은 이베리아반도의 마지막 이슬람 세력인 그라나다 왕국을 1492년 함락하고 스페인을 통일, 중앙집권적 국가 체제를 이루었다.

또한 피렌체를 중심으로 등장한 인문주의가 프랑스, 독일, 네덜란드 등지에서 각기 독자적인 방식으로 전개되었으니, 프랑스에서는 라블레의 풍자 문학, 몽테뉴의 회의주의가 등장해서 새로운 시대정신을 보여주었고, 독일에서는 뒤러(Dürer, 1471-1528)를 중심으로 예술적 변혁을 통한 인문주의가, 네덜란드에서는 에라스뮈스(Erasmus, 1466~1536)의 기독교적 인문주의가 등장했다.

경제적인 측면에서도 이탈리아 도시국가에서 무역과 금융이 발전하는 한편, 북유럽에서는 한자 동맹이 성장해서 독일, 스칸디나비아, 네덜란드의 무역망이 활성화하면서, 암스테르담, 뤼베크 등지에서 상업 자본주의가 발전했다. 그리고 새롭게 축적된 자본을 바탕으로 포르투갈이 인도항로를 개척하고(바스코 다 가마) 스페인이 아메리카 대륙을 발견함으로써(콜럼버스) 대항해 시대가 열렸다.

한편 왕권과 교황권의 세력 다툼에서 교황권이 약화하고 교회의 권위가 실추되었으며, 면죄부 발행 등으로 교회가 타락하면서 독일의 마르틴 루터(Martin Luther, 1483-1546), 스위스의 장 칼뱅(Jean Calvin, 1509-

1564)의 주도로 종교개혁 운동이 시작되었고, 잉글랜드에서는 헨리 8세(1491-1547, 재위, 1509-1547)가 영국 국교회를 설립했다.

그런 가운데 기술 혁신과 지적 혁명도 잇따랐다. 15세기에 구텐베르크가 활판 인쇄술을 발명하면서 지식이 대중화되었고, 항해술과 지도 제작술이 발전해서 대항해 시대로 진입했으며 나침반, 천문 항법 기구인 아스트롤라베, 개량된 범선 등이 등장하면서 신항로 개척을 가능하게 해주었다. 이어서 16세기에 코페르니쿠스의 지동설이 발표되어 중세적 우주관이 붕괴하고 과학 혁명이 시작되었다.

15~16세기의 유럽의 변혁은 유럽 중세를 지탱해 준 두 개의 큰 축인 봉건제의 약화와 로만 가톨릭의 근본적인 변화 속에서 이루어졌고 그 변화의 양상을 인본주의의 대두와 종교개혁의 두 축을 중심으로 설명하는 것이 상식적이다.

인본주의는 신 중심의 세계관으로부터 인간 중심의 세계관으로의 변화를 함축하며 종교개혁은 교권주의에 맞서 개인적 신앙의 권리를 내세운 운동이다. 표면적으로 그 두 변화와 혁신은 세속적 차원과 종교적 차원에서 별도로 진행된 것처럼 보인다. 그러나 당시 유럽에서 일어난 모든 변화가 유기적인 연관성을 맺고 있듯이 세속적 차원과 종교적 차원에서 진행된 인본주의의 대두와 종교개혁은 서로 맞물려 있으며 당시 대변혁의 내용과 맥을 공유하고 있다.

종교개혁은 중세 말기 교회의 타락과 세속화에 맞서 참된 신앙을 찾으려는 취지에서 일어난 운동이었다. 그런데 종교개혁의 핵심 구호는 "성서로 돌아가자$^{Sola\ Scriptura}$"였다. 초월적 신앙 경험은 본질적으로 개인적이라며 교회의 권위에 맞서 개인의 신앙을 내세운 것이다. 그런 의미에서 종교개혁은 중세 축의 하나였던 교황권의 약화와 인본주의의 기본인 개인의 권리 주장과도 맥을 같이 한다. 실제로 중세 말 인문주의적 사고가 확산하면서 성서 연구 방식도 변하고 에라스뮈스의 기독교 인문주의가 등장했다. 에라스뮈스의 기독교 인문주의는 원전 연구를 통해 성서 본래의 의미를 되찾으려는 시도로서, 이는 루터의 성서로 돌아가자는 운동에 선행한 움직임이었다.

성서 본래의 의미를 되찾자는 종교개혁 초기의 흐름은 기존 교회-신자 구조에서 신앙의 직접성을 강조하는 흐름이다. 개인이 신앙의 주체임을 강조한 것이니, 이는 기존 가톨릭 체제와 충돌할 수밖에 없었다. 종교개혁은 말하자면 종교 차원에서 일어난 개인의 권리 회복 운동이다. 즉 종교개혁은 15~16세기 유럽의 변혁과 별도로 종교 차원에만 한정되어 일어난 운동이 아니라 인본주의, 개인주의의 등장과 조응하는 흐름이었다.

15~16세기의 변혁을 통해 유럽은 도약했고, 18~19세기의 산업혁명과 과학기술의 발전을 통해 세계에서 가장 강력한 생산력과 군사력을 갖추게 된다. 이어서 항해술과 군사력을 바탕으로 아시아, 아프리카, 아메리카에 거대한 식민지를 건설하면서 자신들을 '문명 전파자'로 규정한다. 그리고 19세기에는 유럽 중심주의 세계관이 확고히 자리를 잡으면서, 유럽 문명을 인류 문명의 정점으로 삼고, 과거의 세계사를 유럽 발전사의 전 단계로 해석하는 경향으로 흐른다. 인류 문명을 직선적 진보 단계로 보고, 유럽 문명이 그 진보의 최종 단계이거나 그 최종 단계로 가는 길에 있는 문명이라는 주장이 나오게 되는 것이다. 그러나 그 주장은 19세기 유럽의 '진보 신화'에서 나온 주장일 뿐이다. 인류 역사

는 직선적인 진보의 역사가 아니라 끊임없는 중심 이동의 역사이다. 인류 문명은 획일적으로 흘러온 것이 아니라 알록달록한 문명들의 중심 이동과 교체로 이루어져 왔다.

기원전 3,000년경부터 기원전 500년경까지 고대 문명의 중심은 수메르, 바빌로니아의 메소포타미아문명, 이집트 문명, 인더스 문명, 중국 문명(상나라 주나라)으로서 그 문명들은 문자를 사용했고, 국가를 건설했으며 초기 과학과 철학을 발전시켰다. 이어서 기원전 500년경부터 기원후 500년경까지는 그리스-로마 문명, 중국(한나라), 인도(마우리아, 굽타), 페르시아 제국 문명이 중심을 이루면서 철학, 법, 행정체계가 마련되었고 문학이 발전하고 여러 종교(불교, 유교, 기독교, 조로아스터교 등)가 확립되었다. 500년경부터 1,500년경까지는 이슬람 문명이 학문과 과학의 중심이었으며 중국(당·송·명)은 세계에서 가장 강력한 경제·기술 중심지였다. 또한 몽골제국이 유라시아를 연결하고 교역을 활성화하면서 지식과 기술의 전파와 교류가 원활하게 이루어졌다. 그리고 15세기 이후 유럽이 르네상스, 대항해 시대, 산업혁명 등을 거치면서 세계 문명을 주도하기 시작했다.

유럽 문명은 지구촌을 장식해 왔던 알록달록한 주요 문명들에 비해 좀 독특한 문명이다. 그 문명은 단 한 번도 하나로 뭉쳐본 적이 없으면서도 동시에 분명한 아이덴티티를 지닌 문명이다. 그 문명은 유별나게 객관성과 보편성을 중시하고, 유별나게 개인을 강조하고, 유별나게 인간의 이성과 합리성을 중시하며 유별나게 인류 문명의 진보를 신봉하는 문명이다.

사실 지구촌을 수놓았던 호모사피엔스 문명의 역사는 거대한 제국들이 번갈아 중심을 교체해 온 역사이다. 오리엔트에서는 아시리아에 이어, 바빌로니아 제국, 페르시아 제국이 뒤를 이었으며, 알렉산드로스도 오리엔트 정벌로 이질적 문명을 융합시키고 제국의 길로 나아갔다. 로마도 제국의 길을 걸었으며 신흥 이슬람 문명도 제국이었다. 중국은 진시황부터 제국을 선언했으며 칭기즈칸도 몽골제국을 건설했다.

물론 유럽 문명도 식민지 경영과 함께 제국주의적인 모습을 보이기도 했다(대영제국). 그러나 그 제국은 지구촌을 수놓았던 제국들과는 그 모습이 확연히 다르다. 기존의 제국들이 정복을 통한 직접 지배 제국이었다면 대영제국은 해상 중심의 상업 제국으로서 현지 엘리트를 활용한 간접 지배 방식을 취했다. 대영제국은 문화적 동화同化보다는 경제적 착취에 초점을 맞춘 제국이었다. 대영제국은 식민지 지배에 유럽적 법과 질서를 적용하고 개인주의, 법과 계약 중시, 합리성 중시의 유럽 문명의 특성을 그대로 이식한 셈이다. 말하자면 유럽은 지구촌을 주도하는 새로운 제국으로 등장한 것이 아니라 이전까지는 다른 새로운 문명의 모습으로 등장한 셈이다.

그런데 그 유별난 유럽 문명의 특성이 거의 보편적인 가치가 되어 현재 지구촌을 주도하고 있고 우리는 그런 세상에서 살고 있다. 그런 세상을 살아가는 우리의 모습에 대한 구체적인 천착은 2권으로 미룬다.

문학으로 여는 세계사—세계사의 얼굴들

펴낸날	초판 1쇄 2025년 11월 26일

지은이	진형준
펴낸이	심만수
펴낸곳	(주)살림출판사
출판등록	1989년 11월 1일 제9-210호

주소	경기도 파주시 광인사길 30
전화	031-955-1350 팩스 031-624-1356
홈페이지	http://www.sallimbooks.com
이메일	book@sallimbooks.com

ISBN	978-89-522-4975-3 03900

※ 값은 뒤표지에 있습니다.
※ 잘못 만들어진 책은 구입하신 서점에서 바꾸어 드립니다.